AS TRANSIÇÕES E OS CHOQUES

A marca FSC® é a garantia de que a madeira utilizada na fabricação do papel deste livro provém de florestas que foram gerenciadas de maneira ambientalmente correta, socialmente justa e economicamente viável, além de outras fontes de origem controlada.

MARTIN WOLF

As transições e os choques
O que aprendemos — e o que ainda temos de aprender — com a crise financeira

Tradução
Otacílio Nunes

Copyright © 2014 by Martin Wolf
Todos os direitos reservados

*Grafia atualizada segundo o Acordo Ortográfico da Língua Portuguesa de 1990,
que entrou em vigor no Brasil em 2009.*

Título original
The Shifts and the Shocks: What we've learned — and have still to learn —
from the financial crisis

Capa
Thiago Lacaz

Índice remissivo
Probo Poletti

Preparação
Silvia Massimini Felix

Revisão
Carmen T. S. Costa
Adriana Bairrada

Dados Internacionais de Catalogação na Publicação (CIP)
(Câmara Brasileira do Livro, SP, Brasil)

Wolf, Martin
        As transições e os choques : o que aprendemos — e o que ainda
temos que aprender — com a crise financeira ; tradução Otacílio
Nunes. — 1ª ed. — São Paulo : Companhia das Letras, 2015.

        Título original: The Shifts and the Shocks : What we've lear-
ned — and have still to learn — from the financial crisis.
        ISBN 978-85-359-2577-7

        1. Crise financeira 2. Crise financeira global – História 3. Eco-
nomia mundial 4. Finanças internacionais 5. Política econômica 6.
Política monetária 7. Relações econômicas internacionais I. Título.

15-01510	CDD-338.542

Índice para catálogo sistemático:
1. Crise financeira global : Economia 338.542

[2015]
Todos os direitos desta edição reservados à
EDITORA SCHWARCZ S.A.
Rua Bandeira Paulista, 702, cj. 32
04532-002 — São Paulo — SP
Telefone: (11) 3707-3500
Fax: (11) 3707-3501
www.companhiadasletras.com.br
www.blogdacompanhia.com.br

Para Jonathan, Benjamin e Rachel,
sem os quais minha vida teria sido vazia

Sumário

Agradecimentos 9

Lista de figuras 13

Prefácio: por que escrevi este livro 15

Introdução: "não estamos mais no Kansas" 23

PARTE 1: OS CHOQUES

Prólogo 39

1. Da crise à austeridade 41

2. A crise na zona do euro 71

3. Admirável Mundo Novo 116

PARTE 2: AS TRANSIÇÕES

Prólogo 141

4. Como o sistema financeiro se tornou frágil 145

5. Como a economia mundial foi transformada 179

PARTE 3: AS SOLUÇÕES

Prólogo 225
6. A ortodoxia derrotada 229
7. Consertando as finanças 261
8. A longa jornada a percorrer 297
9. Consertando um casamento ruim 331
Conclusão: fogo na próxima vez 361

Notas 399
Referências 436
Índice remissivo 457

Agradecimentos

Ao escrever um livro, acumulamos muitas dívidas. Reconheço aqui apenas algumas delas.

Tenho de começar agradecendo a Andrew Wylie, meu agente, cujo entusiasmo e energia ilimitados fizeram este livro acontecer. Quero agradecer a John Makinson, presidente e principal executivo da Penguin, que decidiu publicá-lo. Também agradeço pelas contribuições inestimáveis de Scott Moyers e Stuart Proffitt, meus editores na Penguin, cujo cuidado e atenção ao detalhe tornaram o livro imensuravelmente melhor e mais claro do que ele seria sem isso. Stuart, em particular, foi inexorável. Reconheço a imensa importância de sua contribuição e sou muitíssimo grato pelo tempo que gastou neste livro e pela atenção que dedicou a ele. Também quero mencionar a paciência deles com os atrasos na conclusão de um livro cuja escrita teve de se encaixar com minhas obrigações normais. Além disso, estendo meus agradecimentos a Richard Duguid e Donald Futers, da equipe de produção da Penguin, e a Richard Mason por sua contribuição editorial muito importante.

Também gostaria de agradecer a Lionel Barber, editor do *Financial Times*, por acomodar as necessidades do livro. Tirei uma quantidade substancial de tempo para escrevê-lo e prezo enormemente o modo como o *FT* acomodou isso e prometo não voltar a fazê-lo no futuro próximo. Quero também agradecer aos colegas do *FT* com quem aprendi tanto. Agradecimentos particulares pelas contribuições para ideias presentes neste livro vão para Chris Giles, Ferdinando Giugliano, meu ex-colega Krishna Guha, Robin Harding, Martin Sandbu e Gillian Tett.

Devo agradecimentos a um número imenso de pensadores e formuladores de políticas [*policymakers*] com cujos textos tive o privilégio de aprender durante muitos anos. Reconheço a maioria desses débitos por meio de citações no texto, notas e referências. Gostaria de registrar agradecimentos particulares a três pessoas. A primeira é Max Corden, que foi meu professor em Oxford e cuja combinação notável de clareza, rigor e bom senso me marcou para a vida inteira. Aspirei, nem sempre com sucesso, a igualar essas qualidades em minhas atividades profissionais. Foi uma grande honra e um prazer ainda maior apresentar uma palestra, batizada em homenagem a ele, em sua cidade natal de Melbourne em outubro de 2012.[1] A segunda pessoa é Adair Turner, ex-presidente da Autoridade de Serviços Financeiros do Reino Unido. Adair fez a gentileza de ler a terceira parte do livro e o capítulo final. Apreciei muito seu saber e apoio, e aprendi imensamente com seu texto sobre a crise e suas consequências. A última pessoa é Mervyn King, ex-presidente do Banco da Inglaterra e um amigo por mais de duas décadas. Apesar das inevitáveis discordâncias profissionais, sempre admirei muito sua inteligência e integridade. Sou grato a Mervyn por ler o rascunho do livro e me oferecer úteis comentários de apoio. Ele me encorajou a ser ainda mais radical do que eu pretendera ser.

Outros a quem devo gratidão por conversas sobre tópicos deste livro são Anat Admati, da Universidade Stanford, C. Fred Bergsten, do Peterson Institute for International Economics, Ben Bernanke, ex-presidente do Federal Reserve, Olivier Blanchard, do Fundo Monetário Internacional, Claudio Borio, do Banco de Compensações Internacionais, Paul de Grauwe, da London School of Economics, minha ex-colega Chrystia Freeland, membro do Parlamento canadense, Andy Haldane, do Banco da Inglaterra, Robert Johnson, do Institute for New Economic Thinking, Paul Krugman, da Universidade Princeton, Philippe Legrain, ex-assessor do presidente da Comissão Europeia, Michael Pettis, da Universidade de Pequim, Adam Posen, do Peterson Institute for International Economics, Raghuram Rajan, presidente do Banco da Reserva da Índia, Carmen Reinhart, da Universidade Harvard, Kenneth Rogoff, da Universidade Harvard, Jeffrey Sachs, da Universidade de Columbia,

Hans-Werner Sinn, do CESifo, George Soros, Joseph Stiglitz, da Universidade de Columbia, Andrew Smithers, da Smithers & Co., Lawrence Summers, da Universidade Harvard, Alan Taylor, da Universidade da Califórnia, Paul Tucker, que trabalhou no Banco da Inglaterra, David Vines, da Universidade de Oxford, William White, que trabalhou no Banco de Compensações Internacionais, e Malcolm Wiener. Também quero deixar agradecimentos a John Vickers, Claire Spottiswoode, Martin Taylor e William (Bill) Winters, com quem tive o prazer de trabalhar na Comissão Independente sobre Bancos do governo britânico em 2010-1, assim como aos membros de seu admirável secretariado. Peço desculpas a todos que possam se sentir menosprezados por serem omitidos desta lista. Ela está longe de ser exaustiva. É evidente que nenhuma das pessoas que listei tem responsabilidade alguma pelo que aparece neste livro.

Também quero fazer um agradecimento especial a Douglas Irwin, da Dartmouth University, e a Kevin O'Rourke, da Universidade de Oxford, pela permissão de usar o título *As transições e os choques*, que tirei do interessante texto deles "Lidando com choques e transições".[2] Essa expressão captou perfeitamente meu tema.

Por fim, e bem acima de todos, devo expressar meus agradecimentos mais profundos a Alison, minha esposa durante mais anos do que ela gostaria de admitir. Ela me deu tudo que poderia fazer a vida de um homem feliz, inclusive os três filhos a quem este livro é dedicado. Além disso, agradeço a ela por seu encorajamento e apoio enquanto escrevi este livro, que esteve longe de ser um processo fácil. Sem Alison, tenho certeza de que ele não teria sido terminado. Devo agradecer a ela, igualmente, por ler todo o rascunho e me oferecer comentários que eram sensatos e certeiros, como sempre fez. Acima de tudo, ela me obrigou a explicar o que quero dizer a uma leitora extremamente inteligente que não vive no mundo da macroeconomia internacional e das finanças globais. O valor de uma leitora como essa é e sempre foi inestimável.

Lista de figuras

1. Swap Libor-ois 48

2. Necessidade geral de empréstimo do governo 55

3. PIB real desde a crise 58

4. Emprego 60

5. Dívida acumulada do setor privado em relação ao PIB nos Estados Unidos. 62

6. Spreads sobre o rendimento dos *bunds* alemães 74

7. Spreads sobre os rendimentos dos *bunds* 77

8. Saldos em conta-corrente na zona do euro, 2007 (us$ bilhões) 87

9. Saldos em conta-corrente na zona do euro, 2007 (% do PIB) 88

10. Custo unitário de mão de obra na indústria em relação à Alemanha 90

11. Saldos em conta-corrente 97

12. Balanço fiscal geral médio do governo, 2000-7 103

13. Razão dívida pública bruta/PIB 106

14. Razão dívida pública bruta/PIB 108

15. Razão dívida pública bruta/PIB 109

16. Spread entre os rendimentos de títulos britânicos e espanhóis de
dez anos 110

17. PIB real de países da zona do euro atingidos pela crise 113

18. Taxas de desemprego 114

19. Crescimento na Grande Recessão.. 118
20. Aumento do PIB, 2007-12 119
21. Saldos médios em conta-corrente, 2000-7... 123
22. Saldo médio em conta-corrente, 2000-7.. 124
23. Crescimento do PIB na Europa Central e Oriental em 2009 125
24. Reservas em moeda estrangeira 127
25. Fluxos de capital para economias emergentes.. 129
26. Contribuições da demanda para o crescimento do PIB chinês............. 134
27. Preços reais de commodities 135
28. Índices sintéticos transacionáveis de títulos subprime lastreados por
ativos dos Estados Unidos.. 175
29. Taxas básicas de juro de curto prazo do Banco Central 183
30. Rendimentos de títulos de dez anos indexados 185
31. Preços reais de imóveis residenciais e rendimentos indexados reais.... 188
32. Desequilíbrios globais.. 190
33. Saldos financeiros dos Estados Unidos desde 2000 200
34. Desequilíbrios em conta-corrente na zona do euro................................ 210
35. Saldos financeiros setoriais na Alemanha 212
36. Spread sobre os rendimentos de títulos do governo de dez anos em
relação aos *bunds* 213
37. Lastro para o M2 dos Estados Unidos... 254
38. Lucros reais do setor financeiro dos Estados Unidos 281
39. PIB dos Estados Unidos 299
40. PIB do Reino Unido... 300
41. "Multiplicador monetário" dos Estados Unidos 305
42. Saldos fiscais estruturais.. 309
43. Empréstimo líquido setorial no Reino Unido... 321
44. Custos unitários de mão de obra no conjunto da economia em
relação à Alemanha 338
45. PIB da zona do euro... 339
46. Inflação *core* anual de preços ao consumidor 340
47. Critérios ideais de área de moeda 353
48. Dívida pública bruta em relação ao PIB.. 356
49. PIB per capita dos Estados Unidos.. 375
50. PIB per capita do Reino Unido 376

Prefácio: por que escrevi este livro

Pode "Ela" — uma Grande Depressão — acontecer de novo? E, se "Ela" pode acontecer, por que não ocorreu nos anos desde a Segunda Guerra Mundial? Essas são perguntas que decorrem naturalmente tanto do registro histórico quanto do sucesso comparativo dos últimos trinta anos. Para responder a essas perguntas é necessário ter uma teoria econômica que torne as grandes depressões um dos estados possíveis em que nosso tipo de economia capitalista pode se encontrar.

Hyman Minsky, 1982[1]

Este livro é sobre o modo como as crises financeiras e econômicas que atingiram países de alta renda depois de agosto de 2009 alteraram nosso mundo. Mas sua análise está enraizada em como esses choques se originaram em transições anteriores — as interações entre mudanças na economia global e o sistema financeiro. Ele indaga como esses acontecimentos perturbadores mudarão — e devem mudar — os modos como pensamos sobre economia. Também indaga como eles mudarão — e devem mudar — as políticas adotadas pelos países afetados e pelo resto do mundo.

O livro é uma exploração de uma paisagem alterada. Devo começar sendo honesto comigo mesmo e com o leitor: embora eu passe minha vida profissional analisando a economia mundial e tenha visto muitas crises financeiras, não previ uma crise de tal magnitude nos países de alta renda. Isso não se deu porque eu não tinha consciência das tendências insustentáveis da época anterior à crise. Meu livro anterior, *A reconstrução do sistema financeiro global*, publicado em 2008 mas baseado em palestras apresentadas em 2006, discutia a fragilidade do sistema financeiro e a frequência das crises financeiras desde o começo da década de 1980. Também examinava o preocupante crescimento de enormes superávits e déficits em conta-corrente — os chamados "desequilíbrios globais" — depois das crises nos mercados emergentes de 1997-9. Ele focalizava particularmente as implicações do fenômeno vinculado dos imensos déficits em conta-corrente americanos, os acúmulos de reservas em moeda estrangeira em economias emergentes e os desequilíbrios dentro da zona do euro.[2] Essa discussão surgia naturalmente da consideração do sistema financeiro em meu livro anterior, *Why Globalization Works* [Por que a globalização funciona], publicado em 2004.[3] Esse livro, embora defendesse fortemente a globalização, enfatizava os pesados custos das crises financeiras. Não obstante, eu não esperava que essas tendências terminassem em uma crise financeira tão colossal, em um salvamento tão abrangente ou em um tumulto tão imenso na zona do euro.

Minha falha não se deu porque eu não tinha consciência de que aquilo que os economistas chamavam a "grande moderação" — um período de menor volatilidade do produto nos Estados Unidos, em particular, entre o fim da década de 1980 e 2007 — havia coincidido com os grandes e potencialmente desestabilizadores aumentos dos preços dos ativos e da dívida.[4] Foi antes porque me faltou imaginação para prever um colapso do sistema financeiro ocidental. Fui culpado de trabalhar com um modelo mental da economia que não admitia a possibilidade de outra Grande Depressão ou mesmo uma "Grande Recessão" nas economias mais avançadas do mundo. Eu acreditava que um acontecimento como esse só era possível em consequência de erros inconcebivelmente enormes por parte de banqueiros e reguladores. Minha perspectiva pessoal sobre economia não passara no teste estabelecido pelo falecido e quase universalmente ignorado Hyman Minsky.

O livro tem o propósito de aprender com esse erro. Um de seus objetivos é indagar se a exigência de Minsky de uma teoria que gere a possibilidade de grandes depressões é razoável e, caso seja, como os economistas devem responder a isso. Creio que ela é bastante razoável. Muitos economistas da corrente predominante reagem argumentando que as crises são impossíveis de prever: se não fossem, ou elas já teriam acontecido, ou teriam sido evitadas por agentes racionais. Essa é certamente uma doutrina satisfatória, já que poucos economistas da corrente dominante previram a crise, ou mesmo a possibilidade de uma. Para a escola dominante de economia neoclássica, depressões são o resultado de algum choque externo (ou, como dizem os economistas, "exógeno"), não de forças geradas dentro do sistema.

A possibilidade oposta e, a meu ver, muitíssimo mais plausível é que a crise aconteceu em parte *porque* os modelos econômicos dessa corrente tornavam esse resultado manifestamente tão improvável na teoria que acabavam tornando-o mais provável na prática. A despreocupação encorajada pelas hipóteses de expectativas racionais e de mercados eficientes tornaram descuidados os reguladores e os investidores. Como Minsky argumentou, a estabilidade desestabiliza. Esse é um aspecto do que George Soros, o especulador bem-sucedido e pensador econômico inovador, chama "reflexividade": o modo como os seres humanos pensam determina a realidade em que eles vivem.[5] Ciência econômica ingênua ajuda a causar economias instáveis. No meio-tempo, analistas menos convencionais argumentariam que em nosso atual sistema econômico as crises são inevitáveis. A despeito de suas enormes diferenças, a escola "pós-keynesiana", com sua suspeita dos livres mercados, e a escola "austríaca", com sua crença fervorosa neles, concordariam sobre esse último argumento, embora viessem a discordar sobre o que causa as crises e o que fazer a respeito delas quando acontecem.[6]

A visão de Minsky de que a ciência econômica deveria incluir a possibilidade de crises severas, não como resultado de choques externos, mas como eventos que surgem dentro do sistema, é metodologicamente sólida. Crises, afinal, são fenômenos econômicos. Ademais, elas se revelaram uma característica persistente das economias capitalistas. Como Nouriel Roubini e Stephen Mihm argumentam em seu livro *A economia das crises*, as crises e as depressões subsequentes não são, na hoje celebrada terminologia de Nassim Nicholas Taleb, "cisnes negros" — eventos raros e imprevisíveis —, mas "cisnes brancos" — eventos normais —, se bem que relativamente infrequentes, que até seguem um padrão previsível.[7] As depressões são na verdade um dos estados em que uma economia capitalista pode cair. Uma teoria econômica que não incorpore essa possibilidade é tão relevante como teoria quanto uma teoria da biologia que exclua o risco de extinções, uma teoria do corpo que exclua o risco de ataques do coração ou uma teoria da construção de pontes que exclua o risco de desmoronamento.

Eu também concordaria com Minsky que os governos têm de reagir quando as depressões acontecem, sendo esse o aspecto sobre o qual os pontos de vista das escolas pós-keynesiana e austríaca divergem — a primeira enraizada nas teorias do emprego de equilíbrio de John Maynard Keynes e a última, nas perspectivas de livre mercado de Ludwig von Mises e Friedrich Hayek. Minsky punha fé em um "grande governo" — um governo capaz de financiar o setor privado incorrendo em déficits fiscais — e um "grande banco" — um banco central capaz de sustentar os empréstimos quando o sistema financeiro já não conseguir fazê-lo.[8] Na verdade, lidar com acontecimentos tão ameaçadores é um dos objetivos dos governos e dos bancos centrais modernos. Além de enfrentar as crises, se e quando elas surgirem, os formuladores de políticas também precisam considerar como reduzir a vulnerabilidade a tais eventos. Evidentemente, cada parte dessas visões sobre a fragilidade da economia de mercado e as responsabilidades do governo é controversa.

Esses eventos não foram os primeiros a mudar minhas opiniões sobre economia desde quando comecei a estudar o assunto na Universidade de Oxford, em 1967.[9] Nos 45 anos seguintes, aprendi muito e, como era previsível, mudei de ideia de tempos em tempos. No fim da década de 1960 e no início da de 1970, por exemplo, passei a achar que um papel maior para os mercados e uma política econômica dedicada à estabilidade monetária eram essenciais, tanto nos países de alta renda como naqueles em desenvolvimento. Participei, portanto, do movimento na direção de perspectivas econômicas mais voltadas para o mercado que ocorreu naquela época. Estava particularmente impressionado com a visão austríaca da economia de mercado como um sistema para estimular a busca de oportunidades lucrativas, em contraste com a fixação neoclássica no equilíbrio: os textos de Joseph Schumpeter e Hayek foram (e continuam a ser) influências poderosas. A presente crise acentuou meu ceticismo em relação ao equilíbrio, mas também restaurou um interesse forte e admirativo na obra de Keynes, que começou quando eu estava em Oxford.

Passados oitenta anos, de novo as preocupações de Keynes se tornaram nossas. Fomos lembrados de que aqueles que não aprendem com a história estão condenados a repeti-la. Consequentemente, a crise alterou o modo como penso sobre finanças, macroeconomia e os vínculos entre elas, e, portanto, inevitavelmente, também sobre sistemas monetários e financeiros. Em certos sentidos, as visões que animaram este livro me levam para mais perto de minhas atitudes de 45 anos atrás.

É útil separar minhas opiniões sobre como o mundo funciona, que de fato mudam, de meus valores, que permaneceram inalterados. Adquiri esses valores de meus pais, em particular de meu falecido pai, Edmund Wolf, um judeu refugiado da Áustria na década de 1930. Ele era um defensor apaixonado da democracia liberal. Opunha-se a utópicos e fanáticos tanto de direita como de esquerda. Acreditava em valores iluministas, temperados pela avaliação das fragilidades da humanidade. Essa última tinha suas raízes no talento (e na carreira) dele como dramaturgo e jornalista. Ele aceitava as pessoas como elas são. Opunha-se àqueles que buscavam transformá-las no que elas não podiam ser. Esses valores o tornaram, e mais tarde me tornaram, firmemente anticomunista durante a Guerra Fria.

Permaneci apegado a esses valores por toda a minha vida. Mas minhas opiniões sobre a economia se alteraram com o passar do tempo. Quando a turbulência econômica atingiu o mundo ocidental durante a década de 1970, fiquei preocupado com que ela pudesse solapar a prosperidade e a estabilidade política. Quando a inflação de preços no varejo do Reino Unido chegou a 27%, em agosto de 1975, cheguei até a me perguntar se meu país seguiria o caminho da Argentina. Fiquei feliz de ver Margaret Thatcher buscar derrotar a inflação, restringir as extensões desnecessárias da intervenção estatal na economia, conter o poder desenfreado dos sindicatos e liberalizar os mercados. Essas, eu pensava, eram reformas essenciais. Similarmente, parecia-me que os Estados Unidos precisavam de pelo menos parte do que Ronald Reagan oferecia. No contexto da Guerra Fria corrente, um Ocidente recuperado e revigorado parecia necessário e correto. Eu acreditava que as medidas de afastamento do que era então um Estado excessivamente amplo e não sujeito a prestar contas na direção de um Estado mais limitado e responsável estavam na direção certa, se se quisesse restaurar o equilíbrio correto entre a sociedade e o Estado. Na década de 1970, concluí, o Estado havia se tornado fraco porque se ampliara em excesso, notadamente no Reino Unido: semana de trabalho de três dias, inflação ascendente, lucros em colapso e insatisfação entre os trabalhadores, tudo isso indicava que o Estado era cada vez menos capaz de desempenhar suas funções básicas. Os Estados Unidos e o Reino Unido precisavam ter estados mais limitados e mais eficientes, juntamente com sociedades civis mais autoconfiantes e mais vigorosas.

Igualmente necessárias, concluí do que aprendera como pós-graduando no Nuttfield College, Oxford, e a seguir durante meus dez anos no Banco Mundial, eram a reforma e a liberalização das economias dos países em desenvolvimento. Os resultados foram em grande parte positivos ao longo das últimas três décadas, embora também aí a ameaça de instabilidade financeira nunca estivesse muito longe, como ficou evidente em agosto de 1982, o mês em que a crise da dívida latino-americana da década de 1980 ficou clara para o mundo. A era da liberalização do mercado foi também a era das crises financeiras, culminando na maior e mais importante delas, que começou em 2007.[10]

Entre 1989 e 1991, a Guerra Fria de repente terminou. Eu me regozijei com o colapso do comunismo soviético e o triunfo da democracia liberal. Pensei que seria possível haver um período de paz e prosperidade estável. O período desde então foi de fato um momento de progresso econômico extraordinário em grande parte do mundo em desenvolvimento, acima de tudo na China e depois na Índia, países que respondem por quase 40% da população mundial. Igualmente encorajadora foi a disseminação da democracia em partes importantes do mundo, notadamente na América Latina, na África subsaariana e, é claro, na Europa pós-soviética. Hoje é possível identificar pelo menos a disseminação de ideais democráticos, se não práticas democráticas efetivas, em partes do mundo árabe e do mundo muçulmano em geral. O que está surgindo é, certamente, não só imperfeito e corrupto, mas com frequência maculado por violência e opressão. Mas é impossível olhar para os desenvolvimentos das três últimas décadas sem concluir que, não obstante as falhas e as decepções, a direção geral foi no sentido de governos mais responsáveis, economias mais voltadas para o mercado, e, portanto, no sentido de relações mais cooperativas entre estados, e de soma positiva.[11] A criação da OMC, em 1996, é apenas um sinal, mas particularmente importante, desses desenvolvimentos fundamentalmente auspiciosos.

Contudo, muita coisa também deu errado. Durante a década de 1990, em particular durante a crise financeira asiática de 1997-8, fiquei preocupado com a possibilidade de a liberalização das décadas de 1980 e 1990 ter criado um monstro: um setor financeiro capaz de devorar economias por dentro. Expressei essas preocupações em colunas escritas para o *Financial Times*. Essa suspeita se consolidou em algo perto de uma certeza desde 2007. Ligada a isso, há a preocupação com as implicações de níveis sempre crescentes de endividamento, em particular no setor privado, e, além disso, o que está começando a parecer uma demanda cronicamente fraca, no nível global.

A fé em mercados financeiros irrestritos e nos benefícios do endividamento privado sempre crescente não era a única forma perigosa de arrogância disponível. Outra era a criação do euro. De fato, em uma coluna escrita em

1991, quando a negociação do Tratado de Maastricht foi concluída, eu já julgara esse empreendimento arriscado com palavras usadas pelos antigos gregos sobre o caminho tomado por uma peça de teatro trágica: *hubris* (arrogância); *atē* (insensatez); *nemesis* (reparação).[12] Ademais, vimos um marcado aumento da desigualdade em muitas das economias do mundo, em particular nos países de alta renda mais voltados para o mercado. A desigualdade crescente tem muitos efeitos adversos — redução da mobilidade social, por exemplo. Entre esses efeitos adversos está uma ligação com a instabilidade financeira, quando as pessoas se sentem obrigadas a contrair empréstimos para compensar rendimentos reais estagnados ou até declinantes.[13]

As soluções de três décadas atrás se metamorfosearam nos problemas de hoje. Essa não é de forma alguma uma experiência nova na história humana. Mas ela é particularmente provável quando uma filosofia é levada a seu extremo. A democracia liberal, creio, está agora tão ameaçada pela instabilidade financeira e pela desigualdade crescente quanto foi pela inflação alta e pela contração dos lucros na década de 1970. Ao aprender lições daquela época, talvez inevitavelmente, cometemos erros nesta.

"Democracia liberal" contém duas palavras que correspondem a dois conceitos de liberalismo relacionados mas distintos. Ambos têm raízes profundas. Um conceito é a liberdade do indivíduo sob a lei. Essa forma de liberdade — autonomia pessoal — representa o que o falecido Isaiah Berlin, em seu ensaio clássico "Dois conceitos de liberdade", chamava "liberdade negativa".[14] O outro conceito não é exatamente o de "liberdade positiva", como Berlin a definia, embora tenha alguma relação com esta. É antes o do indivíduo como cidadão.

Como o falecido Albert Hirschmann argumentou, "voz" — a capacidade de alguém para opinar em decisões coletivas que o afetam — é tão importante quanto "saída" — a capacidade do indivíduo para escolher alternativas, não só como consumidor e produtor, mas como cidadão.[15] Enquanto o primeiro conceito de liberdade é quintessencialmente inglês, o segundo remonta ao mundo antigo.[16] Para os atenienses, o indivíduo isolado que não assumia nenhum lugar na vida pública era um *idiōtēs* — a palavra da qual nossa palavra "idiota" é derivada. Tal pessoa era um ser humano inadequado porque ele (para os gregos era sempre "ele") se concentrava só em seus assuntos privados e não naqueles de sua *polis*, ou cidade-Estado, o coletivo que o socorria e ao qual ele devia não apenas sua lealdade, mas também sua energia.

O ideal de uma democracia liberal deriva do casamento dessas duas ideias — liberdade e cidadania. Ele se baseia na crença de que somos não só indivíduos com direito de escolher por nós mesmos, sujeitos à lei; somos também, como disse Aristóteles, "animais políticos". Como tais, temos tanto a necessidade como o direito de participar da vida pública. Cidadania traduz a ideia de autoestima individual para o nível político. Como cidadãos, podemos e devemos fazer coisas juntos. Muitas dessas coisas são, por sua vez, as pedras fundamentais da "liberdade positiva" de Berlin, ou agência individual.

Exemplos óbvios de bens públicos e semipúblicos fornecidos socialmente, além dos bens públicos clássicos de defesa e justiça, são: proteção ambiental, financiamento de pesquisa científica básica, apoio à inovação técnica e provisão de assistência médica, educação e uma rede de segurança social. Fazer escolhas, juntos, sobre a provisão desses bens não representa uma violação da liberdade, é antes tanto uma expressão como um facilitador desse valor fundamental.

Hoje, então, as ameaças à democracia liberal, como a defino, vêm não do comunismo, do socialismo, da militância trabalhista, da inflação ascendente ou do colapso na lucratividade das empresas, como foi o caso na década de 1970, mas da instabilidade financeira e econômica, do desemprego elevado e da desigualdade crescente. O equilíbrio precisa ser alterado de novo. Reconhecer essa necessidade não muda minha visão de que os mercados e a concorrência são as forças mais poderosas para obter dinamismo econômico. Nem mudou minha visão de que uma economia de mercado é tanto um reflexo da liberdade pessoal quanto uma precondição para sua sobrevivência.[17] Só se as pessoas forem livres em seus meios elas podem ser livres em seus fins.[18] Também a democracia não funcionará a longo prazo sem uma cidadania que seja, em um grau substancial, economicamente independente do Estado. Mas o capitalismo impulsionado pelas finanças que surgiu depois da contrarrevolução orientada para o mercado se revelou excessivo. É isso que aprendi da crise. Este livro atesta essa perspectiva e tenta compreender como ela mudou o modo como penso sobre nosso mundo.

Introdução: "não estamos mais no Kansas"[1]

Não é mais a economia de expansão e contração [boom and bust]: a Grã-Bretanha teve as mais baixas taxas de juro em quarenta anos. E não mais a economia para e anda [stop-and-go]: a Grã-Bretanha está agora desfrutando o período mais longo de crescimento econômico sustentado em duzentos anos.

Gordon Brown, 2004[2]

Minha opinião é que melhoras na política monetária, embora certamente não tenham sido o único fator, provavelmente foram uma fonte importante da Grande Moderação. Em particular, não estou convencido de que a queda da volatilidade macroeconômica das duas últimas décadas foi primariamente o resultado de boa sorte, como alguns argumentaram, embora esteja certo de que a boa sorte também desempenhou seu papel.

Ben Bernanke, presidente do conselho do Federal Reserve, 2004[3]

O passado é um país estrangeiro. Mesmo o passado muito recente é um país estrangeiro. Isso certamente é verdade quanto às visões de importantes formuladores de políticas. A crise que irrompeu no mundo em agosto de 2007, e depois se transformou em um mal-estar econômico crescente nos países de alta renda e em uma enorme turbulência na zona do euro, pôs não apenas esses países mas o mundo inteiro em um estado não imaginado antes nem mesmo por formuladores de políticas inteligentes e bem informados.

Gordon Brown não era, afinal, um economista profissional. A arrogância, em seu caso, não era tão extraordinária. Mas Ben Bernanke é um economista competentíssimo. Seus erros foram, lamentavelmente, representativos da pro-

23

fissão. Em uma palestra proferida em fevereiro de 2004 sobre o que os economistas chamavam a "grande moderação", o sr. Bernanke falou sobre o que agora parece um planeta bem diferente — um mundo não de crise financeira e mal-estar econômico de longo prazo, mas de estabilidade notável e política monetária superlativa.[4] Além disso, afirmava o sr. Bernanke, "uma melhor política monetária provavelmente deu uma contribuição importante não só para a menor volatilidade da inflação (o que não é particularmente controverso) mas também para a menor volatilidade do produto".[5]

Isso agora parece esquisito. O establishment econômico fracassou. Ele foi incapaz de entender como a economia funcionava, no nível macroeconômico, porque foi incapaz de avaliar o papel dos riscos financeiros; e foi incapaz de entender o papel dos riscos financeiros em parte porque foi incapaz de entender como a economia funcionava no nível macroeconômico. O trabalho de economistas que de fato entenderam essas fontes de fragilidade foi ignorado porque não se encaixava no mundo imaginado de agentes racionais, mercados eficientes e equilíbrio geral que aqueles professores Pangloss haviam criado.[6]

A turbulência econômica subsequente fez mais que tornar a economia mesmo de alguns anos atrás parecer tão morta quanto o dodô. Ela mudou (ou deveria ter mudado) o mundo. Esse é o assunto deste livro. Ele não oferece uma história detalhada da crise. É, mais propriamente, uma tentativa de analisar o que a crise nos diz sobre a economia e a ciência econômica. Só analisando esse evento com certa minúcia é possível discutir o que precisa ser feito e depois contrastar com isso o que foi — e está sendo — feito. Estamos agora em um curso sustentável? A resposta, como argumentarei, é não.

ESBOÇO DA ANÁLISE

A parte 1 — "Os choques" — examina como as crises financeiras que atingiram as economias avançadas depois de 2007 tornaram o mundo o que ele era no começo de 2014. Sim, a globalização continua. Mas as mais recentes e mais perigosas crises financeiras do pós-guerra tornaram a economia mundial frágil e as economias dos países de alta renda, fracas.

O capítulo 1, o primeiro da parte 1, examina a crise financeira global e seus desdobramentos, concentrando-se na situação em que estão agora as economias de alta renda. A ortodoxia econômica tratava crises financeiras tão imensas como mais ou menos inconcebíveis. Não obstante, elas aconteceram. A onda de crises financeiras e as medidas de política usadas para combatê-las — o resgate do sistema bancário, a expansão monetária sem precedentes e os enormes déficits fiscais — foram extraordinárias. Embora essas medidas heroicas tenham interrompido o movimento para mais uma Grande Depressão, não conseguiram fazer com que os países de alta renda voltassem a uma condição de saúde boa. Os governos têm lutado com um cenário resultante de desemprego alto, baixo crescimento da produtividade, desalavancagem e preocupações crescentes com solvência fiscal. Surgiu o fantasma de um mal-estar japonês.

O capítulo 2 passa então à crise na zona do euro. Uma vez que os fluxos de crédito cessaram em 2008, as fraquezas estruturais da zona do euro ficaram evidentes. Em seguida, inúmeras intervenções políticas inadequadas mal conseguiram evitar um colapso. A despeito de algum progresso no controle da crise, o projeto europeu do pós-guerra permanece em risco, já que é impossível avançar para uma união mais forte ou voltar para a independência monetária.

O capítulo 3, o último da parte 1, examina as consequências das crises para as economias emergentes. Em geral, o crescimento econômico nos mercados emergentes permaneceu acelerado, apesar das fraquezas nas economias de alta renda. Mas também neles, inclusive na China e na Índia, cresceram as preocupações com o endividamento excessivo do setor privado ou público e com bolhas de ativos. Além disso, as políticas monetárias excepcionais dos países avançados e os enormes fluxos de capital privado provenientes deles, em busca de rendimentos mais elevados, também criaram dilemas sérios para os formuladores de políticas em países emergentes: deveriam eles aceitar taxas de câmbio mais altas e menor competitividade externa ou resistir a elas, talvez intervindo nos mercados de moeda, e, portanto, correndo o risco de perda de controle monetário, crescimento excessivo do crédito, desordem inflacionária e financeira? Finalmente, surgiram evidências de desaceleração do crescimento subjacente. Mais reformas estruturais são necessárias.

A parte 2 — "As transições" — examina como a economia mundial chegou aqui. O que criou a fragilidade que finalmente se transformou em choques financeiros e econômicos tão imensos? Se quisermos fazer melhor no futuro, temos de entender as raízes do que deu errado.

O capítulo 4, o primeiro da parte 2, se concentra na fragilidade financeira. Por que partes essenciais do sistema financeiro se desintegraram? Foi por causa das fraquezas inerentes ao sistema financeiro? Por causa de erros de política específicos, antes da crise e durante sua ocorrência? Os erros ao lidar com a crise, como alguns argumentam, foram ainda mais importantes que aqueles cometidos antes da crise? Todos esses pontos de vista se revelam parcialmente corretos.

O capítulo analisará o que torna os sistemas financeiros inerentemente frágeis. Então olhará com mais detalhe o que tornou o sistema financeiro particularmente frágil antes de 2007. Examinará o crescimento do "sistema bancário paralelo", o aumento da complexidade e da interconexão financeira, o papel do "risco moral" e as responsabilidades dos governos ao lidar com a crise. Também argumentará que foram cometidos erros importantes no entendimento das limitações do estabelecimento de metas de inflação na administração das economias.

Contudo — acrescentará o capítulo 5 —, a vulnerabilidade à crise não se deveu ao que aconteceu apenas dentro do sistema financeiro. Por baixo dela estavam eventos econômicos globais, em particular o surgimento de um "excesso de poupança global" e da bolha de crédito a ele associada, em parte devido a algumas transições econômicas interligadas. Um aspecto decisivo disso foi o aumento dos desequilíbrios globais, com economias emergentes decidindo exportar para países avançados capital que esses últimos mostraram ser incapazes de usar com eficiência. Depois das crises asiáticas, as taxas reais de juro globais caíram para níveis excepcionalmente baixos. Isso acionou um boom de preços de ativos que depois se transformou em uma bolha. Mas também foi importante a mudança na distribuição de renda entre capital e trabalho e entre os trabalhadores, para formar o excesso de poupança. O capítulo argumentará que explicações alternativas populares das causas econômicas das crises — política monetária frouxa, em particular — confundem resultados com causas. Atrás dos desequilíbrios crescentes e do excesso de poupança a eles associados estão transições fundamentais na economia mundial impulsionadas por liberalização, tecnologia e envelhecimento da população, e reveladas em globalização, desigualdade crescente e investimento fraco nas economias de alta renda.

O capítulo 5 também examinará como a combinação da bolha de crédito com o excesso de poupança e as falhas de projeto subjacentes levaram a zona do euro a uma crise tão profunda. Argumentará que é preciso entender a interação de cinco elementos: erros de projeto; erros em decisões sobre políticas entre países credores e devedores antes da crise; a fragilidade do setor financeiro, notadamente o sistema bancário em países da zona do euro; erros de política monetária; e falhas na elaboração de maneiras eficazes de lidar com a crise quando ela chegou. Como resultado, os riscos de colapso continuam significativos, com efeitos potenciais devastadores sobre a estabilidade econômica do continente.

A parte 3 — "As soluções" — olha então para onde *devíamos* estar indo. A característica saliente da resposta à crise foi fazer apenas o mínimo necessário para "pôr de novo o show na estrada". Isso é verdade quanto à política macroeconômica. É verdade quanto à reforma do setor financeiro. E é também verdade quanto à reforma da zona do euro. Tudo isso é compreensível. Mas não é bom o suficiente. Torna quase certo que a recuperação será fraca e desequilibrada demais e que crises ainda maiores surgirão no futuro.

O capítulo 6, o primeiro da parte 3, empreenderá a busca por ideias econômicas melhores. A crise revelou erros profundos de entendimento do modo como funciona a economia moderna, que resultaram em enormes erros de política, tanto antes como, no caso da política fiscal, depois da crise. É necessário perguntar quanto da ciência econômica ortodoxa das últimas décadas se sustenta à luz dos acontecimentos. Os economistas austríacos ou os pós-keynesianos estavam mais perto da verdade do que os economistas ortodoxos que dirigiam os bancos centrais e assessoravam os departamentos do Tesouro? A resposta será que os economistas heterodoxos estavam na verdade mais certos que os ortodoxos. O desafio para a ciência econômica é grande e a necessidade de experimentação é forte. Alguns argumentam que precisamos voltar ao padrão-ouro. O capítulo mostrará que isso é uma fantasia. Mas a questão do vínculo entre moeda e sistema financeiro é central e deve ser enfrentada.

O capítulo 7 examinará como alcançar um sistema financeiro melhor. Começará pelas reformas que estão hoje sendo levadas a cabo e indagará se elas serão suficientes para gerar um futuro seguro. A discussão examinará então outras reformas possíveis, entre elas requerimentos muito mais elevados de capital e propostas para eliminar totalmente o "sistema bancário de reserva fracionária". A discussão se concluirá argumentando que uma nova reforma radical é essencial, porque o atual sistema financeiro é inerentemente submisso ao Estado. Isso cria incentivos perigosos, muito propensos, em última instância, a destruir a solvência dos Estados. Um aspecto particularmente importante da fragilidade do sistema financeiro é seu papel na geração de bolhas imobiliárias. A alavancagem do estoque de terra é constantemente um fenômeno desestabilizador.

O capítulo 8 voltará então à busca de uma economia melhor, tanto interna como global. O ponto de partida deve ser como alcançar uma recuperação mais vigorosa e mais bem equilibrada. Devia ter havido apoio monetário e, particularmente, apoio fiscal muito mais fortes para a recuperação. O fato de isso não ter sido feito prejudicará muito as perspectivas econômicas. Os formuladores de políticas cometeram um grande erro em 2010, quando adotaram prematuramente a austeridade. Mas há importantes restrições de longo prazo para conseguir um retorno às taxas de crescimento anteriores à crise e para equilibrar oferta e demanda sem recorrer a mais uma desestabilizadora bolha de crédito e de preços de ativos. As soluções óbvias são uma grande expansão do investimento e uma grande expansão das exportações líquidas. Mas há obstáculos a ambas. A economia mundial precisa ser reequilibrada de forma sustentável, com o capital fluindo em grande escala dos países desenvolvidos para os emergentes. O capítulo explicará como isso pode ser feito e por que será tão difícil fazê-lo. Isso exigirá reformas do sistema monetário global. Entre outras coisas, há um argumento forte a favor de criar um novo ativo de reserva que tornaria muito menos necessárias as políticas mercantilistas das economias emergentes. Mas, se isso for impossível, como parece provável, e os países de alta renda não conseguirem gerar um boom de investimento, esses últimos podem ter de considerar reformas radicais dos arranjos monetários, entre elas o financiamento monetário direto de déficits fiscais.

O capítulo 9, o último da parte 3, examinará a busca por uma zona do euro reformada. Hoje, a zona do euro confronta um desafio existencial. Tem de decidir entre se romper, no todo ou em parte, ou criar um conjunto mínimo de instituições e políticas que a fariam funcionar muito melhor. Desmontar a zona do euro é concebível, mas criaria uma enorme desordem financeira, econômica e política pelo menos no curto e no médio prazo. A desordem se estenderia até o futuro muito distante, se a desmontagem da zona do euro levasse ao despedaçamento de todo o projeto de integração europeia. As reformas alternativas terão de incluir apoio mais efetivo a países com dificuldades temporárias, uma dose de federalismo fiscal, maior integração financeira, um banco central mais apoiador e mecanismos para garantir o ajuste simétrico da competitividade. Sem tais mudanças a zona do euro nunca funcionará bem, e, mesmo com elas, ela pode não sobreviver no longo prazo.

Finalmente, a conclusão voltará ao que a crise significa para o mundo. Argumentarei que este é um ponto de virada. Reformas fundamentais são necessárias, se quisermos alcançar maior estabilidade. Precisaremos tanto de mais globalização quanto de menos — mais regulação e cooperação global, e mais liberdade para que países elaborem individualmente suas próprias respostas às pressões de um mundo que se globaliza. Há enormes tarefas de longo prazo para a manutenção da oferta de bens públicos globais — uma economia estável, paz e, acima de tudo, administração dos enormes desafios ambientais globais — à medida que o mundo se integra e se desenvolve. Mas esses desafios não serão enfrentados se não superarmos primeiro o legado da crise. Ademais, tudo isso deve ser administrado em um momento de transição no poder e na responsabilidade globais de um mundo dominado por potências ocidentais para outro em que novas potências surgiram.

POR QUE OS CHOQUES IMPORTAM

O que torna esta análise importante? A resposta é que as crises financeiras e econômicas do Ocidente mudaram o mundo. Elas mudam o que está acontecendo, como devemos pensar sobre o que está acontecendo e o que devemos fazer a respeito disso.

Comecemos pelo argumento óbvio. A economia mundial revelou ser muito diferente do que a maioria das pessoas imaginava em 2007. Economias que eram consideradas vigorosas se revelaram débeis. Em todos os países de alta renda importantes, o produto permanecera muito abaixo de tendências anteriores e a taxa de crescimento está geralmente muito abaixo do que antes se considerava seu potencial. Em 2013, os níveis de atividade ainda estavam abaixo dos picos pré-crise em vários países importantes, em especial França, Itália, Japão e Reino Unido. Além disso, as taxas de desemprego eram elevadas e persistentes. A preocupação de que algo semelhante ao longo mal-estar econômico japonês estivesse prestes a atingir alguns países de alta renda havia, infelizmente, se tornado mais crível. Talvez o resultado fosse até pior que no Japão: no fim das contas, até agora, foi.

Enquanto isso, os países emergentes, na maioria, se recuperaram vigorosamente. E o fizeram, em parte, substituindo a demanda externa que haviam perdido por estímulo interno. Isso funcionou no curto prazo, de maneira notável na China. Mas essa ação poderia deixar um legado difícil na forma de investimentos de baixa qualidade, bolhas de preços de ativos e dívidas ruins, e talvez, por certas razões, se revelasse insustentável. Ao mesmo tempo, os países emergentes não poderiam retomar as estratégias de crescimento liderado pelas exportações com acumulação de reservas adotadas por muitos dos mais bem-sucedidos entre eles antes da crise. A fraqueza da demanda privada nos países de alta renda e, em particular, a perda das condições para obter crédito de muitas famílias impediram isso. No conjunto, o legado das crises inclui desafios práticos profundos à implementação de políticas em quase todos os lugares.

Como resultado desses desenvolvimentos econômicos inesperados, os países atingidos pela crise foram obrigados a lutar com posições fiscais piores do que haviam antes imaginado. Como mostrou o trabalho de Carmen Reinhart e Kenneth Rogoff, ambos hoje na Universidade Harvard, crises fiscais acompanham naturalmente crises financeiras, em grande parte por causa do impacto sobre a receita e o gasto do governo de lucros e atividade econômica declinantes, junto com desemprego crescente. Estes se somam aos custos fiscais diretos dos resgates de bancos.[7] Como era previsível, na atual crise os maiores efeitos fiscais adversos foram sentidos em países que sofreram um golpe direto das crises financeiras, como Estados Unidos, Reino Unido, Irlanda e Espanha, e não em países que sofreram um golpe indireto, via comércio. Pior ainda, a posição fiscal no longo prazo dos países atingidos pela crise tendia sempre a ser difícil, por causa do envelhecimento da população. Agora, o legado da crise reduziu fortemente o espaço para manobra.

Junto com o impacto fiscal veio uma imensa perturbação monetária. No sistema baseado no crédito que temos hoje, a oferta de moeda é um subproduto da criação de crédito privada. Os bancos centrais regulam o preço do dinheiro, enquanto o banco central e o governo de comum acordo garantem a convertibilidade dos depósitos à vista em dinheiro do governo, ao par, agindo como um emprestador de última instância (no caso do banco central) e um fornecedor manifesto ou oculto de seguro de passivo (no caso do governo). Todavia, como esta crise financeira foi tão séria, os bancos centrais foram muito além das operações-padrão. Eles não só reduziram suas taxas de intervenção oficiais para os níveis mais baixos já vistos, mas expandiram enormemente seus balanços, com efeitos de longo prazo controversos.

A mais óbvia de todas as mudanças é a posição transformada do sistema financeiro. A crise estabeleceu a dependência das instituições mais importantes do mundo em relação ao governo. Ela salientou a existência de instituições que são grandes e interligadas demais para falir. Confirmou a noção de que o sistema financeiro é uma ala do Estado, e não uma parte da economia de mercado. Demonstrou a fragilidade do sistema financeiro. Como resultado de tudo isso, a crise infligiu um dano enorme à credibilidade do sistema financeiro global voltado para o mercado e também à credibilidade do que se costuma chamar "capitalismo financeiro anglo-saxônico" — o sistema em que os mercados financeiros determinam não só a alocação de recursos, mas também a propriedade e a governança das empresas. Uma consequência é que o sistema financeiro foi obrigado a passar por uma reforma substancial. Outra é que um debate sobre o papel e a estrutura apropriados do setor financeiro se tornou inescapável. Outra, ainda, é que a disposição das economias emergentes a integrar-se ao sistema financeiro global foi reduzida.

Como resultado das crises, os países de alta renda estabelecidos sofreram uma imensa perda de prestígio. Esses países, principalmente os Estados Unidos, embora tenham uma parcela cada vez menor da população mundial, permaneceram econômica e politicamente dominantes durante toda a era pós-Segunda Guerra Mundial. Isso se deu em parte porque eles tinham as maiores economias e, portanto, dominavam as finanças e o comércio globais. E também porque controlavam instituições econômicas globais. Por mais que o resto do mundo se ressentisse do poder e da arrogância dos países de alta renda, ele aceitava que, em geral, estes sabiam o que estavam fazendo, pelo menos em política econômica. A crise financeira e o mal-estar subsequente destruíram essa confiança. Pior, por causa do relativo sucesso do capitalismo de Estado da China, o golpe no prestígio do capitalismo financeiro ocidental trouxe consigo um golpe paralelo na credibilidade da democracia ocidental.

Essas crises também aceleraram uma transição de poder e de influência econômica que já estava em curso. Entre 2007 e 2012, o produto interno bruto dos países de alta renda, em conjunto, subiu 2,4%, em termos reais, de acordo com o Fundo Monetário Internacional, com o dos Estados Unidos subindo 2,9% e o da zona do euro caindo 1,3%. No mesmo período, o PIB real dos países emergentes cresceu 31% e os da Índia e da China, 39% e 56%, respectivamente. Uma transformação tão veloz no peso econômico relativo entre países importantes não tem precedente. É plausível que a economia da China já seja a maior do mundo, em paridade de poder de compra, na metade desta década, e ela será a maior em preços de mercado na primeira parte da próxima década. A crise acelerou a economia mundial na direção dessa transição profunda.

A coincidência de uma enorme crise financeira e econômica com uma transformação anterior no poder econômico relativo também ocorreu na década de 1930. A ascensão dos Estados Unidos como uma grande potência econômica no começo do século XX e a força avassaladora de seu balanço de pagamentos depois da Primeira Guerra Mundial ajudaram a causar tanto a escala da crise econômica global como a ineficácia da resposta na década de 1930. Dessa vez, entre 2007 e 2012, a ascensão da China, uma nova superpotência econômica, estava entre as explicações para os desequilíbrios globais que ajudaram a causar as crises. Felizmente, isso não impediu uma resposta eficaz. No futuro, o mundo talvez não seja tão afortunado. Transições no poder global são sempre carregadas de perigo geopolítico e geoeconômico, porque a potência incumbente deixa de ser capaz de prover a ordem política e econômica necessária e a potência em ascensão não vê a necessidade de fazê-lo.

As crises geraram, além disso, desafios fundamentais para o funcionamento da economia global. Uma das características mais importantes da economia global pré-crise — na verdade, uma das causas da própria crise — eram os imensos fluxos líquidos de capital das economias emergentes para ativos supostamente seguros em países de alta renda. Os governos dos países emergentes organizavam esses fluxos — em grande parte resultado de intervenção nos mercados monetários e dos consequentes acúmulos de reservas em moeda estrangeira, que no final de setembro de 2013 chegaram a 11,4 trilhões de dólares — separadamente dos mais de 6 trilhões de dólares em fundos soberanos.[8] A reciclagem de superávits em conta-corrente e entradas de capital privado em saídas de capital oficial — descrita por alguns como um "excesso de poupança" e por outros como um "excesso de dinheiro" — foi uma das causas da crise. Esses fluxos são certamente insustentáveis, porque os países de alta renda se mostraram comprovadamente incapazes de usar o dinheiro de forma eficiente. Também dessa maneira a crise mudou o mundo: o que era desestabilizador antes da crise se tornou insustentável depois dela.[9]

Ademais, a globalização do sistema financeiro também está ameaçada. A realidade é que as economias se tornaram mais integradas, mas a ordem política ainda se baseia em Estados. No caso do sistema financeiro, os contribuintes resgataram instituições cujos negócios estavam fortemente concentrados no exterior. Similarmente, eles foram obrigados a proteger empresas financeiras de eventos no exterior, inclusive aqueles causados por incompetência e condutas danosas dos reguladores. Isso é politicamente inaceitável. Em termos gerais, dois resultados parecem possíveis: um sistema financeiro menos globalizado ou uma regulação mais globalizada. Esse dilema é particularmente perceptível na zona do euro, como observou Adair (Lord) Turner, presidente da Autoridade de Serviços Financeiros do Reino Unido. Isso não ocorre porque ali os mercados financeiros são mais integrados e a autonomia da política nacional é mais limitada que em outros lugares.[10] Na prática, o resultado na Europa tende a ser uma mistura dessas duas coisas. O mesmo é válido também para o mundo como um todo, onde surge uma tensão entre um desejo de acordar ao menos um nível mínimo de padrões regulatórios e um desejo paralelo de preservar a autonomia regulatória interna.[11] Essa pressão por "desglobalização" talvez não se limite ao sistema financeiro. A combinação de crescimento lento com desigualdade crescente, desemprego elevado, instabilidade financeira, as chamadas "guerras de moedas" e inadimplências fiscais podem ainda minar a legitimidade política da globalização em muitos outros aspectos.

Inevitavelmente, o legado das crises inclui mudanças institucionais em grande escala em muitas áreas de política, nos níveis nacional, regional e global. As áreas óbvias para reforma são regulação financeira, o funcionamento dos sistemas monetários, governança global e instituições econômicas globais. Há reformas em curso. Mas grandes questões permanecem não tratadas e não resolvidas, em particular sobre regimes monetários e de taxa de câmbio globais. Uma medida reveladora, tomada no início da crise, foi a alteração do grupo de sete principais países de alta renda como o foco para tomada de decisões globais informais para o grupo dos vinte — uma alteração que trouxe consigo um aumento de relevância ao preço de uma redução de eficiência. Esse é apenas um dos aspectos das complicações criadas pela necessidade de levar em conta os pontos de vista e os interesses de um número de atores maior do que jamais ocorrera.

Aconteça o que acontecer no nível global, as crises criaram um desafio existencial para a zona do euro e, portanto, para o "projeto" europeu pós-Segunda Guerra Mundial. A zona do euro ainda pode perder membros, embora as probabilidades de que isso aconteça tenham sido muito reduzidas desde o pior momento da crise. Uma reversão como essa poria em perigo o mercado único e a própria União Europeia. Assinalaria a primeira vez em que o projeto europeu teria retrocedido, com consequências devastadoras para o prestígio e a credibilidade dessa ideia. Pior de tudo, um rompimento como esse refletiria — e exacerbaria — um rompimento da confiança entre os povos e países da Europa, com efeitos diretos sobre sua capacidade de sustentar uma abordagem cooperativa dos problemas da Europa e agir de modo eficaz no mundo em geral. Felizmente, os formuladores de políticas entendem esses riscos. Mas, mesmo que tudo seja resolvido, como parece provável, a Europa permanecerá voltada para si própria por muitos anos. Se tudo não fosse resolvido, o colapso do modelo europeu de integração destroçaria a credibilidade do que foi, apesar de todas as suas falhas, o mais promissor sistema de integração internacional pacífica que já existiu.

Mas talvez o sentido mais importante em que as crises mudaram o mundo seja — ou pelo menos devesse ser — o intelectual. Elas mostraram que as visões estabelecidas de como (e quão bem) as economias e os sistemas financeiros mais sofisticados do mundo funcionam eram absurdas. Isso apresenta um desafio constrangedor para a ciência econômica e um desafio paralelo para os responsáveis pelas decisões econômicas — banqueiros centrais, reguladores financeiros, funcionários de ministérios e ministros de Finanças. Em última instância, são as ideias que importam, como bem sabia Keynes. Tanto os economistas quanto os formuladores de políticas precisam repensar seu entendimento do mundo em aspectos importantes. O saber convencional pré-crise, captado com propriedade na fala do sr. Bernanke sobre a contribuição de uma política monetária melhor para a "grande moderação", está revelado como complacente, na verdade vanglorioso. O mundo de fato mudou. O resultado é uma fermentação de ideias, com muitas escolas heterodoxas exercendo influência muito maior e divisões dentro da ortodoxia neoclássica. Essa perturbação evoca as décadas de 1930 e 1940 e, de novo, a de 1970. A oportunidade de assegurar uma economia global mais próspera e mais integrada certamente permanece. Mas o desafio de alcançá-la parece agora mais intratável do que a maioria dos analistas imaginava. Na década de 1930, o mundo fracassou. Vai se sair melhor desta vez? Espero fervorosamente que sim. Mas a história ainda não acabou. Como diz Dorothy em *O mágico de Oz:* "Totó, tenho a sensação de que não estamos mais no Kansas".

PARTE 1: OS CHOQUES

Prólogo

As crises econômica e financeira do mundo ocidental se tornaram visíveis no verão de 2007 e atingiram seu apogeu no outono de 2008. A reação foi uma operação de salvamento sem precedente liderada pelos governos. Isso, por sua vez, desencadeou uma reviravolta econômica no decorrer de 2009. Mas a recuperação dos países de alta renda foi, em geral, decepcionante: o produto permaneceu deprimido, o desemprego ficou elevado, os déficits fiscais continuaram altos e a política monetária parecia, por medidas convencionais, ineditamente frouxa. Isso está começando a parecer uma versão ocidental do prolongado mal-estar pós-bolha do Japão.

Um motivo de decepção persistente é que a crise ocidental se tornou, a partir de 2010, também uma crise profunda da zona do euro. A dinâmica da crise engolfou Grécia, Irlanda, Portugal, Espanha e mesmo a Itália. Todos esses países foram empurrados para recessões profundas, quando não depressões.[1] O preço do crédito permaneceu alto por um longo período. No começo de 2013, a sensação de crise havia diminuído. Mas o mal-estar econômico crônico continuava, sem nenhuma certeza de uma recuperação forte ou mesmo de estabilidade duradoura.

No meio-tempo, as economias emergentes, em geral, floresceram. As mais atingidas entre elas foram os países da Europa Central e Oriental, muitos dos quais haviam tido enormes déficits em conta-corrente antes da crise. Como os membros da zona do euro no sul da Europa, eles foram então devastados por uma série de "paradas bruscas" nos fluxos de capital. Outros países emergentes e em desenvolvimento se mostraram muito mais resilientes. Isso foi o resultado de uma grande melhora em suas políticas ao longo das décadas anteriores. Especialmente importante foi o movimento para posições externas mais fortes, inclusive uma acumulação maciça de reservas em moeda estrangeira, em particular por parte de países emergentes asiáticos, notadamente a China. Isso deu a eles espaço para expandir a demanda interna e assim voltar rapidamente à prosperidade, a despeito da crise. Aqueles países emergentes e em desenvolvimento que não puderam expandir eles próprios a demanda foram, com frequência, capazes de utilizar os estímulos de outros, em particular da China. Isso ocorreu em especial com os exportadores de commodities. O que representa uma alteração importante — e talvez duradoura — na economia mundial: o antigo núcleo está se tornando cada vez mais periférico. Mas a sustentabilidade das políticas expansionistas adotadas por economias emergentes, e portanto sua capacidade de prosperar enquanto países de alta renda continuam fracos, está em dúvida. É particularmente importante o risco de uma queda acentuada na economia chinesa e o enfraquecimento, provavelmente associado a ela, dos preços das commodities.

1. Da crise à austeridade

O problema central da prevenção da depressão [foi] resolvido, para todos os propósitos práticos, e de fato foi resolvido por muitas décadas.

Robert E. Lucas, 2003[1]

Quando me tornei secretário do Tesouro, em julho de 2006, as crises financeiras não eram novas para mim, nem as falências de grandes instituições financeiras. Eu havia testemunhado sérias perturbações de mercado e os colapsos ou quase colapsos do Continental Illinois Bank, da Drexel Burnham Lambert e do Salomon Brothers, entre outros. Com exceção da debacle das instituições de poupança e empréstimo, essas disrupções geralmente se concentravam em uma única organização, como o fundo de hedge Long-Term Capital Management em 1998.

A crise que começou em 2007 foi muito mais séria, e os riscos para a economia e o povo americano, muito maiores. Entre março e setembro de 2008, oito grandes instituições financeiras faliram — Bear Sterns, IndyMac, Fannie Mae, Freddie Mac, Lehman Brothers, AIG, Washington Mutual e Wachovia —, seis delas só em setembro. E os danos não se limitaram aos Estados Unidos. Mais de vinte bancos europeus, em dez países, foram salvos de julho a fevereiro de 2009. Isso, a crise financeira mais violenta desde a Grande Depressão, causou uma terrível recessão nos Estados Unidos e danos graves pelo mundo. Mas poderia ter sido muito pior. Não fossem as intervenções inéditas do governo dos Estados Unidos e de outros, muito mais instituições financeiras teriam afundado — e o dano econômico teria sido muito maior e mais duradouro.

Hank Paulson, *On the Brink* (2010)[2]

Hank Paulson é uma figura controversa. Para muitos americanos, ele é o homem que resgatou Wall Street com excesso de generosidade. Para outros, é o homem que deixou de resgatar Wall Street com generosidade suficiente. Em seu instigante livro *Capitalism 4.0*, o jornalista britânico Anatole Kaletsky culpa Paulson pelo desastre, escrevendo que "a falência em estilo dominó de instituições financeiras dos Estados Unidos naquele outono [de 2008] não se deveu a uma piora das condições econômicas — foi simplesmente uma consequência da maneira imprevisível e imprudente como o Tesouro americano lidou primeiro com a Fannie e o Freddie, depois com o Lehman, e finalmente com a AIG".[3]

Independentemente do que possamos pensar da culpabilidade do sr. Paulson, não podemos negar o esboço feito por ele do que de fato aconteceu em 2007 e 2008. Neste capítulo, não tentarei fazer um relato detalhado de como se desenrolou a crise que atingiu os principais países de alta renda naqueles anos. Isso foi feito em outras publicações.[4] Meu objetivo aqui é demonstrar sua escala, a resposta extraordinária dada a ela em termos de políticas e o cenário econômico dela decorrente. Deixarei a discussão detalhada das origens econômicas e financeiras da crise para a parte 2 do livro, e a análise do impacto muito diferente sobre os países emergentes e em desenvolvimento para o capítulo 4. Ao me concentrar nos países de alta renda, quero mostrar que esse não foi um evento econômico comum. Fingir que é possível voltar ao status quo ante intelectual e de formulação e implementação de políticas é profundamente errado.

A ESCALA DA CRISE

A economia mundial da década de 2000 mostrava quatro características amplamente percebidas e, como veremos, estreitamente relacionadas: enormes desequilíbrios de balanço de pagamentos; um súbito aumento nos preços e na construção de imóveis residenciais em alguns países de alta renda, em especial nos Estados Unidos; crescimento acelerado na escala e na lucratividade de um setor financeiro liberalizado; e grande aumento do endividamento privado em alguns países de alta renda, em particular os Estados Unidos, mas também o Reino Unido e a Espanha. Muitos observadores tinham dúvida sobre se essa combinação poderia continuar indefinidamente. As perguntas eram: quando ela terminaria, e se o faria de forma suave, aos solavancos ou desastrosamente?

As respostas, como se revelou, eram: em 2007 e 2008, e desastrosamente. Já em março de 2008, eu avaliava assim a crise que se desenrolava:

> O que torna esta crise tão importante? Ela testa o sistema financeiro mais evoluído que temos. Ela emana do núcleo do sistema financeiro mais avançado do mundo e de transações feitas pelas instituições financeiras mais sofisticadas, que usam as ferramentas mais inteligentes de securitização e recorrem à mais sofisticada gestão de risco. Ainda assim, o sistema financeiro explodiu: tanto o mercado de notas promissórias comerciais quanto o interbancário ficaram paralisados por meses; ficou claro que os títulos securitizados eram radioativos e as classificações proferidas pelas agências de classificação de risco, fantasiosas; os bancos centrais tiveram de injetar vastas quantidades de liquidez; e o Federal Reserve, em pânico, foi obrigado a fazer cortes sem precedente nas taxas de juro.[5]

Algo muito pior ocorreria no decorrer de 2008.

Essa crise se tornara visível para muitos observadores em 9 de agosto de 2007, quando o Banco Central Europeu injetou 94,8 bilhões de euros nos mercados, em parte como reação a um anúncio do BNP Paribas de que não poderia mais devolver aos investidores o dinheiro aplicado em três de seus fundos.[6] Esse acontecimento tornou claro que a crise não se restringiria aos Estados Unidos: no sistema financeiro globalizado, "títulos tóxicos" — dívida comercializada de valor duvidoso — haviam sido distribuídos transnacionalmente. Pior, ao contrário do que proponentes do novo sistema financeiro baseado no mercado haviam argumentado por muito tempo e, lamentavelmente, de forma muito persuasiva, o risco tinha sido distribuído não aos mais capazes de suportá-lo, mas àqueles menos capazes de entendê-lo.[7] Entre os exemplos, como se revelou, estavam o IKB, um *Landesbank* alemão mal administrado, e nada menos que oito municipalidades norueguesas.[8] Essas galinhas depenadas entraram prontamente em pânico quando ficou claro o que, em sua insensatez, tinham sido convencidas a comprar.

Em 13 de setembro de 2007, a Northern Rock, uma instituição especializada em empréstimos hipotecários do Reino Unido, que vinha oferecendo empréstimos habitacionais de até 125% do valor da propriedade e que tinha 60% do total de empréstimos que concedia financiados por empréstimos de curto prazo que ela própria contraía, sofreu a primeira grande "corrida" de depositantes a um banco britânico desde o século XIX.[9] No fim, o governo trabalhista nacionalizou a Northern Rock — paradoxalmente, contrariando muito os desejos da empresa. A dependência de empréstimos de curto prazo obtidos nos mercados financeiros, e não de depósitos, para financiar ativos ilíquidos de longo prazo, como logo ficou claro, havia se disseminado amplamente. Isso também era uma perigosa fonte de vulnerabilidade, uma vez que o seguro explícito e implícito havia tornado os depósitos menos propensos a fugir que o financiamento baseado no mercado. Essa lição se revelou de particular importância para os Estados Unidos, por causa da escala dos empréstimos baseados no mercado para o financiamento de hipotecas. Como diretor administrativo da enorme gestora de fundos PIMCO (Pacific Investment Management Company), sediada na Califórnia, Paul McCulley, em 2007, rotulou isso de "Shadow Banking System" ("Sistema Bancário Paralelo") quando falou em Jacksonville, Wyoming, no simpósio anual do Federal Reserve Bank de Kansas City. O rótulo pegou.[10] Essas duas lições — a distribuição generalizada de ativos securitizados opacos (o empacotamento de dívidas em títulos comercializáveis) e a dependência de tantos intermediários para o financiamento de mercados de atacado — acabaram tendo grande relevância à medida que a crise piorava em 2008.

Então, em 16 de março de 2008, o *Financial Times* relatou: "O JP Morgan compra o Bear Stearns por dois dólares por ação".[11] O Federal Reserve forneceu financiamento de apoio de 30 bilhões de dólares para essa operação, assumindo assim parte do risco de crédito. Apenas um ano antes dessa calamidade, o *Financial Times* havia noticiado: "O Bear Stearns se tornou ontem o último banco de Wall Street a informar fortes lucros e insiste que não vê muito impacto duradouro da crise no mercado de hipotecas subprime".[12] Ele tinha de dizer isso, certo? Mas é provável que sua administração, junto com quase todo mundo, não imaginasse os horrores que ocorreriam. Eles provavelmente foram mais tolos que canalhas.

O salvamento me levou a escrever no *Financial Times* de 25 de março de 2008:

Lembre-se da sexta-feira, 14 de março de 2008: foi o dia em que o sonho do capitalismo de livre mercado global morreu. Por três décadas caminhamos para sistemas financeiros orientados para o mercado. Com sua decisão de salvar o Bear Stearns, o Federal Reserve, a instituição responsável pela política monetária nos Estados Unidos, principal protagonista do capitalismo de livre mercado, declarou que essa era terminou. Ele mostrou em atos sua concordância com a observação de Joseph Ackerman, presidente do Deutsche Bank, de que "Não acredito mais no poder autocurativo do mercado". A desregulação atingiu seus limites.[13]

Em 7 de setembro, o governo americano assumiu as duas empresas patrocinadas pelo governo, Fannie Mae e Freddie Mac, que então garantiam três quartos das hipotecas nos Estados Unidos, em regime de "custódia". Isso provou aquilo em que investidores (e críticos) acreditavam havia muito tempo, isto é, que o governo americano estava por trás dos vastos empréstimos concedidos por essas empresas supostamente privadas (40 bilhões de dólares em passivos na ocasião do salvamento).[14] No entanto, ele então, de modo controvertido, permitiu (ou se sentiu obrigado a permitir) que o Lehman Brothers falisse, em 15 de setembro.[15] No mesmo dia, o Merrill Lynch foi vendido ao Bank of America por 50 bilhões de dólares, ou 29 dólares por ação — um grande prêmio sobre o preço de mercado de dezessete dólares por ação, mas uma redução de 61% sobre sua cotação de 75 dólares por ação um ano antes e 70% da cotação máxima antes da crise.[16] Então, imediatamente depois de se recusar a resgatar o Lehman, o governo dos Estados Unidos salvou o gigante dos seguros, a AIG, assumindo 79,9% de seu capital e emprestando a ela 85 bilhões de dólares em 16 de setembro.[17] Em seu livro, o sr. Paulson argumenta que essas decisões não foram incoerentes, porque, "diferentemente do que ocorreu com o Lehman, o Fed sentiu que podia fazer um empréstimo para ajudar a AIG porque estávamos lidando com um problema de liquidez, não de capital".[18] Se o Fed realmente acreditava nisso, logo ficou provado que estava errado. Um motivo mais provável é que o sr. Paulson acreditava (erradamente, como ficou claro) que os mercados lidariam com tranquilidade com a falência do Lehman, mas estava certo de que o mesmo não valeria para a AIG, dado seu papel como vendedora de *credit default swaps* — contratos de seguro sobre títulos, inclusive os ativos securitizados que haviam se tornado cada vez mais tóxicos.

45

Então, em 17 de setembro, um dos fundos do mercado monetário geridos pela Reserve Management Corporation (uma gestora de fundos mútuos) "*broke the buck*" — isto é, não conseguiu mais prometer resgatar o dinheiro investido no fundo ao par (ou dólar por dólar) — por causa de sua exposição a empréstimos ao Lehman que geravam perdas. Isso ameaçava um tsunami de pedidos de resgate de 3,5 trilhões de dólares investidos em fundos do mercado monetário, um elemento crucial no financiamento do "Sistema Bancário Sombra" de McCulley.[19]

A PriceWaterhouseCoopers, a administradora da falência do Lehman no Reino Unido, assumiu os ativos da empresa no país, inclusive as garantias daqueles que faziam transações com ela.[20] Isso foi um choque para muitos fundos de hedge e formuladores de políticas dos Estados Unidos. O fato de os regimes de falência serem diferentes em países diferentes — o que, se pensaria, é óbvio — acabou sendo um problema importante ao se lidar com as consequências da falência do Lehman. Como disse Mervyn (mais tarde Lord) King, presidente do Banco da Inglaterra, em um gracejo famoso: os bancos eram "internacionais na vida, mas nacionais na morte".[21] O financiamento para o Morgan Stanley e o Goldman Sachs, os dois *broker-dealers** sobreviventes, secou.[22] Em 21 de setembro, essas duas instituições se transformaram em holdings bancárias, uma mudança que lhes deu acesso a recursos do Federal Reserve.[23] Em 25 de setembro, o Federal Deposit Insurance Corporation assumiu o controle do Washington Mutual, o sexto maior banco dos EUA.[24] Não muito depois, em 9 de outubro, o Wells Fargo, o quinto maior banco comercial do país, concordou em assumir o controle do Wachovia, o quarto maior.[25]

O tumulto não se restringiu aos Estados Unidos. No fim de semana anterior à falência do Lehman, o governo do Reino Unido se recusou a apoiar a tomada de controle sugerida pelo Barclays. Como Alistair Darling, então ministro da Fazenda, afirma em suas memórias, "nós não podíamos apoiar um banco americano que estava claramente em dificuldade". Por que, de fato, deveria o governo do Reino Unido fornecer garantias que o governo americano havia rejeitado? Além disso, ele acrescenta, "eu estava determinado a impedir que os contribuintes do Reino Unido acabassem tendo de resgatar um banco

---

* *Broker-dealer*: sociedade corretora autorizada a negociar títulos e valores mobiliários por conta própria ou como intermediária. (N. T.)

americano".[26] Em 17 de setembro, encorajado pelo governo, o Lloyds TSB anunciou uma tomada de controle no valor de 12,2 bilhões de libras do Halifax Bank of Scotland (HBOS). O governo argumentou que o interesse público justificava autorizar o negócio, apesar da preocupação com seu impacto adverso sobre a concorrência, para "garantir a estabilidade do sistema financeiro do Reino Unido".[27] Em 29 de setembro, o governo decidiu nacionalizar o Badford & Bingley, o maior emprestador no mercado de "compra para alugar", enquanto sua rede de filiais foi subsequentemente vendida ao Santander.[28] Pior, estava ficando óbvio que o HBOS era um banco ruim demais para que o Lloyds o sustentasse sem ajuda. Além disso, o Royal Bank of Scotland (RBS), que havia se tornado o maior banco do mundo em ativos, em parte como resultado de tomadas de controle mal pensadas, em especial a do ABN-Amro, também estava em terríveis dificuldades.

A crise foi muito além dos Estados Unidos e do Reino Unido, afetando a Islândia, a Irlanda e grande parte da Europa continental. À medida que o pânico piorava, os mercados de créditos se paralisavam e ativos eram ofertados a preços baixos, o que causava uma espiral viciosa de disponibilidade cada vez menor de crédito para especuladores e, portanto, mais vendas forçadas.[29] As consequências *econômicas* acabaram sendo menos sérias que aquelas da Grande Depressão da década de 1930, mas a crise *financeira* foi ainda pior. A crise anterior derrubou mais bancos na periferia da economia mundial (um número enorme de bancos americanos e bancos em países europeus vulneráveis, como Áustria e Alemanha) que nos países centrais. A crise mais recente, todavia, despedaçou o coração do sistema financeiro: as redes que ligam as grandes instituições financeiras que dominam a atividade nos dois mais importantes centros financeiros, Nova York e Londres. O setor privado também deixou de confiar em quase todas as contrapartes que não fossem governos ou bancos centrais das economias ocidentais mais importantes e mais insuspeitas, principalmente os Estados Unidos.

Isso, então, foi o que economistas latino-americanos chamam de "parada brusca" nos mercados de capitais. Ela afetou não apenas uma série de emprestadores privados, mas também governos soberanos cujos bancos haviam tomado empréstimos vultosos em moeda estrangeira:[30] a Islândia foi rapidamente revelada como um exemplo saliente, mas o mesmo não demoraria a se mostrar verdadeiro para membros mais fracos da zona do euro, que estavam, como logo ficou claro, tomando emprestado algo que tinha muitas das carac-

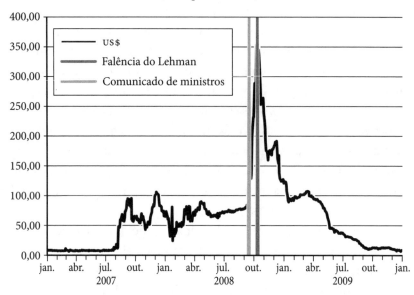

FONTE: Thomson Reuters Datastream.

terísticas de uma moeda estrangeira.[31] Um dos aspectos paradoxais da crise foi que o dinheiro amedrontado do mundo fluiu para obrigações e letras (títulos de curto prazo) do Tesouro americano, embora, ao menos inicialmente, a crise tivesse seu epicentro naquele país. Isso, é claro, deu ao governo americano uma enorme margem de manobra.

John Taylor, um economista conservador e ex-membro do governo de George W. Bush como subsecretário do Tesouro para assuntos internacionais, argumenta que não foi a decisão de deixar o Lehman falir que acionou essa parada, mas a decisão do presidente Bernanke e do secretário Paulson de solicitar ao Congresso um pacote de salvamento uma semana depois.[32] Isso não é nada convincente. Como observam Thomas Ferguson, da Universidade de Massachusetts, e Robert Johnson, ex-economista-chefe do comitê do setor bancário do Senado americano, "as evidências de que a falência do Lehman despedaçou o mundo são esmagadoras".[33]

Um indicador fundamental é o spread entre a Libor (a taxa à qual os bancos podem contrair empréstimos uns dos outros) de três meses e a taxa Overnight Indexed Swap (a taxa sugerida do banco central para o mesmo período de três meses). Embora os operadores em certos bancos centrais tenham distorcido a medida da Libor, não há nenhuma razão para duvidar da escala do aumento no spread mostrada na figura 1. Ela é uma medida do risco de crédito — o risco de inadimplência, em outras palavras — sobre empréstimos bancários não garantidos (o processo pelo qual os bancos concedem um ao outro empréstimos de curto prazo de fundos superavitários).[34] Em períodos normais, o spread entre as duas taxas fora apenas de alguns pontos-base (centésimos de um ponto porcentual). O spread sobre empréstimos em dólar já havia alcançado 78 pontos-base no fim de agosto de 2008, quando cresciam as preocupações com a solvência de contrapartes. Ele aumentou mais quarenta pontos-base entre a sexta-feira anterior à falência do Lehman (12 de setembro) e a sexta-feira seguinte — *antes*, portanto, de o pacote de salvamento do governo americano ser oficialmente lançado, muito menos ratificado. Mas demorou algum tempo para que os investidores se dessem conta das implicações menos óbvias da falência do Lehman, entre elas as implicações para a AIG e, portanto, outras instituições financeiras.

O spread atingiu o pico de 364 pontos-base em 10 de outubro de 2008, precisamente quando o grupo de sete ministros das Finanças assumiu o compromisso de evitar a falência de outras instituições financeiras sistemicamente importantes. No fim, portanto, só a intervenção decisiva e coordenada globalmente de governos e bancos centrais fez cessar o pânico. Saltos semelhantes ocorreram em spreads sobre outras moedas. Em libras esterlinas, o spread atingiu o máximo de 299 pontos-base em 6 de novembro de 2008. Em euros, chegou ao máximo de 189 pontos-base em 27 de outubro de 2008. Mesmo esses saltos nos spreads subestimam o pânico: o mercado para empréstimos interbancários secou, à medida que os bancos preferiam cada vez mais emprestar um ao outro via bancos centrais.

Os spreads em títulos empresariais em relação aos rendimentos de títulos do Tesouro americano também explodiram. Mesmo em títulos com classificação AAA eles subiram de 181 pontos-base em 1º de setembro para 414 pontos-base em 10 de outubro. Os spreads entre rendimentos de notas promissórias comerciais de classificação elevada (a dívida comercializada de empresas de alta qualidade, como a General Electric) emitidos por empresas não financeiras e os das letras do Tesouro americano subiram de pouco mais de um ponto porcentual em agosto para mais de seis pontos porcentuais em meados de outubro, em parte porque as taxas sobre as letras do Tesouro desabaram. Essa foi de fato uma fuga para a segurança.

Ademais, como costuma ser o caso, esses saltos no custo dos empréstimos mascaravam uma realidade mais sombria — um congelamento da oferta. O sr. Paulson relata uma conversa que teve em 8 de setembro com Jeff Immelt, CEO da GE, que lhe disse que mesmo sua empresa, com sua classificação AAA, "estava tendo problemas para vender notas promissórias comerciais" (ou seja, obter empréstimos):[35] as taxas de juro não subiram ainda mais porque um grande número de tomadores de empréstimo foi excluído do mercado, assim como aconteceu no mercado para empréstimos interbancários não garantidos. Particularmente revelador, portanto, é o encolhimento permanente do mercado de notas promissórias comerciais, embora as taxas de juro tenham voltado a níveis muito baixos no decorrer de 2009. O valor ajustado sazonalmente do total de notas promissórias comerciais nos Estados Unidos era 2150 bilhões de dólares no fim de junho de 2007.[36] Um ano depois, ele havia encolhido para 1741 bilhões. E um ano depois disso, em junho de 2009, caíra para 1229 bilhões. Ainda não havia se recuperado em junho de 2013, quando o total era de apenas 998 bilhões. As notas promissórias comerciais garantidas por ativos, que são usadas para financiar hipotecas, encolheram de forma ainda mais dramática, de 1200 bilhões de dólares em junho de 2007 para 523 bilhões dois anos depois e meros 276 bilhões em junho de 2013. Uma fonte importante de financiamento desaparecera. Embora essa contração fosse certamente inevitável, ela obrigou agências do governo — Fannie Mae, Freddie Mac (ambas agora sob o controle do governo) e o próprio Federal Reserve — a se tornarem a fonte esmagadoramente dominante de hipotecas nos Estados Unidos. Em um país supostamente dedicado aos ideais da economia de mercado, a função social possivelmente mais importante do sistema financeiro — concessão de empréstimo para a compra de casa — havia sido quase completamente nacionalizada.

CRISE E SALVAMENTO EM PAÍSES DE ALTA RENDA

O governo irlandês garantiu todo o dinheiro em bancos irlandeses na manhã de 30 de setembro de 2008 — uma decisão que se revelou ruinosa para os contribuintes e a economia irlandeses, mas também acionou intervenções em outros lugares. Em 8 de outubro de 2010, o governo britânico, representado pelo ministro da Fazenda Darling e pelo primeiro-ministro Gordon Brown, anunciou um programa de salvamento de 500 bilhões de libras para os bancos do Reino Unido — até 50 bilhões de libras para aquisição de patrimônio, um aumento do "esquema especial de liquidez" do Banco da Inglaterra de 100 bilhões para 200 bilhões e 250 bilhões em garantias de crédito.[37] No fim, os recursos para aquisição de patrimônio foram só para o Royal Bank of Scotland (no qual o governo acabou proprietário de 82% do capital) e para o Lloyds HBOS (em que ele terminou possuindo 43%). Convencer os bancos a cooperar, afirma o sr. Darling, não foi de forma alguma fácil. Ele declara que, nas discussões na noite de 7 de outubro, "passou por minha mente não só que os bancos não haviam avaliado que talvez não houvesse nenhuma negociação, mas também que eles podiam ser loucos o suficiente para adotar a opção de suicídio — e eu simplesmente não podia me dar ao luxo de ter uma fila de bancos mortos pela manhã".[38]

De forma correta ou errônea (corretamente, a meu ver, já que permitir que os bancos falissem era impensável, embora alguns ainda acreditem que isso devia ter sido feito, fossem quais fossem as consequências), essas infusões diretas de capital se tornaram o elemento central nas soluções escolhidas em outros lugares. Os Estados Unidos chegaram a um destino semelhante, embora as complexidades da política americana tenham tornado a jornada mais difícil. Os formuladores de políticas americanos primeiro discutiram o que se tornou o Programa de Alívio de Ativos com Problemas (Troubled Assets Relief Program — TARP) com os legisladores em 19 de setembro de 2008. O presidente o ratificou em 3 de outubro de 2010, embora só depois de uma derrota inicial na Câmara de Deputados.[39] Mas o colapso dos mercados de ações concentrou maravilhosamente as mentes dos legisladores, para parafrasear Samuel Johnson. Apresentado de início como um plano para comprar "ativos tóxicos", ele logo foi transformado em um plano de injeção de capital diretamente nos bancos.[40]

O ponto de virada ocorreu na reunião do grupo de sete ministros das Finanças durante as reuniões anuais do Fundo Monetário Internacional e do Banco Mundial, em Washington DC, em 10 de outubro de 2008. Eu me lembro bem da histeria. Um gestor de um fundo sediado nos Estados Unidos me disse que havia aconselhado a mulher a sacar do banco dinheiro suficiente para durar semanas. Esse era o ambiente em que os ministros se reuniam. A decisão crucial tomada por eles — por sugestão do sr. Paulson, diga-se em seu favor — foi rasgar a minuta do comunicado oficial, que não levara em conta a escala da crise que enfrentavam, e concordar em redigir um documento novo.[41] O que eles então produziram foi uma das peças mais importantes de formulação e implementação de política econômica global desde a Segunda Guerra Mundial:

O G-7 concorda hoje que a atual situação exige uma ação urgente e excepcional. Nós nos comprometemos a continuar trabalhando juntos para estabilizar os mercados financeiros e restaurar o fluxo de crédito, para apoiar o crescimento econômico global. Concordamos em:

Agir de forma decisiva e usar todas as ferramentas disponíveis para apoiar instituições financeiras sistemicamente importantes *e evitar sua falência* [minha ênfase].

Tomar todas as medidas necessárias para descongelar os mercados de crédito e monetários e garantir que os bancos e outras instituições financeiras tenham amplo acesso a liquidez e financiamento.

Assegurar que nossos bancos e outros importantes intermediários financeiros, na medida do necessário, possam levantar capital do público, bem como de fontes privadas, em montantes suficientes para restabelecer a confiança e lhes permitir continuar a emprestar a famílias e empresas.

Assegurar que nossos respectivos programas nacionais de seguro e garantia de depósitos sejam robustos e consistentes de modo que nossos depositantes de varejo continuem a ter confiança na segurança de seus depósitos.

Agir, quando for apropriado, para reiniciar os mercados secundários para hipotecas e outros ativos securitizados. Uma valorização precisa e uma abertura transparente dos ativos e a implementação de padrões de contabilidade de alta qualidade são necessárias.

Em essência, portanto, os ministros disseram três coisas: primeiro, a responsabilidade por resolver a crise financeira era dos Estados que eles representavam; segundo, os Estados do G-7 fariam o que fosse preciso para salvar o sistema financeiro; e, terceiro, eles evitariam mais falências de instituições consideradas sistêmicas. Em resumo, chega de Lehmans. Os governos haviam socializado os passivos das instituições nucleares do sistema financeiro global. Essas empresas eram agora alas do Estado.

Esse tinha de ser um ponto de virada, não apenas na crise mas também no relacionamento geral entre Estados e mercados. Moralmente, ao menos, e com toda probabilidade na prática, a era da liberalização financeira havia terminado. A questão era só até onde os formuladores de políticas recuariam. Pois como os contribuintes podiam ser coagidos a salvar esse setor das consequências de sua incompetência sem uma regulação mais forte? Além dessas implicações de longo prazo, surgiram questões imediatas: a economia mundial evitaria uma depressão? Se o fizesse, que tipo de recuperação ela poderia ter?

Os formuladores de políticas usaram todos os recursos de seus Estados para sustentar o sistema financeiro. Os banqueiros tinham provado ser, de fato, apenas servidores públicos excepcionalmente bem pagos. Em suma, o mundo logo veria imensos déficits fiscais, políticas que eram de longe as mais expansionistas na história dos países desenvolvidos, apoio ilimitado à liquidez e à solvência de instituições financeiras importantes e, onde isso fosse insuficiente para a retomada dos empréstimos, financiamento estatal direto de funções financeiras essenciais, em especial empréstimo hipotecário. Essa dependência em relação ao Estado de um sistema financeiro supostamente de livre mercado não pode ser esquecida nem ignorada.

Os formuladores de políticas cumpriram sua promessa de sustentar aquelas que eram julgadas instituições financeiras importantes, injetando capital, fornecendo liquidez e garantindo passivos. Piergiorgio Alessandri e Andrew Haldane, do Banco da Inglaterra, estimaram que o valor total do apoio oferecido ao sistema financeiro atingido pela crise por bancos centrais e governos relevantes, da metade ao fim de 2009, foi de 18% do PIB da zona do euro, 73% do PIB dos Estados Unidos, 74% do PIB do Reino Unido e, tomada em conjunto, 25% do PIB mundial. O apoio foi de natureza extremamente heterogênea, consistindo em injeções diretas de capital, criação de moeda, usada para comprar uma ampla gama de ativos, garantias e seguro.[42] Segundo o Fundo Monetário Internacional, o impacto direto sobre a dívida pública bruta do apoio pós-crise ao setor financeiro até o começo de 2012 foi de 38,5% do PIB para a Irlanda, 6,7% para a Bélgica, 5,7% para o Reino Unido, 4,9% para a Holanda e 3,2% para os Estados Unidos.[43] Mas é impossível medir a escala das medidas pelas somas prometidas ou pelas somas usadas.

A fé e o crédito dos governos foram usados plenamente para sustentar seus sistemas financeiros. A única restrição foi a perda da possibilidade de obter crédito pelos próprios governos.

Os bancos centrais também cortaram suas taxas de juro para níveis ineditamente baixos. O Federal Reserve reduziu sua "taxa-alvo para fundos federais" (a taxa dos "Fed Funds") de 5,25% em setembro de 2007 para 0,25% em dezembro de 2008. O Banco Central Europeu (BCE), convencido durante um tempo excessivo de que a crise era basicamente um assunto "anglo-saxão", baixou sua taxa de intervenção (taxa de refinanciamento) de 4,25% em outubro de 2008 para 1% em maio de 2009. Então, em um ato de miopia assombrosa, ele elevou suas taxas para 1,5% em 2011, antes de baixá-las, em reduções de um quarto de ponto, para 0,25% em novembro de 2013 e depois para 0,15% em junho de 2014. O Banco da Inglaterra baixou sua taxa de intervenção (taxa básica) de 5,75% em dezembro de 2007 para 0,5% em março de 2009. Para contextualizar essas medidas, antes disso a menor taxa oferecida pelo Banco da Inglaterra em mais de três séculos de história fora de 2%. Enquanto isso, o Banco do Japão manteve as taxas de juro próximas de zero estabelecidas na década de 1990.

Em essência, então, os bancos centrais mais importantes dos países desenvolvidos ofereceram dinheiro grátis ou quase grátis a seus bancos desde 2009 ou, em alguns casos, desde um pouco antes disso. Não foi surpresa que essa prodigalidade oficial com os bancos, não igualada por uma prodigalidade comparável dos bancos com seus tomadores de empréstimo — na verdade, acompanhada de execuções de hipoteca em grande escala em alguns países —, se tornasse uma importante fonte de ressentimento popular. Além disso, os bancos centrais adotaram uma ampla gama de políticas "não convencionais", entre elas, notadamente, aquela conhecida como "flexibilização quantitativa" ["*quantitative easing*"] — expansão da base monetária e compras pelo banco central de ativos de longo prazo.[44] Essas políticas não convencionais tinham o objetivo de financiar bancos, reduzir os rendimentos de títulos do governo, aumentar a oferta de moeda e facilitar a oferta de crédito. Em moeda doméstica, o balanço do BCE foi grosso modo triplicado entre 2007 e a metade de 2012, para depois encolher modestamente, enquanto o do Federal Reserve foi multiplicado por 3,5 e o do Banco da Inglaterra mais do que quadruplicou entre 2007 e o começo de 2013.[45] Para pegar o exemplo mais importante, a base monetária dos Estados Unidos cresceu us$ 2,8 trilhões entre agosto de 2008 e novembro de 2013 — uma soma igual a 17% do produto interno bruto americano anualizado no terceiro trimestre de 2013.

Finalmente, considere o apoio fiscal. Os déficits fiscais de vários países de alta renda importantes cresceram para níveis inéditos em tempo de paz quando a crise irrompeu. Entre os seis maiores países de alta renda (Estados Unidos, Japão, Alemanha, França, Reino Unido e Itália), esses aumentos foram particularmente grandes para o Japão, o Reino Unido e os Estados Unidos (ver figura 2). No caso dos Estados Unidos, o déficit fiscal geral do governo subiu de 2,7% do PIB em 2007 para 13% em 2009 — um aumento assombroso.[46] Alguns países tiveram déficits fiscais em níveis antes só experimentados em guerras mundiais. No caso do Reino Unido, para o qual existem registros históricos excelentes, esse evento produzirá o quarto maior aumento cumulativo na dívida pública em relação ao PIB desde 1700, atrás só das Guerras Napoleônicas e da Primeira e da Segunda Guerra Mundial. Também nos Estados Unidos, os custos fiscais desse evento só se comparam aos da Segunda Guerra Mundial.

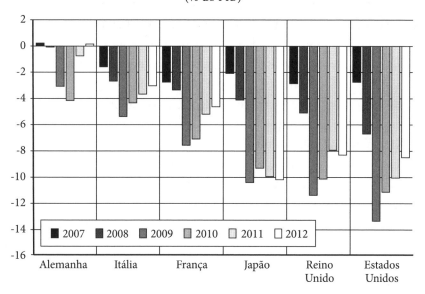

FIGURA 2. NECESSIDADE GERAL DE EMPRÉSTIMO DO GOVERNO
(% do PIB)

FONTE: Base de dados do *World Economic Outlook* do FMI.

O que explica esse enorme aumento nos déficits? A resposta, contrariando o saber convencional da direita política nos Estados Unidos e no Reino Unido, não é, em nenhuma grande medida, "estímulos" fiscais discricionários (aumentos nos gastos ou cortes na tributação destinados a aumentar a demanda agregada) — uma expressão que, muito erradamente, se tornou tabu. Segundo análise do FMI de novembro de 2010, o estímulo fiscal discricionário cumulativo desses países entre 2009 e 2011 foi muito menor que seus déficits reais, com uma única — e provavelmente surpreendente — exceção: a Alemanha. Lá, segundo o FMI, o estímulo discricionário explicava até 66% dos déficits médios reconhecidamente modestos de 2,8% do PIB.[47] Na Itália não houve nenhum estímulo. Em outros casos, o estímulo discricionário explicava no máximo um quinto dos déficits reais nesses três anos. No Reino Unido, o estímulo discricionário, todo ele aplicado em 2009, explicava meros 6% dos déficits.

A explicação para a explosão nos déficits fiscais — uma maneira imensamente útil de amortecer o impacto imediato do colapso no gasto privado — foi simplesmente a própria crise inesperada. Isso reduziu o PIB para muito abaixo de sua tendência, automaticamente elevou o gasto com benefícios de desemprego e apoio a renda anticíclico semelhante e, ainda mais importante, reduziu a receita do governo, na medida em que os gastos com consumo, a renda e os lucros desabaram. Em 2011, o PIB ficou, muito inesperadamente, 13% abaixo de uma continuação de sua tendência no período 1980-2007 tanto nos Estados Unidos como no Reino Unido. De fato, foi uma pena que uma forma de "choque diante de preços elevados" com a escala dos déficits inesperados tenha levado os formuladores de políticas, por medo, a não dar o apoio fiscal discricionário que era então necessário e, em seguida, como veremos abaixo, a reduzir prematuramente os gastos.

Ninguém deveria ficar surpreso com a imensa deterioração fiscal que se seguiu à crise. Em seu livro seminal *Oito séculos de delírio financeiro: Desta vez é diferente*, Carmen Reinhart e Kenneth Rogoff argumentam que: "Receitas declinantes e despesas maiores, devido a uma combinação de custos de resgate e pagamentos de transferência e custos de serviço da dívida mais elevados, levaram a uma piora rápida e considerável no saldo fiscal".[48] De fato, eles observam a partir de uma análise de crises em treze países, o aumento cumulativo na dívida pública real foi de 86% — quase uma duplicação.[49] O que aconteceu depois de 2007 está de acordo com essa experiência anterior. Na verdade, com as taxas de juro próximas de zero, a resposta fiscal discricionária precisava ser muito mais forte: em uma crise tão profunda, depender quase inteiramente dos estabilizadores embutidos — pelo que se entende o efeito contracíclico sobre a economia do modo como os déficits fiscais sobem automaticamente em uma recessão — era insuficiente, como argumentou o ganhador do prêmio Nobel Paul Krugman em seu livro *Um basta à depressão econômica!*.[50] Mas, junto com o apoio ao sistema financeiro e a resposta em termos de política monetária, a disposição de deixar o déficit fiscal suportar a tensão foi eficaz pelo menos para impedir a queda em uma depressão.

A RECUPERAÇÃO NOS GRANDES PAÍSES DE ALTA RENDA

Em que medida, então, as intervenções por meio de políticas dos grandes países de alta renda — o apoio ao sistema financeiro, o afrouxamento monetário e a combinação de estabilizadores fiscais embutidos com estímulos discricionários modestos — teve êxito em salvar a economia mundial? A resposta é: em grande medida, mas não suficiente, sobretudo porque o estímulo fiscal foi muito pequeno e abandonado prematuramente.

O impacto imediato da crise foi dramático: o comércio, a produção industrial e o produto interno bruto globais despencaram em um abismo, à medida que a confiança desabava, a demanda encolhia e o crédito, inclusive crédito comercial, era congelado. No primeiro ano depois de seu pico de abril de 2008, o produto industrial mundial caiu tão depressa quanto durante a Grande Depressão, que começou em junho de 1929, e o volume do comércio mundial e dos mercados de ações inicialmente caíram até mais depressa que naquela época. Assim, o volume do comércio mundial caiu perto de 20% nos doze meses iniciados em abril de 2008, contra cerca de 10% nos doze meses iniciados em junho de 1929.[51] De novo, os mercados de ações mundiais caíram cerca de 50% em doze meses dessa vez, contra cerca de 20% em 1929-30. Felizmente, dessa vez, uma forte ação por meio de políticas inverteu muito mais cedo o desabamento.[52]

O historiador britânico Niall Ferguson estava muito certo em chamar esta de a "Grande Recessão".[53] Entre o terceiro trimestre de 2008 e o primeiro trimestre de 2009, a taxa anualizada de queda do PIB nos seis maiores países de

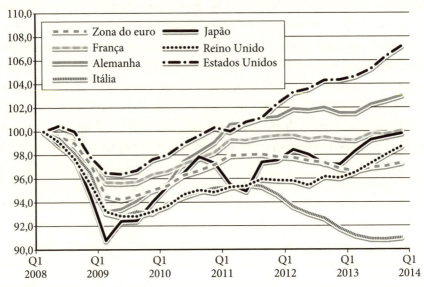

FIGURA 3. PIB REAL DESDE A CRISE

FONTE: Thomson Reuters Datastream.

alta renda variou de 6,4% na França, 7% no Reino Unido e 7,1% nos Estados Unidos, a 10,2% na Itália, 11,7% na Alemanha e 13,8% no Japão. Mas depois, no segundo trimestre de 2009, a economia mundial começou uma reviravolta, divergindo nitidamente da desastrosa experiência da Grande Depressão, quando o produto e o comércio global caíram durante três anos. Podemos, em nossa insensatez, ter permitido o surgimento de uma crise financeira que rivaliza com a de 1930, mas pelo menos não repetimos todos os erros de política subsequentes: a onda de quebras de bancos; a disposição de permitir um colapso da moeda e do crédito; a tolerância a uma deflação destrutiva; e a determinação de equilibrar orçamentos, de imediato, "para reforçar a confiança".

Evitar um colapso na atividade econômica comparável ao da década de 1930 foi um sucesso, mas limitado. Em dezembro de 2011, o produto industrial global havia se recuperado para cerca de 10% acima de seu pico pré-crise, embora o volume de comércio mundial estivesse apenas modestamente acima de seu nível pré-crise. Sobretudo, nos países de alta renda centrais, a crise ainda projetava grandes dificuldades para a produção e o emprego. (Deixo as crises nos países de alta renda menores para a discussão da crise na zona do euro, no capítulo 2.)

As seis maiores economias de alta renda tiveram, todas, recessões profundas, com a produção atingindo um vale no primeiro ou no segundo trimestre de 2009 (ver figura 3). Depois disso, os Estados Unidos tiveram a recuperação mais sustentada. No quarto trimestre de 2013, o PIB americano ficou 7,2% acima de seu nível no primeiro trimestre de 2008. Isso foi significativamente melhor que os 3% da Alemanha. Nesse momento a França e o Japão haviam voltado aos níveis pré-crise. As economias do Reino Unido e, ainda mais, da Itália ainda eram menores do que haviam sido antes da crise, e o mesmo se dava com o conjunto da zona do euro. A economia americana havia conseguido crescer regularmente desde 2009, embora de maneira débil, por seus próprios padrões históricos. A Alemanha se recuperou fortemente em 2009 e 2010, mas teve de novo um crescimento fraco depois da metade de 2011, quando a crise da zona do euro piorou. As políticas alemãs têm muita responsabilidade por esse resultado, como mostrará o capítulo 2. A economia francesa estagnou depois de uma recessão relativamente branda em 2008 e 2009, enquanto a da Itália entrou em um segundo mergulho profundo desde 2011, quando a crise da zona do euro se instalou. A economia do Reino Unido estagnou do terceiro trimestre de 2010 ao começo de 2013, quando começou a recuperação, sendo esse hiato devido em parte à política de austeridade inoportuna do governo de coalizão.[54] Finalmente, a economia japonesa foi notavelmente volátil.

Outra medida da eficácia da política é o que aconteceu com o emprego e o desemprego. Os dados sobre mudanças na proporção entre empregados e a população em idade ativa nos dizem mais que as mudanças nas taxas de desemprego. Quando não conseguem encontrar trabalho, as pessoas com frequência deixam a força de trabalho. Mas as dificuldades de pessoas que já nem procuram trabalho são muitas vezes piores que as das que ainda procuram.

A figura 4 mostra que os Estados Unidos sofreram uma imensa queda na proporção de pessoas com idade de quinze a 64 anos com emprego entre 2007 e 2012. Na Alemanha, em contraste, a proporção com emprego na verdade subiu, a despeito da recessão. Em 2007, a taxa de emprego alemã estava quase três pontos porcentuais abaixo da americana. Cinco anos depois, ela estava quase seis pontos porcentuais *acima*. A explicação para essa divergência é que nos Estados Unidos a produtividade cresceu de forma acelerada, enquanto a

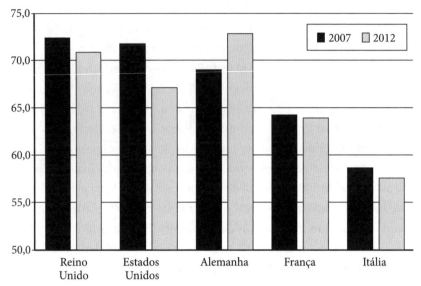

FIGURA 4. EMPREGO
(razão emprego/população com idade de 15 a 64 anos)

FONTE: OCDE.

Alemanha teve uma queda na produtividade, em particular nos primeiros anos da crise. Esse contraste ocorreu em parte porque os Estados Unidos perderam muitos empregos para homens relativamente desqualificados na construção civil e em parte porque a Alemanha subsidiou trabalho de curto prazo para evitar demissões.[55] Sublinhando esse contraste, houve as recompensas que os acionistas americanos dão aos executivos por protegerem os lucros durante uma queda na economia, ao preço de demitir trabalhadores. Os executivos alemães não são recompensados da mesma maneira. Além disso, a cultura e as instituições empresariais alemãs são muito diferentes das americanas. Particularmente importante é a divisão entre o conselho de supervisão, que inclui representantes dos trabalhadores, e a diretoria executiva.[56]

Como, então, o resultado nos países de alta renda atingidos pela crise se compara com o que poderia ter sido previsto a partir de calamidades financeiras anteriores? De novo, o trabalho dos professores Reinhart e Rogoff é esclarecedor. Em *Oito séculos de delírio financeiro: Desta vez é diferente*, eles argumentam que "o cenário decorrente das crises bancárias está associado com quedas profundas no produto e no emprego. A taxa de desemprego cresce uma média de sete pontos porcentuais durante a fase baixa do ciclo, que dura em média mais de quatro anos. O produto cai (do pico ao vale) mais de 9% em média, embora a duração da queda, que em média é grosso modo de dois anos, seja consideravelmente menor que a do desemprego".[57]

Comparados a essas situações tão infelizes, os grandes países de alta renda se saíram relativamente bem. Só um, o Japão, teve uma queda no PIB tão grande quanto a média indicada por Reinhart e Rogoff, de 9,2%. A queda do PIB do pico ao vale foi de 4,3% na França, 4,6% nos Estados Unidos, 5,6% na zona do euro, 6,3% no Reino Unido, 6,8% na Alemanha e 9,1% na Itália (ainda caindo no terceiro trimestre de 2013). Todas essas estatísticas eram sombrias. Contudo, mesmo assim, não eram tão ruins quanto as quedas sofridas, em média, nas crises anteriores estudadas pelos professores Reinhart e Rogoff. Além disso, os declínios foram relativamente breves. Os vales foram atingidos em quatro ou cinco trimestres, e a partir daí começou uma retomada.

Similarmente, o aumento no desemprego também foi muito menor que a média relatada por Reinhart e Rogoff. A alta na taxa mensal de desemprego desde o vale da crise, em maio de 2012, foi mais elevada nos Estados Unidos, de 5,6 pontos porcentuais. Foi de apenas 1,6 ponto porcentual no Japão, 3,5 na França, 3,3 no Reino Unido e 4,3 na Itália. O aumento na Alemanha foi de apenas 0,9 ponto porcentual nos primeiros meses da crise, mas o desemprego então caiu para bem abaixo da taxa pré-crise.

Mesmo que o desempenho pós-crise dessas economias não fosse horrível pelos padrões anteriores, a crise se revelou dolorosa e debilitante. Por que as crises financeiras fazem isso? E por que a recuperação se interrompe ou mesmo é revertida, em alguns casos? Para responder a essas perguntas, precisamos entender as recessões de balanço.

A ECONOMIA DA DESALAVANCAGEM PÓS-CRISE

Grandes crises financeiras causam recessões dolorosas. Grandes crises financeiras que se seguem a imensos booms de crédito causam recessões particularmente dolorosas e longos períodos de crescimento fraco. O professor Alan Taylor, da Universidade da Virgínia, um conhecido historiador econômico, observa que "um boom de crédito e uma crise financeira juntos parecem ser uma mistura muito potente que se correlaciona com pressões baixistas anormalmente severas sobre crescimento, inflação, crédito e investimento por longos períodos".[58]

No fundo, há cinco coisas que ocorrem nas economias depois de uma crise.

Primeiro, e mais importante, antes do crash, aumentos insustentáveis na dívida (o estoque) ou na alavancagem (a relação entre o estoque e a riqueza e a renda) do setor privado haviam ocorrido em várias economias. (Ver figura 5 para os Estados Unidos, que vai até o terceiro trimestre de 2013.) Pode-se discutir se os níveis de endividamento terminaram altos demais, em todos os casos. Não se pode razoavelmente discutir se o nível de tomada de empréstimos pré-crise podia ser sustentado: não podia. Foi o endividamento crescente — ou seja, o aumento contínuo da tomada de empréstimos líquida — que permitiu que algumas famílias e empresas gastassem continuamente mais que seus rendimentos. Depois da crise, os devedores não podiam mais

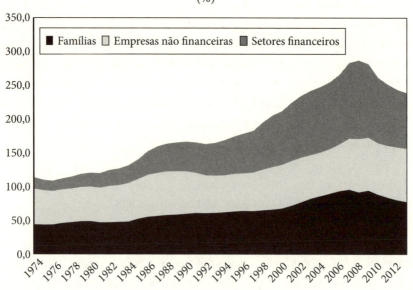

FIGURA 5. DÍVIDA ACUMULADA DO SETOR PRIVADO EM RELAÇÃO AO PIB NOS ESTADOS UNIDOS (%)

FONTE: Federal Reserve e Bureau of Economic Analysis.

aumentar sua dívida: na verdade a tomada de empréstimos se tornou negativa, quando eles começaram a pagar as dívidas. Portanto, os antigos devedores foram obrigados a reduzir dramaticamente seus gastos, quisessem ou não fazê-lo. Enquanto isso, os credores descobriam que sua riqueza e seus rendimentos eram mais baixos ou menos certos (ou, normalmente, as duas coisas) do que tinham sido antes da crise. Portanto, eles também não queriam gastar mais. Trazer a dívida para níveis sustentáveis é um processo de longo prazo: em um importante estudo da desalavancagem do setor privado depois da crise, o McKinsey Global Institute observa que ela levou entre quatro e seis anos em casos anteriores, como o da Finlândia e o da Suécia no começo da década de 1990.[59]

A segunda razão pela qual o impacto de uma crise financeira é tão prolongado é que o aumento constante da dívida e do gasto a ela associado distorce as economias. Bolhas de preços de ativos estimulam investimento excessivo em, por exemplo, imóveis residenciais e comerciais. Quando a crise chega e a tomada de empréstimos seca, uma parte desse investimento é abandonada e o estoque de capital físico do país encolhe. Mais importante, os setores que forneceram os bens e serviços demandados por aqueles que faziam o gasto insustentável encolhem, possivelmente de forma dramática. O exemplo mais óbvio é o colapso no gasto com construção civil em alguns países atingidos pela crise. Os rendimentos de banqueiros, comissões de corretores de imóveis, honorários de advogados e assim por diante também encolhem. Além disso, a própria fraqueza da economia reduz o crescimento potencial (isto é, a taxa a que a capacidade de produzir cresce), enquanto o investimento permanece contido. Analistas fizeram ajustes substanciais nas estimativas do nível e do crescimento do produto potencial para muitas economias atingidas pela crise. No Reino Unido, por exemplo, em 2011 o Office of Budget Responsibility reduziu a previsão do produto potencial real em 2017 para enormes 18% abaixo de sua tendência antes da crise.[60]

A terceira razão pela qual as economias depois de uma crise são fracas é o impacto adverso sobre o setor financeiro. Sobrecarregadas com dívida ruim e subcapitalizadas, as instituições financeiras se tornam muito mais cautelosas. A regulação tende a estimular essa cautela. Os bancos param de emprestar. Essas forças obrigam a mais desalavancagem no resto da economia. Além disso, os bancos automaticamente criam moeda como um subproduto de sua atividade normal de concessão de empréstimo (o que é explicado plenamente no capítulo 6). Essa é uma característica fundamental dos bancos. Quando concedem empréstimos, eles criam uma dívida de seu cliente com o banco e, simultaneamente, uma dívida do banco com o cliente. Isso é apenas contabilidade de dupla entrada. Uma dívida de um banco com um cliente é um depósito, e um depósito é moeda. Portanto, o aumento do estoque de moeda nas mãos do público cai quando o aumento dos empréstimos concedidos pelo banco cai.

A quarta razão pela qual as economias depois da crise são fracas é que a inflação pode se tornar baixa demais ou, pior, a deflação pode se instalar. A deflação, ou queda de preços, cria o perigo do que o grande economista americano Irving Fisher chamou na década de 1930 de "inflação de dívida" — nível crescente de dívida real e serviço da dívida em uma economia em colapso.[61] Essa inflação de dívida, lamentavelmente, já está em curso em partes da zona do euro. Mas a deflação não é perigosa só por causa do que faz ao encargo real da dívida; é perigosa também se empurrar a taxa real de juro muito para cima. As taxas reais de juro de equilíbrio podem se tornar muito negativas em uma economia atingida pela crise fortemente alavancada. Mas, com a deflação, a taxa real de juro será positiva mesmo que a taxa nominal que o banco central controla seja reduzida para zero. Além disso, as taxas de longo prazo serão então mais altas que as de curto prazo, por causa do que Keynes chamou de "preferência pela liquidez": assim, se as taxas de curto e de longo prazo forem ambas zero, o detentor de títulos estaria abrindo mão dos benefícios de deter um ativo líquido e menos arriscado — moeda — em troca de nenhum retorno compensatório. Em consequência, em um ambiente deflacionário, é ainda mais difícil tornar negativas as taxas reais de longo prazo que as de curto prazo. Nessas condições, portanto, a deflação, ou mesmo uma inflação baixa, pode se revelar extremamente contracionista para a economia.

A deflação criou dificuldades notoriamente prolongadas para o Japão, que sofreu uma maciça crise pós-boom de crédito na década de 1990. Os preços ao consumidor japoneses então caíram por mais de duas décadas. Em consequência, o Japão sofreu persistentemente taxas reais de juro positivas, embora a taxa oficial de curto prazo tenha sido próxima de zero ou de fato zero desde a metade da década de 1990, enquanto a taxa de longo prazo ficou abaixo de 2% desde 1999 e mesmo abaixo de 1% desde o fim de 2011. É por isso que a "primeira flecha" da *Abenomics* do primeiro-ministro Shinzo Abe foi atingir uma meta de inflação de 2% acordada entre o governo e o Banco do Japão no começo de 2013.[62]

Grandes dificuldades podem surgir mesmo em um ambiente de inflação baixa, em vez de em um deflacionário, se as taxas reais de juro de equilíbrio caírem o bastante. Com a inflação a 2%, por exemplo, a taxa real de juro de curto prazo não pode ser menos que -2%, se se ignorar a possibilidade extrema de taxas nominais negativas (que são viáveis até certo ponto, embora complicadas de impor). Portanto, alguns economistas, entre eles Olivier Blanchard, economista-chefe do Fundo Monetário Internacional, argumentaram que a hoje costumeira meta de inflação de 2% acabou sendo baixa demais na crise: portanto, com taxas de equilíbrio de curto prazo na faixa de -3% a -5% em economias muito afetadas pela crise, a inflação precisava estar mais próxima de 4% em momentos normais.[63]

Finalmente, as economias podem acabar em um estado de mal-estar sustentado. Como argumentou John Maynard Keynes, isso paralisa o que ele chamou de "espíritos animais" das empresas.[64] Isso, então, pode criar uma espiral viciosa: investimento baixo significa demanda fraca e baixo crescimento econômico, e portanto justifica a decisão de adiar investimento. No mundo pós-crise, as razões para que as pessoas se sintam inseguras e ajam com cautela são inúmeras. A política populista é uma fonte de incerteza, notadamente nos Estados Unidos, com a ascensão do Tea Party. Mais importantes são uma demanda fraca e volátil e uma fragilidade financeira continuada.

O impacto geral de uma crise como essa, portanto, é um enfraquecimento da oferta em relação à sua tendência pré-crise, mas, ainda mais, também um enfraquecimento da demanda em relação à oferta enfraquecida. O perigo é um período prolongado do que Richard Koo, do Nomura Research, chama "recessão de balanço", em que o setor privado sobrecarregado por endividamento tenta reduzir suas dívidas, ou é obrigado a fazê-lo — ou, no mínimo, não está disposto a aumentá-las ou é incapaz de fazer isso.[65]

O que aconteceu depois da crise com os saldos setoriais nos Estados Unidos — o saldo entre renda e gasto de famílias, empresas, o governo e estrangeiros — oferece um quadro clássico de uma economia entrando em uma recessão de balanço. Os estrangeiros obtiveram um superávit com os Estados

Unidos durante um longo período e continuaram a fazê-lo, em uma escala um pouco menor, depois da crise. As famílias americanas tiveram um déficit financeiro crescente (ou excesso de gasto em relação à renda) até 2005, à medida que contraíam cada vez mais empréstimos contra o valor crescente de suas casas. Mas esse déficit começou a diminuir assim que a bolha de preços de casas estourou, em 2006. Isso era previsível. Entre o terceiro trimestre de 2005 e o segundo trimestre de 2009, o saldo financeiro das famílias americanas — a relação entre renda e gasto — se alterou para um superávit de renda em relação ao gasto de enormes 7,2% do PIB: uma redução tão vasta no gasto, em relação à renda, era suficiente por si só para causar uma depressão. Mas, no setor empresarial, uma alteração quase igualmente grande, de 6,2% do PIB no sentido do superávit, começou no quarto trimestre de 2008 em reação direta à crise e terminou no terceiro trimestre de 2009.

Os saldos financeiros setoriais devem somar zero, por definição: isso significa apenas dizer que a renda de um agente é o gasto de outro. Assim, se um grupo de agentes está gastando menos que a renda que aufere, outros devem estar gastando mais que a sua. Isso é contabilidade simples. Nesse caso, a compensação para essas alterações na direção da austeridade foi a deterioração do saldo fiscal (já discutida acima). Esta terminou no segundo trimestre de 2009, muito antes que qualquer ação de política substancial fosse efetivada: a ideia de que um estímulo deliberado causou os enormes déficits fiscais americanos é, portanto, absurda. A deterioração do saldo fiscal foi uma reação automática e útil a um colapso no gasto privado e um aumento da poupança privada.

Nesse caso, o déficit fiscal não expulsou [*crowded out*] o gasto do setor privado. Ao contrário, as reduções do setor privado *atraíram* [*crowded in*] o déficit fiscal via queda do PIB e os consequentes aumentos do gasto e queda da receita: assim, a austeridade imposta a indivíduos e empresas privadas pela crise financeira *causou* déficits fiscais crescentes, à medida que o gasto privado, o produto e a receita do governo caíam, enquanto o gasto com benefícios de desemprego e outras consequências adversas das recessões automaticamente subiam. Isso é muito diferente do que acontece quando o déficit fiscal é expandido em condições de pleno emprego. Nesse caso, as taxas de juro sobem na medida em que o déficit expulsa o gasto privado. O recurso ao colchão fiscal (a capacidade de deixar o déficit fiscal subir em resposta a uma recessão puxada pelo setor privado) foi essencial dessa vez, porque mesmo uma política monetária fortemente expansionista era insuficiente para evitar as alterações dos setores familiar e empresarial para superávit. Sabemos que ela era insuficiente porque as autoridades monetárias iniciaram essa política. Essa é uma situação em que a política fiscal keynesiana se torna relevante.

Isso quer dizer apenas que a economia estava em uma "armadilha de liquidez": na taxa de juro mais baixa que o banco central podia criar, os setores privado e estrangeiro teriam tido um grande excesso de renda em relação ao gasto desejado em pleno emprego (o gasto que teria ocorrido se a economia estivesse em pleno emprego, o que, é claro, não ocorria). Só era possível lidar com isso de uma entre duas maneiras: ou um colapso na renda maior do que o colapso associado no gasto — ou seja, uma depressão completa — ou um grande déficit fiscal. Se o governo tivesse se recusado a incorrer em déficits, cortando seu próprio gasto como o setor privado fazia, o resultado teria sido uma depressão, possivelmente tão ruim quanto a Grande Depressão. Ver as finanças do governo como se elas fossem as de uma família ou mesmo as de uma grande empresa é absurdo. O governo deve reagir ao que está acontecendo no setor privado, acima de tudo durante uma crise severa.

Essa necessidade de tolerar — e até aumentar — os grandes déficits fiscais era amplamente, se não universalmente, aceita na sequência imediata da crise. Mas, argumenta Richard Koo, esses déficits fiscais têm de continuar enquanto o ajuste de balanço no setor privado continuar. Isso ocorre porque a tentativa dos decisores privados de reduzir suas dívidas os força a gastar menos que suas rendas e assim gerar superávits financeiros — excesso de renda em relação ao gasto. Por definição, se se ignora o setor externo, um superávit financeiro privado acarreta um déficit fiscal: isso é só uma questão de aritmética. As pessoas acham esse argumento difícil de aceitar, mesmo que o entendam. Cedo demais, os formuladores de políticas quiseram — ou, no caso dos Estados-membros da zona do euro vulneráveis, foram obrigados a isto — reduzir de novo os déficits fiscais, assim desacelerando, ou mesmo frustrando, a recuperação.

DO ESTÍMULO À AUSTERIDADE

Os líderes dos países do G-20 aceitaram a argumentação favorável a uma resposta forte em termos de políticas, entre elas uma resposta fiscal forte, em suas reuniões em Washington, Londres e Pittsburgh em 2008 e 2009. Em Pittsburgh, em 25 de setembro de 2009, eles declararam que "nós nos comprometemos hoje a sustentar nossa forte resposta em termos de políticas até que uma recuperação duradoura esteja assegurada. Agiremos para garantir que, quando o crescimento voltar, os empregos também o façam. Evitaremos qualquer retirada de estímulo prematura".[66]

Em Pittsburgh os líderes também declararam, de forma simples e correta, sobre o pacote de políticas adotado quase um ano antes, que "ele funcionou". De fato, funcionou. O declínio econômico assustador que começara em 2008 foi interrompido e revertido em 2009. Esse foi um feito importante da formulação e implementação de políticas públicas modernas.

Mas, não muito depois, na Reunião de Cúpula de Toronto de 26-27 de junho de 2010, a visão havia mudado. A reunião do G-20 agora se referia, em tom de preocupação, ao fato de que "acontecimentos recentes destacam a importância de finanças públicas sustentáveis e a necessidade de que nossos países ponham em prática planos críveis, adequadamente sincronizados e favoráveis ao crescimento que produzam sustentabilidade fiscal, diferenciados de acordo com circunstâncias nacionais e moldados a elas".[67]

Além disso, os líderes continuavam, "os países avançados se comprometeram com planos fiscais que reduzirão pelo menos à metade os déficits em 2013 e estabilizarão ou reduzirão a razão dívida do governo/PIB em 2016".

Na metade de 2010, portanto, os líderes se afastaram de sua forte ação anticíclica em direção à austeridade. E o fizeram, ademais, com suas economias ainda longe de terem se recuperado plenamente da crise (ver figura 3). E o novo compromisso com a austeridade tampouco era mera retórica. O aperto fiscal de fato começou em 2010 ou 2011 em todos os países grandes. Isso certamente ajuda a explicar por que uma recuperação promissora começou a definhar. A austeridade fiscal se revelou contraditória, uma vez que a demanda pós-crise era muito fraca e as taxas de juro estavam muito próximas de zero.

Então, por que ocorreu essa prematura reversão de política? Uma parte da explicação foram pesquisas acadêmicas influentes sobre os limites do endividamento público e a viabilidade de "contrações expansionistas", ao que voltarei no capítulo 8. Outra parte foi uma crença errônea de que a recuperação já estava firmemente estabelecida. Outra, ainda, foi o mantra simplista e equivocado de que "não se pode sair de uma dívida aumentando-a ainda mais". A questão crucial, no entanto, é que os novos devedores não são os mesmos que os velhos. É necessário que os que têm acesso a crédito contraiam empréstimos quando os que já não o têm não podem fazê-lo. Se todos tentarem reduzir a tomada de empréstimos e os gastos ao mesmo tempo, o resultado será uma depressão: esse é o "paradoxo da parcimônia" — uma expressão popularizada inicialmente pelo falecido ganhador do Prêmio Nobel Paul Samuelson.[68]

Outra explicação foi a política. Nos Estados Unidos, por motivos tanto eleitorais como ideológicos, o Partido Republicano se opôs irrevogavelmente à ideia de que o governo devia fazer algo útil sobre a economia exceto deixá-la em paz, e portanto não conseguia tolerar a possibilidade de o governo Obama provar o contrário na sequência da maior crise econômica em oitenta anos. Ele, portanto, se dedicou no Congresso a evitar que o governo fizesse qualquer coisa que pudesse melhorar o desempenho econômico. No Reino Unido, o governo de coalizão empossado em maio de 2010 tornou a austeridade fiscal sua *raison d'être*, para se diferenciar de seu antecessor — e atribuir a ele a culpa pela crise. Mas outro acontecimento, ainda mais importante, estimulou essa mudança para a redução de despesas. Foi a crise da zona do euro, que a levou para a austeridade e induziu formuladores de políticas assustados, em outros lugares, a seguir seu exemplo. Os tímidos e ortodoxos argumentavam que todo país com grandes déficits fiscais, mesmo os Estados Unidos, terminariam amanhã onde a Grécia estava hoje. A crise grega, que será discutida no próximo capítulo, deixou um sequela tóxica muito maior que o tamanho da economia grega ou a relevância geral de sua situação precária necessitavam.[69] Essa foi uma tragédia grega de um tipo novo e moderno.

CONCLUSÃO

A crise financeira foi uma calamidade. Mas, a partir de outubro de 2008, a reação coletiva foi, por cerca de um ano e meio, propositada e eficaz. Poderia ter sido muito maior. Mas o que foi feito interrompeu o pânico imediato e depois reverteu o declínio, que estava bem adiantado no fim de 2008 e no início de 2009. Conseguiu fazer isso apesar de a recessão ser inicialmente tão ruim quanto havia sido em 1930. Infelizmente, os formuladores de políticas não sustentaram as políticas requeridas para apoiar a desalavancagem do setor privado e assim evitar uma prolongada recessão de balanço. Em grande medida em consequência disso, a recuperação se mostrou mais fraca ou mesmo cessou completamente em 2011 e 2012. A crise da zona do euro foi parcialmente responsável por esse resultado infeliz. Ela acabou sendo o segundo ato da crise financeira global. É, consequentemente, o tema do próximo capítulo.

2. A crise na zona do euro

Seja qual for o papel que os mercados desempenharam na catalisação da crise da dívida soberana, um fato inquestionável é que o gasto estatal excessivo levou a níveis insustentáveis de endividamento e déficits que agora ameaçam nosso bem-estar econômico.
Wolfgang Schäuble, ministro das Finanças da Alemanha, 2011[1]

A Grécia foi o Lehman da zona do euro. Enquanto o pior da crise pós-Lehman foi ao mesmo tempo grave e relativamente breve, a sequência da crise grega foi menos grave, porém mais duradoura. Ela desencadeou o que acabou sendo uma crise de longo prazo, quando fraquezas fundamentais nas economias e na estrutura institucional da zona do euro foram desnudadas. Longe de reunir os europeus, o euro causou divisão, desordem e desespero. A zona do euro acabou se revelando um casamento monetário infeliz no qual o divórcio é quase impensável. Dado que a zona do euro é a segunda maior economia do mundo, atrás só dos Estados Unidos, sua crise também pôs em risco a estabilidade global. A existência dessa estrutura frágil ajudou a transformar uma crise financeira importante em um desastre econômico.

AS CRISES SUCESSIVAS

A hora da verdade para a zona do euro chegou em outubro de 2009, quando George Papandreou, o recém-empossado primeiro-ministro socialista da Grécia, disse ao mundo — e, acima de tudo, a seus parceiros da zona do euro, que vinham sofrendo havia tempo — que o déficit orçamentário grego para aquele ano seria de 10% do PIB. Isso estava muito acima dos 6% a 8% previstos apenas semanas antes pelo governo conservador que encerrara seu mandato.[2] Estava ainda mais dramaticamente acima da meta planejada para 2009 relatada pela Comissão Europeia em junho de 2008, que era de um déficit de apenas 1,8% do PIB (embora isso na verdade incluísse 0,75 ponto porcentual em medidas de redução de déficit que só se aplicariam uma vez).[3] Em resposta, Jean-Claude Juncker, presidente dos ministros das Finanças do grupo de países da zona do euro, então com dezesseis membros, disse: "O jogo acabou. Precisamos de estatísticas sérias".[4] No fim, o déficit chegou a 15% do PIB.[5]

O que tornava a situação fiscal grega tão ruim não era que seus gastos eram extraordinariamente altos pelos padrões da zona do euro, mas sim que suas receitas eram muito baixas, dados os gastos elevados do país. Assim, em 2009, a razão gasto público/PIB da Grécia foi de 54%, segundo o FMI. Isso punha a Grécia na terceira posição entre os membros da zona do euro, depois da França e da Finlândia. Mas sete membros da zona do euro tinham gastado acima de 50% do PIB. Além dos três já mencionados, esses países eram Bélgica, Áustria, Itália e Holanda. Dos sete, só dois (Grécia e Itália) entraram depois em crise. Mas a razão receita total/PIB na Grécia era de apenas 38%, à frente só de Espanha, Irlanda e República Eslovaca, e muito abaixo das razões atingidas pelos outros países de gasto elevado: a Finlândia, por exemplo, obtinha 53% do PIB em receita, e a França, 49%. Era o abismo entre a adoção pela Grécia de um gasto público elevado (grande parte dele relativamente esbanjador) e a incapacidade ou indisposição do país para aumentar impostos que estavam na raiz de suas dificuldades fiscais. Esse era em última instância um fracasso mais político que econômico, embora um fracasso ajudado pela condição de membro da zona do euro.

Até a hora da verdade da Grécia, líderes europeus continentais tendiam a ver a crise como basicamente "anglo-saxã", com epicentros em Nova York e Londres. Sim, seus bancos haviam sido sugados para o redemoinho: este era, afinal, um sistema financeiro global. Mas, eles tinham certeza, eram a regulação frouxa e as respostas incompetentes de outros que haviam causado o colapso. Eles criticavam com segurança as ações dos formuladores de políticas americanos em setembro de 2008, em particular a decisão de deixar o Lehman falir. Sabiam que também seriam afetados pela crise: como poderiam não ser? Sabiam muito bem que tinham de reagir. Mas, estavam seguros, a culpa não era deles.

Eles de fato protestaram demais. É verdade, as ideias que haviam levado a confiar na liberalização, como argumentava o ganhador do prêmio Nobel Joseph Stiglitz, da Universidade de Columbia, tinham se originado em grande medida nos Estados Unidos e no Reino Unido.[6] Mas as instituições europeias, em suas atividades tanto nos Estados Unidos quanto no Reino Unido, haviam compartilhado plenamente do mau comportamento das instituições bancárias. Dentro da zona do euro, Irlanda e Espanha haviam tido imensas bolhas de imóveis residenciais e booms de crédito a elas associados. Acima de tudo, os defeitos institucionais da zona do euro nada tinham a ver com os Estados Unidos ou o Reino Unido. O euro era uma invenção continental, em razão de cujas fragilidades não só a zona do euro mas o mundo em geral estavam prestes a sofrer.

Em 2009 e 2010, o epicentro da crise se deslocou para dentro da zona do euro, onde depois permaneceu. Antes da crise, os investidores viam todos os títulos de governo da zona do euro como igualmente arriscados ou, melhor, como igualmente seguros. Por que alguém deveria ter imaginado que as dívidas dos governos grego e alemão eram equivalentes não é fácil de compreender. Isso era em parte mais uma das insanidades de investidores privados. Mas era também em parte o resultado das regras regulatórias estabelecidas pelo Comitê de Supervisão Bancária de Basileia (um comitê internacional de supervisores bancários). O Basileia i, a primeira dessas regulações, foi publicado em 1988.[7] Ele autorizava os bancos a tratar dívida de governo como livre de risco, e, portanto, a financiar essa dívida com zero de capital próprio. A visão de que a dívida do governo deve ser isenta de risco tem certa validade para países que contraem empréstimos só em moeda que eles criam: pelo menos, o risco de uma inadimplência direta é muito baixo nesses casos, embora o risco de inflação não seja. Mas ela era certamente inaplicável a países que contraíam empréstimos em euro criados por um banco central sobre o qual eles não tinham praticamente nenhuma influência. Isso é algo que os investidores começaram a entender assim que foram novamente inteirados da ideia temporariamente esquecida de risco, durante 2007 e 2008. Começaram a surgir aumentos nos spreads entre os *bunds* (a palavra alemã para títulos) alemães e os rendimentos sobre títulos de países mais fracos, sendo isso uma medida das percepções do risco desses últimos. No fim

FIGURA 6. SPREADS SOBRE O RENDIMENTO DOS *BUNDS* ALEMÃES
(pontos porcentuais)

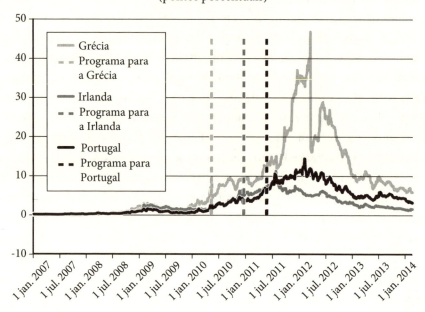

FONTE: Thomson Reuters Datastream.

de janeiro de 2009, os spreads de títulos do governo grego sobre os alemães haviam atingido 280 pontos-base (2,8 pontos porcentuais). Dois anos antes, eles eram menos de um décimo desse nível (ver figura 6).

A aversão do mercado à dívida grega continuou a aumentar: no começo de abril de 2010, os spreads sobre *bunds* chegaram perto de quatro pontos porcentuais. Efetivamente incapaz de se financiar no mercado, o governo grego então pediu ajuda, inclusive, com base nas instruções de seus parceiros da zona do euro, ao Fundo Monetário Internacional.[8] Em 9 de maio de 2010, o FMI concordou em fornecer um "*stand-by arrangement*" (o nome para um empréstimo-padrão do Fundo), enquanto membros da zona do euro ofereceram mais 80 bilhões de euros.[9] Em reação ao acordo, Dominique Strauss-Kahn, o depois desonrado diretor-gerente do FMI,[10] observou: "Estamos confiantes de que a economia vai emergir mais dinâmica e robusta desta crise — e capaz de produzir o crescimento, os empregos e a prosperidade de que o país precisa para o futuro".[11]

Se o sr. Strauss-Kahn acreditava no que dizia, ou ele era irrazoavelmente otimista, ou o futuro que ele contemplava devia ser muito distante. Os spreads gregos permaneceram acima — em geral, muito acima — de onde tinham estado antes de o programa ser lançado até, e inclusive, janeiro de 2014. Isso se deu a despeito de uma grande reestruturação dos empréstimos ao setor privado existentes em fevereiro de 2012, cujos efeitos podem ser vistos na figura 6.[12] Ao longo do período coberto na figura 6, os spreads gregos sobre os *bunds* alemães permaneceram bastante altos, embora muito abaixo de seus picos.

Pouco depois da Grécia veio a Irlanda, cuja economia e cujas finanças públicas estavam afundando na dívida ruim criada pelo colapso de seu boom de imóveis. Em 16 de dezembro de 2010, o Fundo Monetário Internacional concordou em conceder um empréstimo de três anos no valor de 22,5 bilhões de euros, parte de um pacote internacional no valor de 85 bilhões de euros. O resto veio de parceiros da Irlanda na zona do euro por meio do Mecanismo Europeu de Estabilização Financeira (European Financial Stabilization Mechanism — EFSM) e do Fundo Europeu de Estabilidade Financeira (European Financial Stability Facility — EFSF), linhas de financiamento temporárias que a zona do euro havia criado em resposta à crise, juntamente com empréstimos bilaterais do Reino Unido, da Suécia e da Dinamarca, bem como a contribuição de 17,5 bilhões de euros da própria Irlanda.[13] Como no caso do programa para a Grécia, o Banco Central Europeu foi envolvido como provedor de liquidez ao sistema bancário falido da Irlanda.[14] Esse se mostrou um programa bem-sucedido do qual a Irlanda saiu em dezembro de 2013.[15] No começo de janeiro de 2014 seus spreads sobre os *bunds* alemães haviam caído para 1,5 ponto porcentual.

Em 20 de maio de 2011, outro programa foi acordado, dessa vez com Portugal, com 26 bilhões de euros do FMI de um total de 78 bilhões de euros ao longo de três anos. Portugal, diferentemente da Grécia e da Irlanda, havia passado não por um boom seguido de contração, mas por um período prolongado de estagnação, em parte porque ingressou na união monetária a uma taxa de câmbio não competitiva. Consequentemente, esse pacote, nas palavras de John Lipsky, na época diretor-gerente em exercício do FMI, "trata do problema fundamental em Portugal — baixo crescimento — com uma mistura de políticas baseada em recuperar a competitividade por meio de reformas estruturais, assegurando um caminho de consolidação fiscal equilibrada e estabilizando o setor financeiro".[16] Diferentemente da Irlanda, Portugal tinha uma antiga falta de competitividade e crescimento, além de suas dificuldades fiscais e de balanço de pagamentos imediatas.

Em 15 de maio de 2013, depois de um intenso debate sobre os termos da reestruturação de seus bancos superdimensionados, um programa de três anos foi acordado com Chipre. O Fundo concordou em fornecer cerca de 1 bilhão de euros em sua Linha de Financiamento Ampliado. Isso, porém, era uma pequena parte de um programa de 10 bilhões de euros, com o saldo vindo do Mecanismo Europeu de Estabilidade — o recém-criado programa permanente da zona do euro para salvar economias atingidas pela crise, que substituiu o EFSM e o EFSF.[17] A necessidade desse programa foi em parte resultado da reestruturação anterior da dívida grega, que atingiu duramente bancos cipriotas com operações de risco. O programa para Chipre tinha duas características significativas: pela primeira vez, ele impunha perdas a credores de bancos, entre eles, em especial, os depositantes (100% de perda sobre montantes acima de 100 mil euros no hoje fechado Laiki Bank e 60% de perda sobre montantes acima de 100 mil euros no Banco de Chipre, que era maior), muitos dos quais, não por acaso, eram estrangeiros, em particular russos; e, não menos importante, ele impunha controles sobre transferências de euros para fora do país. Ficava ainda mais claro que antes que alguns euros eram mais iguais que outros. Um euro depositado em um banco sustentado por um país fraco não era e não é o mesmo que um euro depositado em um banco sólido apoiado por um país forte.[18] Isso torna a zona do euro estruturalmente vulnerável a corridas bancárias, uma vez que obviamente faz sentido transferir contas de bancos sustentados por países fracos para bancos sustentados por países confiáveis, particularmente em momentos de crise. É também por isso que observadores informados concluíram que algum tipo de união bancária era essencial para que a zona do euro sobrevivesse no longo prazo.

Em 2011, ocorreu um evento muito mais significativo do que esse conjunto de crises em países pequenos. A Espanha e a Itália, duas economias muito maiores, passaram por dificuldades financeiras semelhantes, uma alteração notavelmente perigosa. O risco de um colapso das finanças públicas, dos sistemas bancários e das economias espanholas ou italianas não foi contemplado, muito menos administrado, com facilidade. Os quatro países pequenos com programas geravam apenas 5,7% do PIB da zona do euro em 2012. Mas só a

Espanha gerava 10,8%, e a Itália, 16,5%. A Itália, além de ser membro do G-7, tem a terceira maior dívida pública do mundo (atrás dos Estados Unidos e do Japão). Um colapso financeiro e econômico na Espanha e na Itália afetaria até a França. Isso poderia ser fatal para o próprio euro.

O aumento dos spreads da Itália e da Espanha começou em 2008 (ver figura 7), durante a reclassificação global do risco. Mas os aumentos perigosos nos rendimentos ocorreram no verão de 2011. Desde então, os spreads em rendimentos sobre os títulos desses dois países vis-à-vis os da Alemanha oscilaram entre três e mais de seis pontos porcentuais. Esses spreads haviam acionado os programas para Grécia, Irlanda e Portugal. Em junho de 2012, Madri de fato pediu 100 bilhões de euros para ajudar na recapitalização de seus bancos debilitados, que recebeu como um empréstimo.[19] Mas não foram lançados programas de salvamento externo para Espanha e Itália, apesar dos spreads elevados sobre os títulos de seus governos, em parte porque os governos desses países tinham relutância em aceitar uma humilhante perda de independência

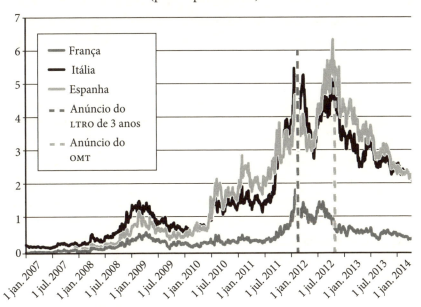

FIGURA 7. SPREADS SOBRE OS RENDIMENTOS DOS *BUNDS*
(pontos porcentuais)

FONTE: Thomson Reuters Datastream.

e em parte porque os recursos requeridos seriam grandes demais, em particular no caso da Itália. Ninguém sabe quão custosos esses recursos teriam sido. Mas a dívida pública italiana é grosso modo quatro vezes o total de recursos disponíveis para fundos de salvamento de emergência da zona do euro, grande parte dos quais já estava sendo usada por outros países-membros. O FMI tinha a oferecer menos que os próprios fundos europeus. A Itália era simplesmente grande demais para ser salva.

Em lugar de um salvamento externo como esse, primeiros-ministros foram removidos do cargo. O governo italiano chefiado pelo desacreditado Silvio Berlusconi foi deposto sem eleição em favor de um governo chefiado pelo respeitado tecnocrata Mario Monti na metade de novembro de 2011. Monti acabou sendo menos popular entre os italianos do que entre o establishment europeu, como demonstrou a eleição geral de fevereiro de 2013. O mesmo aconteceu na Grécia, no mesmo mês, com a defenestração do azarado sr. Papandreou em favor do breve governo de Lucas Papademos, ex-presidente do banco central grego e vice-presidente do BCE. Depois das eleições de maio e junho de 2012, Antonio Samaras, do Partido Nova Democracia, tornou-se primeiro-ministro, tendo como tarefa implementar o mesmo programa de austeridade e reforma estrutural a que ele se opusera quando estava na oposição. Em seguida, na Itália, o governo do sr. Monti foi sucedido por outra coalizão, chefiada dessa vez pelo tecnocrata de centro-esquerda Enrico Letta, ele próprio depois deposto, em fevereiro de 2014, por Matteo Renzi, um político de centro-esquerda.

As personalidades mudaram, as políticas, não. Em uma crise financeira, quem manda são os credores. Na crise da zona do euro, o credor que importava era a Alemanha, porque era de longe o maior. Os objetivos de qualquer governo alemão plausível, e certamente de um chefiado por Angela Merkel, a popular, cautelosa e autodisciplinada chanceler do país, eram relativamente simples de entender: preservar a zona do euro, mas nos termos da Alemanha.

A Alemanha quer preservar a zona do euro por razões políticas e econômicas. As econômicas são que ela dá à Alemanha um grande mercado interno e uma taxa de câmbio significativamente mais competitiva do que ela teria em outras condições. Nem todos os alemães aceitariam que esses são grandes benefícios econômicos, mas a visão dominante na elite empresarial e financeira é que são. Os benefícios políticos da zona do euro são que ela é o coroamento do projeto europeu, com o qual a Alemanha esteve fortemente comprometida desde pouco depois da Segunda Guerra Mundial. A liderança alemã sempre a viu como a melhor solução para a dificuldade de administrar a relação entre seu país relativamente poderoso e seus muitos vizinhos mais fracos. De novo, nem todos os alemães concordariam com essa visão e, claramente, a ligação com o ideal europeu diminuiu desde a unificação alemã, em 1990.

Os resultados da eleição geral alemã de setembro de 2013 confirmaram a orientação geral alemã para a UE e a zona do euro. Os democratas cristãos (CDU) de Angela Merkel, apoiados pela União Social Cristã bávara (CSU), conquistaram 41,5% da votação. O Partido Social-Democrata (SPD), pró-euro, conquistou 25,7% dos votos. Isso deu aos antigos partidos pró-europeus uma posição dominante no Bundestag e permitiu a formação de uma coalizão grandiosa, com maioria esmagadora. Nessa eleição um novo partido antieuro (embora não anti-União Europeia) — Alternative für Deutschland (Alternativa para a Alemanha) — entrou na briga. Mas ele conquistou só 4,7% dos votos, insuficientes para o partido entrar no Bundestag. Na Alemanha, partidos extremistas de causa única têm se saído sempre mal desde a Segunda Guerra Mundial. Pode-se argumentar que os Verdes foram uma exceção, mas eles ampliaram ou moderaram suas opiniões para alcançar um sucesso relativo. Os alemães votaram continuamente nos partidos estabelecidos e deram a eles o mandato para adotar uma política pró-europeia sobre cujos benefícios há um consenso nacional. A inclinação para a moderação de um eleitorado idoso e conservador é sem dúvida em parte uma reação ao que aconteceu nos anos 1930 e em parte uma reação ao sucesso percebido dessa estratégia.

Acima de tudo, a zona do euro agora existe. Desfazê-la criaria uma imensa perturbação econômica e política. A saída do euro é ilegal sob a legislação europeia. Não há nenhuma disposição legal para realizá-la. Além disso, uma saída não poderia ser planejada sem que o fato vazasse: esse não é o tipo de coisa que pode ser feito por um pequeno número de pessoas em segredo. Qualquer vazamento causaria uma corrida aos passivos do país existentes, aí incluídos seus bancos. Isso precisaria ser enfrentado por controles de câmbio e controles sobre saques dos bancos. O pânico se espalharia para outros países-membros mais fracos, criando ondas de fuga de moeda e, muito provavelmente, a imposição de controles protecionistas. Os passivos em euro do país, ou países, prestes a sair precisariam ser redenominados. Haveria ondas de falências públicas e privadas, principalmente sobre obrigações contratadas fora do país ou países que planejassem sair. Tudo isso criaria enorme confusão e tensão política. Na verdade, haveria uma devastação, possivelmente levando à destruição da própria UE. Embora uma saída unilateral da Alemanha fosse economicamente menos traumática, ela também criaria uma turbulência econômica e política significativa.[20] Mesmo que muitos alemães hoje pensem que teria sido melhor nunca criar a moeda única, é tarde demais para essas lamentações. Para início de conversa, desfazer algo não é o mesmo que não tê-lo feito.

Mas o custo que a Alemanha está disposta a pagar para manter a zona do euro solvente é limitado — ou, pelo menos, os líderes alemães querem fazer com que os outros acreditem que é limitado. A maioria dos alemães também acredita fortemente que as políticas que estão sendo impostas a países deficitários recalcitrantes são no longo prazo do interesse destes. A ideologia econômica do *"Ordoliberalismus"*, que teve profunda influência na "economia social de mercado" introduzida depois da Segunda Guerra Mundial por Ludwig Erhardt, o imensamente influente ministro da Economia e depois chanceler da Alemanha, também confere características especiais às atitudes alemãs em relação à política econômica.[21] Ela é uma ideologia de livre mercado, que enfatiza regras constitucionais contra uma política discricionária.[22] Rejeitou desde seu surgimento a ideia keynesiana de estabilização macroeconômica discricionária, na época extremamente influente, em favor de um banco central dedicado à estabilidade dos preços. Embora os alemães tenham aceitado um Estado de bem-estar desde o século XIX, sob a influência de Erhardt eles abraçaram também a ideia de concorrência de mercado. Uma das funções principais do Estado, na visão deles, é promover a concorrência.

A solução para a crise da zona do euro da perspectiva alemã, então, é impor esses princípios em toda a zona do euro. Isso explica a ênfase dada à criação de regras. Explica também a ênfase dada à austeridade e à reforma estrutural. Na visão alemã, esse é um jogo demorado. A Alemanha acredita em amor rude. Isso se dá também porque ela sempre teve medo do "risco moral" em empréstimos internacionais. A ideia de "risco moral" é que fornecer seguro generoso e, acima de tudo, incondicional contra o infortúnio estimula um comportamento indevidamente arriscado. Essas preocupações com incentivos fornecidos por seguro são legítimas: é por isso que os contratos de seguro incluem franquias que devem ser pagas pelo segurado. No fim, a Alemanha se mostrou disposta a dar apoio condicional e limitado, mas só se os Estados-membros vulneráveis estiverem preparados para se enquadrar às regras: essas são, então, as condições que acompanham o seguro.

Inevitavelmente, a Alemanha, como a maioria dos países credores na história, insiste que a culpa pelas dificuldades dos tomadores de empréstimo é inteiramente deles. Os superávits em conta-corrente da própria Alemanha não têm nada a ver com as dificuldades dos países deficitários: esses últimos são irresponsáveis, ponto. É por isso que ela enfatizou os déficits fiscais como o principal problema, não os desequilíbrios em conta-corrente, e, portanto, também insistiu que esta é uma crise fiscal, não uma crise de balanço de pagamentos combinada a uma crise financeira da qual suas próprias instituições e seus reguladores financeiros foram cúmplices. Por que ela deve ser considerada responsável por emprestar a pessoas que mostram grave irresponsabilidade em sua disposição de contrair empréstimo é um enigma ao qual nossa discussão retornará.

Enquanto isso, o motor franco-alemão de integração europeia já não funciona realmente. Ele é um motor alemão, com um passageiro francês nauseado. Isso ocorre em parte porque a posição econômica da França é mais fraca que a da Alemanha: ela perdeu competitividade desde a fundação da zona do euro. Seus líderes, desde a crise, ou seguiram atrás da Alemanha (como foi o caso de Nicolas Sarkozy, presidente até maio de 2012) ou flertaram com a ideia de oposição à contração alemã (como foi o caso de seu sucessor, François Hollande). Nenhuma das alternativas se mostrou bem-sucedida. Como um eurocrata de alto escalão disse, a parceria serve meramente "para esconder a força da Alemanha e a fraqueza da França".[23]

Se a Alemanha sentisse que enfrentava um choque de frente entre seus objetivos europeus e a estabilidade monetária interna, provavelmente escolheria essa última. Dos membros da zona do euro, ela provavelmente enfrentaria os menores custos de ajuste, se deixasse a zona do euro. Mas ainda pagaria um alto preço econômico e político. Em todo caso, a situação não chegou a isso. A política alemã também supõe que ela não chegará a isso: no fim, os membros da zona do euro se enquadrarão e, assim, se tornarão dignos de ser membros plenos de uma zona do euro mais federativa administrada de acordo com os procedimentos alemães. Esse, na visão alemã predominante, é o preço que eles têm de pagar em troca da disposição alemã de abrir mão de seu amado *Deutsch-mark*, o símbolo da estabilidade e do sucesso de seu país depois da Segunda Guerra Mundial.

Portanto, uma vez que o governo alemão perdeu a confiança em líderes de países devedores em dificuldade, esses líderes tiveram de ir embora. Mas isso nem sempre exigiu um empurrão de fora. Eleitorados desgostosos descartaram os governantes que haviam presidido a crise na Irlanda, em Portugal e na Espanha. Em última instância, porém, os países em dificuldade tinham escolhas simples: aceitar a falência desordenada e possivelmente até uma saída do euro, ou adotar uma combinação de austeridade fiscal e reforma estrutural. No fim, todos esses países escolheram as últimas opções.

Quando a crise engolfou a Espanha e a Itália, em 2011, os investidores ficaram cada vez mais preocupados com o nexo destrutivo entre bancos e governos: esses últimos dependiam dos primeiros para financiamento, enquanto os primeiros dependiam dos últimos para ser salvos da crise. Bancos em estresse e governantes fracos se comportavam como dois bêbados tentando manter um ao outro em pé. À medida que cresciam as dúvidas sobre a capacidade de obter crédito dos governos e os temores em relação à economia da zona do euro (ver figura 7), cresciam igualmente as pressões de financiamento sobre os bancos.

Em resposta a essas pressões, em dezembro de 2011 o BCE anunciou sua operação de refinanciamento de longo prazo (*long-term refinancing operation*, LTRO) de três anos.[24] Isso ofereceu 1 trilhão de euros de crédito do banco central em financiamento garantido a bancos em estresse, em duas parcelas sucessivas.[25] Infelizmente, a LTRO era um pacto faustiano. Ela aliviava as pressões de financiamento sobre os bancos. Mas uma parte do novo empréstimo do BCE aos bancos foi reciclada por estes em títulos de seus governos. Essa era a garantia que os bancos costumavam usar. Desse modo, os bancos de países cujo governo estava pressionado se tornaram intermediários para financiamento de médio prazo pelo banco central de governos menos capazes de obter crédito. Isso amarrou ainda mais bancos e governantes. Além disso, como mostra a figura 7, o impacto sobre os custos de financiamento de governos mesmo da LTRO de três anos não durou.

Isso levou a uma inovação muito mais profunda: Transações Monetárias Diretas (Outright Monetary Transactions — OMT). Em um hoje celebrado discurso feito em Londres em 26 de julho de 2012, Mario Draghi, presidente do

Banco Central Europeu, declarou francamente: "Em nosso mandato, o BCE está disposto a fazer o que for preciso para preservar o euro. E, acreditem em mim, isso será suficiente". E a seguir declarou: "Então, há outra dimensão nisso que tem a ver com os prêmios que estão sendo cobrados sobre empréstimos a Estados soberanos. Esses prêmios têm a ver, como eu disse, com inadimplência, com iliquidez, mas também têm a ver cada vez mais com convertibilidade, com o risco de convertibilidade".[26] Com "convertibilidade" o sr. Draghi queria dizer o risco de um colapso. Ele encontrara a razão (ou, poder-se-ia argumentar, a desculpa) de que precisava para se oferecer para comprar os títulos soberanos de Estados vulneráveis. O BCE então concordou com o novo programa, com a única, embora importante, discordância de Jens Weidman, presidente do Bundesbank, mas, o que é mais significativo, a aceitação tácita do governo alemão.[27]

A declaração do sr. Draghi de que o BCE faria "o que for preciso" foi um blefe, mas assombrosamente bem-sucedido. Não foi um blefe porque o BCE podia ficar sem dinheiro. Um banco central sempre pode criar mais dinheiro. Mas, por razões políticas, o programa OMT oferecia intervenção "ilimitada" mas "condicional" do BCE em mercados de títulos soberanos, com condições a ser estabelecidas por programas formais com os governos envolvidos.[28] A necessidade de condições surgiu do fato de que o BCE era o banco central de muitos países, não de um só. Ele não podia escapar das consequências de fornecer apoio incondicional a um membro. Mas a contradição entre os dois critérios é evidente: apoio condicional é, por definição, não ilimitado. Se um país violasse as condições de seu programa acordado, o apoio do BCE cessaria. Mas isso também ocorreria quando o pânico do mercado estivesse no auge. Portanto, o apoio do BCE seria retirado quando fosse necessário. É impossível, em todo caso, acreditar que o BCE poderia sair ileso de uma intervenção ilimitada mesmo que as condições fossem cumpridas: a instituição provavelmente cairia em uma espécie de guerra civil antes que isso acontecesse.

Algo que aumentou ainda mais a dificuldade de realmente implementar o programa OMT, se isso fosse necessário, foi o resultado do caso apresentado ao Tribunal Constitucional alemão em fevereiro de 2014. Em essência, esse tribunal julgou que o OMT violava a Constituição alemã. Na verdade, o tribunal alemão pediu que o Tribunal de Justiça Europeu (TJE) julgasse a legalidade do OMT na legislação europeia. Mas isso aumenta as dúvidas sobre o programa. Além do mais, o tribunal alemão poderia muito bem não se considerar obrigado por uma decisão do TJE. Dada essa situação, a disposição ou mesmo a capacidade de qualquer governo alemão para apoiar um programa da UE, que seria uma condição necessária para a implementação do OMT, está em séria dúvida, assim como, consequentemente, a viabilidade do OMT.[29]

Felizmente, no momento em que este livro ia ser impresso, essas contradições não haviam sido testadas. Não apenas o anúncio mas também sua aceitação tácita por todos os governos dos Estados-membros tiveram um impacto extraordinário nos mercados, porque isso foi visto como eliminando amplamente o risco de cauda de ocorrer um rompimento. Como o Fundo Monetário Internacional observou em seu relatório de julho de 2013 sobre a zona do euro: "O compromisso do BCE de fazer 'o que for preciso' — inclusive estabelecendo a estrutura do OMT — melhorou o funcionamento da política monetária e salvaguardou a viabilidade do euro".[30] Em particular, como mostram as figuras 6 e 7, seguiu-se uma queda acentuada e geral nos spreads sobre os títulos de países mais arriscados. O BCE conseguiu sua vitória sem disparar um tiro. Se a política funcionaria caso sua credibilidade fosse testada é algo que permanece incerto. Porém, mais de um ano e meio depois de ser lançada, ela permanecia não testada.

O sucesso do anúncio do programa OMT parecia comprovar os argumentos daqueles que haviam por muito tempo acreditado que a grande elevação dos spreads refletia iliquidez nos mercados induzida pelo pânico ou, em termos mais técnicos, o perigo de "equilíbrios múltiplos" nos mercados. Paul de Grauwe, um renomado economista belga, hoje na London School of Economics, defendera durante muito tempo a intervenção do banco central para eliminar o risco de pânico autorrealizante que punha o custo da dívida em um equilíbrio ruim. O sucesso do OMT sustentava esses argumentos.[31] Também existe, no entanto, uma explicação alternativa com implicação muito semelhante para os mercados. É que os investidores eram incapazes de precificar racionalmente esses títulos de governo, porque eram confrontados com um risco catastrófico e essencialmente incalculável, o de rompimento da zona do euro. Eles puderam então tomar o compromisso do presidente do BCE e o lançamento do novo programa do BCE, com aquiescência alemã, como indicações de que a liderança da zona do euro não permitiria que ela fracassasse. Nesse sentido, o OMT deu uma contribuição decisiva para a confiança (possivelmente irrefletida) no futuro da zona do euro e, ao reduzir os spreads, tornou essa confiança mais plausível. Ela transformou uma espiral descendente viciosa de queda de confiança em uma espiral ascendente virtuosa de aumento da confiança.

Contudo, embora de fato tenham caído de forma acentuada, os spreads permaneceram significativos (ver figuras 6 e 7). Para países presos em uma armadilha deflacionária, esses spreads ainda podiam se mostrar inadministráveis. Além disso, os excessos de endividamento, as taxas de juro elevadas, a fraqueza do setor bancário e mecanismos de transmissão da política monetária emperrados, que são características de todas as crises financeiras, inevitavelmente levaram a recessões profundas e desemprego alto nos países da zona do euro atingidos pela crise. Ademais, dada sua dificuldade de obter empréstimo e sua falta de acesso a financiamento do banco central, os países atingidos pela crise não podiam compensar essas recessões profundas, na realidade verdadeiras depressões, com estímulo fiscal ou monetário, pelo menos sem apoio externo. Este não estava disponível em nenhuma escala significativa. Em parte isso se dava porque a Alemanha, apoiada por outros países credores e pela Comissão Europeia, argumentava que as reformas estruturais necessárias não ocorreriam sem pressão econômica impiedosa e, por essa razão, considerava um maior apoio externo contraproducente. O incômodo fiscal e econômico, argumentava o governo alemão, forçaria os culpados a se comportar melhor no futuro. Além disso, os países credores também não estavam dispostos a pedir mais dinheiro a seus parlamentos em apoio a outros governos que seus eleitorados haviam passado a ver como esbanjadores desprezíveis.

Mas as más condições econômicas arriscavam causar uma reação política adversa e, portanto, mais um surto de estresse financeiro. A crise da zona do euro se tornara uma condição de fraqueza econômica crônica, vulnerável a uma recaída a qualquer momento. Ainda assim, a determinação dos governos de países atingidos pela crise em persistir na austeridade foi notável. Houve protestos nas ruas. Houve levantes eleitorais, com a derrubada de todos os governos vigentes durante o início de crises severas. Houve movimentos e grupos de protesto, como o "Movimento Cinco Estrelas", de Giuseppe "Beppe" Grillo, na Itália, e o neofascista "Amanhecer Dourado" e o grupo de extrema esquerda "Syriza", na Grécia. Mas o centro ortodoxo da zona do euro se manteve. Não estava claro se continuaria a se manter.

ENTENDENDO A CRISE

O que causou essa crise continuada na zona do euro? A causa imediata foi muito semelhante à causa imediata da crise global de 2007 e 2008: "paradas bruscas" no financiamento, dessa vez não só de instituições financeiras, mas também de países, embora a ligação entre instituições financeiras e países fosse, como observado, estreita.

A crise

Silvia Merler e Jean Pisani-Ferry esboçaram a história em um texto para o centro de pesquisa Bruegel, sediado em Bruxelas. Os autores observam laconicamente que "esperava-se que a moeda única tornasse o balanço de pagamentos irrelevante entre os Estados-membros da região do euro. Essa visão benigna foi contestada por acontecimentos recentes".[32] Na verdade, a lição mais importante da crise é que o balanço de pagamentos continua a ser tão importante dentro de uma união monetária quanto é fora dela. Dado que o ajuste de moeda foi eliminado, é plausível que o balanço de pagamentos tenha ainda mais importância dentro de uma união monetária do que tem para países independentes com moedas flutuantes e seus próprios bancos centrais. Uma vez que um país dentro de uma união monetária se torne dependente de grandes entradas de capital, uma inversão repentina nesses fluxos causará uma crise econômica. Essa crise será marcada por um choque financeiro, quando o financiamento externo for retirado, e uma recessão profunda, quando as importações das quais a economia tenha passado a depender não forem mais financiadas. O impacto da crise é também muito assimétrico: para países superavitários, ela é uma inconveniência, já que o valor de seus direitos financeiros sobre países deficitários passa a ser questionado; mas para países deficitários ela é uma questão de vida ou morte, já que o impacto de curto prazo de uma súbita retirada de financiamento externo devasta a economia.

Assim, antes da crise, enormes fluxos de capital privado foram para alguns países no sul da Europa e para a Irlanda, principalmente de outros lugares na Europa e também principalmente na forma de dívida, em particular dívida bancária. Esses fluxos vinham de países com excesso de poupança e fraca demanda interna por crédito, e depois fluíram para os países com demanda por crédito aquecida, que pareciam oferecer retornos superiores e pelo menos uma segurança razoável. Surpreendentemente, como mostram as figuras 6 e 7, os spreads sobre títulos soberanos antes da crise caíram para muito perto de zero: assim, a Alemanha e a Grécia eram, de forma inacreditável, consideradas igualmente isentas de risco. Isso pode ter sido apenas um erro dos emprestadores. Mas também pode ter ocorrido porque se considerava que a zona do euro forneceria uma rede de segurança para esses fluxos. Como ficou claro, essa percepção não estava totalmente errada. Na crise, emprestadores a bancos saíram ilesos e (pelo menos até o começo de 2014) só o governo grego reestruturou suas dívidas, embora o valor de mercado da dívida de outros países arriscados tenha por algum tempo caído fortemente.

Esses fluxos transnacionais financiaram devidamente grandes déficits em conta-corrente e, portanto, por definição, grandes excessos de gasto em relação à renda nos países deficitários. As figuras 8 e 9 mostram a escala dos déficits e superávits em conta-corrente na zona do euro pouco antes da crise, tan-

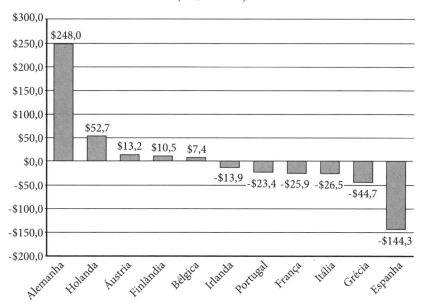

FIGURA 8. SALDOS EM CONTA-CORRENTE NA ZONA DO EURO, 2007
(US$ bilhões)

FONTE: Base de dados do *World Economic Outlook* do FMI.

FIGURA 9. SALDOS EM CONTA-CORRENTE NA ZONA DO EURO, 2007
(% do PIB)

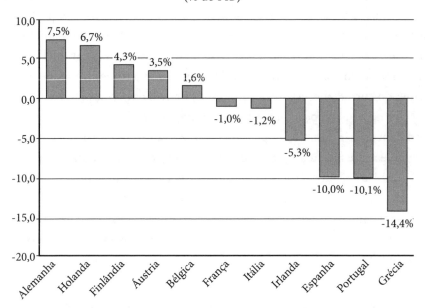

FONTE: Base de dados do *World Economic Outlook* do FMI.

to em termos absolutos como em relação ao PIB, com a exclusão de alguns dos países-membros pequenos. O elemento mais surpreendente nesse quadro é a escala do superávit em conta-corrente alemão, o segundo maior do mundo, em termos absolutos, atrás apenas do chinês. Não é menos surpreendente o enorme déficit em conta-corrente espanhol, não só em termos absolutos mas também em relação ao PIB. Portugal e Grécia também tinham déficits em relação ao PIB muito grandes, e a Irlanda, um déficit apreciável. O papel do capital privado estrangeiro, grande parte dele de dentro da zona do euro, no financiamento do gasto nesses países deficitários era, consequentemente, enorme. (Por que isso acontecia é mais discutido no capítulo 5 abaixo.) É fácil ver pela figura 5 que os países atingidos pela crise foram aqueles que tinham enormes déficits em conta-corrente, em relação ao PIB, antes da crise.

Os proponentes do euro podem argumentar que esses fluxos eram exatamente o que a zona do euro deveria alcançar: sem risco de taxa de câmbio, seria de esperar que houvesse imensos fluxos de capital de países com excedente de poupança para países deficientes em poupança. Mas, assim como os riscos no sistema financeiro terminaram se concentrando nas mãos daqueles que menos os entendiam, a poupança terminou sendo tomada emprestada por aqueles que se revelaram os menos capazes de usá-la. A zona do euro estava mal equipada para lidar com a reversão no financiamento de países deficitários que ocorreu em uma série de "paradas bruscas" (questão que discutirei mais abaixo), uma vez que os provedores desse financiamento — dotações, companhias de seguro, fundos de hedge, fundos de pensão, particulares e mesmo agências de governo — perceberam, no decorrer da reclassificação mundial do risco, depois de 2007, como era grande o erro que haviam cometido.

Esses imensos superávits e déficits em conta-corrente podem ser vistos de três maneiras mutuamente consistentes.

Primeiro, eles refletiam fluxos de capital do setor privado para o que erroneamente se acreditava serem oportunidades de maior retorno em economias mais dinâmicas, como a construção civil na Espanha. Infelizmente, esses maiores retornos se mostraram, em muitos casos, ilusórios, na verdade o produto de uma bolha de preços de ativos. Além disso, em 2011, a posição do passivo externo líquido de vários países se tornara grande demais para administrar: 103% do PIB para Portugal, 98% do PIB para a Irlanda, 92% do PIB para a Espanha e 79% do PIB para a Grécia.[33] Essas economias estavam prontas para fuga de capital, o que ocorreu devidamente na sucessão de crises discutida acima.

A segunda maneira de ver os déficits e superávits em conta-corrente é como um excesso de renda em relação ao gasto — ou um excedente de poupança em relação ao investimento — em países superavitários e o inverso em países deficitários. Isso é simplesmente o que um superávit ou déficit em conta-corrente significa — um excesso de renda em relação ao gasto ou um excesso de gasto em relação à renda, respectivamente. A implicação importante é que os dois lados são sempre, no nível da economia mundial como um todo, iguais e de sinal oposto. Os superávits acarretam déficits e vice-versa. Por eles serem determinados em conjunto, é logicamente impossível dizer que países em déficit são responsáveis por suas provações, enquanto aqueles em superávit são isentos de culpa. Isso é moralismo infantil.

A terceira maneira é que os superávits e déficits refletem o fortalecimento da competitividade externa em países superavitários e a queda da competitividade em países deficitários. Os custos reais unitários de mão de obra no

FIGURA 10. CUSTO UNITÁRIO DE MÃO DE OBRA NA INDÚSTRIA
EM RELAÇÃO À ALEMANHA
(Alemanha = 100)

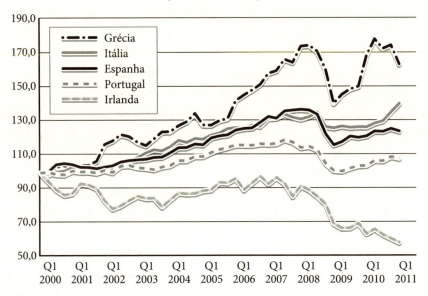

FONTE: OCDE.

primeiro grupo de países, em particular na Alemanha, estagnaram e os custos reais unitários de mão de obra no último subiram muito desde o início do euro. Isso ocorreu em parte por causa de suas economias fortes (notadamente na Espanha), que pressionaram para cima os salários nominais, e em parte porque seus mercados de trabalho eram relativamente inflexíveis e o crescimento da produtividade era, consequentemente, fraco (como na Grécia, na Itália, em Portugal e na Espanha). A razão mais importante para os mercados de trabalho relativamente inflexíveis do sul da Europa era a legislação, que tornava extremamente difícil demitir trabalhadores mais antigos. Perdas particularmente grandes de competitividade ocorreram na Espanha, na Itália e na Grécia (ver figura 10). A Irlanda, por outro lado, não sofreu nenhuma perda de competitividade por causa do rápido crescimento da produtividade em sua produção de bens e serviços comercializáveis. A Irlanda tem um mercado de trabalho flexível e conta, para suas exportações, com empresas estrangeiras, principalmente americanas, com acesso à tecnologia mais avançada. Além disso, essas perdas de competitividade estavam inevitavelmente associadas a mudanças duradouras na estrutura das economias: em países superavitários, os setores que produzem bens e serviços comercializáveis, em particular a indústria voltada para exportação, se expandiram, como na Alemanha. Em países com déficits externos aconteceu o oposto: as atividades voltadas para a economia interna, como construção civil e varejo, se expandiram, como aconteceu na Espanha.

A reversão dos excessos requer mudanças em todas as três dimensões, mudanças que são dolorosas e ocorrerão em períodos de tempo muito diferentes. O ajuste dos fluxos de capital privado pode ocorrer — e de fato ocorreu — quase da noite para o dia quando a crise irrompe. Mas ajustes no equilíbrio entre poupança e investimento e mudanças na competitividade externa podem levar uma década ou mais. Isso torna impossível para um país pagar dívidas enormes no curto prazo (ou, muito possivelmente, mesmo no longo prazo), uma vez que isso exige que ele passe simultaneamente a ter superávit em conta-corrente. Isso requer as alterações estruturais na economia explicadas acima, no sentido de maior produção de bens e serviços comercializáveis. Quando os credores tentam obter seu dinheiro rapidamente, uma ou mais de três coisas devem acontecer, em vez do pagamento: reprecificação de ativos; inadimplência; ou refinanciamento por fontes oficiais. De fato, uma mistura de todas essas coisas aconteceu nos países atingidos pela crise.

Ajuste pós-crise

Considere a reversão depois da crise desses desequilíbrios insustentáveis. O fato de que a inflação é baixa em toda a zona do euro e de que países superavitários também pretendem mantê-la assim tornou o ajuste externo mais doloroso. Além disso, para que alguns países reduzam seus déficits, outros devem reduzir seus superávits, para que o balanço externo da zona do euro não caminhe para um superávit. Se ele de fato caminha para um superávit, como foi o caso, o resto do mundo tem de se ajustar via alguma combinação de maior gasto e menor produção. Se essa última ocorre, a crise da zona do euro é exportada.

Também deve surgir um choque, dentro de uma zona do euro com baixa inflação, entre melhorar a competitividade e administrar o excesso de dívida.

Isso se dá porque uma rápida recuperação da competitividade de países como Itália ou Espanha exige salários e preços declinantes. Mas salários e preços em queda também aumentam o encargo real da dívida. As taxas de juro relativamente altas tanto sobre a dívida pública como sobre a dívida privada que caracterizam essas economias tornam ainda mais difícil o problema de administrar a dívida. Isso é "deflação de dívida" — uma condição em que os devedores são obrigados a poupar uma parcela sempre maior de sua renda para pagar a dívida, porque o valor real dessa última cresce com o tempo. Quanto mais os países lutarem para recuperar competitividade e quanto mais fraco for seu crescimento, pior a armadilha de dívida em que eles cairão. Como sublinha o relatório do FMI de 2013 sobre a zona do euro, "persistente fragmentação do mercado financeiro, balanços bancários fracos, demanda baixa e incerteza crescente, bem como fraquezas estruturais, todos reforçam uns aos outros e contribuem para a contração da atividade real".[34] Da mesma forma, uma crise financeira priva as empresas, das quais o crescimento depende, do crédito de que elas precisam para financiar o investimento. Como seria de esperar, um enorme encolhimento das economias vulneráveis de fato ocorreu, tornando a administração da dívida ainda mais difícil: entre os picos pré-crise e os vales pós-crise, o PIB grego caiu 23%, o PIB irlandês, 10%, o PIB italiano, 9%, e o português e o espanhol, 8%. As economias irlandesa, portuguesa e espanhola parecem ter chegado ao fundo do poço no começo de 2013, embora nenhuma delas tenha tido uma recuperação realmente forte no terceiro trimestre daquele ano (sendo a Espanha a retardatária). O PIB da Itália ainda estava caindo no terceiro trimestre, assim como o grego no primeiro trimestre (o último trimestre para o qual havia dados disponíveis em janeiro de 2014). Essa é uma corrida da Rainha Vermelha: países vulneráveis são forçados a correr muito para permanecer imóveis em relação a suas dívidas.

Eles também têm de correr muito para melhorar sua competitividade, porque os países superavitários não estão parados. As empresas desses países tendem a cortar preços em resposta à desaceleração da demanda por seus produtos causada pela crise. Lembre-se de que eles acumularam uma capacidade de produção substancial durante o boom nas exportações anterior à crise. É do interesse deles usar essa capacidade, cortando preços e assim promovendo a demanda, desde que os preços que eles consigam cobrar cubram os custos variáveis de produção — mão de obra e insumos comprados necessários para criar mais produto, bem como quaisquer custos extras de manutenção de planta e maquinário. Os custos fixos de longo prazo não precisam ser cobertos no médio prazo, uma vez que são apenas custos irrecuperáveis. Na pior das hipóteses, exportadores estabelecidos podem ter lucros menores que os previstos ou precisar reestruturar sua dívida. Mais fundamentalmente, os países superavitários talvez não desenvolvam a inflação mais alta necessária para elevar seus custos e assim facilitar o ajuste de competitividade necessitado pelos deficitários. Suas autoridades financeiras e monetárias podem, por exemplo, usar as chamadas "políticas macroprudenciais" (políticas voltadas para a estabilidade financeira na economia como um todo) para impedir a expansão do crédito interno. Se os países superavitários de fato conseguissem impedir o ajuste desse modo, o resultado na zona do euro seria uma depressão mais prolongada em países que antes eram deficitários.

A sombra de administrar ajustes de prazo mais longo paira sobre a zona do euro, tópico ao qual voltarei nos capítulos 5 e 9. Mas o primeiro desses ajustes — a interrupção dos fluxos de capital privado através das fronteiras da zona do euro — não tem nada de sombra: já está aqui. Ele ocorreu rapidamente, em uma série de "paradas". Houve três desses episódios: durante a crise financeira global de 2008, quando as paradas afetaram particularmente Grécia e Irlanda; na primavera de 2010, que viu o programa grego contagiar Irlanda e Portugal; e, finalmente, durante a segunda metade de 2011, quando as paradas alcançaram Espanha e Itália.[35]

Imagine que a zona do euro não fosse uma união monetária, mas um acordo de taxa de câmbio fixa, possivelmente uma versão endurecida do Mecanismo de Taxa de Câmbio anterior ao euro. Uma parada na entrada de capital então eliminaria o déficit em conta-corrente de forma brutal e rápida: na verdade, foi precisamente isso que aconteceu com Bulgária, Lituânia e Letônia durante a crise. Como parte desse ajuste, o setor financeiro doméstico, os preços de ativos e o gasto entrariam em colapso e a economia cairia em uma depressão. A posição fiscal também se deterioraria. Na ausência de empréstimos do exterior, o governo teria de cortar gastos e aumentar impostos, enfraquecendo mais a economia.

Se as autoridades financeiras e monetárias conseguissem sustentar a taxa de câmbio indexada, a despeito da depressão, o ajuste ocorreria via queda dos salários e preços nominais (o que a zona do euro chama de "desvalorização interna"), emigração e um cancelamento da dívida ruim de bancos insolventes, empresas não financeiras, famílias e possivelmente até o governo. Com o tempo, com a competitividade recuperada e a dívida reestruturada, a economia se recuperaria. Isso costumava acontecer no século XIX. Aconteceu, mais recentemente, em pequenas economias abertas, como Hong Kong depois da crise financeira asiática e os países bálticos depois que a crise começou, em 2007. Esse é, de fato, o velho mecanismo do padrão-ouro.

Se, porém, as autoridades abandonassem a indexação do câmbio, o ajuste seria acompanhado de uma depreciação da taxa de câmbio nominal. Isso evitaria a deflação de dívida e a necessidade de cortar salários e preços nominais. É provável, embora não certo, que o resultado fosse um ajuste mais rápido e menos doloroso, sem uma vaga de inadimplências. Tudo isso teria sido uma grande bagunça econômica, mas não teria gerado um pandemônio em todo o continente. Sob um sistema de taxa de câmbio indexada ajustável como esse, o ajuste econômico teria ocorrido e a vida teria seguido. Isso aconteceu depois de crises no Mecanismo de Taxa de Câmbio (MTC). E também depois das desvalorizações da libra esterlina em 1949 e 1967, e de novo depois da saída da libra do MTC, em 1992.

Considere a possibilidade oposta — que a união monetária fosse um Estado federal moderno, como os Estados Unidos. Nesse caso, o sistema bancário opera em toda a união. O governo federal financia diretamente grande parte dos gastos de governo. Nessa situação, o colapso mesmo de um grande boom imobiliário em uma região específica, a Flórida, por exemplo, não é capaz de derrubar o sistema bancário lá, uma vez que o governo federal ajuda a garantir sua sobrevivência. Não há nenhum risco monetário em emprestar para a Flórida, já que não surge a possibilidade de ela sair da área do dólar. Os Estados Unidos travaram uma guerra civil brutal no século XIX para deixar claro que a secessão era inadmissível. Pela mesma razão, não há nenhuma fuga de capital da Flórida. Empresas viáveis lá localizadas continuam a ter acesso a crédito. O governo estadual pode reduzir fortemente seus gastos. Mas o gasto federal é sustentado. A combinação de crédito continuado, apoio ao sistema bancário, menor tributação federal e gasto federal mais elevado dentro da Flórida sustenta a atividade econômica e financia os déficits em conta-corrente, que ninguém se preocupa em medir. Com o tempo, as pessoas emigram, os salários caem e novas atividades surgem. A crise é dolorosa mas não tem fôlego duradouro.

A união monetária europeia se situa entre esses dois extremos: na verdade, ela representa o pior de dois mundos. Os membros não estão por conta própria, como estão os países soberanos com taxas de câmbio fixas, embora a credibilidade do acordo monetário seja também maior que a de um compromisso unilateral. Mas os membros tampouco se beneficiam da maioria dos aspectos do agrupamento do risco automático de um Estado federal moderno, enquanto a moeda deles é menos confiável que aquela embutida em uma federação desse tipo.

A união monetária tem, porém, uma instituição federal que funciona — o banco central. O BCE reagiu às paradas bruscas nos fluxos de capital efetiva e automaticamente: quando os emprestadores entre países retiraram fundos e os preços de ativos caíram, os bancos em países vulneráveis sofreram uma deterioração de seus balanços e escassez de financiamento. Para evitar uma cadeia de colapsos, os bancos centrais desses países agiram como emprestadores de última instância, com o consentimento do BCE. Esses bancos centrais nacionais criaram novo dinheiro do banco central (sendo esse o lado do passivo do balanço do banco central) e o emprestaram a bancos em dificuldade, contra uma ampla gama de garantias (muitas vezes duvidosas, embora também com abatimento do valor), como títulos de seus governos. Esses recursos, por sua vez, permitiram que os bancos comerciais continuassem a emprestar a seus clientes. Indiretamente, essas atividades financiaram desequilíbrios em conta-corrente dentro da zona do euro e depois surgiram como desequilíbrios "Target 2" dentro do Sistema Europeu de Bancos Centrais (SEBC), o agregado do BCE com os bancos nacionais.

Por definição, países deficitários também tinham contínuos excessos de gasto em relação à renda (o que quer dizer grandes déficits em conta-corrente). Depois da crise, eles também sofreram uma substancial fuga de capital tanto de não residentes como de residentes. Então surgiu um desequilíbrio de compensação entre bancos gregos, portugueses, irlandeses, espanhóis e italianos, de um lado, e os bancos da Alemanha, da Holanda e dos demais países superavitários, do outro.

Transferências de saldos em bancos centrais são o modo como esses desequilíbrios entre bancos são compensados. Essas compensações aparecem dentro do sistema de compensação "Target 2" — o sistema de pagamento interbancário possuído e operado pelo "Eurosystem", a autoridade monetária da zona do euro, que é composta pelo BCE e pelos bancos centrais membros.[36] Isso gera grandes direitos líquidos cumulativos nos bancos centrais de países superavitários e passivos correspondentemente grandes nos bancos centrais de países deficitários.[37] Em agosto de 2012, o superávit do Bundesbank alemão era de 751 bilhões de euros e o do banco central holandês, de 125 bilhões de euros, em um total de 876 bilhões de euros. No mesmo mês, o passivo agregado dos bancos centrais grego, irlandês, italiano, português e espanhol era de 891 bilhões de euros (429 bilhões da Espanha e 289 bilhões da Itália). Mas em novembro de 2013, quando o OMT restaurou a confiança, os superávits do Bundesbank e do banco central holandês haviam caído para 545 bilhões de euros e 59 bilhões de euros, respectivamente, enquanto os passivos dos cinco países atingidos pela crise também haviam caído para 595 bilhões de euros (254 bilhões da Espanha e 216 bilhões da Itália).[38]

Assim, os euros criados pelos bancos centrais nacionais de países deficitários compensaram as deficiências de pagamento de seus países. Isso, por sua vez, permitiu que esses países reduzissem seus grandes déficits em conta-corrente ao longo de vários anos, não de imediato, a despeito do colapso do setor financeiro privado (ver figura 11). Desse modo, o SEBC forneceu um colchão de amortecimento essencial. Ao fornecer recursos ao sistema bancário, ele também financiou desequilíbrios de pagamento. Essa foi uma maneira ineficiente, porque indireta, de financiar déficits externos e fiscais no médio prazo. Mas funcionou, mais ou menos.

Contudo, como Peter Garber, do Deutsche Bank, advertia com presciência já em 1998, deve haver dúvidas sobre se o banco central de um país superavitário estaria disposto a fornecer crédito ilimitado aos bancos centrais nacionais fracos por meio do sistema Target dessa maneira, principalmente porque ele provavelmente sofreria grandes perdas no caso de um rompimento. O temor dessas perdas poderia até precipitar esse colapso, ao interromper a oferta de crédito ao banco central fraco. Em teoria, membros da zona do euro suportariam essas perdas em proporção a suas participações no BCE. Na prática, parece improvável que os países deficitários pagassem, em particular se estivessem convencidos de que o rompimento não era culpa deles.

O sr. Garber concluía que, "desde que permaneça alguma dúvida sobre a permanência das taxas de câmbio do Estágio III (isto é, a união monetária), a existência da estrutura atualmente proposta do BCE e do Target não cria segu-

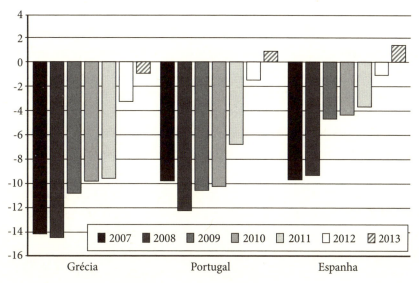

FONTE: Base de dados do *World Economic Outlook* do FMI.

rança adicional contra a possibilidade de um ataque. Bem ao contrário, ela cria um mecanismo perfeito para fazer um ataque explosivo ao sistema".[39] Um ataque como esse poderia assumir a forma de uma corrida aos bancos em um país vulnerável ou ações (venda a descoberto de ações de bancos, por exemplo) que causariam essa corrida. Portanto, a criação de posições credoras e devedoras gigantescas no BCE poderia destruir a credibilidade do sistema.

As medidas dos bancos centrais ajudaram países em dificuldade. Mas não deram muito apoio direto, se é que deram algum, à dívida pública. O financiamento direto de déficits foi descartado pelos tratados que criaram a união monetária, por causa da preocupação, em particular na Alemanha, de que isso se revelasse uma rota curta para a hiperinflação, como havia acontecido em 1923. Em consequência, os preços de títulos de governo caíram de forma acentuada em países deficitários e subiram nos superavitários entre 2008 e 2012 (ver figuras 6 e 7). Com os estrangeiros cada vez mais preocupados com liquidez, solvência e mesmo os riscos de rompimento, o financiamento de governos vulneráveis passou a depender de seus bancos domésticos, que eram eles próprios muito dependentes de bancos centrais nacionais. Assim, o BCE acabou indiretamente financiando governos.

Isso, por sua vez, reduziu ainda mais a disponibilidade de crédito ao setor privado de países deficitários: empresas privadas pequenas em países atingidos pela crise descobriram que era quase impossível obter empréstimos bancários. Como observou o FMI em julho de 2012: "A despeito de taxas de juros básicas baixas, as condições de crédito variam amplamente entre países da região do euro. Isso se deveu principalmente a percepções nitidamente divergentes dos riscos soberanos e bancários, bem como à drástica queda na atividade bancária (à medida que os bancos reduzem o financiamento transnacional, reforçam o capital e colchões de liquidez em sua jurisdição e acumulam depósitos overnight no BCE). Em consequência, as condições de financiamento são agora as menos sustentadoras em países onde a crise é mais aguda".[40] O FMI apresentou esse mesmo argumento em 2013, embora as condições tenham melhorado um pouco depois do anúncio do OMT.[41]

A explicação para essas divergências nas condições monetárias é que a união monetária — diferentemente das uniões federais — não é uma união bancária. Cada país é responsável por seus bancos: em países avessos a deixar bancos falir em qualquer circunstância, os bancos são tão fortes quanto a credibilidade dos governos que os sustentam e cuja dívida eles detêm. O surgimento de enormes divergências na capacidade dos governos para obter crédito inevitavelmente fragmentou a atividade bancária. Assim, à medida que os fluxos entre países secavam, os países-membros se viram em posições fiscais muito diferentes e, portanto, o risco de colapso aumentou. Além disso, a zona do euro já não tinha um conjunto único de condições monetárias, como se esperaria normalmente em uma união monetária, mas condições monetárias nacionais distintas: o FMI observou que empréstimos a pequenas empresas se tornaram muito mais caros na Itália, na Espanha e em Portugal do que na Alemanha.[42]

Enquanto isso, a zona do euro dava apoio fiscal a governos que já não conseguiam obter empréstimo nos mercados, primeiro via linhas de crédito temporárias — os já citados European Financial Stability Facility (EFSF) e European Financial Stabilization Mechanism (EFSM) — e depois via um novo arranjo permanente — o Mecanismo Europeu de Estabilidade (European Stability Mechanism — ESM), que entrou em operação em outubro de 2012. O EFSF foi criado depois de uma decisão em 9 de maio de 2010, ao mesmo tempo que o programa grego.[43] Ele tinha uma capacidade de empréstimo de 440 bilhões de euros, levantados nos mercados mas garantidos pelos governos. O EFSM acrescentou mais 60 bilhões de euros de empréstimos contraídos pela Comissão Europeia e reemprestados aos membros.[44] O ESM é um substituto do EFSF e do EFSM. Tem uma capacidade de empréstimo de 500 bilhões de euros.[45]

Essa soma é insuficiente para tirar países grandes, em particular a Itália, "dos mercados" se eles perderem acesso. Por essa razão, alguns propunham que o ESM recebesse uma licença bancária e assim pudesse, como qualquer outro banco, obter empréstimos do BCE. Essa ideia foi rejeitada como excessivamente perigosa: a uma taxa de alavancagem de 20:1 (normal nos bancos), ele poderia ter concedido empréstimos de 10 trilhões de euros, o que o tornaria de longe o maior banco do mundo. Em vez disso, como discutido acima, o BCE acordou seu programa Outright Monetary Transactions (OMT) — uma promessa que, como explicado acima, deve fornecer apoio "ilimitado", mas "condicional", a governos que encontrem dificuldade de obter empréstimo dos mercados em termos administráveis. O objetivo pretendido desse programa é restituir um grau de normalidade às condições monetárias em países afetados pela crise, assim tornando de novo eficaz a política monetária do BCE. O BCE é a única instituição com o poder de fogo necessário para impedir um pânico nos mercados de dívida soberana de um país grande como a Itália. Se isso de fato acontecesse, o BCE teria de tentar tornar o OMT operacional. Mas permanece a pergunta sobre se ele poderia fazer isso na prática. O BCE tem o poder de fogo. Mas não está claro se seria autorizado a disparar sua artilharia ou se o próprio OMT se mostraria uma maneira eficaz de fazê-lo, dadas suas contradições internas.

Além disso, quando preparava o programa grego, a zona do euro já concordava, provavelmente com sensatez, em incluir o FMI, e, portanto, os recursos e a condicionalidade do FMI, em seus planos de salvamento. O envolvimento do FMI também o encorajou a buscar recursos adicionais próprios, o que ele fez com êxito.[46] A principal contribuição do FMI, porém, não foi financeira, mas técnica e, portanto, também política. Ele é visto como mais independente que a Comissão Europeia. O BCE se determinou a envolver o FMI porque não confia na Comissão, que ele vê, corretamente, mais como um órgão político capturado por governos nacionais que como uma organização tecnocrática capaz de impor a eles seus pontos de vista. O governo alemão tem uma visão semelhante da Comissão. Mas o envolvimento do FMI também foi controverso e, aos olhos de alguns, em particular aqueles em economias emergentes, manchou sua credibilidade. A avaliação *ex post* do próprio Fundo sobre o programa grego de 2010 foi, com razão, crítica do que nunca pareceu ser um plano confiável.[47] Mas o FMI ter sido novamente incluído sublinha o fato de que a zona do euro é mais um acordo monetário entre Estados-nações que uma união federal.

Em suma, a zona do euro tem uma instituição interna forte, o banco central, mas seu setor bancário permaneceu basicamente nacional, e o apoio fiscal transnacional permaneceu limitado e controverso nos países credores. Os mercados de trabalho de muitos países-membros são extremamente inflexíveis. São também segmentados em termos nacionais por língua, cultura, leis, instituições sociais e a estrutura de Estados de bem-estar (sistemas de pensão, por exemplo). Essa estrutura foi incapaz de lidar com a crise financeira com tranquilidade. Em vez disso, os membros buscaram reprojetar sua aeronave enquanto ela caía.

Mostrou-se extremamente difícil convencer decisores privados — investidores, banqueiros, presidentes de empresas, até pessoas comuns — de que a moeda única era irrevogável, em grande parte porque o compromisso dos países-membros de apoiar um ao outro é inevitavelmente circunscrito pela resistência política interna. Na verdade, a discussão da possibilidade de saída de Estados-membros estava aberta e vinha até dos escalões mais altos. Em 11 de setembro de 2011, por exemplo, Mark Rutte e Jan Kees de Jager, primeiro-ministro e ministro das Finanças da Holanda, escreveram um artigo no *Financial Times* em que declararam que "no futuro a sanção final pode ser obrigar países a deixar o euro".[48] Essa era uma declaração precavida. Mas, se um país fosse obrigado ou pelo menos encorajado a sair, as consequências para a credibilidade do euro poderiam se mostrar devastadoras. A saída não afetaria só o país que saísse. Teria grandes efeitos indiretos sobre outros países e, de fato, sobre o sistema inteiro. Certamente se esperaria alguma fuga de capital de outros países vulneráveis e, muito provavelmente, crises financeiras e econômicas devastadoras neles. Na verdade, foi a percepção dessa ameaça que convenceu mesmo o governo da Alemanha, no decorrer do verão de 2012, de que ele devia manter a Grécia dentro da zona do euro, se isso fosse de alguma forma possível.[49]

É compreensível que países credores não queiram ser acorrentados àqueles que eles consideram esbanjadores. Mas, como eles também se deram conta, assim que a possibilidade de rompimento se torna real, há a ameaça de caos. A zona do euro poderia então não mais ser vista como uma união monetária irrevogável. Uma vez que ela já não seja vista como irrevogável, alguns dos principais benefícios da união devem desaparecer: a disposição de fazer investimentos de longo prazo se reduzirá, tanto em países superavitários como em deficitários, por causa da incerteza sobre o futuro; a disposição de emprestar dinheiro a instituições financeiras em países deficitários vulneráveis desaparecerá e, na pior hipótese, será seguida de uma fuga de capital; os mercados financeiros serão segmentados; e a disposição de emprestar dinheiro a governos de países vulneráveis evaporará e as taxas de juro desses governos serão elevadas.

Se todas essas coisas acontecessem, as chances de um ajuste completo na zona do euro diminuiriam e a plausibilidade de rompimento cresceria. Quanto mais crível a possibilidade de saída, mais fortes os compromissos compensatórios precisariam ser. Mas a garantia final — que o sistema sempre se manteria íntegro, por maior que fosse a pressão — não é crível. A disposição de comprometer muito, mas não tudo, com o projeto é um convite permanente à crise. Esse é o perigo que a zona do euro enfrenta. A possibilidade de ela superá-lo será considerada no capítulo 9.

ENTENDENDO MAL A CRISE

A história contada acima é de uma crise desencadeada por enormes desequilíbrios em conta-corrente seguidos por uma parada brusca no financiamento privado transnacional que permitiu que esses desequilíbrios surgissem. O banco central reagiu às paradas, mas não o suficiente para ordenar nem as condições monetárias nem o financiamento de governos na zona do euro, e, sozinho, ele não pode fazer com que aconteçam os ajustes internos necessários. A união monetária foi sujeitada a estresses tão imensos basicamente porque é uma união incompleta e imperfeita. Não está claro se ela é capaz de sobreviver. Mas, quanto maior a perda de credibilidade, maiores os estresses e, portanto, maiores as probabilidades de fracasso. Essa é uma espiral viciosa.

Uma das razões pelas quais o fracasso ainda é possível é que a visão apresentada acima das causas imediatas da crise não é compartilhada por todos. Ela sugere que tanto emprestadores como tomadores de empréstimo cometeram erros imensos, que grandes desequilíbrios em conta-corrente são desestabilizadores, em particular em uma união imperfeita com mecanismos de seguro limitados, e que o ajuste pós-crise precisa ser feito tanto nos países superavitários quanto nos deficitários. Há, porém, um ponto de vista alternativo, expressado por Wolfgang Schäuble, o ministro das Finanças alemão, na citação que serve de epígrafe a este capítulo: é que a crise é o resultado de política fiscal descuidada, que a culpa é dos países que se entregaram a políticas como essa, e que a solução é austeridade fiscal no curto prazo e regras fiscais mais rígidas no longo prazo. Esse ponto de vista é poderoso, porque o país que acredita nele controla as finanças. Também é influente, porque a crise na Grécia em 2010 assustou os formuladores de políticas, mesmo muitos fora da zona do euro, levando-os a acreditar — ou pelo menos a dizer que acreditavam — que "graças a Deus não aconteceu conosco". O resultado foi uma mudança na direção da austeridade fiscal não só na zona do euro, mas também em todos os outros lugares.

Esse ponto de vista é não apenas enganoso, mas também perigoso. Que ele seja defendido pelo país mais forte da zona do euro é assustador. Como mostra a figura 12, os países que estão agora em grande dificuldade tinham desempenhos fiscais muito divergentes antes da crise: a Grécia tinha de fato déficits fiscais médios extremamente elevados, e os de Portugal eram pelo menos relativamente altos, embora não muito acima do limite do Tratado de Maastricht, de 3% do PIB. Mas o déficit fiscal médio da Itália era só modestamente mais alto que os da França e da Alemanha, enquanto Irlanda e Espanha mostravam um desempenho fiscal notavelmente bom. Portanto, diferentemente da posição da conta-corrente (mostrada nas figuras 8 e 9 acima), os déficits fiscais médios entre 2000 e 2007 não prenunciavam se um país entraria ou não em crise.

Exatamente o mesmo vale para a razão dívida pública líquida/PIB. A Grécia tinha a razão mais alta, de 105% do PIB em 2007. A Itália vinha em segundo lugar, com 87%. Esses dois países sustentam a visão de que se tratava principalmente de um problema fiscal. Mas a proporção da dívida pública líquida de Portugal, de 64% do PIB, estava próxima daquela da França, de 60%. Irlanda e Espanha tinham razões dívida pública/PIB excepcionalmente baixas, de 11% e 22% do PIB, respectivamente, muito abaixo dos 50% da Alemanha. Na

FIGURA 12. BALANÇO FISCAL GERAL MÉDIO DO GOVERNO, 2000-7
(% do PIB)

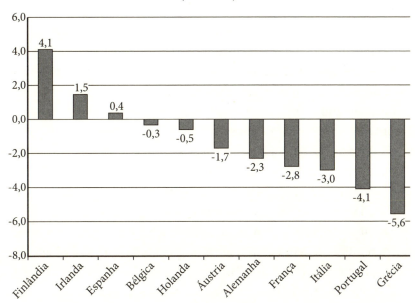

FONTE: Base de dados do *World Economic Outlook* do FMI.

verdade, se se olhasse apenas para os dados fiscais, não se teria concluído que a Alemanha se revelaria o porto seguro. Nem sua dívida pública nem seu desempenho deficitário histórico eram, em nenhum sentido, excepcionalmente bons. A diferença era que a Alemanha era um país superavitário. O importante era a conta-corrente, burro!

Um analista sutil poderia responder que, sim, é verdade que as posições fiscais da Irlanda e da Espanha pareciam muito robustas na época. Mas isso era uma ilusão. O déficit estrutural era de fato bastante grande, porque os países estavam em booms insustentáveis. Se isso tivesse sido entendido, eles deveriam ter obtido superávits fiscais muito maiores que aqueles que de fato tinham. Isso soa convincente. De fato, em um sentido óbvio, é verdade. Mas é também extremamente enganoso, pelo menos em dois níveis.

Em primeiro lugar, ninguém sabe o que é o equilíbrio "estrutural" ou ciclicamente ajustado. Pior, ele é menos conhecível precisamente quando esse conhecimento é mais essencial, isto é, quando a economia está vivendo um boom. As evidências disso são esmagadoras. O próprio FMI fornece a prova. Em abril de 2008 e abril de 2012, ele fez estimativas enormemente divergentes do saldo fiscal estrutural médio de Irlanda e Espanha entre 2000 e 2007. O FMI fez essa mudança imensa porque eventos subsequentes — as crises — o obrigaram a reconsiderar sua avaliação anterior da posição estrutural das economias. Note que nenhuma delas era uma previsão. Eram estimativas do que havia acontecido no passado. Infelizmente, em abril de 2008, quase nenhum economista entendia quão cruel seria a luz que os eventos lançariam sobre o que acontecera no passado recente.

Nas estimativas de 2008, o FMI declarava que a Irlanda havia tido um saudável superávit estrutural médio de 1,3% ao ano entre 2000 e 2007. Essa, é preciso enfatizar, era uma estimativa que pretendia levar em conta o fato de que a Irlanda desfrutara de um enorme boom. Acreditava-se que a Espanha havia tido um superávit estrutural médio de 0,5% ao ano nesse mesmo período. Acreditava-se, em outras palavras, que ambos os países haviam tido uma posição fiscal sólida que se originava de um longo período de política fiscal disciplinada. Então, quatro anos depois, o FMI decidiu que, para esse mesmo período de oito anos, o saldo fiscal estrutural anual médio da Irlanda para 2000-7 era quatro pontos porcentuais pior do que ele julgara em abril de 2008: que ao longo desse período a Irlanda tivera um déficit fiscal estrutural de 2,7% do PIB. Para a Espanha, o quadro era muito semelhante, apenas não tão extremo: a diferença entre as estimativas de abril de 2008 e abril de 2012 do déficit fiscal estrutural médio é de 1,7% do PIB anualmente: o superávit anterior se transformara em um déficit estrutural médio de 1,2% do PIB. De novo, essa é uma grande diferença.

Dadas essas enormes revisões retrospectivas, não há quase nenhuma possibilidade de fazer uma estimativa confiável do saldo fiscal estrutural, em tempo real, particularmente durante um boom de crédito. Essa é uma razão importante pela qual o novo tratado fiscal da zona do euro, que entrou em vigor em janeiro de 2013 e é construído em torno de alcançar um equilíbrio no déficit fiscal estrutural estimado, tem grande probabilidade de não funcionar: considerava-se que Irlanda e Espanha tinham superávits fiscais antes da crise. Portanto, as novas regras não teriam evitado esses desastres.[50]

Em segundo lugar, os superávits fiscais que esses países teriam precisado obter para se proteger contra a calamidade que lhes sobreveio teria sido quase inimaginavelmente grande, e a meta de dívida pré-crise, correspondentemente baixa. Suponha, por exemplo, que o objetivo fosse adotar uma política fiscal pré-crise tão apertada que, à luz do que sabemos *agora*, ela teria mantido a dívida pública bruta abaixo do limite do Tratado de Maastricht, de 60% do PIB, pelo menos até 2013. Na Irlanda a previsão é que a proporção de dívida bruta cresça 98% do PIB entre 2007 e 2013. Na Espanha, a previsão é que esse aumento seja de 57% do PIB (ver figura 13). Esses aumentos enormes na dívida pública se deveram a recessões inesperadamente profundas e, em particular no caso da Irlanda, aos custos fiscais da calamitosa decisão de resgatar todos os credores de seus bancos. Para ter evitado ultrapassar o teto do Tratado de Maastricht de 60% da dívida em 2013 (com tudo o mais permanecendo inalterado), a proporção de dívida bruta da Irlanda em 2007 precisaria ter sido de menos 38% do PIB, em vez do nível efetivo de 25%. No caso da Espanha, a proporção de dívida bruta necessária em 2007 para que essa proporção se mantivesse em 2013 abaixo de 60% do PIB teria sido de 3% do PIB, em vez do nível efetivo de 36%. Esse resultado poderia ter sido alcançado se o governo irlandês tivesse acumulado ativos depois de ter cancelado sua dívida. Para que a Irlanda ganhasse essa posição, seu superávit fiscal anual entre 2000 e 2007 precisaria ter ficado em média quase 8% do PIB acima do que ficou. O superávit fiscal da Espanha precisaria ter sido em média 4% ao ano acima do que foi. É claro que essas são estimativas quase certamente exageradas, já que, com políticas fiscais mais apertadas, as expansões pré-crise e as contrações pós-crise teriam sido menores. Mas a direção é clara.

Uma política fiscal mais apertada que a de fato adotada certamente teria sido útil. Mas a ação fiscal necessária para proteger uma economia contra uma sequência de expansão e contração na escala vivida por Irlanda e Espanha teria sido difícil de alcançar e difícil de justificar para os eleitores antes da crise. Em vez de pôr a culpa principalmente na política fiscal, faria mais sentido pô-la na burrice dos credores. O grande jornalista do século XIX Walter Bagehot descreve perfeitamente o que acontece: "em momentos específicos uma grande quantidade de pessoas burras tem grande quantidade de dinheiro burro [...] A intervalos [...] o dinheiro dessas pessoas — o capital cego, como o chamamos, do país — é particularmente grande e ansioso; ele busca alguém que o devore, e há uma 'pletora'; ele encontra alguém, e há 'especulação'; ele é devorado, e há 'pânico'".[51]

FIGURA 13. RAZÃO DÍVIDA PÚBLICA BRUTA/PIB
(%)

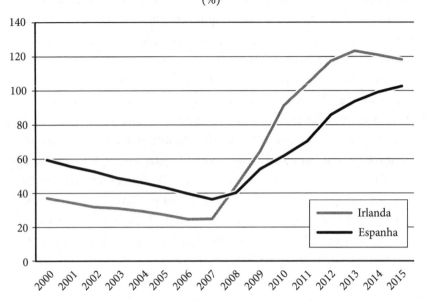

FONTE: Base de dados do *World Economic Outlook* do FMI.

Como observei acima, a principal característica que os países deficitários tinham em comum era a capacidade de financiar grandes e, em alguns casos, enormes déficits em conta-corrente a taxas de juro muito baixas. Ficou claro que não fazia tanta diferença se a contrapartida doméstica desses déficits era inteiramente um imenso déficit financeiro do setor privado (como na Irlanda e na Espanha) ou uma mistura de déficits privado e público (como na Grécia e em Portugal). A Itália não tinha grandes déficits externos nem fiscais: seus problemas se deviam principalmente à escala da dívida pública acumulada nas décadas de 1980 e 1990, antes de ela aderir ao euro. Isso, por sua vez, tinha sido o resultado de uma indisciplina fiscal prolongada.

Não fazia muita diferença se, em momentos anteriores à crise, a contrapartida do superávit do setor externo — ou seja, o grande fluxo de capital para o país e o consequente enorme déficit em conta-corrente — era um déficit privado ou fiscal, isto é, um excesso de gasto em relação à renda nos setores privado ou público. A razão é simples, crucial e amplamente ignorada: uma vez que a crise se instalou, o déficit financeiro do setor privado desapareceu rapidamente, ao passo que o déficit fiscal se avolumou. A explicação para esse último fato é que a receita do governo caiu de forma dramática, o gasto do governo relacionado à crise automaticamente subiu e os bancos foram salvos, o que foi custoso sobretudo na Irlanda. Além disso, quando o gasto privado desaba, como aconteceu na Irlanda e na Espanha, o déficit fiscal sempre sobe mais depressa que a queda do déficit externo, desde que continue a haver algum financiamento estrangeiro, como havia na zona do euro, basicamente via bce. Isso ocorre porque o déficit externo é ditado em parte pela estrutura produtiva da economia, que não muda com tanta rapidez.

A Espanha e a Irlanda, cujos setores privados foram particularmente muito afetados pela crise financeira, tiveram alterações no saldo financeiro do setor privado de perto de 15% do pib. O aumento do déficit fiscal é consequência direta do salto, impulsionado pela crise, do setor privado para a austeridade. A austeridade privada acarreta prodigalidade fiscal: esses são os dois lados da mesma moeda, dado o ajuste relativamente lento do saldo externo.

O foco da Alemanha nos supostos crimes fiscais de países hoje em crise foi um esforço de autoexculpação: na condição de maior supridor de capital superavitário na zona do euro, seu setor privado tinha substancial responsabilidade pelos excessos que levaram à crise. Como indica Bagehot, a tomada de empréstimos excessiva por parte de tolos teria sido impossível sem a excessiva concessão de empréstimos por parte de tolos: credores e devedores são como irmãos siameses. Um país que escolhe ter superávits em conta-corrente, na verdade um país que construiu sua economia em torno de gerar melhor competitividade e superávits externos maiores, tem de financiar os déficits das contrapartes e deve, consequentemente, ter responsabilidade pelo desperdício de recursos. Afinal, a evidência do que estava ocorrendo em países deficitários não estava escondida. O que isso pode significar para a futura política alemã será considerado no capítulo 9.

Alguns podem redarguir que, se a situação fiscal não é a causa fundamental da crise na dívida soberana, por que as taxas de juro sobre a dívida de alguns países da zona do euro foram tão altas (ver figuras 6 e 7)? Há duas respostas a essa pergunta.

A primeira é que a posição fiscal se tornou de fato um grande problema *depois* da crise, como mostra a figura 14. A indisciplina fiscal pode não ser a

FIGURA 14. RAZÃO DÍVIDA PÚBLICA BRUTA/PIB
(%)

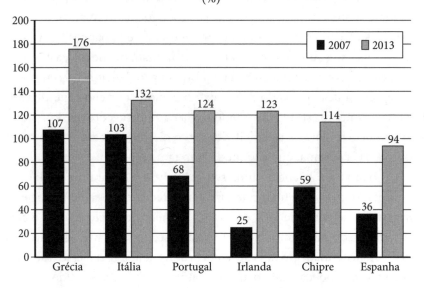

FONTE: Base de dados do *World Economic Outlook* do FMI.

razão para as crises, mas as crises certamente causam o que se assemelhará a uma grave indisciplina fiscal. Esse é um dos motivos pelos quais é importante evitar tais crises.

A segunda resposta, mais diretamente adequada, é que as taxas de juro sobre dívida soberana parecem ser surpreendentemente altas. Na verdade, essas taxas altas foram quase certamente uma consequência de defeitos na estrutura e na operação da zona do euro. O professor De Grauwe notou isso em um importante e influente texto publicado em 2011.[52] Ele mostrou que a Espanha e o Reino Unido tinham um perfil similar de dívida pública, mas as taxas de juro de longo prazo do Reino Unido divergiam muito daquelas da Espanha, desde a primavera de 2010, atingindo uma divergência máxima de mais de seis pontos porcentuais no verão de 2012, antes de cair depois do anúncio do OMT (ver figuras 15 e 16).

Como se explica essa aparente anomalia? Há três explicações possíveis. A primeira, apresentada pelo professor De Grauwe, é a seguinte:[53]

FIGURA 15. RAZÃO DÍVIDA PÚBLICA BRUTA/PIB
(%)

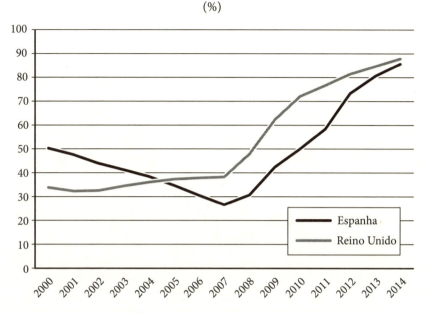

FONTE: Base de dados do *World Economic Outlook* do FMI.

Suponha que os investidores comecem a temer um *default* [inadimplência], digamos, da Espanha. Eles vendem títulos do governo espanhol e isso eleva a taxa de juro. Se isso durar o bastante, o governo espanhol viverá uma crise de liquidez [...]. O governo espanhol não pode obrigar o Banco da Espanha a comprar dívida do governo, e, embora o BCE pudesse fornecer toda a liquidez do mundo, o governo espanhol não controla essa instituição.[54] Esse sentimento pode ser autorrealizante, já que, se os investidores pensarem que o governo espanhol pode chegar a esse ponto final, eles venderão títulos espanhóis de uma maneira que transforma seus temores em realidade.

Não funciona assim para países capazes de emitir dívida em sua própria moeda. Para ver isso, refaça o exemplo espanhol para o Reino Unido. Se os investidores começassem a temer que o governo do Reino Unido pudesse deixar de pagar sua dívida, eles venderiam seus títulos do governo do Reino Unido e isso empurraria para cima a taxa de juro.

Depois de vender esses títulos, esses investidores teriam libras das quais muito provavelmente iam querer se livrar vendendo-as no mercado de câm-

FIGURA 16. SPREAD ENTRE OS RENDIMENTOS DE TÍTULOS BRITÂNICOS E ESPANHÓIS DE DEZ ANOS
(pontos porcentuais)

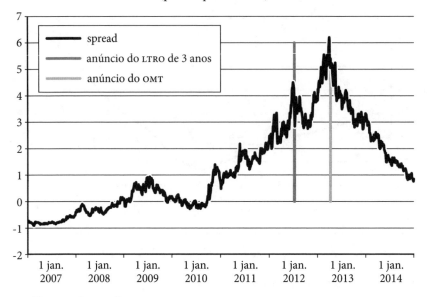

FONTE: Thomson Reuters Datastream.

bio. O preço da libra cairia até que alguém mais estivesse disposto a comprar essas libras. O efeito desse mecanismo é que as libras permaneceriam presas no mercado monetário do Reino Unido para ser investidas em ativos do Reino Unido.

Dito de outro modo, o estoque de moeda do Reino Unido permaneceria inalterado. Parte desse estoque de moeda provavelmente seria reinvestida em títulos do governo do Reino Unido. Mas, mesmo que não fosse esse o caso, e o governo do Reino Unido não conseguisse encontrar os recursos para rolar sua dívida a taxas de juro razoáveis, ele certamente obrigaria o Banco da Inglaterra a comprar os títulos do governo. Portanto, o governo do Reino Unido tem a garantia de que haverá liquidez disponível para financiar sua dívida. Isso significa que os investidores não podem precipitar uma crise de liquidez no Reino Unido que pudesse obrigar o governo a entrar em *default*. Há uma força superior de última instância, o Banco da Inglaterra.

Essa é uma explicação convincente para o fato de as taxas de juro sobre títulos espanhóis serem tão mais altas que aquelas sobre títulos do Reino Unido: ele é o resultado de não ter um banco central próprio. Isso pode levar a equilíbrios múltiplos. Uma vez que os mercados da dívida de um país estejam presos em um equilíbrio ruim, só uma força poderosa, como a intervenção determinada do banco central, pode alterá-lo para um equilíbrio bom. Acho esse argumento persuasivo.

Mas há duas outras explicações prováveis. Uma é que existe um risco de rompimento na zona do euro. Portanto, no caso da Espanha, havia a possibilidade de uma catastrófica redenominação da dívida em uma nova moeda. Embora haja também um risco de colapso da libra, talvez como resultado da hiperinflação que muitos (bastante equivocadamente) julgam iminente, essa é, na verdade, uma possibilidade remota. A segunda explicação é que, se a zona do euro não se rompesse, a Espanha estaria presa em uma armadilha de baixo crescimento causada por uma taxa de câmbio real permanentemente sobrevalorizada. Por essa razão, os investidores tinham mais confiança de que as autoridades do Reino Unido no fim controlassem sua posição fiscal do que tinham na capacidade das autoridades espanholas para conseguir a mesma coisa. Em outras palavras, a Espanha está condenada se correr e condenada se ficar.

O interessante é que a reviravolta nos rendimentos sobre a dívida espanhola veio quando o BCE anunciou seu programa OMT. O mesmo valeu para outros países em dificuldade (ver figuras 6, 7 e 16). Isso sustenta fortemente o argumento de De Grauwe. Mas também sustenta a visão de que o risco de rompimento mencionado explicitamente pelo sr. Draghi ao justificar o programa OMT é importante. Mas os rendimentos espanhóis ainda permaneciam mais altos que os do Reino Unido em 2013. Isso sugere que a perda de autonomia monetária continua a ser importante, não obstante o programa OMT. Ter um banco central da zona do euro mais proativo não é o mesmo que ter um banco central próprio.

Qual é a conclusão? A existência da moeda única aumenta enormemente as probabilidades de crises fiscais devastadoras. Isso é uma consequência inevitável de uma "taxa de juro tamanho único". Antes da crise, a política monetária que fazia sentido para a zona do euro como um todo se revelou muito apertada para alguns países, em particular a Alemanha, e muito frouxa para outros, em particular Grécia, Irlanda e Espanha. O resultado foi uma divergência maciça no crescimento de crédito, salários, preços e saldos externos que terminou em uma crise.

Os participantes têm de estar cientes desses perigos e reduzir os riscos. Isso só acontecerá se as pessoas se derem conta de que o problema subjacente não era descuido fiscal, mas concessão de empréstimos irresponsável (induzida em parte pelos defeitos inevitáveis de uma política monetária única), seguida por "paradas bruscas". Cortar déficits fiscais em países que estão pressionados é uma receita para uma depressão. É impossível controlar déficits fiscais quando o setor privado é incapaz de obter empréstimos sem que haja imensas reviravoltas no saldo externo. Essas reviravoltas de fato aconteceram. Mas o caminho para esse resultado passou por depressões: austeridade forçada, não redução de déficits fiscais como planejado, relaxamento da integração financeira da zona do euro, dúvidas persistentes sobre a solvência dos bancos, enormes divergências no custo do crédito e ainda mais declínio econômico.

AS CONSEQUÊNCIAS ECONÔMICAS DA CRISE

A parada brusca nos fluxos de capital criou crises imensas em países que haviam antes contraído grandes empréstimos no exterior. Pode-se dizer que as vítimas foram devastadas pelas mesmas coisas que impeliram à criação da moeda única: a política monetária única e o desejo de integrar os mercados financeiros e eliminar o risco cambial. Mas os fluxos se reverteram ao primeiro sinal de problema, como se esperaria de fluxos de capital para países emergentes. Então o setor privado não financeiro, o setor financeiro e os governos de países que antes recebiam capitais ficaram todos em grande dificuldade.

O BCE facilitou o ajuste. Mas também permitiu que a economia da zona do euro como um todo estagnasse, tornando assim muito mais difícil o ajuste pós-crise. A crise demonstrou que uma união monetária que não é uma união bancária e não dispõe de alguma maneira de administrar problemas de liquidez em mercados de dívida pública deixa, em uma crise, de ser uma verdadeira união monetária. Era cada economia nacional por si, embora com fortes transbordamentos entre as fracas e das fracas para as fortes. Enquanto todos eram afetados, as instituições necessárias para administrar esses transbordamentos não existiam.

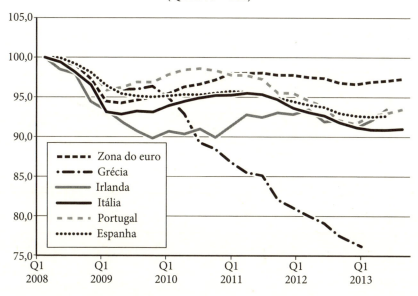

FIGURA 17. PIB REAL DE PAÍSES DA ZONA DO EURO ATINGIDOS PELA CRISE
(Q1 2008 = 100)

FONTE: Thomson Reuters Datastream.

No meio-tempo, as pressões predominantes eram no sentido da retração fiscal. Depois de 2009, todos os países vulneráveis foram obrigados a reduzir déficits fiscais estruturais rapidamente. Na verdade, países como Chipre, Grécia, Irlanda, Itália, Portugal e Espanha não tinham muita escolha, já que não conseguiam mais se financiar. Mas a combinação de retração privada e pública gerou recessões profundas (ver figura 17). Estas tornaram mais difícil para aqueles países alcançar as reduções nos déficits fiscais exigidas pelos programas de ajuda para Chipre, Grécia, Irlanda e Portugal, e pela Comissão Europeia para Itália e Espanha.[55]

A mais importante consequência social das economias fracas foi um desemprego muitíssimo elevado (ver figura 18). Na Espanha e na Grécia, foram registradas taxas de desemprego de 27% em maio e abril de 2013, respectivamente. A questão fundamental é quanto tempo essas condições de depressão durarão antes que a sociedade se rebele. As sociedades se manterão unidas por tempo suficiente para implementar as políticas que se esperam delas? Afinal de contas, a responsabilidade política é nacional, não europeia. A distância

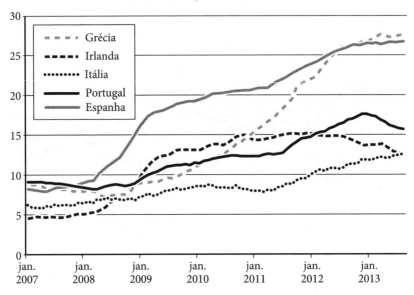

FIGURA 18. TAXAS DE DESEMPREGO
(% da força de trabalho)

FONTE: OCDE.

entre o locus da política democrática e o da tomada de decisão eficaz é grande: é isso que o filósofo político Larry Siedentop, ex-professor na Universidade de Oxford, chama de "déficit democrático".[56]

A probabilidade de que políticos que rejeitam as políticas exigidas pelo mundo exterior, em particular pela Alemanha, sejam eleitos em algum momento é grande. Isso quase aconteceu na Grécia em 2012. Com a necessidade de um ajuste econômico multianual pela frente, é provável que as tensões cresçam. Acima de tudo, tem de ser perigoso para seu futuro que o projeto de integração europeia seja agora identificado não com prosperidade e estabilidade, mas com desemprego em massa e crises econômicas.

CONCLUSÃO

A crise da zona do euro transformou o que, em todo caso, teria sido um choque enorme em uma crise global muito mais grave. A zona do euro, como ficou claro, estava desastrosamente mal equipada para lidar com as paradas bruscas nos fluxos de capital privado que sua criação havia incentivado. Dado que o rompimento parece impensável, a questão é se existem reformas plausíveis que a fariam funcionar melhor. A discussão se voltará para essa questão no capítulo 9.

Entrementes, uma das mais importantes consequências globais da crise foi que as dificuldades da Grécia e dos demais países vulneráveis foram tomadas como representativas das ameaças que confrontavam países de alta renda fora da zona do euro. Isso, por sua vez, justificou a mudança prematura para a austeridade em todos os países de alta renda em 2010, que certamente retardou a recuperação. Mas, como argumentou De Grauwe, países como os Estados Unidos e o Reino Unido nunca foram ameaçados por um colapso na sustentação a seus títulos de governo. Sendo áreas monetárias soberanas, sua posição era completamente diferente. Enquanto isso, dentro da zona do euro, a Alemanha e outros países credores se beneficiavam, via taxas de juro excepcionalmente baixas sobre seus títulos de longo prazo, das dificuldades de seus parceiros. Eles não mostraram nenhuma gratidão. Esse ganho extraordinário não aumentou sua disposição de ajudar os parceiros em dificuldade. A oposição a qualquer política propensa a estimular a demanda na zona do euro continua a ser resoluta. O resultado é um processo de recuperação lento e doloroso.

3. Admirável Mundo Novo

Estamos no meio de uma guerra cambial internacional, de um enfraquecimento geral das moedas. Isso nos ameaça porque tira nossa competitividade.

Guido Mantega, ministro da Fazenda do Brasil, 2010[1]

Algo extraordinário aconteceu durante as sucessivas ondas de crises financeiras discutidas nos capítulos 1 e 2. Ou, extraordinariamente, algo não aconteceu. As economias emergentes e em desenvolvimento não entraram em crises sérias.[2] Ao contrário, elas sobreviveram em grande medida ilesas. Na verdade, ficou claro que a recuperação dos países de alta renda é possivelmente mais perigosa para os países emergentes que as crises que eles sofreram.

O sucesso das economias emergentes depois da crise demonstrou que elas haviam se tornado significativamente mais resilientes nos anos anteriores à crise. Mas isso certamente não significa que elas "se desacoplaram" do que acontece em países de alta renda. Estes permanecem importantes demais, como mercados, fontes de financiamento e empregadores de imigrantes temporários e permanentes, para que isso tenha acontecido. A grande recessão que se seguiu ao pior da crise financeira, no fim de 2008 e no começo de 2009, atingiu duramente muitos países emergentes e em desenvolvimento. Os que foram atingidos por último — a China, acima de tudo — tiveram de tomar decisões de política ousadas para compensar o impacto do choque em suas economias. Essas decisões também criaram desafios complicados no longo prazo.

O resultado, não obstante, foi uma aceleração da já veloz transição do saldo da economia mundial dos países de alta renda para os emergentes, em particular a China. Isso, por sua vez, refletiu em parte a maior resiliência dos países emergentes e em desenvolvimento. Igualmente importante, no entanto, foi o fato de que a China havia emergido como um novo centro da economia mundial. Mas a economia da China com certeza vai passar por uma desaceleração de sua tendência de crescimento de 10% ao ano entre 1980 e 2012.[3] Se a desaceleração for modesta, o impacto em economias dependentes de sua demanda, em particular de commodities, não deve ser importante: afinal, 7% de crescimento em 2013 significaria o mesmo aumento absoluto que 10% em 2009.[4] Se, como temem alguns, o crescimento da China se desacelerasse mais fortemente, o impacto na economia mundial seria mais grave.[5]

CRISE E RECUPERAÇÃO NAS ECONOMIAS EMERGENTES

Nos cinco anos terminados em — e incluindo — 2008, o crescimento anual médio das economias emergentes foi de surpreendentes 7,6%. As economias em desenvolvimento e emergentes asiáticas lideraram, com crescimento médio de 9,5%, puxado pela China e, em menor medida, pela Índia. A Comunidade dos Estados Independentes (CEI) — o grosso da antiga União Soviética — também teve crescimento rápido, a uma média de 7,6%, puxado pelo boom de petróleo da Rússia, ele próprio impulsionado em grande medida pelo aumento dos preços mundiais das commodities (ver figura 27). Atrás delas vinha a África subsaariana, também puxada pelo boom de commodities, com média de crescimento de 6,5%. O Oriente Médio e o norte da África também se beneficiaram do boom do petróleo, crescendo em média 6,3%. A Europa Central e a Europa Oriental também viveram um boom, crescendo em média 5,6% nos cinco anos até, e inclusive, 2008, embora esse boom tenha explodido em 2008. A América Latina e o Caribe cresceram a uma taxa média de 5,3%. Enquanto isso, as economias avançadas cresciam a uma taxa média de 2,4%. A economia mundial como um todo crescia a uma taxa média de 4,6%.[6]

Em 2009, a economia mundial encolheu pela primeira vez desde a Segunda Guerra Mundial. Mas esse declínio não foi de forma alguma universal. Os produtos internos brutos de apenas quatro regiões caíram: as economias de alta renda, Europa Central, Europa Oriental e Comunidade dos Estados Independentes (CEI). O crescimento caiu fortemente na África subsaariana, no

FIGURA 19. CRESCIMENTO NA GRANDE RECESSÃO
(%)

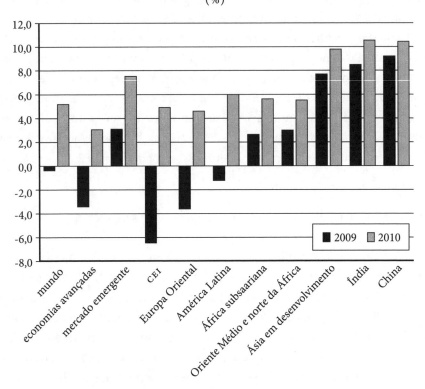

FONTE: Base de dados do *World Economic Outlook* do FMI.

Oriente Médio e no norte da África, embora permanecesse positivo. Mais importante, a desaceleração na Ásia emergente e em desenvolvimento (essa última incluindo os países emergentes e em desenvolvimento do Leste, do Sudeste e do sul da Ásia, que contêm pouco mais da metade da população mundial) e nos dois gigantes asiáticos, China e (em menor medida) Índia, foi quase imperceptível (ver figura 19).

Logo veio a notável recuperação das economias emergentes em 2010. Desde então, a maioria das regiões emergentes cresceu razoavelmente bem, com exceção da Europa Central e Oriental e da CEI (ver figura 20).

A divergência nas taxas de crescimento econômico no decorrer da crise também significou transições rápidas no tamanho relativo das economias. En-

FIGURA 20. AUMENTO DO PIB, 2007-12
(%)

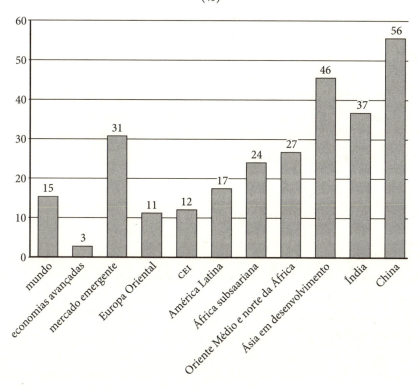

FONTE: Base de dados do *World Economic Outlook* do FMI.

tre 2007 e 2012, as economias dos países de alta renda se expandiram em um total geral de 3%. No mesmo período, as economias dos países emergentes e em desenvolvimento cresceram 31% e as da Ásia em desenvolvimento, 46%. A economia da China se expandiu ainda mais impressionantes 56%, e a da Índia, 37% (ver figura 20). A região com o segundo crescimento mais rápido da economia mundial foi a África subsaariana, com 27%.[7] Esse foi portanto um admirável mundo novo.

A despeito de uma grande crise financeira, que atingiu duramente as economias de alta renda e as tornou praticamente estagnadas durante um período de cinco anos, as economias emergentes não só sobreviveram, depois de uma rápida recessão (ou, em alguns casos, apenas uma desaceleração) em 2009, mas até floresceram. Isso sugere que algo importante havia mudado: não apenas a maioria das economias emergentes e em desenvolvimento era bastante resiliente ao choque financeiro, mas retomara o rápido crescimento econômico de forma relativamente breve. Isso é bastante diferente da experiência da década de 1990, quando o epicentro de grandes crises financeiras estava com frequência em países emergentes.

O que explica esses sucessos, e eles tendem a durar? Essas são as perguntas a ser respondidas no restante deste capítulo. O que as respostas nos dirão sobre o futuro da economia global é uma questão a ser tratada na terceira parte do livro e em sua conclusão.

A RESILIÊNCIA DAS ECONOMIAS EMERGENTES[8]

Durante o período 2003-7, o crescimento nos mercados emergentes e nas economias em desenvolvimento se acelerou, apesar de o crescimento nas economias avançadas ser fraco. Então, como sublinhado pelo Fundo Monetário Internacional, durante 2009, o ano imediatamente seguinte ao pior da crise financeira global,

> mais da metade do mercado emergente e das economias em desenvolvimento teve um crescimento negativo [...]. Mas eles rapidamente se recuperaram, e durante 2010-1 muitos deles cresceram a taxas iguais ou acima daquelas de antes da crise. Como resultado, eles agora respondem por virtualmente todo o crescimento econômico global.[9]

Esse desempenho veio depois do que já havia sido uma melhora substancial. Entre 1970 e 1989, o crescimento anual médio das economias emergentes foi de apenas 1,5%; entre 1990 e 2007, ele alcançou 3,4%.[10] Entre 1970 e 1980, a taxa mediana de crescimento dos países de baixa renda fora de calamitoso -0,1%; no período subsequente, ela chegou a 1,5% — baixa, mas ainda uma melhora enorme.[11] A variabilidade do crescimento também caiu substancialmente entre os dois períodos.[12]

Uma visão otimista é que a capacidade de muitos países emergentes e em desenvolvimento para lidar com a maior crise financeira desde a década de

1930 reflete melhoras nas políticas e mudanças nas economias, em particular a diversificação da composição e da orientação do comércio, das fontes de entrada de capital e de suas economias inteiras. Uma visão pessimista é que o crescimento recente foi sustentado por entradas de capital, forte crescimento do crédito, mercados de commodities em grande alta e, no caso crucial da China, um insustentável crescimento do investimento de baixa qualidade. Tudo isso, observam os pessimistas, está se tornando mais desafiador.

Os otimistas têm evidências a seu favor.[13] Algo de fato mudou para melhor. As economias emergentes e em desenvolvimento têm passado mais tempo em expansão, enquanto seus declínios se tornaram mais superficiais e mais curtos. Suas políticas monetárias melhoraram. Posições fiscais mais fortes também facilitaram o uso de políticas fiscais anticíclicas. Onde os países fixaram a taxa de câmbio, eles acumularam substanciais reservas em moeda estrangeira como um seguro contra choques. Como seria de esperar, a análise estatística do FMI mostra que países com políticas superiores e melhores posições subjacentes — em termos de políticas monetárias, dívida pública, déficits fiscais e reservas em moeda estrangeira — também tiveram expansões mais prolongadas e recuperações mais fortes. A redução na frequência de choques explica cerca de dois quintos do melhor desempenho das economias emergentes e em desenvolvimento. Mas "um maior espaço para políticas [ou seja, a capacidade de usar política fiscal e monetária de forma relativamente livre em razão de condições iniciais fortes] e melhores estruturas das políticas respondem pelos três quintos restantes da melhora em seu desempenho".[14]

Em muitos aspectos, os países emergentes e em desenvolvimento parecem quase ter trocado de lugar com os países de alta renda na década de 2000. Esses últimos sofreram imensas crises financeiras, grandes recessões e aumentos correspondentemente grandes de déficits fiscais e dívida. Esse é o tipo de quadro que costumávamos ver em países emergentes e em desenvolvimento: uma crise vinha nos calcanhares de outra, notadamente a crise da dívida da América Latina dos anos 1980, a "crise tequila" no México e depois em outros países latino-americanos na metade da década de 1990, a crise financeira asiática de 1997-8 e as crises na Rússia (1998), no Brasil (1998-9) e na Argentina (2000-1). Mas os países emergentes sofreram muito menos crises bancárias na década de 2000 que nas de 1980 e 1990, em grande medida porque poucos haviam tido grandes booms de crédito no começo da década de 2000. Isso os deixou em boa condição para expandir o crédito interno em resposta às crises de 2008 e 2009. Nesse momento, depois que o colapso imediato na demanda externa terminou, eles na maior parte apertaram de novo o crédito.

Políticas melhores, ao que parece, trouxeram recompensas substanciais. Mas é também vital contextualizar essas melhoras. Nem todos os países emergentes e em desenvolvimento se saíram bem. Além disso, em muitos casos, a melhora pode se revelar (ou já se revelou) insustentável: o desempenho da Índia se deteriorou rapidamente depois de 2010, e o Brasil começou a estagnar. O que torna mais provável que a melhora se revele insustentável, em muitos casos, é que a maior resiliência dos países emergentes e em desenvolvimento é, ao menos em parte, uma imagem espelhada da perda de resiliência dos países de alta renda. Isso pode ser chamado de "lei da conservação de crises". Se um grupo de economias escapa dos booms de crédito que são um dos principais precursores das crises, isso ocorre porque outro grupo os adotou. Nas últimas quatro décadas, a economia mundial não parece ter funcionado sem enormes excessos financeiros em algum lugar.

IMAGENS ESPELHADAS NO DESEMPENHO ECONÔMICO

Por que alguém vislumbraria uma relação negativa como essa? Afinal, a prosperidade de outros normalmente reforça as próprias fornecendo melhores oportunidades de comércio. Se isso fosse sempre verdade, não existiria nenhum motivo para preocupação: o crescimento mais rápido dos países emergentes e em desenvolvimento, longe de ser, de alguma maneira, deletério para os países de alta renda, seria um benefício. Por certo, é normalmente verdade que os países se beneficiam da prosperidade de outros, como argumentam Lawrence Edwards e Robert Lawrence em um excelente estudo do impacto econômico benéfico das economias emergentes sobre os Estados Unidos.[15]

Isso é verdade, com uma ressalva crucial: o financiamento transnacional deve ser razoavelmente estável e eficiente. Infelizmente, não foi — e não é — esse o caso.[16] Sendo assim, à medida que os países de alta renda se tornarem mais fortes, mais uma vez, muitos países emergentes e em desenvolvimento se tornarão mais fracos.

FIGURA 21. SALDOS MÉDIOS EM CONTA-CORRENTE, 2000-7
(% do PIB)

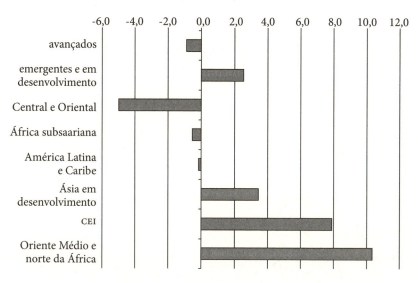

FONTE: Base de dados do *World Economic Outlook* do FMI.

Como isso poderia acontecer? A pergunta pode ser respondida olhando para os países emergentes e em desenvolvimento que tiveram desempenho ruim durante a crise. Como a figura 19 deixa claro, as duas regiões com pior desempenho econômico durante a crise foram a Comunidade dos Estados Independentes e a Europa Central e Oriental. A primeira é um caso especial, já que seu desempenho agregado é dominado pelo da Rússia, uma grande exportadora de commodities. O destino da última é, no entanto, interessante. Pois a característica saliente dos países da Europa Central e Oriental era sua dependência anterior à crise de entradas de capital, como mostrado por seus enormes déficits em conta-corrente, muito maiores, na média, que os de outras regiões de países emergentes e em desenvolvimento (ver figuras 21 e 22).

Como os países do Sul da Europa discutidos no capítulo 2, os países da Europa Central e Oriental se tornaram grandes importadores de capital, pelo menos em relação ao tamanho de suas economias, como mostra a figura 23. Isso não acabou bem.

FIGURA 22. SALDO MÉDIO EM CONTA-CORRENTE, 2000-7
(pontos porcentuais)

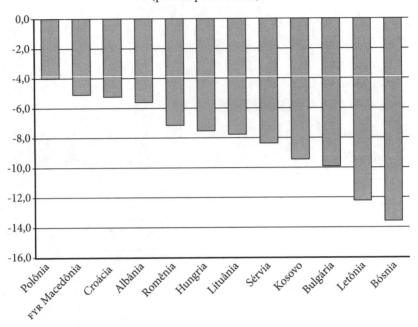

FONTE: Base de dados do *World Economic Outlook* do FMI.

Durante a crise, o financiamento do qual eles dependiam secou. Essa foi mais uma "parada brusca", muito semelhante àquelas que afligiram a Irlanda e o Sul da Europa na época. Para os investidores, a fuga para a segurança é quase sempre uma corrida de volta para casa, exceto se a economia para a qual o capital fluiu antes for o lar de uma moeda de reserva, ou quase reserva, e possuir uma classificação AAA ou próxima disso como tomador de empréstimo soberano (como os Estados Unidos). Os países da Europa Central e Oriental não possuíam esses atributos. Portanto, o dinheiro fugiu, e com isso esses países foram obrigados a contrair seus gastos de forma súbita e brutal. O resultado foram recessões profundas, com poucas exceções. (A Polônia teve um bom desempenho durante o ano de recessão de 2009. Mas seu déficit em conta-corrente era também relativamente pequeno no período anterior à crise.)

Podemos afirmar com segurança que a maioria dos países da Europa Central e Oriental não mostrou forte resiliência em 2009. (Ver também a figu-

FIGURA 23. CRESCIMENTO DO PIB NA EUROPA CENTRAL E ORIENTAL EM 2009
(%)

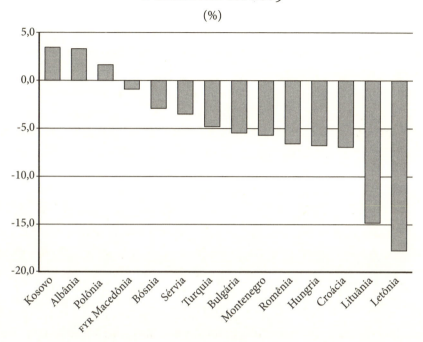

FONTE: Base de dados do *World Economic Outlook* do FMI.

ra 20, para o crescimento econômico pós-crise.) Ao contrário, as recessões nessa região foram muito profundas. A explicação é que grandes déficits em conta-corrente estão em geral associados a bolhas de preços de ativos, gasto doméstico insustentável, salários crescentes, booms de construção civil, aumentos insustentáveis no gasto público e competitividade externa declinante. Se o boom é suficientemente forte, as contas fiscais podem parecer temporariamente robustas. Mas, quando o boom do setor privado termina e o gasto desaba, as contas fiscais sofrem uma piora, como aconteceu nos membros da zona do euro atingidos pela crise (ver capítulo 2). Grandes importadores líquidos de capital carecem de resiliência, portanto, porque são vulneráveis a paradas bruscas nos ingressos de capital.

Isso também ajuda a explicar por que os países emergentes e em desenvolvimento haviam se tornado mais resilientes nos anos anteriores à crise de

2007-8. Como mostra a figura 21, as economias emergentes se tornaram, no conjunto, exportadoras de capital entre 2000 e 2007, assim como as regiões emergentes mais importantes. A base de dados do FMI mostra que um número considerável de países em desenvolvimento pequenos e muito pobres teve grandes déficits em conta-corrente entre 2002 e 2007. Isso era previsível, porque esses países recebem grandes fluxos de ajuda. Mas os maiores países emergentes na maioria dos casos tiveram superávits ou déficits bastante modestos: na média, os saldos em conta-corrente ficaram perto de zero ou em superávit nos casos de Argentina, Brasil, China, Filipinas, Índia, Indonésia, Irã, Nigéria, Paquistão e Rússia. As economias da Europa Central e Oriental foram um tanto excepcionais entre as economias emergentes mais avançadas, embora a Turquia também tivesse um grande déficit externo.

Portanto, a maior resiliência dos países emergentes é, em parte, explicada pelo desenvolvimento de seu balanço de pagamentos. Esse desenvolvimento não foi um acidente: ele é explicado em grande medida pela reação dos países emergentes e em desenvolvimento às ondas de crises financeiras que eles sofreram nas décadas de 1980 e 1990. Ela envolveu uma política deliberada de redução da vulnerabilidade à instabilidade externa. Isso em parte envolveu tornar as instituições financeiras domésticas mais capitalizadas e mais bem reguladas, em resposta a crises financeiras anteriores. Alguns países importantes — notadamente China e Índia — também mantiveram controles cambiais. Mas a política mais crucial e disseminada foi a decisão de acumular reservas em moeda estrangeira em uma escala enorme, e assim manter baixas as taxas de câmbio (ver figura 24). Surjit Bhalla, um economista indiano, argumenta em um instigante livro publicado recentemente que essa foi uma excelente política de desenvolvimento: a subvalorização deliberada das taxas de câmbio promove a prosperidade. Por acaso ou por desígnio, muitos países emergentes e em desenvolvimento adotaram essa política na década de 2000, acima de tudo na Ásia oriental e em especial na China.[17]

Desse modo, muitas economias emergentes se transformaram em exportadoras líquidas de capital. Mais precisamente, elas tanto reciclaram a entrada de investimento estrangeiro direto como tiveram substanciais superávits em conta-corrente. As mais importantes dessas economias foram a China e os exportadores de petróleo (aí incluída a Rússia). Mas, se as economias emergentes se tornavam exportadoras líquidas de capital, no agregado, outras economias tinham de se tornar importadoras líquidas de capital. Os mais importantes desses importadores líquidos foram os Estados Unidos e países nas periferias ocidental (Irlanda e Reino Unido), meridional (Grécia, Itália, Portugal e Espanha) e oriental (mais precisamente, central e oriental) da Europa Ocidental. Todos os grandes importadores líquidos de capital se tornaram epicentros da crise, embora países que dependiam deles para ter mercados (como a Alemanha e outros países superavitários europeus) também tenham sido atingidos indiretamente por suas recessões. Uma vez que a crise ocorrera, a atratividade de antigos importadores de capital para os investidores diminuiu ou mesmo desapareceu totalmente. Os bancos centrais das economias em dificuldade também cortaram as taxas de juro. O resultado foi uma pressão altista sobre as taxas de câmbio de países emergentes e em desenvolvimento.

Para o ministro da Fazenda do Brasil, Guido Mantega, isso, muito compreensivelmente, parecia em 2010 uma "guerra" de moedas. Na realidade, era um processo natural de reequilíbrio depois da crise. Mas o ministro estava tam-

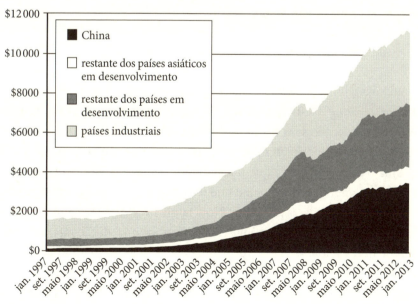

FIGURA 24. RESERVAS EM MOEDA ESTRANGEIRA
(US$ bilhões)

FONTE: FMI.

bém correto em um aspecto crucial. Os países emergentes e em desenvolvimento enfrentavam de fato um dilema: deviam aceitar taxas de câmbio mais altas, menor competitividade externa e grandes déficits em conta-corrente? Ou deviam resistir a essa transição, intervindo nos mercados de câmbio e assim se arriscando a uma perda de controle monetário, aumento excessivo do crédito, inflação e desordem financeira? Contra esse pano de fundo, a grande questão era se a resiliência louvada pelo FMI se mostraria tão evanescente quanto a "grande moderação", celebrada pelo sr. Bernanke (e outros) antes da crise.

OS DESAFIOS À FRENTE

As economias emergentes se saíram extremamente bem na sequência da crise. Mas elas agora enfrentam pelo menos quatro desafios estreitamente correlacionados. O primeiro é a normalização das políticas monetárias das economias de alta renda. O segundo é uma desaceleração do ritmo de atividade econômica que tem raízes estruturais. O terceiro é a desaceleração da China, o mais poderoso motor do crescimento econômico mundial. O último é a busca de crescimento liderado pelas exportações das economias de alta renda, em particular na zona do euro e no Japão.

A normalização monetária das economias de alta renda

Em maio de 2013, Ben Bernanke mencionou publicamente a mera possibilidade de "*tapering*" ["estreitamento"], ou redução da taxa a que o Federal Reserve estava expandindo suas compras de títulos do Tesouro americano, que era então de 85 bilhões de dólares por mês.[18] Note que esse não era um anúncio de nenhuma redução na taxa a que o Fed compraria ativos: isso só ocorreria em dezembro, quando o Fed anunciou que reduziria a taxa a que comprava ativos para 10 bilhões de dólares por mês.[19] Note também que isso não era um aperto de fato. Era antes especulação pública sobre uma futura redução na taxa a que o Fed aumentava sua posse de ativos. Ainda assim, o impacto foi uma elevação imediata nos rendimentos de longo prazo: entre o começo de maio e o fim de junho, os rendimentos dos títulos do Tesouro americano de dez anos subiram um pouco mais de oitenta pontos-base, para 2,5%. Isso desencadeou um "chilique de *tapering*", quando os mercados reagiram no mundo inteiro à possibilidade de um fim para a política de dinheiro ultrafácil. Essa possibilidade teve um impacto particularmente sério nas economias emergentes.

Como mostra a figura 25, seguiu-se uma súbita reviravolta nos fluxos financeiros para economias emergentes. Isso desencadeou uma substancial reprecificação de ativos, notadamente títulos, ações e moedas. Quedas significativas — e, no longo prazo, provavelmente úteis — nas taxas de câmbio ocorreram entre janeiro e setembro de 2013, em particular do rublo russo, da rupia indonésia, da rupia indiana, do real brasileiro, da lira turca e do rand sul-africano.[20]

O impacto causado por um não evento (afinal, nada aconteceu por seis meses) ocorreu em parte porque ele indicava a iminência de um ponto de virada na política monetária nos Estados Unidos. Mas também, e de modo mais significativo, revelava vulnerabilidades nas economias emergentes.

Um conjunto de fatores que explicam as vulnerabilidades reveladas pela reflexão de Bernanke sobre *tapering* são desenvolvimentos financeiros. Inter-

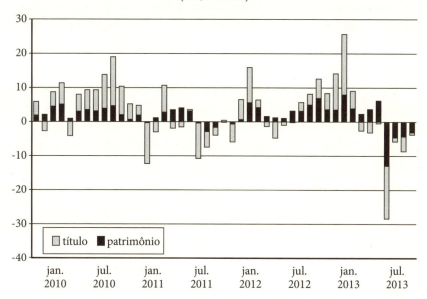

FIGURA 25. FLUXOS DE CAPITAL PARA ECONOMIAS EMERGENTES
(US$ bilhões)

FONTE: *World Economic Outlook* do FMI, outubro de 2013.

namente, muitas economias emergentes tiveram um crescimento do crédito em relação ao PIB possivelmente insustentável. Exemplos importantes foram Brasil, China, Índia e Tailândia. As razões crédito privado/PIB eram particularmente altas na China, de cerca de 120% do PIB em 2012, de acordo com o FMI. Qualquer choque tendente a desacelerar o crescimento do crédito, sem mencionar perdas em grande escala e uma redução de fato do volume de crédito existente, como aconteceu em economias de alta renda depois de 2007, corria o risco de causar uma brusca desaceleração do crescimento em economias cuja expansão anterior era, em medida significativa, impulsionada pelo crédito.

Além disso, argumenta Hyun Song Shin, da Universidade Princeton, um dos principais economistas financeiros do mundo, o aumento da demanda por títulos do setor privado de economias emergentes criou nova vulnerabilidade externa.[21] O financiamento externo das economias emergentes mudou de duas maneiras desde a crise, ele argumenta: não bancos se tornaram maiores tomadores de empréstimo, em relação aos bancos; e títulos de dívida substituíram amplamente a concessão de empréstimos. Muita tomada de empréstimos é também feita no exterior. Uma indicação disso é o hiato crescente entre tomada de empréstimo por local de residência e por nacionalidade: empresas chinesas, por exemplo, emitem títulos em moeda estrangeira em Hong Kong, não no continente. Empresas brasileiras e indianas também lançaram títulos no exterior.

Os compradores desses títulos têm buscado rendimentos no mundo da política monetária ultraflexibilizada fazendo empréstimos mais arriscados. Os vendedores, de sua parte, aproveitaram o custo mais baixo de títulos denominados em moeda estrangeira. Nesse processo, eles assumiram uma disparidade monetária: dívida em moeda estrangeira contra ativos em moeda doméstica. Esses tomadores de empréstimo estão especulando com suas moedas domésticas. Estudiosos da crise financeira asiática de 1997-8 acharão isso perturbadoramente familiar.

Quando as condições de financiamento se invertem, essas transações podem se tornar letais. À medida que o Fed faz o aperto, o dólar pode subir ainda mais, os preços de títulos em dólar tendem a cair e o financiamento pode se reverter, e todas essas coisas foram vistas no verão de 2013 (ver figura 25). À medida que seus títulos perdessem valor, os tomadores de empréstimos seriam forçados a colocar mais moeda doméstica como garantia. Isso comprimiria os fluxos de caixa e desencadearia uma redução no gasto das empresas. Uma queda da taxa de câmbio exacerbaria o aperto sobre elas. Empresas não financeiras altamente endividadas poderiam falir, pondo em risco credores domésticos, inclusive bancos.

Um padrão como esse de disparidades de moeda e de risco explica em parte a volatilidade no verão de 2013. Essa tensão tende a voltar. Assim, mesmo gestores de ativos de economias de alta renda podem se revelar uma fonte de instabilidade cíclica, se também eles se comportarem pró-ciclicamente, como os bancos sempre fizeram. A história sublinha um aspecto que surgiu em crises anteriores em economias emergentes: os balanços nacionais importam. Disparidades de moeda se mostraram repetidas vezes devastadoras para economias emergentes, tenham elas ocorrido no setor governamental, no setor bancário ou no setor empresarial não financeiro.

Quais, finalmente, são as implicações em termos de políticas, além do fato de que a combinação das políticas monetárias mais expansionistas da história com a busca do setor privado por rendimento certamente criaria fragilidade? Uma delas é que os controles sobre entradas de capital contam pouco se as empresas são autorizadas a contrair empréstimos no exterior. Outra é que ajustes monetários, embora vitais para administrar nosso mundo volátil, como argumenta o FMI, exporão disparidades de moeda. Acima de tudo, administrar uma volta a condições monetárias normais em países de alta renda, sem uma nova instabilidade global, será complicado.

A desaceleração estrutural das economias emergentes

O impacto da discussão do *tapering* sobre as economias emergentes parece também estar relacionado a algo ainda maior que as vulnerabilidades financeiras: o reconhecimento da deterioração do desempenho econômico. No *World Economic Outlook* de outubro de 2013, o FMI observou que "projeções dos níveis do PIB real de 2016 para Brasil, China e Índia foram sucessivamente reduzidas em 8% a 14% ao longo dos dois últimos anos. Juntas, as revisões para baixo para essas três economias respondem por cerca de três quartos da redução geral nas projeções do produto no médio prazo para o mercado emergente e as economias em desenvolvimento como um grupo".[22]

Segundo o *World Economic Outlook* do FMI de outubro de 2013, o crescimento do Brasil caiu para 0,9% em 2012 e uma previsão de 2,5% em 2013, abaixo dos já modestos 2,7% em 2011. O crescimento da China caiu para 7,7% em 2012 e uma previsão de 7,6% para 2013, contra 9,3% em 2011. O crescimento da Índia foi de meros 3,2% em 2012 e uma previsão de 3,8% para 2013, contra 6,3% em 2011 e 10,5% em 2010. O crescimento da Rússia foi de 3,4% em 2012 e uma previsão de 1,5% em 2013, contra 4,3% em 2011. O crescimento da África do Sul foi de 2,5% em 2012 e uma previsão de 2% para 2013, contra 3,5% em 2011 e 10,5% em 2010. No conjunto, a desaceleração foi severa, sendo a China a única economia que ainda apresenta crescimento rápido.[23]

Agora passemos ao quadro geral. Em 2011, as economias emergentes cresceram 6,2%. Em 2012 e na previsão para 2013, houve uma queda para 4,9% e 4,5%, respectivamente. Na Ásia em desenvolvimento, as taxas de crescimento foram de 6,4% e uma previsão de 6,3%, respectivamente, para 2012 e 2013, contra 7,8% em 2011. Na América Latina e no Caribe, as taxas de crescimento foram de 2,9% e previsão de 2,7%, respectivamente, para 2012 e 2013, contra 4,6% em 2011. Na Europa Central e Oriental, as taxas de crescimento foram de 1,4% e previsão de 2,3%, respectivamente, para 2012 e 2013, contra 5,4% em 2011. Na Comunidade dos Estados Independentes, as taxas de crescimento foram de 3,4% e previsão de 2,1%, respectivamente, para 2012 e 2013, contra 4,8% em 2011. Na África subsaariana, a desaceleração foi modesta: as taxas de crescimento foram de 4,9% e previsão de 5%, respectivamente, para 2012 e 2013, contra 5,5% em 2011.

No conjunto, de acordo com o FMI, 80% das economias emergentes vêm desacelerando desde 2011.[24] A análise do FMI sugere que as desacelerações são tanto cíclicas como estruturais: cíclicas, porque a recuperação pós-2009 foi insustentavelmente rápida em muitas economias emergentes; e estrutural, porque as fontes do rápido crescimento anterior frequentemente se esgotaram. Os ventos favoráveis passados — o boom de commodities, o crescimento elevado do comércio e condições financeiras acessíveis — se tornaram ventos contrários. Mas há também questões estruturais profundas em muitos países, que interagem desfavoravelmente com condições externas mais adversas: má qualidade das forças de trabalho; envelhecimento das populações, causando queda no aumento da produtividade; e crescentes desequilíbrios externos. Sustentar o crescimento significa reforma contínua. Em sua ausência, as fontes de crescimento rápido enfraquecem. Isso constitui provavelmente uma parte considerável do que estamos vendo.[25]

Administrando a inevitável desaceleração da China

O desafio para as economias emergentes não é só o de administrar o reequilíbrio global. É também o de adaptar-se ao que pode se tornar uma grande desaceleração da economia chinesa. Uma das razões pelas quais muitas economias emergentes se saíram tão bem depois da crise é que a própria China se saiu muito bem (ver figura 20). Ela é não apenas a segunda maior economia do mundo, mas significativamente maior que Brasil, Índia e Rússia juntos. É também a maior fonte mundial de demanda por commodities. Seu crescimento rápido e contínuo ajudou tanto ela própria quanto o resto do mundo a atravessar a crise.

Particularmente importante foi o fato de que, depois de 2007, o crescimento da China foi impulsionado pela demanda interna, não externa. Durante o período de 2000 a 2007, em contraste, as exportações líquidas tinham sido uma fonte importante de demanda para a China: elas subiram de 2,1% do PIB em 2001 para a proporção extraordinariamente alta de 8,8% do PIB em 2007. Naquele momento, os superávits comerciais e em conta-corrente da China eram de longe os maiores do mundo.

A crise pôs fim às exportações líquidas como um impulsionador da demanda para a economia chinesa, como as autoridades chinesas perceberam de imediato. Então, o que tomou o lugar delas? A solução que as autoridades adotaram foi um maciço surto de investimento alimentado por crédito, que levou a participação do investimento bruto no PIB para perto de 50%. Enquanto isso, entre 2007 e 2012 a participação do consumo privado permaneceu em torno de 35% do PIB — um coeficiente extremamente baixo pelos padrões de todas as outras economias. Felizmente, o surto de investimento compensou plenamente o impacto negativo sobre a economia da China da queda nas exportações líquidas, em particular em 2009. Daí em diante, a contribuição do investimento caiu, assim como o próprio crescimento econômico (ver figura 26).

Esse papel extraordinário do investimento como uma fonte de demanda na China é insustentável por duas razões. A primeira é de longo prazo: em última instância, o objetivo da produção é o consumo. O investimento é meramente uma forma intermediária de produção. Não faz sentido, no longo prazo, que o investimento cresça mais depressa que o consumo. Se isso acon-

FIGURA 26. CONTRIBUIÇÕES DA DEMANDA PARA O
CRESCIMENTO DO PIB CHINÊS
(pontos porcentuais)

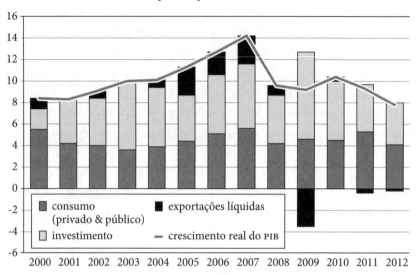

FONTE: Haver Analytics.

tecer, é provável que o investimento seja excessivo, o excesso de capacidade seja extremo e os retornos econômicos sobre o investimento estejam caindo. A segunda razão é de curto prazo: o próprio nível de investimento depende da taxa de crescimento econômico: quanto maior a taxa de crescimento de uma economia, maior tende a ser a participação do investimento no PIB. À medida que a taxa de crescimento chinesa se desacelere, como todos (inclusive o governo) esperam — agora que o país já não desfruta dos benefícios de quantidades imensas de mão de obra excedente e se tornou um país de renda média —, a necessidade de investimento tende a cair fortemente. Mas isso também vai retirar um suporte crucial para a demanda.

As tensões financeiras discutidas acima tendem a acelerar a redução do ritmo de crescimento da China. A rápida expansão do crédito na economia nos últimos anos foi impulsionada pelas expectativas de lucro em razão do crescimento ultrarrápido continuado. Se o crescimento decepcionar e os preços dos ativos caírem, o serviço de grande parte desse crédito pode se revelar

FIGURA 27. PREÇOS REAIS DE COMMODITIES
(deflacionados pelo valor unitário das exportações de manufaturas de países avançados)
(dezembro de 1982 = 100)

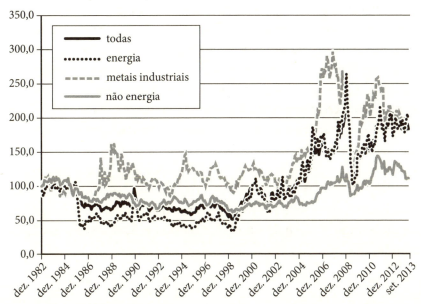

FONTE: FMI e Thomson Reuters Datastream.

impossível. Embora o governo chinês certamente seja capaz de administrar quaisquer perdas imagináveis, a experiência o tornará muito mais cauteloso em relação à expansão do crédito no futuro. Em resumo, as probabilidades de uma desaceleração mais forte que a prevista na economia chinesa no curto a médio prazo, seguida por uma tendência a um crescimento significativamente mais lento, são muito importantes.

Se for esse o caso, isso afetaria não apenas a China, mas também a economia mundial. Uma possibilidade particularmente importante é o enfraquecimento dos preços reais das commodities depois de quase uma década de níveis elevados (ver figura 27). Se isso ocorrer, certamente terá um impacto considerável sobre os exportadores de commodities, muitos dos quais são países emergentes e em desenvolvimento.

REEQUILÍBRIO GLOBAL

As economias emergentes enfrentam um último desafio final: o reequilíbrio global depois das crises. Elas conseguiram aproveitar o forte aumento da demanda nas economias de alta renda até então. Depois, tiveram espaço, durante algum tempo, para promover sua própria demanda interna. Mas a fraqueza da demanda nas economias de alta renda tende a ser permanente, e não temporária. Na verdade, sob a tutela da Alemanha, a zona do euro está se obrigando a um crescimento liderado pelas exportações. As economias emergentes têm de gerar crescimento liderado pela demanda interna, ao mesmo tempo em que financiem de maneira sustentável os déficits em conta-corrente resultantes. A economia mundial, como é constituída atualmente, pode ser incapaz de administrar com sucesso esse reequilíbrio. Isso provavelmente exigiria, entre outras coisas, uma reforma substancial das instituições globais, o que é muito improvável que ocorra. A discussão voltará a esse ponto na conclusão abaixo.

CONCLUSÃO

O sucesso dos países emergentes e em desenvolvimento em atravessar com segurança a crise é notável, por padrões históricos. Mas esses países agora enfrentam grandes desafios.

Um deles deriva do fato de que sua resiliência pós-crise foi uma imagem espelhada do que tornou frágeis muitos países de alta renda: fortes posições de pagamentos externos. O destino de muitos países na Europa Central e Oriental, que tinham enormes déficits em conta-corrente antes da crise, sugere que posições externas robustas foram de fato uma razão importante para a resiliência de muitas economias emergentes. Mas, entre 2007 e 2012, 97 países emergentes e em desenvolvimento, de um total de 151 para os quais havia dados do FMI disponíveis, tiveram uma transição em seus saldos em conta-corrente para superávits menores ou déficits maiores.[26] Muitos países emergentes e em desenvolvimento vão se ver de novo cada vez mais vulneráveis.

Outro desafio imenso é administrar a volta a algo mais próximo da normalidade em política monetária e taxas de juro nas economias de alta renda. O

136

que está acontecendo com a China deve tornar isso mais difícil. O crescimento anual de 10% durante mais de três décadas chegou ao fim. Administrar com tranquilidade essa desaceleração é extremamente difícil, em particular em uma economia que é tão dependente de uma taxa de investimento ultra-alta para sua demanda. Excessos financeiros aumentam o perigo de um colapso repentino em investimento, crescimento e solvência. Mas a China não é a única economia grande a enfrentar esses enormes desafios: Brasil, Índia e Rússia também têm tido um desempenho muito pior.

Voltarei na parte 3 aos desafios de sustentar o crescimento nas economias emergentes enquanto os países de alta renda se reequilibram. Mas primeiro tratarei, na parte 2, da maior pergunta de todas: por que essa série de crises de enormes proporções aconteceu? Foi ela, como muitos aparentemente acreditam, apenas o resultado de um fracasso do sistema financeiro, ou havia, como argumentarei adiante, algo muito mais profundo em operação, a saber, imensas transições na economia mundial?

PARTE 2: AS TRANSIÇÕES

Prólogo

Por que as principais economias do mundo caíram em uma desordem tão grande?

A resposta, em parte, é que as pessoas que ocupavam postos de comando não acreditavam que elas poderiam se desorganizar tanto. Com "pessoas que ocupavam postos de comando" não quero dizer apenas os formuladores de políticas. É preciso incluir aqueles que dirigiam instituições financeiras e aqueles que influenciavam como elas eram dirigidas. Mas esses erros não surgiram do nada. Eles próprios foram, sem dúvida, influenciados pelos incentivos que os responsáveis pelas decisões enfrentavam: incentivos para esperar o melhor e ignorar a possibilidade do pior — incentivos ao que chamo de "negligência racional". Essa negligência funcionou em muitos níveis, desde os formuladores de políticas, passando pelos reguladores, por aqueles que dirigiam instituições financeiras, até aqueles que influenciavam como elas eram dirigidas, particularmente os investidores de fora e, não menos, os economistas. As pessoas não entendiam os riscos, em parte porque não os entendiam mesmo e em parte porque não queriam entendê-los.

A história, porém, não tem a ver apenas com as falhas do sistema financeiro, por mais importantes que elas sejam. Houve também o surgimento de desequilíbrios macroeconômicos importantes, revelados em imensos fluxos líquidos de poupança através das fronteiras. Alguns argumentam que isso foi apenas o produto de um boom de crédito causado por política monetária equivocada. Isso é confundir um sintoma com uma causa. A causa subjacente foi o surgimento de um excesso de poupança (ou, o que dá no mesmo, de escassez de investimento) global. A reação dos formuladores de políticas em vários países foi tolerar — e até estimular — um boom de crédito insustentável, que então levou às crises, interligadas, global e da zona do euro. A existência da zona do euro exacerbou a crise financeira e econômica, mas não a causou: simplesmente aumentou a confiança antes da crise e eliminou certos mecanismos de ajuste depois dela.

Quando a crise financeira irrompeu, o excesso de poupança global se tornou muito pior, à medida que o investimento caía e ex-tomadores de empréstimo eram obrigados a poupar: isso é mostrado pelo simples fato de que o mundo de alta renda atingiu o *"zero rate lower bound"* (limite inferior próximo de zero) nas taxas de juro de curto prazo e as taxas reais de juro se tornaram próximas de zero ou até negativas. Ademais, isso aconteceu apesar de o setor público ter se tornado um enorme "despoupador" (isto é, alguém que investe mais que seu fluxo anual de poupança). Se ele não tivesse feito isso, os países de alta renda com certeza teriam caminhado para uma depressão. A causa dessa segunda e mais grave manifestação do excesso de poupança foram os balanços insustentáveis legados pelo modo como os formuladores de políticas haviam reagido à primeira manifestação, ou seja, permitindo ou mesmo estimulando um boom de crédito. Tornando essa situação ainda pior, havia excesso de poupança estrutural nos setores empresariais de países importantes.

Tudo isso significa que escapar da crise de volta à saúde financeira pode ser mais difícil do que muitos supõem. Essa crise foi o produto não apenas de falhas facilmente consertáveis no setor financeiro, discutidas no capítulo 4. Foi também o produto de falhas do sistema econômico global, ao qual a discussão passará no capítulo 5. Além disso, ambas estão entre as consequências de transições fundamentais na economia mundial. Os vínculos entre essas transições e choques financeiros e econômicos são centrais para nossa história.

É possível identificar três transições de enormes proporções. A primeira é a liberalização — a dependência das forças de mercado em grande parte da economia mundial, inclusive, e em especial, no setor financeiro. A segunda é a mudança tecnológica, em particular a revolução na tecnologia da informação e da comunicação, que turbinou a interação das economias, de novo, muito particularmente, os mercados financeiros. A terceira é o envelhecimento da população, que transformou o equilíbrio entre poupança e investimento em várias economias de alta renda.

Essas forças subjacentes — as maiores transições de nossa época — permitiram ou criaram outras mudanças significativas. Algumas das mais importantes foram: o surgimento de uma economia mundial globalizada; grande aumento da desigualdade na maioria das economias;[1] a entrada de economias emergentes gigantes, acima de tudo a China, na economia mundial; o desenvolvimento de um sistema financeiro global liberalizado e inovador (a ser discutido no capítulo 4); e um imenso aumento nos fluxos líquidos de capital entre os países (a ser discutido no capítulo 5).

Em resumo, temos um mundo que está no meio de transições históricas na direção de uma economia mundial mais voltada para o mercado, impulsionada pelas finanças e globalizada. Esse novo mundo está gerando grandes aumentos da desigualdade na maioria dos países, marcadamente nos Estados Unidos. É um mundo que assistiu a transições de enormes proporções no tamanho relativo das economias e na direção e na escala dos fluxos de capital. É um mundo que assistiu a choques baixistas na taxa de inflação. É também, como fica claro, um mundo extremamente propenso à crise. Como isso aconteceu é o tema dos capítulos 4 e 5.

4. Como o sistema financeiro se tornou frágil

Neste momento, parece improvável que os problemas no setor subprime transbordem seriamente para a economia em geral ou para o sistema financeiro.

Ben Bernanke, 5 de junho de 2007[1]

Quando a música para, em termos de liquidez, as coisas ficam complicadas. Mas, enquanto a música estiver tocando, você tem de se levantar e dançar. Ainda estamos dançando.

Charles "Chuck" Prince, ex-presidente e CEO do Citigroup,
9 de julho de 2007, *Financial Times*[2]

Você nunca sabe quem está nadando nu até que a maré baixe.

Warren Buffett[3]

Dito de forma simples, o brilhante novo sistema financeiro — apesar de todos os seus participantes talentosos, apesar de todas as suas ricas recompensas — não passou no teste do mercado.

Paul Volcker, 2008[4]

O que é mais fascinante nas observações hoje notórias de Chuck Prince, o homem que levou o Citigroup ao desastre, é que ele entendia o que podia acontecer e mesmo assim achava que não podia fazer nada para evitá-lo. A pressão a que ele estava submetido, de acionistas e dos analistas a quem estes ouviam, era tanta que ele não ousou tentar impedir um dos maiores, mais complexos e mais interconectados grupos financeiros de se aproximar ainda mais da catarata que ele via à frente. No momento em que o bote despencou pela borda, um mês depois, era tarde demais. O governo acabou tendo de resgatar o bote, enquanto ele teve de andar na prancha, se bem que com o consolo de um pagamento, conforme noticiado, de 3,8 milhões de dólares.[5]

Mas, no entendimento dos riscos, o sr. Prince parece ter estado muito à frente de Ben Bernanke, o mais importante regulador e banqueiro central do mundo. O primeiro avaliou os perigos de fazer o que era pressionado a fazer. Porém, mesmo dois meses antes de a crise irromper em um mundo na maior parte desavisado, o presidente do Federal Reserve não tinha praticamente nenhuma ideia do que estava prestes a atingir a ele, sua instituição e a economia global. Para ser franco, ele era quase um "sem noção". O mesmo valia para outros bancos centrais importantes, como o Banco Central Europeu e o Banco da Inglaterra. É claro que foram dados avisos de excesso financeiro. Mas nenhum desses bancos centrais entendeu a magnitude dos perigos, ou, se o fez, não advertiu sobre eles com a força adequada. Os bancos centrais, em particular o Federal Reserve, reagiram bem quando o desastre aconteceu, como observado nos capítulos 1 e 2. Mas não previram a natureza nem a escala dos problemas que espreitavam. Isso certamente era verdade sobre o sr. Bernanke. E provavelmente ainda mais verdade sobre seu antecessor, Alan Greenspan, presidente do Fed de 1987 a 2006.

Então, o que causou uma crise financeira tão imensa e por que o perigo não foi percebido? Há duas respostas, estreitamente interligadas: transições dentro do sistema financeiro e transições no ambiente social e econômico geral. Este capítulo discute as primeiras. O próximo discutirá as últimas.

POR QUE CRISES FINANCEIRAS SÃO ENDÊMICAS

Entre 1934 e 2007, ocorreu o que Gary Gorton, da Universidade Yale, chama de "Período Calmo": os Estados Unidos viveram choques financeiros, mas nenhuma crise financeira sistêmica, e os formuladores de políticas e os economistas passaram a acreditar que essas calamidades tinham interesse puramente histórico ou só aconteciam a países incivilizados.[6] Na primeira parte desse Período Calmo, as finanças foram reprimidas. Isso certamente evitou crises. Na segunda parte, da década de 1970 em diante, as finanças foram cada vez mais liberadas. Foi durante esse último período que a confiança na estabilidade do sistema financeiro e o tamanho do sistema cresceram excessivamente. Essa despreocupação com o que acontecia era generalizada. Em seu *Global Financial Stability Report* de abril de 2006, o FMI declarou que "há um reconhecimento crescente de que a dispersão do risco de crédito pelos bancos para um conjunto maior e mais diverso de investidores, em vez de armazenar esse risco em seus balanços, ajudou a tornar a atividade bancária e o sistema financeiro em geral mais resilientes".[7] Essa visão espetacularmente equivocada era um sintoma dos perigos, não uma análise sólida da falta deles. Estranhamente, pouco antes da publicação desse relatório, no verão de 2005, Raghuram Rajan, o conselheiro econômico (economista-chefe) do FMI, escreveu um hoje celebrado, mas na época fortemente criticado, texto perguntando: "O desenvolvimento financeiro tornou o mundo mais arriscado?".[8] Sua resposta presciente era que sim, porque "a mudança tecnológica, a liberalização do mercado e a mudança institucional", embora criassem oportunidades, também traziam novos riscos, em particular na presença de incentivos perversos.[9] O professor Rajan foi atacado na conferência Jackson Hole, organizada pelo Banco do Federal Reserve de Kansas City, onde ele apresentou esse texto. Seus colegas no FMI o ignoraram. Ele hoje se tornou presidente do Banco da Reserva da Índia, onde tem a oportunidade de pôr suas ideias em prática.

Como observa Alistair Milne, da Cass Business School da City University London, "os mercados financeiros são intrinsecamente instáveis, variando do otimismo excessivo ao otimismo excessivo".[10] Então, por que os mercados são instáveis e por que essa instabilidade torna as crises características endêmicas (e epidêmicas) das finanças de livre mercado? A resposta vem dos vínculos entre dívida, moeda e crédito.[11]

A vantagem da dívida, comparada ao capital próprio, é que os que concedem empréstimo não têm de monitorar o que os que contraem os empréstimos estão fazendo, e isso é inerentemente custoso. A maioria dos que emprestam não tem os recursos para fazê-lo. Mas, quando eles percebem que classes importantes dos tomadores de empréstimo estão perto da, ou em, inadimplência, eles tendem a ficar nervosos. Se uma quantidade suficiente de emprestadores ficar nervosa ao mesmo tempo, as taxas de juro darão um salto e o valor de mercado dos empréstimos transacionáveis desabará. Os emprestadores então fornecerão recursos com prazos de vencimento ainda menores. Essas disparidades de prazo de vencimento — situações em que os passivos têm prazos menores que os ativos que eles financiam — tornam o sistema financeiro intrinsecamente instável.

Se os emprestadores quiserem se libertar ainda mais do custo de monitorar os tomadores de empréstimo, eles podem fornecer seus recursos a instituições (bancos) que tomarão emprestado seu dinheiro e o reemprestarão, prometendo devolvê-lo de imediato e ao mesmo valor nominal dos depósitos originais. Essa dívida é dinheiro.

O dinheiro é um meio de pagamento. Acima de tudo, o dinheiro garante que alguém possa pagar suas despesas, *aconteça o que acontecer*. É por isso que as pessoas guardam dinheiro, apesar dos custos de fazê-lo, em relação a ativos de alto rendimento ou bens e serviços desejáveis. O dinheiro precisa ser seguro. Na verdade, as pessoas mantêm seu dinheiro em bancos porque isso normalmente é mais seguro e mais conveniente que deixá-lo embaixo do colchão. Além disso, as pessoas não apenas depositam o dinheiro que têm nos bancos. Como o sr. Milne também nos lembra, "os bancos criam dinheiro ao conceder empréstimos".[12] De fato, quase todo o dinheiro em uma economia moderna moderadamente sofisticada é um subproduto dos empréstimos bancários — da criação de crédito — feitos por essas empresas privadas. Os bancos, por sua vez, são intermediários financeiros com fins lucrativos que assumem riscos. Inevitavelmente, essas instituições são menos seguras durante uma crise, que é precisamente quando todos estão mais preocupados com sua segurança. De tempos em tempos, pessoas preocupadas fogem para ativos considerados mais seguros e mais líquidos que o dinheiro bancário, como o ouro em um mundo de dinheiro mercadoria ou dinheiro vivo e obrigações de curto prazo do governo em um mundo de dinheiro fiduciário (em inglês, *fiat money*, dinheiro criado pelo governo, do latim para "faça-se"). Como explica o professor Gorton, "crises financeiras são demandas em massa por dinheiro da parte de detentores de dívida bancária — pânico".[13] Sem um emprestador de última instância, um sistema financeiro baseado em bancos então implodirá.

Uma vez que o sistema bancário fornece a maior parte do dinheiro e do crédito da economia, ele é vital demais para falir *in toto*. Dado que nenhuma sociedade aceitará a dissolução do sistema bancário, foram encontradas maneiras de manter o sistema funcionando durante os pânicos. No século XIX, o Banco da Inglaterra surgiu como um emprestador de última instância, um processo descrito e justificado no clássico *Lombard Street*, de Walter Bagehot.[14] Os Estados Unidos também encontraram maneiras de lidar com pânicos, apesar de não terem um banco central durante a maior parte do tempo entre sua fundação e 1913, quando o Federal Reserve foi criado.[15] Os mais importantes desses mecanismos foram suspensões de pagamentos concertadas — uma decisão de permitir que os bancos cessassem os pagamentos a depositantes.

O desafio para os formuladores de políticas sempre foi conter o pânico e a irresponsabilidade que o produz, sem impedir que os bancos assumissem riscos. O Estado torna os bancos mais seguros; os banqueiros respondem tornando os bancos mais arriscados. Como observam Piergiorgio Alessandri e Andrew Haldane, do Banco da Inglaterra, "os três mais duradouros dispositivos de seguro estatal para o sistema bancário são o seguro de liquidez, o seguro de depósito e o seguro de capital".[16]

Desses, o seguro de liquidez é o mais antigo: é o papel do banco central como emprestador de última instância, que consiste em garantir que bancos solventes tenham acesso ao dinheiro de que necessitam para atender às demandas dos depositantes. O seguro de depósito consiste em uma garantia de depósitos até um limite pré-especificado, mesmo no caso de o banco falir. O seguro de capital consiste na disposição do Estado a injetar capital em um banco, com o objetivo de evitar uma falência desordenada. Todos esses três dispositivos foram empregados na crise mais recente. Mas o outro lado do seguro é a regulação. A sociedade tenta conter as consequências do seguro que ela se sente obrigada a prover. Mas as instituições que os agentes da sociedade buscam regular se esforçam para fugir às restrições à sua capacidade de explorar as oportunidades que elas têm.[17] Uma maneira pela qual os formuladores de políticas tentam responder a isso é fazer uma distinção entre um pânico generalizado (quando eles intervirão) e a falência de uma instituição específica (quando não o farão): ou seja, entre um risco geral e um risco idiossincrático. Mas essa distinção é difícil de traçar na prática — na verdade, ela só surge *depois* que as consequências da falência ficam claras.

Sistemas financeiros também geram expansões seguidas de contrações de crédito: essa é a principal razão para a instabilidade das economias de mercado. O falecido e, até recentemente, desconsiderado Hyman Minsky, com quem este livro começou, descreveu as características gerais dessas expansões e contrações.[18] "Uma característica fundamental de nossa economia", escreveu Minsky, "é que o sistema financeiro oscila entre a robustez e a fragilidade e essas oscilações são parte integrante do processo que gera os ciclos econômicos."[19]

Minsky identificou cinco estágios em uma bolha: "deslocamento" — um evento acionador, como uma nova tecnologia ou taxas de juro em queda; "boom" — quando os preços dos ativos começam a subir; "euforia" — quando a cautela dos investidores é jogada ao vento; "realização de lucros" — quando investidores inteligentes começam a realizar lucro; e "pânico" — um período de colapso nos preços dos ativos e falência em massa.[20] O deslocamento é um evento que suscita otimismo, como uma inovação, acesso a novos recursos econômicos ou, talvez, uma queda no custo dos financiamentos. À medida que o ciclo se desenrola, o crédito se expande em relação à economia. Isso permite que mais pessoas contraiam empréstimo, normalmente contra garantias e com frequência contra garantia na forma de imóveis. O empréstimo é usado para compra de ativos e gasto em investimento e consumo. A primeira aumenta os preços de ativos. O último estimula a economia. Ambos os efeitos encorajam mais pessoas a contrair empréstimo e gastar ainda mais. Os empréstimos e os gastos criam mais empréstimos e gastos. Enquanto os dias felizes continuam, esse momento é na verdade considerado diferente, em parte porque esses momentos sempre são em alguns aspectos plausíveis. A pressão sobre gestores prudentes de instituições financeiras para que eles participem é intensa. Quanto maior a competição, maior a pressão para entrar na "dança" do sr. Prince. A escolha parece ser entre "participar agora e talvez morrer depois" ou "morrer agora". As pessoas que trabalham para instituições financeiras são tanto as mais capacitadas como as mais profundamente imbuídas da solidez do boom.

Árvores não alcançam o céu. No fim, a bolha deixa de se expandir. Quando novos compradores não podem mais obter empréstimo, os preços param de subir. Da cessação do aumento para o início da queda só é preciso um momento: ninguém quer manter a posse de ativos que ninguém quer comprar. Esse é o "momento Minsky", expressão cunhada por Paul McCulley, que trabalhava na Pacific Investment Management Company (pimco). Quando a oferta de "mais loucos" se esgota, aqueles que contraíram empréstimo na expectativa de novos aumentos de preço são obrigados a vender, as instituições que os financiaram tentam recuperar seu dinheiro e aqueles que emprestaram a essas instituições também querem seu dinheiro de volta. Isso desencadeia o pânico, a crise sistêmica e a recessão. O setor financeiro e a economia sofrem um colapso. O ciclo de Minsky está completo.

A fraude é um elemento inerente à fragilidade da atividade financeira. Esta envolve transações com instrumentos complexos cujas características com frequência não serão conhecidas até muito tempo depois. Isso a torna propícia à fraude. Nos bons momentos de Minsky, quando as pessoas são propensas a acreditar praticamente em qualquer coisa, o nível de fraude aumenta, mas permanece basicamente invisível. Nos maus momentos, quando as pessoas querem seu dinheiro de volta, a fraude é revelada. O falecido John Kenneth Galbraith captou esse processo em seu celebrado conceito de "*bezzle*", apresentado em seu livro sobre o crash do mercado de ações em 1929:

> Nos bons momentos as pessoas são relaxadas, confiantes, e há abundância de dinheiro. Mas, embora o dinheiro seja abundante, sempre há muitas pessoas que precisam de mais. Nessas circunstâncias, a taxa de *embezzlement* [desfalque] cresce, a taxa de descoberta cai, e o *bezzle* [produto do desfalque] aumenta rapidamente. Na depressão tudo isso é invertido. O dinheiro é vigiado com um olho estreito, suspeitoso. Supõe-se que o homem que o maneja é desonesto até que ele prove o contrário. As auditorias são penetrantes e meticulosas. A moralidade comercial é enormemente melhorada. O *bezzle* encolhe.[21]

Mas, embora a fraude acompanhe os booms, ela *não* os causa. E, embora a descoberta da fraude acompanhe os crashes, causando a ira do Estado, ela também *não* os causa. A fraude deve ser vista como uma consequência exacerbadora da fragilidade de um sistema baseado na confiança e, portanto, suscetível a excessos tanto de confiança como de desconfiança. Em um sistema assim, os inescrupulosos sempre encontram um lugar, e, de novo, em um boom é mais provável que os reguladores os autorizem a fazê-lo. A expansão e a contração recentes não foram exceção.

Em seu livro *Todos os demônios estão aqui*, Bethany McLean e Joe Nocera observam sobre a Ameriquest, uma das mais notórias emprestadoras subprime, que "a fraude era uma ocorrência cotidiana. 'Você olhava em volta e lá estava um cara alterando W-2s (declarações de salário e de impostos da Receita Federal americana)', diz [Mark] Bomchill (um funcionário do setor de empréstimos)".[22] Mas esse *não é* o coração da história. Imensamente mais importante que a fraude direta que sempre acompanha os booms de crédito é o que era legal: empréstimos "NINJA" (*"no income, no job, no assets"* ["sem renda, sem emprego, sem bens"]);[23] o direito de reempacotar esses empréstimos em produtos complexos, muitos dos quais recebiam classificação AAA das agências de classificação de risco; a capacidade de manter esses ativos fora do balanço; o direito de vender esses produtos complexos em todo o mundo; e a capacidade de operar com uma alavancagem de cinquenta para um.

As crises, portanto, estão enraizadas na interação entre o sistema financeiro e a natureza humana. O sistema é sempre frágil. De tempos em tempos, ele se torna extremamente frágil. Foi isso que aconteceu dessa vez.

A TRANSIÇÃO NA DIREÇÃO DA FRAGILIDADE[24]

O que é excepcional nas crises recentes nos Estados Unidos e no Reino Unido — os países onde estão localizados os dois principais centros financeiros do mundo, Nova York e Londres — é que os booms anteriores foram muito demorados e as grandes contrações anteriores ocorreram em um momento anterior à memória das pessoas vivas. Nos Estados Unidos, a última crise verdadeiramente sistêmica ocorreu no começo da década de 1930. No Reino Unido, ocorreu possivelmente em 1866. A ganância dificilmente é uma boa explicação para a escala da crise, já que é perene. Mas o fato de as últimas grandes crises nos Estados Unidos e no Reino Unido terem ocorrido há tanto tempo ajuda a explicar por que as crises se tornaram tão imensas. A falta de familiaridade produziu a complacência. Mas também o fez o modo como o sistema financeiro se desenvolveu, em cinco aspectos decisivos: liberalização, globalização, inovação, alavancagem e incentivos.

Liberalização

A mais importante razão para o fim do que Gorton chama de "Período Calmo" foi simplesmente a liberalização financeira, por si só um elemento na mudança geral para mercados livres, discutida brevemente no prefácio. Esse movimento foi uma das transições sociais, econômicas, políticas e filosóficas dominantes — possivelmente a transição dominante — das últimas quatro décadas. Embora desafiada pela crise pós-2007, ela não foi revertida.

Politicamente, essa transição está associada aos nomes de Ronald Reagan e Margaret Thatcher, presidente dos Estados Unidos e primeira-ministra do Reino Unido na década de 1980, embora nossos descendentes possam associá-la mais estreitamente ao nome de Deng Xiaoping, o líder supremo da China depois de 1987 e pai do programa de "reforma e abertura" que trouxe uma transformação tão profunda para a China e o mundo. Historicamente, essa transição está associada também ao colapso da União Soviética e do império soviético na Europa Central e Oriental, e, com ele, da tradição revolucionária de esquerda nascida da Revolução Francesa dois séculos antes. Na história das ideias econômicas a transição está associada a um declínio da crença no keynesianismo — e, portanto, da influência de Keynes — e à ascensão da crença no monetarismo e no livre mercado — e, portanto, da influência dos ganhadores do prêmio Nobel Milton Friedman e Friedrich Hayek. Em um nível ainda mais fundamental, a transição reflete a ascensão do individualismo e da crença na pessoa autônoma e autoconfiante em detrimento do coletivismo e da solidariedade social nascidos do surgimento da classe operária industrial no século XIX e no começo do século XX, de duas guerras mundiais e da Grande Depressão.

Uma vez que a transição geral na direção da confiança nos mercados em detrimento dos governos ocorreu, a ascensão do mercado financeiro liberal era inevitável. De fato, essa última acompanhou de perto a primeira. Se os governos não devem alocar recursos, os mercados devem fazê-lo. A lógica é impecável. Ademais, a passagem do tempo e a experiência de um longo período de estabilidade financeira haviam despojado o mundo ocidental do terror da instabilidade financeira nascido na década de 1930. Ao mesmo tempo, a ciência econômica fornecia teorias justificando a proposição de que mercados livres alocariam recursos da melhor maneira possível. Vimos o surgimento, por exemplo, da hipótese dos mercados eficientes associada ao ganhador do prêmio Nobel Eugene Fama, da Universidade de Chicago, e da crença na maximização do valor para o acionista, associada a Michael Jensen, da Universidade Harvard. Além desses argumentos intelectuais favoráveis à liberalização financeira, havia também argumentos práticos contra a regulação. Com o tempo, descobriu-se que era cada vez mais difícil impor as regulações que existiam, já que os agentes financeiros cada vez mais encontravam maneiras de contorná-las. A mudança mais geral na direção de economias mais abertas e orientadas para o mercado, que já havia avançado bastante nas décadas de 1950 e 1960, aumentou muito essa dificuldade. Nas décadas de 1980 e 1990, uma verdadeira fogueira de regulações estava em operação, junto com uma cultura geral de *laissez-faire*. A suposição era cada vez mais que os mercados sabiam o que fazer, enquanto os reguladores não sabiam quase nada. Esse contexto cultural, mais que práticas regulatórias específicas, foi a influência mais importante no setor financeiro. E assim, crescentemente, as atividades do setor financeiro se tornaram dominantes, suas remunerações se tornaram excepcionais e seus profissionais mais bem-sucedidos se tornaram heróis.

Globalização

Uma segunda transformação, estreitamente relacionada à anterior, foi a globalização, uma companheira natural da liberalização. A globalização da atividade financeira, por sua vez, foi uma companheira natural da globalização da economia. Grandes crises financeiras são quase sempre internacionais, normalmente porque vários países são afetados por condições semelhantes. Isso foi muito válido no caso das crises pós-2007. Mas há com frequência também razões microeconômicas para a disseminação da fragilidade de um país a outro. Isso também foi válido neste caso, por três razões principais.

Primeiro, o financiamento se tornou global. Isso foi particularmente verdadeiro quanto ao financiamento por atacado. A Revisão Turner, de 2009, descreve assim o que acontecia no Reino Unido:

A importação de capital no Reino Unido, financiando o rápido crescimento do crédito, em parte assumiu a forma de compras estrangeiras de títulos de crédito do Reino Unido, em especial títulos garantidos por empréstimos hipotecários a particulares (*retail mortgage-backed securities* — RMBS). Antes de 2000, diferentemente do que ocorria nos Estados Unidos, o crédito securitizado havia desempenhado um papel pequeno no mercado de hipotecas do Reino Unido, mas, em 2007, 18% do crédito hipotecário era financiado por meio de securitização [...]. Mas o Reino Unido também assistiu ao rápido crescimento dos empréstimos hipotecários incluídos no balanço, com os bancos do país expandindo suas carteiras de empréstimo mais rapidamente que as bases de depósito, passando a depender cada vez mais de financiamento por atacado. No nível agregado, isso implicou um aumento significativo no financiamento bancário externo do déficit em conta-corrente do Reino Unido.

Uma característica crucial do sistema do Reino Unido no período anterior à crise foi, portanto, o rápido crescimento de alguns bancos específicos — Northern Rock, Bradford & Bingley, Alliance & Leicester e HBOS — que dependiam cada vez mais da disponibilidade permanente de financiamento interbancário em larga escala e/ou de sua capacidade contínua de securitizar e vender ativos de crédito que se acumulavam rapidamente, em particular no mercado de hipotecas.[25]

Em segundo lugar, a atividade bancária se tornou global. Isso ocorreu com muitas instituições e países, mas ocorreu dramaticamente no Reino Unido. O balanço do sistema bancário do Reino Unido cresceu de cerca de 50% do PIB no século anterior a 1970 para pouco mais de 200% no final da década de 1980 e mais de 500% do PIB imediatamente antes da crise de 2007.[26] Isso em parte refletiu o aumento da dívida na economia do Reino Unido, em particular dívidas de famílias com hipoteca. Mas, entre o final da década de 1990 e 2008, os direitos estrangeiros consolidados dos bancos sediados no Reino Unido também subiram de menos de 500 bilhões de dólares para 4 trilhões de dólares, ou cerca de 150% do PIB.[27] Parte disso se deveu à maior atividade de transação de ativos e parte se deveu a fusões, particularmente a tomada de controle do grupo bancário ABN AMRO pelo Royal Bank of Scotland, em 2007. Ben Broadbent, membro do comitê de política monetária do Reino Unido, observou em 2012 que "os principais bancos britânicos perderam em hipotecas fora do Reino Unido cerca de quinze vezes o que têm no mercado interno. No total, cerca de três quartos das perdas agregadas se deram em seus balanços fora do Reino Unido".[28] Isso é uma das consequências de se tornar global.

Também é consequência de um terceiro fenômeno: as posses dos ativos recém-criados também se tornaram globais. Assim, não só os bancos mas também outros investidores se viram na posse de ativos tóxicos criados pelo modelo de atividade financeira "criar e distribuir", que cada vez mais substituiu o tradicional modelo "emprestar e manter" nos Estados Unidos no período anterior à crise: assim, as instituições concediam empréstimos, a ser empacotados em títulos compostos e vendidos para investidores externos, em vez de manter esses empréstimos em suas carteiras como costumavam fazer. Como vimos, o argumento em defesa dessa ampla distribuição de ativos havia sido que eles acabariam nas mãos daqueles mais capazes de entender os riscos. Na prática, porém, muitos deles acabaram nas mãos daqueles menos capazes de entender os riscos (ver capítulo 2 acima). Isso é informação assimétrica em operação. Em parte, sem dúvida, isso ocorreu porque vendedores mais informados enfatizavam o aspecto positivo de produtos complexos, mas não se davam ao trabalho de deixar claro o negativo. E em parte porque a combinação de ganância e ignorância é uma característica perene dos clientes em mercados financeiros. O lado bom da ampla distribuição dos riscos era que a capacidade total de suportar perdas dos investidores que possuíam ativos duvidosos era maior. O lado ruim, quando veio, foi que o pânico afetou muito mais instituições e países do que teria afetado de outra forma. Além disso, como argumentou o ganhador do prêmio Nobel George Akerloff, da Universidade da Califórnia, em um texto clássico, uma vez que os compradores se deem conta de que os vendedores sabem muito mais do que eles sobre os produtos que estão vendendo, o mercado pode desaparecer completamente.[29] Foi exatamente isso que aconteceu com produtos estruturados complexos.

Inovação

A terceira razão para o surgimento de um grau tão elevado de fragilidade financeira foi uma série de inovações intelectuais e organizacionais. A inovação normalmente aumenta a fragilidade, porque a estranheza é desorientadora. As inovações transformaram a maneira como o sistema financeiro operava: ele se tornou um bazar global que não fecha nunca, vendendo produtos sempre mais complexos. O que tornou essas inovações possíveis foi a revolução na tecnologia da informação e das comunicações.

É plausível pensar que a inovação mais importante se deu na precificação, que se alegava ser matematicamente rigorosa, de derivativos — ativos financeiros que "derivam" seu valor dos preços de ativos subjacentes, como ações ou títulos, índices ou taxas de juro.[30] Mas, cabe observar, Nassim Nicholas Taleb, famoso pelo "Cisne Negro" (um evento imprevisível), vê as teorias que fundamentam a precificação de derivativos como intelectualmente fraudulentas.[31] Porém, ajudada por um poder computacional crescente, essa inovação intelectual quase universalmente aceita levou a uma explosão na invenção e nas transações de produtos cada vez mais sofisticados, entre eles as mal-afamadas obrigações de dívida garantida (*collateralized debt obligations*, ou CDOs), CDOs sintéticas e CDOs ao quadrado, que originaram a crise financeira global de 2007-8. (Esses instrumentos são explicados mais abaixo.) De acordo com o Banco de Compensações Internacionais, entre junho de 1998 e junho de 2008, o valor nocional total dos derivativos negociados no mercado de balcão explodiu de 72 trilhões de dólares para 673 trilhões de dólares (quando estagnou), sendo esse último número pouco menos de onze vezes o produto bruto global. O valor de mercado desses derivativos é necessariamente muito menor que seu valor de face, porque um derivativo não é um direito direto, mas sim condicional, sobre um ativo subjacente.[32] Não há nada intrinsecamente fraudulento na relação entre valor nocional e valor de mercado. Mas mesmo o valor de mercado dos derivativos subiu de 2,6 trilhões de dólares para 35,3 trilhões de dólares em dezembro de 2008, mais da metade do produto global.[33] Esse mercado havia se tornado muito grande.

Junto com novos produtos vieram inovações organizacionais. Grande parte (embora não tudo) disso é captada na expressão "sistema bancário paralelo" ["*shadow banking*"]. Seu inventor, Paul McCulley, o definia como "toda a sopa de letras de *conduits* [instituições que atuam como intermediários], veículos e estruturas de investimento não bancários alavancados".[34] Esse novo sistema era revolucionário. Criava um sistema financeiro paralelo que desempenhava as funções da atividade bancária convencional. Mas poucas pessoas perceberam que ele era vulnerável aos riscos da atividade bancária convencional, e que carecia de um emprestador de última instância e de um regulador competente. Pior, os bancos convencionais também estavam implicados em aspectos centrais do sistema bancário paralelo, na criação — e comercialização — de títulos complexos e na tomada de empréstimo em mercados de dívida garantida de curto prazo, que substituíam os depósitos bancários convencionais por muitos emprestadores grandes.

Como é verdade sobre a maioria dos sistemas, as implicações do sistema bancário paralelo foram amplamente mal entendidas. Ele criou novas formas de quase dinheiro não depositado — notadamente, fundos do mercado monetário, predominantemente mantidos por famílias, que financiavam títulos de curto prazo supostamente seguros, e *repos* (acordos de recompra), uma forma de empréstimo garantido feita por tesoureiros de empresas a bancos de inves-

157

timento e a operações de investimento de bancos universais (bancos que oferecem tanto serviços de varejo como de banco de investimento).[35] Permitiu que as empresas emitissem cada vez mais notas promissórias comerciais em vez de recorrer a empréstimos bancários convencionais. Converteu empréstimos convencionais em títulos garantidos por ativos e CDOs (versões de títulos garantidos por ativos em que os pagamentos eram "tranchados", ou divididos, com o papel que tinha classificação de risco mais alta recebendo os primeiros pagamentos e o papel com classificação mais baixa recebendo os últimos pagamentos, se recebesse algum). Criou instrumentos que asseguravam esses ativos, conhecidos como *credit-default swaps*, muitas vezes considerados um substituto adequado para o capital requerido pelos reguladores, embora não contribuíssem em nada, em nenhum sentido, para aumentar o capital no sistema. Levou à dissolução da fronteira entre banco de varejo e mercados de atacado. Criou redes intensas e não transparentes de relações financeiras entre instituições, tanto vertical quanto horizontalmente, em lugar dos silos integrados verticalmente característicos da atividade bancária mais tradicional. Introduziu muito mais concorrência no setor financeiro. E facilitou igualmente um enorme crescimento do crédito e da dívida, nos Estados Unidos e em outros lugares (ver figura 5).[36]

Um componente particularmente importante do crescimento da dívida ocorreu dentro do sistema financeiro: enquanto a dívida antes era mantida em instituições verticais, como bancos de varejo ou emprestadores hipotecários, agora era mantida através de uma cadeia de relações de mercado entre agentes independentes. Isso era uma medida da característica talvez mais impressionante do novo sistema financeiro: sua complexidade. A dívida bruta do sistema financeiro americano (em grande parte constituída de empréstimos entre instituições financeiras) cresceu de 20% do PIB em 1979 para 120% em 2008. No Reino Unido, a dívida bruta do sistema financeiro chegou a duas vezes e meia o PIB em 2007.[37]

Segundo o relatório oficial da Comissão de Investigação sobre a Crise Financeira dos Estados Unidos, "nos últimos mais de trinta anos, permitimos o crescimento de um sistema bancário paralelo — opaco e carregado de dívida de curto prazo — que rivalizava em tamanho com o sistema bancário tradicional".[38] Esse novo conjunto de arranjos tinha um tamanho desprezível em 1980, mas os ativos totais do sistema bancário paralelo chegaram perto de 13 trilhões de dólares em 2007, cerca de 90% do PIB dos Estados Unidos. No começo da década de 2000, o sistema bancário paralelo se tornou maior que o sistema tradicional, embora este também tenha crescido substancialmente.[39]

O aspecto mais importante do novo sistema baseado no mercado é que ele era vulnerável ao pânico exatamente pelas mesmas razões que o sistema bancário tradicional: disparidades de prazo de vencimento e de risco, mas aqui magnificadas pela opacidade e pela interconectividade do sistema. Diferentemente do que ocorre nos sistemas bancários tradicionais, com os quais os formuladores de políticas estavam familiarizados, não existia nenhum seguro efetivo da enorme quantidade de passivos líquidos no novo sistema em uma crise profunda. De fato, em uma das análises mais bem informadas da crise, Perry Mehrling, da Universidade de Columbia, argumenta que

> não foram só os bancos paralelos que fracassaram, mas, mais importante, também o sistema de crédito baseado no mercado de capitais em geral, e é esse fracasso que devemos entender se quisermos remontar o sistema, e dessa vez sobre fundações mais sólidas. Essa crise financeira não é simplesmente uma crise de hipotecas subprime, nem mesmo uma crise do sistema bancário paralelo; é uma crise de todo o sistema de crédito baseado no mercado que construímos desde 1970.[40]

Do ponto de vista da vulnerabilidade a corridas bancárias, um aspecto vital foi que surgiu uma nova forma de dinheiro garantido por crédito. Um texto de trabalho do Fundo Monetário Internacional em 2012 resumiu o que acontecia:

> [...] nas últimas décadas, com o advento da securitização e de meios eletrônicos para efetuar transações e compensação, tornou-se possível expandir muito o escopo dos ativos que podiam ser transformados diretamente, através de seu uso como garantia, em ativos líquidos ou semelhantes a dinheiro. A expansão no escopo dos ativos que podiam ser securitizados foi em parte facilitada pelo crescimento do sistema financeiro paralelo, que era basicamente desregulado, e pela capacidade de obter empréstimo de fontes que não os depósitos.[41]

No fim, os bancos centrais foram obrigados a intervir. Mas, em seu núcleo, o fracasso foi bastante tradicional: os excessos de uma combinação de inovação financeira com assunção de riscos mal administrada gerou um pânico que devastou a liquidez. Como narrado na parte 1, os mercados congelaram.

Alavancagem

Uma quarta dimensão da maior fragilidade, enfatizada em um livro maravilhoso, *The Bankers' New Clothes* [A roupa nova dos banqueiros], de Anat Admati, da Universidade Stanford, e Martin Hellwig, do Instituto Max Planck para Pesquisa sobre Bens Coletivos, foi o grau inédito de alavancagem (ou seja, maneiras de financiar investimentos que multiplicam os retornos para investidores no lado positivo e as perdas para investidores no lado negativo).[42] A alavancagem cresceu em três dimensões: alavancagem de tomadores de empréstimo não financeiros, como compradores de casas, que contraíam empréstimos maiores que o valor das casas; alavancagem embutida em novos instrumentos, em particular derivativos; e alavancagem dentro do próprio setor financeiro, que se tornou extraordinariamente alta em muitas instituições. A alavancagem gera lucros na subida, mas também perdas imensas na descida. Esse fato bem conhecido explica por que o pânico se instala quando a possibilidade dessas perdas se torna imediata.

Muitos tomadores de empréstimo se alavancaram fortemente durante a década de 2000. Isso ocorreu nos Estados Unidos e no Reino Unido, mas também na Islândia, na Irlanda, na Espanha e em partes da Europa Central e Oriental. E ocorreu com famílias e empresas, particularmente investidores em imóveis, empreiteiros e aqueles envolvidos em aquisições alavancadas do controle de empresas. Com mais dívida em relação ao patrimônio líquido e preços de ativos supervalorizados, o resultado era uma extrema vulnerabilidade à crise.

Além disso, o sistema financeiro baseado no mercado embutia uma quantidade enorme de alavancagem dentro de instrumentos financeiros. As obrigações de dívida garantida (CDOs) são um excelente exemplo, com alavancagem inerente no processo de tranchamento de entradas de dinheiro. As CDOs sintéticas, que são criadas agrupando e tranchando *credit-default swaps* de títulos garantidos por ativos e outros títulos, envolvem um processo muito semelhante. Pense na CDO mais simples possível, na qual os pagamentos de juros e as amortizações de hipoteca subjacentes são divididos em apenas dois títulos: o menos arriscado desses títulos teria direito a receber os primeiros

50% de todos os pagamentos e amortizações; o título de maior risco receberia o resto. Mesmo que a metade dos empréstimos subjacentes acabasse ficando inadimplente, o título de menor risco permaneceria recebendo pagamentos, mas o título de maior risco seria destruído. Assim, em relação a investir em um único título no qual as perdas seriam compartilhadas igualmente, os detentores do mais arriscado dos dois novos títulos faziam uma aposta altamente alavancada: suas perdas proporcionais seriam o dobro daquelas nas hipotecas subjacentes. É claro que eles exigiam um retorno mais elevado sobre esse título de maior risco: a alavancagem gera maiores retornos previstos e maiores riscos. Em geral, os investidores parecem não ter tido consciência de que a alavancagem embutida em obrigações garantidas com classificação baixa era muito maior que em títulos empresariais com a mesma classificação.[43]

O novo sistema financeiro gerava alavancagem de outras maneiras. Uma particularmente importante estava dentro do sistema financeiro, via dependência de capital ponderado pelo risco. O capital real podia cair — e caiu — antes da crise enquanto o capital ponderado pelo risco medido subia, porque o risco percebido do portfólio caía. Uma vez que os modelos de risco subjacentes eram conceitual e empiricamente falhos (conceitualmente, porque a distribuição presumida dos resultados estava errada, e empiricamente, porque os dados eram para um período muito limitado), isso tinha resultados perversos.[44] Em 2011, a Comissão Independente sobre Bancos do governo do Reino Unido mostrou que a proporção entre ativos ponderados pelo risco e ativos não ponderados para os quatro maiores bancos do Reino Unido (entre os maiores bancos do mundo) caiu de cerca de 55% para 35% entre 2004 e 2008: em outras palavras, os banqueiros (e, ao que parece, reguladores complacentes) consideravam seus ativos progressivamente mais seguros, justo quando eles estavam, de fato, se tornando mais arriscados.[45] Essa subestimação do risco, por sua vez, se deveu diretamente ao longo período anterior de estabilidade econômica e financeira — a grande moderação, de fato.

Talvez a demonstração mais elegante da escala do erro nos modelos tenha vindo de David Viniar, gestor de risco do Goldman Sachs antes e durante a crise. Ele observou, em agosto de 2007 — pouco depois de grandes perdas em fundos geridos pelo Goldman, mas também muito antes do pior da crise —, que "estávamos vendo coisas que eram afastamentos de 25 desvios-padrão, vários dias seguidos".[46] O Goldman não foi o único a ver isso. A reação foi eliminar o risco da instituição o mais depressa possível. Quando isso foi repetido em todo o setor financeiro, exacerbou os choques que o Goldman e outros observavam e aos quais reagiam. Esse é um excelente exemplo da ideia de "reflexividade" proclamada por George Soros, o conhecido investidor.[47]

Os modelos de gestão de risco estavam errados. Eles supõem certa distribuição de resultados possíveis. Uma medida da dispersão de resultados possíveis é o "desvio-padrão". Em uma das distribuições de resultados supostas com maior frequência — a chamada distribuição normal —, afastamentos da média (em qualquer direção) de até três desvios-padrão cobririam 99,8% de todos os resultados possíveis.[48] Qual é, então, a probabilidade de um resultado com afastamento de 25 desvios-padrão, não uma vez, mas vários dias seguidos? Um texto da Universidade de Nottingham comenta: "Se observarmos um lucro ou perda uma vez por dia, um mero evento 8 sigma (isto é, oito desvios-padrão da distribuição) deveria ocorrer menos de uma vez em toda a história do universo".[49] Quais são, então, as probabilidades de ocorrência de um evento 25 sigma em dois dias seguidos? Ele é tão provável quanto ganhar a loteria nacional do Reino Unido 42 vezes seguidas. A suposta "má sorte" do Goldman Sachs e seus pares, que é o que teria de ter ocorrido se seus modelos estivessem corretos, faz Jó parecer um homem abençoado pela boa sorte. A alternativa — e explicação — correta é que os modelos que o Goldman Sachs usava para avaliar o risco de suas estratégias estavam totalmente errados. Esses imperadores financeiros estavam nus. Vestiam não um tecido de seda de matemática sofisticada e evidências sólidas, mas raios de lua.

A confiança nesses modelos de risco equivocados alimentou a adoção de alavancagem alta no setor financeiro.[50] Pensava-se que uma instituição bem administrada não precisaria de muito capital, já que podia avaliar seus riscos com precisão. Isso se mostrou uma ilusão, em parte por causa dos incentivos para que gestores, operadores e mesmo acionistas assumissem riscos e igualmente porque eles não entendiam os riscos. Embalados para dormir um sono complacente, os bancos e reguladores do Reino Unido permitiram que sua taxa de alavancagem mediana (a razão entre o total de ativos e o patrimônio líquido que suportaria plenamente as perdas) mais que dobrasse, de cerca de vinte para um para quase cinquenta para um, nos anos imediatamente anteriores à crise.[51] Em abril de 2007, pouco antes da crise financeira, o *Financial Stability Report* do Banco da Inglaterra notava: "Os maiores bancos do Reino

Unido permanecem muito lucrativos, com um retorno mediano sobre o patrimônio líquido de 22% em 2006. As razões capital/ativos ponderados pelo risco divulgadas estão bem acima dos mínimos regulatórios".[52] Mas esses mínimos regulatórios eram eles próprios baseados na altamente inconfiável ponderação de risco dos ativos. Em um tom complacente, as palavras que abriam esse mesmo relatório eram que "o sistema financeiro do Reino Unido permanece muito resiliente".[53] Como os reguladores estavam, como as próprias firmas, confiando em medidas imprecisas de risco, eles também estavam olhando para medidas enganosas de alavancagem. Esse é um sentido importante em que a estabilidade desestabilizava, como argumentava Minsky. Os reguladores ainda não retificaram totalmente sua confiança equivocada na ponderação de risco, como se verá no capítulo 7 abaixo.

Um trabalho subsequente do Banco da Inglaterra mostrou que a maior alavancagem foi também a principal fonte do maior retorno sobre o patrimônio líquido bancário no período antes da crise. Esse trabalho concluiu: "Grande parte do 'milagre de produtividade' do alto retorno sobre o patrimônio líquido na atividade bancária parece ter sido resultado não de ganhos de produtividade sobre o pool de ativos subjacente, mas sim um simples aumento da alavancagem do patrimônio líquido subjacente nas empresas".[54] Essa é uma maneira simples mas perigosa de tentar enriquecer: não envolve nenhuma inovação além de contrair mais empréstimos — ou seja, assumir mais riscos.

Incentivos

Por trás de muitas das mudanças estava uma alteração nos incentivos para assumir mais riscos. As mudanças mais importantes foram a transição de sociedades limitadas para empresas de capital aberto em Wall Street nas décadas de 1980 e 1990, a adoção de opções de compra de ações e o pagamento de bônus, frequentemente vinculados ao desempenho de um único ano, com pouca ou nenhuma dedução tributária à luz de eventos subsequentes. As regras de contabilidade que permitiam o reconhecimento de lucros na assinatura do acordo, em vez de ao longo de sua vida, também alteraram os incentivos na direção do curto prazo. Com cada firma sob pressão para ter um bom desempenho, seus funcionários cada vez mais móveis e o fim das sociedades limitadas, a administração descobriu que era difícil evitar entrar na corrida por gratificações cada vez mais generosas.[55] Como Mary Schapiro, presidente da Security and Exchange Comission, disse à Comissão de Investigação sobre a Crise Financeira dos Estados Unidos, publicada em 2011:

> Muitas grandes instituições financeiras criaram pacotes de gratificação assimétricos que pagavam aos funcionários somas enormes pelo sucesso no curto prazo, ainda que essas mesmas decisões resultassem em perdas significativas no longo prazo ou falência para investidores e contribuintes.[56]

Essas mudanças nos incentivos aos funcionários, aí incluída a administração, vieram se somar àqueles incentivos inerentes às empresas de responsabilidade limitada, em particular aquelas com alavancagem alta, nas quais os acionistas colhem os resultados positivos, enquanto as perdas são limitadas. Em um texto importante, Lucien Bebchuk e Holger Spamann, da Universidade Harvard, argumentam que alinhar os interesses dos funcionários com os dos acionistas é perigoso por essa razão. Portanto, "embora essas medidas pudessem eliminar uma assunção de risco excessiva mesmo do ponto de vista dos acionistas, não se pode esperar que elas evitem uma assunção de riscos que sirva aos acionistas mas seja socialmente excessiva".[57] O problema se tornou extremo na atividade bancária, porque os contribuintes assumiram uma grande parte do risco para o capital próprio via a expectativa (como se revelou, correta) de que eles resgatariam os credores. Em outras palavras, o contribuinte é o acionista de última instância, aliviando os credores da necessidade de examinar a quantidade de capital próprio no negócio e assim encorajando mais assunção de risco unilateral.

Conclusão

As crises, como sabemos, são um elemento inerente do sistema financeiro baseado no mercado. Elas se seguem a períodos de fragilidade crescente, criados pelo surgimento de uma assunção de risco aparentemente muitíssimo lucrativa gerada dentro do sistema. Foi assim dessa vez. O sucesso causou o excesso e o excesso causou o colapso.

COMO OS FORMULADORES DE POLÍTICAS FALHARAM

Onde estavam os formuladores de políticas? Podem ser feitas perguntas sobre as políticas em três áreas imensamente importantes: regulação, política monetária e intervenção na crise.

Regulação

Os reguladores cometeram erros de omissão e de comissão. Os pecados de omissão são o resultado de regulação e supervisão excessivamente permissivas: eles ocorrem quando os reguladores preferem ignorar malfeitos evidentes ou assunção de risco excessiva. Os pecados de comissão surgem quando reguladores e legisladores estimulam instituições financeiras a assumir riscos por razões sociais ou políticas. No período anterior à crise, as duas formas foram cometidas. Além disso, é porque esses dois erros são sempre cometidos que é tão difícil fazer o regime regulatório funcionar.

Ao explicar a origem desses pecados de omissão, Adair Turner, presidente da Autoridade de Serviços Financeiros do Reino Unido, observou, em sua revisão epônima de 2009, que:

No centro das [suposições que orientaram a regulação pré-crise] esteve a teoria dos mercados eficientes e racionais. Cinco proposições com implicações para a abordagem regulatória se seguiram:

(i) Os preços de mercado são bons indicadores de valor econômico avaliado racionalmente.

(ii) O desenvolvimento do crédito securitizado, uma vez que [é] baseado na criação de mercados novos e mais líquidos, melhorou tanto a eficiência alocativa quanto a estabilidade financeira.

(iii) As características de risco dos mercados financeiros podem ser inferidas de análise matemática, fornecendo medidas quantitativas robustas do risco das transações.

(iv) A disciplina do mercado pode ser usada como uma ferramenta eficaz para refrear a assunção de risco danosa.

(v) Pode-se supor que a inovação financeira é benéfica, já que a competição no mercado excluiria qualquer inovação que não produzisse maior valor.

Cada uma dessas suposições está agora sujeita a extensa contestação em termos tanto científicos quanto empíricos, com implicações potenciais para o desenho adequado da regulação e para o papel das autoridades reguladoras.[58]

Atrás de tudo isso estava a suposição de que o autointeresse, por intermédio da mão invisível de Adam Smith, asseguraria um sistema financeiro estável, dinâmico e eficiente. Essa é a opinião que Alan Greenspan, provavelmente o mais influente porta-voz desse ponto de vista, repudiou, quando disse a uma comissão do Congresso americano em outubro de 2008 que havia encontrado uma "falha" em seu pensamento sobre os mercados.[59] Ele então aceitava que a busca do autointeresse, por mais benéfica que seja na economia como um todo, não leva necessariamente à estabilidade financeira, porque os acionistas de instituições financeiras não têm consciência dos riscos que suas instituições correm ou estão dispostos a deixar que seus gestores façam grandes apostas. Àquela altura, isso era absolutamente óbvio.

A aplicação dessas ideias ingênuas se revelou extremamente perigosa. Tratar o sistema financeiro da mesma maneira que, digamos, o comércio varejista não faz sentido. Nenhum outro setor tem a capacidade para criar danos econômicos e sociais tão disseminados e, por isso mesmo, nenhum outro setor se beneficia de subsídios implícitos tão grandes.

Andrew Haldane, do Banco da Inglaterra, elucidou os custos. Ele argumentou que o valor presente do produto perdido em decorrência das recentes crises financeiras pode ser "algo entre uma e cinco vezes o PIB anual. Como observou o ganhador do prêmio Nobel Richard Feynman, chamar esses números de 'astronômicos' seria prestar um desserviço à astronomia: há só centenas de bilhões de estrelas na galáxia. 'Econômicos' talvez fosse uma descrição melhor".[60] Além disso, acrescenta o sr. Haldane, o Estado dá um enorme subsídio implícito ao setor financeiro, ao garanti-lo contra falência:

Para os bancos do Reino Unido, o subsídio médio anual para os cinco maiores bancos ao longo desses anos [2007-9] foi de mais de 50 bilhões de libras esterlinas — grosso modo, igual aos lucros anuais dos bancos do Reino Unido antes da crise. No auge da crise, o subsídio era maior ainda. Para a amostra de bancos globais, o subsídio anual médio para os cinco maiores bancos foi de pouco menos de 60 bilhões de dólares por ano. Essas não são somas pequenas.[61]

Dessa vez talvez não seja diferente. Mas a atividade financeira *é* diferente. Foi extraordinariamente tolo esquecer isso. No entanto, como Scott Alvarez, chefe da equipe de advogados do Federal Reserve, disse à Comissão de Investigação sobre a Crise Financeira, a "mentalidade era que não deve haver nenhuma regulação; o mercado deve cuidar do policiamento, a menos que já haja um problema identificado [...] Estávamos no modo reativo porque era essa a mentalidade nos anos 1990 e no início dos anos 2000". Além disso, acrescentou o relatório da comissão, "o forte mercado de imóveis residenciais também tranquilizava as pessoas. Alvarez apontou para a longa história de baixas taxas de inadimplência nas hipotecas e o desejo de ajudar pessoas que tradicionalmente tinham poucos negócios com bancos a se tornarem proprietárias de casa".[62]

Similarmente, em sua revisão da experiência do Reino Unido, Adair Turner argumentou que:

[...] a abordagem regulatória e supervisora da Autoridade de Serviços Financeiros, antes da atual crise, se baseava em uma filosofia às vezes implícita, mas às vezes bastante manifesta, que acreditava que:

- Os mercados são em geral autocorretivos, sendo a disciplina de mercado uma ferramenta mais eficaz que a regulação ou a supervisão para garantir que as estratégias das firmas sejam sólidas e os riscos sejam contidos.

- A responsabilidade primária pela gestão de riscos é da alta administração e dos conselhos das firmas individuais, que estão mais bem situados para avaliar o risco do modelo de negócio do que os reguladores bancários, e nos quais se pode confiar para que sejam tomadas decisões apropriadas sobre o equilíbrio entre risco e retorno, desde que existam sistemas, procedimentos e pessoas apropriados.

- A proteção aos clientes é mais bem assegurada não pela regulação de produtos ou pela intervenção direta nos mercados, mas pela garantia de que os mercados de atacado sejam o mais irrestritos e transparentes possível, e de que o modo como as firmas conduzem os negócios (por exemplo, a definição e a execução de processos de venda) seja apropriado.[63]

Portanto, à medida que o sistema bancário paralelo se desenvolvia, o sistema bancário regular aderia a ele. Esses não eram dois sistemas financeiros distintos, mas um só, com dois aspectos: atividade bancária de varejo tradicional e um componente mais dinâmico construído em torno de transações financeiras estruturadas e por atacado. Os bancos de varejo tradicionais participavam plenamente dessas últimas, via *conduits* e *special-purpose vehicles* [veículos de propósito especial], e, mais fundamentalmente, via integração das atividades de banco de investimento e banco comercial, a primeira historicamente centrada em transacionar títulos e a segunda concentrada em empréstimos. As mudanças na legislação aconteceram, nesse processo, nos Estados Unidos, inclusive a revogação, em 1999, da Lei Glass-Steagall, que havia anteriormente separado as atividades bancárias de investimento das comerciais. A argumentação favorável à revogação era que a lei havia se tornado irrelevante ou ineficiente: irrelevante na medida em que era cada vez menos capaz de evitar a entrada de bancos comerciais na atividade de investimento, e ineficiente na medida em que ainda apresentava um obstáculo à entrada de bancos comerciais nessas atividades.

Mas os pecados de omissão não foram os únicos erros. Houve também os de comissão. Dois deles podem ter sido particularmente importantes. O primeiro foi a ponderação de risco zero da dívida soberana sob o chamado "Basileia I", que se revelou tão problemático na zona do euro.[64] A suposição — conveniente para os governos, mas muito perigosa em certas circunstâncias — era que os governos não ficariam inadimplentes. É verdade que é improvável que governos fiquem inadimplentes em suas próprias moedas, embora nem isso seja absolutamente certo. Mas os governos frequentemente ficam inadimplentes em moedas de outros países — ou, mais precisamente, moedas que eles são incapazes de criar à vontade. Isso agora inclui todos os membros da zona do euro, com os resultados discutidos no capítulo 2 acima.

O segundo pecado de comissão foi o forte estímulo a empréstimos para compra de casa, notadamente nos Estados Unidos. Uma queixa particular diz respeito ao papel das empresas patrocinadas pelo governo (*government-sponsored enterprises* — GSEs), Fannie Mae e Freddie Mac. Peter Wallison, do American Enterprise Institute, em sua dissidência do relatório majoritário da Comissão de Investigação sobre a Crise Financeira (*Financial Crisis Inquiry Commission*), chega a argumentar que:

> [...] o sine qua non da crise financeira foi a política habitacional do governo dos Estados Unidos, que levou à criação de 27 milhões de empréstimos subprime e

outros empréstimos arriscados — a metade de todas as hipotecas nos Estados Unidos — que estavam prontos para ficar inadimplentes assim que a imensa bolha de imóveis residenciais de 1997-2007 começasse a desinflar. Se o governo dos Estados Unidos não tivesse escolhido esse caminho de política — fomentando o crescimento de uma bolha de dimensões inéditas e um igualmente inédito número de hipotecas residenciais fracas e de alto risco —, a grande crise financeira de 2008 nunca teria ocorrido.[65]

É certamente possível aceitar que a promoção entusiasmada pelo governo da propriedade da casa e, em particular, as GSEs desempenharam algum papel. Mas a visão de que essa foi a principal causa é inteiramente inconvincente por quatro motivos.[66]

Primeiro, Keith Hennessey, Douglas Holtz-Eakin e Bill Thomas, também indicados pelos republicanos para a Comissão de Investigação sobre a Crise Financeira, observam, em seu próprio comentário dissidente:

O relatório ignora em grande parte a bolha de crédito além dos imóveis residenciais. Os spreads de crédito caíram não apenas para as casas, mas também para outras classes de ativos, como imóveis comerciais. Isso nos diz que devemos olhar para a bolha de crédito como uma causa essencial da bolha de imóveis residenciais nos Estados Unidos. Também nos diz que os problemas da política habitacional ou do mercado de imóveis residenciais não explicam por si sós a bolha de imóveis residenciais.

Houve bolhas de imóveis residenciais no Reino Unido, na Espanha, na Austrália, na França e na Irlanda, algumas mais pronunciadas que nos Estados Unidos. Alguns países com bolhas de imóveis residenciais recorreram pouco à securitização de hipotecas no estilo americano. Uma boa explicação da bolha de imóveis residenciais americana deve levar em conta também seus paralelos em outros países. Isso nos leva a explicações mais amplas do que apenas a política habitacional, a regulação ou a supervisão nos Estados Unidos.[67]

Evidentemente, essa argumentação se aplica com a mesma força ao argumento do colega republicano deles, sr. Wallison, que raciocina como se essa fosse unicamente uma crise americana e unicamente uma crise das hipotecas subprime.

Segundo, a visão de que as GSES desempenharam um papel decisivo em estimular o setor privado a aderir à mania de financiamentos habitacionais subprime é falsa. Ninguém obrigava instituições financeiras privadas sofisticadas a participar de transações que constituíam o "modelo criar, securitizar, classificar e distribuir". O sr. Wallison também recorreu à pesquisa de um colega do American Enterprise Institute para argumentar que a Fannie e o Freddie fizeram muitíssimos empréstimos subprime e outras hipotecas de alto risco. Mas fica claro que essas "outras hipotecas de alto risco" eram vastamente mais seguras que os empréstimos subprime privados, porque de fato não tinham as mesmas características que eles. Na verdade, a definição expansiva de "hipotecas de alto risco", à qual o sr. Wallison recorre, é extremamente idiossincrática: o número dessas hipotecas nessa definição expandida é mais de cinco vezes maior que aquele usado em um relatório de 2010 do Escritório Geral de Contabilidade do governo americano. Acima de tudo, os empréstimos apoiados pelas GSES que o colega de Wallison no American Enterprise Institute rotula como "de alto risco" não tinham de fato nada próximo das taxas de inadimplência das hipotecas subprime promovidas por emprestadores privados.[68] Na verdade, mesmo os colegas republicanos do sr. Wallison na comissão não aceitaram seu argumento de que a Fannie e a Freddie criaram a crise do subprime. Como Bethany McLean e Joe Nocera deixam bastante claro, a Fannie Mae e o Freddie Mac foram, de fato, retardatários na festa subprime — seguidores, não líderes.[69]

Terceiro, alguns argumentam que o vilão da história foi a Lei de Reinvestimento na Comunidade (Community Reinvestment Act — CRA) americana, projetada para evitar a *redlining* — proibição geral de empréstimos em áreas específicas — por parte dos bancos americanos. A respeito disso, a Comissão de Investigação sobre a Crise Financeira americana observou que

só 6% dos empréstimos de alto custo — expressão usada como substituto para empréstimos subprime — tinham alguma ligação com a lei. Empréstimos concedidos por emprestadores regulados pela CRA nos bairros em que eles eram obrigados a emprestar tinham a metade da probabilidade de ficar inadimplentes do que tinham os empréstimos semelhantes feitos nos mesmos bairros por originadores de hipotecas independentes não submetidos à lei.[70]

Por fim, aceitemos por um momento que o sr. Wallison está certo. (Ele não está.) Então, a maior crise financeira em oitenta anos, que causou uma recessão mundial e uma queda prolongada da atividade econômica, se deveu inteiramente ao desejo do governo americano de aumentar o número de proprietários de casa. Se isso for verdade, o sistema financeiro é mesmo irremediavelmente frágil e instável. Mas a essência do argumento do sr. Wallison é que ele não seria se não fosse o papel do governo na política habitacional. Sua posição é autorrefutadora: o fato de que um alegado erro na política habitacional americana pode pôr abaixo o sistema financeiro do mundo ocidental demonstra a fragilidade irremediável desse último. Ele não a comprova. Ele a condena.

Minha conclusão, portanto, é que o papel da regulação foi principalmente de omissão: os formuladores de políticas supuseram que o sistema era muito mais estável, responsável, na verdade honesto, do que ele era. Além disso, foi porque essa suposição era tão amplamente partilhada que tantos países foram afetados.

Política monetária

O segundo aspecto de política estreitamente relacionado à fragilidade financeira é a política monetária. Grande parte da discussão dessa questão será deixada para o capítulo 5, que examina as origens econômicas da crise. Mas uma coisa é clara: os formuladores de políticas pensavam que a inflação estável proporcionaria estabilidade econômica. Estavam errados. Os bancos centrais de fato mantiveram a inflação estável, mas o que se seguiu ainda foi a maior crise financeira e econômica em oitenta anos, e depois um duradouro mal-estar econômico. A "grande moderação" provou ser uma cilada e uma ilusão.

Mark Gertler, da New York University, descreveu as recomendações dominantes antes da crise, de banqueiros centrais e macroeconomistas ortodoxos, em seus comentários ao texto crítico apresentado por Claudio Boro e William White, do Banco de Compensações Internacionais, em um simpósio em 2003 organizado pelo Banco do Federal Reserve de Kansas City:

Use política prudencial para evitar que uma exposição ao risco indesejada se acumule. Então use política monetária ativa para mitigar qualquer efeito danoso de uma queda na atividade econômica [...] [Uma] estrutura de meta de inflação flexível (em conjunção com uma política prudencial convincente) cumpre exatamente esse objetivo. Ela induz um banco central a adotar as medidas de política adequadas em resposta à volatilidade do mercado financeiro e faz isso de uma maneira que leva devidamente em conta as restrições informacionais reais que o banco central enfrenta. Em particular, o banco central não tem de se dedicar a imaginar valorizações de mercado fundamentais. Nem tem de imaginar como o mercado reagirá a ações de política nem a suas percepções das valorizações de mercado apropriadas. Dado que, a meu ver, o Federal Reserve nos últimos anos atuou buscando implicitamente atingir uma meta de inflação e fez isso de uma maneira que claramente mitigou qualquer efeito danoso da volatilidade do mercado, parece que os eventos recentes só serviram para sustentar nossa posição.[71]

Esse ponto de vista não se sustenta tão bem uma década depois. Talvez ele houvesse funcionado se a política prudencial correta tivesse sido usada, embora seja bastante difícil acreditar que uma política como essa teria feito diferença. Em todo caso, uma bem-sucedida política monetária voltada para atingir metas inflacionárias se mostrou inteiramente compatível com uma enorme crise financeira e a consequente instabilidade econômica. Na verdade, a complacência que ela induziu na forma da ideia da grande moderação cumpriu um grande papel na causação da crise.

Intervenção na crise

A questão final diz respeito a como os formuladores de políticas responderam à crise quando ela chegou. No pânico, eles foram apanhados entre duas pressões opostas: a primeira era a visão de que se devia deixar que aqueles que cometiam erros falissem, para minimizar o "risco moral" (o risco de que o seguro leve o segurado a assumir riscos maiores); a segunda era a necessidade de reagir ao pânico.

A preocupação com risco moral é muito exagerada. Ninguém argumenta que não deve haver corpo de bombeiros porque o conhecimento de que ele existe leva as pessoas a assumir o risco de fumar na cama. Temos corpos de bombeiros principalmente por causa do impacto de disseminação sobre pessoas inocentes: se a casa de alguém pegar fogo, poderemos acabar com um

Grande Incêndio de Londres, como aconteceu em 1666. Da mesma forma, os custos econômicos de crises financeiras sistêmicas são suportados principalmente por pessoas que não tinham nada a ver com as decisões que levaram a elas. Permitir um colapso financeiro sistêmico não é a maneira correta de lidar com uma crise financeira, da mesma forma que deixar Londres ser totalmente consumida pelo fogo não seria a resposta correta para um incêndio doméstico.

A maneira correta de lidar com o risco de incêndio é precisamente o que fazemos: ter um corpo de bombeiros, regulamentos para evitar incêndios e seguro residencial contra incêndio, confiantes de saber que as pessoas ainda têm um forte incentivo a evitar um incêndio em suas propriedades. Do mesmo modo, a resposta correta ao risco de uma crise financeira sistêmica é prevenir um colapso, impor regulações financeiras e oferecer seguro de depósito, confiantes de saber que os decisores importantes ainda sofreriam perdas significativas. Portanto, os formuladores de políticas estavam certos em interromper o colapso financeiro sistêmico de 2008, por causa do imenso dano que ele teria causado se se permitisse que ele seguisse sem controle; estavam certos em buscar tornar mais rigorosas as regulações financeiras depois, para evitar que os perigos aumentassem de novo para níveis extremos; e estavam certos em impor regras que garantiam que acionistas, decisores e credores desprotegidos e não segurados suportariam perdas no futuro. O que isso significa será mais discutido no capítulo 7 abaixo.

Em retrospecto, os formuladores de políticas deram atenção demasiada ao risco moral no começo e muito pouca atenção a apagar a fogueira financeira. Em uma crise sistêmica, o perigo de um excesso na valorização de ativos que gere insolvência em massa de intermediários é tão grande que, como argumentou Bagehot, os formuladores de políticas devem intervir. Na verdade, em *Lombard Street*, Bagehot ofereceu uma descrição clássica do papel de um banco central:

> Um pânico, em uma palavra, é uma espécie de neuralgia, e, segundo as regras da ciência, não se deve matá-lo de fome. Os detentores de reserva de dinheiro em espécie devem estar dispostos não só a mantê-la para seus próprios compromissos, mas a adiantá-la mais livremente para os compromissos de outros. Devem emprestar a comerciantes, a banqueiros menores, a "este homem e aquele homem", sempre que a segurança seja boa. Em períodos caóticos de alarme, uma

única falência causa muitas, e a melhor maneira de evitar as falências derivadas é impedir a primeira falência que as causa. O modo como o pânico de 1812 foi interrompido adiantando-se dinheiro foi descrito de maneira tão ampla e gráfica que a passagem se tornou clássica. "Nós o emprestamos", disse o sr. Harman, em nome do Banco da Inglaterra, "por todos os meios possíveis e de maneiras que nunca havíamos adotado; recebemos ações em garantia, compramos letras do Tesouro, fizemos adiantamentos sobre letras do Tesouro, não apenas descontamos diretamente, mas fizemos adiantamentos sobre o depósito de letras de câmbio em um montante imenso, em resumo, por todos os meios possíveis consistentes com a segurança do banco, e em certas ocasiões não fomos muito precisos. Vendo o estado pavoroso em que o público estava, prestamos toda ajuda que podíamos." Depois de um ou dois dias desse tratamento, o pânico se reduziu, e a "City" ficou bastante calma.[72]

Críticos das políticas adotadas em resposta à crise em 2008 argumentariam que a falta de entendimento da consequência de um pânico levou a um desastre muito maior que o necessário, em particular no outono de 2008, depois da falência do Lehman. Anatole Kaletsky argumentou em seu instigante livro *Capitalism 4.0*:

> O Lehman precipitou "um completo colapso da confiança" entre os depositantes e credores de toda grande instituição financeira — de fato uma corrida a todos os bancos ao redor do mundo [...] O corolário é que a economia mundial provavelmente não teria sofrido uma recessão séria se não se houvesse permitido que a falência do Lehman desencadeasse o maior pânico financeiro do mundo.
>
> Esse pânico teria sido evitado de duas maneiras: salvando o Lehman ou estabelecendo imediatamente depois de sua falência garantias abrangentes e incondicionais para outras instituições financeiras, que de qualquer forma os governos no mundo inteiro introduziram, mas um mês crucial tarde demais.[73]

A visão de que havia um pânico que poderia — e deveria — ter sido evitado é coerente com o que sabemos sobre crises financeiras em geral e esta crise em particular. É também coerente com evidências sobre a precificação de ativos que estavam no coração da crise. Como mostra a figura 28, ocorreu uma recuperação substancial das tranches com classificação AAA desde o imenso colapso no preço dos títulos subprime garantidos por ativos. O pânico, que viu valores dessas tranches cair para 60% do par no começo de 2009, foi exagerado, como de costume. Ao mesmo tempo, o pânico se deveu a algo real, como a precificação das tranches inferiores mostra. Isso também é costumeiro. Mas *era mesmo* um pânico e isso, como Bagehot argumentara, tinha de ser interrompido. E foi, no fim, mas só depois de ter causado danos imensos. Muitos argumentaram, tanto na época como depois, que se deveria ter permitido que o pânico seguisse seu curso, qualquer outra coisa sendo um "resgate". Esse é um julgamento compreensível, mas grosseiramente equivocado, uma vez que permitir que o pânico seguisse seu curso teria causado uma depressão profunda e danos tão imensos a expectadores inocentes. Isso teria sido repetir os erros do começo da década de 1930: uma vez na história é suficiente.

A verdadeira dificuldade que havia não tinha a ver com o princípio de intervir para interromper um pânico, mas com decidir quando fazê-lo. Só as

FIGURA 28. ÍNDICES SINTÉTICOS TRANSACIONÁVEIS DE TÍTULOS SUBPRIME LASTREADOS POR ATIVOS DOS ESTADOS UNIDOS
(19 de janeiro de 2006 = 100)

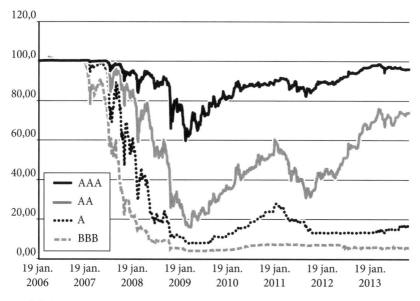

FONTE: Markit.

consequências da falência do Lehman criaram as condições políticas nas quais as medidas subsequentes contra o pânico se tornaram possíveis. Salvar o Lehman teria sido difícil porque a defesa de fazê-lo ainda se baseava em uma situação hipotética — o que teria acontecido se não se houvesse permitido que ele falisse. Não salvar o Lehman transformou a situação hipotética em realidade. Isso, então, tornou muito mais fácil agir. Portanto, mesmo que pudesse em teoria ter sido muito melhor salvar o Lehman, foi o fato de não se ter feito isso que tornou a crise suficientemente ruim para permitir as medidas necessárias. Nesse caso, o que aconteceu foi mais uma tragédia que um erro bobo. Tragédias são, infelizmente, muitas vezes inescapáveis nos domínios do hipotético.

CONCLUSÃO

Como, então, devemos tentar entender as origens do pânico que se acumulou em 2007 e dominou os mercados financeiros em 2008? O que esse desastre nos ensina?

Primeiro, o sistema financeiro é inerentemente frágil. Ele é propenso ao erro e, é claro, à fraude. Mas a fraude é um acompanhante natural dos processos que levam a crises. O sistema financeiro também é vulnerável a pânicos que exageram as razões subjacentes para uma crise. Essa fragilidade é parte integrante do sistema e gerada por ele, em períodos de expansão seguida de contração.

Em segundo lugar, a visão de que estabilizar a inflação era uma condição suficiente para a estabilidade econômica se mostrou grotescamente errada. A verdade é o oposto. Um período de estabilidade econômica é precisamente quando o sistema financeiro tende a se tornar mais frágil, porque é quando as pessoas se sentem seguras em assumir mais riscos.

Em terceiro lugar, de novo, a visão de que as forças do mercado tornariam o sistema financeiro estável também se mostrou egregiamente errada. As forças do mercado geram euforia e pânicos, como foi entendido por Bagehot e seus precursores, notadamente Henry Thornton, autor do clássico *An Inquiry into the Nature and Effects of the Paper Credit of Great Britain* [Uma investigação sobre a natureza e os efeitos do crédito baseado em certificados de dívida da Grã-Bretanha] (1802).[74] Isso ocorre principalmente porque os ativos dos quais as famílias e as empresas privadas dependem para sua vida cotidiana são também predominantemente os passivos de empresas privadas com fins lucrativos que assumem riscos. Quando a capacidade de obter crédito dessas empresas passa a ser questionada, como aconteceu em 2008, é provável que se instale o pânico entre credores de curto prazo não segurados: haverá, em resumo, corridas no mercado. O que então torna esses pânicos sistêmicos é a interligação entre instituições e sua vulnerabilidade a riscos similares.

Em quarto lugar, a ignorância e a arrogância de acadêmicos e formuladores de políticas, e a miopia e os incentivos extremamente mal direcionados de administradores e operadores, tornaram o sistema financeiro ocidental cada vez mais frágil nas décadas anteriores à crise. A crise se tornou tão séria em grande medida porque tantas pessoas pensavam que ela era impossível.

Em quinto lugar, os formuladores de políticas deixaram de agir com decisão suficiente até a crise alcançar seu pior estágio, na segunda metade de setembro e em outubro de 2008. Até então eles agiram como se não entendessem os perigos. Mas talvez eles tivessem poucas escolhas: é difícil obter apoio para uma ação decisiva antes que fique evidente para pessoas comuns que algo tem de ser feito. Lembre-se de que, mesmo depois que a crise atingiu seu clímax, foram necessárias duas tentativas para que o Troubled Asset Relief Program (TARP), que deu ao governo americano os recursos de que ele precisava para resgatar o sistema financeiro, fosse aprovado pela Câmara de Deputados.

Em sexto lugar, o possivelmente mais perturbador era (e é) a capacidade do setor financeiro de usar seu dinheiro e seu poder de lobby para obter as regulações frouxas que ele queria (e quer). Isso não terminou. Ao contrário, a resistência contra a regulação após a crise demonstra que permanece muito conosco. Essa é uma das razões pelas quais crises voltarão a ocorrer. A regulação será erodida, tanto abertamente quanto de forma velada, sob a pressão implacável e a imaginação infindável de um setor imenso, bem organizado e extremamente motivado. Isso não tem a ver com fraude em sentido estrito. Tem mais a ver com a corrupção de um processo político em que interesses organizados pesam mais que o interesse público.

Finalmente, os reguladores nunca acompanharão tudo isso. Eles carecem de recursos, motivação e, em última instância, conhecimento para fazer isso. A única solução é criar um sistema financeiro a cuja falência a economia mundial sobreviveria relativamente ilesa. Como fazer isso será um dos temas da parte 3 do livro e de seu capítulo final.

Mas não é suficiente apenas aprender com erros passados e então supor que as economias logo voltarão ao velho normal. Elas têm de ir para um "novo normal".[75] Mesmo sem a crise, as tendências pré-crise na economia global eram insustentáveis em certos aspectos importantes. Sendo assim, o mundo não pode aceitar seu antigo futuro. Ele tem de avançar para um futuro diferente. A crise não causou essa necessidade, mas a revelou. Nesse sentido, não podemos simplesmente declarar que o mal-estar pós-crise é consequência da crise. Seria melhor dizer que ele também representa a consequência do fim dos processos insustentáveis que causaram a crise. No próximo capítulo, a discussão se voltará para essas raízes macroeconômicas e consequências mais profundas das crises financeiras.

5. Como a economia mundial foi transformada

Para pensar que dois e dois são quatro
E não cinco nem três
O coração do homem tem penado
E tende a penar ainda muita vez.

A. E. Housman[1]

A crise demora muito mais para chegar do que se pensa, e então acontece muito mais depressa do que se teria pensado.

Rudiger Dornbusch[2]

O sistema financeiro das economias de alta renda passou da estabilidade à extrema fragilidade ao longo das décadas anteriores à crise. Ninguém hoje discorda disso. A questão é por quê. A resposta sugerida pelo capítulo 4 é que a instabilidade financeira se desenvolveu dentro do próprio sistema financeiro: o comportamento de busca de lucro de pessoas motivadas a assumir certos tipos de risco tornou o sistema como um todo imensamente mais frágil. Não está claro se elas estavam cientes dos riscos que criavam. É plausível que muitas não estivessem. Mas isso não faz nenhuma diferença. Mesmo que elas entendessem os riscos que assumiam, esperavam ser capazes de surfar as ondas — e algumas de fato o fizeram. Estivessem os chefes cientes ou não, era difícil para qualquer instituição individual parar de dançar, como sugeriu Chuck Prince, ex-presidente do Citigroup.[3] Se Prince tivesse tentado impedir o Citigroup de fazê-lo, ele provavelmente teria sido demitido em favor de alguém que não tentaria. Essa, então, foi a falha de um *sistema*, não de indivíduos.

Este capítulo insere a questão em um contexto muito mais amplo. Ele argumenta que a falha não está apenas nem mesmo principalmente no sistema financeiro ou nos reguladores financeiros. A crise teve causas — e consequências — econômicas mais amplas. Isso importa porque teria sido muito mais difícil evitar a crise do que muitos agora supõem. Importa talvez ainda mais porque significa que a economia mundial não pode voltar para o status quo ante — para onde estava antes. Esse será o tema da parte 3 e da conclusão.

Isso não pretende sugerir que um sistema financeiro mais robusto não teria ajudado: teria ajudado muito. Teria, sem dúvida, evitado as perturbações extremas de 2008-9. Mas o caminho em que a economia mundial estava antes da crise não podia continuar.[4] Como observou notoriamente o falecido Herbert Stein, ex-presidente do Conselho de Assessores Econômicos de Richard Nixon, o que não pode continuar deve parar.[5] O desafio é entender o que era insustentável e então imaginar como reagir a isso. O objetivo deste capítulo é responder à primeira parte dessa questão. O propósito do restante do livro é responder à segunda.

Ninguém duvida de que a crise teve consequências macroeconômicas; diverge-se apenas sobre quais são elas e quão duradouras se revelarão. Mas a visão de que a crise teve raízes macroeconômicas é controversa. Michael Dooley, da Universidade da Califórnia em Santa Cruz, e Peter Garber, do Deutsche Bank, dois dos autores da influente hipótese "Bretton Woods II" (que explicava e justificava os regimes de taxa de câmbio fixa adotados por muitos países em desenvolvimento, em particular a China, como uma maneira sensata de alcançar um rápido crescimento industrial liderado pelas exportações), rejeitam inteiramente essa ideia.[6] Eles argumentam que a culpa é "da supervisão e da regulação ineficazes dos mercados financeiros nos Estados Unidos e em outros países industriais orientados por escolhas de política mal concebidas".[7]

Este capítulo argumentará, em oposição a essa visão, que entender a economia subjacente da crise é crucial. Ele nota, no entanto, que aqueles que concordam com isso apresentam dois pontos de vista distintos sobre quais eram essas raízes macroeconômicas: excesso de poupança e excesso de crédito. Essas alternativas refletem em parte perspectivas diferentes sobre como a economia funciona, diferenças que a crise deixou claras. Argumentarei que os pontos de vista não são tão contraditórios quanto muitos supõem. Na verdade, eles têm raízes comuns em uma série de transformações profundas e interligadas da economia mundial desde cerca de 1980.

A TRANSIÇÃO PARA A FARTURA GLOBAL DE POUPANÇA

Ben Bernanke, quando ainda era um mero presidente de um dos bancos regionais do Federal Reserve, expôs a hipótese do excesso de poupança em uma palestra que fez em 2005. Nela, ele afirmou que

> ao longo da última década uma combinação de forças diversas criou um aumento significativo na oferta global de poupança — um excesso de poupança global — que ajuda a explicar tanto o aumento no déficit em conta-corrente dos Estados Unidos quanto o nível relativamente baixo das taxas reais de juro no mundo hoje.[8]

Michael Pettis, da Universidade de Pequim, escreveu um livro excelente que elabora essa hipótese:

> Para praticamente qualquer estudioso sério de história financeira e econômica, o que tem acontecido nos últimos anos, à medida que o mundo se ajusta a desequilíbrios profundos, não é inédito nem deveria sequer ter sido inesperado. A crise mundial é uma crise financeira impulsionada principalmente pelo comércio global e pelos desequilíbrios de capital, e se desdobrou quase em uma forma apresentada em livros-texto.[9]

Em sua fala, Bernanke delineou três contribuições para esse excesso de poupança. A primeira era o envelhecimento da população dos países de alta renda. Mas, ele observou, essa era uma condição de longo prazo, que não havia mudado no passado recente. A segunda era o então recente aumento dos preços do petróleo, devido a uma combinação de forte aumento da demanda, em especial da China e de outras economias emergentes com crescimento rápido, e estagnação da oferta, em parte porque quase duas décadas preciosas de preços baixos haviam minado o incentivo a investir na exploração e no desenvolvimento de nova capacidade de produção. Esses preços mais elevados aumentaram muito a poupança excedente dos exportadores de petróleo, pelo menos no médio prazo. A terceira e mais importante razão para o excesso de poupança que surgia era a reação dos países emergentes às crises financeiras da década de 1990. Em particular, eles acumularam superávits de poupança, como vimos no capítulo 3, para reduzir sua vulnerabilidade ao que tinham aprendido a ver (com razão) como entradas de capital privado desestabilizadoras, acima de tudo, fluxos que criavam dívida.

Por definição, a poupança observada deve ser igual ao investimento observado. Então, como se identifica um excesso de poupança? Na verdade, por que se deve chamá-lo de excesso de poupança, em vez de "escassez de investimento"? A resposta à segunda pergunta é que não se pode. É uma questão de interpretação das evidências. Muitas vezes, é mais sensato falar de uma escassez de investimento que de um excesso de poupança. A resposta à primeira pergunta é que não se pode identificar o excesso de poupança ou a escassez de investimento diretamente. Eles podem ser observados em uma combinação entre a recompensa pela poupança — ou seja, a taxa de juro — e o nível de atividade econômica — ou seja, o grau de excesso de capacidade de produção. Em resumo, se as pessoas desejam poupar (ou seja, não gastar) mais do que desejam investir, a economia se ajustará em uma combinação de duas maneiras: via taxas de juro ou via produção e renda. O que é desejado não ocorrerá necessariamente: o modo como a economia se ajusta, para reunir a poupança e o investimento desejados, vai determinar o resultado real. Em geral, a economia se ajustará via preços (a taxa de juro), se os preços puderem se ajustar. Mas em uma depressão, com taxas de juro no nível mínimo possível, ela se ajustará via níveis de renda e de produção.

Na vigência da primeira dessas alternativas, o ajuste dos juros, a oferta de poupança corresponde à demanda de possíveis usuários no mercado por "fundos emprestáveis". Quando a oferta de poupança aumenta, a taxa de retorno cai e vice-versa. Se a demanda de usuários de fundos aumenta, a taxa de retorno aumenta e, novamente, vice-versa. O retorno sobre a poupança é a taxa de juro. Como estamos falando aqui sobre poupança e investimento em termos reais (isto é, sem considerar a inflação), a taxa de juro relevante é a taxa real (a taxa depois da inflação).

Keynes introduziu a segunda alternativa na teoria econômica — o ajuste através do nível de produção e de renda em uma depressão, quando as taxas de juro de curto prazo são zero e as taxas de longo prazo são as mais baixas possíveis, por causa da "preferência pela liquidez" — o ponto em que as pessoas preferem manter a posse de dinheiro e não a de títulos, porque o rendimento sobre esses últimos é muito baixo para tornar atrativo mantê-los (em particular porque existe então uma forte probabilidade de queda dos preços dos títulos, quan-

FIGURA 29. TAXAS BÁSICAS DE JURO DE CURTO PRAZO
DO BANCO CENTRAL
(%)

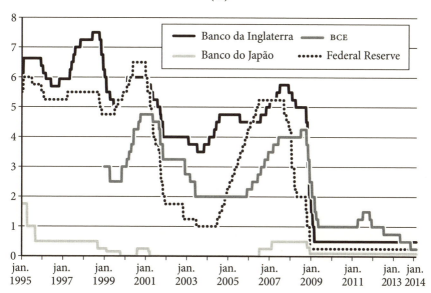

FONTE: Thomson Reuters Datastream.

do a economia se recupera).[10] O impacto imediato da maior poupança desejada, ele observou, é, então, reduzir a demanda e portanto reduzir a produção e a renda. Uma parte dessa redução na renda recairá sobre o consumo desejado e uma parte recairá sobre a poupança desejada: assim, ambos vão encolher. Produção e renda então continuarão caindo até que a poupança desejada novamente corresponda ao investimento pretendido. Infelizmente, à medida que a economia se enfraquecer, o investimento desejado poderá cair ainda mais. Nesse caso, a economia poderia simplesmente continuar encolhendo. Um maior desejo de poupar poderia, portanto, ser muito indesejável, uma vez que pode resultar em uma recessão prolongada e profunda. Esse é o paradoxo da frugalidade.

As maneiras-padrão de lidar com o perigo de uma recessão são o banco central cortar as taxas de juro e o governo gastar mais ou cortar impostos. Surge uma dificuldade para a primeira dessas soluções, se as taxas de juro de curto prazo estiverem próximas de zero, como estão no momento em que escrevo (ver figura 29). Note que o banco central do Japão tem ofertado taxas de juro de quase zero desde 1995. Os outros três bancos centrais — o Federal Reserve, o Banco Central Europeu e o Banco da Inglaterra — têm ofertado taxas de juro ultrabaixas desde o final de 2008 ou o início de 2009. O estímulo monetário do Japão não trouxe uma forte recuperação para sua economia muito endividada. Algo muito semelhante tem ocorrido com os estímulos monetários mais recentes oferecidos pelos outros três bancos centrais em resposta às ondas de crises financeiras desde 2007.[11] A opção de política alternativa é o estímulo fiscal. Este, como veremos no capítulo 8, faz sentido se as taxas de juro estiverem próximas de zero e mesmo assim não estiverem induzindo uma forte recuperação da demanda.

Em resumo, o excesso global de poupança do sr. Bernanke seria visível em uma combinação de dois fenômenos: economias fracas e/ou taxas de juro baixas. Hoje, essa combinação é precisamente o que vemos nos países de alta renda: taxas de juro ultrabaixas e condições de recessão, com desemprego elevado. Um excesso global de poupança é também uma situação de excesso de oferta crônico. Em um provocativo livro recente, Daniel Alpert, um banqueiro de investimento, chama com propriedade o presente de "a era do excesso de oferta".[12]

As taxas de juro de curto prazo ultrabaixas são ofertadas pelos bancos centrais. As taxas de juro de longo prazo sobre títulos seguros são definidas no mercado, à luz das expectativas das taxas de curto prazo estabelecidas pelos bancos centrais. As expectativas sobre inflação e sobre taxas reais de juro necessárias para alcançar a estabilidade econômica governam essas expectativas de taxas de curto prazo futuras. Por estabilidade econômica entendo um nível (e um crescimento) da atividade econômica consistente com uma taxa estável de inflação subjacente. Essa definição de estabilidade (que hoje é padrão) remete à noção de uma "taxa natural" de desemprego apresentada por Milton Friedman e Edmund (Ned) Phelps na década de 1960, sendo ela a taxa de desemprego consistente com uma inflação estável. Como também sabemos agora, a estabilidade econômica, assim definida, é consistente com uma substancial instabilidade financeira. Esse é um dos dilemas abordados por este livro.[13] Portanto, o indicador mais simples de um excesso de poupança em períodos não recessivos não é o nível de poupança ou investimento. É o nível das taxas de juro ou, mais precisamente, o nível da taxa real de juro sobre o que se pensa serem os ativos mais seguros.[14]

Vários governos importantes, notadamente os dos Estados Unidos e do Reino Unido, vêm vendendo títulos indexados há bastante tempo (ver figura

30). Os rendimentos sobre esses títulos fornecem a medida mais direta das taxas reais de juro. Em teoria, a taxa real de juro sobre as obrigações de governos com classificação elevada deve ser a mesma em um mercado de capitais global integrado. (A única ressalva é que um país pode ter uma taxa real de juro mais baixa que a de outro, se houver uma expectativa de que sua moeda se aprecie em termos reais, e vice-versa.) A figura 30 mostra que, desde janeiro de 2003, os rendimentos sobre títulos indexados do Tesouro dos Estados Unidos (*Treasury index-linked securities* — TIPS) e sobre títulos indexados do Reino Unido (*gilts*) seguiram uns aos outros de perto. Isso nos encoraja a aceitar que os dados de longo prazo do Reino Unido devem oferecer uma indicação razoável da taxa real de juro global sem risco de solvência.

Os dados nesta figura se distribuem em três períodos: até julho de 1997, de julho de 1997 a agosto de 2007, e de agosto de 2007 até o início de 2014. Além disso, há uma espícula centrada em outubro de 2008. Assim, até julho de 1997, o rendimento médio sobre *gilts* indexados do Reino Unido foi de 3,8%.

FIGURA 30. RENDIMENTOS DE TÍTULOS DE DEZ ANOS INDEXADOS
(%)

FONTE: Thomson Reuters Datastream.

Entre julho e agosto de 1997, o rendimento médio foi de 2,1%. Depois de agosto de 2007, o rendimento médio dos *gilts* indexados do Reino Unido foi de 0,4% e o dos TIPS dos Estados Unidos, de 0,9%. Durante a espícula de outubro de 2008, os rendimentos atingiram brevemente 2,5% sobre os *gilts* indexados do Reino Unido e 2,8% sobre os TIPS. Posteriormente, os rendimentos se tornaram até negativos. Notavelmente, as taxas reais de juro permaneceram extraordinariamente baixas até o início de 2014, quando a recuperação parecia bem estabelecida.

Títulos convencionais, para os quais, naturalmente, existem dados muito mais completos, mostram movimentos semelhantes. Assim, entre junho de 1997 e janeiro de 1999, o rendimento dos títulos convencionais do Tesouro americano de dez anos caiu dois pontos porcentuais, o dos títulos alemães caiu 2,1 pontos porcentuais e o dos títulos do Reino Unido caiu 2,8 pontos porcentuais. (O anúncio da independência do Banco da Inglaterra na metade de 1997 provavelmente explica parte da queda relativamente grande no Reino Unido.) Então, mais uma vez, entre o início de setembro de 2008 e meados de 2012, os rendimentos dos mesmos títulos convencionais caiu 2,2 pontos porcentuais nos Estados Unidos, 2,6 pontos porcentuais na Alemanha e 2,8 pontos porcentuais no Reino Unido. Assim, os rendimentos dos títulos convencionais caem nos mesmos três períodos que os rendimentos dos títulos indexados, desde que comecemos na metade da década de 1990. Antes disso, a inflação era uma preocupação maior e afetava os rendimentos dos títulos convencionais mais que os rendimentos dos indexados, como seria de esperar.

Então, o que explica os períodos acima referidos? Julho de 1997 marcou o início da crise financeira asiática, a última e mais significativa de uma sucessão de grandes crises financeiras nas economias emergentes. Agosto de 2007 marcou o início da crise financeira global, que atingiu seu pior ponto em outubro de 2008. O quadro das taxas reais de juro, então, sugere que a crise asiática reduziu quase pela metade a taxa real de juro de equilíbrio sobre títulos seguros. O rendimento dos títulos indexados do Reino Unido nunca recuperou o que tinha sido antes de julho de 1997. Em seguida, depois de agosto de 2007, o rendimento desabou de novo, para perto de zero, com um longo período de taxas reais negativas. Finalmente, durante o pior da crise, ocorreu uma corrida em pânico para os títulos de governo mais líquidos, o que gerou uma espícula de curta duração, impulsionada pelo pânico, nas taxas indexadas.

É difícil pensar em qualquer explicação para essas transições maciças nas taxas que não sejam quedas no preço de equilíbrio da poupança em três estados sucessivos da economia mundial: demanda aquecida por poupança, enquanto as economias emergentes estavam dispostas a ser grandes importadoras líquidas de capital, até o final da década de 1990; demanda fraca por poupança, enquanto as economias emergentes — aquelas com as melhores oportunidades de investimento — se tornavam grandes exportadoras líquidas de capital no início da década de 2000; e colapso da demanda por poupança, quando as economias de alta renda entraram em uma "depressão contida" depois de 2007.[15]

Uma queda na taxa global de juro normalmente reduz o rendimento real sobre outros ativos de longa duração e assim aumenta seus preços. Este é o resultado inevitável da arbitragem no mercado: à medida que os investidores mudam de títulos do governo de baixa rentabilidade para alternativas mais rentáveis, eles empurram para cima os preços e assim reduzem a rentabilidade dos ativos que adquirem. Os ativos reais de maior duração são os imóveis. Não surpreende, portanto, que o impacto da queda nas taxas reais de juro tenha sido elevar o preço real dos imóveis. Isso é exatamente o que aconteceu em três países importantes, todos os quais, então, tiveram booms de preços de imóveis: Estados Unidos, Reino Unido e Espanha (ver figura 31). Mais uma vez, como seria previsível, o aumento dos preços reais das casas começou em 1997, ou logo em seguida, quando a taxa real de juro desabou.

A queda das taxas reais de juro que coincidiu com a crise asiática foi o que Minsky chamou um evento de "deslocamento" (ver capítulo 4 acima), o acionador de uma subida descontrolada dos preços dos ativos e do crédito. Isso deu início a um aumento dos preços das casas que pôs em movimento booms de crédito excepcionalmente grandes e, associada a eles, uma alta brusca e pronunciada (*overshoot*) dos preços de ativos relevantes. O risco desse *overshoot* deriva de um fato muito simples: um declínio das taxas reais de juro, que prenuncia uma *queda* dos retornos reais de longo prazo na economia, inicialmente *eleva* os preços de ativos de longo prazo. Isso confunde as pessoas. Elas começam a ver o aumento dos preços dos ativos como uma tendência altista de longo prazo, em vez do que ele realmente é — um ajuste que só se realiza uma vez. Além disso, o aumento dos preços e o *overshoot* subsequente só podem ocorrer em países que permitem, ou incentivam, uma expansão dos em-

FIGURA 31. PREÇOS REAIS DE IMÓVEIS RESIDENCIAIS E RENDIMENTOS INDEXADOS REAIS

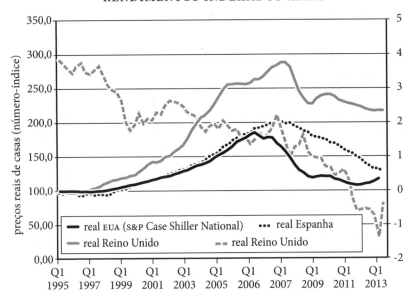

FONTE: Thomson Reuters Datastream.

préstimos relacionados a hipotecas, porque poucas pessoas possuem o dinheiro necessário para pagar totalmente os imóveis: elas precisam ter acesso a mercados de crédito elásticos.

Mais uma vez, por causa da natureza dos ativos imobiliários, que são comercializados em pequenas parcelas em mercados relativamente ilíquidos, o ajuste de preços é relativamente lento em comparação, digamos, com os preços das ações. Em países com uma oferta relativamente elástica de terrenos para construção, como os Estados Unidos e a Espanha, o aumento dos preços das casas levará então à expansão da oferta e, mais cedo ou mais tarde, isso reduzirá de novo os preços. No longo prazo, portanto, o efeito da queda das taxas de juro é o aumento da oferta de novas habitações, não de seu preço. Isso foi de fato o que aconteceu nos Estados Unidos e na Espanha, embora tenha levado uma década para chegar a esse ponto. Portanto, se a taxa real de juro cai, os preços dos terrenos com localização favorável devem aumentar de forma permanente. Mas os preços das casas, em média, não devem fazê-lo. A experiência em um país como o Reino Unido, com controles de planejamento rigorosos sobre terrenos para construção de casas, deve ser diferente. Os preços das casas subiram de forma mais duradoura lá, ou pelo menos isso parecia acontecer em 2014, porque a habitação foi tornada artificialmente escassa. Alguns argumentam que a não expansão da oferta de habitação não se deve a restrições artificiais de planejamento, mas ao fato de a terra ser absolutamente escassa na Inglaterra. Isso é um mito. Na verdade, apenas 10,6% da Inglaterra é urbana (e isso inclui parques e jardins urbanos, que compõem 79% da área urbana).[16] Seria fácil expandir a oferta se isso fosse desejado.

No curto prazo, então, uma taxa real de juro mais baixa eleva os preços dos ativos; no médio prazo, ela gera booms de crédito e aumento da construção; e, no longo prazo, leva a colapsos dos preços das casas e estresse financeiro. Em um mundo de mercados perfeitamente equilibrados com plena previsão, nenhum desses excessos aconteceria. Este *não é* nosso mundo. No mundo real, como Minsky previa, eles acontecem.[17]

A TRANSIÇÃO PARA OS DESEQUILÍBRIOS GLOBAIS

No nível global, então, um excesso de poupança se mostraria como uma queda na taxa real de juro. Ele fez exatamente isso. Mas é improvável que um excesso de poupança global seja distribuído uniformemente em todas as economias. Ao contrário, alguns países tendem a ter grandes excedentes de poupança, enquanto outros não, como observou Bernanke. Esses excedentes de poupança específicos de cada país aparecem nos superávits em conta-corrente — superávits de exportação de bens e serviços sobre importações de bens e serviços. De fato, excedentes de poupança percebidos só podem se mostrar em superávits em conta-corrente, que são idênticos (mas de sinal contrário) às exportações líquidas de capital de um país. O que impressiona nesse caso é que imensos aumentos nos superávits e déficits em conta-corrente globais na verdade ocorreram na década seguinte à crise asiática, atingindo o pico pouco antes da crise financeira global (ver figura 32).

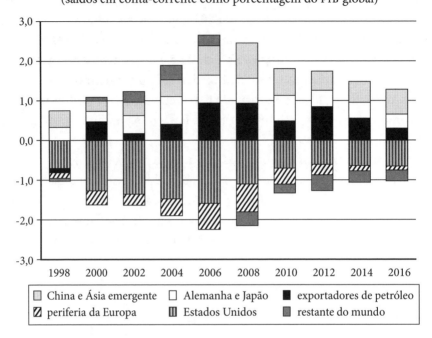

FIGURA 32. DESEQUILÍBRIOS GLOBAIS
(saldos em conta-corrente como porcentagem do PIB global)

FONTE: *World Economic Outlook* do FMI.

AUMENTO DOS DESEQUILÍBRIOS GLOBAIS

Entre 1996, pouco antes da crise financeira asiática, e 2006, esses desequilíbrios aumentaram cerca de cinco vezes em relação à produção mundial. Surgiram três categorias de grandes exportadores líquidos de capital: China e Ásia emergente; economias de alta renda, com população em envelhecimento e voltadas para exportação (Alemanha e Japão); e os países exportadores de petróleo (os países do Golfo, Rússia, Noruega e assim por diante). Também surgiram apenas dois grupos de grandes importadores líquidos de capital — os Estados Unidos e a "Europa periférica" — Europa Ocidental, Meridional e Oriental. Não foi por acaso que a crise financeira global que começou em 2007 atingiu mais duramente essas economias importadoras de capital. Observe a escala do que aconteceu: em 1996, os superávits acumulados em conta-corrente de todos os países superavitários somavam 298 bilhões de dólares, para os quais os dez países principais contribuíram com 228 bilhões de dólares. Em 2006, o total havia subido para 1527 bilhões, para os quais os dez países principais contribuíram com 1037 bilhões. Em 1996, o país com maior superávit foi o Japão, com apenas 66 bilhões de dólares, seguido por Itália, com 39 bilhões de dólares, e Holanda, com 22 bilhões de dólares. Em 2006, o país com maior superávit foi a China, com 232 bilhões, seguida por Alemanha, com 182 bilhões, e Japão, com 171 bilhões. Os saldos em conta-corrente e, portanto, os fluxos líquidos de capital (a imagem espelhada dos saldos em conta-corrente) foram transformados.[18]

Como observam Peter Temin, do Instituto de Tecnologia de Massachusetts, e David Vines, da Universidade de Oxford, em um livro esclarecedor sobre as origens e as consequências macroeconômicas da crise, a maneira ideal de pensar por que isso aconteceu é em termos de equilíbrios macroeconômicos interno e externo de uma economia.[19] Com equilíbrio interno queremos dizer que a economia opera perto do pleno emprego — em linguagem moderna, em um "hiato do produto" zero, ou a posição em que se espera que a inflação subjacente seja estável. Com equilíbrio externo queremos dizer que a economia tem uma posição externa — fluxo líquido de comércio ou fluxo líquido de capital (sendo estes apenas os dois lados das contas, uma vez que as entradas líquidas de capital financiam os déficits em conta-corrente) — sustentável: um déficit sustentável é aquele que pode ser financiado em termos acessíveis por tempo indeterminado. Se o ingresso líquido de financiamento externo necessário for muito grande, o financiamento será cada vez mais caro e pode parar por completo, possivelmente de repente. Foi isso que aconteceu com a Grécia em 2010, como observado no capítulo 2 acima. A "parada brusca" é consequência de uma decisão coletiva por parte dos investidores de que os déficits são de fato insustentáveis: uma parada tem as características de uma corrida bancária, uma vez que a decisão dos investidores individuais de retirar o financiamento é desencadeada pela percepção de que os outros estão fazendo isso. "Sustentabilidade" é, portanto, em última análise, um fenômeno subjetivo, não objetivo. Como Hamlet nos diz, "nada é bom ou mau, a não ser por força do pensamento".

Infelizmente, e crucialmente, a sustentabilidade externa é assimétrica. É possível que um país tenha um grande superávit em conta-corrente e assim acumule direitos líquidos sobre o resto do mundo praticamente sem limite.

Normalmente é impossível para um país acumular passivos líquidos da mesma forma. Mais cedo ou mais tarde, seu povo ficará sem crédito. De fato, um elemento central da crise da zona do euro, como argumentado no capítulo 2, foi a descoberta de que isso é verdade até mesmo dentro de uma união monetária, ao contrário da crença generalizada (e tola) de que uma união monetária abolia a necessidade de preocupação com o balanço de pagamentos. Mas não foi verdade para os Estados Unidos (pelo menos não até agora). Como emitentes da principal moeda de reserva do mundo, eles gozam de crédito excepcionalmente elástico.

Para resumir, depois da crise asiática, o equilíbrio macroeconômico global cada vez mais coincidiu com divergências graves entre renda e gasto nas economias importantes. O mesmo aconteceu no interior da zona do euro. Mas essa forma de equilíbrio macroeconômico acabou por se revelar frágil, levando no fim a uma crise financeira global.

OS MOTORES DOS DESEQUILÍBRIOS GLOBAIS

Para entender como os desequilíbrios globais surgiram, vamos começar com o que impulsionou os países que se deslocaram para o superávit. Imediatamente depois da crise financeira asiática de 1997-8, o investimento caiu cerca de 10% do produto interno bruto nos países atingidos pela crise — Indonésia, Malásia, Filipinas, Coreia do Sul e Tailândia.[20] Isso foi uma "escassez de investimento". Em outros lugares, porém, o fenômeno foi mais de excesso de poupança, especialmente na Alemanha e nos países exportadores de petróleo. Na Alemanha, o investimento era fraco, enquanto os lucros e a poupança das famílias eram altos. Nos países exportadores de petróleo, a renda de preços mais altos, que na maior parte cabia ao governo, era poupada quase automaticamente.

O quadro da China era misto: o aumento do investimento na década de 2000 foi notável, mas o da poupança foi ainda mais considerável.[21] Justin Lin, o economista chinês que se tornou economista-chefe do Banco Mundial, argumenta que a estrutura da economia da China explica a taxa extraordinariamente alta de poupança nacional, que superou em muito 50% do PIB em 2008. A poupança do governo e das empresas representa cerca de 60% desse total, e a das famílias constitui o restante. As empresas, em particular, responderam por cerca de 40% da poupança nacional bruta. Isso ocorre por causa de uma série de políticas e características estruturais da economia que transferem renda das famílias para as empresas. O professor Lin ressalta, entre essas, a praticamente inexistente tributação dos lucros, royalties baixos sobre recursos naturais, o uso do setor financeiro estatal monopolista como forma de tributar os poupadores via taxas de juro baixas sobre os depósitos e o poder de monopólio dos setores financeiro e de telecomunicações. No entanto, como o professor Pettis argumenta, a intervenção na moeda também aumenta a rentabilidade das empresas, mantendo a taxa de câmbio real subvalorizada.[22]

Um elemento crucial nessa história foi uma intervenção maciça nos mercados monetários por parte dos governos, principalmente dos países emergentes. É possível distinguir quatro razões para isso.

A primeira, particularmente relevante para os exportadores de petróleo, foi a acumulação de ativos estrangeiros supostamente de alta qualidade, muitas vezes títulos de governo. Nesse caso, o governo está trocando um ativo no solo — petróleo — por um ativo no exterior.

A segunda foi a busca de crescimento econômico liderado pelas exportações — a estratégia de desenvolvimento mais bem-sucedida de todas.[23] O resultado da crise financeira asiática foi aumentar o incentivo à adoção dessa estratégia, particularmente pelos próprios asiáticos.

A terceira foi apoiar uma estratégia de desenvolvimento de investimento baseada em investimento elevado, lucros altos e poupança elevada. De acordo com Pettis, essa estratégia, da qual o Japão foi o pioneiro, é caracterizada por: moedas sistematicamente subvalorizadas; aumento relativamente baixo dos salários e, portanto, baixa participação dos salários na renda nacional; e repressão financeira "em que o Estado aloca crédito e o banco central força as taxas de juro a cair abaixo de sua taxa natural ou de equilíbrio".[24] Os países asiáticos precisavam de superávits de exportação para exportar a produção e a poupança excedentes que eram a consequência direta dessas estratégias. Isso ocorreu particularmente com a China, na década de 2000.

A última razão foi o aumento do seguro contra crises financeiras, em parte pelo acúmulo de reservas em moeda estrangeira e em parte por meio da redução da dependência de entradas líquidas de financiamento externo inconstante. Muitos países emergentes haviam aprendido, dolorosamente, que grandes importações líquidas de capital financeiro tendiam a impulsionar bolhas imobiliárias e empréstimos irresponsáveis a um grande custo para seu povo. E também haviam aprendido que em uma crise como essa eles receberiam ajuda inadequada do mundo exterior e, pior, ficariam sujeitos a exigências humilhantes. Muitos, então, decidiram "fumar" nos mercados financeiros globais, mas não "tragar". Uma alternativa melhor era reciclar a entrada de capital para fora novamente como reservas em moeda estrangeira.[25] As autoridades chinesas, cientes de humilhações passadas, certamente sentiram isso de forma particularmente intensa. Em nenhuma circunstância elas permitiriam que seu país se tornasse o brinquedo de burocratas internacionais ou autoridades americanas. O fracasso do sistema financeiro ocidental em transferir recursos para países emergentes de uma forma responsável e sensata nas décadas de 1970, 1980 e 1990 teve um efeito imprevisto e indesejado: antes, as instituições financeiras dos países de alta renda exportavam crises; mais recentemente, elas as têm importado.

As economias emergentes não são as únicas que adotaram estratégias de crescimento baseadas em superávits de poupança e exportação. Alemanha e Japão fizeram a mesma coisa durante a maior parte do período desde a Segunda Guerra Mundial. O professor Rajan descreve assim os resultados:

> Enquanto países grandes como a Alemanha e o Japão forem estruturalmente inclinados — de fato obrigados — a exportar, a oferta global circulará pelo mundo à procura de países que tenham as políticas mais fracas ou a menor disciplina, tentando-os a gastar até que eles simplesmente não possam pagar e sucumbam à crise.[26]

Não está claro por que esses países acabaram com superávits estruturais de poupança e uma tendência concomitante a ter superávits substanciais em conta-corrente. Pode ser que eles deem um peso maior à produção que ao consumo. Pode ser que vejam uma necessidade de reduzir riscos tornando-se credores líquidos, como também foi o caso da China. Pode ser que vejam o sucesso em mercados de exportação como um triunfo em uma forma de guerra econômica pacífica. Pode ser que o crescimento impulsionado pelas exportações depois da Segunda Guerra Mundial tenha moldado suas estruturas econômicas subsequentes. No caso da Alemanha, pode ser por causa de uma rejeição resoluta da gestão da demanda e, portanto, uma necessidade de recorrer a mudanças nas exportações líquidas como forma de equilibrar demanda e oferta (conforme explicado no capítulo 2). De fato, o resultado provavelmente foi moldado por todas essas coisas. Ele ocorreu, sem dúvida, também por causa do envelhecimento das sociedades. Mas essa não é uma explicação suficiente. Observe que muitas sociedades envelhecidas não têm grandes superávits em conta-corrente (considere a Itália, por exemplo) e que a Alemanha teve consideráveis superávits em conta-corrente antes de o envelhecimento realmente ter se estabelecido (antes da unificação alemã).

No caso do Japão, uma taxa de câmbio flutuante torna essa política mais difícil de sustentar que no caso da Alemanha (como veremos mais adiante neste capítulo), pelo menos porque essa última se tornou parte da zona do euro. É por isso que o Japão se sentiu periodicamente obrigado a manter o iene baixo por meio da acumulação de reservas em moeda estrangeira.[27] As políticas monetárias agressivas da *Abenomics*, introduzidas pelo primeiro-ministro Shinzo Abe, também podem ser uma tentativa de recuperar o crescimento perdido por meio da melhora da competitividade externa: entre novembro de 2012 (ou seja, pouco antes de ele se tornar primeiro-ministro pela segunda vez) e julho de 2013, a taxa de câmbio real ampla ponderada pelo comércio calculada pelo JP Morgan para o iene caiu 17%.

Só podemos entender os desafios para os formuladores de políticas dos Estados Unidos depois de 1997, em especial para o Federal Reserve, à luz do que acontecia em outros lugares. O trabalho deles, por mandato estabelecido em lei, era (e é) estabilizar a inflação e manter baixa a taxa de desemprego nos Estados Unidos. Podemos definir essa combinação como equilíbrio interno. Entre 1997 e 2000, a bolha do mercado de ações ajudou muito a sustentar a demanda, sem necessidade de uma política monetária heroica (ver figura 29). Mas a bolha então explodiu. O Fed se viu diante de uma economia muito mais fraca. Ele cortou as taxas de juro. Então veio outro choque — o ataque terrorista de 11 de setembro de 2001. A recuperação foi fraca. Cresceu a preocupação com que os Estados Unidos pudessem cair no mal-estar deflacionário do Japão. O sr. Bernanke definiu essa preocupação, também, em uma influente palestra proferida em novembro de 2002, com o título revelador de "Deflação: assegurando que 'ela' não aconteça aqui".[28]

A taxa de intervenção do Federal Reserve foi reduzida para 1%. O objetivo era alcançar o equilíbrio interno e, por algum tempo, a política fez exatamente isso. Mas então a política explodiu na cara do banco central. Fez isso porque a política monetária funcionou ao gerar aumentos que acabaram sendo insustentáveis em quatro áreas: preços de casas; dívida, em particular das famílias; déficit financeiro (excesso de gastos em relação à renda) do setor das famílias; e alavancagem no setor financeiro.

Agora considere o balanço externo dos Estados Unidos. Em 2001 e 2002, o déficit em conta-corrente (o saldo da balança comercial em bens e serviços não fatores) atingiu 3,7% e 4,2% do PIB, respectivamente, embora a economia ainda estivesse em recessão. Isso era muito maior do que tinha sido em 1997, de apenas 1,6% do PIB. Em 2006, o déficit americano tinha atingido 5,8% do PIB, compensando, sozinho, 60% dos superávits acumulados das regiões mostradas na figura 32. Os Estados Unidos tinham sido uma fonte líquida de demanda para a economia mundial desde a crise asiática. Mas a combinação de uma recessão no início da década de 2000 com um enorme déficit em conta-corrente sugere (sobretudo em um país rico, que se esperaria que fosse um exportador líquido de capital, não um importador) que a taxa de câmbio real — o preço de não comercializáveis (bens e serviços que não podem ser vendidos internacionalmente com facilidade) em relação ao dos comercializáveis (produtos e serviços que podem ser facilmente vendidos internacionalmente) — estava significativamente sobrevalorizada. Em outras palavras, o incentivo à produção de comercializáveis estava muito fraco em relação ao incentivo à produção de não comercializáveis. Isso é o que uma sobrevalorização da taxa de câmbio real significa. Uma grande desvalorização real teria ajudado a estimular a economia através de um aumento das exportações e uma redução das importações. Isso teria reduzido a necessidade de adotar políticas monetárias tão agressivas. O Federal Reserve, presumivelmente, teria então adotado uma política monetária mais apertada, que teria, pelo menos, reduzido as bolhas imobiliária e de crédito. Dada a política fiscal do governo de George W. Bush — cortes de impostos, benefícios de saúde não financiados e guerras não financiadas —, a preocupação do Fed poderia até ter sido superaquecimento, não o inverso.

Infelizmente, os Estados Unidos têm pouca influência direta sobre o valor do dólar americano por causa do papel de sua moeda como ativo de reserva. Outsiders se queixam de que esse papel do dólar americano é um "privilégio exorbitante" — expressão usada pela primeira vez pelo então ministro das Finanças francês, Valéry Giscard d'Estaing, na década de 1960. O professor Pettis reclama que ele é, ao contrário, um fardo exorbitante, porque priva os Estados Unidos do controle sobre sua taxa de câmbio e assim o obriga a "importar desemprego" de seus parceiros comerciais, ao sabor dos caprichos destes.[29]

É fácil ver a restrita flexibilidade para baixo do dólar: como resultado de suas intervenções, os governos em outros lugares, de forma esmagadora nos países emergentes, acumularam cerca de 9,5 trilhões de dólares de reservas em moeda estrangeira entre o início de 2000 e o início de 2013. Enquanto isso, o déficit em conta-corrente acumulado dos Estados Unidos foi de 7,1 trilhões de dólares entre 2000 e 2012. Além disso, no primeiro trimestre de 2013, 62% das reservas em moeda estrangeira do mundo cuja composição é publicada pelo FMI eram mantidas em dólares americanos. Se a mesma proporção valesse para todas as reservas em moeda estrangeira, as posses por governos estrangeiros de ativos denominados em dólar americano teriam sido de cerca de 6,9 trilhões de dólares no início de 2013. Isso teria feito essas posses quase tão grandes quanto o déficit em conta-corrente acumulado pelos Estados Unidos entre 2000 e 2012.[30] Em resumo, os governos intervinham maciçamente para manter a cotação de suas moedas baixa em relação ao dólar e assim financiar o déficit dos Estados Unidos.

Como o dólar era forte demais, a produção americana de bens e serviços comercializáveis era relativamente pouco lucrativa e crescia fracamente. O Federal Reserve compensava esse empecilho à produção e ao emprego (e, portanto, à inflação) adotando uma política monetária mais agressiva. À medida que a demanda interna tanto de comercializáveis quanto de não comercializáveis se expandiu, um enorme excesso de demanda por bens comercializáveis surgiu. A expansão da produção no exterior, especialmente na China, satisfez esse excesso de demanda, gerando assim enormes déficits comerciais e em conta-corrente. Enquanto isso, a demanda e a oferta de não comercializáveis voltou a se equilibrar, produzindo o pleno emprego que o Federal Reserve buscava. Dessa maneira, o equilíbrio interno — pleno emprego — foi alcançado, se bem que temporariamente, ao preço de um enorme desequilíbrio externo — excesso de demanda por bens comercializáveis e, portanto, déficits comerciais e em conta-corrente.

O mercado global para o dólar é manipulado. É um mercado em que os governos estão preparados para comprar maciçamente, para evitar que os preços alcancem os níveis de equilíbrio natural de mercado. Não sabemos quão mais baixo o dólar teria sido se não tivesse havido tal intervenção, mas com certeza ele teria sido substancialmente mais fraco e a política monetária americana teria, em consequência, precisado ser menos expansionista. Como diz Pettis, "o uso excessivo do dólar internacionalmente na verdade pressiona para cima tanto a dívida americana quanto o desemprego americano".[31]

Inevitavelmente, o Fed optou por dívida em vez de desemprego. Na verdade, ele recebe um mandato para fazer isso, porque sua tarefa é manter o mais alto nível de emprego compatível com a estabilidade de preços (ou, mais precisamente, inflação estável e baixa). Uma vez que os Estados Unidos não têm política cambial e têm conseguido contrair empréstimos livremente em sua própria moeda, e uma vez que, além disso, países que têm metas de taxa de câmbio geralmente as estabelecem em relação ao dólar, o Federal Reserve surgiu automaticamente como o equilibrador macroeconômico do mundo, e a economia dos Estados Unidos, como aquela em que ocorre o equilíbrio mundial. O Federal Reserve efetivamente é o banco central do mundo, porque ele emite a coisa mais próxima que existe de uma moeda mundial. Esse é um papel que ele tem desempenhado, para o bem ou para o mal, desde a Primeira Guerra Mundial.[32]

Enquanto isso, os países que intervinham nos mercados de câmbio e exportavam poupança tinham de estabilizar suas próprias economias. Entre outras coisas, isso significava garantir que as consequências de superávits de exportação, aí incluídos os resultados monetários das intervenções cambiais, fossem compensadas ou esterilizadas, para evitar excesso de demanda crônico. Assim, quando um banco central estrangeiro compra dólares a uma taxa de câmbio predeterminada, ele cria moeda nacional, que então entrega em troca da posse de moeda estrangeira. Essa moeda doméstica recém-criada é depositada em bancos domésticos, que, então, passam a ter um direito sobre o banco central e um passivo com seu cliente interno. O banco central, então, normalmente procura conter os supostos efeitos sobre sua oferta total de moeda doméstica dessa expansão da base monetária. Pode fazê-lo com a venda de instrumentos de dívida não monetária no mercado, retirando assim base monetária (isso é "esterilização") ou aumentando as exigências de reservas dos bancos comerciais (sendo essa uma forma de compensar os efeitos monetários da expansão da base monetária).

Com os Estados Unidos impedidos de alcançar o equilíbrio externo pelas políticas adotadas em outros lugares no final da década de 1990 e na primeira década dos anos 2000, sua política monetária estava tentando encher um balde furado, porque uma parte substancial de sua demanda interna era exportada para o exterior. Em 2006, um ano em que a economia estava operando com um modesto hiato do produto positivo (ou seja, pouco acima de sua plena capacidade), a demanda interna agregada excedeu o produto interno bruto em quase 6% (ou seja, no montante do déficit em conta-corrente). Isso ocorre porque a diferença entre a demanda interna agregada e o produto é o déficit em conta-corrente, por definição: essa é uma consequência da contabilidade da renda nacional. A lógica é clara: se os residentes de um país gastam mais do que produzem, a produção adicional que eles demandam deve ser fornecida pelo exterior: ou seja, as importações devem exceder as exportações em quantidade suficiente para compensar a deficiência na produção em relação à demanda. Assim, invertendo esse argumento, para que a produção nacional seja suficiente para gerar a plena utilização da capacidade, a demanda agregada deve exceder a produção nacional no montante do déficit em conta-corrente, a pleno emprego. Esse era o desafio que o Federal Reserve tinha de enfrentar.

O que tornava o desafio ainda mais difícil é que o setor da economia interna mais bem equipado para gastar mais que sua renda, ou, mais precisamente, investir mais que sua poupança, é o setor empresarial. Ele fez exatamente isso no auge da bolha do mercado de ações no final da década de 1990: na verdade, seu déficit financeiro, assim definido, chegou a 4% do PIB. Mas, de 2000 até a crise de 2008, o setor empresarial estava em equilíbrio irregular, apesar da política monetária frouxa (ver figura 33).[33] Isso se deu em grande parte porque o investimento empresarial bruto atingiu um pico de 13,6% do PIB no segundo trimestre de 2000, quando a bolha do mercado de ações estourou. Depois, ele caiu para 10,1% do PIB no segundo trimestre de 2003, antes de subir modestamente para 11,8% no segundo trimestre de 2007, quando a economia se recuperou, pouco antes da crise financeira global. Então ele entrou em colapso, em resposta à crise e à subsequente recessão profunda, atingindo um nadir de 7,5% do PIB no terceiro trimestre de 2009. Como a lucratividade permaneceu continuamente forte, o setor empresarial acabou tendo um superávit financeiro depois de 2000, com exceção de um breve período entre o final de 2006 e o final de 2008. Isso foi uma grande parte do excesso de

FIGURA 33. SALDOS FINANCEIROS DOS
ESTADOS UNIDOS DESDE 2000
(% do global)

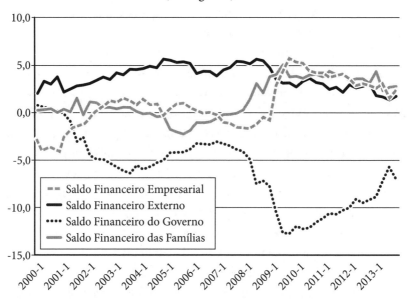

FONTE: Bureau of Economic Analysis.

poupança. E deixou os déficits a cargo das famílias e do governo. Em 2006 ambos tiveram déficits financeiros de cerca de 3% do PIB. O presidente Bush teve grande responsabilidade direta por transformar os superávits fiscais obtidos por Bill Clinton em déficits — foi o que seus cortes de impostos e guerras não financiadas fizeram; o sr. Greenspan teve grande responsabilidade indireta por estimular déficits financeiros das famílias — que é como sua política monetária funcionava.

Convencer o setor das famílias a gastar continuamente mais que sua renda é muito difícil. O setor das famílias dos Estados Unidos quase sempre foi um fornecedor líquido de poupança para o resto da economia: ou seja, poupou mais do que investiu em imóveis residenciais ou bens duráveis. Agora ele tinha de desempenhar o papel oposto. A maneira de alcançar esse resultado raro de um grande déficit financeiro das famílias foi através de um aumento dos preços das casas, que reduziu a poupança das famílias, e de um boom da construção residencial, que elevou o investimento das famílias. Nenhum deles teria sido possível sem crédito excepcionalmente fácil.

O que tornou ainda mais notável essa transição do setor das famílias dos Estados Unidos para um déficit financeiro tão grande foi o aumento maciço na desigualdade entre as famílias. Mantidas todas as outras condições inalteradas, seria de esperar que isso elevasse a taxa geral de poupança das famílias, e não a reduzisse, porque os ricos tendem a poupar uma parcela maior de sua renda.[34] Como observa Raghuram Rajan: "De cada dólar de aumento da renda real que foi gerado entre 1976 e 2007, 58 centavos couberam ao 1% superior das famílias".[35] O Escritório de Orçamento do Congresso relata que:

A parcela da renda [depois dos impostos] recebida pelo 1% superior cresceu de cerca de 8% em 1979 para mais de 17% em 2007. A parcela recebida por outras famílias no quintil de renda mais alto foi bastante estável ao longo do mesmo período, subindo de 35% para 36%. Em contraste, a parcela da renda depois dos impostos recebida pelos 60% da população nos três quintis de renda média caiu 7 pontos porcentuais entre 1979 e 2007, de 50% para 43% do total da renda familiar depois dos impostos, e a parcela da renda depois dos impostos que coube ao quintil de renda mais baixa diminuiu de 7% para 5%.[36]

É surpreendente que um aumento tão grande na desigualdade não tenha levado a uma taxa de poupança familiar mais elevada, em vez de uma mais baixa. A única explicação plausível é a pronta disponibilidade de crédito. Isso nos leva às forças subjacentes que criam o excesso de poupança global e os desequilíbrios emergentes.

POUPANÇA E CRÉDITO

A hipótese do excesso de poupança não é a única explicação dada para a crise. Como argumenta Claudio Borio, do Banco de Compensações Internacionais, o aumento da alavancagem bruta e dos fluxos transnacionais brutos excedeu vastamente os fluxos líquidos de países superavitários para países deficitários.[37] Quando a crise chegou, foi a dimensão dos balanços brutos que determinou quanto um país foi atingido. Borio observa, além disso, que a expansão da alavancagem bruta (ver, por exemplo, a figura 5 para os Estados Unidos) ocorreu de forma esmagadora dentro dos países de alta renda. Além disso, os fluxos brutos de capital entre países (a soma de entradas e saídas de investimentos diretos, de portfólio e outros) superaram amplamente os fluxos líquidos mostrados na figura 32, subindo de cerca de 10% do PIB mundial em 2002 para mais de 30% do PIB mundial em 2007. Praticamente todos esses fluxos brutos ocorreram entre os países de alta renda, porque é neles que estão localizados todos os principais centros financeiros globais. Logo depois, sem surpresa, os fluxos entraram em colapso.[38]

A ligação entre os fluxos (líquidos) de financiamento, que são a imagem espelhada dos déficits em conta-corrente, e o aumento dos fluxos brutos, na verdade da alavancagem geral, é que a adoção de uma política monetária destinada a alcançar o equilíbrio interno, apesar dos imensos desequilíbrios externos, necessitava de grandes excessos: grandes aumentos dos preços das casas, construção excessiva, aumentos imensos da dívida e um aumento maciço do tamanho, da lucratividade e da alavancagem do setor financeiro. De fato, como observou Adair Turner, a principal atividade do sistema financeiro de hoje é facilitar a compra de ativos *existentes*, e não a criação de novos ou mesmo o financiamento direto do consumo.[39] Mas são apenas essas últimas formas de empréstimo e gasto que determinam diretamente a demanda real na economia. Portanto, uma enorme razão entre crédito bruto e crédito líquido e um correspondente enorme aumento da dívida bruta é inerente ao que o sistema financeiro realmente faz. Ele tem de gerar uma quantidade maciça de alavancagem na economia, dirigida para a compra de ativos existentes cada vez mais caros, antes que produza o equilíbrio interno que os formuladores de políticas estão buscando. Além disso, como observado no capítulo 4, dentro do admirável novo sistema financeiro global, esses excessos foram exportados para o mundo inteiro: a exportação de ativos securitizados tóxicos e de financiamento por atacado instável são dois exemplos.

A ironia é que as políticas destinadas a alcançar o equilíbrio interno no fim geraram desequilíbrios internos ainda maiores. Essa é a lição para hoje, quando o esforço feito pelos bancos centrais para gerar equilíbrio interno é ainda maior e feito contra ventos contrários econômicos ainda mais fortes. Na verdade, em retrospecto, provavelmente tivesse sido melhor se a demanda adicional necessária houvesse sido gerada via déficits fiscais ainda maiores nos

Estados Unidos e em outros países, e não via os imensos déficits privados gerados por uma política monetária agressiva.

Há dois aspectos no modo como essas políticas resultaram em desequilíbrios ainda maiores que aqueles a que os formuladores de política monetária inicialmente reagiram no início da década de 2000. O primeiro diz respeito à escala da alavancagem criada pelo boom de crédito. O segundo diz respeito às estruturas mais finas dos balanços.

O primeiro aspecto é simples. As taxas de juro foram ajustadas para alcançar o equilíbrio interno nos Estados Unidos, dados os desequilíbrios externos, eles próprios em grande parte determinados por estruturas e políticas econômicas adotadas em outros lugares. Uma vez que os desequilíbrios externos eram grandes — na verdade, em alguns sentidos, extraordinariamente grandes —, os formuladores de políticas precisavam lançar expansões de crédito suficientes para sustentar os gastos no setor das famílias. Como demonstrado pelo aumento da dívida bruta, essas expansões de crédito foram enormes, pelos motivos discutidos por Turner. Um imenso estoque de dívida bruta significa que alguns americanos devem muito a outros americanos. Quando os preços dos ativos que lastreiam essa dívida entram em colapso e a economia encolhe, uma cadeia de falências ameaça a economia, inclusive grande parte do setor financeiro. Essa "recessão de balanço" é o maior perigo consequente de um enorme boom de crédito.[40]

O segundo aspecto diz respeito à estrutura dos balanços. A demanda geral por ativos com classificação alta — particularmente títulos com grau de investimento — excedia a oferta nos anos que precederam a crise, empurrando os preços para cima e os rendimentos para baixo. Isso se dava em parte por causa daqueles imensos superávits em conta-corrente, intervenções em moeda estrangeira e consequentes demandas por ativos seguros. Muitos investidores — em particular aqueles preocupados com proporcionar rendimentos na aposentadoria, como os fundos de pensão — necessitavam de retornos mais elevados que os fornecidos por títulos do governo, enquanto as ações pareciam menos atraentes depois do colapso do mercado em 2000. A reação do mercado foi produzir em massa ativos de alto rendimento, com classificação pseudoelevada. Em uma inversão da ideia de Joseph Schumpeter de "destruição criativa", Jagdish Bhagwati, da Universidade de Columbia, chamou isso de "criação destrutiva".[41] Foi o novo financiamento estruturado que forneceu aos investidores o que eles achavam que queriam. Como Lloyd Blankfein, presidente do Goldman Sachs, observou em 2009: "Em janeiro de 2008, havia doze empresas com classificação AAA no mundo. Ao mesmo tempo, havia 64 mil instrumentos financeiros estruturados [...] classificados como AAA".[42] Em resumo, o que o mercado exigia, o inovador setor financeiro devidamente fornecia. Nunca pode ter havido um exemplo melhor da necessidade de tomar cuidado com o que se deseja.

A melhor análise de como a natureza da demanda por ativos financeiros gerava risco no sistema financeiro é de Anton Brender e Florence Pisani, da Universidade Paris Dauphine.[43] Em essência, eles argumentam, governos estrangeiros acumulavam ativos nos quais eles assumiam o risco da moeda estrangeira. Mas, na medida do possível, eles não assumiam outros riscos. Estavam procurando ativos livres de risco. Em essência, o sistema tinha de converter empréstimos estrangeiros que não assumiam risco de crédito em financiamentos de ativos domésticos arriscados. Ao fazer isso, o próprio sistema acumulava grande quantidade de risco. Mas ele o fazia através da criação de instrumentos tão opacos que eram perfeitamente projetados para esconder esse risco — do ponto de vista de quase todos os participantes.

Aqueles que estavam preocupados com as consequências desses booms de crédito estavam corretos. Algo grande e ruim acontecia com os balanços: a dívida explodia em relação aos rendimentos; os ativos ficavam cada vez mais alavancados; e o setor financeiro crescia enormemente. Nesse processo, o próprio setor financeiro se tornava mais desequilibrado, com mais alavancagem, mais dependência de financiamento de curto prazo por atacado, e mais complexidade, irresponsabilidade e desonestidade. É fácil argumentar que tudo isso era a consequência imediata de políticas monetárias e regulatórias excessivamente frouxas. A questão é por que essas políticas foram adotadas. A resposta é que elas eram a maneira de sustentar a demanda em uma economia que sofria da síndrome de deficiência de demanda. É o que os bancos centrais eram orientados a fazer. E eles fizeram.

BOLHAS DE CRÉDITO E POLÍTICA MONETÁRIA

O argumento aqui, então, é que o excesso de poupança global e os desequilíbrios a ele associados impeliram as políticas do setor monetário e, em menor grau, do setor financeiro que criaram o excesso de crédito. Muitos objetam que a causalidade se deu no sentido contrário, da política monetária irresponsavelmente frouxa para a fragilidade financeira. Algumas das pessoas que defenderam essa posição, embora de maneiras diferentes, foram Andrew Smithers, da Smithers & Co., sediada em Londres, e seu coautor, Stephen Wright da Universidade de Cambridge, Claudio Borio, do Banco de Compensações Internacionais, em Basileia, e seu ex-colega William White, ex-economista-chefe do Banco de Compensações Internacionais, e Richard Duncan, um conhecido economista de mercado.[44] Esses analistas foram prescientes sobre o desastre iminente. Também extremamente crítico, em textos escritos depois da crise, foi John Taylor, da Universidade Stanford, inventor da epônima "Regra de Taylor", que afirma que os bancos centrais devem determinar as taxas de juro em resposta a divergências da inflação real em relação à meta de inflação e do PIB real em relação ao PIB a plena capacidade (ou PIB potencial).[45] Claudio Borio argumentou mais recentemente que a crise é consequência da excessiva expansão do crédito devido a políticas monetárias equivocadas.[46] Justin Lin argumenta, de modo semelhante, que a irresponsabilidade monetária dos Estados Unidos explica o que aconteceu.[47]

Os argumentos podem ser postos em dois grupos. O primeiro contém argumentos de que não existia nenhum excesso de poupança e que os desequilíbrios globais eram unicamente consequência de políticas monetárias equivocadas em países de alta renda, sobretudo os Estados Unidos. O segundo contém argumentos de que a política monetária era muito frouxa, houvesse ou não tal excesso de poupança: o sr. Bernanke pode ter feito a análise correta, mas a resposta do Fed foi errada, agravada pela negligência na regulação do sistema financeiro.

Quanto a se existia um excesso de poupança (na verdade ainda existe), a resposta tem de ser sim: ele pode ser visto nas taxas reais de juro e nas enormes e crescentes exportações líquidas de poupança de uma gama de países superavitários depois de 1997. Mesmo Lin, que é especialmente crítico da política dos Estados Unidos e sobretudo preocupado em defender a política chinesa, não nega isso. Ele não só discute as raízes da poupança extraordinariamente elevada da China, como sua ideia de "uma maciça iniciativa de infraestrutura global" é uma maneira de absorver o que ele reconhece claramente como excesso de poupança global.[48]

O sr. Duncan de fato argumenta que jamais existiu excesso de poupança. Ele insiste, em vez disso, em que

> a maior parte do dinheiro que esses países [países superavitários do Leste Asiático] investem nos Estados Unidos não é derivado de poupança. O dinheiro que esses países investem é dinheiro fiduciário (criado pelo Estado) recém-criado. Quando o BPC [Banco Popular da China] criou US$ 460 bilhões de yuanes em 2007 para manipular sua moeda comprando dólares, esses US$ 460 bilhões de yuanes não foram "poupados", foram criados do nada, como parte da política do governo destinada a manter baixo o valor de sua moeda, de modo a perpetuar a vantagem comercial dos salários baixos da China.[49]

Isso está errado. Se uma empresa chinesa vende exportações em troca de dólares, ela obteve uma renda. Em vez de vender seus dólares a outros particulares, a empresa os vende ao BPC, ao preço estabelecido pelo BPC, em troca de dinheiro recém-criado. A empresa chinesa pode reter ou gastar os yuanes que recebe. O tempo todo, suas transações entram no ciclo normal de renda e gasto. Sim, é verdade que a oferta de moeda chinesa aumentou. Mas um aumento da oferta de moeda não é um aumento da renda. É um aumento do estoque de um ativo específico, que pode afetar a renda. Por meio de suas políticas de esterilização, o BPC, de fato, procura conter esses efeitos. O sr. Duncan confunde dinheiro com renda.

Um argumento oposto é que a política monetária precisava ser consideravelmente mais apertada, qualquer que fosse o contexto global. O professor Taylor, por exemplo, argumenta que uma política monetária mais apertada entre o final de 2001 e o início de 2005 teria impedido a expansão seguida de contração na construção de novas casas.[50] Mas essa proposição suscita pelo menos três questões importantes.

A primeira questão é quanto essa política monetária mais apertada teria enfraquecido a economia e, portanto, minado a capacidade do banco central para cumprir sua meta explícita ou implícita de inflação. Em particular, o professor Taylor e outros que argumentam de modo semelhante não reconhecem quanto o ambiente externo comprometia a capacidade do Federal Reserve de cumprir seu mandato. Pode-se encontrar uma resposta otimista a essa linha de argumentação. Se o Federal Reserve não tivesse adotado uma política propensa a expandir a demanda dos Estados Unidos da maneira como fez, os países emergentes ainda teriam enfrentado o desafio que enfrentaram em 2008, mas alguns anos mais cedo: ou expandir a demanda doméstica ou aceitar uma forte desaceleração. Eles poderiam, então, ter adotado políticas fiscais e monetárias mais expansionistas do que fizeram, em vez de depender dos Estados Unidos como gastador de última instância. Se isso tivesse acontecido, eles não teriam acumulado tantas reservas e teriam terminado com fundamentos macroeconômicos muito mais fracos que aqueles de que agora se orgulham (ver capítulo 3). A China, em particular, poderia ter enfrentado problemas com excesso de crédito doméstico muito mais cedo. Um mundo como esse teria sido uma alternativa melhor? Possivelmente sim, mas isso é verdade em grande medida à luz da experiência. A própria escala da crise que viria era desconhecida no início da década de 2000.

Uma segunda questão é quão mais apertada a política monetária precisaria ter sido, dada a taxa de inflação nos preços das casas do final da década de 1990 à metade da década de 2000. Se os preços das casas estão subindo, digamos, 10% ao ano, é preciso uma taxa de juro realmente elevada para convencer as pessoas a não procurar comprar. De fato, o Banco da Inglaterra tinha taxas de juro substancialmente mais elevadas que as dos Estados Unidos (ver figura 29). É difícil acreditar que as taxas dos Estados Unidos poderiam ter sido maiores que as do Reino Unido. O professor Taylor certamente não sugere que isso era apropriado. Mas o Reino Unido teve aumentos nos preços de casas ainda mais rápidos que os dos Estados Unidos. Isso sugere que uma política monetária plausivelmente mais apertada talvez não tivesse feito tanta diferença para a inflação nos preços dos ativos, como muitos esperam, dado o ambiente de baixas taxas reais de juro de longo prazo. Claro, uma política monetária apertada o suficiente para causar uma grande recessão poderia ter funcionado para a inflação dos preços de casas. Mas não havia nenhuma chance de que os bancos centrais evitassem os problemas de uma política como essa na ausência de pressão inflacionária geral. Ela teria violado o mandato explícito deles. Quem quer que defenda tal política está, em essência, defendendo um regime monetário diferente.

A última questão é até que ponto é possível conviver com um sistema financeiro capaz de implodir em resposta ao que não foi mais que um modesto erro de política, dadas as razões óbvias para a política monetária frouxa depois da implosão da bolha do mercado de ações em 2000 e os ataques terroristas contra os Estados Unidos em 11 de setembro de 2001. Essa talvez seja a maior questão de todas, da qual tratarei na parte 3.

Por todas essas razões, o argumento de que o que era necessário era uma política monetária mais apertada não nos leva muito longe. A questão é quão mais apertada e com quais consequências. Em essência, os críticos da política monetária no início da década de 2000 e novamente hoje estão sugerindo que o ajuste fino da economia via política monetária corre o risco de ter uma consequência involuntária perigosa.[51] Isso está correto. Mas, em um mundo de excesso de poupança, não usar a política monetária também tem riscos e custos.

A CRISE FINANCEIRA DA ZONA DO EURO

Na discussão acima, eu me concentrei nos Estados Unidos como, de longe, a maior e mais importante economia diretamente afetada pela crise financeira global. O Reino Unido foi tão afetado em grande parte porque Londres e o sistema bancário do Reino Unido estavam profundamente enredados no sistema financeiro centrado nos Estados Unidos. Particularmente importante foi o papel dos mercados de atacado como fontes de financiamento para o enorme aumento dos empréstimos hipotecários de instituições financeiras do Reino Unido, bem como o papel de vários grandes bancos do Reino Unido nas finanças globais. Mas a zona do euro é uma história diferente. Lá, também, muitas instituições e mercados estavam fortemente envolvidos nas atividades que levaram à crise financeira global, principalmente como participantes ativos nos mercados financeiros dos Estados Unidos e como compradores de ativos securitizados tóxicos americanos. Mas a zona do euro também estava em uma crise que ela própria criou, que pode ser mais bem vista como um subproduto dos desequilíbrios externos no contexto de taxas de câmbio fixas — nesse caso, de fato, o regime de câmbio fixo extremo, ou seja, uma união monetária. A zona do euro acabou sendo um casamento monetário terrível. Enquanto alguns ainda estão tentando ingressar nele, um bom número deve estar lamentando ter entrado. Mas ninguém consegue ver um caminho para um divórcio fácil.

Como observei no capítulo 2, a sabedoria convencional dentro da União Europeia é que a culpa é de tomadores de empréstimo irresponsáveis, sobretudo públicos, mas também privados, assim como dos governos dos países diretamente afetados — Grécia, Irlanda, Itália, Portugal e Espanha. Essa visão está errada. Como a citação de A. E. Housman nos lembra, "dois mais dois são quatro", por mais que possamos gostar que fosse outra coisa. E assim também deve ser o caso de que as exportações de um país são as importações de outros países, os superávits em conta-corrente de um país são os déficits em conta-corrente de outros países, e as exportações de capital de um país são as importações de capital de outros países. Sendo assim, a lógica de equilíbrios internos e externos pode, novamente, ser aplicada à zona do euro. Quando fazemos isso, torna-se óbvio que o maior desafio foi criado não por excesso de demanda na periferia, mas pela demanda cronicamente deficiente no centro. O problema, em suma, é a Alemanha e — em grau muito menor, porque eles são muito menores — outros países credores dentro da zona do euro. Por que isso acontece é o tema desta seção. O que fazer sobre isso é o tema da conclusão.

A zona do euro é uma grande economia multinacional — a segunda maior economia do mundo, atrás dos Estados Unidos. Em 2012, por exemplo, o PIB da zona do euro, a preços de mercado, foi um pouco menos de 80% do PIB dos Estados Unidos. A zona do euro também tem uma moeda fiduciária flutuante que nenhum outro país importante tem como referência (ao contrário do dólar). É razoável, portanto, supor que o equilíbrio externo é determinado pelo mercado. Além disso, na verdade, desde a criação da zona do euro o superávit externo em conta-corrente foi uma pequena porcentagem do PIB: os desequilíbrios internos foram muito mais significativos que os externos, pelo menos até depois da crise (ver figura 34). Dois deles são particularmente impressionantes, porque são imagens espelhadas um do outro: a enorme virada da Alemanha para um superávit em conta-corrente e a de Grécia, Irlanda, Itália, Portugal e Espanha para um déficit correspondente desde o início da década de 2000. Isso foi um acidente? Dificilmente.

O que aconteceu? Em essência, três coisas que, de muitas maneiras, correspondem ao que aconteceu no nível global, mas com uma diferença vital. No nível global, o devedor — os Estados Unidos — é mais poderoso que os credores; na zona do euro, o credor — Alemanha — é mais poderoso que os devedores. Os credores americanos não podem forçar o ajuste via deflação nos Estados Unidos, por mais que gostassem de fazê-lo. A Alemanha pode, no entanto, forçar o ajuste deflacionário dos devedores da zona do euro, desde que eles perma-

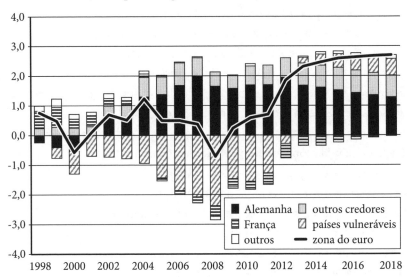

FIGURA 34. DESEQUILÍBRIOS EM CONTA-CORRENTE NA ZONA DO EURO
(como porcentagem do PIB da zona do euro)

FONTE: Base de dados do *World Economic Outlook* do FMI.

neçam dentro da zona do euro. A razão para essa diferença é simples: a Alemanha (mais ou menos) controla o banco central relevante; a China não.

A primeira das três coisas que aconteceram foi uma transição maciça da Alemanha para o desequilíbrio externo, na forma de um superávit em conta-corrente. A figura 35 comprova isso de uma maneira simples. Durante a década de 1990, depois da reunificação, a Alemanha teve o que foi, por seus padrões, déficits fiscais desconfortavelmente altos. No final da década, o desejo de contrair as finanças do governo se tornara forte quando os gastos com infraestrutura pós-unificação na antiga Alemanha Oriental chegaram ao fim. Além disso, durante a maior parte dessa década, a Alemanha ainda teve um (decididamente modesto) déficit em conta-corrente (entrada líquida de capital estrangeiro), que ela também considerava desconfortável. O déficit fiscal e o déficit em conta-corrente estavam ligados, é claro: ambos resultavam dos custos da unificação.

Então, como o país poderia eliminar seu déficit fiscal e recuperar seu tradicional e "virtuoso" superávit em conta-corrente? A resposta pode ser vista de duas maneiras, que são os dois lados da mesma moeda. O primeiro lado encontra-se nos equilíbrios macroeconômicos da economia: ter um grande superávit financeiro do setor privado (excesso de poupança privada em relação ao investimento) igualado por um superávit em conta-corrente, para absorver o excesso de poupança privada. Os formuladores de políticas alemães não fizeram isso deliberadamente: simplesmente aconteceu. O outro lado da moeda, sobre o qual eles realmente pensaram, foi a melhora da competitividade: manter o aumento dos salários em um nível insignificante, garantindo assim que os salários reais crescessem mais lentamente que a produtividade. Isso, com o tempo, tornaria o tradicionalmente forte setor de exportação industrial da Alemanha ainda mais competitivo. E também aumentaria a participação dos lucros e, portanto, da poupança empresarial no PIB. As reformas do mercado de trabalho introduzidas no governo de Gerhard Schröder no início da década de 2000, conhecidas como reformas Hartz, em referência a Peter Hartz, presidente da comissão que as recomendou em 2002, certamente ajudaram a atingir esses objetivos.

O professor Pettis descreve assim as políticas adotadas:

A alta taxa de poupança alemã [...] tinha muito pouco a ver com o fato de os alemães serem étnica ou culturalmente programados para poupar — ao contrário do estereótipo cultural prevalecente. Ela foi em grande medida o resultado de políticas destinadas a gerar rápido aumento do emprego restringindo o consumo alemão, para subsidiar a indústria alemã — geralmente à custa dos fabricantes em outros lugares da Europa e do mundo.[52]

Eram políticas de "prosperar à custa da miséria alheia", e conseguiram exatamente isto: empobreceram os vizinhos da Alemanha.

Agora passemos para a segunda coisa que aconteceu: integração financeira. Em meados da década de 1990 o spread entre os rendimentos dos títulos dos governos italiano e espanhol e aqueles dos *bunds* alemães estavam em torno de cinco ou seis pontos porcentuais (ver figura 36). Esses spreads desapareceram logo depois do lançamento do euro — até a crise. (Ver figuras 6 e 7 para o que aconteceu a partir da metade da década passada.) Efetivamente, os investidores deixaram de aplicar qualquer noção de risco-país. As pessoas desfrutavam de oportunidades de crédito únicas na vida. Com exce-

FIGURA 35. SALDOS FINANCEIROS SETORIAIS NA ALEMANHA
(% do PIB)

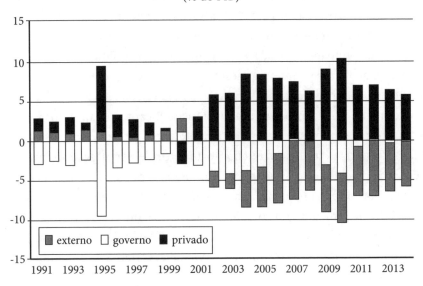

FONTE: Base de dados do *World Economic Outlook* do FMI.

ção da Grécia, aqueles que aproveitaram essas oportunidades estavam esmagadoramente no setor privado.

A terceira e última coisa a acontecer foi que o Banco Central Europeu adotou uma política monetária destinada a estabilizar a taxa de inflação na zona do euro como um todo. Esse, afinal, era seu mandato. Com a demanda fraca na Alemanha, a única maneira de conseguir isso era expandir a demanda em outros lugares. Isso então ocorreu em países onde taxas de juro excepcionalmente baixas permitidas pela adoção do euro impulsionariam um enorme boom de crédito. Desses países, de longe o mais importante acabou sendo a Espanha.

O excedente de produção em relação à demanda na "zona do euro credora" foi perfeitamente correspondido pelo excedente de demanda em relação à produção na "zona do euro devedora". O excedente de produção de bens comercializáveis, em relação à demanda doméstica, na zona do euro credora foi correspondido por uma florescente deficiência na produção, em relação à demanda, na zona do euro devedora. O excedente de poupança em relação ao investimento na zona do euro credora foi correspondido pelo ex-

FIGURA 36. SPREAD SOBRE OS RENDIMENTOS DE TÍTULOS DO GOVERNO DE DEZ ANOS EM RELAÇÃO AOS *BUNDS*
(pontos porcentuais)

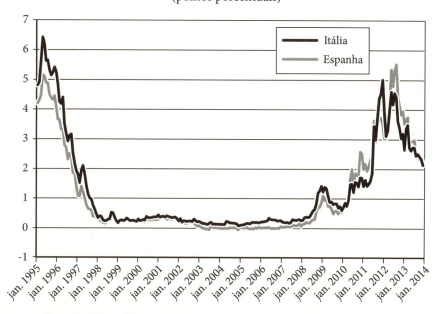

FONTE: Thomson Reuters Datastream.

cedente de investimento em relação à poupança na zona do euro devedora. E por último, mas não menos importante, o boom de investimento na zona do euro devedora assumiu a forma de investimento em bens e serviços não comercializáveis, em especial investimentos relacionados com imóveis, porque os fornecedores mais competitivos de bens comercializáveis no mercado interno eram aqueles da zona do euro credora. Os sintomas dessas divergências incluíam a divergência fundamental na inflação e nos custos unitários de mão de obra relativos discutidos no capítulo 2. Os balanços dos tomadores de empréstimo, aí incluídas instituições financeiras, situados na zona do euro devedora ficaram cada vez mais pressionados, enquanto os da zona do euro credora aparentemente ficavam cada vez mais sólidos. Mas isso é, em parte, uma ilusão. Assim, a questão levantada sobre o sistema global é igualmente relevante dentro da zona do euro: onde estavam os riscos no caso de reversão na disposição de emprestar?

Como os países devedores poderiam ter respondido melhor às políticas da zona do euro credora e do BCE? Eles tinham quatro opções: aceitar os desequilíbrios descritos acima, ou através de um investimento maior ou de uma poupança menor, e apenas esperar o melhor (a política que eles de fato adotaram); aceitar os desequilíbrios, mas buscar contrabalançar o perigo maior frustrando qualquer aumento significativo na alavancagem dentro de seu próprio sistema financeiro (o que o banco central espanhol procurou fazer por meio de "provisionamento dinâmico" dentro do sistema bancário); apertar a política fiscal o suficiente para reverter o esforço do mercado de gerar um imenso déficit em conta-corrente (tentado de forma limitada por Irlanda e Espanha); ou, finalmente, impor controles sobre a importação de capital ou de bens e serviços (impedidos pelas regras de adesão da União Europeia, e não apenas da zona do euro).

A ideia de que a Europa devedora tinha alguma forma simples de evitar o desastre é uma fantasia. Com a zona do euro em equilíbrio interno e externo e a zona do euro credora buscando o equilíbrio interno via desequilíbrios externos cada vez maiores na forma de superávits em conta-corrente, a zona do euro devedora só poderia alcançar o equilíbrio interno com desequilíbrios externos cada vez maiores na forma de déficits em conta-corrente. A zona do euro devedora tinha de escolher entre desemprego e dívida. Na prática, ela primeiro escolheu a dívida e depois obteve desemprego, quando a crise eliminou o caminho da dívida.

Considerar o comportamento dos países credores como axiomaticamente prudente e o dos países devedores como axiomaticamente perdulário é uma tolice rematada. Afinal de contas, a tomada de empréstimo teria sido impossível sem a concessão de empréstimo. É burrice financiar a gastança e depois reclamar das consequências de suas próprias escolhas. Sim, os gregos deveriam ter pagado seus impostos e administrado seu governo de forma mais responsável. Mas o fato de que eles se comportavam dessa maneira não era realmente nenhum segredo. *Caveat creditor* — que o credor tome cuidado — é um bom lema. O resultado da imprudência tanto de tomadores de empréstimo quanto de emprestadores é uma crise continuada, caracterizada por recessões e ressentimentos prolongados na zona do euro devedora e exasperação na zona do euro credora. O resultado que também vemos é um conjunto extenso de desafios políticos e de políticas.

OS MOTORES SUBJACENTES ÀS TRANSIÇÕES GLOBAIS

O surgimento do excesso de poupança global e dos desequilíbrios globais e da zona do euro a ele associados foram eventos de proporções imensas para a economia global. Como também foi o fato de o investimento nos países de alta renda importadores de capital, em particular os Estados Unidos, não ter empregado produtivamente os fundos excedentes importados do resto do mundo. Em vez disso, os recursos foram desperdiçados na construção de casas desnecessárias e excessivamente caras ou em déficits fiscais causados por guerras para as quais não havia recursos, gastos com direitos para os quais não havia recursos e cortes de impostos para os quais não havia recursos. O capital importado pelos Estados Unidos, em particular, foi desperdiçado em uma escala colossal.

Quais foram as forças mais profundas responsáveis por essas transições imensas nos padrões globais de poupança, investimento e fluxos de capital? A resposta pode ser encontrada em três transformações.

A primeira foi a transição no sentido da liberalização econômica — a adoção do mercado como princípio organizador da vida econômica, já discutida no capítulo 4. Na década de 1970, as economias de alta renda em sua maioria ainda tinham extensas regulações de mercados e até empregavam controles diretos, permanentes ou temporários, sobre salários e preços. As taxas marginais de imposto sobre os rendimentos elevados estavam acima de 70% tanto nos Estados Unidos como no Reino Unido.[53] Embora os países de alta renda tivessem liberalizado substancialmente o comércio de bens nas décadas de 1950, 1960 e 1970, o comércio de serviços ainda era muito restrito e a maioria dos países mantinha controles cambiais. Nas economias em desenvolvimento, os controles sobre os mercados eram muito mais extensos. Muitas economias também tinham altos níveis de propriedade pública da indústria. Na Índia, a economia era restringida pelo que veio a ser conhecido como a "licença raj". Nas economias socialistas da China, da União Soviética e do império soviético na Europa Central e Oriental, o planejamento econômico e a propriedade pública abrangentes permaneciam em vigor. Os países em desenvolvimento e o bloco socialista também impunham barreiras abrangentes, entre elas tarifas elevadas, sobre os fluxos transnacionais de bens, serviços, investimento estrangeiro direto, outros fluxos de capital e pessoas, em ambas as direções.

Ideias e eventos a elas associados transformaram esse mundo de economias fechadas e muito reguladas na economia globalizada e liberalizada do início da década de 2000. Sem dúvida, a mudança mais importante foi a adoção de "reforma e abertura" pela China depois de 1978, sob a liderança de Deng Xiaoping. A eleição de Margaret Thatcher como primeira-ministra britânica, em 1979, e a de Ronald Reagan como presidente dos Estados Unidos, em 1980, deram início a uma revolução nos países de alta renda, que incluiu a privatização daquelas que anteriormente tinham sido empresas públicas. O Ato Único Europeu da União Europeia — nascido em parte do desejo de injetar vigor econômico e em parte do desejo de relançar o projeto de integração europeia — foi aprovado em 1986 e iniciou um movimento em direção a um mercado único. O Tratado de Maastricht, ratificado em 1993, pôs a UE no caminho para a abolição dos controles cambiais e para a união monetária, que foi lançada em 1999. Em 1989, o império soviético na Europa Central e Oriental entrou em colapso. Em 1991, a União Soviética abandonou o comunismo e se desintegrou. No mesmo ano, a Índia iniciou um processo de ampla liberalização externa e interna. A Rodada Uruguai de negociações comerciais multilaterais foi, então, concluída em 1994. A Organização Mundial do Comércio (OMC) substituiu o Acordo Geral sobre Tarifas e Comércio, em janeiro de 1995. Posteriormente, a China aderiu à OMC, em 2001. Esse foi um ressurgimento do capitalismo global.

A segunda fonte de transformação subjacente foi tecnológica. As mudanças nas tecnologias de transporte durante essa época não foram dramáticas, embora progressos e melhorias nos navios porta-contêineres e no frete aéreo de carga de grande volume tenham sido significativos. Melhorias na tecnologia de informação e comunicação, em particular o computador pessoal, a internet, a telefonia móvel e a internet móvel, tiveram importância muito maior. Esses desenvolvimentos revolucionários permitiram a organização da produção e da distribuição em todo o mundo de uma forma mais sistemática e oportuna que nunca. Isso, por sua vez, forneceu a oportunidade para o desenvolvimento acelerado de produção voltada para a exportação, notadamente na China, e de serviços de tecnologia da informação voltados para a exportação, notadamente na Índia.

A terceira (e menos importante) fonte de transformação foi o envelhecimento, especialmente na Alemanha e no Japão. À medida que as populações envelheciam e a proporção de jovens na população caía rapidamente, a necessidade de investir em novos equipamentos de infraestrutura e capital encolheu. Enquanto isso, a economia empresarial e a das famílias tenderam em geral a permanecer fortes. O resultado foi uma demanda cronicamente fraca. Essa fraqueza na demanda privada doméstica foi, então, compensada ou por déficits fiscais prolongados (como no Japão) ou por grandes superávits em conta-corrente (como na Alemanha, na Holanda e em outros países do Norte da Europa).

Esses três fatores subjacentes — liberalização, tecnologia e envelhecimento — passaram a alterar a economia mundial para uma nova forma, que criou enormes fluxos brutos e líquidos de capital transnacionais, crescente desigualdade dentro dos países, transições radicais na localização dos investimentos e aumento do crédito liberalizado. Essas transições levaram economias de alta renda a uma "estagnação secular" — um mundo de demanda agregada estruturalmente deficiente, identificada por Lawrence Summers, ex-secretário do Tesouro dos Estados Unidos, seguindo o keynesiano Alvin Hansen, que inventou esse termo na década de 1930.[54] Essas forças, por sua vez, ajudam a explicar as baixas taxas reais de juro antes de 2007 e as taxas reais ainda menores depois da crise, que foi causada em grande parte pelas políticas adotadas em resposta às forças recessivas pré-crise.

Comecemos com o comércio. Sem o aumento explosivo do comércio global e, particularmente, o crescimento das exportações e da produção nos países emergentes, em especial a China, a escala dos desequilíbrios apresentados na figura 32 não poderia ter surgido. Esse rápido crescimento do comércio, impulsionado, por sua vez, pela liberalização e pela mudança tecnológica, também estava associado a um rápido deslocamento na produção das economias de alta renda para produtores de baixo custo mais baratos. A China emergiu em um período extremamente curto como o maior país industrial e maior exportador de bens do mundo. Essa foi a primeira vez desde a Revolução Industrial que uma economia em desenvolvimento ainda relativamente pobre teve um papel tão grande na produção e no comércio mundiais. Isso foi possível graças à facilidade com que o know-how podia ser transferido através das fronteiras. O que, por sua vez, decorreu em parte do surgimento de empresas globais integradas, que foram elas próprias um produto da liberalização e da melhor tecnologia de informação e de comunicações.

Considere também a ascensão do capitalismo de Estado. O surgimento de economias abertas ao comércio e aos fluxos financeiros permitiu que os fluxos líquidos e, como veremos em breve, brutos de capital alcançassem níveis, em relação às economias nacionais e global, que não eram vistos desde antes da Primeira Guerra Mundial. No entanto, paradoxalmente, muitos dos novos investidores transnacionais eram governos. As economias emergentes do Leste da Ásia, de novo em particular a China, bem como as economias exportadoras de petróleo controlavam diretamente a integração de seus países ao sistema financeiro global e administravam suas saídas de capital. Isso se mostrou no enorme aumento das reservas em moeda estrangeira mostrados na figura 24. Mostrou-se também no surgimento de grandes fundos soberanos, que, por falta de outras oportunidades de alta qualidade, líquidas e aparentemente seguras, também puseram a maioria de seus ativos nos mercados de países de alta renda.[55] Enquanto as economias se tornavam mais abertas, os Estados cumpriram um papel enorme na determinação da escala dos fluxos líquidos de capital e seu corolário, o saldo da balança comercial. Desses países, a China foi o mais importante.

Houve também a transição para uma inflação estruturalmente baixa. A globalização parece ter sido uma das explicações mais importantes para esse desenvolvimento. Kenneth Rogoff, da Universidade Harvard, por exemplo, argumentou em 2003 "que o fator mais importante e mais universal a apoiar a deflação mundial foi a combinação mutuamente reforçadora de desregulamentação e globalização e a consequente redução significativa no poder de monopólio na determinação dos preços".[56] Um aspecto disso foi a queda nos preços em dólar de muitos produtos manufaturados e serviços intensivos em mão de obra (como os *call centers*). Isso, por sua vez, se deveu em parte à entrada de produtores de baixo custo na economia mundial com base nos preços e em parte ao rápido declínio nos preços de qualquer coisa que incorporasse tecnologia de informação e comunicações. A lei de Moore — a queda exponencial do custo da capacidade de computação notada pela primeira vez por Gordon Moore, da Intel, em 1965 — continuou a operar.[57] A queda dos preços em si não deve afetar a inflação global no médio prazo. Pode, no entanto, gerar um ganho de curto prazo que permite que os bancos centrais cumpram mais facilmente sua meta de inflação. Tomadas em conjunto, essas mudanças nas condições de mercado não só permitiram como incentivaram os bancos centrais que buscavam atingir metas de inflação a adotar políticas monetárias agressivas sem ter de se preocupar muito com inflação. Essas políticas então sustentaram os preços dos ativos e o crescimento do crédito a eles associado.

Outra mudança crucial foi o aumento da desigualdade, impulsionado pela crescente desigualdade entre os trabalhadores e pelo aumento da participação dos lucros na renda nacional.[58] As mudanças, como discutido acima, foram grandes. No entanto, embora tenha havido aumentos claros da desigualdade nas economias de alta renda, principalmente nos Estados Unidos, isso provavelmente não foi verdade para a distribuição de renda no mundo como um todo. Isso ocorre porque as economias de alguns grandes países pobres (China e Índia, sobretudo) cresceram mais rapidamente que os países de alta renda, compensando o aumento geral da desigualdade em quase todos os países. Na verdade, parece, pelo trabalho feito no Banco Mundial, que os perdedores evidentes dos desenvolvimentos econômicos das últimas três décadas foram as classes baixa e média dos países de alta renda, cujos rendimentos se situam entre os percentis 75 e 95 da base da distribuição de renda mundial.[59]

As forças que impulsionam o aumento da desigualdade são complexas. A tecnologia ajudou a criar mercados "o vencedor leva tudo", em que os participantes mais bem-sucedidos e mais produtivos podiam colher a maior parte dos ganhos. Isso se tornou especialmente verdadeiro nos setores de alta tecnologia e de finanças, que surgiram como os mais dinâmicos das economias de alta renda. A tecnologia também aumentou a demanda relativa por trabalhadores qualificados e reduziu a demanda pelos menos qualificados. A globalização afetou diretamente a oferta de empregos relativamente bem pagos, mas apenas modestamente os qualificados, em particular na indústria. A globalização também fortaleceu muito as forças que enfraqueciam os sindicatos. Reduções na tributação aumentaram o incentivo dos administradores a elevar sua própria remuneração: a relação entre a renda dos gestores e a dos trabalhadores comuns foi transformada.

O aumento do papel do setor financeiro também parece um potente motor da desigualdade: esse setor obteve uma proporção substancial dos lucros empresariais nos países de alta renda e provavelmente teve um papel, junto com o comércio e a mudança tecnológica, também na transição da renda dos trabalhadores.[60] O ganhador do prêmio Nobel Joseph Stiglitz destaca a maneira como o primado das normas do mercado permitiu uma transição no equilíbrio de poder entre os proprietários de capital, gestores e financistas, por um lado, e os trabalhadores comuns, por outro. Um aspecto importante disso é a extração de renda por elites bem relacionadas — isto é, a capacidade que elas têm de ganhar rendimentos além de suas contribuições econômicas, em virtude do poder que detêm no sistema econômico.[61]

Uma proposição importante aqui é que a liberalização do crédito interagiu com o aumento da desigualdade. Na verdade, um capítulo no livro de Raghuram Rajan sobre a crise foi intitulado "Que eles comam crédito".[62] Assim, embora os rendimentos reais ficassem estagnados para uma grande parte da população, o crédito liberalizado fornecia uma maneira de sustentar o aumento do consumo. O forte aumento dos preços de imóveis residenciais também tornou as famílias aparentemente capazes de arcar com mais crédito que antes. Isso, então, levou a um rápido aumento do endividamento das famílias em muitos países, notadamente os Estados Unidos e o Reino Unido, que depois se tornou altamente problemático, quando os preços dos ativos começaram a cair e as economias começaram a enfraquecer.

Finalmente, a tecnologia parece estar tendo outro efeito importante: os preços dos bens de investimento estão caindo rapidamente em relação ao dos bens e serviços em geral. Isso é particularmente verdadeiro para o investimento em tecnologia da informação e comunicações. O que significa que, para determinado nível de despesas nominais, o valor real está aumentando de forma relativamente rápida. Assim, entre seu nadir no terceiro trimestre de 2009 e o quarto trimestre de 2014, a participação do investimento privado no PIB nominal dos Estados Unidos aumentou apenas 3,9 pontos porcentuais (12,4% para 16,3%). Mas, no mesmo período, a participação do investimento privado no PIB real aumentou 6,3 pontos porcentuais, passando de 18,3% para 24,6%. Assim, tanto o nível, em relação ao PIB, quanto a expansão do investimento em termos reais foram muito maiores que em termos nominais. Esse fato também deve ter reforçado muito a tendência a um superávit financeiro no setor empresarial.

Esse, então, foi um mundo transformado. A nova economia mundial permitiu o surgimento de imensas transições no equilíbrio entre investimento e poupança em todas as economias. Essas, por sua vez, refletiram transições na vantagem comparativa, na localização global da produção, na distribuição de renda e no funcionamento do sistema financeiro. Por trás delas estavam forças ainda mais profundas: a transição para economias de mercado liberalizadas, transformação tecnológica e envelhecimento. A economia assim gerada, infelizmente, se mostrou altamente instável.

CONCLUSÃO

As crises global e da zona do euro não foram apenas crises financeiras. Também foram crises com raízes muito mais profundas. É essencial tornar o sistema financeiro menos frágil. Ele seria, então, tanto mais capaz de lidar com choques como também menos propenso a causá-los. Mas essa é só uma condição necessária, não suficiente, para uma economia menos instável. As tendências da era pré-crise eram insustentáveis, em particular as acumulações de dívida das famílias em vários países de alta renda. Elas estavam relacionadas com desequilíbrios globais persistentes. E esses, por sua vez, eram impulsionados por falhas dos sistemas monetário e financeiro em nossa economia recém-globalizada e voltada para o mercado. Então, quais são as soluções? Esse é o assunto da parte 3 deste livro.

PARTE 3: AS SOLUÇÕES

Prólogo

A crise pôs em questão todo o nosso pensamento sobre economia, finanças, o desempenho das economias e o futuro da zona do euro. Os quatro capítulos seguintes fornecem respostas preliminares. Eles mostram quanto o pensamento ortodoxo falhou e consideram de que maneiras ele tem de mudar.

O mais importante é que esta é uma crise da economia e particularmente da macroeconomia convencionais. A discussão sobre os choques e depois as transições subjacentes nas partes 1 e 2 demonstra muito claramente que as ondas de crises imensas que atingiram as economias de alta renda *não* resultaram de eventos fora do sistema econômico, como uma guerra inesperada ou um vasto desastre natural. Ao contrário, resultaram de desenvolvimentos internos ao sistema. Esses desenvolvimentos incluíam a expansão do setor financeiro, o crescimento da dívida privada e a alavancagem de grande parte dos ativos imobiliários de vários países importantes. Por trás desses desenvolvimentos nas finanças estavam o surgimento de enormes desequilíbrios externos, a intervenção maciça no câmbio e a euforia gerada pela criação da zona do euro. Contudo, embora uma parte disso possa ser atribuída aos formuladores de políticas, uma parte considerável foi de responsabilidade do próprio sistema financeiro e do funcionamento da alardeada economia de livre mercado. Portanto, o ponto de partida tem de ser os fracassos da ciência econômica.

Esse, portanto, é o tema do capítulo 6, que trata do fracasso da ortodoxia econômica e da busca de um substituto satisfatório.

Em segundo lugar, esta foi uma crise do sistema financeiro. Natural e inevitavelmente, foram feitos grandes esforços para tornar mais rigorosa a regulação e melhorar a resiliência do sistema. Esses esforços não são insignificantes. Mas, em particular, são conservadores: uma tentativa de preservar a essência de um sistema que já sabemos ser extremamente frágil, e que por certo implodirá mais uma vez em nosso atual mundo de integração financeira global, transações rápidas e enormes fluxos de fundos transnacionais. Então, a questão é saber se é possível fazer coisas simples que tornariam o sistema mais ou menos em suas linhas atuais mais robusto, e, se não, quais podem ser as alternativas. Esse é o tema do capítulo 7.

Em terceiro lugar, isso leva a discussão para os grandes desafios macroeconômicos. Como administrar um mundo de excesso de poupança — ou, o que dá no mesmo, excesso de oferta? Existe uma probabilidade real de estagnação secular, e, em caso afirmativo, o que pode ser feito a esse respeito? Essas são de fato preocupações plausíveis. Em particular, nosso grande problema é o vício em uma dívida sempre crescente, e a dívida mais preocupante não é a dívida pública com a qual os formuladores de políticas são obcecados, mas a dívida privada, cujo colapso, como vimos, cria enormes problemas de endividamento do setor público. É extremamente preocupante, no entanto, que as políticas adotadas nas grandes economias de alta renda equivalham a uma tentativa de pôr de novo a máquina de crédito em funcionamento. Portanto, isso suscita uma pergunta. É possível equilibrar nossas economias sem uma dependência tão enorme de uma alavancagem sempre crescente? A resposta é: sim. Isso pode ser feito de duas formas complementares. Uma delas é acabar com os desequilíbrios externos. A outra é usar a capacidade do governo de criar moeda não baseada em dívida. Essa última é considerada impensável. Mas pode ser de fato a maneira menos perigosa de gerir nossa economia. Essas, então, são as questões abordadas no capítulo 8.

Finalmente, há a questão do futuro da zona do euro. Ela se tornou um casamento ruim, mas do qual é imensamente caro escapar. A questão é se ela vai ser transformada em um bom casamento — ao qual todos os membros adeririam novamente. No momento, isso parece muito improvável. Em vez disso, ela continuará não conseguindo alcançar o pleno ajuste econômico nem fornecer o seguro básico necessário para lidar com eventos adversos. Além disso, há um perigo real de cair em uma armadilha de deflação, por causa das assimetrias fundamentais nos processos de ajuste e de o Banco Central Europeu não fazer seu trabalho. Sendo assim, não se pode concluir que a crise acabou. Ao contrário, é perfeitamente possível imaginar que ela pode se repetir. Esse, então, é o tema do capítulo 9.

6. A ortodoxia derrotada

A mensagem que o sucesso de Londres envia para toda a economia britânica é que seremos bem-sucedidos se, como Londres, pensarmos globalmente. Seguiremos em frente se não estivermos fechados, mas abertos à concorrência e a novas ideias. Progrediremos se investirmos nas habilidades do futuro e as cultivarmos, avançarmos com regulação leve, um ambiente fiscal competitivo e flexibilidade. Ficaremos ainda mais fortes se isso se basear em um mercado doméstico forte construído sobre o fundamento da estabilidade.

E se for na manufatura avançada de alto valor agregado, nossas indústrias criativas, produtos farmacêuticos, eletrônica digital, nas exportações de educação que crescem rapidamente, creio que, como vocês fizeram nos serviços financeiros, podemos demonstrar que, assim como no século XIX a industrialização foi feita para a Grã-Bretanha, no século XXI a globalização também é feita para a Grã-Bretanha.

Gordon Brown, discurso na Mansion House, 21 de junho de 2006[1]

Por que ninguém percebeu isso?

Pergunta de Sua Majestade a rainha Elizabeth II na London School of Economics, 4 de novembro de 2008[2]

Aqueles de nós que confiaram no autointeresse das instituições de crédito para proteger o patrimônio dos acionistas (especialmente eu) estão céticos e em choque. Essa vigilância da contraparte é um pilar central do estado de equilíbrio de nossos mercados financeiros. Se ela falha, como ocorreu neste ano, a estabilidade do mercado é prejudicada.

Alan Greenspan, depoimento à Comissão sobre Supervisão e Reforma do Governo da Câmara dos Deputados, 23 de outubro de 2008[3]

Crédito significa que certa confiança é dada, e certa confiança é depositada. Essa confiança é justificada? e essa confiança é sábia? Essas são as perguntas cardeais. Dizendo de forma mais simples — o crédito é um conjunto de promessas de pagamento; essas promessas serão cumpridas? Especialmente no setor bancário, onde os "passivos", ou promessas de pagamento, são tão grandes, e o tempo para pagá-los, se exigidos, é tão curto, uma capacidade instantânea de honrar compromissos é a excelência cardeal.

Walter Bagehot, *Lombard Street*[4]

Em 4 de novembro de 2008, no auge da crise financeira, a rainha Elizabeth II visitou a London School of Economics, um dos principais centros de economia acadêmica do mundo, para inaugurar um novo edifício. Enquanto estava lá, ela fez a um grupo de dignitários uma pergunta simples: "Por que ninguém percebeu isso?".

Em resposta à pergunta da rainha, a Academia Britânica organizou um fórum em 17 de junho de 2009. Pouco depois dos debates nele realizados, foi enviada uma resposta a Sua Majestade.[5] Em resumo, ela argumentava que as grandes falhas estavam em não reconhecer quão grandes eram os riscos para o sistema como um todo, como o gerenciamento de risco era ruim e quão grande a confusão legada pela crise viria a ser. A falha institucional e política era a inclinação tanto dos políticos quanto dos reguladores a não ver nada de errado na prosperidade pré-crise.

Essa não é uma resposta adequada. É fácil aceitar que o momento em que ocorrerá uma crise é incognoscível. Um sistema econômico é complexo demais para uma previsão precisa do momento de uma crise: na verdade, se amplamente aceita, tal previsão certamente não deve se realizar. Mas não é suficiente culpar a falha institucional, porque as instituições que falharam foram as que muitos economistas haviam elogiado, em particular aquelas centrais para o sistema financeiro moderno. Essa, então, não foi uma falha institucional, mas intelectual. A observação na abertura deste capítulo de Alan Greenspan, presidente do Federal Reserve de 1987 a 2006, sublinha esse ponto. A busca racional do autointeresse é a ideologia central da economia de livre mercado. Mas, no auge da crise, Greenspan afirmou que perdera a fé em que o autointeresse produziria estabilidade financeira. É como se o papa declarasse que não acreditava mais na ressurreição de Jesus Cristo.

Eis outra indicação de falha intelectual. Em 8 de abril de 2011, na conferência do Institute for New Economic Thinking (INET), em Bretton Woods, New Hampshire, entrevistei Larry Summers, ganhador em 1993 da medalha John Bates Clark para economistas norte-americanos com idade inferior a quarenta anos, ex-secretário do Tesouro dos Estados Unidos e diretor recentemente afastado do Conselho Econômico Nacional do presidente Obama.[6] Perguntei que ciência econômica, se havia alguma, ele havia considerado relevante para a tarefa de reorganizar as economias dos Estados Unidos e mundial depois da crise. Ele respondeu:

> Havia coisas que os economistas não sabiam. Havia coisas sobre as quais os economistas estavam errados. E havia coisas sobre as quais alguns economistas estavam certos. [...] Há muito em Bagehot que é sobre a crise pela qual acabamos de passar, há mais em Minsky e talvez mais ainda em Kindleberger [...] Penso que a ciência econômica conhece uma quantidade razoável de coisas. Penso que a economia se esqueceu de uma quantidade razoável de coisas relevantes. E foi distraída por uma quantidade enorme.[7]

Mais tarde na entrevista, quando perguntado o que considerava útil como formulador de políticas ao decidir sobre a resposta à crise, o sr. Summers se referiu a Keynes.

O que esses quatro pensadores nomeados por Summers têm em comum? Eles estavam todos mortos, e sua obra estava tão fora da corrente acadêmica contemporânea dominante que eles haviam se tornado "não pessoas" orwellianas. É verdade que os bancos centrais conheciam o grande jornalista econômico vitoriano Walter Bagehot. Mas seu trabalho estava juntando poeira em uma prateleira rotulada "irrelevante para questões contemporâneas".[8] Muitos dos principais teóricos macroeconômicos atuais, entre eles, notadamente, o ganhador do prêmio Nobel Robert Lucas, de Chicago, provavelmente o mais influente de todos, consideram a obra de John Maynard Keynes embaraçosa e veem a obra do pós-keynesiano Hyman Minsky como algo que beira a aversão.[9] Charles Kindleberger, do Instituto de Tecnologia de Massachusetts, era historiador econômico e, por isso, estava muito abaixo do nível em que os príncipes da economia acadêmica se encontravam.

A ciência econômica que dominou a academia e moldou o pensamento por várias décadas se mostrou inútil para prever, lidar com ou mesmo imaginar a maior debacle financeira nas economias mais avançadas do mundo em oitenta anos. Durante a crise, além disso, as pessoas com autoridade correram o mais rápido que podiam de volta a Bagehot e mesmo a Keynes — na verdade, Bagehot e Keynes com esteroides. Mas o fato de que um colapso dos sistemas financeiros mais avançados do mundo havia ocorrido pela segunda vez é significativo. Uma grande depressão podia ser um acaso. A segunda ocorrência de uma crise como essa começa a parecer um padrão. É verdade que os formuladores de políticas aprenderam lições dos grandes economistas que haviam eles próprios aprendido com a década de 1930. Eles impediram mais uma depressão. Mas ainda era uma recessão enorme de cujos efeitos as economias afetadas não haviam emergido seis anos depois.

Então, o que deu errado intelectualmente e o que pode ser feito quanto a isso?

O FRACASSO DA ECONOMIA OFICIAL

Em uma palestra dada no Banco Central Sul-Africano em 2 de novembro de 2012, Adair (Lord) Turner, presidente em fim de mandato da Autoridade de Serviços Financeiros do Reino Unido, fez exatamente esta pergunta: o que a ciência econômica não havia entendido corretamente? Sua resposta foi:

A crise financeira de 2007 a 2008 foi causada por criação excessiva de crédito, alavancagem excessiva e demasiada transformação de prazos de vencimento. O fato de que esses excessos causaram tanta destruição, e os incentivos privados e a disciplina de mercado não conseguiram frear seu desenvolvimento, reflete três fatos que são fundamentais para a compreensão da dinâmica e dos riscos do sistema financeiro.

(i) Em primeiro lugar, os contratos de dívida criam riscos específicos para a estabilidade financeira e econômica; e esses riscos se intensificam à medida que aumenta a proporção de todos os contratos que têm uma dívida, em particular uma dívida de curto prazo.

(ii) Em segundo lugar, a existência de bancos como os conhecemos hoje [...]

exacerba esses riscos porque os bancos podem criar crédito e moeda privada, e, a menos que sejam controlados, tendem a criar quantidades maiores ou mais instáveis que o ideal tanto de crédito quanto de moeda privada.

(iii) Em terceiro lugar, esses empréstimos bancários ou do sistema bancário paralelo garantidos por ativos reais que podem mudar de valor podem ser ainda mais voláteis e pró-cíclicos, resultando em ciclos de crédito e preços dos ativos que terminam em crashes e recessões subsequentes.[10]

As economias modernas mais sofisticadas ignoravam esses perigos porque eles haviam supostamente sido eliminados. A ferramenta de análise macroeconômica mais amplamente utilizada pelos bancos centrais era um "modelo dinâmico estocástico de equilíbrio geral", em que o financiamento mal aparecia: os modelos subjacentes eram de movimentos para o equilíbrio na demanda e na oferta de bens e serviços reais na economia, e não aqueles em que forças financeiras tinham efeitos independentes, nos termos sugeridos por Minsky.[11] Enquanto isso, as teorias modernas das finanças se concentravam em como os mercados estabeleceriam ou deveriam estabelecer o preço dos ativos, sem dar atenção ao impacto de grandes alterações nos preços dos ativos na economia como um todo.[12] A suposição dominante dos modelos macroeconômicos era a das expectativas racionais, e a da teoria financeira era a eficiência do mercado. Como observa Felix Martin, em seu livro sobre dinheiro:

> Ao ignorar a ligação essencial entre os títulos financeiros negociados nos mercados de capital e o sistema monetário operado pelo governo e pelos bancos, a ciência financeira acadêmica construiu uma teoria das finanças sem a macroeconomia, exatamente como a macroeconomia neoclássica havia construído uma teoria da macroeconomia sem as finanças.[13]

Com efeito, a compartimentalização entre moeda e macroeconomia, de um lado, e finanças e eficiência de mercado, de outro, eliminou uma compreensão das interligações entre esses aspectos da economia.

Isso nos traz de volta à análise de Lord Turner. Nas palavras do staff do Banco da Inglaterra:

Na economia moderna, a maior parte do dinheiro assume a forma de depósitos bancários. Mas como esses depósitos bancários são criados é muitas vezes incompreendido: a principal maneira é através de empréstimos feitos por bancos comerciais. Sempre que um banco faz um empréstimo, ele simultaneamente cria um depósito correspondente na conta bancária do tomador do empréstimo, criando assim nova moeda.[14]

Portanto, ao fazer um adiantamento a um pretendente a um empréstimo, um banco cria simultaneamente uma dívida para com ele próprio por parte do tomador do empréstimo e um depósito em favor deste. Depois disso, o depósito pode ser transferido para outra pessoa, como pagamento ou como um presente: ele se tornou dinheiro. Dessa forma os bancos criam quase todo o dinheiro na economia. É claro que os bancos individualmente precisam manter depósitos. Senão, eles teriam de contrair seus balanços. Mas os depósitos que eles perdem iriam para outros bancos (a menos que os clientes realmente fugissem para o dinheiro). Portanto, o sistema como um todo não perderia depósitos, e é o sistema como um todo que é importante para a economia.

É verdade que a distinção entre os bancos e intermediários financeiros não bancários não deve ser exagerada. A maioria dessas instituições gera descasamentos de prazo de vencimento e alta alavancagem dentro da economia.[15] Mas os bancos têm duas vantagens em relação a outros intermediários: o banco central sempre fornecerá as reservas de que os bancos solventes precisam para garantir a *"moneyness"* de seus passivos, ou seja, a capacidade que eles têm de ser resgatados ou usados em pagamento, ao par com o dinheiro do banco central (ou seja, do governo);[16] da mesma forma, desde a década de 1930, governos em número crescente garantiram explicitamente o valor de pelo menos uma parte dos depósitos, independentemente da solvência dos bancos, e acredita-se que esses governos são implicitamente responsáveis por ainda mais depósitos — possivelmente todos eles. Os bancos, em particular os grandes, devem ser vistos mais como uma parte do Estado que do setor privado. Esses privilégios valiosos permitem que os bancos expandam o crédito nos bons momentos sem praticamente nenhuma restrição. Afinal, é fácil para os bancos manter os depósitos de que necessitam para financiar a expansão de seus empréstimos, precisamente por causa da confiança pública gerada pelo apoio dado aos bancos pelo governo e pelo banco central. Os bancos são explicitamente parte do sistema monetário do governo. É claro que, depois que o Federal Reserve ofereceu um apoio equivalente a fundos do mercado monetário, em setembro de 2008, esses últimos passaram a ter quase as mesmas características que os bancos.

O que, então, impede o sistema financeiro liderado pelos bancos de expandir o crédito e a moeda sem limite? A resposta óbvia seria que ele pararia quando os participantes ficassem sem oportunidades lucrativas. Mas essa não é uma resposta convincente quando as atividades dos intermediários hiperativos em conjunto *criam* as oportunidades percebidas: o aumento do crédito alimenta bolhas de preços dos ativos, que por sua vez alimentam o aumento do crédito. Esse é, em essência, um processo de desequilíbrio. É por isso que a teoria financeira microeconômica é quase inútil para explicá-lo. Além disso, é um processo macroeconômico, não microeconômico: ele molda toda a economia.

Poderia, então, haver mais duas respostas para a pergunta: o que interrompe a expansão do crédito? Uma delas é que uma crise a interrompe. Isso é, muito desagradavelmente, verdade: no fim, o sistema de crédito elástico se rompe criando uma crise de crédito. Esse é o "momento Minsky", quando o pânico se instala. Uma resposta mais agradável é que o banco central interrompe a expansão do crédito aumentando as taxas de juro. A resposta implícita da ortodoxia oficial pré-crise era que os bancos centrais impediriam a expansão excessiva do crédito a tempo, ou pelo menos não muito tarde, reagindo ao aumento da inflação nos preços de bens e serviços. Mas essa sinalização fracassaria se o aumento dos preços dos ativos e a expansão do crédito não estivessem estreitamente relacionados com a inflação. Foi precisamente isso que aconteceu na década de 2000.

Portanto, o período anterior à crise presenciou forte demanda externa por ativos denominados nas moedas das economias em que o crédito e a moeda cresciam rapidamente, e uma falta de pressão inflacionária no mundo como um todo, em grande parte por causa de uma enorme expansão da capacidade e do emprego na produção de bens comercializáveis. Mesmo uma enorme expansão do crédito não gerava nenhuma pressão inflacionária evidente. Mas os preços dos ativos — os preços das casas, acima de tudo — subiam substancialmente.

A razão pela qual a ciência econômica ortodoxa não captou os riscos foi, em suma, que ela descartou o que mais importava. As economias financeiras modernas não se equilibram sem sobressaltos. Elas são sistemas dinâmicos caracterizados pela incerteza e por "espíritos animais", em que a mais poderosa força desestabilizadora é a capacidade do setor financeiro privado para gerar crédito e moeda, e, portanto, produzir expansões eufóricas e contrações tomadas de pânico.

Então, e agora? Comecemos pelo que o setor oficial e os economistas que o assessoram nos dizem que aprenderam. Em seguida, examinaremos críticas fundamentais.

A REAÇÃO DAS AUTORIDADES A SEUS ERROS

Na quarta de uma série de palestras sobre "O Federal Reserve e a crise financeira", realizada em Washington DC em março de 2012, o presidente Bernanke analisou "As consequências da crise".[17] O sr. Bernanke não era apenas o presidente do Federal Reserve, o mais importante banco central do mundo e o epicentro da formulação e implementação de políticas ao longo da crise, mas também é um economista acadêmico renomado. Ele deve ser visto como uma fonte autorizada para as opiniões da maioria das autoridades e dos acadêmicos informados.[18] Nessa palestra, ele fez duas coisas importantes. A primeira foi defender as intervenções do Federal Reserve e de outros bancos centrais importantes depois da crise. A segunda foi traçar a agenda para a formulação de políticas depois da crise. Eis o que ele disse:

Nós começamos observando as duas principais ferramentas dos bancos centrais, agir como emprestador de última instância, para evitar ou atenuar crises financeiras, e usar a política monetária para aumentar a estabilidade econômica. Na Grande Depressão, como descrevi, essas ferramentas não foram utilizadas de forma adequada. Mas, neste episódio [...] e devo dizer que [...] outros grandes bancos centrais têm adotado [...] políticas muito semelhantes às do Fed [...] essas ferramentas foram utilizadas ativamente. E, em minha opinião, de qualquer forma, nós evitamos — ao fazer isso, nós evitamos — resultados muito piores em termos tanto da crise financeira quanto da profundidade e da gravidade da recessão resultante.

Uma nova estrutura regulatória poderá ser útil. Mas, de novo, ela não vai resolver o problema. A única solução, no fim, é nós, reguladores, e nossos sucessores continuarmos a monitorar todo o sistema financeiro e tentarmos identificar problemas e [...] responder a eles usando as ferramentas que temos.[19]

Bernanke, em seguida, apresentou três argumentos fundamentais sobre o papel dos bancos centrais, à luz da crise.

Em primeiro lugar, as intervenções durante a crise, embora enormes em escala, estavam

> muito de acordo com o papel histórico dos bancos centrais, que é o de fornecer facilidades de emprestador de última instância com o objetivo de acalmar um pânico. E o diferente nessa crise foi que a estrutura institucional era diferente. Não se tratava de bancos e depositantes. Eram corretores e mercados de recompra. Eram fundos do mercado monetário e notas promissórias comerciais, mas a ideia básica de fornecer liquidez de curto prazo com o objetivo de impedir um pânico foi muito semelhante ao que Bagehot imaginou quando escreveu *Lombard Street*, em 1873.

Isso está basicamente correto, no que diz respeito às operações do banco central, embora as intervenções dos ministros das Finanças tenham ido muito além de operações-padrão de emprestador de última instância, já que envolveram sustentar a solvência de instituições falidas.

Em segundo lugar, essas intervenções salvaram a economia de mais uma "Grande Depressão", ao evitar falências em cascata não apenas no setor financeiro, mas em grande parte da economia dos Estados Unidos e do mundo. Não sabemos a alternativa contrafatual e nunca saberemos, o que torna mais fácil para os adversários dessas intervenções argumentar que elas eram desnecessárias. Mas é difícil acreditar que uma implosão não administrada de grande parte do sistema financeiro do mundo ocidental, em um momento de balanços excessivamente ampliados em grande parte do setor privado, não teria criado uma depressão global pelo menos igual à da década de 1930. Nenhum decisor político sensato poderia ter assumido esse risco, e, felizmente, depois do choque pós-Lehman, nenhum deles o fez. Fomos lembrados forçosamente da dependência do sistema financeiro em relação à capacidade única do Estado para criar o dinheiro que as pessoas querem quando não confiam em nada mais.

Em terceiro lugar, a maneira como a supervisão da estabilidade do sistema financeiro como um todo vai funcionar é "os reguladores e nossos sucessores continuarmos a monitorar todo o sistema financeiro e tentarmos identificar problemas". Isso se soma a uma série de mudanças mais detalhadas — a ser discutidas no capítulo 7 — que visam tornar as instituições e os mercados menos frágeis. O setor financeiro, argumenta o sr. Bernanke, precisará da supervisão permanente, persistente e penetrante de um Estado paternal. O núcleo da economia de mercado — seu cérebro, por assim dizer — não pode ser autorizado a operar sem a supervisão de um adulto. Essa não é uma questão menor.

O sr. Bernanke enfatizou, então, que

> manter a estabilidade financeira é uma responsabilidade tão importante quanto a estabilidade monetária e econômica. E, na verdade, isso é [...] bem um retorno para onde o Fed estava no começo. Lembrem-se de que a razão pela qual [o] Fed foi criado foi tentar reduzir os incidentes de pânico financeiro, portanto a estabilidade financeira foi o objetivo original da criação do Fed. Então, agora nós meio que percorremos o círculo completo.

Mas ele não esqueceu o outro objetivo: estabilidade monetária. Sobre isso, ele argumentou que

> [...] os mercados [...] têm estado confiantes em que o Fed manterá a inflação baixa, as expectativas de inflação têm permanecido baixas. E, com exceção de algumas oscilações para cima e para baixo relacionadas aos preços do petróleo, em geral a inflação tem sido bastante baixa e estável.
>
> Ao mesmo tempo, enquanto mantivemos a inflação baixa, também asseguramos que a inflação não fosse negativa. [...] Aqueles de vocês que estão familiarizados com a situação japonesa entendem que esse foi um grande problema para a economia deles durante muitos anos. Nós certamente queríamos evitar a deflação. Eu falava sobre deflação também no contexto da Grande Depressão. Portanto, a flexibilização monetária também protegia contra os riscos de deflação, certificando-se de que a economia não se enfraqueceria demais.[20]

Em suma, o sr. Bernanke oferece a seguinte concepção dos três papéis do banco central na economia: cumprimento de metas de inflação (em outras palavras, estabilização macroeconômica); supervisão financeira; e intervenção ilimitada na crise. Todos os bancos centrais importantes agora aceitam essas tarefas, ainda que o Federal Reserve, com seu duplo mandato, também declarasse que seu objetivo é alcançar o emprego mais alto possível, consistente com o cumprimento da meta de inflação.

Como, então, se poderia resumir a ortodoxia do banco central pós-crise ou, como vou chamá-la, a "nova ortodoxia"? Ela vem em três partes. Em primeiro lugar, os bancos centrais ainda acreditam em buscar estabilizar a inflação, uma lição que as economias de alta renda aprenderam na era inflacionária da década de 1970.[21] Em segundo lugar, eles buscam um segundo conjunto de instrumentos, para alcançar a estabilidade no sistema financeiro como um todo. Esses instrumentos recebem o título de "política macroprudencial".[22] Em terceiro lugar, os bancos centrais são fortalecidos em seu papel de emprestadores de última instância, mas querem evitar salvar instituições insolventes. Portanto, eles precisam de maneiras de resolver (reorganizando sua estrutura financeira ou mesmo fechando) instituições, maneiras que não desencadearão o Armagedom financeiro. As instituições financeiras não devem, consequentemente, ser autorizadas a se tornar grandes demais, complexas demais ou interligadas demais para falir.

Contudo, essa abordagem está sujeita a objeções poderosas. Três são particularmente importantes.

Em primeiro lugar, essa nova ortodoxia dá aos burocratas um enorme poder discricionário para administrar o sistema financeiro em particular, que é o coração da economia supostamente de mercado.

Em segundo lugar, a nova doutrina ortodoxa não resolve a relação confusa entre o Estado e o setor privado como fornecedores de moeda. Ao contrário, reforça essa confusão.

Em terceiro lugar, a doutrina supõe que a política monetária pode ter como meta a estabilidade de preços, enquanto a meta da política macroprudencial é a estabilidade financeira. Mais importante, supõe-se que elas não vão atrapalhar uma à outra, com a política monetária às vezes prejudicando a estabilidade financeira ao incentivar a criação excessiva de crédito, e a política macroprudencial minando a política monetária ao impedir a criação de crédito.

Como seria previsível, dados o fraco desempenho no período que antecedeu à crise e as dúvidas sobre a viabilidade das novas doutrinas, muitos têm objeções à emergente ideologia oficial pós-crise. Essas objeções têm suas raízes na obra de economistas importantes do passado: Knut Wicksell; Ludwig von Mises e Friedrich Hayek; Henry Simon; John Maynard Keynes e Milton Friedman; e Abba Lerner. Esse é um conjunto de debates muito antigo. Mas eles são tão relevantes hoje quanto sempre foram.

ALTERNATIVAS À NOVA ORTODOXIA

O poder do sistema financeiro para criar crédito e moeda é enorme, para o bem e para o mal. O arranjo misto público-privado de hoje certamente não é a única maneira como esse sistema poderia funcionar. A escolha de alternativas está longe de ser uma questão puramente técnica. Ela tem, inevitavelmente, implicações políticas profundas.

Então, quais são as visões alternativas de sistemas financeiros, monetários e fiscais?

Knut Wicksell sobre o mercado e as taxas naturais de juro

A grande lição da experiência recente é que essa provisão de crédito privado pode ser extremamente desestabilizadora, mesmo quando a inflação está sob controle. A nova ortodoxia do banco central descrita acima é, evidentemente, uma tentativa de enfiar o gênio da instabilidade impulsionada pelo setor financeiro de volta na garrafa.

A visão de que o sistema de crédito é desestabilizador é compartilhada por pós-keynesianos, como Minsky, e economistas austríacos, como Von Mises.[23] O homem de cujas ideias essas vertentes muito diversas descendem é o grande economista sueco Knut Wicksell (1851-1926), cuja obra clássica, *Juro e preços*, foi publicada em 1898. Nela, ele partiu da observação de que os bancos eram capazes de criar moeda lastreada em crédito, como explicado na citação do Banco da Inglaterra acima.[24] Dada a existência dessa moeda lastreada em crédito, Wicksell argumentou, duas taxas de juro operam na economia: a taxa "natural" e a taxa "monetária". A primeira não pode ser observada diretamente: é o retorno real sobre o capital novo, tal como visto por empresários em busca de lucros. A última pode ser observada diretamente: é a taxa de juro do sistema bancário.

Na teoria de Wicksell, quando a taxa monetária está abaixo da taxa natural, os bancos expandem o crédito para atender à demanda crescente das empresas. O que está levando as empresas a contrair empréstimos é sua crença de que o retorno sobre o investimento (a taxa natural) está acima do custo dos empréstimos bancários (a taxa monetária). A demanda por novos empréstimos, então, expande o crédito e a moeda (nas formas já discutidas acima) e assim impulsiona para cima a economia real e, no fim, a inflação. Quando a taxa monetária está acima da taxa natural, esse processo se inverte: o crédito e a moeda se contraem. Existe então um risco de deflação. Uma vez que a expansão e a contração do crédito são processos cumulativos, com a expansão ou contração do crédito de hoje influenciadas pela expansão ou contração de ontem, através de seus efeitos sobre a atividade e os preços, mudanças no crédito e na moeda têm efeitos reais poderosos na economia.

Wicksell influenciou tanto os economistas austríacos quanto Keynes, mas em direções distintas. Um descendente contemporâneo é o importante neokeynesiano Michael Woodford, da Universidade Princeton, cujo trabalho fornece suporte à gestão de expectativas através de metas de inflação, em linha com a ortodoxia contemporânea.[25] Woodford se concentra na preocupação de Wicksell com alcançar uma inflação estável. Outros descendentes são William (Bill) White, ex-assessor econômico e diretor do departamento monetário e econômico do Banco de Compensações Internacionais, e Claudio Borio, vice-chefe do Departamento Monetário e Econômico e diretor de Pesquisa e Estatística do Banco de Compensações Internacionais (já mencionado no capítulo 5).[26] Esses economistas se concentram mais nas ideias de Wicksell sobre crédito, insistindo que desvios entre as taxas de juro natural e de mercado podem surgir em expansões e contrações de crédito desestabilizadoras, em vez de na inflação ou deflação medidas, exceto em um prazo muito longo.[27]

O problema, enfatizam esses economistas, é que os bancos centrais permitiram que o sistema de crédito se tornasse excessivamente elástico. É por isso, eles argumentam, que a incidência de crises financeiras aumentou. A ortodoxia atual, eles observam, é que a regulação macroprudencial vai controlar essa elasticidade. Mas eles questionam se a regulação pode conter o impacto de uma política monetária que empurre na direção oposta. A conclusão deles é que a política monetária deve "inclinar-se contra o vento" da expansão do crédito.[28] Bill White argumenta de forma semelhante que a política está agora em uma maratona repetitiva, com uma sucessão de políticas monetárias cada vez mais desesperadas destinadas a sanar os impactos maléficos de longo prazo do último conjunto de tais políticas. Ele está preocupado com que o resultado das políticas adotadas em resposta à crise pós-2007 seja ainda pior. Tudo isso ocorre, argumentam esses wicksellianos, porque a taxa monetária de juro foi mantida durante um período excessivo abaixo da taxa natural.[29]

Esse último grupo de neowicksellianos argumenta, com razão, que as metas de inflação, longe de estabilizar a economia, podem desestabilizar o sistema financeiro e, portanto, a economia, no médio prazo. No entanto, embora esse diagnóstico seja persuasivo, as recomendações de política não são.

Em primeiro lugar, é impossível atingir duas metas — estabilidade de preços e estabilidade financeira — com um único instrumento. Em segundo lugar, a taxa natural de juro é desconhecida: as tentativas de utilizar a taxa de crescimento da economia como um substituto da taxa natural, como White faz, não são convincentes. Essa relação só se sustentaria em um equilíbrio de longo prazo. Mas a característica dominante de nossa economia é que ela não tem estado nesse equilíbrio: um mundo de crescimento rápido e taxas reais de juro muito baixas é um mundo de desequilíbrio. Isso ocorre por causa do impacto que só ocorre uma vez a cada cem anos da ascensão da China e das outras economias emergentes no cenário mundial, o que chamei de "transições" no capítulo 5.[30] Em terceiro lugar, a medida do necessário "inclinar-se contra o vento" é desconhecida e impossível de conhecer — as ligações entre política monetária e preços dos ativos não estão sujeitas a um controle preciso, de acordo com o conhecimento atual. Em quarto lugar, não está claro como um mandato legal do banco central para alcançar a estabilidade tanto monetária quanto financeira via política monetária poderia ser operacionalizado. Finalmente, buscar estabilizar as finanças poderia desestabilizar a inflação e as expectativas de inflação, tornando assim a economia real mais instável, não menos.

Os neowicksellianos de fato identificaram um problema, mas não apresentaram uma solução viável. A conclusão a que chego é que, em um ambiente de rápido crescimento do crédito, a política monetária deve ser mais apertada do que o simples estabelecimento de metas de inflação sugeriria. Mas a política monetária não pode atingir duas metas ao mesmo tempo: outros instrumentos realmente serão necessários para tornar o sistema financeiro menos desestabilizado, como a nova ortodoxia sugeriria.

Os austríacos sobre crédito bancário e investimentos ruins[31]

Wicksell influenciou muito os economistas austríacos Ludwig von Mises (1881-1973) e Friedrich Hayek (1899-1992), que desempenharam ambos um papel importante nos debates acadêmicos sobre moeda e finanças nas décadas de 1920 e 1930. Eles perderam esses debates nos meios acadêmicos e políticos em parte por razões metodológicas — sua rejeição ao crescente papel da matemática na ciência econômica —, mas muito mais por razões políticas — a oposição a qualquer resposta em termos de políticas à maior crise que já se abateu sobre as economias capitalistas, além de deixá-la se esgotar por si mesma. De forma paradoxal, a derrota que eles sofreram na academia liberou a economia austríaca. Ela se tornou politicamente influente, sobretudo nos Estados Unidos, onde a teoria econômica austríaca se tornou a ideologia econômica preferida dos libertários e, portanto, de partes do Partido Republicano moderno: o ex-congressista Ron Paul é um de seus devotos. A razão para esse apelo é que, diferentemente da Escola de Chicago, na qual o falecido Milton Friedman foi a figura dominante no pós-guerra, os economistas austríacos não veem nenhum argumento a favor de o governo exercer um papel na gestão da economia de mercado, nem mesmo na oferta de moeda. Muitos "austríacos" contemporâneos defendem um retorno ao padrão-ouro. Naturalmente, eles se opõem a todos os elementos da nova (ou velha) ortodoxia na política monetária e financeira. São adeptos puristas do *laissez-faire*. É por isso que "eles condenaram as políticas do Federal Reserve durante a grande recessão".[32] Em vez disso, eles veem as depressões como eventos de cura.

Von Mises seguiu Wicksell em sua atenção às taxas natural e monetária de juro. Mas acrescentou uma grande quantidade de detalhes ao papel dos bancos em uma expansão do crédito. Como explica o austríaco espanhol Jesús Huerta de Soto, "de acordo com Mises, a amplificação de qualquer processo inflacionário via expansão do crédito, mais cedo ou mais tarde, espontânea e inexoravelmente, se reverterá e provocará uma crise ou uma recessão econômica em que os erros de investimento cometidos serão revelados e o desemprego em massa surgirá, juntamente com a necessidade de liquidar e realocar todos os recursos investidos erroneamente. Para eliminar os ciclos econômicos recorrentes, Mises propõe o estabelecimento de um sistema bancário com uma exigência de reserva de 100% para depósitos à vista".[33] Ironicamente, um grande apóstolo do livre mercado queria eliminar o livre mercado na provisão de moeda. Dessa forma, ele recomendava, a capacidade das instituições bancárias para criar crédito e moeda seria encerrada, por sanção legal, enquanto o lastro da reserva viria do ouro.

Hayek argumentou que as divergências entre as taxas natural e monetária de juro levariam a distorções na estrutura de produção. Assim, se começasse a haver um diferencial positivo entre as taxas natural e monetária de juro, possivelmente por causa dos esforços do banco central para expandir o crédito, os lucros esperados subiriam, já que os retornos reais sobre novos investimentos (a taxa natural) estariam acima da taxa à qual as empresas poderiam contrair empréstimo (a taxa monetária). Isso estimularia uma expansão do crédito (isto é, poupança falsa) via maior alavancagem no sistema bancário, e um movimento na direção de métodos de produção mais capital-intensivos (na terminologia austríaca, mais "indiretos"): quanto menor o custo do capital (nesse caso, substituído pela taxa monetária), mais intensivas em capital se tornarão as técnicas de produção mais lucrativas. Essa adoção forçada de técnicas capital-intensivas é "investimento ruim". Quanto maior a divergência entre as duas taxas de juro, maior a expansão e maior a contração.[34] Em particular, Hayek atribuía a culpa pela Grande Depressão às políticas de crédito expansionistas do Federal Reserve durante a década de 1920.[35] Nas palavras do sr. Huerta de Soto, "Hayek vê o remédio keynesiano para a Grande Depressão como nada mais que uma solução temporária com consequências adversas. Na verdade, qualquer aumento artificial da demanda agregada distorcerá gravemente a estrutura produtiva e só pode gerar emprego instável".[36] Em seus últimos anos de vida, Hayek dedicou sua atenção à ideia de uma moeda emitida privadamente, em vez da moeda lastreada 100% em reservas de Von Mises.

Nos debates da década de 1930, os austríacos perderam a discussão pública sobre a teoria dos ciclos econômicos para os keynesianos e, posteriormente, os monetaristas. Eles deixaram durante um longo período de ter muita influência nas ideias sobre política macroeconômica. Tanto a economia quanto a política explicam esse fracasso. A explicação econômica foi a escala da crise.

Era impossível argumentar que não havia nada envolvido além da reversão dos investimentos ruins feitos durante a década de 1920. Na verdade, essa teoria é intrigante, sobretudo considerando que ela vem de crentes no *laissez-faire* tão ardorosos. Por que os empresários seriam tão enganados por uma política monetária equivocada? Se as empresas podem errar tanto nisso, no que mais podem errar? Além disso, por que a reversão de investimentos ruins deveria levar a uma depressão? Deveria levar, em vez disso, ao descarte de uma parte do capital, juntamente com um boom de investimentos mais rentáveis.

Uma visão muito mais plausível é que a escala da recessão na Grande Depressão se deveu a uma queda acentuada na demanda, em grande parte em razão dos colapsos bancário e monetário. Essa queda na demanda também gerou enorme desemprego involuntário. O apoio da Escola Austríaca à "liquidação" recomendada pelo secretário do Tesouro Andrew Mellon e sua oposição a qualquer intervenção corretiva por parte do governo foram (com razão) considerados indefensáveis onde contava: no processo eleitoral.[37] Nos Estados Unidos, Franklin Delano Roosevelt se tornou presidente. Na Alemanha, Adolf Hitler se tornou chanceler. O que esses dois líderes extremamente diferentes compartilhavam era a rejeição do *laissez-faire*. No final da década de 1930, um Hayek derrotado abandonou seus esforços de elaborar uma teoria do ciclo econômico, dedicando-se mais à filosofia política e à economia da informação, e em ambas produziu contribuições influentes.

Os atuais adeptos da Escola Austríaca, como o ex-congressista Ron Paul, tendem a defender um retorno à economia política do século XIX: o padrão-ouro (com sua ligação direta entre oferta de moeda e oferta de ouro); abolição do banco central; fim das formas financeiras — e outras — de regulação; eliminação das redes de segurança social; e assim por diante. Se pessoas com esse conjunto de opiniões fossem as responsáveis pelas decisões em 2007 e 2008, os resultados teriam provavelmente igualado os da década de 1930. Isso as teria desacreditado por mais duas gerações. Nos Estados Unidos, porém, um governo republicano assustado foi logo seguido de um governo democrata ativista. Isso permitiu que os economistas austríacos e outros libertários atribuíssem a culpa pelo decepcionante período que se seguiu à crise àqueles que tentaram curá-la. Na verdade, nos Estados Unidos, tornou-se sabedoria convencional que o programa de estímulo do governo Obama fracassou, quando ele foi apenas insuficientemente grande, em parte por causa da feroz oposição republicana e em parte por causa do que acabou sendo um falso otimismo entre os economistas que trabalhavam para o governo.[38] Dada essa visão equivocada sobre o que acabara de acontecer, o liquidacionismo austríaco pode ser tentado na próxima grande crise, com resultados previsivelmente desastrosos. Mas é difícil acreditar que o padrão-ouro do século XIX poderia ser reintroduzido com sucesso em uma democracia moderna.[39]

Essa não é a única razão pela qual a abordagem da Escola Austríaca tem de ser rejeitada. Eles têm razão em argumentar que as condições que levam a um crash são importantes. Mas sua recomendação de que a resposta certa para a crise em si é não fazer nada não se segue de seu ponto de vista (correto) de que ela foi causada por erros importantes. Os médicos não se recusam a tratar uma pessoa que deve seu ataque do coração a excesso de comida, recomendando apenas que ela comece a fazer uma dieta. Primeiro eles a tratam, e então, quando ela estiver melhor, poderá começar uma dieta.

Não obstante, a crítica da Escola Austríaca à ortodoxia oficial tem valor, ainda que suas ideias teóricas e para políticas não tenham. Em primeiro lugar, o sistema de crédito é, como eles nos lembram, desestabilizador. Em segundo lugar, a inflação estável não garante a estabilidade econômica. Em terceiro lugar, os booms criarão investimentos ruins e excesso de dívida, que depois terão de ser tratados de alguma maneira. Não é de estranhar, portanto, que a construção, o financiamento e a própria dívida tenham todos encolhido depois que o boom terminou. Finalmente, a ideia de que os reguladores serão capazes de fazer um ajuste preciso da política monetária, com base em previsões econômicas, e salvaguardar a estabilidade do sistema financeiro, com base na análise que fizerem do risco sistêmico, é bastante otimista. Na verdade, temos de supor pelo menos certo grau de fracasso.

Henry Simons e o plano de Chicago

Mises concluiu que a capacidade das instituições privadas para criar do nada moeda lastreada em dívida, como um subproduto de seus empréstimos (como discutido acima), precisava ser mantida sob controle por meio de uma atividade bancária com reservas de 100% — ou seja, um sistema em que os depósitos são lastreados por reservas do banco central na base de 1 para 1. A Escola de Chicago — outro grupo de economistas do livre mercado — chegou à mesma conclusão na década de 1930 pela mesma razão: eles concluíram que o sistema monetário baseado em bancos (que ainda temos hoje) era ele próprio instável e por isso desestabilizava a economia. Os economistas envolvidos eram imensamente renomados e respeitados: Frank Knight (1885-1972), que foi o pioneiro na distinção crucial entre risco calculável e incerteza; Henry Simons (1899-1946), autor da versão mais completa do plano monetário de Chicago; Irving Fisher (1867-1947), o mais famoso economista americano antes da Segunda Guerra Mundial; e, depois da guerra, Milton Friedman (1912-2006).[40] Mais uma vez, como no caso dos austríacos, esses economistas do livre mercado concluíram que a capacidade de criar moeda lastreada em crédito tinha de ser encerrada para que a economia de mercado fosse protegida contra crises ruinosas.

A parte essencial do plano, que foi proposto pela primeira vez em 1933, no ponto mais baixo da Grande Depressão, era dar ao governo o direito exclusivo de criar moeda, tirando-o assim completamente de empresas privadas (ou seja, os bancos). Todas as versões do plano exigiam reservas de 100% como lastro para depósitos. Em outras palavras, as famílias e as empresas manteriam seus depósitos em bancos, os quais, por sua vez, manteriam contas no banco central ou, possivelmente, deteriam dívida do governo. Os depósitos, portanto, financiariam o governo. O argumento econômico é que só assim não haveria crises bancárias: os bancos não podiam falir. O argumento filosófico é que um sistema monetário é tanto um artifício social quanto um bem público. A sociedade deve ganhar a recompensa pelo que ela própria criou. O plano propunha, então, que a oferta de moeda, agora sob pleno controle do governo, se expandisse de acordo com uma regra — provavelmente uma meta de taxa de crescimento baseada no crescimento previsto da economia, nas mudanças previstas na demanda por moeda e em uma meta de inflação.

Se as reservas lastreassem os depósitos em 100%, o que financiaria o crédito à economia? Essa é a pergunta crucial para todos os esquemas desse tipo. O Plano de Chicago original propunha substituir os bancos tradicionais por trustes de investimento que emitiriam ações e venderiam seus próprios títulos, que renderiam juros. Mas, como aprendemos com o surgimento dos fundos do mercado monetário e dos mercados de recompra, que desempenharam um papel central no sistema bancário paralelo, essa dívida pode se tornar novamente um substituto atraente para a moeda, com consequências letais para a estabilidade.

Foram propostas duas alternativas, ambas visando eliminar esse risco. Em uma delas, recomendada por Simons, toda propriedade privada assumiria a forma de dinheiro, títulos do governo, ações de empresas ou ativos reais. Assim, os trustes de investimento assumiriam a forma de fundos mútuos de ações ou imobiliários. Na outra alternativa, os bancos tomariam empréstimos do governo, e não do setor privado, para financiar seus ativos mais arriscados.

O objetivo essencial do plano é dar ao governo um monopólio monetário: as instituições privadas não emitiriam obrigações semelhantes a moeda, exceto quando lastreadas por moeda do governo. Quais seriam as vantagens? Fisher alegava quatro. Em primeiro lugar, impedir os bancos de criar e depois destruir crédito e moeda em ciclos autorreforçadores eliminaria a maior fonte de instabilidade na economia. Em segundo lugar, uma atividade bancária com 100% de reservas eliminaria a possibilidade de corridas bancárias: os bancos seriam completamente seguros. Em terceiro lugar, se o governo se financiasse pela emissão de moeda a juro zero, em vez de contrair empréstimos a juro, os juros da dívida e a dívida líquida do governo cairiam drasticamente. Na verdade, em quase todos os países, o governo se tornaria um credor líquido. Finalmente, uma vez que a criação de moeda não precisaria mais da dívida privada, o nível dessa dívida poderia cair drasticamente. De fato, na transição, o governo poderia utilizar o excesso de oferta total de moeda em relação a suas próprias dívidas para financiar uma queda dramática da dívida privada por meio de recompras. Eu acrescentaria a esses benefícios que a extinção da moeda convencional criada pelos bancos quase certamente encolheria o setor financeiro, reduziria os rendimentos totais obtidos pelos banqueiros e assim melhoraria a distribuição de renda.

As implicações fiscais por si sós seriam dramáticas. De acordo com um importante texto de trabalho do Fundo Monetário Internacional sobre o Plano de Chicago, de autoria de Jaromir Benes e Michael Kumhof, os depósitos bancários totais nos Estados Unidos são cerca de 180% do PIB.[41] Suponha que a demanda por moeda cresça apenas acompanhando o produto interno bruto nominal, a cerca de 5% ao ano. Se ela não fizesse isso, as taxas de juro subiriam e a economia poderia ser empurrada para a deflação. Assim, a cada ano seria necessário que a oferta de moeda crescesse 9% do PIB para que permanecesse em 180% do PIB. Isso financiaria cerca de 40% do governo federal em anos normais, permitindo uma redução dramática nos impostos. Os republicanos deveriam amar isso! A isso deve ser acrescentada a poupança em juros sobre a dívida do governo (supondo que esses não seriam depósitos que rendem juros) e os rendimentos de qualquer dinheiro emprestado ao setor privado.

Também dramáticas seriam as implicações para a operação da política monetária. O banco central teria controle direto sobre a oferta de moeda. Poder-se-ia determinar que ele adotasse uma regra rígida, como a proposta pela Escola de Chicago, que incluiria uma meta de inflação precisa. O banco central poderia definir a taxa de juro que quisesse, inclusive taxas negativas, até o ponto em que as pessoas preferissem guardar dinheiro em vez de manter depósitos. A estabilização da economia se tornaria um desafio relativamente simples, porque o principal obstáculo a ela teria sido eliminado.

Como era previsível, a oposição do setor bancário obrigou ao abandono do Plano de Chicago na década de 1930. Aqueles que usufruem um privilégio tão extraordinário — neste caso, criar à vontade moeda lastreada pelo Estado — não estariam dispostos a abrir mão dele. Mas a ideia do que é chamado *narrow banking* (atividade bancária restrita) — uma parte importante do Plano de Chicago — retorna, muito compreensivelmente, a cada geração. Minsky, apesar de ser um pós-keynesiano, também endossou a atividade bancária com 100% de reservas em 1994.[42] O plano para Atividade Bancária com Propósitos Limitados, proposto por Laurence Kotlikoff, da Universidade de Boston, em seu livro *Jimmy Stewart is Dead* [Jimmy Stewart está morto], tem semelhanças estritas com o Plano de Chicago.[43] Na esquerda política, James Robertson, ambientalista britânico, foi ainda mais longe em sua proposta de que o banco central crie toda a moeda diretamente e a entregue ao governo para que este a gaste como bem entender. Mas, do ponto de vista monetário, isso é o mesmo que atividade bancária com 100% de reservas.[44] Mais recentemente, Andrew Jackson e Ben Dyson subscreveram uma abordagem semelhante para a Positive Money, uma organização do Reino Unido que promove campanhas.[45] O ponto crucial é que essas propostas de substituição de moeda criada por dívida privada por moeda criada pelo governo são perfeitamente viáveis e trariam benefícios substanciais: muito menos dívida privada e muito menos endividamento privado.

O autointeresse dos banqueiros privados seria de novo um fator importante na oposição a tais ideias. Mas também há objeções intelectuais. Walter Bagehot inicia *Lombard Street* argumentando que:

[...] existe muito mais dinheiro vivo fora dos bancos na França e na Alemanha, e em todos os países que não têm atividade bancária, do que poderia ser encontrado na Inglaterra ou na Escócia, onde a atividade bancária é desenvolvida. Mas esse dinheiro não é, por assim dizer, "dinheiro do mercado monetário": não é acessível [...] Mas o dinheiro inglês é dinheiro "emprestável". Nosso povo é mais ousado em lidar com seu dinheiro que qualquer nação continental, e, mesmo que ele não fosse mais ousado, o simples fato de que seu dinheiro é depositado em um banco o torna muito mais acessível. Um milhão nas mãos de um único banqueiro é um grande poder; ele pode emprestá-lo de imediato a quem quiser, e os tomadores de empréstimo podem ir a ele, porque sabem ou acreditam que ele o tem.

Bagehot atribui o dinamismo econômico britânico à disposição do público de confiar seu dinheiro a bancos privados que assumem riscos. Mas não sabemos que o progresso econômico depende da instabilidade de um sistema bancário de criação de crédito. Certamente, os autores do Plano de Chicago e outros em sua tradição intelectual propõem um desafio profundo para a nova ortodoxia contemporânea de que alguma combinação de metas de inflação com regulação macroprudencial hábil permitirá que a economia mundial monte o tigre financeiro com razoável segurança. Infelizmente, embora algo tão radical como o Plano de Chicago possa ser uma condição necessária para a estabilidade, é improvável que seja uma condição suficiente: a economia de mercado ainda poderia ser instável. Além disso, os ganhos de dinamismo gerados por um sistema privado que assume riscos poderiam superar os riscos para a estabilidade.

A estratégia racional é fazer agora mais mudanças do que a nova ortodoxia sugere (que serão discutidas no capítulo 7 e na conclusão) e planejar a adoção de ideias ainda mais radicais, se crises enormes voltarem a ocorrer. Mas seria muito perturbador e arriscado fazer uma transição maciça na natureza de nossas economias na direção do Plano de Chicago sem antes tentar reformas mais limitadas, se bem que radicais pelos padrões da nova ortodoxia. Além disso, seria racional incentivar alguns países (possivelmente os menores) a experimentar planos ainda mais radicais para eliminar a atividade bancária como a conhecemos. Na verdade, o fracasso do sistema financeiro foi tão grande que a ideia de uma monocultura de sistemas bancários e financeiros, regida pelas mesmas regras globais, parece excessivamente tola. Simplesmente não sabemos o suficiente para nos fixarmos em apenas um sistema. A experiência é essencial. O Plano de Chicago, ou variantes dele, é *definitivamente* uma experiência que vale a pena fazer.

Keynes vs. Friedman sobre política fiscal vs. monetária

Os debates econômicos da década de 1930 legaram um acordo entre John Maynard Keynes (1883-1946) e seus sucessores, de um lado, e os monetaristas, de outro, sobre uma questão decisiva: a demanda agregada é importante. A economia não opera automaticamente em pleno emprego. O produto potencial não se torna automaticamente produto real em uma economia monetária complexa. Nesses aspectos, keynesianos e monetaristas estão basicamente de um lado, uma vez que ambos estão preocupados com a demanda agregada, e os economistas austríacos estão do outro, já que rejeitam completamente essa preocupação. Surgiu uma divisão, no entanto, entre keynesianos e monetaristas sobre quais ferramentas usar e como. Essa divisão existe até hoje. Na verdade, o debate sobre a importância relativa de políticas fiscais e monetárias no período pós-crise foi um dos mais importantes de todos.

Isso não é verdade em tempos normais, quando as taxas de juro são significativamente positivas. Nessas circunstâncias, a maioria dos descendentes de Keynes (embora não todos) estaria de acordo com Milton Friedman e seus sucessores em que a política monetária pode produzir a desejada estabilidade da demanda. Mas permanecem discordâncias importantes. Em primeiro lugar, a visão de Friedman enfatizava não o preço do dinheiro (a taxa de juro), mas sua quantidade. Ele era um teórico quantitativista na tradição de Irving Fisher: argumentava que o que importava não era o preço do dinheiro, a taxa de juro, mas sua quantidade, o estoque de moeda. Friedman acreditava que a taxa de juro não nos diz se a política monetária é frouxa ou não. Só a taxa de crescimento da oferta de moeda faz isso. Seu pressuposto subjacente era que, apesar de mudanças radicais em instituições monetárias no sentido de um sistema monetário baseado no crédito — e afastando-se de um baseado em produtos —, é possível e desejável que o sistema monetário tanto defina o que é moeda quanto controle seu crescimento com maior ou menor precisão. Além disso, argumentam os teóricos quantitativistas, se se alcançasse uma taxa estável de crescimento da oferta de moeda, o crescimento da demanda nominal também seria estável: há, em outras palavras, uma relação direta entre a oferta de moeda e os gastos nominais na economia. Em segundo lugar, Friedman argumentava que a melhor abordagem seria adotar uma regra para o crescimento da oferta de moeda em vez de depender da discrição dos banqueiros centrais. Se se fizesse isso, quaisquer perturbações de curto prazo da economia real geradas por caprichos na oferta de moeda seriam eliminadas, deixando que a economia real subjacente funcionasse tão bem quanto possível.

Os grandes sucessos do monetarismo ocorreram nas décadas de 1960 e 1970, quando um keynesianismo ingênuo explodiu porque subestimou as expectativas inflacionárias e acreditou com excesso de confiança no ajuste macroeconômico fino. A suposta troca entre desemprego e inflação parou de funcionar, e nesse momento o ajuste fino keynesiano da economia real, por meio de políticas fiscais e monetárias ativas, foi amplamente desacreditado, e posteriormente abandonado. É claro que era logicamente possível ter uma visão keynesiana do papel da política fiscal na gestão da demanda e ao mesmo tempo aceitar o papel crucial das expectativas. E nem era essencial para os keynesianos acreditar em ajuste fino macroeconômico. Dada nossa ignorância, eles poderiam em vez disso ter acreditado em um ajuste grosseiro — ou seja, o uso da política fiscal para orientar a economia apenas em circunstâncias extremas. De forma semelhante, seria perfeitamente possível acreditar que a moeda tem grande importância, mas não dar muita atenção às expectativas, ao mesmo tempo acreditando em um grau de ajuste fino. Mas, como questão de fato histórico, os keynesianos da década de 1960 principalmente subestimaram as expectativas de inflação e, em grande parte, acreditaram em sintonia fina. Isso abriu uma ala intelectual vulnerável ao contra-ataque monetarista, que combinava o papel das expectativas, a centralidade da moeda e as dificuldades inerentes ao ajuste fino macroeconômico discricionário.

Quando o monetarismo foi tentado nas décadas de 1980 e 1990, ele não teve sucesso, uma vez que nem a definição nem o controle da oferta de moeda se revelaram de forma alguma fáceis. Isso, então, levou à ortodoxia pré-crise de estabelecimento de metas de inflação pelos bancos centrais, que recorriam às taxas de juro e não ao controle quantitativo da moeda. Atrás das mentes dos formuladores de políticas estava a noção de "taxa natural de desemprego" proposta por Milton Friedman e Edmund Phelps, ou, como seria chamada hoje, taxa de desemprego que não acelera a inflação (NAIRU, de *non-accelerating inflation rate of unemployment*) ou, alternativamente, um hiato do produto zero. Essa, então, era uma espécie de síntese entre keynesianismo e monetarismo: keynesianismo de taxa natural, implementado por uma política monetária ativa, na verdade de ajuste fino.

Essa ortodoxia também fracassou, primeiro no Japão na década de 1990, depois no Ocidente após 2007, por causa daquilo que tanto Keynes como Friedman ignoravam: a tendência do sistema de crédito a se descontrolar, como enfatizam os economistas wicksellianos da Escola Austríaca e os "minskyanos". Depois da crise, grande parte do mundo se viu com taxas nominais de juro de curto prazo próximas de zero. Nesse momento, os debates reviveram. Tanto os monetaristas como a maioria dos adeptos da ortodoxia contemporânea argumentaram que a política monetária ainda poderia funcionar de maneira eficaz, fosse por meio da expansão da quantidade de moeda, fosse reduzindo o rendimento sobre outros títulos, em particular títulos de longo prazo. Uma única política, pensava-se, conseguiria esses dois resultados: a flexibilização quantitativa, pelo que se entendia a expansão da base monetária. Ao usar o dinheiro recém-criado do banco central para comprar títulos, o banco central poderia, acreditava-se, tanto expandir a oferta de moeda quanto reduzir os rendimentos.

A figura 37 mostra o que aconteceu com o M2 dos Estados Unidos, a medida mais ampla da moeda que o Federal Reserve publica, depois de 1980.[46] O M2 é composto do dinheiro em poder do público mais os depósitos nas instituições financeiras, pertencentes principalmente às famílias. A figura 37 também mostra a "base monetária". Esta é composta de dinheiro, de novo, e dos depósitos dos bancos privados em bancos do Federal Reserve (ou seja, o banco central). A base monetária é a moeda criada pelo governo no sistema: é um passivo do governo. O resto da oferta de moeda é o passivo dos bancos. A base monetária é às vezes chamada de "moeda externa", e a oferta de moeda criada pelos bancos, de "moeda interna". Até a crise recente, praticamente todo o M2 era moeda interna — um subproduto das atividades de empréstimo em rápida expansão de intermediários financeiros privados. A base monetária mal crescia. Nos primeiros anos da crise, porém, os empréstimos ao setor privado por parte de intermediários financeiros encolheram. Ao expandir a base monetária, principalmente por meio de flexibilização quantitativa, o Federal

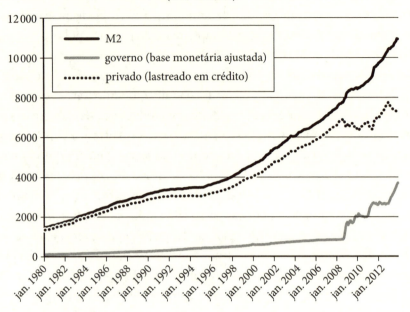

FIGURA 37. LASTRO PARA O M2 DOS ESTADOS UNIDOS
(US$ bilhões)

FONTE: Banco do Federal Reserve de St. Louis.

Reserve compensou a cessação dos empréstimos bancários ao setor privado, mantendo assim o M2 em crescimento. Isso é exatamente o que Milton Friedman teria recomendado. Do ponto de vista monetarista, essa era a coisa óbvia a fazer. Considerando que os monetaristas são geralmente vistos como estando na "direita" economicamente, foi divertido ver o desprezo com que muitos na direita política trataram essas ações do banco central nos Estados Unidos.

Os keynesianos argumentam que, quando as taxas de curto prazo estão próximas de zero, a política monetária já não é muito eficaz. Certamente, o crescimento monetário aparentemente razoável, medido pelo M2, não gerou uma recuperação vigorosa, embora quase certamente tenha impedido uma recessão muito mais profunda. A dificuldade, como vimos no capítulo 5, é que a economia sofre de um excesso de poupança — a poupança desejada excede o investimento desejado, apesar das taxas de juro extremamente baixas. Na expressão conhecida: o dinheiro está empurrando um cordão.[47] Além disso, embora a taxa de curto prazo possa estar próxima de ou em zero, é impossível reduzir a taxa de longo prazo, por causa da "preferência pela liquidez": com taxas de longo prazo insignificantes, a desvantagem para os detentores de títulos é grande (já que os investidores perderiam uma fortuna se os rendimentos voltassem ao normal) e a vantagem é insignificante. Então, as pessoas não vão reter os títulos de longo prazo se o rendimento cair abaixo de certo nível. Se o banco central quisesse que seus rendimentos se reduzissem ainda mais, ele teria de comprar quase todos esses títulos: com efeito, ele se veria financiando o governo diretamente. Uma solução melhor, argumentam os keynesianos, é reduzir diretamente a poupança desejada, mantendo ao mesmo tempo as taxas de juro em zero. Para fazer isso, o governo tem de gastar mais ou implementar cortes de impostos que incentivem o público a gastar mais. Essa é a maneira mais simples e mais direta de reanimar a economia. Além disso, essa política fiscal não terá nenhum efeito sobre as taxas de juro de curto prazo, e só elevará as taxas de juro de longo prazo em países com seus próprios bancos centrais se estimular a confiança em uma recuperação. Os riscos de inadimplência são mais ou menos zero nesse caso.

Esse debate entre keynesianos e monetaristas sobre a melhor resposta à crise em termos de política macroeconômica é muito mais animado, tanto no âmbito acadêmico quanto mais publicamente. Ele será uma grande parte da discussão no capítulo 8, onde informará nossa análise da nova ortodoxia em ação.

A hipótese de instabilidade de Minsky

Fascinantemente, Hyman Minsky (1919-96), um produto pós-keynesiano da Escola de Chicago, desenvolveu uma das críticas mais abrangentes da ortodoxia pré-crise e, por implicação, também da nova ortodoxia pós-crise.[48] Como vimos no prefácio, na introdução e no capítulo 4, seus argumentos decisivos eram três: primeiro, ele acreditava que a instabilidade é uma característica inerente de uma economia capitalista dinâmica, e não apenas do sistema financeiro; segundo, ele duvidava de que alguma regra regulatória pudesse conter essa instabilidade de forma duradoura; e, finalmente, ele acreditava que a combinação de "Grande Governo" com o "Grande Banco" (o banco central) era a única maneira de conter as consequências da grave instabilidade.

Embora discordando, corretamente, da noção de que as metas de inflação poderiam trazer estabilidade, Minsky teria entendido a necessidade, salientada pelo sr. Bernanke, de vigilância regulatória e dos esforços do Federal Reserve para resgatar a economia da crise. Ele teria enfatizado que a economia está agora em modo de depressão e vai exigir um grande esforço liderado pelo governo para escapar de uma crise mais grave. Todas essas são lições muito importantes, a ser consideradas mais longamente no capítulo 8.

Lerner, o cartalismo e a teoria monetária moderna

Uma última escola de pensamento, que é chamada de "cartalismo" (a partir da ideia de que a moeda é apenas um símbolo, para o qual a palavra latina é *charta*), argumenta que a falha conceitual da ortodoxia monetária e fiscal contemporânea não é que ela dá muito espaço para a discrição do banco central ou do governo, mas que dá muito pouco: portanto, ela vai além de Keynes e da maioria dos keynesianos.[49] A ideia essencial é que o objetivo da política monetária e fiscal é garantir o pleno emprego. Em uma economia baseada na livre flutuação da moeda fiduciária (criada pelo governo ou sustentada por ele), o governo não sofre nenhuma restrição fiscal: ele sempre pode criar moeda que os residentes têm de aceitar. As restrições são apenas macroeconômicas, em particular a inflação excessiva.

Adam Smith fez referência à ideia de papel-moeda criado pelo Estado, observando que os governos das colônias britânicas na América do Norte "consideram de seu interesse suprir as pessoas com uma quantidade de papel-moeda que seja plenamente suficiente e em geral mais que suficiente para transacionar suas atividades domésticas".[50] Mas a teoria surgiu de forma completa em 1895, o auge do padrão-ouro, com a publicação da análise de Georg Friedrich Knapp sobre o papel do Estado na criação de moeda.[51] A tributação torna o dinheiro valioso, ele argumentava, porque os cidadãos privados precisam dele para pagar os impostos. Isso, por sua vez, torna o papel-moeda aceitável na economia em geral. Ele é apenas o mais prontamente transferível de todos os créditos possíveis, já que o governo é o mais poderoso e mais permanente de todos os devedores possíveis e todo o dinheiro é apenas crédito transferível: seu valor deriva da disposição das pessoas para confiar nele.

Essa ideia influenciou Keynes e foi retomada nas "finanças funcionais" propostas pelo influente pós-keynesiano Abba Lerner (1903-82).[52] Dado que o governo pode emitir moeda à vontade, o nível de tributação e a magnitude dos empréstimos são ferramentas para influenciar a economia. Eles não têm nada a ver com alguma necessidade de financiar o governo, já que ele pode se financiar através da criação de moeda. Consequentemente, todas as formas de economia doméstica com equilíbrio orçamentário aplicadas ao governo são absurdas, a menos que ele tenha deixado de ser capaz de criar moeda (como aconteceu na zona do euro). Nas palavras de Lerner,

> O governo deve ajustar suas taxas de gasto e de tributação de tal forma que o gasto total não seja nem mais nem menos que o suficiente para comprar o nível de produção com pleno emprego a preços correntes. Se isso significa que há um déficit, mais concessão de empréstimos, "impressão de dinheiro" etc., então essas coisas em si mesmas não são nem boas nem más, são simplesmente os meios para os fins desejados de pleno emprego e estabilidade de preços.[53]

Desde que essas políticas não gerem excesso de demanda, não há razão para temer seus efeitos inflacionários. Isso não significa que não existe nenhuma restrição à política monetária, mas essas restrições vêm da inflação e dos riscos a ela associados de quedas acentuadas no valor da moeda em relação a outras moedas.

Os atuais proponentes desse conjunto de ideias o chamam de "teoria monetária moderna".[54] Um aspecto essencial é que o setor privado pode ser um acumulador líquido de ativos financeiros se, e somente se, o governo tiver um déficit ou a economia como um todo tiver um superávit em conta-corrente (isto é, se os estrangeiros tiverem um déficit financeiro). Se o governo tiver um superávit financeiro nos bons momentos, como keynesianos ortodoxos propõem, o setor privado, na ausência de um superávit em conta-corrente, terá um déficit financeiro. Esse último déficit precisará ser financiado pela criação de crédito bancário, o qual pode no fim se revelar desestabilizador.

Um argumento crucial e sem dúvida correto na teoria monetária moderna é este: *os bancos não emprestam suas reservas no banco central*.[55] Os bancos criam empréstimos por conta própria, como explicado acima. Eles não precisam de reservas para fazer isso, e, na verdade, na maioria dos períodos, seus haveres em reservas são desprezíveis. Somente o banco central (por meio de operações de mercado aberto), o governo (por meio de gastos e tributação) ou particulares (reduzindo ou aumentando suas posições de caixa) podem mudar o nível agregado de reservas bancárias. Tampouco a quantidade de moeda que os bancos criam está relacionada de maneira direta a reservas no sistema monetário contemporâneo, como os bancos centrais descobriram: as reservas aumentaram dramaticamente depois da crise, mas os empréstimos não. A quantidade de moeda que os bancos criam depende apenas de quanto eles pensam que pode ser rentável emprestar a taxas de juro definidas pelo banco central.

Como as percepções de risco dos bancos variam de forma acentuada, dependendo do clima econômico (pelo qual eles mesmos são, no conjunto, em grande medida responsáveis), sua disposição de criar empréstimos também variará de forma acentuada, do banquete — um momento de boom de crédito — à fome — um momento de contração do crédito. Se um banco precisar de reservas para cumprir obrigações de liquidação ou de dinheiro vivo, os bancos centrais de hoje as fornecerão a ele livremente à taxa de juro que tenha determinado. Assim, essa taxa de juro determinará as taxas a que os bancos emprestam. Se o banco central adotar a flexibilização quantitativa (ou seja, criar moeda para comprar ativos do público), isso aumentará automaticamente as reservas bancárias agregadas. O banco central paga a membros do público em troca dos títulos que compra deles. Os membros do público, então, depositam o dinheiro em suas contas em bancos comerciais, os quais, então, passam a ter maiores obrigações com o público e um aumento correspondente em depósitos no banco central. Esses depósitos correspondentes são, é claro, as reservas bancárias.

Além disso, para repetir, os próprios bancos não podem fazer nada para reduzir os níveis agregados de reservas bancárias, uma vez que a única utilização de reservas ocorre para acertar as contas com outros bancos. Outras empresas e famílias não possuem contas no banco central. Assim, a perda de reservas (depósitos) de um banco no banco central é sempre o ganho de outro banco. Ela não afeta a quantidade total de reservas existentes. É claro que o governo e o banco central podem alterar a quantidade de reservas através da compra e venda de ativos no mercado. De forma semelhante, o público pode alterar a quantidade de reservas pedindo dinheiro vivo, em vez de depósitos bancários. Os bancos, por sua vez, obtêm dinheiro vivo do banco central, em troca de suas reservas ou obtendo empréstimo do banco central, que cria as reservas. Em resumo, deve-se imaginar a relação entre os bancos e o banco central como sendo idêntica à que existe entre o público e os bancos. O banco central é o banco dos bancos.

A teoria monetária moderna (TMM) propõe outro desafio fundamental para a ortodoxia oficial. Ela argumenta que, em uma economia baseada em moeda fiduciária, a tarefa do banco central e do governo, em conjunto, é apenas estabilizar a economia. Além disso, essas entidades sempre podem criar a demanda necessária para gastar a moeda que criam. É claro que há uma restrição: uma demanda excessiva em relação à oferta vai de fato gerar inflação. Mas isso não acontecerá apenas por causa de flexibilização quantitativa, a menos que seu efeito seja aumentar a oferta global de moeda (em sentido amplo) mais depressa do que o público está disposto a retê-la. Isso certamente não aconteceu durante esta crise, razão pela qual a hiperinflação que alguns temiam acabou sendo um perigo ilusório. A deflação é um risco muito maior.

O motivo para não dar ao governo o poder de usar sua capacidade de criar moeda como uma ferramenta de estabilização, dessa maneira direta, não é que isso é tecnicamente difícil. É, antes, que muitos o consideram (com razão) politicamente perigoso, porque põe muito poder discricionário nas mãos de políticos cuja estimativa de produção a plena capacidade pode ser perigosamente otimista. A resposta a essa preocupação é institucional: dar ao banco central o poder de decidir quanto dinheiro criar, mas pedir ao banco central que faça isso diretamente através da criação de moeda externa, e não indiretamente através da expansão da moeda interna. Curiosamente, a visão da TMM e a do Plano de Chicago são essencialmente a mesma, a diferença sendo principalmente a configuração institucional na qual o Estado cria moeda, em vez dos bancos privados.

CONCLUSÃO

As pessoas que desenvolveram as perspectivas críticas esboçadas acima diferem sobre valores políticos e, portanto, sobre se o objetivo deve ser menos intervenção estatal e mais intervenção privada ou menos intervenção privada e mais intervenção estatal. Elas divergem sobre se a política deve ser orientada por regras ou por discrição. Divergem sobre se o Estado deve ter um papel ativo na gestão da economia. Divergem sobre se a moeda e o crédito são a única fonte de instabilidade na economia. Mas em um ponto elas concordam: o equilíbrio entre o papel do Estado, como fornecedor final de moeda, e o do setor privado, como criador real da quase totalidade do crédito e da moeda que usamos, é extremamente desestabilizador. Fizemos um pacto com o diabo. Não é um acordo novo. Ao contrário, ele remonta a muitos séculos atrás. Mas fomos recentemente lembrados de que os perigos são imensos. Além disso, a liberalização das finanças parece levar a crises quase automaticamente. Com certeza isso sugere fortemente a necessidade de um novo tipo de sistema.

Passemos agora aos desafios que as autoridades estão tentando enfrentar: sair do atual mal-estar, e restaurar uma economia mundial estável e dinâmica. O que, exatamente, elas estão tentando fazer? Será que tem chance de funcionar? O que mais pode ser necessário? Essas são as perguntas às quais passamos agora.

7. Consertando as finanças

Nós [...] nos comprometemos a chegar rapidamente a um acordo sobre padrões de capital e liquidez mais fortes como o núcleo de nossa agenda de reformas e, nesse sentido, apoiar plenamente o trabalho do Comitê de Basileia de Supervisão Bancária e convocá-lo a propor regras acordadas internacionalmente para melhorar a quantidade e a qualidade do capital dos bancos e para desencorajar alavancagem e assunção de risco excessivas. [...] É fundamental que nossos reguladores bancários desenvolvam regras de capital e liquidez com rigor suficiente para permitir que nossas empresas financeiras suportem futuras crises no sistema financeiro global.

Comunicado dos ministros das Finanças e presidentes dos bancos
centrais do G-20, 5 de junho de 2010[1]

O capital tem um custo — tanto para os bancos quanto para a economia em geral sob a forma de empréstimos passados quando as instituições encolhem para cumprir razões capital-ativos extremas. [...] Não é nenhuma surpresa que os níveis de empréstimo nos Estados Unidos e na Europa sofreram ao longo dos últimos cinco anos e continuarão a fazê-lo com as exigências dos reguladores de níveis ainda mais elevados de capital requerido.

Dizer aos bancos que eles precisam de mais capital e depois queixar-se de que alguns tomadores de empréstimo não estão obtendo financiamento é uma declaração política, não econômica. Os incentivos são óbvios. Quando os reguladores estabelecem regras, não devem se surpreender com que os bancos naturalmente se ajustem aos incentivos que eles criaram. No entanto, muitas vezes os bancos são culpados por tomarem decisões racionais com base nas regras que foram estabelecidas por seus reguladores.

Frank Keating, presidente e diretor executivo da Associação
Americana de Banqueiros, 22 de agosto de 2013[2]

O colapso do sistema financeiro foi tão espetacular que os principais legislativos, formuladores de políticas e reguladores se entregaram a uma orgia de criação de leis e de regras. Uma infinidade de rótulos — "Basileia iii", "Dodd-Frank", "regra Volcker", "Vickers" e "Liikanen" — se tornou familiar aos leitores da imprensa de negócios. Mas o que está por trás de tudo isso? Essas reformas terão sucesso? Custarão muito caro? Existe algo melhor que poderíamos fazer? Ao responder a essas perguntas, o foco da discussão estará na tentativa de salvar um sistema que, em sua essência, permanecerá muito semelhante ao que entrou em crise. O objetivo é domar o tigre bancário e financeiro, e não transformá-lo em outro animal. Depois, no próximo capítulo, a discussão passará ao contexto macroeconômico — a reforma monetária, tanto nacional como global, e o reequilíbrio da economia mundial.

FECHANDO AS PORTAS DO ESTÁBULO

Uma das consequências mais importantes da crise foi a decisão de convocar uma reunião de cúpula do G-20 dos principais países de alta renda e emergentes em Washington, em novembro de 2008, e posteriormente tornar essa reunião informal o foco da tomada de decisão econômica global. Isso marcou uma transição de órgãos dominados por um número limitado de países de alta renda, mais recentemente os ministros das Finanças e presidentes dos bancos centrais do G-7 (Estados Unidos, Japão, Alemanha, França, Reino Unido, Itália e Canadá) e os chefes de governo do G-8 (o G-7 mais a Rússia). Ela reconheceu transições fundamentais no poder global. Em consequência, foi o G-20 que estabeleceu a agenda de reformas pós-crise. A "Declaração sobre o Fortalecimento do Sistema Financeiro", de 2 de abril de 2009, esboçou compromissos para:[3]

Criar o Conselho de Estabilidade Financeira, para supervisionar a estabilidade financeira global.

Ampliar o âmbito da regulamentação para cobrir "todas as instituições financeiras, mercados e instrumentos sistemicamente importantes", com especial atenção para "instituições financeiras grandes e complexas". A supervisão dos fundos de hedge também seria incluída.

Fortalecer a regulação prudencial, inclusive com a imposição de capital maior e de melhor qualidade, garantindo que as empresas acumulem grandes colchões de capital nos bons momentos, e suplementando os requerimentos de capital com "uma medida simples, transparente, não baseada em risco, que seja comparável internacionalmente, leve devidamente em conta as exposições fora do balanço e possa ajudar a conter o acúmulo de alavancagem no sistema bancário".

Assegurar que "as estruturas de compensação sejam 'consistentes com as metas de longo prazo das empresas' e uma assunção prudente de risco".

Melhorar os padrões de avaliação dos instrumentos financeiros.

Tornar mais efetiva a supervisão das agências de classificação de risco.

Isso indica a resposta regulatória imediata à crise. Esta, por sua vez, refletiu um consenso de que quase tudo tinha dado errado: supervisão inadequada; capital insuficiente; arbitragem regulatória; comportamento irresponsável; contas enganosas; e classificações de crédito enganosas. Posteriormente, as autoridades acrescentaram ainda mais objetivos: mudança estrutural (alterando a forma como os bancos estão autorizados a organizar-se internamente), testes de estresse (avaliações da capacidade dos bancos para sobreviver a condições extremas), regimes de resolução (novos mecanismos legais para reorganizar as finanças de instituições financeiras em falência), mudanças na estrutura do mercado (deslocamento das transações de mercados de balcão para bolsas e câmaras de compensação); e reformas das estruturas regulatórias. Eles estavam tentando fechar todas as portas do estábulo de uma só vez.

Então, o que aconteceu com essa agenda complexa?

Basileia III

A primeira área de foco foi chegar a um entendimento sobre um novo acordo, o Basileia III (depois que a crise demonstrou o fracasso dos Basileia I e II) para reger capital bancário, gestão de riscos — inclusive a gestão do risco de mercado —, regulação macroprudencial e risco de liquidez.[4] O Basileia I, que impunha um conjunto mínimo de requerimentos de capital para os bancos, havia sido acordado pelo Comitê de Basileia de Supervisão Bancária em 1988. Ironicamente, um de seus principais objetivos era enfraquecer a temida concorrência dos bancos japoneses descapitalizados, que, então, prontamente faliram na crise financeira da década de 1990. A essência do Basileia I era a ponderação de risco dos ativos, com ativos alocados em cinco classes de risco. Irônica e perigosamente, esses pesos tratavam a dívida de governo como isenta de risco e colocavam títulos lastreados em hipotecas com classificação AAA na próxima categoria menos arriscada. Os bancos internacionais eram obrigados a se financiar com capital igual a 8% de seus ativos ponderados pelo risco. Mas isso significava razões capital próprio/ativos muito mais baixas, se as ponderações de risco de muitos dos ativos que as instituições individuais detinham fossem reduzidas.[5] O Basileia II, inicialmente publicado em 2004, era uma extensão do Basileia I. Ele dava muito mais atenção a riscos de mercado e operacionais, por exemplo, do que fizera o Basileia I, e também encorajava os bancos a usar seus próprios modelos de valor em risco.[6] No fim, a crise ocorreu antes que o Basileia II houvesse sido totalmente implementado. O Basileia III está agora substituindo o Basileia II, embora seja em grande parte a descendência dos dois acordos anteriores. Ele ainda recorre à ponderação de risco, por exemplo, mesmo que essa abordagem tenha falhado no período que antecedeu a crise, como observado no capítulo 4.

Quanto a requerimentos de capital, os reguladores concordaram em aumentar o capital ordinário, mais os lucros acumulados, para 4,5% (a partir dos 2% do Basileia II) e o capital "Nível 1" (incluindo ações preferenciais e dívida subordinada perpétua) de 6% de "ativos ponderados pelo risco". Eles concordaram em acrescentar mais de 2% em capital "Nível 2" (dívida subordinada com vencimento superior a cinco anos) e um "colchão de capital de conservação" mínimo obrigatório de 2,5%, para dar espaço antes que uma empresa caia para o piso regulatório. Também decidiram acrescentar mais 2,5% de ativos ponderados pelo risco em um "colchão anticíclico" e uma extensão de mais 1%-2,5% desse colchão anticíclico para bancos globais sistemicamente importantes. No conjunto, isso poderia levar o capital, em sentido amplo, para 15,5% dos ativos ponderados pelo risco para os bancos globais sistemicamente importantes, nos bons momentos. O mínimo inflexível de capital amplamente definido seria de 8% dos ativos ponderados pelo risco.[7]

Além disso, o Basileia III reforçou substancialmente a supervisão dos procedimentos de ponderação de risco adotados pelas instituições financeiras. Isso ocorreu em parte porque essas últimas tinham se mostrado irremediavelmente otimistas em excesso antes da crise, e em parte porque as diferentes instituições aplicavam pesos radicalmente diferentes aos mesmos ativos. Como a ponderação de risco é vulnerável ao jogo das empresas financeiras, os formuladores de políticas também concordaram em impor uma taxa de alavancagem sem ponderação de risco. Mas a taxa em discussão entre os reguladores em Basileia foi de meros 3%.

O Basileia III promove a regulação macroprudencial, por meio da introdução de testes de estresse fortes, estimando as probabilidades de perdas durante longos horizontes temporais e convocando os reguladores a dar a atenção ao acúmulo de riscos sistêmicos. Ele também fez uma série de mudanças significativas nos requerimentos de liquidez. Por fim, exigiu mudanças importantes na estrutura e no comportamento dos mercados financeiros: gestão mais integrada do mercado e do risco de contraparte; requerimentos de capital mais fortes para exposição de crédito de contraparte; e deslocamento das transações de balcão com derivativos para câmaras de compensação centralizadas.

Algumas jurisdições foram — ou estão pensando em ir — além desses mínimos globalmente acordados. Os Estados Unidos planejam impor uma taxa de alavancagem simples de 5% em holdings bancárias com mais de 700 bilhões de dólares de ativos totais consolidados. Instituições depositárias seguradas que são subsidiárias dessas holdings devem manter uma taxa de alavancagem suplementar de pelo menos 6% para ser consideradas "bem capitalizadas".[8] As oito holdings bancárias americanas (Citigroup, JP Morgan, Bank of America, Bank of New York Mellon, Goldman Sachs, Morgan Stanley, State Street e Wells Fargo) incluídas na lista globalmente acordada de bancos globais sistemicamente importantes são afetadas por essas regras americanas, que devem entrar em vigor em 2018.[9] A Suíça determinou que o UBS e o Credit Suisse — seus dois bancos globais sistemicamente importantes — aumentassem seu capital para 19% dos ativos ponderados pelo risco — dos quais 9% podem ser em títulos convertíveis contingentes ("CoCos"), destinados a se converter em capital uma vez que um gatilho predefinido seja acionado. A Comissão Independente sobre Bancos do Reino Unido recomendou que os bancos sistemicamente importantes do Reino Unido sejam obrigados a ter uma capacidade mínima de absorção de perdas de 17% a 20% dos ativos ponderados pelo risco, aí incluídos "títulos *bail-inable*".*

Resolução

Uma segunda área de foco foi "resolução", particularmente a resolução de bancos sistemicamente importantes.[10] A resolução permite às autoridades reorganizar as finanças de instituições problemáticas impondo perdas aos acionistas e credores de uma maneira ordenada. Empresas individuais, ao mesmo tempo, precisariam desenvolver seus próprios planos de resolução — os chamados "testamentos em vida". O objetivo desse esforço é eliminar a ameaça amplamente anunciada de "grandes demais para falir".

Um dos argumentos a favor de isolar (*ring-fence*) as subsidiárias com capital separado e dívida "*bail-inable*" (dívida emitida como claro entendimento de que poderia ser — e provavelmente seria — convertida em capital se se considerasse que a instituição emitente necessitaria de capital adicional) é que isso tornaria muito mais fácil "resolver" bancos que se encontrem em dificuldade. Considere, por exemplo, um banco de varejo com subsidiárias capitalizadas de forma independente e a dívida *bail-inable* exigida pelos reguladores do país hospedeiro. O banco espanhol Santander ou o banco britânico HSBC podem ser exemplos dessas instituições federais. Suponha que uma subsidiária começou a ter problemas sérios. Suponha, também, que a instituição-mãe não pôde (ou não quis) salvá-la. Então, o regulador do país hospedeiro da subsidiária poderia assumir o controle dela e resolvê-la, por meio da conversão de uma proporção adequada de dívida *bail-inable* em capital. Na verdade, com gatilhos apropriados isso poderia acontecer mesmo sem envolvimento regula-

---

* O termo *bail-in* (que aparecerá mais adiante no texto) surgiu em oposição a *bail-out*. No vocabulário financeiro, um *bail-out* (que traduzimos como resgate/resgatar) ocorre quando investidores de fora salvam uma instituição emprestadora injetando nela dinheiro para ajudar a servir uma dívida. Foi o que os governos fizeram em instituições que corriam o risco de falir durante a crise de 2007-8. Em contraste, um *bail-in* obriga os credores da instituição a arcar com uma parte desse encargo por meio do cancelamento de uma parcela da dívida de que são detentores. Títulos *bail-inable* (como o autor esclarece logo abaixo) são os que podem ser utilizados para *bail-in*. [N. T.]

tório. Esse processo é muito semelhante àquele imaginado pela Comissão Independente sobre Bancos do Reino Unido.

Agora passemos ao exemplo mais difícil, de um banco de investimento global como o Goldman Sachs ou o Morgan Stanley, ou as subsidiárias dedicadas a atividade bancária de investimento dos bancos universais. Esses bancos têm balanços globais integrados e, portanto, não podem ser resolvidos pelos órgãos reguladores do país hospedeiro sem que isso cause um caos global. De longe a melhor maneira de resolver esses problemas é através da resolução ordenada da holding bancária pelo órgão regulador do país de origem. A Federal Deposit Insurance Corporation, dos Estados Unidos, e o Banco da Inglaterra estão cooperando no desenvolvimento dessa abordagem "ponto único de entrada" ("*single-point-of-entry*", ou SPOE). O objetivo é concentrar as perdas nos acionistas e nos detentores de dívida sem garantia de longo prazo da holding-mãe. Para conseguir isso, a holding precisaria carregar uma quantidade adequada de dívida, distinta da dívida de suas subsidiárias. A abordagem SPOE deve reduzir os incentivos aos credores e clientes das subsidiárias operacionais para que "corram", e aos reguladores do país anfitrião para que adotem o isolamento ou outras medidas prejudiciais a uma resolução ordenada de uma empresa global em falência.[11]

Incentivos aos funcionários

Uma terceira área importante foi a de incentivos aos funcionários. O objetivo é alinhar melhor os interesses dos funcionários com os das partes interessadas, inclusive o público em geral. Em 2010, o Comitê dos Supervisores Bancários Europeus finalizou regras que exigem que 40%-60% da remuneração variável dos executivos de bancos sejam adiados por três a cinco anos e que pelo menos 50% da remuneração variável seja paga em ações.[12] A Federal Deposit Insurance Corporation apresentou requisitos amplamente semelhantes para banqueiros americanos.[13] Em 2013, a União Europeia impôs uma taxa máxima de um para um de bônus em relação ao salário.[14] Essa regra é inevitavelmente controversa. Alguns sugerem que ela levará a atividade bancária para fora da UE e aumentará a remuneração básica, tornando assim a remuneração mais inflexível e criando perdas desnecessárias de postos de trabalho nas recessões, e reduzindo as recompensas por um desempenho excepcional. Mas outros contra-argumentam que isso reduzirá os incentivos à assunção de riscos unilateral, transformando os bancos nas sóbrias empresas de serviços públicos que eles devem se tornar.

Alguns propuseram ir muito além de meras mudanças no regime de compensação. No Reino Unido, a Comissão Parlamentar sobre Padrões Bancários recomendou que

> seja estabelecida uma ofensa criminal aplicável a Pessoas de Alto Escalão que exerçam suas responsabilidades profissionais de maneira imprudente, que pode incluir uma pena de prisão; depois de uma condenação, a remuneração recebida por um indivíduo durante o período de comportamento imprudente deve ser recuperável através de ação civil separada.[15]

Essa abordagem draconiana reflete uma crença amplamente compartilhada de que os gestores de instituições bancárias foram pouco responsabilizados pelas consequências de suas decisões.

Reforma estrutural

Uma quarta área de foco foi a reforma estrutural, em que muita coisa aconteceu. Os Estados Unidos introduziram a regra Volcker, em homenagem a seu promotor, Paul Volcker, o temível presidente do Federal Reserve entre 1979 e 1987: "A Regra em geral proíbe uma entidade bancária de se envolver em transações por conta própria ou adquirir uma participação acionária em, patrocinar, ou ter certas relações com um fundo de hedge ou fundo de *private equity*".[16] Os objetivos compreensíveis dessa regra são reduzir os conflitos dentro das empresas entre seus próprios interesses e os de seus clientes e garantir que nenhuma forma de subsídio público implícito ou explícito seja empregada em transações por decisão delas próprias. A dificuldade é que é complicado distinguir a transação proprietária do serviço essencial de criação de mercado. A regra foi acordada em dezembro de 2013 e entrou em vigor em abril de 2014. É, portanto, muito cedo para dizer se ela pode ser efetivada e, nesse caso, também pode fazer diferença. A Comissão Independente sobre Bancos do Reino Unido (da qual eu era membro) concluiu que a regra não foi bem orientada e não funcionaria bem.

No Reino Unido, o governo de coalizão recém-empossado criou a Comissão Independente sobre Bancos em junho de 2010, sob a presidência de Sir John Vickers, da Universidade de Oxford, ex-diretor-geral do Office of Fair Trading. Em setembro de 2011, a comissão recomendou que os bancos de varejo fossem isolados dos bancos de investimento em subsidiárias capitalizadas separadamente.[17] No arranjo proposto pela comissão, depósitos de famílias e de pequenas empresas seriam mantidos dentro do banco de varejo, a atividade de transação ficaria dentro do banco de investimento e grandes depósitos empresariais poderiam ficar em qualquer um dos lados desse isolamento. Os objetivos dessas propostas eram ajudar a isolar o banco de varejo doméstico de choques financeiros externos, facilitar a resolução de um grupo bancário em dificuldade e tornar mais crível que o governo não sustentaria atividades de transação. Ao mesmo tempo, a comissão rejeitou a ideia de uma separação completa, em vez de um isolamento, argumentando que a diversidade de empresas dentro de um grupo grande e a diversificação de seus ativos pode melhorar a estabilidade em uma crise. Posteriormente, o governo do Reino Unido apresentou uma legislação em consonância com as propostas da comissão, com forte apoio da Comissão Parlamentar sobre Padrões Bancários. A Lei da Reforma Bancária baseada nessas propostas foi sancionada no final de 2013.

As recomendações da Comissão Independente sobre Bancos foram uma resposta ao fato preocupante de que antes da crise os ativos do setor bancário do Reino Unido equivaliam a cinco vezes o PIB do país, em grande parte por causa da enorme escala de seus bancos que atuavam globalmente. Na verdade, os ativos totais do setor bancário do Reino Unido em 2009 não eram significativamente menores que os do setor bancário dos Estados Unidos. No tamanho de seus bancos em relação à economia, o Reino Unido era semelhante à Suíça e à Holanda. Um dos objetivos do isolamento era proteger as atividades bancárias voltadas para o país de tudo o que pudesse acontecer nas atividades orientadas globalmente.[18]

Reagindo à publicação do relatório da Comissão Vickers, o comissário de mercado interno da Comissão Europeia, Michel Barnier, criou uma comissão de alto nível, sob a presidência de Erkki Liikanen, presidente do Banco da Finlândia, para examinar a possibilidade de uma reforma estrutural semelhante à dos bancos nos Estados Unidos.[19] A comissão publicou seu relatório em outubro de 2012. Sua recomendação estrutural central foi que:

[...] [a] transação proprietária e outras atividades de transação de alto risco devem ser atribuídas a uma entidade legal separada, se as atividades a ser separadas representarem uma parcela significativa dos negócios de um banco e estiverem acima de certo limiar. Isso asseguraria que as atividades de transação além do limiar fossem realizadas com autonomia e separadamente do banco de depósito. [...] O modelo de banco universal de longa data na Europa, no entanto, permaneceria intacto, uma vez que as atividades separadas podem ser realizadas no mesmo grupo bancário. Assim, a capacidade dos bancos para fornecer uma ampla gama de serviços financeiros a seus clientes seria mantida.[20]

Portanto, a recomendação estrutural da Comissão Liikanen foi quase uma imagem espelhada daquela da Comissão Vickers, do Reino Unido: a primeira recomendou isolar as transações do resto do negócio; a última recomendou, em vez disso, isolar o banco de varejo do resto do negócio. Isso deixaria as atividades normais de banco de investimento — fusões e aquisições, ofertas públicas iniciais e finanças empresariais — fora de ambos os isolamentos. Além disso, o isolamento proposto pela Comissão Liikanen foi definido em termos generosos. As condições necessárias, não suficientes, para considerar a separação em uma entidade distinta eram que os ativos transacionáveis de um banco fossem 15%-25% do total de ativos ou que esses ativos totalizassem pelo menos 100 bilhões de euros.[21] No momento em que escrevo, o início de 2014, não está claro o que resultará dessas propostas, se é que resultará alguma coisa. O apego de países europeus importantes, em especial a França e a Alemanha, ao modelo de banco universal é poderoso. Além disso, como essas reformas propostas, se aprovadas, se encaixariam com as reformas estruturais do Reino Unido, que estarão em grande parte alinhadas com as recomendações da Comissão Vickers, ainda não está claro.

Reforma das instituições reguladoras

Uma quinta e última área importante foi a reforma institucional. Nos Estados Unidos, a aprovação da Lei Dodd-Frank, em 2010, criou o Conselho de Supervisão da Estabilidade Financeira, encarregado de supervisionar a estabilidade geral do sistema financeiro. No Reino Unido, o governo reorganizou toda a mobília regulatória, abolindo a Autoridade de Serviços Financeiros criada em

1997 pelo chanceler Gordon Brown, a quem queriam atribuir a culpa pela crise, e colocando toda a autoridade regulatória prudencial dentro do Banco da Inglaterra. Como parte dessa perturbação, o governo criou um novo Comitê de Política Financeira dentro do banco, também encarregado de supervisionar a estabilidade geral do sistema financeiro. Por fim, a crise da zona do euro também provocou uma transição fundamental na responsabilidade de regulação, com a supervisão sendo transferida para o Conselho Europeu de Risco Sistêmico, dentro do Banco Central Europeu. Em todos esses casos, o poder dos bancos centrais deverá aumentar, embora isso seja menos claro nos Estados Unidos, onde a responsabilidade pela supervisão sistêmica não foi atribuída ao Federal Reserve. Mas, dadas as suas forças institucionais e intelectuais, parece provável que o Fed domine o Conselho de Supervisão da Estabilidade Financeira.

UM TRABALHO DE SÍSIFO

Em resumo, as autoridades responderam à crise com um surto de reforma frenética. Infelizmente, o novo regime regulatório é assombrosamente complexo e exigente. Em um texto brilhante, Andrew Haldane e Vasileios Madouros, do Banco da Inglaterra, notam as crescentes exigências de regulação sobre muitas dimensões. Entre as mais impressionantes está o grande volume de produção de regras:

> Compare as respostas legislativas nos Estados Unidos às duas maiores crises financeiras do século passado — a Grande Depressão e a Grande Recessão. A resposta legislativa mais importante à Grande Depressão foi a Lei Glass-Steagall, de 1933. Na verdade, ela talvez tenha sido a peça mais influente da legislação financeira do século XX. Mas tinha apenas 37 páginas.
>
> A resposta legislativa à crise dessa vez, culminando com a Lei Dodd-Frank, de 2010, não poderia ter sido mais diferente. Por si só, a lei chega a 848 páginas — mais de vinte Glass-Steagalls. Esse é apenas o ponto de partida. Para sua implementação, a Dodd-Frank requer mais quase quatrocentas peças de criação de regras detalhadas por uma variedade de agências regulatórias dos Estados Unidos.
>
> Em julho deste ano, dois anos após a promulgação da Lei Dodd-Frank, um terço das regras necessárias havia sido finalizado. Aquelas concluídas acrescen-

taram mais 8843 páginas ao livro de regras. Nesse ritmo, uma vez completada, a Dodd-Frank poderia abranger 30 mil páginas de regulamentação. Isso é cerca de mil vezes maior que sua prima legislativa mais próxima, a Glass-Steagall. A Dodd--Frank faz a Glass-Steagall parecer um pigarro.

A situação na Europa, embora diferente em detalhes, é semelhante em substância. Desde a crise, mais de uma dúzia de diretivas regulatórias ou regulamentos europeus foi iniciada ou revisada, cobrindo requerimentos de capital, gestão de crises, garantia de depósitos, venda a descoberto, abuso de mercado, fundos de investimento, investimentos alternativos, capital de risco, derivativos de balcão, mercados de instrumentos financeiros, seguro, auditoria e classificações de crédito.

Eles estão em vários estágios de conclusão. Até o momento, totalizam mais de 2 mil páginas. Esse total deverá aumentar dramaticamente à medida que a legislação primária seja traduzida na redação detalhada das regras. Por exemplo, se essa criação de regras ocorresse na escala dos Estados Unidos, o cobertor regulatório da Europa teria mais de 60 mil páginas. Faria a Dodd-Frank parecer uma lei preparatória.[22]

Os cínicos se lembrarão da observação em O leopardo, de Giuseppe Tomasi di Lampedusa: "Tudo deve mudar para que tudo fique como está". Eles concluirão que essa criação de regras maníaca se destina a disfarçar o fato de que o objetivo de tudo isso tem sido preservar o sistema que existia antes da crise: ele ainda será global; vai continuar a depender da interação de grandes instituições financeiras com mercados de capitais que operam livremente; continuará a ser altamente alavancado; e continuará a depender, para ter rentabilidade, da gestão bem-sucedida de enormes disparidades de prazo de vencimento e de risco. Mas a nova estrutura de supervisão e regras regulatórias exibe algo igualmente importante: a quebra da confiança entre as autoridades e o setor financeiro. Isso não foi uma surpresa, dados os enormes custos da crise. No entanto, as autoridades querem preservar em grande parte um sistema do qual também desconfiam. É por isso que o resultado regulatório foi tão complexo e insanamente prescritivo, embora também tenha sido afetado pela complexidade das próprias finanças modernas e por lobby.

A questão permanece: esse esforço regulatório complexo produzirá um sistema financeiro que seja ao mesmo tempo robusto e dinâmico? Em essência, afinal de contas, precisamos de um sistema financeiro que lide com choques inevitáveis e que não gere enormes choques próprios. Essas reformas fornecem isso? Em uma palavra, não. A pura complexidade da estrutura regulatória torna praticamente inconcebível que ela funcione. Ninguém no comando de um banco vai conhecer e entender todas as regras a que deve obedecer. Na verdade, ninguém vai, seja no âmbito dos órgãos reguladores, seja nas instituições reguladas. Operar em um atoleiro regulatório como esse torna certo que as instituições acabem contrariando as regras de funcionamento sem querer fazê-lo. Também criará incerteza generalizada. Isso é extremamente indesejável.

Para ilustrar os problemas além desses pontos cruciais sobre complexidade e incerteza, este capítulo analisará duas questões centrais: capital e regulação macroprudencial. Mas primeiro examinará ideias para uma reforma mais radical.

A DEFESA DA REFORMA RADICAL[23]

Há uma razão simples e reveladora pela qual, apesar de todas as reformas regulatórias, o sistema está fadado a falhar repetidas vezes: ele é projetado para fazê-lo. O motivo para isso, elucidado nos capítulos 4 e 6, é que a fragilidade está embutida nele. O sistema financeiro faz promessas que, em certos estados do mundo, ele não pode esperar cumprir. A razão para isso é que as instituições financiam ativos de longo prazo, arriscados e muitas vezes ilíquidos com passivos de curto prazo, seguros e de alta liquidez. As pessoas que fornecem os fundos consideram seus depósitos e outros empréstimos como um substituto muito próximo do — se não exatamente a mesma coisa que — dinheiro. Mas os ativos detidos pelas instituições às quais elas emprestaram não são em nada semelhantes a dinheiro: eles estão sujeitos a importantes riscos de solvência e liquidez. Em um momento de dificuldade, os provedores de fundos entrarão em pânico: sempre faz sentido tentar ser um dos primeiros a deixar um teatro em chamas ou mesmo um teatro que pode estar queimando. Ao sacar seus fundos, os fornecedores desencadearão o que temem. Os ativos detidos pelas instituições serão despejados a preços de liquidação, transformando a iliquidez em insolvência. A figura 28 mostra, por exemplo, que os títulos lastreados em ativos subprime com classificação AAA tinham perdido dois quintos de seu valor inicial em fevereiro de 2009, devastando o patrimônio líquido de qualquer empresa alavancada que detivesse uma grande quantidade desses ativos supostamente seguros.

Essa é a barganha faustiana do mundo. Alguns (como membros da Escola Austríaca e os autores do Plano de Chicago, discutidos no capítulo 6) defendem uma solução drástica: aboli-la. Tornar as finanças transformadoras de prazos, em geral, e a atividade bancária convencional, em particular, ilegais. Substituí-la por bancos com reservas de 100%, que não podem falir, usando a enorme demanda adicional por reservas no banco central para lastrear os depósitos do público em bancos comerciais como uma forma de financiar o governo.

Charles Goodhart, da London School of Economics, decano dos analistas britânicos de finanças, responde assim a essas sugestões:

> Um problema das propostas desse tipo é que elas contrariam as preferências reveladas de poupadores por produtos financeiros que sejam líquidos e seguros, e de tomadores de empréstimo que não têm de ser reembolsados até uma data futura distante conhecida. Uma das principais funções das instituições financeiras é servir de intermediário entre os desejos dos poupadores e os dos tomadores de empréstimos, ou seja, criar disparidade financeira. *Tornar essa função ilegal parece draconiano* [grifo meu].[24]

Permitimos muitas coisas que são muito menos que perfeitamente seguras. Considere os automóveis ou os aviões. Eles são regulados, mas não proibidos, porque seus benefícios excedem seus custos. Isso, como observei no capítulo 6, é o que o observador perspicaz e prático Walter Bagehot acreditava sobre os bancos e os mercados monetários. No entanto, podemos identificar duas características excepcionais das finanças, que as diferenciam de outros exemplos de produtos e atividades arriscados: primeiro, elas têm enormes "externalidades" negativas — ou seja, a irresponsabilidade de alguns pode criar um pânico e uma crise generalizados; e, em segundo lugar, os custos econômicos e sociais das crises financeiras são enormes. No Reino Unido, por exemplo, a crise financeira já gerou o quarto pior choque fiscal dos últimos duzentos anos, depois das Guerras Napoleônicas, a Primeira Guerra Mundial e a Segunda Guerra Mundial. Em relação à tendência pré-crise, parece bastante provável que ela custe algo bem próximo de seis vezes o PIB anual; e poderia ser muito pior. Na Irlanda, a crise impôs um aumento da dívida pública líquida de cerca de 100% do PIB. O professor Goodhart está certo em dizer que há uma forte preferência por um sistema financeiro que descase os prazos de vencimento, para não mencionar o risco. Mas deve-se perguntar: a que preço?

A perturbação envolvida no movimento para algo semelhante ao Plano de Chicago ou à versão atualizada de Kotlikoff pode ser grande.[25] O mesmo é válido quanto aos planos para substituir a atividade bancária convencional por moeda criada pelo governo.[26] É compreensível que poucos queiram correr o risco de embarcar nessa reforma controversa e complexa. Os banqueiros conseguiram forçar o abandono do Plano de Chicago na depressão da década de 1930. Hoje em dia, a tarefa deles seria muito mais fácil, porque a crise foi, felizmente, mais branda.

Mas existe um estágio intermediário para uma mudança para o Plano de Chicago. Ele consistiria em insistir que os depósitos à vista, ou talvez apenas os depósitos segurados, fossem lastreados por ativos seguros e de alta liquidez: reservas do banco central ou títulos de curto prazo do governo. Isso é atividade bancária restrita [*narrow banking*]. Esses bancos restritos poderiam ser instituições separadas ou partes de instituições maiores. O problema da atividade bancária restrita, para o qual o Plano de Chicago e a Atividade Bancária de Propósito Limitado podem ser uma resposta, é que a fragilidade migraria para outras partes do sistema, como aconteceu com o sistema bancário paralelo. O Federal Reserve não tinha planos de intervir em fundos do mercado monetário e em mercados atacadistas, embora fosse para esses últimos que muitas das disparidades mais importantes haviam migrado. Portanto, para que os bancos restritos realmente funcionassem, seria necessário garantir que a fragilidade não surgiria em outro lugar (não identificado previamente) no sistema financeiro, como as propostas mais radicais de reforma sugerem, talvez insistindo que todos os outros financiamentos assumissem a forma de contratos de capital, ou tornando crível que o banco central e o governo nunca interviriam para ajudar o resto do sistema financeiro se este tivesse problemas. Mas essa promessa é, como dizem os economistas de forma deselegante, "temporalmente inconsistente". Se alguém tivesse perguntado ao Federal Reserve se algum dia ele resgataria a AIG, a provedora de capital paralelo para o sistema bancário paralelo, a resposta certamente teria sido: não. Mas isso foi antes de setembro de 2008, e de repente era outro mundo.

Seria fascinante ver o Plano de Chicago ou a Atividade Bancária de Propósito Limitado de Kotlikoff sendo tentados. Mesmo uma experiência com bancos restritos seria informativa. Mas as dificuldades para fazer essa transição seriam enormes. Então, consideremos primeiro formas menos radicais de sustentar um sistema que ainda seria muito parecido com o nosso. Para isso, devemos começar pelo capital, a única forma de financiamento que inquestionavelmente absorve perdas.

UMA SOLUÇÃO (DE) CAPITAL[27]

Um banco pode financiar seus ativos com duas fontes de recursos: capital e dívida. Os depositantes muitas vezes acreditam que o dinheiro que puseram em seu banco pertence a eles. Na verdade, ele é apenas uma parte das dívidas de seus bancos. Claro, eles são uma parte politicamente importante das dívidas de um banco. É por isso que o seguro de depósito se tornou universal. É impensável que os bancos fossem autorizados a ficar inadimplentes em pequenos depósitos em uma democracia de sufrágio universal. De fato, quando os bancos da Islândia enfrentaram essa grave dificuldade em 2008, o governo impôs a inadimplência a seus credores estrangeiros, já que os balanços combinados dos bancos, de onze vezes o PIB, eram demasiado grandes para que ele os garantisse, mas ele protegeu os depositantes nacionais.[28] Em outros lugares, no pior momento da crise, garantias governamentais abrangentes transformaram não apenas os depósitos segurados mas quase toda a dívida bancária efetivamente em dívida pública. Em alguns casos, a capacidade de obter crédito do Estado foi posta em risco para garantir a dívida dos bancos. A Irlanda é um exemplo extremo desse desenvolvimento desarrazoado: a dívida assumida pelo Estado irlandês apenas para financiar o resgate dos credores de seus bancos foi de cerca de um terço do PIB.

O modelo de negócio do setor bancário

Um cínico diria que o modelo de negócio dos bancos consiste na criação de enormes quantidades de dívida pública explícita e implícita — no caso do Reino Unido, não muito menos de cinco vezes o PIB — como um subproduto de suas outras atividades. É por isso que os banqueiros podem ser vistos simplesmente como funcionários públicos excepcionalmente bem pagos. Mas a criação de dívida pública implícita não é o conjunto do modelo de negócio. A outra parte — e intimamente ligada — é minimizar a dependência do capital dos acionistas como uma fonte de financiamento. É então fácil definir uma meta elevada para o retorno sobre o patrimônio líquido, não ajustado pelo risco. Antes da crise, essa meta costumava ser de 15% ou até mais. Atingi-la era então usado como referência para o pagamento de bônus generosos aos funcionários.

Em uma empresa não financeira, prometer aumentar o retorno sobre o patrimônio líquido aumentando a razão dívida/capital — isto é, aumentando a alavancagem — não é visto como uma estratégia de aumento de riqueza. É uma estratégia especulativa de soma zero. Na verdade, um dos teoremas fundamentais nas finanças — conhecido como teorema de Modigliani-Miller (em homenagem a seus descobridores, Franco Modigliani e Merton Miller, ambos vencedores do prêmio Nobel de Economia) — é que a maneira como uma empresa é financiada não influencia quão valiosa ela é, excluídos quaisquer benefícios fiscais da alavancagem.[29] O financiamento apenas determina como o risco é distribuído entre aqueles que financiam a empresa. De fato, uma vez que a falência é normalmente destrutiva e a alavancagem elevada torna mais provável a falência, as empresas bem estabelecidas geralmente a evitam. Se a British Petroleum (BP) fosse tão alavancada quanto um banco, o desastre no golfo do México, em 2010, a teria levado à falência.

A maior alavancagem torna a dívida mais arriscada e, portanto, seu custo mais elevado. O retorno esperado sobre o patrimônio líquido aumenta, mas isso é uma compensação para a volatilidade crescente dos retornos. Os investidores que compram ações de empresas com modelos de financiamento arriscados são aqueles que gostam da combinação de maior retorno com maior risco. Quando os bancos dizem ao mundo que seus acionistas querem os altos retornos esperados que eles prometem, provavelmente estão certos. Mas os acionistas são autosselecionados. Pessoas que gostariam de um retorno esperado de, digamos, 8% com baixa volatilidade não comprariam hoje ações de bancos. Quando os bancos diziam aos acionistas que pretendiam ganhar 15% de retorno sobre o patrimônio líquido, estavam dizendo a eles que pretendiam fazer um negócio arriscado. Também estavam, como sabemos, dizendo a verdade.

Há, entretanto, uma razão pela qual uma alavancagem alta pode ser atraente para os acionistas, mesmo na ausência de garantias governamentais: o sobre-endividamento [*debt overhang*]. Em seu importante livro sobre os perigos da alavancagem elevada dos bancos, os professores Anat Admati, da Universidade de Stanford, e Martin Hellwig, do Instituto Max Planck para Pesquisa sobre Bens Coletivos, usam o exemplo de Kate, uma mulher que contraiu um empréstimo de 270 mil dólares para comprar uma casa por 300 mil dólares. Suponha que ela herde 50 mil dólares e use esse dinheiro para pagar parte de seu empréstimo. Ela, então, passa a dever 220 mil dólares. Agora, o credor está totalmente protegido contra a perda se a casa perder 80 mil dólares em valor, em vez da proteção de 30 mil dólares que o credor obtinha do patrimônio líquido inicial de Kate. Mas o que Kate ganha ao colocar um extra de 50 mil dólares na casa? Não ganha nada, a não ser que sua taxa de juro seja reduzida. Se não conseguir obter uma redução na taxa de juro que paga, Kate não tem nenhum incentivo para abater uma parte do empréstimo, porque o benefício vai para seu credor, não para ela. Se conseguir encontrar um investimento com um retorno depois dos impostos mais elevado que o custo de sua hipoteca, ela deve preferir colocar seu dinheiro nele. Se o valor de sua casa aumentar, Kate terá até interesse em acrescentar uma segunda hipoteca, para limitar suas perdas potenciais.[30]

Agora considere um cenário extremo — mas, infelizmente, plausível — para compradores de casas e bancos. Suponha que o valor da casa de Kate caiu para 150 mil dólares. Seu patrimônio líquido na casa, então, cairia de mais 30 mil dólares para menos 120 mil dólares. Se ela usasse sua herança de 50 mil dólares para pagar parte da hipoteca, ainda deveria 70 mil dólares a mais do que a casa valia. Supondo que se trata de um empréstimo *non-recourse* (aquele em que o credor não tem direito contra os bens ou rendimentos dela, além do que a casa valha), a única entidade que se beneficiaria de ela pagar um extra de 50 mil dólares seria o credor, cuja perda seria reduzida na mesma proporção. Kate não ganharia nada. Faria mais sentido para Kate colocar 50 mil dólares em um investimento de risco. Se ele fosse bem-sucedido, o dinheiro seria dela. Se não, ela não estaria pior do que se investisse o dinheiro na casa, uma vez que isso só beneficiaria seu credor: não importa para ela, afinal de contas, se o credor perde 120 mil dólares ou 70 mil dólares. Sua perda ainda está limitada aos 30 mil dólares iniciais que ela investiu. Então Kate escolheria "dobrar a aposta para tentar uma ressurreição". É o que se poderia esperar que qualquer pessoa com patrimônio líquido negativo fizesse.

Isso também é relevante para os bancos. Eles são empresas com quase nenhum patrimônio líquido nos bons momentos cujos acionistas usufruem os benefícios da responsabilidade limitada: em outras palavras, os empréstimos a bancos (ou a qualquer outra empresa) são *non-recourse*. Se o banco ficasse com patrimônio líquido negativo — o que é extremamente provável que aconteça, de fato, dada a forma como eles são alavancados —, a desvantagem já não importaria para os acionistas, uma vez que as perdas recaem sobre os credores ou o governo. Então faria sentido apostar na "ressurreição" ou "arriscar tudo". Eles podem fazer isso com bastante facilidade assumindo empréstimos de maior risco e adotando estratégias de transação mais arriscadas.

Mas os bancos também desfrutam de garantias explícitas e implícitas do Estado (como é o caso de alguns compradores de casa). Isso significa que não apenas os acionistas, como vimos, mas mesmo os credores deixam de se beneficiar se os acionistas decidirem colocar mais capital próprio no negócio. As únicas pessoas que se beneficiam de haver mais capital próprio nos bancos são os contribuintes e outras pessoas de fora. Portanto, aqueles envolvidos na economia em geral estariam menos propensos a sofrer os resultados de um pânico contagiante e uma enorme recessão se os bancos fossem mais capitalizados. Nessa situação, qual é a quantidade ideal de capital próprio que os acionistas devem aportar? A resposta é: o mínimo possível. No período que antecedeu a crise, esse mínimo acabou sendo surpreendentemente pouco — logo antes da crise, o índice mediano de alavancagem (a razão dívida/capital) nos bancos do Reino Unido — ou seja, o valor no *meio* da distribuição, não nos extremos — era de 50:1.[31] Em outras palavras, o capital próprio mediano (capital próprio do banco no meio da distribuição) era de cerca de 2% dos ativos. E isso significa que o valor de mercado desses ativos só precisava cair cerca de 2% para que o negócio falisse.

Portanto, o modelo de negócio dos bancos contemporâneos é este: empregar o máximo de dívida possível, implícita ou explicitamente garantida; empregar o mínimo de capital próprio possível; investir em ativos de alto risco; prometer um alto retorno sobre o patrimônio líquido, não ajustado ao risco; vincular bônus ao alcance dessa meta de retorno no curto prazo; garantir que o mínimo possível dessas recompensas seja restituído na forma de impostos ou multas em caso de catástrofe; e ficar rico. Esse é um modelo de negócio maravilhoso para os banqueiros. Mas e para o resto do mundo? As evidências sugerem que os executivos se deram espetacularmente bem. Mas mesmo os acionistas se deram mal. Para todos os outros, foi um desastre.[32]

A solução parece clara: obrigar os bancos a se financiarem com capital próprio em um grau muito maior do que eles fazem hoje. Uma empresa frágil baseada em prazos de vencimento extremos e descasamentos de risco (ativos de longo prazo e de risco financiados por passivos de curto prazo e passivos apenas teoricamente seguros) precisa ter capacidade para suportar grandes perdas, em particular se a falência tende a causar um colapso econômico global. Um capital próprio muito maior protegeria os credores, acabaria como sobre-endividamento e eliminaria os incentivos aos acionistas para apostar tudo. Também tornaria mais críveis as promessas do governo de não salvar os credores, uma vez que a falência de uma instituição teria menor probabilidade de derrubar muitas outras.

A *defesa da elevação do capital*

Então, quanto capital funcionaria? A resposta é: muito mais que o índice de 3% em discussão em Basileia. Como alguém pode imaginar seriamente que é sensato permitir que empresas tão importantes e cuja falência poderia causar um dano tão grande operem com um colchão de capital próprio tão pequeno? Uma simples queda de 3% do valor de seus ativos levaria à falência da empresa. Muito antes que o banco chegasse a esse ponto, ele não conseguiria levantar fundos em condições de mercado e assim deixaria de ser uma empresa viável. Se se quiser entender por que essas pequenas lascas de capital não vão funcionar, basta olhar para os lucros informados do setor financeiro dos Estados Unidos durante a crise de 2007-8. O sistema bancário tem de ser capaz de suportar perdas enormes, dado que é tão cíclico. Lembre-se, também, de que sem a intervenção do governo as perdas teriam sido imensamente maiores à medida que instituições financeiras caíam como pinos de boliche (ver figura 38).

Um texto importante escrito em coautoria por David Miles, membro do comitê de política monetária do Banco da Inglaterra, recomendava que o capital bancário fosse de pelo menos 20% dos ativos ponderados pelo risco.[33] Sua fascinante análise se baseia na volatilidade real do PIB para muitos países ao longo

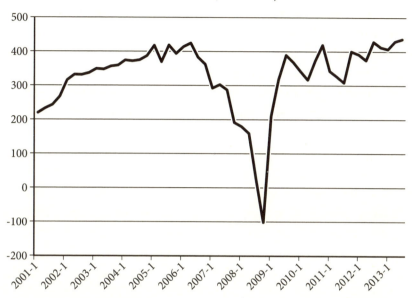

FIGURA 38. LUCROS REAIS DO SETOR FINANCEIRO DOS ESTADOS UNIDOS
(US$ bilhões, bancos e empresas de seguro, deflacionados pelo deflator do PIB, 2009=100)

FONTE: Bureau of Economic Analysis.

dos últimos duzentos anos e no pressuposto de que as mudanças no valor dos ativos ponderados pelo risco dos bancos seriam proporcionais à variação do PIB. Ele também avalia o valor presente dos custos econômicos de uma crise financeira que se seguiria a um grande choque negativo na economia. Ele seria de, no mínimo, 140% do PIB. A conclusão da análise de custo-benefício feita no texto é que a alavancagem deve ser de metade a um terço do que é agora proposto, o que implicaria uma relação entre capital ordinário e ativos bancários de cerca de 10%. Mas o capital próprio requerido poderia ser ainda maior. Isso depende das probabilidades de choques ainda maiores e dos benefícios de um sistema bancário capaz de sobreviver a eles. O texto argumenta até mesmo que em certas suposições não implausíveis o nível adequado de capital poderia ser de 45% dos ativos ponderados pelo risco (mais de 20% do capital ordinário). Em seu livro, Admati e Hellwig sugerem uma proporção de até 30% de capital ordinário.

Não pode haver ciência exata nisto. Ninguém sabe, por exemplo, qual poderá ser o tamanho das perdas dos bancos em uma crise futura. Mas é importante ressaltar que perdas subjacentes razoavelmente pequenas desencadearam a devastadora série recente de crises financeiras em países de alta renda. Futuras crises poderiam facilmente ser maiores. Ninguém sabe se um capital próprio maior significaria uma (ou alguma) perda significativa de oportunidades econômicas, apesar de lobistas de bancos sugerirem que razões de capital muito mais elevadas significariam o fim de nossa economia. Isso é extremamente exagerado. Afinal de contas, os bancos na maior parte não estão financiando novas atividades empresariais, mas sim a compra de ativos já existentes. O valor econômico disso é questionável. Ademais, o mercado presumivelmente geraria formas alternativas de financiamento de boas oportunidades de investimento, se os empréstimos bancários altamente alavancados fossem reduzidos. Finalmente, o grau de segurança que deve ser escolhido é uma questão de valores. Quanto risco uma sociedade está disposta a assumir é algo que ela tem de decidir por si mesma. Ao tomar essa decisão, ela também tem de decidir quanto de risco bancário pode suportar, o que vai depender do tamanho do setor bancário em relação à economia e da solidez da posição financeira do governo.

No conjunto, pode-se considerar uma taxa de alavancagem de 10:1 como um máximo razoável, e, portanto, uma proporção de capital ordinário (não ponderada) de 10% como um mínimo. Além disso, também é vital não confiar muito na ponderação de risco. Andrew Haldane e Vasileios Madouros concluem, de uma análise de falência entre cem dos maiores e mais complexos bancos do mundo em 2006, que "medidas de ponderação simples [de capital] parecem ter maior poder preditivo antes da crise que alternativas ponderadas pelo risco".[34] "Simplifique, burro" é uma boa regra de regulação, como é na vida. Existe ainda outra razão para enfatizar a ponderação igual de todos os riscos, em vez da ponderação de risco complexa: essa última dá uma forte vantagem competitiva aos megabancos capazes de manipular modelos complexos. Seria melhor, então, recorrer primeiro a uma taxa de alavancagem simples, mas ampliá-la para os grandes bancos cuja falência poderia causar o maior dano. Ativos ponderados pelo risco podem desempenhar um papel secundário. Dessa forma se teria uma abordagem de dupla segurança: uma taxa de alavancagem forte mais uma razão de capital ponderada pelo risco como um reforço.

Não há dúvida de que um capital substancialmente maior (medido pelo valor de mercado, e não contabilmente) traria maior estabilidade ao sistema bancário. Também não há dúvida de que as crises financeiras são espetacularmente custosas. Além disso, não há dúvida de que os bancos não internalizam esses custos. Ademais, um banco hoje emprestaria alegremente a tomadores de empréstimo com apenas 3% de patrimônio líquido em seus negócios ou em sua casa? Dificilmente. Então, por que os governos devem permitir que instituições tão importantes como os bancos operem com colchões de capital tão pequenos? A defesa de requerimentos de capital mais elevados parece esmagadora. Ela também tem o grande mérito de ser relativamente simples, em particular se o capital em que os reguladores mais confiam é o capital ordinário, sem ponderação de risco dos ativos, medido pelo valor de mercado.

Objeções a um capital próprio maior

O requerimento de um capital próprio substancialmente maior é controverso. Isso não surpreende, uma vez que mataria o lucrativo modelo de negócio dos bancos dependentes do Estado. Então, quais são as objeções? Aqui estão sete delas.

Em primeiro lugar, objeta-se que um capital social maior "seria caro para os bancos, porque o dinheiro fica em seus balanços e, essencialmente, não pode ser investido para trazer mais lucros".[35] Essa é uma tolice bastante comum. Esses comentários mostram uma confusão entre ativos líquidos (como a dívida pública), que, de fato, os bancos detêm, e capital próprio, que é apenas uma maneira de financiar o balanço, e tem a vantagem de ser inequivocamente suportador de perdas. Em outras palavras, isso revela uma confusão fundamental entre os dois lados dos balanços dos bancos: seus ativos, que são o que os bancos possuem, e seus passivos, que são como os bancos se financiam. O capital próprio é um passivo: é uma forma de financiar um banco, não um ativo (investimento) possuído por um banco. O capital dos bancos é um ativo dos acionistas.

Em segundo lugar, objeta-se, como acabei de mencionar, que um capital mais elevado seria muito caro para os bancos. Essa objeção é pelo menos intelectualmente coerente, se bem que errada. A resposta geral é que ele não custaria nada, a não ser na medida em que reduzisse os benefícios para o banco da dedutibilidade fiscal dos juros (o que não seria um custo para a sociedade) ou reduzisse os benefícios para o banco de garantias estatais de dívida bancária (o que seria um ganho para a sociedade). De resto, o efeito da menor alavancagem no aumento do custo dos fundos deve ser compensado por um menor retorno esperado sobre o patrimônio líquido (porque a volatilidade dos retornos cairia) e um menor custo da dívida (porque os passivos bancários seriam mais seguros). Em seu texto em coautoria, o professor Miles conclui de uma análise empírica que uma redução à metade na alavancagem do sistema bancário britânico, de 30:1 para 15:1 (ativos sobre capital do nível 1 — capital ordinário, lucros acumulados e ações preferenciais), elevaria o custo médio ponderado de todo o capital em apenas dezoito pontos-base (0,18%).[36] Evidentemente, isso ainda deixaria a alavancagem muito alta. Mas uma mudança para uma alavancagem de 10:1 ou alguma muito menor não imporia custos proibitivos. Claro, isso reduziria o retorno sobre o patrimônio líquido. Mas essa redução seria muito desejável: ela refletiria uma decisão de tornar os bancos mais seguros. Um capital maior só seria ruim para os banqueiros, que não poderiam mais enriquecer prometendo altos retornos não ajustados pelo risco sobre o capital próprio fazendo cara de sérios.

Em terceiro lugar, objeta-se que requerer capital bancário maior prejudicaria a economia. Como Frank Keating, da Associação de Banqueiros Americana, afirma na citação que abre este capítulo, "o capital tem um custo — tanto para os bancos quanto para a economia em geral sob a forma de empréstimos a que se renuncia quando as instituições encolhem para cumprir razões capital/ativos extremas".

Os banqueiros frequentemente argumentam que, se a concessão de empréstimos em geral por eles fosse restringida, as empresas sofreriam. Mas os empréstimos nos balanços dos bancos são na maioria esmagadora não para empresas, mas sim para famílias e outras instituições financeiras.[37] No caso do Reino Unido, por exemplo, em agosto de 2013, 34% dos empréstimos existentes dos bancos eram para outras empresas financeiras, 43% para pessoas, garantidos por casas, 4% para outros créditos a particulares, 10% para o setor imobiliário e de construção, e os 9% restantes para todos os outros beneficiários, inclusive empresas não financeiras (que não as imobiliárias e as de construção).

Os bancos poderiam realocar seus recursos para financiar empresas, se quisessem fazê-lo (ou achassem suficientemente lucrativo fazê-lo). Isso também seria desejável. Os empréstimos a outras instituições financeiras são um indicador da complexa rede de conexões entre os bancos, que agravou o pânico em 2008-9. A maioria dos empréstimos a famílias e grande parte dos empréstimos a empresas simplesmente alavancava os ativos imobiliários do país, criando assim uma fragilidade importante para ganhos econômicos no mínimo questionáveis. Os benefícios de novos aumentos dos empréstimos para compra de casa, em especial, são, portanto, sociais e não econômicos: esses empréstimos ampliam a aquisição de casa própria, se bem que ao preço de impor pesados encargos hipotecários a famílias jovens. Além disso, trabalhos recentes, em especial no Banco de Compensações Internacionais, indicam que o aumento do desenvolvimento financeiro da economia além de certo ponto reduz o crescimento da produtividade, ao invés de aumentá-la.[38] Muitos dos países de alta renda parecem estar além desse ponto.

Alan Greenspan apresentou basicamente o mesmo argumento de uma forma mais sofisticada: "Qualquer excesso de capital próprio de um banco também constituiria um colchão que não se encontra disponível de outra forma para financiar investimento de capital para melhora de produtividade".[39] Em outras palavras, o capital, sendo escasso, não deve ser desperdiçado em tornar os bancos mais seguros.

Esse é um argumento intrigante. Lembre-se de que o capital próprio não é um colchão ocioso: é apenas mais um passivo dos bancos, assim como sua dívida, e, portanto, uma maneira mais segura e menos propensa a crises de financiar empréstimos. Além disso, se mais capital fosse destinado a financiar os bancos, a alavancagem em outras empresas (hoje muito menos alavancadas) subiria, na medida em que o capital se deslocasse para a atividade bancária. Isso tornaria a economia como um todo menos vulnerável a ondas de falência do setor financeiro, mas sem afetar sua riqueza total. Afinal, como o próprio sr. Greenspan observa, "consolidado, o estoque de capital líquido de uma nação deve ser igual à soma do patrimônio das famílias, das empresas e dos governos, ajustada à posição do investimento internacional líquido do país". A dívida de um país resulta em zero se se ignorarem os direitos sobre — e as obrigações com — os estrangeiros. Deslocar o patrimônio de um setor não mudaria o patrimônio líquido total (riqueza) de uma sociedade. Os direitos patrimoniais líquidos do público detidos através dos bancos aumentariam e os direitos patrimoniais líquidos detidos através de investimento direto encolheriam. Isso é tudo.

Em fevereiro de 2014, 5% do valor do mercado de ações dos Estados Unidos e 12% do valor do mercado de ações do Reino Unido eram constituídos de ações de bancos. Suponha que o capital total dos bancos tivesse de ser triplicado e que outras empresas reduzissem seu capital ao contrair empréstimos, com o valor total do mercado de ações permanecendo o mesmo. Então, na mesma data, a capitalização de mercado dos bancos americanos seria de 19% do mercado de ações dos Estados Unidos e 55% do mercado de ações do Reino Unido. A primeira parece concebível. A segunda, não. Mas os bancos do Reino Unido são entidades globais. É provável que muitas das ações acabassem sendo possuídas por estrangeiros. Na verdade, as empresas no mercado de ações do Reino Unido detêm tantos ativos estrangeiros que vê-lo como um mercado nacional é altamente enganoso.

No entanto, é improvável que os acionistas do mundo gostassem que uma parte tão grande de sua riqueza (direitos líquidos sobre a economia) fosse canalizada através de (e gerenciada por) um pequeno número de bancos muito grandes. É provável, então, que, se os requerimentos de capital próprio fossem aumentados, os balanços dos bancos fossem obrigados a encolher e a assunção de riscos se deslocasse para fora do setor bancário. Em si, isso seria extremamente desejável, embora envolvesse um importante problema de transição, e talvez fosse preciso criar novas formas institucionais para o financiamento de entidades que não pudessem contrair empréstimos diretamente nos mercados de títulos. Entre outras coisas, seria necessário o renascimento dos mercados de dívida securitizada. Mas, fundamentalmente, a capacidade de assunção de riscos da sociedade *não* diminuiria, porque seu capital total não diminuiria.

Durante a (possivelmente longa) transição, seria possível aumentar o capital dos bancos de outras maneiras que não permitindo que eles reduzissem seus balanços. A maneira óbvia de conseguir isso seria impedi-los de pagar dividendos ou de recomprar suas ações até que o capital próprio atingisse o nível necessário para financiar os balanços desejados com menor alavancagem. No entanto, é claro que é possível — e até provável — que o enorme estoque atual de ativos bancários não gerasse os retornos sobre o patrimônio desejados pelos acionistas com menor alavancagem. Isso ocorreria porque um subsídio anterior (seguro implícito gratuito fornecido pelos governos), que estimulava a alavancagem excessiva na economia, estaria sendo retirado. O governo poderia querer usar parte desse subsídio agora retirado para pagar diretamente pela desalavancagem, promovendo o cancelamento de dívida excessiva.

Um argumento mais sutil que o sr. Greenspan poderia estar apresentando é que, se ainda se permitisse que os bancos criassem alavancagem na escala atual, a quantidade total de atividade econômica seria maior do que sem essa permissão. Isso seria verdade, no entanto, se e somente se a economia tivesse recursos redundantes que só pudessem ser mobilizados dessa maneira. Mas seria possível obter o mesmo efeito explorando a capacidade do banco central (ou do governo) de criar dinheiro diretamente e gastá-lo na economia, ou transferi-lo a cidadãos ou residentes para que o gastassem na economia. Mobilizar recursos redundantes não depende de permitir que o setor bancário se torne maciçamente (e perigosamente) alavancado.

Além disso, se o problema da menor alavancagem é que os empréstimos bancários se tornariam mais caros para os tomadores, o banco central poderia reduzir as taxas de juro, pelo menos quando não estivessem próximas de zero. Mesmo nessa última situação, o governo poderia reduzir o custo dos empréstimos bancários por meio de subsídios direcionados em vez de permitir uma alavancagem excessiva.

Lembre-se também de que crises devidas a alavancagem excessiva impõem custos enormes. Por essa razão, um estudo preparado para o Comitê de Supervisão Bancária de Basileia concluiu que o impacto econômico líquido de padrões de capital significativamente mais elevados era fortemente positivo, porque eles podiam reduzir significativamente a incidência de crises.[40]

Em quarto lugar, objeta-se que a falta de liquidez é um perigo mais importante para os bancos que a falta de capital. A resposta é exposta de forma precisa pelos professores Admati e Hellwig: "Se [...] as instituições estão muito endividadas, não é preciso um grande choque para que surjam preocupações com solvência. Essas preocupações podem levar os credores a sacar seu dinheiro assim que puderem, causando problemas de liquidez para os bancos".[41] Além disso, agir como emprestador de última instância se torna muito mais fácil para o banco central se ele não tiver dúvida sobre a solvência da instituição que está financiando temporariamente. O professor Goodhart faz a sugestão de que os requerimentos de capital de um banco possam ser reduzidos quando sua posição de liquidez se fortalecer ou aumentados quando ela se enfraquecer. Assim, quanto mais próximo ele se tornasse de um banco restrito, menores seriam suas necessidades de capital.[42]

Em quinto lugar, objeta-se que encolher os balanços dos bancos deve levar a um encolhimento calamitoso da oferta de moeda. Isso pode ser respondido, em parte, pela garantia de que os balanços não encolham, insistindo-se em metas de *níveis* — em vez de razões — de capital próprio. Mas há pelo menos duas outras considerações. Uma delas é que é difícil acreditar que a fronteira entre moeda e não moeda seja bem definida na economia de hoje. É por isso que a dependência da quantidade de moeda na política monetária acabou sendo tão decepcionante. A outra consideração é que o banco central pode criar moeda por outros meios, se desejar fazê-lo. Uma possibilidade seria continuar a comprar ativos do setor privado não bancário, elevando assim a posse de moeda desse último e aumentando as reservas dos bancos. Para evitar que isso leve ao encolhimento da posse de outros ativos pelos bancos, o regulador precisaria especificar que a posse de reservas do banco central não pesa contra o capital de um banco. Isso, obviamente, faz sentido, já que a inadimplência do emissor de uma moeda fiduciária é inconcebível.

Em sexto lugar, objeta-se que a combinação de dívida *bail-inable* (dívida que está contratualmente disponível para conversão em capital, se necessário) com regimes de resolução eficazes é um substituto adequado para requerimentos de capital mais elevados, permitindo, ao mesmo tempo, que os bancos continuem a se beneficiar da dedutibilidade fiscal dos juros.

Há pelo menos dois problemas gerais nisso. O primeiro é que, quanto menor o capital próprio e quanto mais plausível o *bail-in* se tornasse, mais a dívida *bail-inable* teria as características de capital, caso em que ela não seria uma alternativa mais barata para os bancos, exceto pela dedutibilidade fiscal. Em segundo lugar, a combinação de resolução com *bail-in* de certas classes de dívida gera o risco de um precipício de financiamento: à medida que os bancos se aproximarem do ponto de acionamento do gatilho, a disposição de comprar esses títulos pode desaparecer completamente. É por isso que os governos salvaram os proprietários de títulos híbridos — títulos de dívida supostamente convertíveis em ações — na crise. Eles acabaram sendo inúteis como uma maneira de criar capital para bancos subcapitalizados.[43] O acionamento da conversão de dívida híbrida acabou por ser "temporalmente inconsistente" — uma promessa que as autoridades não ousaram cumprir. O acionamento da conversão seria um problema menor se os híbridos tivessem prazos de vencimento muito longos. Mas isso apenas os tornaria ainda mais semelhantes a capital. Então, por que não depender apenas do capital próprio?

A proposta mais intrigante que visa contornar essas dificuldades é a de Equity Recourse Notes (ERNs), feita por Jeremy Bulow, da Universidade de Stanford, Jacob Goldfield, anteriormente do Goldman Sachs, e Paul Klemperer, da Universidade de Oxford.[44]

As ERNs são uma forma de "capital contingente" que nasceria como dívida, mas se converteria em pagamento de capital se o emissor sofresse grandes perdas em valor de mercado. O mercado acionaria a conversão, enquanto o valor na conversão seria vinculado ao preço da ação na data de emissão. Se, por exemplo, uma ERN fosse emitida quando o preço da ação de um banco fosse oitenta dólares, o banco seria obrigado a pagar em ações em qualquer data posterior em que um pagamento de juros ou principal fosse devido, se suas ações fossem negociadas a menos de 25% do preço na data de emissão (neste caso vinte dólares). O emissor teria o direito, mas não a obrigação, de pagar em ações se as ações estivessem sendo negociadas a um preço maior que esse. Além disso, as ações seriam avaliadas ao preço de acionamento. No exemplo acima, se um pagamento de 100 mil dólares fosse devido aos detentores de títulos e as ações fossem negociadas a vinte dólares ou abaixo disso, o banco seria obrigado a pagar 5 mil ações ordinárias (100 mil dólares divididos por vinte dólares). Finalmente, a conversão assumiria a forma de pagamento na data devida. Se algum pagamento deve ser feito em ações ou em dinheiro, é determinado pelo preço da ação na data do pagamento. No exemplo, se o preço da ação fosse dezoito dólares em uma data de pagamento, mas subisse para 22 dólares em uma data de pagamento posterior, o banco teria de fazer o primeiro pagamento em ações, mas teria a opção de fazer o segundo pagamento em dinheiro.

É evidente que essa forma de dívida se tornaria automaticamente capital, se necessário. Isso a torna uma forma atraente de dívida *bail-inable*. Mas ela é superior ao capital próprio, afora o fato de que deve se beneficiar do tratamento fiscal injustificadamente favorável da dívida? A resposta é: talvez, mas não obviamente.

Os proponentes argumentam que as ERNs têm várias vantagens sobre o capital próprio. Assim, embora as ERNs sejam sempre capital próprio nas situações que importam para proteger os contribuintes, elas permanecem dívida em outras situações, e muitos também argumentam que o capital próprio é intrinsecamente mais caro que a dívida (corretamente, ou, o que é mais plausível, equivocadamente). De novo, uma vez que as ERNS representam uma alternativa aparentemente menos radical (embora também mais desconhecida) à elevação do capital próprio, talvez fosse possível exigir significativamente mais capital nessa forma que na forma de ações ordinárias. Os proponentes também argumentam que, com maior capital próprio, as atividades de maior risco poderiam migrar para outras partes do sistema financeiro. Eles sugerem também que as pessoas poderiam acreditar que bancos com mais capital próprio são tão mais seguros que a administração e os reguladores se tornariam mais negligentes e mais propensos a acidentes.

Mas nenhum desses argumentos é decisivo. Frequentemente se afirma que o capital próprio é caro. Mas as razões para isso nunca são tornadas inteiramente claras (se deixarmos de lado subsídios fiscais e outros). Além disso, com maior alavancagem, o problema do "sobre-endividamento" continua: os acionistas teriam menos interesse em administrar um banco com prudência porque grande parte do benefício de fazerem isso caberia aos credores, inclusive, certamente, a proprietários de ERNS. De novo, se as ERNS fossem vistas como um requerimento regulatório oneroso e caro, como é inevitável, a pressão para a migração do risco para outras partes do setor financeiro permaneceria. Para reiterar, se altas razões de capital tornariam a administração e os reguladores mais negligentes, o mesmo ocorreria com as ERNS. Na verdade, elas poderiam ser piores, porque os proprietários de ERNS não teriam nenhum controle administrativo sobre o banco antes da conversão delas em capital. Poderia também haver maior instabilidade quando o preço da ação de um banco chegasse perto de um ponto de acionamento. Além disso, a vantagem das ERNS em impedir uma escassez de dinheiro vivo quando um banco ficasse estressado poderia estar disponível ao capital próprio se esse último incluísse uma disposição permitindo uma interrupção de pagamentos quando os preços das ações atingissem um ponto de acionamento.

Tudo considerado, embora as ERNS sejam claramente uma excelente forma de dívida *bail-inable*, não está claro que elas são superiores a capital adicional. Em geral, o simples vence o complexo se fizer o mesmo trabalho. E o capital próprio é mais simples que os híbridos complexos.

Uma sétima objeção é que depender exclusivamente de alavancagem em relação aos ativos totais, em vez de em relação aos ativos ponderados pelo risco, mais uma vez corre o risco de arbitragem, com os bancos escolhendo ativos de maior risco, uma vez que não seriam penalizados por isso e poderiam, dessa forma, esperar cumprir suas metas de retorno sobre o patrimônio líquido. Peter Sands, da Standard Chartered, apresentou esse argumento.[45] Mas os acionistas só devem estar interessados em seus retornos ajustados ao risco. Se assumir mais risco não aumenta os retornos ajustados ao risco, os acionistas devem fugir. Se de fato aumenta os retornos ajustados ao risco, deveria ter acontecido de qualquer maneira. Além disso, com capital próprio substancialmente maior, os bancos poderiam com segurança assumir mais riscos. Finalmente, o desastre veio do que os bancos erroneamente pensavam ser seguro. A ponderação de risco é extremamente inconfiável, porque as amostras das quais os pesos são derivados são sempre muito pequenas ou irrelevantes.

Surge uma objeção semelhante sobre arbitragem regulatória: com altos níveis de capital próprio impostos aos bancos, o risco migraria para outro lugar, como aconteceu antes da crise de 2007-8. Seria muito importante, portanto, garantir que os balanços de instituições financeiras significativas fossem totalmente consolidados. Seria igualmente importante assegurar a supervisão do sistema como um todo, para verificar onde podem estar surgindo riscos. Isso faz parte da regulação macroprudencial, à qual passamos na próxima seção.

A elevação dos requerimentos de capital dos bancos certamente não consertaria tudo. Mas, se ela fosse combinada a requerimentos de capital significativamente ainda maiores para as instituições maiores e mais interconectadas, isso nos levaria muito longe na direção certa, de uma maneira relativamente simples. Na verdade, quanto maior o requerimento de capital, menos importantes se tornam as mudanças na estrutura. O sr. Haldane e o sr. Madouros acrescentam a possibilidade de tributar a interconexão, o que parece fazer muito sentido.[46] Mas o capital é fundamental. Uma taxa de alavancagem básica de 10:1, acrescida de colchões de conservação, anticíclicos e de grande empresa, poderia levar a taxas de alavancagem nos bons momentos de 6:1. Esse seria um sistema extremamente mais seguro.[47]

As muitas mudanças em curso não fazem a coisa simples que tornaria o sistema financeiro menos frágil: torná-lo muito mais capaz de suportar perdas.

Na verdade, enquanto o sistema permitir alavancagem de 30:1, essas empresas estão fadadas a falir. A crença de que a falência de uma empresa pode ser administrada de forma tranquila e sem efeitos sistêmicos, com instrumentos de capital híbrido, regimes de resolução e testamentos vitais, é ingenuamente otimista.

SENDO MACROPRUDENTE

Certificar-se de que instituições financeiras individuais e instituições globais particularmente grandes se financiem com mais capital próprio é a maneira mais importante de torná-las — e, portanto, o sistema inteiro — mais resistentes aos choques inevitáveis. Mas há outro desafio igualmente importante, o de garantir a resiliência do sistema como um todo. Essa é a tarefa de uma atividade regulatória recém-descoberta: "supervisão macroprudencial" — o rótulo oficial para o trabalho de regular a estabilidade do sistema financeiro como um todo. Ela pode funcionar?

Primeiro, eis alguns antecedentes. O pressuposto fundamental da política ortodoxa, antes da crise, era que a combinação de metas de inflação com supervisão microprudencial traria estabilidade. Se, por acaso, ela não fizesse isso, era melhor ser "limpo" que "enxuto": seria mais fácil e mais eficaz limpar uma bagunça financeira depois de ela ter surgido que usar política monetária para tentar evitá-la.[48] Essa ortodoxia foi muito criticada. Hoje em geral se concorda que é difícil fazer uma faxina depois de uma bolha nos preços de ativos acompanhada (ou de fato causada) por um boom de crédito. Portanto, é aqui que entra a política macroprudencial. A ideia de regulação macroprudencial é olhar para a maneira como as atividades do sistema financeiro como um todo estão desestabilizando a economia e, portanto, aumentando os riscos para todas as instituições financeiras. Isso suscita cinco grandes perguntas: para que serve essa regulação? Por que ela é necessária? Como deve ser feita? Quem deve ser responsável por ela? Ela vai funcionar?[49]

O objetivo da política macroprudencial

A política macroprudencial tem duas funções espelhadas: proteger o sistema financeiro da economia e a economia do sistema financeiro. Em sua versão antiga, a política macroprudencial reconhece que uma política monetária projetada para alcançar a estabilidade de preços pode incentivar desenvolvimentos desestabilizadores no sistema financeiro. O objetivo, então, é evitar ou pelo menos reduzir as consequências indesejáveis desse desenvolvimento. Nessa versão, então, a política macroprudencial está preocupada com a estabilidade financeira. Ela opera, por exemplo, aumentando os requerimentos de capital próprio de emprestadores ou tomadores de empréstimo em um boom. Em sua versão mais recente, a política macroprudencial visa proteger a economia dos excessos do sistema financeiro, tanto na expansão como na contração. Ela opera por meio de ações que restringem os empréstimos.

A regulação macroprudencial faz fronteira com a regulação microprudencial em uma ponta e com a política monetária na outra. Em teoria, estabelecer como meta da política monetária a estabilidade de preços e como meta da política macroprudencial a política financeira deve funcionar, pelo menos em períodos normais. Quando as taxas de juro estiverem próximas de zero, no entanto, o problema será muito maior: com um sistema financeiro bastante danificado, a política monetária funciona mal, se é que funciona. Consequentemente, consertar o sistema financeiro — uma tarefa para a política macroprudencial — torna-se uma condição necessária para uma política monetária eficaz. Alternativamente, outra política macroeconômica — provavelmente a política fiscal — precisa ser empregada. Além disso, se a política monetária historicamente funcionou criando bolhas financeiras desestabilizadoras, como argumentado no capítulo 5, a nova política macroprudencial poderia enfraquecer a eficácia da política monetária, possivelmente tornando as taxas tendentes a zero um evento mais frequente. Em resumo, a suposição de que será fácil usar a política monetária para atingir a estabilidade de preços e a política macroprudencial para alcançar a estabilidade financeira é otimista.

A necessidade de uma política macroprudencial

O argumento a favor da política macroprudencial é que um sistema financeiro em que as instituições individuais parecem sólidas pode ser instável, por causa da exposição delas a (e a geração por elas de) riscos comuns. Cada instituição pode ser diversificada. Mas eles serão vulneráveis se todas forem diversificadas da mesma forma. Pior ainda, submeter as empresas a regulação microprudencial semelhante torna *mais* provável que elas acabem sendo diversificadas de maneira muito semelhante e expostas a muitos dos mesmos riscos.

Então, quais são os riscos comuns aos que as empresas financeiras podem ser expostas? Um exemplo óbvio é o ciclo econômico ou, pior ainda, o ciclo imobiliário. Um segundo conjunto de riscos compartilhados serão os mesmos mercados de financiamento. Um terceiro conjunto de riscos compartilhados serão as mesmas normas de contabilidade, em particular a contabilidade de marcação a mercado em uma crise. Um quarto conjunto de riscos compartilhados serão os mesmos fornecedores de seguro contra riscos compartilhados. Um quinto conjunto de riscos compartilhados será o uso dos mesmos modelos de gestão de risco. Um sexto conjunto de riscos compartilhados serão as agências de classificação de risco. Um sétimo conjunto de riscos compartilhados serão os mesmos padrões regulatórios implementados da mesma maneira.

Um sistema se torna arriscado se todos os seus membros estiverem significativamente expostos ao mesmo risco. O grau de risco do sistema como um todo é bastante diferente do grau de risco percebido de cada instituição. Famílias de bancos nacionais se tornam arriscadas quando todos os seus membros são arriscados da mesma maneira; tornam-se mais seguras quando seus membros são arriscados de maneiras diferentes. Mas há ainda algo mais que isso. O problema não é apenas que membros do sistema financeiro estão expostos a riscos comuns. É também que eles geram riscos comuns, um para o outro e para a economia como um todo. Sistemas financeiros não são apenas absorvedores de riscos, mas também criadores de riscos. É por isso, em essência, que a política macroprudencial é necessária.

A *implementação da política macroprudencial*

A política macroprudencial precisa ser a mais automática e não discricionária possível. É desejável, por exemplo, relacionar os requerimentos de capital das — ou o provisionamento pelas — instituições financeiras à taxa de crescimento do crédito: quanto mais rápida for essa última, mais altos serão os primeiros. Será crucial assegurar que não apenas as instituições mas também a massa de seus tomadores de empréstimo possam assumir grandes perdas sem muita dificuldade. Da mesma forma, será importante impor restrições, sob a forma de encargos ou maiores requerimentos de capital, à transformação extrema de prazos de vencimento — isto é, o financiamento de ativos de prazo ultralongo e arriscados por passivos de prazo curto e seguros. Grande parte disso pode, em princípio, ser feita automaticamente. Mas há algumas coisas que não podem ser feitas de forma mecânica. Uma das mais óbvias é ficar de olho na arbitragem regulatória: se os riscos estiverem migrando para fora do sistema formal, os reguladores precisarão ficar muito alertas. Infelizmente, essa não é a única área em que será necessária discrição. Outra é estar consciente dos riscos sistêmicos criados pela regulação, em particular a tendência a forçar as instituições reguladas a assumir os mesmos riscos da mesma maneira e assim se tornarem mais homogêneas e, portanto, mais expostas a surpresas idênticas. Economias de monocultura são vulneráveis a um desastre dessa cultura única. Da mesma forma, sistemas financeiros com um único risco também são vulneráveis a desastres concentrados.

A responsabilidade pela política macroprudencial

Dada a estreita ligação entre política macroprudencial e política monetária, a responsabilidade deve ser do banco central, em conjunção com os reguladores prudenciais. Não está claro se um grupo separado deve ou não ser responsável pela política macroprudencial. O argumento favorável a um organismo oficial separado é que ele deverá ter um conhecimento especializado que não é relevante para a política monetária, como o do regulador prudencial. O argumento contrário é que a política monetária e a política macroprudencial interagirão estreitamente e muitas vezes serão vias alternativas para alcançar o mesmo objetivo. Seria desejável que os países experimentassem as alternativas de separação e integração. Em todo caso, os responsáveis pela política monetária terão de estar muito conscientes do que os reguladores macroprudenciais estão tentando fazer, uma vez que isso terá um efeito profundo sobre o curso da política monetária.

A eficácia da política macroprudencial

Afinal, ela realmente funcionará? Ninguém sabe. A ideia de que ela pode funcionar é um exemplo do que Friedrich Hayek teria chamado de "presunção fatal" — o pressuposto do conhecimento onde ele não existe. Por outro lado, as alternativas a tentar parecem ser todas piores: ter novas grandes crises ou depender do instrumento pouco afiado da política monetária. Mas também se deve reconhecer que os reguladores macroprudenciais estarão sujeitos a pressões políticas, conflitos com a orientação da política monetária, e sua própria ignorância. Trata-se de um empreendimento valoroso mas arriscado. É por isso que o capital mais elevado é tão importante. Se as crises ainda acontecerão, como argumentou Minsky, o núcleo do sistema financeiro tem de ter a capacidade de sobreviver, exatamente como as pontes precisam sobreviver a furacões.

CONCLUSÃO

A reação à crise incluiu um grande número de esforços regulatórios ambiciosos. Muitos são importantes, mas dois parecem ser vitais: aumentar de forma acentuada o capital e fazer a regulação macroprudencial funcionar. O primeiro definitivamente ainda não foi longe o suficiente. É muito fácil imaginar choques que, mais uma vez, descapitalizariam o sistema financeiro. A defesa da redução da taxa de alavancagem para não mais que 10:1 é esmagadora. A situação atual, em que os bancos estão presos ao Estado como um gêmeo siamês, não deve durar. Ela cria enormes problemas de incentivo e, portanto, aumenta a vulnerabilidade a crises no longo prazo. Além disso, a regulação macroprudencial, embora certamente seja muito ajudada por padrões de capital mais elevados, deve também ser efetivada. O elemento mais importante será o ajuste automático a padrões de capital e de liquidez ao longo do ciclo.

Atualmente, o sistema financeiro é projetado para falhar. Mas reforçá-lo é apenas uma parte da resposta. A outra parte é consertar a bagunça macroeconômica em que o mundo caiu. Esse é o tema dos capítulos 8 e 9.

8. A longa jornada a percorrer

Há um risco de que o ajuste fiscal sincronizado em várias grandes economias possa ter impacto adverso sobre a recuperação. Há também um risco de que a não implementação da consolidação onde for necessária minaria a confiança e prejudicaria o crescimento. Refletindo esse equilíbrio, as economias avançadas se comprometeram com planos fiscais que reduzirão pelo menos à metade os déficits em 2013 e estabilizarão ou reduzirão as razões dívida do governo/PIB em 2016.

Comunicado do G-20, Toronto, 27 de junho de 2010[1]

Há algumas pessoas que pensam que não temos de tomar todas estas decisões duras para lidar com nossas dívidas. Elas dizem que nosso foco na redução do déficit está prejudicando o crescimento. E que o que precisamos fazer é gastar mais e contrair mais empréstimo. É como se elas achassem que existe uma árvore do dinheiro mágica. Bem, permitam-me dizer-lhes uma verdade simples: não existe.

David Cameron, primeiro-ministro do Reino Unido, 7 de março de 2013[2]

Como países de alta renda recuperam sua vitalidade econômica? Isso é possível, ou um "novo normal" dita um desempenho miserável? A atual abordagem das políticas está correta, e, se não, o que seria melhor? Onde se encaixam as economias emergentes? Essas questões serão abordadas neste capítulo, que examina o quadro global, e em seguida o capítulo 9 se concentrará na zona do euro.

Este capítulo focaliza um único tópico: como recuperar um equilíbrio macroeconômico sustentável nas economias de alta renda e, portanto, no mundo. Isso requer tanto sair da recessão pós-crise como do extremo excesso de poupança do setor privado revelado pelas baixas taxas reais de juro e pelos desequilíbrios globais crônicos de hoje. É necessário também fazer essas duas coisas sem um retorno à acumulação excessiva de dívida privada. Vai ser difícil alcançar essa combinação. Parece, em resumo, que enfrentamos uma escolha desagradável entre uma recuperação inadequada e uma insustentável.

Esses, é claro, não são os únicos desafios econômicos que confrontam as economias de alta renda, sem falar no resto do mundo. Mas as tarefas imediatas de recuperar a estabilidade dessas economias e consertar as condições que causaram a instabilidade não são importantes apenas em si mesmas: são condições necessárias para lidar com aqueles outros desafios. A primeira parte da solução, discutida no capítulo 7, é tornar o sistema financeiro mais robusto. A segunda, a ser discutida neste capítulo, é superar os desafios macroeconômicos da demanda deficiente, da dívida excessiva e dos desequilíbrios globais.

A melhor maneira de pensar sobre isso — também relevante para a crise da zona do euro — é em termos de fluxos, estoques e reformas. Os desafios de fluxo são os de ajustar renda e gasto, e concessão e tomada de empréstimos, para obter pleno emprego e crescimento de acordo com o potencial. O desafio de estoque é o de lidar com o sobre-endividamento privado e, em alguns casos, público. O desafio de reforma é o de criar economias nacionais e mundiais mais equilibradas, apoiadas por instituições operantes que ofereçam estabilidade e prosperidade amplamente compartilhada. No fim desses ajustes, os balanços precisam ser sólidos, o sistema financeiro precisa ser saudável e os gastos precisam ser consistentes com altos níveis de atividade econômica e emprego.

Parece tudo muito simples. Infelizmente, não é. É muito mais provável um declínio duradouro nos países de alta renda, pelo menos em relação às expectativas pré-crise. Isso imporia custos imensos — de investimentos desfeitos, de empresas não iniciadas, de capacidades atrofiadas e de esperanças destruídas. Se esse destino for evitado, pode surgir outro boom temporário impulsionado pelo crédito, seguido de outro crash, ainda maior. O pior de tudo é que, em um mundo marcado por tensões econômicas nacionais e uma transição de poder global, pode ocorrer um colapso da cooperação.

Isso tem de ser evitado. Então, como? Para responder a essa pergunta, a discussão será dividida da seguinte forma. Primeiro, ela mostrará que este é realmente um grande declínio. Em segundo lugar, analisará o debate sobre austeridade. Em terceiro lugar, considerará como gerir a dívida. Em quarto lugar, analisará os obstáculos estruturais ao crescimento. Por fim, tratará dos ajustes globais e das reformas complementares.

A RECESSÃO

Os capítulos 1 e 5 já examinaram o que aconteceu com as economias atingidas pela crise e, acima de tudo, os custos em termos de produção e emprego. As figuras 39 e 40 apresentam um quadro de longo prazo para as economias atingidas pela crise nas quais este capítulo se concentrará — os Estados Unidos e o Reino Unido —, ficando a zona do euro para ser discutida no capítulo 9.

No caso dos Estados Unidos, uma taxa de crescimento tendencial trimestral ajustada é mostrada para o período de 1950 até o fim de 2007, pouco antes da eclosão da crise. O crescimento tendencial da economia dos Estados Unidos foi de 3,4% ao ano durante esse longo período. O crescimento tendencial do Reino Unido durante o período 1955-2007 foi de 2,8%. Além disso, os desvios do crescimento real em relação às tendências ajustadas (também mostradas, na escala da direita) foram bastante modestos em ambas as direções, tanto nos Estados Unidos quanto no Reino Unido.

FIGURA 39. PIB DOS ESTADOS UNIDOS

(US$ bilhões, anualizado trimestralmente, a preços de 2009)

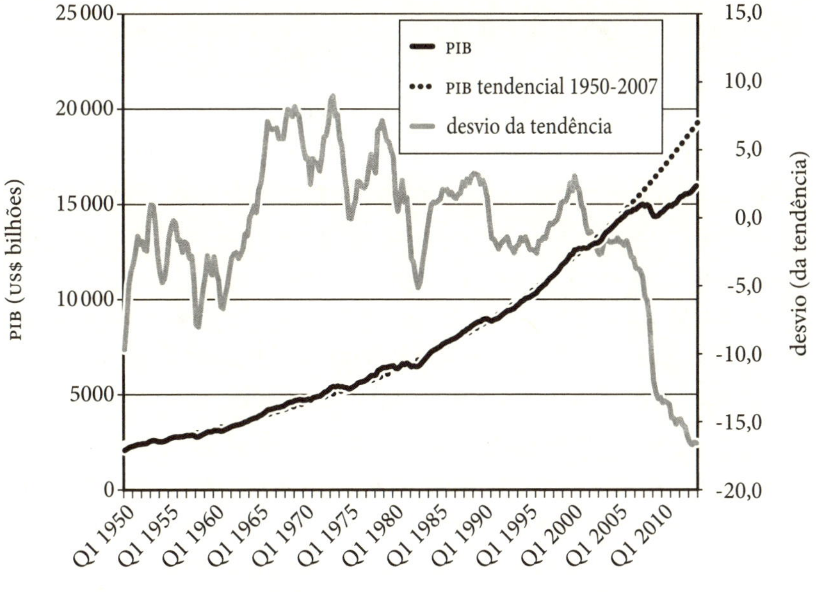

FONTE: Bureau of Economic Analysis.

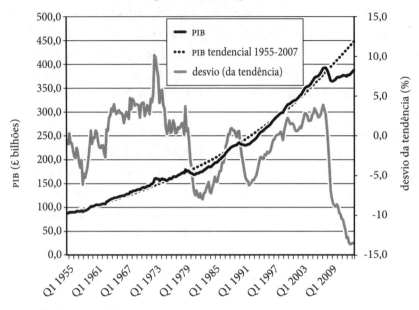

FIGURA 40. PIB DO REINO UNIDO
(£ bilhões por trimestre, a preços de 2010)

FONTE: Office for National Statistics.

Então veio a "grande recessão" pós-2007. No último trimestre de 2013, o PIB dos Estados Unidos ficou 17% abaixo da tendência histórica. A redução no Reino Unido foi menor, de 14%, em grande parte porque ele tinha estado um pouco acima dos níveis tendenciais antes da crise (ver figura 40). Essas são deficiências gigantescas. Suponha, com otimismo, que a economia norte-americana consiga crescer 3% ao ano a partir de agora. Suponha que a taxa real de juro relevante para descontar o PIB futuro também seja de 3%. Então, o valor presente acumulado do PIB americano perdido ao longo do próximo século seria dezessete vezes o PIB de 2013.[3] Se a taxa de desconto fosse menor que a taxa de crescimento, o valor do PIB perdido seria ainda maior. Esses custos são maiores que os das guerras mundiais. Na verdade, tanto os Estados Unidos quanto o Reino Unido conseguiram recuperar ou superar o nível tendencial e a taxa de crescimento pré-Segunda Guerra Mundial depois que essa conflagração terminou. Assim, os custos econômicos de longo prazo das guerras, em termos de níveis subsequentes de PIB, foram muito menores que os das grandes crises financeiras. O colapso dos sistemas financeiros e a necessidade de desalavancar impõem custos enormes.

As estimativas atuais de hiatos do produto — o hiato entre o produto real e as estimativas do produto potencial ou a plena capacidade — são muito menores que os desvios da tendência mostrados nas figuras. A razão para isso é que as estimativas de produto potencial sempre seguem o produto real. Em seu *Economic Outlook* de novembro de 2013, a Organização para a Cooperação e Desenvolvimento Econômico (OCDE), por exemplo, estimava o hiato do produto dos Estados Unidos em 3% do produto potencial e o hiato do produto do Reino Unido em 2,5% em 2013 — substancial, mas muito menor que as deficiências de produto em relação à tendência, nesse ano. Para a visão pessimista de que o nível potencial do produto hoje ficou muito aquém do nível tendencial do produto pré-crise (para ser preciso, cerca de 14% abaixo da tendência no caso dos Estados Unidos e 11,5% no caso do Reino Unido), podem ser sugeridas três explicações. A primeira é que a tendência pré-crise exagerava o produto potencial (ou pelo menos sustentável). A segunda é que a crise destruiu o produto potencial. A terceira é que a OCDE e outros previsores que chegaram a conclusões semelhantes são muito pessimistas.

A tendência pré-crise era exagerada

É fácil aceitar que o boom de crédito e o produto medido do setor financeiro exageravam tanto o produto verdadeiro quanto o produto potencial. Uma razão para isso seria que é fácil a concessão de crédito ser convertida em renda. Se alguém obtém um pagamento constante de um empréstimo ruim, ele aparecerá como renda nas contas nacionais. Mas há argumentos contra a visão de que essa atividade espúria significa que o verdadeiro produto potencial no longo prazo estava muito abaixo do produto real em 2007.

A primeira é que, como mostram as figuras 39 e 40, não houve aumento do produto acima da tendência nos Estados Unidos na década de 2000 — o que ocorreu foi bem o contrário, na verdade. Mesmo no caso do Reino Unido, o produto ficou apenas 4% acima da tendência de longo prazo no segundo trimestre de 2007. Em segundo lugar, não havia nenhum sinal na inflação de salários ou de preços de um enorme excesso de produto real em relação ao produto sustentável durante o período pré-crise. Em terceiro lugar, se a história fosse essencialmente setorial, e, portanto, não sobre a economia como um todo, seria de esperar que as quedas no emprego se concentrassem em setores atingidos pela crise. Nos Estados Unidos, o emprego no setor de construção de fato caiu 26% entre 2007 e 2012, enquanto o emprego no setor imobiliário caiu 11%. Mas o emprego no setor financeiro e de seguros caiu apenas 6%, contra uma queda de 4% na economia como um todo. O emprego caiu 7% na distribuição atacadista e varejista, 11% na mídia e nos setores a ela relacionados e, surpreendentemente, 14% na indústria. Em outras palavras, o colapso do emprego ocorreu em todos os setores. Isso sustenta fortemente a proposição de que os declínios do produto e do emprego se deveram a um colapso da demanda agregada.[4]

A crise devastou o produto potencial

A segunda explicação para o contraste entre as enormes deficiências de produto em relação às tendências de longo prazo e as estimativas relativamente modestas do atual hiato do produto é que a crise prejudicou o produto potencial e sua taxa de crescimento. Isso é certamente correto. É possível propor duas explicações. A primeira é que a crise prejudicou a capacidade do sistema financeiro de servir a economia. A segunda é que a recessão reduziu tanto o investimento quanto o emprego. Os desempregados de longo prazo, então, se tornam menos empregáveis. Note, porém, que esses custos eram em grande parte desnecessários. Uma ação mais forte para sustentar a demanda poderia tê-los reduzido substancialmente.

Os previsores são muito pessimistas

A terceira explicação é que os previsores são muito pessimistas. Mas é possível apresentar um forte argumento em favor da posição pessimista dos previsores: a estabilidade da inflação. Se havia uma enorme quantidade de folga, por que a inflação não caiu ainda mais ou até mesmo se transformou em deflação? Há duas respostas. A primeira, proposta pelo Fundo Monetário Internacional, é que as expectativas são ancoradas pelas metas de inflação dos bancos centrais.[5] A segunda é que o principal determinante da inflação continua a ser os custos de mão de obra. Mas há uma resistência muito forte a cortes dos salários nominais, mesmo em economias deprimidas.

A defesa da ação

Considere duas alternativas de política: forte estímulo, por um lado, e austeridade, por outro. Se se adotasse a primeira estratégia quando existisse uma grande quantidade de folga econômica, o resultado seria uma recuperação mais forte. Se se adotasse a estratégia de estímulo quando não houvesse nenhum excesso de capacidade na economia, haveria inflação ou déficits em conta-corrente, ou ambos. Agora passemos à segunda alternativa: austeridade. Se houvesse folga econômica, a economia se adaptaria à política reduzindo o produto potencial para seu nível real, em grande parte por meio da redução do investimento. Se não houvesse folga, a política traria o resultado predeterminado. Em outras palavras, a austeridade se tornaria uma profecia autorrealizável.

Portanto, se se estivesse errado em ser otimista, o custo seria um *overshoot* da inflação, seguido de uma correção da política. Se se estivesse errado em ser pessimista, o custo seria uma economia permanentemente menor. O primeiro erro é menos prejudicial que o último. O risco correto a assumir, então, é o estímulo, porque os custos de uma maior austeridade seriam mais elevados. Além disso, a probabilidade é que de fato haja uma grande quantidade de folga depois de quedas tão imensas do produto. Isso reforça a defesa de assumir o risco de políticas expansionistas.

COMO ESTIMULAR AS ECONOMIAS[6]

Países com taxas de câmbio flexíveis, como os Estados Unidos e o Reino Unido, podem empregar políticas fiscais e monetárias, uma dessas opções, ou nenhuma. Portanto, vamos começar aceitando argumentos a favor de alguma forma de estímulo antes de examinar brevemente os argumentos a favor da não utilização de nenhum estímulo.

Os limites da política monetária

É sensato confiar apenas na política monetária? Eis quatro argumentos contra fazê-lo.

Primeiro, obviamente, é preciso usar as políticas mais eficazes disponíveis. As contrações que seguem expansões de crédito prolongadas são muito caras e muito difíceis de remediar.[7] Uma das razões para isso é que, com taxas de juro iguais ou próximas a zero, a eficácia da política monetária é limitada, embora não seja zero. Períodos prolongados de taxas de juro ultrabaixas, juntamente com flexibilização quantitativa e *"forward guidance"** — indicações de taxas básicas de juro baixas no futuro distante —, trouxeram apenas uma modesta recuperação. Assim, no início de 2014, nem os Estados Unidos nem o Reino Unido tinham alcançado taxas de crescimento mais elevadas do que antes da crise. A recuperação não havia, consequentemente, nem sequer começado a diminuir o hiato proporcional entre o produto real e a tendência pré-crise.

Em segundo lugar, como observa Simon Wren-Lewis, da Universidade de Oxford, o impacto de uma política monetária não convencional é muito difícil de calibrar.[8] Ninguém duvida de que exista uma política monetária capaz de gerar crescimento adequado da demanda nominal. Mas quando tanto a maneira certa de executar a política monetária quanto seu impacto são tão incertos, deve-se aconselhar cautela. Como observa John Williams, presidente do Banco do Federal Reserve de San Francisco: com múltiplos instrumentos de política, a "estratégia ideal é recorrer ao instrumento associado com a menor incerteza e usar instrumentos alternativos mais incertos somente quando o instrumento menos incerto for utilizado no máximo grau possível".[9] Quando as taxas de juro estão próximas de zero, é bastante provável que a política menos incerta seja a política fiscal.

Em terceiro lugar, uma política monetária agressiva cria seus próprios riscos. Ela pode manter empresas-zumbi vivas por muito tempo. Isso pode distorcer os sinais de preço, criando assim desperdício de investimento. Acima de tudo, pode incentivar uma nova rodada de empréstimos e gastos irresponsáveis. Na verdade, esse é o argumento apresentado por alguns críticos de tais políticas, entre eles William White, ex-economista-chefe do Banco de Compensações Internacionais, e Raghuram Rajan, hoje presidente do Banco Central da Índia.[10]

Por fim, uma política monetária agressiva dos Estados Unidos, produtor da moeda de reserva do mundo, pode ser particularmente desestabilizadora, uma vez que confronta outros países com uma escolha dolorosa: importar a

---

* A expressão *"forward guidance"*, que pode ser traduzida como "diretrizes para o futuro", significa a publicação pelo banco central dos cenários com que trabalha e do que pretende fazer com as taxas de juro, apontando o que, no futuro, poderá fazê-lo manter ou mudar a política. (N. T.)

política monetária americana e correr o risco de desestabilização interna; ou recusar-se a importar a política monetária americana e correr o risco de instabilidade da taxa de câmbio; ou impor controles à entrada de capitais e assim procurar separar a economia dos mercados de capital globais.

Alguns economistas vão além, argumentando que as políticas monetárias agressivas, em particular políticas não convencionais, correm o risco de causar inflação alta ou mesmo hiperinflação. Os economistas austríacos acreditam há muito tempo que esse deve ser o caso. Alguns monetaristas também acreditam: Allan Meltzer, da Carnegie Mellon University, é um exemplo influente.[11] O argumento é que a expansão da base monetária deve levar a uma expansão múltipla dos empréstimos bancários e portanto da oferta de moeda, terminando em inflação alta.

Isso é bobagem. Considere o incorretamente chamado "multiplicador monetário" — a suposta relação entre as reservas dos bancos no banco central e a oferta de moeda (ver figura 37). Como mostra a figura 41, a razão entre o M2 dos Estados Unidos (a medida mais ampla da oferta monetária hoje publi-

FIGURA 41. "MULTIPLICADOR MONETÁRIO"
DOS ESTADOS UNIDOS

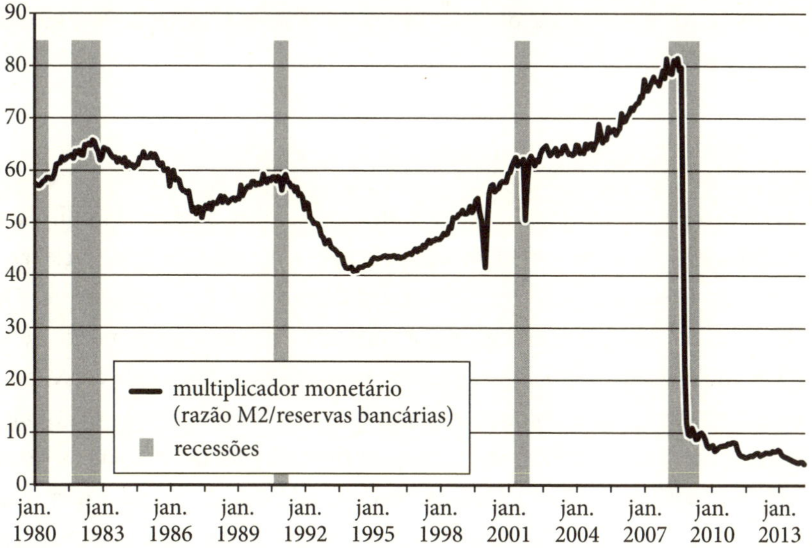

FONTE: Banco do Federal Reserve de St. Louis.

cada pelo Federal Reserve) e as reservas bancárias duplicou entre 1994 e 2008, e depois disso desabou quando teve início a política monetária não convencional. Em fevereiro de 2014, o multiplicador era de apenas quatro. As reservas bancárias subiram de 95 bilhões de dólares em abril de 2008 para 2,7 trilhões de dólares em fevereiro de 2014. Não houve nenhum efeito multiplicador sobre o M2. Além disso, o banco central, não os bancos, controla a quantidade de reservas (com uma pequena ajuda do desejo do público por dinheiro vivo).[12] Ele pode criar e liquidar reservas, comprando e vendendo ativos ou emprestando e sacando empréstimos, para os bancos e dos bancos. Finalmente, o banco central pode esterilizar reservas alterando os requerimentos de reservas, e pode decidir quão onerosos tornar tais requerimentos ao determinar a taxa de juro que paga sobre as reservas.

Se as taxas de juro permanecessem em zero quando um apetite normal pelo risco retornasse, o crédito e a moeda começariam a crescer rápido demais, a economia ficaria superaquecida e tudo acabaria como os críticos temem. *Mas as condições que causaram a queda das taxas de juro para zero são as mesmas condições que impedem tal explosão do crédito.* Quando as condições mudam, as políticas devem mudar. E, temos de supor, mudarão.

No entanto, mesmo que a histeria sobre hiperinflação esteja errada, as objeções a uma dependência exclusiva da política monetária criam um argumento *prima facie* a favor de usar a política fiscal. Então, por que isso tem sido amplamente rejeitado?

O argumento contrário à austeridade fiscal

O ponto de partida para qualquer discussão sobre o papel da política fiscal é o tamanho dos "multiplicadores" fiscais — a razão entre a variação da renda nacional e a variação do gasto do governo que o impulsionam. Uma conclusão amplamente aceita é que, a uma taxa de juro próxima de zero, é provável que esses multiplicadores sejam, no nível mais baixo, de cerca de 0,5, e o mais provável é que sejam bem mais que um.[13] As razões pelas quais os multiplicadores fiscais devem ser altos nas atuais circunstâncias são as seguintes: os agentes econômicos tendem muito mais do que é normal a não conseguir contrair empréstimos livremente, e portanto a gastar agora renda futura, que é o que os empréstimos permitem; cortar gasto público tende a tornar

306

muitos potenciais tomadores de empréstimo menos capacitados a obter crédito e, portanto, a deixá-los em uma posição pior para aproveitar a política monetária agressiva; e muitos países estão contraindo gasto simultaneamente. Em 2012, J. Bradford de Long, da Universidade da Califórnia em Berkeley, e Lawrence Summers, então de volta para a Universidade Harvard depois de seu período na Casa Branca, acrescentaram dois outros argumentos. O primeiro era que, se deficiências no produto prejudicassem o produto potencial — uma ideia conhecida como "histerese" —, o argumento a favor de uma política fiscal expansionista seria mais forte. Em segundo lugar, se as taxas reais de juro fossem suficientemente baixas e o multiplicador e os efeitos de histerese fossem suficientemente fortes, o estímulo fiscal chegaria até a se pagar. Os déficits poderiam não ter nenhum custo.[14]

Mas, como sabemos (ver o capítulo 1), a oposição ao estímulo fiscal era forte. Uma das justificativas para isso era a visão clássica de que a economia opera a plena capacidade em todos os momentos. Se se acreditar nisso, a explicação para a redução acentuada no produto durante a "grande recessão" pode ser que os trabalhadores do mundo decidiram tirar férias, apenas fingindo que estavam desempregados. Em outras palavras, a capacidade de produção de equilíbrio entrou em colapso porque as pessoas de repente decidiram retirar sua força de trabalho, em vez de estar involuntariamente desempregadas. Sim, isso soa bobo: é porque é mesmo.[15]

Alguns economistas defendiam uma "contração fiscal expansionista": assim, os benefícios de confiança de um retorno à sustentabilidade das finanças públicas, em particular se alcançada por meio do corte de gasto, supera o efeito depressivo sobre a demanda. Alberto Alesina, da Universidade Harvard, e Silvia Ardagna, do Goldman Sachs, escreveram o texto mais influente em defesa desse ponto de vista.[16] Paul Krugman, economista laureado com o Nobel e colunista do *New York Times*, ridicularizou isso como crença em uma "fada da confiança".[17] Mas as críticas mais influentes vieram do staff do Fundo Monetário Internacional.[18] Primeiro, eles notaram, os casos em que os formuladores de políticas faziam uma tentativa de apertar a política fiscal não eram necessariamente aqueles em que saldos fiscais ciclicamente ajustados — aos quais o sr. Alesina e a srta. Ardagna recorriam — eram cortados. Em segundo lugar, eles insistiam, "grandes reduções fiscais baseadas em gasto são contracionistas, como são as consolidações fiscais que ocorrem em economias com um alto risco percebido de inadimplência soberana". Em terceiro lugar, eles observavam, "a queda do consumo privado e do investimento privado é mitigada por um aumento nas exportações líquidas associado a uma queda no valor da moeda nacional". Portanto, não era a austeridade que era expansionista, como afirmado, mas mudanças benéficas no resto da economia, em grande parte impulsionadas pela desvalorização da moeda. Como era de esperar, eles acrescentavam, "esse canal de compensação é menos potente em economias com taxas de câmbio atreladas".[19]

Então, em 2013, Roberto Perotti, da Universidade Bocconi, um dos primeiros defensores da ideia de contrações expansionistas, observou que a depreciação e o rápido crescimento das exportações tinham sido compensações para a consolidação fiscal em quatro exemplos europeus amplamente citados de austeridade expansionista: Dinamarca (1983-7), Finlândia (1992-6), Suécia (1993-7) e Irlanda (1987-9).[20] O *World Economic Outlook* do FMI de outubro de 2010 acrescentou mais um possível canal de compensação: uma queda nas taxas de juro. Os Estados Unidos, a zona do euro e o Reino Unido, para não mencionar o Japão, são grandes demais para alcançar um crescimento liderado pelas exportações no curto prazo. Além disso, os Estados Unidos e o Reino Unido já desfrutam das taxas de juro mais baixas possíveis. Apenas os países-membros da zona do euro afetados pela crise podem se beneficiar destas.

Em resumo, a decisão de retirar apoio fiscal à recuperação, tomada na reunião de cúpula do G-20 de junho de 2010, produziu uma recessão mais longa e mais profunda que o necessário (ver figuras 42, abaixo, e 3, acima). Também significou depender de uma ferramenta mais incerta — a da política monetária não convencional — e abandonar a menos incerta — a da política fiscal. De acordo com Alan Taylor, da Universidade da Califórnia em Davis, o PIB do Reino Unido foi 3% menor em 2013 do que teria sido se a austeridade de 2011-3 tivesse sido postergada.[21]

É interessante perguntar por que países que tinham a escolha de desacelerar a austeridade fiscal ou mesmo de expandir temporariamente os déficits não o fizeram. Nos Estados Unidos, a austeridade foi o resultado de um impasse político entre os dois partidos. Mas no Reino Unido foi uma política deliberada.[22] Um argumento influente era que o Reino Unido tinha uma dívida pública excessiva, ainda que a razão dívida/PIB tenha se mantido abaixo de sua média dos últimos três séculos.

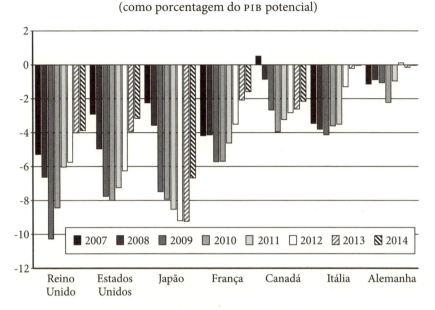

FIGURA 42. SALDOS FISCAIS ESTRUTURAIS
(como porcentagem do PIB potencial)

FONTE: Base de dados do *World Economic Outlook* do FMI.

Uma pesquisa feita por Carmen Reinhart e Kenneth Rogoff, ambos da Universidade Harvard e celebrados como autores de *Oito séculos de delírio financeiro: Desta vez é diferente*, um livro merecidamente influente sobre crises financeiras e fiscais, sustentou a ideia de que a dívida pública estava se tornando perigosamente alta e, portanto, que uma mudança precoce para a austeridade fiscal era necessária e sábia. Assim, em um artigo publicado em 2010, eles argumentaram que o crescimento ficava próximo de zero quando a razão dívida pública/PIB era superior a 90%.[23] Thomas Herndon, Michael Ash e Robert Pollin, da Universidade de Massachusetts em Amherst, fizeram uma crítica muito comentada.[24] Eles argumentam que o texto continha um erro de codificação, omissões de dados e procedimentos de agregação estranhos. Depois da correção, eles argumentam, o crescimento médio anual dos países avançados com dívida acima de 90% do PIB era de 2,2% entre 1945 e 2009. Isso contrasta com 4,2% quando a dívida era inferior a 30%, 3,1% quando a dívida está entre 30% e 60%, e 3,2% quando a dívida está entre 60% e 90%.

Portanto, o crescimento mais lento está na verdade associado com maior dívida pública. *Mas uma associação não é uma causa.* É muito difícil argumentar que a dívida pública elevada causou o lento crescimento pós-crise do Reino Unido. Afinal, nos anos imediatamente anteriores à crise, a dívida pública líquida do Reino Unido estava próxima de sua menor proporção em relação ao PIB dos últimos trezentos anos. Portanto, quão maior é a dívida hoje do que antes da crise é um *resultado* do lento crescimento depois da crise. Isso não significa descartar a causalidade nos dois sentidos. Mas o impulso veio principalmente de excessos financeiros privados para crises, crescimento lento e dívida pública elevada, e não o contrário. Ao avaliar as consequências de uma dívida pública elevada para o crescimento, deve-se, portanto, perguntar em primeiro lugar por que a dívida aumentou. Mais uma vez, as razões pelas quais os déficits são elevados e a dívida é crescente afetarão os custos da austeridade. Depois de uma crise financeira, é provável que surja um excesso de poupança privada desejada, mesmo com taxas de juro próximas de zero. Nessa situação, a austeridade fiscal impulsionará a economia para uma recessão, limitando assim a capacidade do governo para reduzir seus déficits e sua dívida. Portanto, a questão não é apenas a direção da causalidade, mas também os custos de tentar evitar uma dívida pública elevada na sequência de uma crise financeira.

Em seu *World Economic Outlook* de abril de 2013, o FMI observou que o apoio fiscal para a recuperação tinha sido excepcionalmente fraco durante essa recessão, em comparação com as anteriores.[25] Não admira, portanto, que a recuperação tenha sido fraca. É verdade que os países da zona do euro que não podiam contrair empréstimo tiveram de fazer um aperto fiscal, na ausência de apoio de seus parceiros. Outros, com margem de manobra, como os Estados Unidos e mesmo o Reino Unido, podiam — e deviam — ter adotado um curso diferente. Como não o fizeram, a recuperação foi mais fraca e os custos de longo prazo da crise, quase certamente maiores do que era necessário.

Este é um ponto de vista controverso, em particular porque a economia do Reino Unido cresceu 2,8% do quarto trimestre de 2012 ao quarto trimestre de 2013, e a economia americana continuou a crescer mais uma vez a partir da metade de 2009 (ver figuras 39 e 40). No fim, uma economia afetada pela crise se expandirá. Em geral, economias voltadas para o mercado modernas não param de crescer para sempre. Portanto, a questão diz respeito a uma hipótese contrafatual: políticas alternativas — nesse caso, políticas fiscais menos contracionistas — teriam levado a uma recuperação mais rápida e uma economia mais forte no longo prazo? Nunca poderemos saber ao certo a resposta a essa hipótese contrafatual. Mas três argumentos sugerem que políticas fiscais menos contracionistas teriam sido úteis para assegurar uma recuperação mais forte e antecipada.

Primeiro, a recuperação foi decididamente fraca, como já observado. No caso dos Estados Unidos, a economia cresceu permanentemente em um ritmo mais lento do que a tendência de longo prazo pré-crise. Em consequência, a deficiência de produto em relação à tendência de longo prazo tem crescido ano após ano. É possível argumentar que isso era o melhor que poderia ser conseguido. Mas não é evidente por que devia ser assim, dada a persistência de baixas taxas de emprego e de investimento fraco. Sem dúvida, alguma perda era de fato inevitável, mas uma tão grande como essa em termos tanto de níveis quanto de taxas de crescimento do PIB precisa de uma justificação meticulosa, em particular para um país que tinha taxas de juro de curto prazo e de longo prazo excepcionalmente baixas. Ele certamente poderia ter contraído empréstimos e gastado mais se desejasse fazê-lo. Mais uma vez, no caso do Reino Unido, a economia estava ainda menor no início de 2014 que seis anos antes, apesar do surto de crescimento em 2013. É verdade que esse desempenho desanimador — a recuperação mais lenta já registrada — se deveu em parte à contração da produção de petróleo do mar do Norte. Ainda assim, a recuperação tinha demorado muito a chegar. Além disso, a taxa de crescimento ainda não havia ultrapassado sua tendência histórica. Ademais, também no Reino Unido as taxas de juro de curto e longo prazo permaneciam muito baixas, mesmo que os déficits fiscais reais excedessem em muito os planejados pelo governo de coalizão que assumiu em 2010. É difícil, dados esses fatos, argumentar que a política nos Estados Unidos e no Reino Unido foi a melhor que poderia ser conseguida.

Em segundo lugar, a decisão de permitir uma política fiscal mais sustentadora até que essas economias se recuperassem fortemente teria antecipado gastos, em particular o investimento, para um momento em que recursos ociosos estavam disponíveis, especialmente na construção. O deslocamento do gasto de um momento em que ele teria expulsado outras atividades para um momento em que ele não teria feito isso é exatamente o que um governo — o maior e mais duradouro tomador de empréstimo da economia — devia fazer.

Além disso, como argumentam Bradford de Long e Lawrence Summers (ver acima), utilizar recursos que de outra forma ficam ociosos não é apenas algo sem custo no sentido de que a renda poderia ser maior agora, sem que fosse reduzida no futuro. Poderia até mesmo tornar a economia melhor em todos os anos subsequentes ao manter pessoas empregadas em vez de desempregadas e as empresas funcionando em vez de falidas.

Em terceiro lugar, se se persistissem políticas fiscais fortemente sustenta- doras até que a recuperação estivesse bem firmada, a pressão sobre a política monetária teria sido reduzida. Isso poderia ter trazido o benefício de não de- pender tanto de uma política que equivale a manipular preços de ativos e in- centivar novos empréstimos. Os riscos de uma política monetária expansionis- ta como essa, mesmo que ela seja eficaz, são reais. Além disso, embora não tão inadministrável quanto alguns críticos alegam, a saída da política monetária não convencional, incluindo balanços maciçamente expandidos e *forward gui- dance*, certamente cria solavancos ao longo do caminho. Com uma política fiscal mais expansionista, a política monetária poderia ter sido menos extre- mada do que foi.

Por todas essas razões, a decisão de apertar a política fiscal depois de 2010 foi quase certamente prematura e insensata. Teria sido melhor depender mais da política fiscal e menos da política monetária. É claro que, em 2014, esse debate tinha se tornado basicamente histórico. A escolha havia sido feita.

A insensatez liquidacionista

A discussão acima essencialmente supunha que economias danificadas necessitavam do apoio de políticas. O debate era sobre qual política devia ser empregada — monetária, fiscal ou ambas. Mas algumas organizações respei- táveis argumentaram que a receita correta é aperto fiscal e monetário. Isso se tornou a perspectiva doméstica do Banco de Compensações Internacionais e da Organização para a Cooperação e Desenvolvimento Econômico. Eles exigi- ram aperto monetário e fiscal, mesmo que o crescimento econômico tenha sido fraco, o desemprego alto e a inflação baixa.[26] Foi difícil entender por que essa pareceu a política correta quando é tão fácil para o governo obter emprés- timos e a inflação tem sido tão baixa. É difícil acreditar que eles pensam que Grécia, Irlanda e Espanha foram tão bem-sucedidas que todos devem seguir seu exemplo. Mesmo que eles achassem isso, também deviam perceber que o sucesso dessas economias atingidas pela crise depende de uma rápida melhora em suas contas externas. Essas transições serão muito mais difíceis se as economias grandes, em particular os Estados Unidos, adotarem políticas econômicas fortemente contracionistas. Felizmente para suas próprias economias e outras, os formuladores de políticas americanos e britânicos não deram ouvidos a essas exigências de contração fiscal e monetária generalizada, uma vez que isso teria corrido o risco de uma recessão muito mais profunda. Mas, em parte como resultado dessa pressão, as políticas realmente escolhidas não produziram uma cura suficientemente rápida. Mas poderia ter sido pior — e, da próxima vez, dada a força persistente desses sentimentos, pode ser.

COMO REESTRUTURAR A DÍVIDA

Uma vez que há agora mais dívida do que pode ser facilmente administrada, a desalavancagem tem estado na ordem do dia. A desalavancagem pode ser alcançada por um crescimento que supere a dívida, via uma combinação de crescimento real e inflação, ou por pagamento e reestruturação da dívida. A desalavancagem envolve um desses processos ou, com frequência, todos. Quão bem funciona a estratégia de "crescer superando a dívida" depende da relação entre taxas de juro e crescimento. Quanto mais baixa for a primeira e maior o último, melhor. É por isso que a "repressão financeira" — uma redução deliberada nos custos da dívida por meio da diminuição dos retornos para os credores — é comum em um episódio de desalavancagem.

Uma política monetária agressiva reduz as taxas de juro e sustenta os rendimentos nominais. É por isso que a decisão dos bancos centrais de mover a taxa de juro de curto prazo para próximo de zero foi acertada. Essa é também uma das razões pelas quais uma inflação mais alta ajudaria. Uma política fiscal agressiva também pode ajudar a desalavancagem. Ela faz isso ao sustentar os rendimentos nominais, compensando excedentes financeiros do setor privado e mesmo subsidiando diretamente a reestruturação da dívida.

Muitos insistem que "não se pode sair da dívida sem acrescentar mais dívida". Isso está errado.[27] Se se quiser que o setor privado pague sua dívida, ele tenderá a ter um grande excedente financeiro: os que estão sobre-endividados gastarão menos e assim passarão a ter superávit financeiro; mas aqueles que não estão sobre-endividados não desejarão de repente contrair mais empréstimo. (A figura 43 mostra isso para o Reino Unido.) No agregado, então, o setor privado tende a passar a ter um superávit, que deve ser compensado em outro lugar da economia, já que, por definição, superávits financeiros (diferenças entre receitas e despesas) somam zero na economia como um todo, quando o setor externo é incluído. O setor mais adequado para incorrer nos déficits compensatórios em caso de crise é o governo. A resposta à objeção de que não faz sentido o setor público se endividar para ajudar a desalavancagem do setor privado é que as novas dívidas serão efetivamente suportadas por pessoas diferentes. Essa, portanto, é uma maneira de substituir dívidas ruins por outras melhores.

Um elemento vital, porém, é a reestruturação ordenada da dívida. O governo pode ajudar nisso subsidiando ou apoiando trocas de dívida por patrimônio, em particular no financiamento habitacional. Dada a forma como muitos bancos se comportavam antes da crise, seus acionistas também devem pagar. Robert Kuttner, um comentarista americano, reclama com razão que "As mesmas elites financeiras que recorrem instrumentalmente ao capítulo 11 [do código de falência dos Estados Unidos] para reorganizar ativos e se livrar de dívidas alertam sobre a imprevidência vergonhosa de famílias apanhadas em uma queda geral do valor das casas".[28]

Mas os Estados Unidos foram relativamente bem-sucedidos na desalavancagem, com a dívida privada de volta a níveis vistos pela última vez no início da década de 2000, em relação ao PIB (ver figura 5). Isso se deve a mais crescimento, mais reestruturação e mais pagamento que na maioria dos outros países altamente endividados. O McKinsey Global Institute observa que um caminho-padrão para a desalavancagem se dá em duas fases. Na primeira, o setor privado reduz dívida enquanto a economia está fraca e o setor público incorre em grandes déficits fiscais. Na segunda, o setor público também se desalavanca. Foi o que aconteceu na Finlândia e na Suécia na década de 1990. No final de 2011, os Estados Unidos estavam bem avançados nesse caminho, com reduções substanciais na alavancagem do setor privado. Mas, observava o McKinsey Global Institute, "a desalavancagem no Reino Unido e na Espanha está avançando mais lentamente. A razão dívida/PIB do Reino Unido continuou a crescer e as famílias do Reino Unido aumentaram sua dívida em termos absolutos. Na Espanha, as famílias quase não reduziram as proporções da dívida e as empresas continuam a carregar o mais alto nível de endividamento em relação ao PIB em nossa amostra de dez países [a saber, as dez maiores economias de alta renda]. Pode levar muitos anos mais para que se conclua uma desalavancagem ordenada no Reino Unido e na Espanha".[29]

Em resumo, o que é necessário para lidar com o sobre-endividamento é uma estratégia de expansão da demanda, taxas de juro baixas, reconstrução do sistema financeiro e reestruturação e redução de dívidas não financeiras. Dos países grandes, os Estados Unidos são os que mais se aproximaram dessa combinação, embora os outros venham lenta e dolorosamente seguindo atrás.

Inevitavelmente, os credores não gostam da estratégia de juros baixos e reestruturação da dívida. Mas o que eles querem — que todos os tomadores de empréstimo paguem taxas de juro altas na íntegra e pontualmente — eles não podem ter agora. Se um boom criou mais crédito e dívida que podem ser sustentados, o estoque de direitos ou os retornos sobre eles, ou ambos, devem ser reduzidos. A alternativa é a estagnação e, na pior das hipóteses, o pesadelo da deflação de dívida explicada por Irving Fisher em 1933.[30] Como isso deve ser evitado, a alternativa de reestruturação da dívida é a escolha inevitável e racional.

LIMITES ESTRUTURAIS E ESTAGNAÇÃO SECULAR

Os desafios discutidos neste capítulo até agora são os de sustentação da demanda e reestruturação da dívida — os fluxos e os estoques — durante a recessão pós-crise. Mas muitos comentaristas argumentam que isso é irrelevante. Eles insistem que os obstáculos estruturais à recuperação sustentada são insuperáveis.[31] Isso ocorre em parte por causa da desaceleração, se não o colapso, do crescimento tendencial e em parte por causa de limitações estruturais à demanda.

Desacelerando o crescimento

É de fato quase certo que o crescimento econômico subjacente se desacelere em países de alta renda. A principal razão é demográfica: o envelhecimento das sociedades. Ao longo das próximas quatro décadas, a proporção da população que está em idade normal de trabalho cairá consideravelmente e a proporção da população com idade superior a 65 anos subirá substancialmente.

Nos Estados Unidos, por exemplo, de acordo com previsões da ONU, a proporção com idade entre vinte e 64 anos cairá de 60% para 54% entre 2010 e 2050, ao passo que a proporção com mais de 65 anos aumentará de 13% para 21%. Em um país que está envelhecendo mais rapidamente que os Estados Unidos, como a Alemanha, a proporção de pessoas com idade entre vinte e 64 anos cairá de 61% em 2010 para 50% em 2050, enquanto a proporção com mais de 65 anos saltará de 20% para 31%. No Japão, a previsão é ainda mais extrema, com a população com idade entre vinte e 64 anos caindo para 47% até 2050.[32] Mesmo que suponhamos que as idades de aposentadoria subirão substancialmente, como deveriam, o impacto sobre o crescimento potencial é evidente: não só a força de trabalho encolherá em termos absolutos em muitos países, à medida que a população cair, mas a proporção dela que é jovem, flexível e inovadora cairá ainda mais. Além disso, o gasto público relacionado à idade com saúde e pensões também parece fadado a crescer na maioria das economias de alta renda ao longo das próximas décadas, a menos que haja inovações médicas extraordinárias ou que o resto da população se recuse a pagar.[33]

Com a força de trabalho crescendo mais lentamente que antes, ou até encolhendo, o crescimento está fadado a se desacelerar, mantidas inalteradas as outras coisas. Mas o outro componente do crescimento econômico — o aumento da produtividade — é ainda mais importante que a demografia na determinação da taxa de crescimento no longo prazo. E também é o principal determinante da renda per capita.

Ninguém sabe o que vai acontecer com a produtividade nas próximas décadas, mas algumas pessoas bem informadas apresentaram argumentos razoáveis para justificar que ela deve crescer a um ritmo menor. Entre elas estão Robert Gordon, da Universidade Northwestern, e Tyler Cowen, da Universidade George Mason.[34] Uma razão importante pela qual o ritmo de inovação pode estar diminuindo é que muitas oportunidades já foram exploradas: a população dos países de alta renda já é muito instruída e muito urbanizada; a economia já explorou os recursos naturais mais prontamente disponíveis; as pessoas já gozaram do fruto de muitas inovações transformadoras da vida e da economia, como água encanada e saneamento, vacinação, eletricidade, produtos químicos, produtos farmacêuticos, o motor de combustão interna, a aviação civil, a telefonia, o computador e a internet. Embora ninguém saiba o que ainda está por vir, teria de ser algo realmente impressionante para se equiparar a esse histórico de realizações passadas. No entanto, é preciso sublinhar, esse ponto de vista relativamente pessimista está longe de ser universalmente aceito. Erik Brynjolfsson e Andrew McAfee, do Instituto de Tecnologia de Massachusetts, argumentam, ao contrário, não só que o declínio medido do crescimento da produtividade nos últimos anos é o resultado de o produto não ser medido corretamente, mas que temos pela frente uma época de aceleração do progresso tecnológico, à medida que máquinas inteligentes e *"big data"* transformem nossa economia e nossa vida.[35] Neste estágio, a única coisa sensata a dizer é que não sabemos que promessa de um futuro mais produtivo novas tecnologias contêm, embora pareça provável que, se ele for tão dinâmico como alguns esperam, também tenda a gerar aumentos ainda maiores na desigualdade de salário e renda entre ricos digitais e despossuídos digitais.

Se considerarmos esses elementos em conjunto, a taxa de crescimento dos países de alta renda pode ser substancialmente mais lenta no futuro do que foi mesmo nas décadas que antecederam 2007, sem falar nos anos magnificamente prósperos de 1945 a 1975 — *les trentes glorieuses*, como os franceses chamam essas três décadas de boom econômico. Isso terá muitas consequências difíceis: a luta distributiva será mais intensa e a estabilidade política menos garantida; o poder relativo dos países de alta renda vai diminuir; as finanças públicas serão mais difíceis de administrar; e os beneficiários do gasto público — em particular os idosos — verão encolher os recursos à sua disposição. Dado tudo isso, torna-se ainda mais importante retornar ao produto potencial o mais rapidamente possível e então adotar políticas adequadas para estimular o crescimento econômico. Tais políticas terão de ser heterodoxas, com um forte foco no apoio à pesquisa científica e à inovação que assuma riscos.[36] Os países de alta renda não podem suportar anos, até mesmo décadas, de estagnação desnecessária devido a uma demanda inadequada.

Demanda fraca

A segunda parte do argumento estrutural se resume à proposição de que existem restrições de longo prazo à demanda. Se assim for, os gastos de investimento de governos e bancos centrais acabarão fracassando, já que as economias retornarão a seu estado de depressão tão logo a política seja revertida. Essa visão está de acordo com a análise no capítulo 5 das razões de longo prazo pelas quais a demanda nos países de alta renda tinha de ser sustentada por uma política monetária agressiva e um boom de crédito em última análise insustentável, em particular depois da crise financeira asiática e do colapso da bolha do mercado de ações do final da década de 1990. O argumento que justifica uma estagnação secular apresentado por Lawrence Summers é que a demanda se tornou estruturalmente mais fraca ao longo da última década.[37] O livro *The Age of Oversupply* [A era do excesso de oferta], de Daniel Alpert, diz algo muito semelhante.[38] A principal evidência de estagnação secular é, como o sr. Summers também observa, a combinação de crédito em rápido crescimento e preços altos dos ativos com economias fracas, mesmo antes da crise.

A primeira explicação para a demanda estruturalmente deficiente do setor privado na ausência de bolhas de crédito é a desigualdade crescente. Vários autores, de diferentes lados do espectro de políticas, fizeram uma ligação direta entre desigualdade, demanda estruturalmente deficiente e booms de crédito.[39]

O economista ganhador do prêmio Nobel Joseph Stiglitz, da Universidade de Columbia, argumentou, por exemplo: "O desemprego pode ser atribuído a uma deficiência de demanda agregada (a demanda total por bens e serviços na economia, por parte de consumidores, empresas, governo e exportadores); em certo sentido, toda a deficiência na demanda agregada — e, consequentemente, na economia dos Estados Unidos — hoje pode ser atribuída aos extremos de desigualdade".[40] De forma semelhante, James K. Galbraith, da Universidade do Texas em Austin, argumenta: "Em países ricos, como os Estados Unidos, vemos que o desempenho econômico passou a ser dominado desde 1980 pelo ciclo de crédito; expansões seguidas de contrações financeiras impulsionam o desempenho do emprego, e, portanto, a prosperidade está associada ao aumento da desigualdade de renda".[41]

Finalmente, Raghuram Rajan, agora presidente do Banco da Reserva da Índia, argumenta:

> Reconhecendo a necessidade de encontrar novas fontes de crescimento, os Estados Unidos, no final do mandato de Jimmy Carter, e depois sob a presidência de Ronald Reagan, desregularam a indústria e o setor financeiro, como fez o Reino Unido de Margaret Thatcher. A concorrência e a inovação aumentaram substancialmente nesses países. Maior concorrência, comércio mais livre e adoção de novas tecnologias aumentaram a demanda por, e a renda de, trabalhadores alta-

mente qualificados, talentosos e instruídos que executam funções não rotineiras, como consultoria. Mais funções rotineiras, que antes eram bem remuneradas, executadas por trabalhadores não qualificados ou moderadamente instruídos foram automatizadas ou terceirizadas. Portanto, a desigualdade de renda surgiu não principalmente por causa de políticas que favoreciam os ricos, mas porque a economia liberalizada favoreceu aqueles equipados para tirar proveito dela.

A resposta política míope aos anseios daqueles que ficavam para trás foi facilitar seu acesso ao crédito. Confrontado com pouca restrição regulatória e de supervisão, às vezes baseada na fé de que os incentivos privados funcionavam melhor nesse melhor dos mundos, o sistema financeiro teve uma overdose de empréstimos arriscados para tomadores de classe média baixa, ajudado e incitado por taxas básicas de juro muito baixas.[42]

O que é interessante é a semelhança da análise subjacente entre analistas com perspectivas ideológicas bastante diferentes: a liberalização, em particular das finanças, levou a aumentos maciços na desigualdade. Isso, então, gerou deficiências estruturais de demanda (para não mencionar a decepção de rendimentos reais estagnados ou em declínio para muitas pessoas), que foram ocultadas por um boom de crédito temporário. Quando este entrou em colapso, o governo ocupou o lugar dos tomadores de empréstimo privados como tomador e gastador de última instância. Mas a única maneira de restaurar a demanda do setor privado foi a adoção de políticas monetárias ultraexpansionistas, com as perturbadoras consequências de longo prazo discutidas acima. Tudo isso é um complemento interno plausível para a análise dos desequilíbrios externos no capítulo 5 (e ver mais abaixo). E explica por que tem sido tão difícil compensar os efeitos depressivos dos desequilíbrios externos sobre a demanda.

Jeffrey Sachs, também da Universidade de Columbia, argumenta, em *Price of Civilization* [O preço da civilização], que a crise é o resultado de um colapso moral das elites americanas.[43] Desigualdade crescente, governo ineficaz e impopular, atividade financeira fora de controle e deterioração da competitividade externa são, nessa visão, sintomáticos de um fracasso social e ético mais profundo. Inflar a demanda no curto prazo não é capaz de produzir a prosperidade no longo prazo de que os Estados Unidos precisam. Isso está correto. Porém, pode-se ver uma política assim não como uma solução, mas como, na melhor das hipóteses, um trampolim para uma visão renovada ou, na pior das hipóteses, uma forma de extrair o melhor de um trabalho malfeito. Voltar ao pleno emprego por meio de políticas de estímulo não resolveria as dificuldades dos Estados Unidos, mas reduziria a miséria imediata. Não se pode deixar que o ótimo seja inimigo do bom.

Andrew Smithers, da Smithers & Co., sediada em Londres, sugere ainda outra restrição estrutural. Em *The Road to Recovery* [O caminho para a recuperação], ele argumenta que a cultura do bônus distorce o comportamento da administração empresarial, em particular em países de língua inglesa, em uma direção destrutiva.[44] Acima de tudo, ela focaliza a atenção da administração em maneiras de aumentar os ganhos informados e os preços das ações no curto prazo, já que os administradores tendem a não ocupar o cargo por muito tempo. O objetivo deles é vender os ativos que possuem com o máximo ganho possível o mais depressa possível. Eles podem fazer isso não só usando seus ganhos para comprar ações de suas próprias empresas, mas também contraindo empréstimos para financiar ainda mais essas recompras. Nesse processo, eles alavancam suas empresas, tornando-as financeiramente mais frágeis, e reduzem o investimento, enfraquecendo as perspectivas de longo prazo. Isso é particularmente verdadeiro em atividades que exigem paciência e investimento de longo prazo, como a fabricação em larga escala. Um resultado desse comportamento tem importância macroeconômica particular: ele cria um superávit financeiro estrutural (excesso de retenção de lucros sobre o investimento) no setor empresarial, particularmente nos Estados Unidos e no Reino Unido.

Em uma economia saudável, o setor empresarial seria um importador líquido de poupança do resto da economia. Afinal, ele é responsável por praticamente todo o investimento que não seja em capital humano. Se o setor empresarial é rentável mas não investe, os formuladores de políticas têm duas dores de cabeça: a primeira é que o crescimento de sua economia será prejudicado; a segunda é que o excesso de poupança do setor empresarial precisará ser compensado por gasto em outro lugar para que seja evitada uma recessão causada por um excesso de poupança. Até a crise, o gasto de compensação se deu na construção de casas e no consumo das famílias e do governo. Então, depois que os preços das casas caíram e particularmente após a crise financeira, o ônus recaiu apenas sobre o déficit do governo. O enorme déficit fiscal pós-crise não foi uma surpresa: foi um evento previsível — e previsto — para aqueles que entendiam os saldos financeiros da economia.

Isso nos leva a uma quarta preocupação estrutural, já longamente discutida no capítulo 5: o setor externo. Se o setor empresarial tem um superávit financeiro, os demais setores devem ter déficit. Mas o que acontece se o setor externo também tem um superávit estrutural, como parece ser o caso tanto nos Estados Unidos como no Reino Unido (ver figuras 33 e 43)? Mesmo em uma recessão profunda, os dois países têm continuado a incorrer em déficit em conta-corrente, o que significa que continuam a ser importadores líquidos de poupança do resto do mundo. Isso está acontecendo por duas razões interligadas: os estrangeiros estão tendo excedentes de poupança (como explicado no capítulo 5) que eles estão enviando para os países importadores de capital; e, nesse processo, os estrangeiros também estão subsidiando suas indústrias de produtos comercializáveis e tributando as dos países importadores de capital, através de transições nas taxas de câmbio reais.[45]

Em países com déficits estruturais em conta-corrente, a demanda interna deve exceder a renda para que seja compensada a exportação de uma parte de sua demanda para produtores estrangeiros de bens e serviços. Se tanto os es-

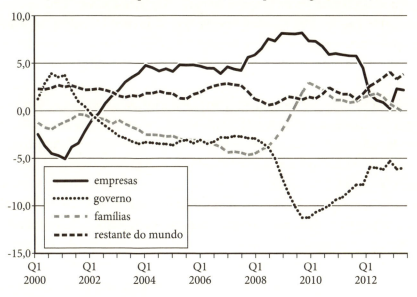

FIGURA 43. EMPRÉSTIMO LÍQUIDO SETORIAL NO REINO UNIDO
(média móvel de quatro trimestres, como porcentagem do PIB)

FONTE: Office for National Statistics.

trangeiros como o setor empresarial estão tendo superávits financeiros estruturais (ou ciclicamente ajustados) — isto é, os superávits que surgiriam se o produto fosse o mais próximo possível do que se costumava chamar de "pleno emprego" —, outros setores têm de incorrer em déficit. Antes da crise, essa tarefa de incorrer em déficit recaía tanto sobre as famílias quanto sobre o governo nos Estados Unidos e no Reino Unido. Desde a crise ela passou a caber apenas ao governo.

Então, o que aconteceria se o governo também tentasse eliminar seu déficit fiscal? Para que isso seja combinado com altos níveis de atividade econômica, as mudanças compensadoras devem ser expansionistas. Se assim for, uma de três coisas, ou alguma combinação delas, *tem de* acontecer: uma transição para déficits financeiros por parte das famílias, quase certamente impulsionada por outro boom de crédito; uma transição para déficit financeiro no setor empresarial, impulsionada por um surto de investimento empresarial; ou uma mudança no sentido de superávit estrutural na conta-corrente do balanço de pagamentos, impulsionada por uma melhora sustentada da competitividade. Dessas três possibilidades, a primeira é indesejável. Restam o investimento e as exportações líquidas.

Aqueles que se preocupam com restrições estruturais têm razão: é improvável que as necessárias melhoras sustentadas do investimento e das exportações líquidas aconteçam rapidamente. Podem-se prever mudanças de política que ajudariam. Seria possível, por exemplo, redistribuir renda entre as famílias de modo que a necessidade de expansão excessiva do crédito, para fazer uma intermediação entre os que têm e os que não têm, seria substancialmente reduzida. Mas, uma vez que grande parte dessa intermediação também se dá entre os velhos e os jovens, ainda assim ela não desapareceria. Seria possível, além disso, alterar o código tributário empresarial para dar um incentivo mais forte ao investimento e um incentivo reduzido à tomada de empréstimo. Mas se isso faria uma diferença suficientemente grande é uma questão em aberto. De forma semelhante, seria possível imaginar mudanças nas taxas de câmbio reais que proporcionassem a transição na competitividade que é desejada. Mas não há como um país sozinho conseguir isso enquanto ele tiver uma conta de capital aberta e uma política monetária orientada para a estabilidade dos preços internos. Isso é particularmente válido para um país que emite uma moeda de reserva: ele efetivamente perde o controle sobre sua taxa de câmbio.

Portanto, isso nos leva a uma das maiores questões levantadas pelo argumento deste livro, em particular no capítulo 5: o reequilíbrio global.

REFORMA GLOBAL

Uma saída para a aparente armadilha de demanda seria via reequilíbrio global. As evidências no presente são de que os países de alta renda já não têm capacidade de absorver a poupança que seria gerada por seus setores privados, se suas economias estivessem operando em algo próximo da plena capacidade e também não estivessem vivendo uma expansão insustentável do crédito.[46] É por isso que a atividade tem sido persistentemente fraca e as taxas reais de juro, baixas. Se isso é inevitável ou é resultado da crescente desigualdade e de falhas na governança empresarial, não está claro: provavelmente é um pouco de tudo isso. A situação de excesso de poupança do setor privado ainda existe. Então, para que esse excesso de poupança não seja absorvido no déficit fiscal (ao qual voltaremos na próxima seção), as únicas alternativas são eliminá-lo por meio de uma depressão ou exportá-lo. Em resumo, todos os países de alta renda se tornariam, então, semelhantes à Alemanha e todos os outros países da economia mundial se tornariam grandes importadores líquidos de capital.

Consideremos isso por meio de alguns cálculos ilustrativos simples. Suponha que os setores privados dos países de alta renda desejam ter superávits financeiros — excessos de poupança em relação ao investimento — em tempos normais (isto é, quando o crédito não está explodindo e os preços dos ativos são razoavelmente estáveis) de cerca de 4% do PIB. Suponha também que esses países desejam reduzir os níveis relativamente altos que sua dívida pública apresentou nos últimos anos. Partindo do pressuposto de que o crescimento econômico real vai ser de cerca de 1%-2% ao ano (menor na Europa e no Japão e maior nos Estados Unidos, em grande parte por razões demográficas) e a inflação também vai estar em torno de 2%, o crescimento do PIB nominal seria de 3%-4%. Para que a proporção da dívida pública em países de alta renda tenda a retroceder para, digamos, 50% do PIB, o déficit fiscal ciclicamente ajustado precisa ser de 1,5%-2% do PIB. Isso implica um superávit agregado em conta-corrente ciclicamente ajustado (déficit na conta de capital) para os países de alta renda de 2%-2,5% do PIB.

É para aí que a zona do euro parece estar caminhando penosamente, sob a tutela alemã, embora esteja, infelizmente, alcançando esse superávit em conta-corrente com o produto deprimido, não com o produto potencial (ver figura 34). Mas, para que o ajuste da zona do euro planejado pela Alemanha — no sentido de uma demanda interna mais restrita — tenha sucesso, isso é provavelmente o que tem de acontecer. O Japão embarcou no caminho da "*Abenomics*", com uma política monetária dramaticamente mais frouxa e uma substancial depreciação real. Essa última não é um objetivo explícito da política: como poderia ser, se a adoção de uma política ostensiva de "prosperar à custa da miséria alheia" é inaceitável para países de alta renda respeitáveis? Mas, se considerarmos os enormes superávits financeiros estruturais do setor empresarial do Japão (próximos de 10% do PIB) e o desejo de reduzir o déficit fiscal, um grande superávit em conta-corrente parece inevitável. A queda na taxa de câmbio pode acabar ajudando a alcançar isso. Nos Estados Unidos e no Reino Unido, essas transições também parecem necessárias para que os déficits fiscais sejam reduzidos substancialmente, ao mesmo tempo evitando novas bolhas de crédito. É claro que bolhas de crédito são o resultado mais provável. Mas estamos discutindo um mundo hipotético.

Os países de alta renda, juntos, geram pouco mais de 60% do PIB global (a preços de mercado) e estão atualmente perto do equilíbrio externo agregado. Mas isso se dá em parte por causa da queda na atividade econômica. O déficit em conta-corrente a pleno emprego dos países de alta renda provavelmente está agora mais perto de, digamos, 2% do PIB agregado. Portanto, a transição necessária em seu saldo em conta-corrente agregado seria de 4%-4,5% do PIB potencial (ou de pleno emprego), para permitir o déficit fiscal desejado de 1,5%-2% do PIB. Lembre-se de que os saldos financeiros de uma economia devem somar zero. Se o superávit do setor privado fosse de 4% do PIB e o déficit do governo fosse de 1,5%-2% do PIB, o saldo externo (isto é, saque da poupança externa) ficaria entre -2% e -2,5% do PIB. Isso é equivalente a um superávit em conta-corrente de 2%-2,5% do PIB, uma vez que os países em questão estariam exportando excedentes de poupança, e não os importando. Esse superávit externo seria necessário para permitir que os países de alta renda equilibrassem a demanda e a oferta de suas economias a taxas reais de juro positivas e em algo próximo do pleno emprego, sem necessidade de depender de bolhas insustentáveis de crédito e de ativos.

Uma transição do saldo em conta-corrente dos países de alta renda de 4%-4,5% do PIB, para um superávit estrutural de 2%-2,5% do PIB agregado, implica uma transição de 6%-6,75% no déficit em conta-corrente do resto do mundo e um déficit real de 3%-3,75% do PIB. Se isso fosse distribuído uniformemente, deveria ser quase administrável, dado que, tomado em conjunto, o resto do mundo é onde as melhores oportunidades de investimento devem estar agora. Mas essa distribuição uniforme é muito improvável. O mais provável é que várias economias emergentes acabassem com déficits em conta-corrente muito grandes e rápida acumulação de dívida externa líquida. Mas sabemos tanto por experiência como pelas pesquisas que o acúmulo de grandes quantidades de dívida líquida, em particular se denominada em moeda estrangeira, é um prenúncio de uma crise.[47] Naturalmente, e de forma sensata, dada a experiência dolorosa, os países emergentes e em desenvolvimento estariam muitíssimo indispostos a embarcar em uma experiência com grandes déficits externos apenas para tornar a vida dos países de alta renda um pouco mais fácil.

Por que, afinal, eles deveriam assumir esse risco? A resposta a essa pergunta retórica pode ser que a disponibilidade de poupança externa deveria, em princípio, permitir que os países emergentes e em desenvolvimento investissem e consumissem mais, aumentando o bem-estar de sua população. Mas isso só faria sentido se os fluxos de entrada fossem de fato usados corretamente e, além disso, os potenciais beneficiários de entradas líquidas de capital fossem adequadamente segurados contra os riscos, em particular de uma reversão súbita desses fluxos. Nenhum economista sensato hoje — depois de tantas experiências dolorosas — aconselharia esses países a simplesmente abrir suas contas de capital ao mundo e ignorar os riscos de fluxos de entrada excessivos: bolhas de ativos e de crédito, distorções da estrutura produtiva, em particular redução dos incentivos à produção de bens e serviços comercializáveis, e graves crises financeiras e econômicas.

Nada sugere que uma mudança no balanço de pagamentos global de magnitude suficiente para transformar os países de alta renda em grandes exportadores líquidos de capital é provável. Os países superavitários não querem abrir mão de ser superavitários. Como observado no capítulo 5, vários países importantes se tornaram muito dependentes das exportações e se dispuseram a intervir maciçamente nos mercados de moeda estrangeira para reforçar essa orientação. A Alemanha não precisa fazê-lo: está bem entrelaçada na zona do euro com países que são, agora, mais ou menos permanentemente não competitivos (um tópico ao qual a discussão passará no capítulo 9). Mas os países do Leste da Ásia, em particular, muitas vezes intervieram nos mercados de moeda estrangeira para sustentar sua competitividade. Em teoria, o "processo de avaliação mútua", iniciado pelo G-20 na reunião de cúpula de Pittsburgh, em 2009, deveria estar fazendo algo a respeito disso.[48] Certamente, a China, o mais importante dos que intervêm na moeda, deixou sua moeda se valorizar consideravelmente em termos reais. Mas isso pode ser difícil de sustentar agora que a economia está se desacelerando de modo acentuado. Tudo considerado, parece haver poucas chances de que as mudanças de política sejam grandes o suficiente para reverter o atual padrão de desequilíbrios globais (ver figura 32).

O que precisa acontecer para tornar esse resultado desejável — um grande fluxo de poupança líquida dos países ricos para os pobres — ao menos concebível? Precisaríamos considerar uma combinação de políticas.

Em primeiro lugar, incentivar fluxos de financiamento de menor risco. As formas mais produtivas e menos arriscadas de financiamento são o investimento estrangeiro direto e, em menor grau, as compras de patrimônio. Os obstáculos a esses fluxos precisam ser identificados e superados, sempre que possível melhorando a segurança da propriedade nas economias emergentes. Mas também é possível considerar formas muito mais imaginativas de financiamento de dívida ou quase dívida, tais como títulos indexados ao PIB ou títulos cujos termos são automaticamente alterados em caso de contingências previamente especificadas. Instituições como o Banco Mundial e os bancos regionais devem dedicar muito esforço à criação e à oferta dessas novas formas de financiamento. Também já houve muito progresso no desenvolvimento de mercados de títulos em moeda local, substituindo financiamentos mais arriscados em moeda estrangeira. Isso deve ser levado ainda mais longe, com mais inovação. Finalmente, é necessário que haja procedimentos para administrar as condições de falência, não apenas para o setor público mas também para o setor privado, nos países emergentes e em desenvolvimento.

Em segundo lugar, aumentar o seguro. Os maciços acúmulos de reservas por países emergentes e em desenvolvimento são, em parte, um autosseguro. Isso foi um desperdício: as pessoas desses países tinham de trabalhar intensamente para ganhar os dólares que o Federal Reserve imprime com tanta facilidade. Mas o seguro é valioso, mesmo que excessivo. Ele ajudou os detentores de reservas a sobreviver à crise de 2008-9 relativamente incólumes. Também é possível que muitos países emergentes concluam que suas reservas atuais são suficientemente grandes. Uma alternativa a essas enormes reservas é um Fundo Monetário Internacional muito maior, que ofereça financiamento muito mais incondicional. Isso significa tanto mais recursos quanto maior intervenção para os potenciais utilizadores. Alternativamente, os países emergentes e em desenvolvimento poderiam agora avançar mais na conjugação de seus próprios recursos.

Em terceiro lugar, criar uma moeda global. A sugestão mais radical é a criação de um ativo de reserva global. A ideia foi apresentada recentemente por um painel de especialistas comissionado pelo secretário-geral das Nações Unidas:

> [A] ideia de uma moeda de reserva internacional emitida por um banco supranacional não é nova. Ela foi lançada há mais de 75 anos por John Maynard Keynes em seu *Treatise on Money* [Tratado sobre a moeda], de 1930, e refinada em suas propostas em Bretton Woods para uma União de Compensação Internacional. Hoje existem várias propostas alternativas de uma nova moeda de reserva global, de como o sistema poderia ser administrado, de como as emissões da nova moeda poderiam ser alocadas e de como a transição para o novo sistema poderia ser administrada. Será necessária uma considerável discussão internacional para que a comunidade internacional decida os arranjos precisos. Mas essa é uma ideia cujo momento chegou.[49]

É evidente que os Estados Unidos se oporão a essa ideia. Mas está longe de ser claro que os Estados Unidos se beneficiam de ser os fornecedores da moeda de reserva. Ao contrário, as evidências da crise recente são de que as consequências disso para a estabilidade financeira nos Estados Unidos são extremamente adversas. Parece provável que o governo chinês venha a ter essa visão sobre um papel comparável para o renminbi. Ele certamente deve fazê-lo. Talvez a possibilidade de uma transição para o tipo de regime monetário imaginado por Keynes possa agora surgir. Está pelo menos claro que o mundo de moedas fiduciárias flutuantes, uma das quais é uma moeda de reserva, é extremamente instável. A experiência já obrigou a uma transição drástica nas políticas dos países emergentes e em desenvolvimento depois de 1997, como este livro observou (ver capítulo 5). Agora o proprietário do cão monetário e financeiro também foi mordido. O sistema precisa ser mudado. Se não for, há uma grande probabilidade de uma guerra cambial real, não uma falsa guerra, na medida em que os países lutem para conquistar uma parcela da demanda global cronicamente inadequada.

FINANCIAMENTO MONETÁRIO

Mas imagine que se mostre difícil criar as compensações mais desejáveis para déficits fiscais declinantes, ou seja, um surto de investimento e um aumento das exportações líquidas dos países de alta renda hoje afetados pela crise. Isso não significa que o esforço para resolver o problema da demanda deficiente que é evidente desde a década de 1990 deva fracassar. Mas, uma vez que o esforço para criar outro boom de crédito, em particular um concentrado na alavancagem excessiva do setor das famílias, correria o risco de enfrentar ainda mais problemas no caminho, precisamos considerar opções mais radicais.

Mas, antes de ponderar esse possível resultado, voltemos a outra possibilidade, ainda mais radical, que uniria nossa discussão sobre os determinantes estruturais dos saldos financeiros do setor privado com a discussão do Plano de Chicago nos capítulos 6 e 7 e do equilíbrio entre estímulo fiscal e monetário feita antes neste capítulo. Se a escolha é entre deixar que a criação de moeda seja o subproduto de empréstimos privados irresponsáveis, como se viu na Europa e nos Estados Unidos na década de 2000, ou o subproduto dos gastos do governo, esse último seria uma escolha melhor. Na verdade, esse foi o argumento apresentado — com razão, de forma adequada e de modo convincente — por Adair Turner, ex-presidente da hoje extinta Autoridade de Serviços Financeiros do Reino Unido, em um discurso seminal no início de 2013.[50]

Lord Turner observou que o próprio Milton Friedman argumentava, "em um artigo em 1948, não só que os déficits do governo devem, por vezes, ser financiados com dinheiro fiduciário, mas que eles devem sempre ser financiados dessa forma, sem nenhum papel útil para o financiamento da dívida".[51] Em vez de conceder ao setor privado o direito de criar quase todo o dinheiro na economia, como um subproduto de decisões de empréstimos muitas vezes ruins, que o dinheiro seja criado pelo Estado, para seu próprio uso. Outros economistas defenderam essa política no caso de crises, entre eles Keynes, com sua sugestão célebre de que pessoas fossem pagas para desenterrar garrafas cheias de notas de libra, e Ben Bernanke, ao considerar opções de política que o Japão enfrentava no início da década de 2000.[52]

Essa parece ser uma solução para qualquer problema de longo prazo de deficiência de demanda estrutural. Em vez de depender de booms de crédito do setor privado para gerar um retorno temporário ao pleno emprego ou aceitar uma depressão semipermanente, que o governo use sua capacidade de criar dinheiro, já aceita quando os países mudaram para taxas de câmbio flutuantes. Isso é não apenas o que muitos na Escola de Chicago teriam aceitado. É também a recomendação daqueles que acreditam na Teoria Monetária Moderna (ver capítulo 6 acima).

Enquanto isso, o controle da quantidade de dinheiro a ser impressa ficaria com o banco central, que criaria a quantidade de dinheiro que considerasse não inflacionária. O governo seria forçado a contrair empréstimos para cobrir déficits além daqueles financiados pelo banco central. Mas o objetivo seria tornar a expansão monetária decidida pelo banco central uma parte semipermanente dos ativos dos bancos comerciais. Em consequência, as exigências de reservas dos bancos também precisariam ser ajustadas.

O ARGUMENTO A FAVOR DE AGIR

A crise foi um momento imenso. Grande parte do establishment político e financeiro finge que tudo logo vai voltar ao antigo normal, com algumas mudanças regulatórias e críticas duras a beneficiários inocentes do gasto público. Isso não vai funcionar. Há razões para acreditar que o crescimento será mais lento no futuro. Isso tornará ainda mais difícil do que poderia ser conseguir economias mais equilibradas. Mas o grande problema é que os formuladores de políticas permitiram que a crise causasse muito mais danos do que precisava fazer no curto e no médio prazo *e* não conseguiram assegurar um caminho para uma economia equilibrada no longo prazo. Eles permitiram que o estímulo, em particular o estímulo fiscal, fosse reduzido cedo demais. Contudo, mais importante, não conseguiram atacar as restrições de longo prazo à obtenção de economias nacionais e mundial equilibradas.

Quando pensamos sobre essas questões, é evidente que as mudanças necessárias serão muito difíceis de alcançar. Aparentemente, nós nos tornamos dependentes de booms de crédito insustentáveis. É necessário considerar maneiras alternativas de equilibrar a demanda e a oferta potencial. Entre essas maneiras estão reformas monetárias nacionais e global radicais. Na verdade, o mundo de moedas fiduciárias flutuantes e dinheiro lastreado em dívida tem sido tão instável que a reforma radical deve ser incluída na agenda. Isso não vai acontecer dessa vez. Mas depois da próxima crise seu momento certamente terá chegado. Então, preparemo-nos agora. Como fazer isso será discutido na conclusão. Mas primeiro vamos examinar outra história importante: o futuro da zona do euro.

9. Consertando um casamento ruim

Ubi solitudinem faciunt, pacem appellant (Eles criam um deserto e o chamam de paz).

Tácito

É um erro pensar que a austeridade fiscal é uma ameaça ao crescimento e à criação de empregos. No presente, um grande problema é a falta de confiança por parte de famílias, firmas, poupadores e investidores que sentem que as políticas fiscais não são sólidas e sustentáveis. Em várias economias, é essa falta de confiança que apresenta uma ameaça à consolidação da recuperação. Economias que adotam políticas de austeridade que emprestam credibilidade à sua política fiscal reforçam a confiança, o crescimento e a criação de empregos.

Jean-Claude Trichet, entrevista ao *Libération*, 8 de julho de 2010[1]

O euro foi um desastre. Nenhuma outra palavra serve. Um projeto destinado a reforçar a solidariedade, trazer prosperidade e enfraquecer a dominação econômica alemã da Europa alcançou precisamente o oposto: minou a solidariedade, destruiu a prosperidade e reforçou o domínio alemão, pelo menos por algum tempo.

Apesar de todas as suas realizações culturais e econômicas, a Europa tem uma longa história de erros catastróficos, que geralmente foram o resultado de arrogância cega e de uma crença em que os desejos correspondiam à realidade que beirava a insanidade. No ano em que este livro é publicado, o mundo está lembrando com pesar o centenário daquela que talvez seja a mais significativa de todas as loucuras da Europa — a Primeira Guerra Mundial, que levou, não de forma inevitável, mas finalmente, à Segunda. Então, ao longo de meio século de paciência, sob a proteção dos Estados Unidos, os europeus produziram em seu continente paz, prosperidade e parceria, apenas para sucumbir a um novo, muito menos calamitoso mas ainda menos necessário, exemplo de arrogância — a ideia de que uma união monetária irrevogável entre Estados soberanos com economias diversas e culturas muito diferentes poderia funcionar sem problemas.

A crise deixou claro quão tola era essa visão. A despeito de todos os erros cometidos pelos formuladores de políticas e economistas alemães na administração da zona do euro, cabe dizer em seu favor que eles entenderam os riscos. O único outro grande país europeu a fazê-lo foi o Reino Unido. Alemães previdentes, em particular aqueles que trabalham no Bundesbank, perceberam que no mundo moderno uma moeda é um produto de um Estado e de uma sociedade organizada politicamente. Ela deve vir depois da criação deles, não antes. Mas outros europeus decidiram pôr a carroça na frente dos bois, criando a união monetária antes de uma união adequada de Estados. O relatório da Comissão para o Estudo da União Econômica e Monetária, criada em 1988 e presidida por Jacques Delors, presidente da Comissão Europeia, não continha nenhuma discussão sobre os fundamentos políticos de uma união monetária.[2] Era apenas um guia técnico para o caminho em direção a ela. Apanhados em meio às dores do parto de sua unificação interna, para a qual buscaram o apoio de seus parceiros, e comprometidos com o ideal europeu, os alemães sentiram que não poderiam rejeitar esse plano. O Tratado de Maastricht, que estabeleceu um caminho para a união monetária, foi devidamente acordado em 1991, e, com o passar do tempo, quase todos os membros da União Europeia procuraram aderir a ele. O resto é a história descrita nos capítulos 2 e 5.

O contraste com o surgimento da união monetária americana é extremo. Como os professores Kevin O'Rourke, da Universidade de Oxford, e Alan Taylor, da Universidade da Califórnia, observam:

> Os Estados Unidos começaram com uma união política segura, da qual a saída [...] é agora impensável, e isso proporcionou um palco no qual a união econômica e monetária [...] pôde ser lentamente construída. A Constituição nacional dos Estados Unidos encarnava pressupostos fundamentais sobre a existência e a permanência da dívida nacional (um ativo coletivo seguro essencial) [e] do poder federal de tributação (capacidade fiscal central final), bem como da moeda comum e da cláusula de comércio (comércio interestadual verdadeiramente livre). Nisso, depois de grandes crises, uma união bancária e uma união fiscal economicamente significativa foram depois enxertadas. Em comparação, nem a zona do

euro nem a União Europeia contêm uma união política; a saída de ambas é concebível e discutida abertamente; não existe nenhuma autoridade fiscal central em nenhuma delas, nem nenhuma dívida comum, e não parece haver nenhum apetite por parte dos países credores a seguir esse caminho. Reconhecer esses limites significa que o que é desejável para a zona do euro talvez não seja factível.[3]

Cinco países-membros — Grécia, Irlanda, Itália, Portugal e Espanha — entraram em depressões profundas, com taxas de desemprego extremamente altas e dívida pública crescente (ver o capítulo 2, especialmente as figuras 17 e 18). Na Grécia e em Portugal, a taxa de desemprego juvenil superou 55%. Não apenas uma década está sendo perdida, mas partes consideráveis de uma geração inteira. No início de 2014, era possível ver sinais de uma recuperação débil, mas o desemprego deve se manter muito elevado até o final da década ou mesmo depois. Chipre chegou a impor controles sobre o capital em 2013, estabelecendo assim o que todo mundo já sabia: um euro não é um euro, a menos que seja uma nota física ou uma moeda. Um euro em uma conta bancária em Chipre não é necessariamente a mesma coisa que um euro em uma conta bancária na Alemanha: o último pode ser usado livremente como meio de pagamento em todos os momentos e em qualquer lugar; o primeiro não pode.

A confiança nas instituições europeias diminuiu de forma acentuada. Forças políticas extremistas estão surgindo em alguns países; o ressentimento entre os povos da Europa está surgindo em toda parte. O acordo nacional e europeu do pós-guerra está se esgarçando. Enquanto isso, uma torrente de platitudes "austerianas" e previsões excessivamente otimistas jorra dos que estão no comando. A Europa está sob a influência das ideias de Heinrich Brüning, chanceler alemão entre 1930 e 1932, cuja desastrosa política de austeridade preparou o caminho para Adolf Hitler.[4]

Os proponentes pensavam que eliminar moedas múltiplas também acabaria com as crises de balanço de pagamentos. Mas, em vez disso, surgiram crises de crédito e traumas de ajuste externo duradouros. Os proponentes pensavam que criar uma moeda única asseguraria a integração benéfica de financiamento transnacional. Mas, em vez disso, surgiram crises bancárias nacionais. Os proponentes pensavam que o ato de criar uma moeda única eliminaria o medo do rompimento. Mas, em vez disso, a sobrevivência da política nacional garantiu que ele permanecesse uma questão viva. Os proponentes pensavam que a criação de uma união monetária aproximaria mais os povos da zona do euro. Em vez disso, as crises os dividiram em credores desdenhosos e devedores ressentidos. Essa tem sido uma marcha de insensatez.

Pense na zona do euro como um casamento monetário polígamo entre pessoas que deveriam ter se conhecido melhor, feito às pressas e com prudência insuficiente, sem nenhum mecanismo de divórcio — deliberadamente, pois quanto mais inviável um divórcio, menos crível ele se torna. O noivo chegou ao altar por um senso de dever, não por uma forte crença no casamento monetário. As noivas não entendiam o que estavam fazendo. Então veio uma lua de mel irresponsável, quando todos pareciam estar conseguindo o que queriam. As noivas podiam contrair empréstimos livremente a taxas de juro mais baixas do que jamais houvera: como era previsível, elas foram às compras. O noivo voltou ao trabalho duro, construindo um setor de exportação extremamente competitivo e um enorme superávit externo com correspondentes direitos crescentes sobre os devedores. Então veio a crise. O noivo se queixava de que as noivas tinham desperdiçado seu dinheiro. As noivas se queixavam de que o noivo estava forçando-as a viver na penúria. Assim, o casamento ia muito mal, em parte porque sempre foi uma má ideia, mas também porque a lua de mel tinha sido tão irresponsável. Então, quando a crise chegou, todos cometeram grandes erros.

Considere os possíveis resultados: divórcio; continuação de um casamento ruim; ou a criação de um bom casamento. Hoje, os membros estão oscilando entre as duas primeiras alternativas. O casamento é muito ruim, mas o divórcio parece assustadoramente doloroso. O que é necessário é transformá-lo em um bom casamento. A ação deve de novo cobrir fluxos, estoques e reformas. Em primeiro lugar, todos devem voltar a um nível razoável de prosperidade. Em segundo lugar, a zona do euro tem de lidar com o excesso de estoques de dívida ruim herdado do passado recente ou, em alguns casos, do passado mais distante. Em terceiro lugar, ela deve implementar reformas que tornem seu futuro mais próspero e seguro. Parece realmente improvável que tudo isso venha a acontecer. Se assim for, a tendência é que haja divórcio, embora talvez só depois de um longo período de casamento realmente ruim, ou, o que é mais provável, um casamento quase intoleravelmente ruim para sempre.

A discussão se iniciará pelo legado da lua de mel. Depois, tratará do que um casamento ruim duradouro pode significar e, em seguida, de como pode ser um divórcio. Por fim, examinará como conseguir um bom casamento — e se isso é mesmo viável.

ILUSÕES DE LUA DE MEL

A característica mais estranha da história da zona do euro é que foi quase como se três fadas madrinhas tivessem comparecido ao casamento. A primeira disse: vocês todos conseguirão exatamente o que querem. A segunda acrescentou: depois de dez anos, vocês terão seus piores pesadelos. A terceira concluiu: sim, vocês terão seus piores pesadelos porque primeiro vocês conseguiram exatamente o que queriam.

Assim, naqueles anos felizes de lua de mel, até o final de 2008, países que antes haviam sofrido com finanças públicas fracas, taxas de juro altas e moedas vulneráveis desfrutaram de uma feliz combinação de taxas de juro baixas, crescimento econômico rápido, aumento dos salários reais e déficits em conta-corrente crescentes. Nem todos eles tinham todas essas coisas: Itália e Portugal não tiveram rápido crescimento econômico, por exemplo. Mas, no geral, esse foi um período de contentamento. Enquanto isso, a Alemanha e, em menor medida, outros países do norte tinham competitividade e exportações líquidas crescentes, em parte por causa do acesso aos mercados na zona do euro, mas também porque o euro era muito mais fraco do que o marco alemão jamais havia sido. É claro que a felicidade dos emprestadores e a dos tomadores de empréstimo eram dois lados da mesma moeda.

Então a lua de mel chegou ao fim, dessa vez no meio de uma crise financeira global. De repente, os participantes do mercado, os formuladores de políticas e as pessoas perceberam que tinham cometido erros enormes: a dívida pública grega *não* era tão boa quanto a dívida alemã; déficits em conta-corrente de cerca de 10% do PIB e dívidas externas líquidas de cerca de 100% do PIB (como na Grécia, em Portugal e na Espanha) *não* eram sustentáveis, mesmo em uma união monetária; os países *não* se tornavam ricos construindo casas que potenciais compradores não queriam ou não podiam pagar; as economias *não* se tornavam competitivas de modo duradouro expandindo seus setores de construção, imobiliário e financeiro; os países *não* permaneceriam competitivos se deixassem que seus custos trabalhistas aumentassem mais depressa que os do país-âncora da zona do euro, ano após ano após ano; e realmente *não* fazia sentido para países cujas indústrias estavam competindo com as da China permitir que seus custos trabalhistas aumentassem mais rapidamente do que em países, como a Alemanha, cujas indústrias eram complementares às da China. Em suma, tinha sido pior que dez anos perdidos; tinham sido dez anos de viagem na direção errada.

É por isso que a crise foi tão ruim. A zona do euro não foi construída para lidar com a mistura de crises econômicas, fiscais e financeiras que surgiu depois de 2008. Mas a situação não seria tão ruim se as pessoas não tivessem acreditado tanto nela na primeira década de sua existência.

VIVENDO EM UM CASAMENTO RUIM

Os processos econômicos são cumulativos. Forças poderosas podem reforçar o sucesso de algumas regiões e os fracassos de outras. Hoje, os recursos em si não importam tanto. Mas as externalidades de rede importam muito. Os fatores que começam a impulsionar as economias em direções opostas podem inicialmente ser acidentais, mas isso não terá importância no longo prazo. Se uma região específica conseguiu ao longo do tempo reunir pessoas especializadas em determinado conjunto de atividades, criou a infraestrutura física, social e cultural que apoia o trabalho delas, construiu as comodidades que elas desejam e ganhou a riqueza tributável para reinvestir cada vez mais nisso, ela pode obter vantagens extraordinariamente duradouras. Pense no contraste entre o norte e o sul da Itália, Boston e Mississippi, Baviera e Brandemburgo, Manhattan e Detroit, ou Londres e qualquer outra cidade britânica.

A armadilha do casamento

O que isso tem a ver com o casamento ruim da zona do euro? Sabemos que os países mais vulneráveis estão sofrendo depressões econômicas e dificuldades com dívida que devem durar muitos anos. Seria extraordinário se suas economias voltassem a seus níveis de antes da crise uma década depois dela.

Também é improvável que algum deles tenha uma taxa de desemprego abaixo de 10% da força de trabalho antes de, digamos, 2018. Alguns podem ter desemprego acima de 20%. E é provável ainda que pelo menos um e possivelmente mais de um deles sejam obrigados a parar de pagar sua dívida pública, com consequências devastadoras para a confiança nos únicos governos que esses países têm.

Tudo isso é ruim. Mas deve-se também avaliar os custos no longo prazo desses desastres. Qualquer pessoa jovem capaz e empreendedora pensará em emigrar, e nos países mais atingidos muitas já estão fazendo isso. Com o investimento deprimido e uma geração mais jovem ansiosa, esses países podem estar comendo a semente de seu futuro. Na pior das hipóteses, eles poderiam entrar em uma espiral descendente de queda na atividade econômica, dificuldades fiscais, emigração dos empreendedores, um perfil demográfico ainda mais desequilibrado e quedas ainda piores. Se assim for, o que estaríamos testemunhando é não apenas uma crise temporária da zona do euro, por mais extensa que seja, mas o surgimento de algo semelhante ao antigo Mezzogiorno, região pobre do sul da Itália, mas em países inteiros, não apenas em regiões.

Esse prognóstico pode parecer alarmista. Mas é concebível. A figura 17 mostra as economias irlandesa e portuguesa em expansão em 2013. Mas em nenhum dos casos o PIB estava decididamente acima dos níveis de 2012. Além disso, ambas as economias ainda eram cerca de 7% menores no final de 2013 que em seus picos pré-crise. Nem a Itália nem a Espanha mostraram muita recuperação em 2013, enquanto a Grécia definhava em uma depressão profunda. Observe, também, que a taxa de desemprego aumentou permanentemente depois da crise na Grécia, na Itália e na Espanha, e caiu muito lentamente, de níveis elevados, na Irlanda e em Portugal (ver figura 18). Essas são depressões verdadeiras.

Note, mais uma vez, que os sinais de melhora da competitividade que podem ser vistos na figura 44, em particular na Irlanda e na Espanha, se devem em grande parte ao aumento da produtividade. Como observam os professores O'Rourke e Taylor, os salários nominais ainda apresentam uma tendência rígida de queda, como têm apresentado na maioria dos países de alta renda desde a Primeira Guerra Mundial.[5] Entre esses países, só a Grécia teve quedas significativas nos salários nominais. Para que isso fosse alcançado, a economia encolheu 25%. Além disso, se o aumento da produtividade e a queda dos salários nominais são o caminho para a competitividade, o emprego tem de entrar em colapso, assim aumentando diretamente a produtividade e de forma indireta pressionando para baixo os salários. O mecanismo de ajuste da zona do euro é simplesmente o do velho padrão-ouro.

Se quisermos entender por que o ajuste está se mostrando tão difícil, precisamos olhar para o que está acontecendo na zona do euro como um todo. Infelizmente, permitiu-se que a economia estagnasse (ver figura 45). Além disso, a inflação *headline* (cheia) e a inflação *core* (do núcleo, isto é, excluídos alimentos, energia, álcool e fumo) anuais da zona do euro foram ambas de apenas 0,8% nos doze meses até janeiro de 2014. Isso é muito abaixo da meta de inflação reconhecidamente ambígua do Banco Central Europeu, que é de "taxas abaixo, mas próximas, de 2% a médio prazo".[6] Seria muito melhor o BCE elevar a inflação acima de sua meta de médio prazo de 2% que deixá-la cair abaixo dela. Esse aumento na inflação e nas expectativas de inflação poderia reduzir as taxas reais

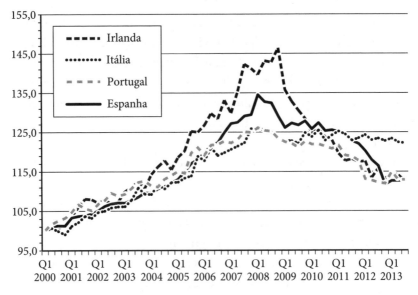

FIGURA 44. CUSTOS UNITÁRIOS DE MÃO DE OBRA NO CONJUNTO DA ECONOMIA EM RELAÇÃO À ALEMANHA
(Q1 2000=100)

FONTE: Eurostat.

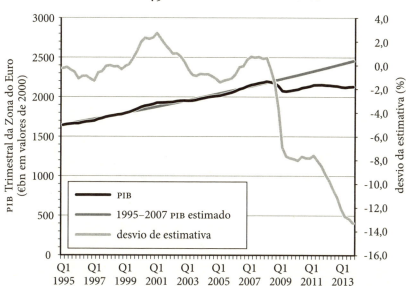

FIGURA 45. PIB DA ZONA DO EURO

FONTE: Eurostat.

de juro e assim incentivar os gastos e o crescimento. Se uma inflação muito baixa é ruim, uma deflação será pior: vai aumentar ainda mais as taxas reais de juro e os encargos reais da dívida.[7] O BCE deixou de cumprir sua tarefa básica ao permitir que a inflação se tornasse excessivamente baixa e a economia, excessivamente fraca. Pior, a zona do euro está agora provavelmente a apenas um choque adverso de distância de um resultado deflacionário.

Uma inflação mais alta também tornaria mais rápidos os necessários ajustes de competitividade entre as economias, dada a resistência à queda dos salários nominais. Mas a dispersão da inflação entre países credores e devedores que é necessária para acelerar o ajuste de competitividade não está acontecendo com rapidez suficiente, porque o nível médio de inflação é muito baixo (ver figura 46). Nos doze meses até janeiro de 2014, a inflação de preços ao consumidor *core* foi de apenas 1,2% na Alemanha, contra 0,9% na Itália, embora tenha sido de -0,1% na Espanha. O índice de preços ao consumidor *core* da Alemanha aumentou 6,7% entre janeiro de 2008 e janeiro de 2014 contra 9,3% na Itália e 5,3% na Espanha. Portanto, a inflação *core* alemã é muito baixa, forçando os países que buscam melhoras na competitividade na direção da

FIGURA 46. INFLAÇÃO *CORE* ANUAL DE PREÇOS AO CONSUMIDOR
(excluídos alimentos, energia, álcool e fumo)
(%)

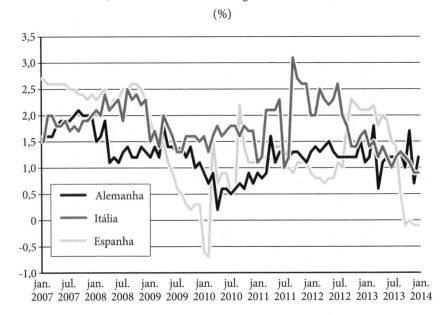

FONTE: BCE

deflação, que a Grécia alcançara nos doze meses até janeiro de 2014 e Irlanda e Espanha estavam perto de alcançar, com os inevitáveis resultados adversos para os níveis reais de sua dívida denominada em euro.

O ajuste está ocorrendo, mas por meio da eliminação de mão de obra. Se as melhoras de produtividade se mostrarem sustentáveis no longo prazo, empresas que passaram a ser rentáveis devem expandir a produção, usando menos insumos de mão de obra por unidade de produto. Mas vai levar muito tempo para que isso eleve o emprego em economias inteiras, em particular as maiores e menos dependentes do comércio.

Tudo isso cria condições para a deflação da dívida: o PIB nominal está deprimido; e as taxas nominais de juro dos títulos de governo de longo prazo, embora muito menores que antes do anúncio pelo BCE de seu programa Transações Monetárias Diretas (Outright Monetary Transactions — OMT), no verão de 2012, ainda estavam cerca de dois pontos porcentuais acima dos níveis alemães no início de 2014 (ver figuras 7 e 36). Previsões de referência feitas por

Zsolt Darvas em setembro de 2013 para o Bruegel, centro de estudos sediado em Bruxelas, sugerem que a proporção da dívida pública da Itália pode cair de 130% do PIB hoje para 110% em 2028, enquanto a da Espanha vai subir ainda mais, para 110% em 2020, antes de cair para cerca de 95% em 2028.[8]

Esses dois países importantes estão caminhando sobre o fio da navalha da dívida, dada sua vulnerabilidade a qualquer aumento brusco nas taxas de juro. A decisão do Tribunal Constitucional alemão, em fevereiro de 2014, de que o programa OMT é incoerente com os tratados que instituem a união monetária, embora ainda não o tenha bloqueado completamente, pode tornar muito mais difícil pô-lo em prática.[9] Os mercados podem ainda ficar chocados com essa percepção. Portanto, a inadimplência ou algum tipo de reestruturação é certamente concebível, o que só pode aumentar os riscos de uma elevação brusca das taxas de juro.

Em última análise, a capacidade de administração da dívida depende da relação entre o crescimento do PIB nominal e a taxa de juro. A relação entre os dois é equilibrada de forma delicada nos países atingidos pela crise: eles têm baixo crescimento potencial do PIB nominal, de provavelmente não mais que 3%, dada a inflação necessariamente ultrabaixa desses países, para que possam recuperar a competitividade em uma zona do euro com inflação baixa; e eles ainda tinham taxas de juro de longo prazo sobre a dívida pública de 4% no início de 2014. Qualquer perda de confiança poderia fazer essa relação mudar adversamente de forma rápida e dramática. Como observam os professores O'Rourke e Taylor, com base na experiência entre as guerras, "grandes dívidas públicas são difíceis ou impossíveis de estabilizar quando a deflação está aumentando o valor real da dívida e desacelerando o crescimento econômico".[10]

O exemplo báltico[11]

Nesse cenário, alguém inteligente, buscando aconselhar os desesperados, apontará para a minúscula Letônia, considerada um grande sucesso da estratégia de "desvalorização interna" e "austeridade". Mas isso é em grande parte uma ilusão. O que é possível para pequenas economias abertas, sem seus próprios sistemas bancários (e, portanto, sem nenhuma necessidade de salvar os bancos) e quase sem nenhuma dívida pública antes da crise, é impossível para outras.

Todos os três pequenos países bálticos — Estônia (população de 1,3 milhão de pessoas), Letônia (população de 2 milhões) e Lituânia (população de 3 milhões) — desfrutaram de booms impulsionados por crédito antes da crise financeira. Em 2007, o déficit em conta-corrente da Letônia era de 22% do PIB, o da Estônia era de 16% e o da Lituânia, de 14%. As contrapartidas internas dos ingressos de capital eram enormes déficits financeiros do setor privado: 23% do PIB na Letônia, 19% na Estônia e 13% na Lituânia. Como costuma acontecer, os booms fizeram parecer atraentes as posições fiscais: a dívida pública líquida da Estônia era menos 4% do PIB em 2007, a da Letônia 5% e a da Lituânia 11%.

Então vieram os quatro cavaleiros das crises financeiras: "paradas bruscas" nos fluxos de capital, colapsos nos preços de ativos, recessões e déficits fiscais. Em resposta, os países bálticos decidiram manter o atrelamento do câmbio e adotar a austeridade. Também foi negociado um substancial pacote de resgate para a Letônia no final de 2008, com o apoio da União Europeia, do Fundo Monetário Internacional, dos países nórdicos e outros. Mas alguns duvidaram de que o programa funcionaria. Olivier Blanchard, conselheiro econômico do FMI, afirmou em junho de 2013 que "muitos, inclusive eu, acreditavam que manter o atrelamento provavelmente era uma receita para o desastre, para um ajuste longo e doloroso na melhor das hipóteses, ou, mais provavelmente, o abandono final do atrelamento quando o fracasso se tornasse óbvio".[12] Ele estava errado. Segundo o FMI, a Letônia contraiu seu déficit geral do governo ciclicamente ajustado em 5,3% do PIB potencial entre 2008 e 2012 para conseguir um pequeno superávit de 0,8% no último ano. No mesmo período, a Lituânia contraiu seu déficit ciclicamente ajustado em 3,3% do PIB potencial. (O FMI não fornece esses dados para a Estônia.) Mas a contração da Grécia foi de 15% do PIB potencial entre 2009 e 2012.

Quão bem a estratégia funcionou? Os defensores apontam para o rápido crescimento recente. A economia da Letônia cresceu 20% entre seu mínimo, no terceiro trimestre de 2009, e o quarto trimestre de 2013. Mas encolheu 24% entre o quarto trimestre de 2007 e seu mínimo. No quarto trimestre de 2013, o PIB letão ainda estava 9% abaixo do pico pré-crise. Isso não é nada melhor, em relação ao ponto de partida pré-crise, que Irlanda, Itália, Portugal e Espanha. Os outros dois países bálticos se saíram melhor, voltando no quarto trimestre de 2013 para onde estavam no primeiro trimestre de 2008, embora também depois de enormes quedas na atividade econômica.

Essas enormes recessões são realmente importantes. No caso da Letônia, a perda acumulada de 2008 a 2013 somou 89% da produção anual do país antes da crise. Na mesma base, a perda foi de 43% para a Lituânia e de 39% para a Estônia. A taxa de desemprego tem caído, mas ainda era de 12% da força de trabalho da Letônia em dezembro de 2013, apesar da forte emigração.

Em resumo, a Letônia, o mais atingido dos países bálticos, sofreu uma das maiores depressões da história. Além disso, ela não pode ser um modelo para economias muito maiores, como Grécia, Irlanda e Portugal, e muito menos para Itália e Espanha. Os países bálticos têm quatro vantagens enormes em adotar uma estratégia de combinar expansão econômica com contração fiscal.

Em primeiro lugar, de acordo com o Eurostat, os custos trabalhistas por hora da Letônia, em 2012, eram um quarto daqueles da zona do euro como um todo, 30% dos da Espanha e 50% dos de Portugal. Dado o potencial para novos aumentos rápidos de produtividade e sua integração no sistema econômico escandinavo, a Letônia não precisava de uma grande depreciação real para se tornar competitiva.

Em segundo lugar, essas são economias abertas muito pequenas. Quanto mais aberta a economia, maior é a parcela da produção que não depende de gastos internos afetados por recessão. Isso torna o ajuste externo uma alternativa ao estímulo interno mais potente que em economias maiores. Entre 2007 e 2012, o déficit em conta-corrente da Letônia encolheu 21% do PIB. O mesmo ajuste absoluto equivaleria a apenas 0,3% do PIB italiano. Os mercados externos dificilmente perceberão o ajuste da Letônia. Mas certamente perceberão um ajuste italiano comparavelmente grande. De novo, a população da Letônia encolheu 7,6% e a da Lituânia, 10,1%, entre 2007 e 2012. Isso tem de melhorar o quadro de desemprego, que ainda é bastante horrível. Se a Espanha e a Itália tivessem perdido a mesma proporção de suas populações, teria havido 11 milhões de refugiados econômicos. Uma movimentação tão maciça de pessoas de economias em colapso dificilmente pode ser uma parte política ou socialmente viável do acordo europeu contemporâneo.

Em terceiro lugar, uma vez que bancos estrangeiros desempenham um papel central nas economias bálticas, o sistema bancário sobreviveu ao declínio econômico e ao estresse fiscal. Mas hoje, pelo menos, a Itália e a Espanha têm um sistema bancário de propriedade nacional.

Finalmente, os países bálticos abraçaram seu destino europeu como uma alternativa a voltar à órbita da Rússia e em consequência disso prosperaram. Seus povos têm razão de preferir o ajuste doloroso a parecer vacilar nesse compromisso político. Outros países atingidos pela crise também têm razões para o compromisso com a Europa, mas em menor grau.

Os países bálticos, e particularmente a Letônia afetada pela crise, não são um modelo de expansão impulsionada por contração fiscal. A própria contração fiscal foi na verdade contracionista. Posteriormente, eles conseguiram combinar um ajuste externo colossal, muito facilitado por seu tamanho pequeno, com a restauração do crescimento, embora o desemprego tenha se mantido elevado e a emigração tenha sido enorme.

A Letônia não é um modelo plausível para outros, em particular para países muito maiores. A ideia de que devemos ver todas as economias, sem falar de muitas economias em conjunto, como se fossem pequenas economias abertas que não interagem umas com as outras é uma doença intelectual. É por isso que os formuladores de políticas da zona do euro estão felizes em ignorar a demanda. É também por isso que o processo de ajuste tem sido tão severo. Pode-se argumentar que a Letônia é um modelo para países pequenos. Mas é loucura pensar que ela é um modelo para a Europa como um todo.

Transformando a zona do euro em uma Alemanha maior[13]

A Alemanha se vê como o modelo com base no qual a nova economia europeia deve ser construída. Mas o modelo alemão — de uma economia aberta dependente de exportações — só funciona porque outros países são sua imagem espelhada.

A Alemanha sempre usou alterações em seu balanço externo para estabilizar a economia: um superávit crescente quando a demanda interna é fraca, e o inverso quando a demanda é forte. A economia da Alemanha pode parecer grande demais para depender de um mecanismo característico de economias pequenas e abertas. Mas ela conseguiu fazer isso por contar com sua soberba indústria voltada para exportação e sua capacidade de conter os salários reais. Na década de 2000, essa combinação permitiu que o país regenerasse o superávit em conta-corrente perdido durante o boom da década de 1990 que se seguiu à unificação. Entre 2000 e 2007, o saldo em conta-corrente da Alemanha passou de um déficit de 1,7% do PIB a um excedente de 7,5%. Isso, por sua vez, ajudou a trazer um crescimento econômico modesto, apesar da fraca demanda interna.

Para que essa abordagem funcione, uma grande economia voltada para exportação precisa de mercados externos aquecidos. Dentro da zona do euro, booms de crédito interno impulsionaram a demanda em vários países. Como observado nos capítulos 2 e 5, depois da crise financeira, as entradas de capital cessaram e os gastos privados entraram em colapso, criando imensos déficits fiscais. Logo surgiu o consenso equivocado de que essa era uma crise fiscal. Na verdade, exceto no caso da Grécia, era uma crise financeira com consequências fiscais. Mas os países atingidos pela crise tinham de contrair suas posições fiscais, apesar das profundas recessões que viviam. Infelizmente, os países mais saudáveis da zona do euro também se conformaram estritamente ao mantra da estabilidade. Portanto, eles também contraíram suas posições fiscais. O FMI previu que o déficit fiscal ciclicamente ajustado da zona do euro terá encolhido 3,2% do PIB potencial entre 2009 e 2013, terminando em apenas 1,1% do PIB. O Banco Central Europeu também continua a não mostrar quase nenhum interesse em estimular a demanda e está permitindo que a inflação caia para muito abaixo da meta.

Como era previsível, a demanda da zona do euro está paralisada. Resta o ajuste externo. Segundo o FMI, em 2018 todos os atuais membros da zona do euro, com exceção da Finlândia, terão superávit em conta-corrente. Para o conjunto da zona do euro, a previsão é de um superávit em conta-corrente de 2,5% do PIB. Essa dependência do equilíbrio da economia interna via demanda externa — ou seja, usar um desequilíbrio externo (um superávit em conta-corrente) para compensar um desequilíbrio interno (uma deficiência da demanda interna em relação ao produto potencial) — é exatamente o que se esperaria de uma zona do euro germânica. Essa, afinal, foi a política macroeconômica da Alemanha durante a maior parte do último meio século.

Se se quiser entender até onde vai a loucura, deve-se estudar o trabalho da Comissão Europeia sobre seus "procedimentos para desequilíbrios macroeconômicos".[14] Suas características são reveladoras. Assim, é preciso que o déficit em conta-corrente seja de 4% do PIB para que seja visto como um sinal de desequilíbrio. No entanto, para os superávits, o critério é 6%. Dificilmente pode ser um acidente que esse seja o superávit da Alemanha. Acima de tudo, e surpreendentemente, não se leva em conta o tamanho do país para avaliar sua contribuição aos desequilíbrios. Desse modo, o papel da Alemanha é eliminado. No entanto, seus excedentes de poupança criam enormes dificuldades quando as taxas de juro estão próximas de zero. A omissão da Alemanha torna a análise da Comissão dos "desequilíbrios" indefensável. Desequilíbrios são uma questão *sistêmica*, não uma questão específica de cada país. O que importa é a escala dos desequilíbrios em relação à economia da zona do euro. Nesse contexto mais amplo, os superávits da Alemanha são cruciais.

As implicações da tentativa de forçar a zona do euro a imitar o caminho para o ajuste tomado pela Alemanha na década de 2000 são profundas. Para a zona do euro ele torna provável uma estagnação prolongada, particularmente nos países atingidos pela crise. Além disso, quando ele começar a funcionar, o próprio euro tende a se apreciar, aumentando assim os riscos de deflação, e minando os aumentos impulsionados pela austeridade nas exportações líquidas de países vulneráveis. Igualmente, a alteração da zona do euro para o superávit é um choque contracionista para a economia mundial.

A zona do euro não é uma economia pequena e aberta, mas a segunda maior economia do mundo. É muito grande, e a competitividade externa de seus países mais fracos é frágil demais para tornar grandes alterações nas contas externas uma estratégia pós-crise viável para alcançar ajuste e crescimento econômicos. A zona do euro não pode esperar construir uma sólida recuperação com base nesse mecanismo, como a Alemanha fez na animada década de 2000. Uma vez que isso seja entendido, as pressões políticas internas para uma mudança de abordagem certamente se tornarão irresistíveis. A Europa não se tornará uma Alemanha maior. É tolice acreditar que ela poderia fazer isso.

O desafio político

A dificuldade é não só que os resultados econômicos foram tão terríveis, mas que surgiu uma separação completa entre o nível nacional de responsabilização e o nível de poder na zona do euro. A democracia foi anulada, na medida em que políticos de países estrangeiros — mais precisamente de um país estrangeiro — e seus lacaios oficiais ditam o que fazer a nações soberanas não apenas temporariamente, em um período de crise, mas por tempo indeterminado. Essa estrutura não pode se manter, e, se pode, não deveria.

MEDO DO DIVÓRCIO

Se o casamento ruim é infeliz e, no longo prazo, provavelmente insustentável, apenas duas alternativas permanecem: divórcio ou um bom casamento.
Um bom casamento é aquele em que os parceiros ficam juntos não porque têm
medo das consequências de sair dele, mas porque preferem permanecer nele a
qualquer alternativa concebível. Na verdade, confrontados com a escolha inicial, mas sabendo tudo o que sabem agora, eles ainda se casariam. Então, como
poderia ser um divórcio? Aqui, a primeira pergunta é o que aconteceria se
apenas um país tentasse sair, e a segunda é o que aconteceria se ocorresse um
rompimento abrangente.

Administrando saídas parciais

É possível imaginar duas possibilidades: uma saída desordenada e uma
saída ordenada.

Uma cessação do financiamento oficial externo, talvez porque um país se
recusasse a cumprir um programa acordado, poderia desencadear um colapso
desordenado. O governo do país em questão ficaria inadimplente. O Banco
Central Europeu argumentaria que os bancos do país em questão já não pos-
suiriam garantias aceitáveis, o que o impediria de operar como emprestador
de última instância. Ocorreriam corridas bancárias abrangentes. O país imporia controles de câmbio, introduziria uma nova moeda, redenominaria os contratos internos e deixaria de cumprir contratos externos denominados em
euro. Essas inadimplências seriam tanto do setor público como do setor privado. O caos poderia se instalar. Policiais e soldados que não recebessem salário
provavelmente não manteriam a ordem. Haveria saques e tumultos. Um golpe
de Estado ou uma guerra civil seriam concebíveis. Qualquer nova moeda por
certo se desvalorizaria abruptamente. A inflação dispararia. No médio prazo,
porém, a ordem presumivelmente seria restaurada de alguma forma, mesmo a
um custo enorme.

Com o tempo, depois de uma enorme desvalorização, a economia provavelmente prosperaria, como aconteceu com as economias do Leste asiático
depois de suas desvalorizações pós-crise em 1997 e 1998. A desvalorização
ajudaria a ajustar radicalmente a conta-corrente, gerando um forte impulso de

crescimento ao longo do tempo. É claro que o governo poderia desperdiçar essa oportunidade. Na verdade, depois de uma crise dessa magnitude, é muito provável que haja populismo irresponsável. As consequências, então, lembrariam um pouco a Argentina dez anos depois do calote e da desvalorização.

Uma saída acordada, e portanto ordenada, acabaria em grande parte no mesmo lugar, porém muito mais cedo. Estrangeiros poderiam apoiar o sistema bancário e pagar os beneficiários das despesas públicas durante a transição para uma nova moeda. Isso deveria limitar a intranquilidade, bem como reduzir o colapso da moeda e a escalada inflacionária.

Em ambos os casos, um grande desafio seria administrar o contágio. Uma saída, em particular uma saída desordenada, certamente provocaria corridas aos bancos e fuga de capitais de outros países-membros. E também poderia causar colapsos nos preços de ativos financeiros e outros. Ocorreria uma fuga para a segurança, para a Alemanha ou para além da zona do euro.

Uma resposta decisiva da zona do euro seria necessária para deter o contágio. O BCE teria de agir como emprestador de última instância em uma escala ilimitada, substituindo o dinheiro sacado em corridas aos bancos. As taxas de juro sobre dívida soberana teriam de ser limitadas. Acima de tudo, o compromisso de manter o resto da zona do euro unido teria de ser reforçado. A zona do euro ou é uma união monetária irrevogável ou não é. Se países em dificuldade saem, ela é apenas um sistema excepcionalmente rígido de moeda fixa. Portanto, qualquer saída teria um efeito desestabilizador: as pessoas confiariam menos ainda na sobrevivência da zona do euro e os benefícios econômicos da moeda única diminuiriam gradualmente.

A saída menos desestabilizadora seria a de um país credor, em particular a Alemanha, como argumentou George Soros.[15] Mas mesmo isso seria muito desestabilizador. A saída nunca poderia ser uma surpresa em uma sociedade regida por lei. No período imediatamente anterior a uma saída, haveria fuga para ativos financeiros alemães, que as autoridades alemãs teriam de administrar em conjunto com o BCE, do qual elas pretenderiam sair. O processo para acordar regras de conversão criaria uma incerteza prolongada e profunda, que se espalharia para outros países credores propensos a seguir o exemplo da Alemanha — em especial a Áustria e os países do Benelux. Depois da introdução da nova moeda, ou, mais provavelmente, a reintrodução do marco alemão, as instituições financeiras alemãs sofreriam perdas em suas posses de ativos denominados em euro. A indústria alemã seria atingida. A credibilidade do compromisso da Alemanha com o projeto europeu — o núcleo de sua identidade política no pós-guerra — seria esfacelada e suas relações com parceiros importantes, em particular a França, postas no limbo.

Rompimento abrangente

Suponha que os membros da zona do euro concordassem em romper toda a estrutura em vez de assistir à saída, fosse ela ordenada ou desordenada, de apenas alguns membros. Em princípio, seria possível dividir cada euro e redenominar cada contrato em euro nas moedas integrantes, ponderadas conforme eram quando aderiram ao euro. Mas isso significaria dizer aos cidadãos, digamos, da Alemanha que suas contas em euro e seus direitos em euro de repente conteriam uma proporção substancial de francos franceses, liras italianas, pesetas espanholas e todo o resto. Isso seria muito impopular. Os cidadãos alemães certamente se sentiriam enganados.

De fato, os governos gostariam de redenominar a moeda e os contratos internos em suas moedas nacionais restauradas. As experiências individuais dos países variariam, dependendo de sua exposição ao comércio exterior e de suas interligações financeiras. Mas a inflação dispararia nos países devedores que desvalorizassem sua moeda; nos países credores, a deflação provavelmente se instalaria. A inflação deveria corroer as montanhas de dívida de países periféricos, desde que fossem prontamente redenominadas nas novas moedas nacionais. O valor dos ativos estrangeiros de países centrais cairia, suas novas moedas dispariam em relação aos antigos parceiros e suas economias encolheriam. Seria doloroso para todos.

Os mecanismos em operação seriam ao mesmo tempo poderosos e desordenados: corridas; a imposição de controles cambiais (ilegais); incertezas jurídicas; colapsos nos preços dos ativos; alterações imprevisíveis e desconhecidas nos balanços; congelamento do sistema financeiro; interrupção da atividade dos bancos centrais; colapso nos gastos e no comércio; e enormes alterações nas taxas de câmbio das novas moedas. Novos resgates pelo governo de sistemas financeiros seriam certamente necessários, a um grande custo. Grandes recessões também agravariam posições fiscais já danificadas. Um rompimento tão caótico também desencadearia uma infinidade de ações judiciais.

A triste verdade é que um rompimento ordenado é uma contradição em termos. A própria noção criaria demasiada instabilidade ao ser discutida e acordada entre tantos países. Pior ainda, ele é o tipo de coisa que só poderia acontecer em uma crise. Nasceria da crise e geraria crises maiores. A UE seria lançada em um limbo jurídico e político, com seus tratados mais importantes e sua realização que mais a orgulha em frangalhos. É impossível conjeturar o resultado de uma mudança tão profunda na ordem europeia.

Vencedores e perdedores

Não haveria vencedores em um rompimento abrangente. Mas um bom palpite é que os credores seriam ainda mais prejudicados que os devedores. A Alemanha, dependente de exportações, poderia se ver sofrendo um destino no longo prazo muito semelhante ao do Japão, se não pior. Como observado acima, o sistema financeiro da Alemanha seria prejudicado quando o valor de seus ativos externos desabasse, enquanto sua indústria de transformação certamente deslocaria grande parte de sua atividade para países vizinhos, como o Japão deslocou grande parte de sua produção para seus vizinhos, em particular a China. A Alemanha emergiria como uma economia e uma sociedade rentista rica, mas estagnada, vivendo de seus ativos estrangeiros e, ainda mais, de seu know-how, e não de sua produção interna. E isso ignora as consequências do isolamento de seus vizinhos e parceiros — o próprio destino que seus líderes mais sensatos procuraram evitar desde o fim da Segunda Guerra Mundial. Nem como parceiros econômicos nem, menos ainda, como parceiros políticos a Rússia ou a China poderiam dar à Alemanha o que uma UE próspera dá — um lugar seguro e previsível no mundo, e a companhia e o apoio daqueles que compartilham seus valores. O feito de uma Alemanha unificada, pacífica e democrática ancorada em uma UE próspera não deve ser abandonado com tranquilidade, na verdade não deve ser abandonado de forma alguma. Todos os líderes alemães sensatos sabem disso. E todas as evidências que temos são de que o povo alemão concorda com isso, como indicado por sua escolha reiterada de políticos pró-UE e pró-euro.

Perigos globais

Esses perigos não são um problema apenas para a zona do euro. Tomada como um conjunto, ela é a segunda maior economia do mundo, com o maior sistema bancário. O risco de que uma perturbação maior na zona do euro cause uma crise global é real. Ademais, para além disso, uma Europa estável é uma das maiores conquistas da ordem pós-Segunda Guerra Mundial e certamente o melhor triunfo da diplomacia americana. Ela não pode — e não deve — ser jogada fora. Por mais que a zona do euro tenha sido uma má ideia, seu rompimento seria pior.

NA DIREÇÃO DE UM BOM CASAMENTO

Então, se o casamento é ruim e o divórcio é aterrorizante, o desafio é transformar o casamento ruim em um casamento bom, ou pelo menos tolerável. Ao considerar o que precisaria acontecer, deve-se começar recordando o que os críticos sabiam no início da década de 1990: essa não é uma união econômica natural. As forças econômicas que pressionam essas economias a se separar são muito maiores que em outras uniões monetárias federais, por causa de sua diversidade econômica, enquanto as bases institucionais e políticas da união são muito mais fracas, por causa de sua diversidade política. O que precisa ser feito na zona do euro é descobrir um conjunto de práticas e desenvolver um conjunto de instituições de apoio que façam o suficiente para administrar a diversidade entre suas economias, ao mesmo tempo não exigindo demais da diversidade entre suas comunidades políticas. Isso pode ser feito? Não sabemos. Podemos definir o que precisa ser feito? Sim, podemos.

Os limites da integração da zona do euro

Se compararmos a zona do euro com a economia mais óbvia em termos de escala, valores políticos e nível de desenvolvimento, acabaremos olhando para os Estados Unidos. Mas, como seria de esperar, levando em conta não apenas sua longa história como um país unido, sua língua comum, suas tradições jurídicas partilhadas e sua população móvel, a economia dos Estados Unidos é muito mais integrada que a da zona do euro: o comércio interno americano é maior, em relação ao PIB; e a mobilidade da mão de obra nos Estados Unidos é muito maior.

Mas talvez ainda mais importante é o fato de que os Estados Unidos oferecem dois mecanismos de seguro para seus estados. E também oferecem uma condição de fundo decisiva. A condição de fundo é que o rompimento não é uma opção. O medo da secessão não gerará a fuga dos passivos (governamentais ou privados) de um Estado. A Guerra Civil resolveu essa questão. Felizmente, ninguém iria à guerra para manter a zona do euro junta. Infelizmente, isso também significa que o risco de rompimento não pode ser eliminado. O primeiro dos mecanismos de seguro dos Estados Unidos é um sistema federal de impostos e gastos que garante não só uma compensação importante para choques econômicos, mas também que os indivíduos e as empresas possam sobreviver até mesmo à falência de um governo local ou estadual relativamente incólumes em comparação com o que a inadimplência significa na zona do euro. O segundo e possivelmente até mais importante mecanismo de seguro é o apoio dado ao sistema financeiro pelo Tesouro dos Estados Unidos e pelo Federal Reserve. É aterrorizante sequer considerar o que teria acontecido em 2008 se a responsabilidade de administrar o colapso do sistema financeiro americano tivesse cabido aos governos estaduais de Nova York, Carolina do Sul ou Califórnia, todos sedes de enormes instituições financeiras (ver figura 47).

Ajuste de renda e gasto

O desafio imediato que a zona do euro enfrenta é o ajuste. Os países vulneráveis precisam alcançar mais uma vez o equilíbrio interno e externo: contas externas sustentáveis; posições fiscais sustentáveis; e pleno emprego.

A razão pela qual o processo de ajuste tem sido tão doloroso é em parte o fato de a taxa de câmbio ter sido eliminada como um instrumento, mas ainda mais o fato de ela ser muito assimétrica. Na verdade, não está claro que os países vulneráveis podem conviver com países credores que têm persistentes superávits em conta-corrente tão enormes (ver figura 34). Se a Alemanha e outros países superavitários tivessem de obter esses superávits no comércio com economias fora da zona do euro, o resultado provavelmente seria uma apreciação do euro. Isso mais uma vez minaria a competitividade das economias vulneráveis. Com efeito, os superávits em conta-corrente de países cre-

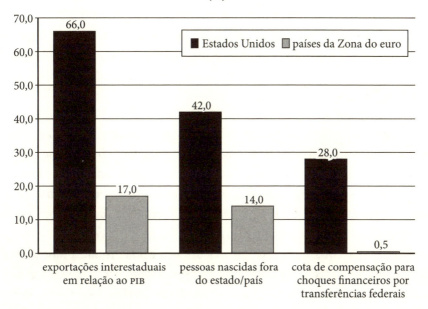

FIGURA 47. CRITÉRIOS IDEAIS DE ÁREA DE MOEDA (%)

FONTE: O'Rourke and Taylor.

dores estão sugando a demanda de países vulneráveis. Não faz muito sentido insistir que esses últimos se tornem mais competitivos, se a demanda global não se expande. Esse é um jogo de soma zero. Construir o futuro da zona do euro em um jogo assim é uma insensatez.

Isso tem implicações importantes. Uma delas é que o BCE deve fazer mais para promover a demanda na zona do euro. Ele deve se dispor a usar políticas não convencionais. Deve também estabelecer como meta uma taxa de inflação mais alta, para facilitar os ajustes necessários nos preços relativos. Uma inflação agregada de 3%-4% ao ano não seria um desastre. Uma meta de PIB nominal para a zona do euro também faria muito sentido.

Outra implicação é que o novo procedimento relativo aos desequilíbrios da zona do euro deve ser efetivo. O contribuinte mais importante para os desequilíbrios internos da zona do euro é a Alemanha. Ela precisa encontrar uma maneira de reduzir seu superávit em conta-corrente. Se não quiser usar a política fiscal, que tente outra coisa. Também ajudaria se os fluxos de capital internos à zona do euro não assumissem a forma de dívida, em geral, e de dívida bancária, em particular. Os bancos têm desempenhado um papel grande demais nas finanças da zona do euro. Uma mudança na direção de uma maior dependência de mercados de capitais ajudaria, mas seria preciso ter o cuidado de evitar o desastre que foi o sistema bancário paralelo nos Estados Unidos.

Financiando o ajuste

O ajuste simétrico é essencial. Mas também é essencial o financiamento das economias em dificuldade. A razão bem compreendida para isso é que o financiamento privado geralmente se reverte mais rápido que qualquer economia consegue se adaptar, criando colapsos desnecessariamente profundos e socialmente custosos. Esse financiamento vai ser ainda mais importante na ausência de uma taxa de câmbio flexível.

Na zona do euro, o papel de financiador de última instância cabe ao BCE. Sim, a criação do Mecanismo Europeu de Estabilidade, junto com o financiamento (e a contribuição intelectual) do Fundo Monetário Internacional, fornece um respaldo. Mas o que os membros da zona do euro, particularmente a Itália e a Espanha, mais necessitavam durante o pior do pânico do mercado era seguro contra a falta de liquidez em seus mercados para financiamento do governo e dos bancos. Faltava-lhes o que o Reino Unido e os Estados Unidos possuem: um banco central apoiador. Na verdade, como Paul de Grauwe, hoje na London School of Economics, argumentou de forma convincente, o pânico nos mercados financeiros, a ameaça aos sistemas bancários nacionais e a incapacidade dos governos para se financiarem se deveram ao fato de o BCE não assegurar a liquidez nos mercados de dívida, uma responsabilidade que o Federal Reserve cumpriu durante a crise.[16] A principal razão pela qual bancos fracos acabaram em um aterrorizante abraço com Estados fracos — dois bêbados sustentando um ao outro — é que se acreditava amplamente que o BCE permitiria que crises de liquidez nos mercados de títulos de governo se transformassem em inadimplências soberanas.

Governos não oferecem garantias. Portanto, os mercados de dívida de governo são sempre erguidos por seus próprios esforços: a disposição de emprestar depende da disposição percebida de outras pessoas para fazê-lo, agora e no futuro. Esses mercados estão expostos a corridas autorrealizáveis e por isso precisam de um comprador de última instância digno de crédito: ele é o banco central. O Reino Unido tem um banco central assim; os membros da zona do euro, não. Com efeito, eles contraem empréstimos em uma moeda quase estrangeira.

Observe que, se o BCE conseguisse estabilizar os mercados de títulos de governo, automaticamente estabilizaria também os bancos, uma vez que os temores de inadimplências soberanas motivavam as preocupações sobre insolvência dos bancos. O capital necessário para proteger o sistema bancário europeu da inadimplência de países importantes não existe. É ridículo supor que os países podem fornecer seguro contra sua própria inadimplência. Mas, já que não há nenhuma boa razão para que uma zona do euro bem administrada sofra inadimplências causadas por falta de liquidez, a resposta é pará-las na origem.

O BCE tinha o poder de fogo para fazer isso e finalmente o fez, através de seu programa OMT no verão de 2012, com sucesso notável, aliviando enormemente a pressão sobre os dois países vulneráveis cruciais: Itália e Espanha (ver figura 7). Ele não ter feito isso antes é uma tragédia. Mas mesmo o programa OMT poderia falhar se fosse posto à prova: a promessa do BCE de oferecer apoio ilimitado mas condicional é intrinsecamente contraditória, como observado no capítulo 2. É fácil imaginar circunstâncias em que o BCE se sentiria incapaz de ajudar, porque políticos eleitos se recusariam a cumprir as condições que lhes seriam impostas. Infelizmente, as circunstâncias em que esse conflito aconteceria seriam as de uma crise extrema. Devemos esperar que a situação nunca chegue a isso. Mas pode chegar.

O financiamento não deve ser tão generoso que impeça o ajuste, mas sim dê ao ajuste o tempo necessário. A pressão sobre os governos e os mercados de crédito nos países vulneráveis, apesar das intervenções do BCE, já é grande o suficiente para garantir isso, como mostram as alterações maciças em contas-correntes, economias fracas e altas taxas de desemprego. Algo pior que isso não é nem moralmente justificável nem praticamente necessário.

Reestruturação da dívida

Ajuste, financiamento e crescimento são o início do que é necessário para pôr a economia da zona do euro de volta nos trilhos. Juntos, eles lidariam com os problemas de "fluxo" — os relativos a fluxos de renda e gastos, inclusive o balanço de pagamentos. Mas há também um problema de estoque — o sobre-endividamento privado e público decorrente de erros passados. Quanto menores as taxas de juro pagas, mais fácil é lidar com a dívida. No entanto, os países vulneráveis vão todos acabar com uma dívida pública muito elevada, que exigirá muito tempo para ser reduzida para níveis administráveis. Além disso, agora sabemos por experiência que, para que possam usar a política fiscal para amortecer recessões no futuro, eles precisam de encargos de dívida baixos. Mais fundamentalmente, os membros da zona do euro precisam ter níveis relativamente baixos de dívida pública porque são países semissoberanos presos em uma união monetária, sem acesso ao seu próprio banco central ou a uma demanda sólida por sua dívida soberana como ativo seguro.

Uma reestruturação confiável da dívida de uma vez por todas pode ser necessária em alguns casos, em especial no da Grécia (ver figura 48). Isso certamente criaria problemas, em particular para os bancos: pode ser necessário reestruturar também a dívida bancária, como aconteceu na Islândia e em Chipre. Mas, seja qual for o caso, a prática de longa data de proteger os credores dos bancos à custa dos contribuintes deve ser encerrada. Ela é inconcebível.

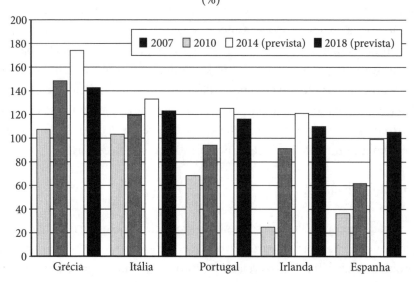

FIGURA 48. DÍVIDA PÚBLICA BRUTA EM RELAÇÃO AO PIB (%)

FONTE: Base de dados do *World Economic Outlook* do FMI.

Uma alternativa à opção nuclear de reestruturação da dívida seria um acordo sobre taxas de juro mais baixas e com vencimentos mais longos, apoiado diretamente pelos países credores, através do envolvimento do BCE, ou ambos. Uma vez que, como argumentado no capítulo 5, os países credores têm plena responsabilidade pela bagunça, eles devem esperar ter uma participação plena também em sua resolução. Há outra possibilidade: uma rápida recuperação econômica. Mas isso dependerá da velocidade do ajuste.

Reformas

Suponhamos que a zona do euro não consiga o ajuste, o financiamento e a reestruturação necessários para pôr as economias em uma base mais sólida. O que mais é necessário para que ela seja uma união monetária minimamente viável entre países de resto soberanos? Eis o que deve e o que não deve acontecer.

Em primeiro lugar, a zona do euro deve ter uma união bancária adequada. Agora está claro que países vulneráveis são incapazes de fornecer o respaldo a seus bancos que, até então, parecia normal. É por isso que uma união bancária, similar àquela já feita pelos Estados Unidos, é vital. Ela exige vários elementos: um regime de resolução efetivo para todos os bancos, por maiores que sejam, que imponha com tranquilidade perdas sobre dívida *bail-inable* (ver o capítulo 7 para uma explicação desse conceito). Por causa da dificuldade de fazer isso, o argumento a favor de razões de capital mais elevadas, também apresentado no capítulo 7, é particularmente forte para a zona do euro: esses países semissoberanos precisam de bancos que possam se sustentar por conta própria. Essa união bancária exigirá regulação e supervisão centrais fortes e, em particular, forte regulação macroprudencial, pelo menos para tentar evitar o tipo de boom de crédito descontrolado que levou a esses desastres. A zona do euro avançou bastante para satisfazer essas condições em seu acordo sobre união bancária de março de 2014.[17]

Mas, para que uma união bancária funcione, deve haver uma oferta adequada de ativos inquestionavelmente seguros, rompendo assim o ciclo vicioso de desgraça entre os países e seus bancos. Depender da dívida de apenas alguns países, sobretudo a Alemanha, é inadequado, em especial porque a Alemanha pretende diminuir sua dívida pública em relação à economia. Por essa razão, tem de haver uma oferta adequada de *eurobonds* — títulos pelos quais os Estados da zona do euro sejam em conjunto e individualmente responsáveis. Como coletividade, a zona do euro certamente poderia sustentar *eurobonds* até, digamos, 60% do PIB de cada Estado-membro (e, portanto, de todos eles juntos), deixando a cargo dos membros o financiamento da dívida acima desse nível. Um mercado de *eurobonds* nessa escala traria enormes vantagens: seria o segundo maior mercado de títulos do mundo e, portanto, muito líquido; o financiamento seria, consequentemente, barato; ele daria aos bancos um ativo seguro; e daria ao BCE a garantia ideal e, portanto, a possibilidade de operar políticas monetárias não convencionais, como a flexibilização quantitativa, com bastante facilidade. Transformar uma parte substancial dos títulos existentes em *eurobonds* seria reduzir drasticamente as ansiedades atuais. E tornaria a reestruturação da dívida remanescente muito mais simples, uma vez que não ameaçaria a credibilidade de uma parte substancial da dívida existente.

Em segundo lugar, com os bancos detendo *eurobonds*, seria muito mais fácil reestruturar o restante da dívida pública, tornando confiável a "cláusula de não resgate" [*no-bailout clause*]. Uma regra de não resgate é muito mais simples que a tentativa antidemocrática de operar uma restrição economicamente arbitrária, e difícil de medir e interpretar, sobre déficits fiscais estruturais (ou ciclicamente ajustados), tal como implementado no Tratado sobre Estabilidade, Coordenação e Governança na União Econômica e Monetária, assinado em março de 2012.[18] Isso não só requer que os governos tenham déficits orçamentários abaixo de 3% do PIB, mas também que eles tenham déficits fiscais estruturais (ciclicamente ajustados) de menos de 1% do PIB, se a dívida for inferior a 60% do PIB, e de 0,5%, se for superior a 60%. Essas regras devem ser aplicadas por meio de procedimentos legais internos. Mas que tipo de procedimento pode implementar um conceito econômico inerentemente impreciso como o déficit fiscal estrutural? Precisamente porque ele faz mais sentido econômico do que apenas se concentrar no déficit fiscal existente, também é muito menos passível de interpretação jurídica. Ainda mais importante, em uma união monetária, a política fiscal é o único estabilizador nacional que resta. Ele não deve ser facilmente abandonado em favor dessas regras arbitrárias. A zona do euro precisa abandonar essa abordagem de "união disciplinar", substituindo-a por uma cláusula de não resgate mais eficaz.

Em terceiro lugar, o BCE tem de se tornar um verdadeiro banco central moderno determinado a sustentar a estabilidade na economia da zona do euro. Comprovadamente, ele não fez isso. As mudanças nos arranjos fiscais e bancários descritas acima seriam uma grande ajuda. Mas pode acabar sendo necessário alterar o tratado para dar a ele mais liberdade de manobra em circunstâncias excepcionais, inclusive a capacidade de financiar governos diretamente. Isso pode se tornar óbvio se, como é possível, o OMT for experimentado em algum momento e acabar não funcionando.

Por fim, as propostas acima esboçadas evidentemente pressupõem uma forma de união fiscal, não na forma de transferências fiscais contínuas, mas na forma de respaldos coletivos para a união bancária, bem como de *eurobonds*. Com o tempo, provavelmente será necessário transferir uma parte das responsabilidades fiscais dos Estados-membros para o centro. Também será necessário gerar alguma capacidade de política de estabilização fiscal no centro.

POR QUE O CAMINHO A PERCORRER É TÃO DIFÍCIL

Uma pequena zona do euro que contivesse a Alemanha e seus parceiros de longa data, possivelmente com a França, certamente teria funcionado. Mas a zona do euro mais ampla e mais disfuncional realmente criada legou depressões e ressentimentos enormes e duradouros. Ela está dividindo a Europa em vez de uni-la. Tornou-se, como os críticos advertiram, um casamento ruim. Mas o divórcio, como este capítulo argumentou, também é uma opção muito dura. As consequências econômicas e políticas poderiam ser devastadoras. O medo dessas consequências terríveis pode manter as partes juntas indefinidamente. Mas manter as partes presas em um casamento que faz todos infelizes só porque o divórcio seria ainda pior seria um resultado terrível para a Europa. Um resultado muito melhor seria transformá-lo em um bom casamento.

A zona do euro definitivamente não alcançou isso. Sim, a disposição para improvisar durante a crise foi notável. Mas o que aconteceu foi "apenas o suficiente, quase tarde demais". Os britânicos chamariam isso de "*muddling through*" ("acochambrar"). Mudanças mais fundamentais serão necessárias para conseguir um bom casamento. Os obstáculos ao sucesso são três. Primeiro, mesmo com a melhor vontade do mundo, fazer uma união monetária funcionar bem certamente vai ser difícil, em especial tendo em vista as grandes diferenças na estrutura econômica desses países, em sua cultura econômica e em suas práticas políticas. Em segundo lugar, a divergência na ideologia econômica continua a ser substancial. Sim, a Alemanha é poderosa o suficiente para impor seus pontos de vista por enquanto. Mas isso não significa que eles são universalmente aceitos. Nem que serão implementados universalmente. A Alemanha pode ser hegemônica, mas não é todo-poderosa. Em terceiro lugar, os povos da zona do euro não gostam muito um do outro no momento e, mais importante, também não se identificam muito um com o outro. Como a política permanece nacional, a legitimidade democrática enfraquece a coesão. Isso é ruim agora. Poderia ficar ainda pior.

Os obstáculos à criação de um bom casamento são realmente grandes. Mas a perfeição é desnecessária, dado que acordos econômicos são sempre imperfeitos. O que se necessita é antes um sistema "bom o bastante". Para que o casamento reforce a Europa, em vez de enfraquecê-la, a zona do euro deve gerar ajuste simétrico, reestruturação da dívida e mais reformas fundamentais, inclusive de suas disposições fiscais. O ajuste necessário e as reformas requeridas devem ir além do que a Alemanha está hoje preparada para contemplar. Mas a insistência da Alemanha em preservar seu enorme superávit externo, em manter a inflação tão baixa, na responsabilidade nacional pelas dívidas bancárias e na disciplina fiscal cada vez mais apertada não vai funcionar. A zona do euro precisa se tornar algo diferente. A questão é se ela pode chegar a uma resolução mais bem-sucedida e equilibrada de suas falhas antes que seja tarde demais.

Conclusão: fogo na próxima vez[1]

Mas esse longo prazo é um guia enganoso para os problemas atuais.
A longo prazo estaremos todos mortos. Os economistas estabelecem
para si uma tarefa fácil demais e inútil demais, se em temporadas de
tempestade só conseguem nos dizer que, muito depois de a tempestade
ter passado, o oceano voltará a ficar calmo.

John Maynard Keynes, *Tract on Monetary Reform*
[Tratado sobre reforma monetária], 1923[2]

De todas as maneiras de organizar a atividade bancária, a pior é a
que temos hoje.

Mervyn King, "Banking from Bagehot to Basel, and Back
Again", 2010[3]

Desde 1980, o mundo sofreu seis crises financeiras globalmente importantes: a crise da dívida latino-americana do início da década de 1980; a crise japonesa da década de 1990; a crise Tequila de 1994, cujo epicentro foi o México, mas que também afetou muitas partes da América Latina; a crise do Leste da Ásia de 1997-9; a crise financeira global de 2007-9; e a crise financeira da zona do euro de 2010-3. Essa lista deixa de lado muitas crises nacionais — a crise de 2001 na Argentina, por exemplo — e crises regionais significativas, entre elas a crise escandinava da década de 1990. Na verdade, uma fonte autorizada estima que houve 147 crises bancárias entre 1970 e 2011.[4]

Impulsionada pelo comércio e pelo investimento estrangeiro direto, a globalização econômica produziu resultados impressionantes, em especial a integração bem-sucedida da China e, em menor grau, da Índia à economia mundial, juntamente com grandes reduções na pobreza em massa nesses e em outros países emergentes e em desenvolvimento. Nada neste livro contradiz esses resultados maravilhosos. Mas as crises financeiras *não* estão entre esses resultados maravilhosos. Ao contrário, elas são uma praga. Na verdade, está longe de ser claro que a globalização dos fluxos criadores de dívida, em particular aqueles gerados por bancos, trouxe muitos benefícios, se é que trouxe algum, para a economia mundial, ao contrário do que se deu para quem trabalha no setor financeiro.

O mais assustador é que, com o passar do tempo, as crises parecem ter se tornado maiores e mais globalmente devastadoras. As duas últimas — as crises financeiras global e da zona do euro — atingiram o núcleo do sistema econômico mundial, afetando economias que geram pouco menos da metade do produto econômico global (se tratarmos a zona do euro como um único conjunto). Os países emergentes e em desenvolvimento conseguiram lidar relativamente bem com as consequências. Mas essa história não acabou: pode muito bem acontecer de as maneiras como essas economias responderam à crise — em particular, o afrouxamento fiscal e a expansão do crédito — terem criado fragilidades substanciais no longo prazo.

Os países de alta renda tinham os recursos monetários e fiscais para evitar que essa crise se tornasse um colapso econômico completo. Mas também foram forçados a adotar medidas extremas, a saber, muitos anos de taxas de juro de curto prazo próximas de zero, imensas expansões nos balanços dos bancos centrais e déficits fiscais que só tinham sido vistos anteriormente durante as guerras mundiais. Além disso, como mostrado nos capítulos 2 e 3, suas recessões ainda eram profundas e a recuperação era fraca. As consequências plenas das medidas tomadas ainda não podem ser conhecidas. Ademais, os eventos que levaram à crise e a crise em si legaram um grande excesso de endividamento público e privado. É improvável que os países de alta renda consigam lidar com outra crise como essa dentro de uma ou duas décadas sem que haja inadimplências em grande escala nos setores privado ou público, seja abertamente, seja via inflação. Pode ser realmente fogo na próxima vez.

Essa é uma situação desesperadora. Keynes estava certo: esperanças e medos quanto ao longo prazo não devem ser os inimigos de uma ação decisiva no curto prazo. Na década de 1930 os formuladores de políticas tentaram não fazer nada ou, pior, impuseram a austeridade, com consequências econômicas e políticas desastrosas. Como foi argumentado nos capítulos 8 e 9, os formuladores de políticas têm de lidar com os problemas que enfrentam. Mas também devem fazer o possível para evitar que eles se repitam. A escala sempre crescente das crises, combinada com o desespero sempre maior das medidas usadas para combatê-las, nos diz que algo está gravemente incorreto, como Mervyn King, então presidente do Banco da Inglaterra, argumentou logo depois do auge da crise. De alguma maneira, a interação entre liberalização e globalização desestabilizou o sistema financeiro. Por que isso aconteceu? Qual é o legado? O que deve ser feito? Por que isso realmente importa? Essas são as questões abordadas neste capítulo final.

O QUE ACONTECEU?

Se olharmos para o debate sobre o que aconteceu, encontraremos várias explicações: um excesso de poupança global e desequilíbrios globais a ele associados; uma política monetária expansionista que ignorou os preços dos ativos e o crédito; um sistema financeiro instável; e uma regulação ingênua, se não capturada.

Essa lista nos lembra da história de quatro cegos aos quais se pede que digam a um público o que está na frente deles. Um diz que é uma cobra; outro, uma vela; o terceiro, um cabo de tração; e o último, quatro árvores. A resposta é: um elefante. O que temos aqui é apenas um elefante econômico como esse. Todas as explicações têm validade. Acima de tudo, elas se encaixam. Nossa história se passaria não em sete épocas, mas em sete etapas. Aqui está, então, a história das transições e dos choques contada neste livro.

Crédito instável

Nosso sistema financeiro liberalizado é uma máquina que cria crédito, dívida e alavancagem. Os bancos estão no centro dessa atividade, mas não sozinhos. A criação de crédito, dívida ou alavancagem é inerente aos empréstimos contabilizados dos bancos, mas também, em graus diferentes, ao "modelo criar e distribuir" de finanças securitizadas, às estratégias de fundos de *private equity* e fundos de hedge e, igualmente, aos mercados de derivativos. Nosso sistema monetário público-privado, lastreado pelo crédito, é explosivo nos bons momentos e implosivo nos maus. Durante as explosões ele cria excesso de confiança, crédito e alavancagem, sem falar de comportamento excessivo, legal, obscuro e absolutamente ilegal. Durante as implosões, ele cria pânico, colapso do crédito, desalavancagem e caçadas a bodes expiatórios e vilões. Foi sempre assim. Na verdade, ao contrário do que pensam muitos panglossianos acadêmicos, observadores informados sabem disso há muito tempo (ver capítulo 6). Mas parece que, dadas as tecnologias de informação e comunicação contemporâneas, as inovações financeiras modernas e a globalização, a capacidade do sistema para gerar complexidade e fragilidade supera qualquer coisa vista historicamente, em escopo, escala e velocidade. Felizmente, a disposição e a capacidade de resposta também aumentaram. Mas foi uma vitória por muito pouco em 2008 em nível global, e depois de 2009 na zona do euro. Sem a resposta por meio de políticas, o resultado teria sido pior que na década de 1930. Talvez seja impossível, em termos financeiros ou políticos, repetir essa resposta em uma situação semelhante, pelo menos no futuro relativamente próximo.

A reação dos países emergentes

Os países emergentes aprenderam a verdade sobre os mercados financeiros com suas experiências dolorosas nas décadas de 1980 e 1990. Muitos, então, decidiram se proteger contra os caprichos das finanças internacionais acumulando reservas em moeda estrangeira e recorrendo ao crescimento econômico voltado para exportação em vez de impulsionado pelo crédito. Que outros criem aquelas montanhas de dívida dessa vez, eles decidiram. E assim esses outros — predominantemente alguns países de alta renda, entre eles, em particular, os Estados Unidos e os países emergentes da Europa — fizeram exatamente isso, em grande estilo. Essa transição por parte das economias emergentes parecia perspicaz. Afinal, os países de alta renda tinham uma vantagem substancial na administração de crises financeiras: suas instituições financeiras estavam no centro do sistema financeiro global; e eles emitiam as principais moedas de reserva do mundo. Esses países podiam imprimir dinheiro para sair do pior de uma crise — um luxo indisponível para praticamente qualquer economia emergente aberta internacionalmente. Para estar segura, uma economia emergente precisava de uma posição externa inexpugnável. Quando a crise irrompeu, a China havia construído uma, como resultado de acumulações maciças de reservas, enormes superávits em conta-corrente e controles cambiais que ela realizara. E usou sua posição, com ótimos resultados, em 2008 e 2009, embora o boom de crédito resultante tenha criado sintomas de fragilidade financeira.

O excesso de poupança global

Portanto, os países em desenvolvimento passaram a ter substanciais superávits em conta-corrente agregada, liderados pelo colosso emergente — a China. Transições similares para um superávit em conta-corrente (por definição, um excedente de renda em relação ao gasto ou de poupança em relação ao investimento) ocorreram em países de alta renda, especialmente a Alemanha. O setor privado japonês teve um enorme excedente de poupança desde o colapso de sua economia de bolha, em 1990. Quando os preços das commodities dispararam na década de 2000, surgiu mais um grupo de economias com excesso de poupança, a saber, os exportadores de commodities, em particular os países exportadores de petróleo, como a Arábia Saudita e outros países do golfo Pérsico. Em vários países de alta renda, principalmente nos Estados Unidos, o setor empresarial não financeiro também deixou de precisar de recursos de fora. Ao contrário, com o aumento dos lucros e um fraco desejo de investir, o setor empresarial não financeiro se tornou um fornecedor líquido de poupança para o resto da economia. Finalmente, houve uma imensa transição na distribuição de renda dentro de muitas economias, em especial países de alta renda, dos salários para os lucros e, dentro dos salários, daqueles que estão no meio e na base para o topo, em parte devido à globalização, em parte devido à tecnologia, em parte devido à liberalização financeira e em parte devido a mudanças nas normas sociais, particularmente a governança empresarial.[5] O resultado líquido de todas essas mudanças foi um aumento acentuado nas propensões a poupar em relação às propensões a investir, e portanto taxas reais de juro de longo prazo baixas em uma economia mundial caracterizada por rápido crescimento econômico (ver figura 30).[6] Esse, então, era o "excesso de poupança" global para o qual o sr. Bernanke apontava, com razão, no início da década de 2000. Ele poderia igualmente ser chamado de "escassez de investimento" global. No curto prazo, taxas reais de juro ultrabaixas vão aumentar os preços dos ativos de longa duração, especialmente os imóveis. No longo prazo, um excesso de poupança vai gerar "estagnação secular" — uma situação em que a taxa real de juro de equilíbrio de longo prazo é negativa, como foi o caso depois de 2008 e pode ter sido o caso no período que antecedeu a crise, como argumentou Lawrence Summers, ex-secretário do Tesouro dos Estados Unidos.[7]

Desequilíbrios globais

Na terminologia usada no capítulo 5, um grande número de países alcançou o equilíbrio interno adotando o desequilíbrio externo — ou, mais precisamente, exportando excesso de poupança via superávits em conta-corrente (o que é a mesma coisa em uma linguagem diferente). Se alguns países exportam excesso de poupança, outros *têm de* importá-lo. A única maneira de importar excesso de poupança é ter um déficit em conta-corrente. Mas, para que isso não deprima o produto e assim cause desequilíbrios internos, a demanda interna deve subir. Agora, considere as opções dos bancos centrais confrontados com esse desequilíbrio interno causado, em grande medida, por desequilíbrios externos. O que eles podem fazer? A resposta é: promover o gasto interno, para compensar as forças contracionistas. Isso é o que seu mandato lhes diz que façam: manter o produto próximo do potencial e assim manter a inflação na meta. Mas, na sequência do colapso da bolha do mercado de ações em 2000, isso já não funcionava por meio de um maior investimento das empresas. Ao contrário, as empresas não financeiras eram parte do problema de excesso de poupança, não da solução. (Em alguns casos, a necessidade de acabar com os déficits de fundos de pensão também contribuiu para os superávits financeiros do setor empresarial.) Portanto, outra opção tinha de ser encontrada. Ela acabou sendo o investimento em habitação e o aumento do gasto das famílias. Felizmente para os bancos centrais, pelo menos no curto prazo, a queda nas taxas reais de juro globais foi o que Hyman Minsky chamou de um evento de "deslocamento" — o início de um boom de crédito descontrolado. Os aumentos de preço das casas acionaram esses booms de crédito, acima de tudo nos Estados Unidos, mas também em vários outros países de alta renda e em países emergentes na periferia do Leste, do Sul e do Oeste da Europa com crédito elástico. Portanto, os bancos centrais tinham algo em que se basear.

Desregulação financeira

Os bancos centrais estavam derramando gasolina sobre as chamas, porque queriam um fogo forte. O setor financeiro, cada vez mais liberalizado, estava mais que feliz de se queimar. Seus participantes ricamente pagos encontravam os tomadores de empréstimo de que precisavam entre famílias tolas e mal informadas. Encontravam os compradores de títulos que eles criavam entre investidores tolos e mal informados, alguns dos quais acabaram até sendo partes perversamente recompensadas de suas próprias organizações. As fraudes e as quase fraudes — sem falar na manipulação de dados para mostrar uma imagem mais bonita do que era justificado (pelas agências de classificação de risco, por exemplo) — explodiram. Como um subproduto, o endividamento e o gasto das famílias dispararam e o setor financeiro teve um crescimento explosivo. O resultado foi não apenas um excesso de dívida, mas dívida de valor duvidoso e, nas mesmas proporções, uma alavancagem maciçamente aumentada no setor financeiro: a alavancagem mediana dos bancos do Reino Unido, por exemplo, subiu de 20:1 para 50:1 entre 2000 e 2007.[8] Os reguladores, os políticos e os economistas que os assessoravam ou desconheciam toda a extensão dos perigos, ou eram incapazes ou não estavam dispostos a agir para reduzi-los, em parte porque foram capturados pelos interesses dos regulados, em parte porque estavam intimidados ou seduzidos, mas, acima de tudo, mais ainda porque eram presas dos mesmos erros cognitivos.

A má administração da crise

Isso tinha muitos elementos: falta de preparo; falta de compreensão do que estava acontecendo, em particular as múltiplas ramificações de contágio; resistência política, intelectual e burocrática a agir de maneira eficaz suficientemente cedo; as dificuldades inevitáveis de lidar com uma crise que exigia uma cooperação transnacional; e, particularmente, a falta de preparo político e institucional da zona do euro. No conjunto, dadas as dificuldades, o desastre foi manejado de modo muito melhor do que poderia ter sido. Ele não se tornou um mergulho na escala da década de 1930. O colapso foi interrompido e revertido. Mas ainda deixou cicatrizes profundas: recessões prolongadas e, no momento em que escrevo (em 2014), o insucesso em recuperar as taxas de crescimento pré-crise seja da produção, seja da produtividade.[9]

A má administração depois da crise

A transição para a austeridade fiscal em 2010 (ver figura 42) e a fraca recuperação subsequente deixaram a política monetária como a principal ferramenta para conseguir a recuperação. Em países com déficits em conta-corrente ciclicamente ajustados e o desejo de um orçamento equilibrado ciclicamente ajustado, o saldo financeiro ciclicamente ajustado do setor privado teve de incorrer em déficit: em outras palavras, o setor privado acabou tendo de gastar mais que sua renda e, portanto, de contrair mais empréstimo. A maneira de fazer isso acontecer foi religar a máquina de crédito do setor privado. É isso que os bancos centrais têm tentado fazer. A crença de que os empréstimos contraídos pelo governo são a doença para a qual os empréstimos contraídos pelo setor privado são a cura sobreviveu a tudo o que aconteceu. Há grande probabilidade de que a confiança nessa sabedoria convencional surpreendentemente duradoura leve a outra crise, ainda maior.

CONCLUSÃO

O cerne da história, então, é a interação entre forças macroeconômicas globais e um sistema financeiro liberalizado cada vez mais frágil. Mas seria errado ver a causalidade operando em um único sentido. Dentro desse conjunto complexo de relações sempre há bolhas de preços de ativos e políticas monetária e fiscal. A ideia de que, em um mundo como esse, o banco central pode ter como alvo os preços de bens e serviços, ao mesmo tempo em que supõe que o crédito e o setor financeiro, que tanto cria como negocia dívida, permanecerão estáveis, é ingênua. Esse, além do mais, não é o fim da história. É fácil acreditar que a escala da atual operação de salvamento pode levar a crises maiores à frente, como argumentam os críticos. Imensas somas de financiamento líquido, quase todo ele preservado pelo apoio dos contribuintes durante a crise, agora se deslocam ao redor do mundo, em sua maior parte geridas por agentes que são recompensados por obter ganhos de curto prazo.

QUAL É O LEGADO?

É muito cedo para dizer que diferença as crises que começaram em 2007 vão fazer para o mundo. Isso em parte depende de se as economias atingidas terão uma recuperação forte e equilibrada. Por mais improvável que isso pareça, é possível. Mas alguns legados já são evidentes, como se discutiu na introdução.

Os custos econômicos e financeiros de sistemas financeiros malcomportados se revelaram imensos. A dimensão dos custos que essas crises acabarão tendo ainda é desconhecida. Mas, nos casos dos Estados Unidos e do Reino Unido, os custos fiscais são mais ou menos da mesma escala dos de uma guerra mundial, enquanto o valor presente dos custos econômicos poderia ser ainda maior, uma vez que as economias muitas vezes se recuperam mais fortemente depois de guerras do que depois de crises financeiras (ver capítulo 8).[10] Nos países da zona do euro atingidos pela crise, os custos seriam maiores. Obviamente, uma parte do nível do PIB antes da crise era insustentável. Mas, como argumentado no capítulo 8, a visão de que essas perdas enormes eram inevitáveis não é convincente. Os formuladores de políticas tinham opções sobre por quanto tempo deixar a demanda agregada claudicar, e, portanto, sobre quão ruins seriam os efeitos no longo prazo. Uma pesquisa do Fundo Monetário Internacional sugeriu, por exemplo, que, quanto mais expansionistas forem as políticas macroeconômicas imediatas, menores serão as perdas no produto no longo prazo.[11]

Outro legado, ainda, são as montanhas de dívida privada, na maior parte gerada antes da crise, e de dívida pública, gerada depois. Quanto menor o crescimento econômico prospectivo, mais os formuladores de políticas recorrerão àqueles quatro cavaleiros do apocalipse pós-crise: austeridade, inflação, repressão (financeira) e reestruturação (da dívida). Dado que a própria crise danificou os espíritos animais, é provável que o crescimento tendencial venha a ser reduzido apenas por essa razão. Além disso, embora os formuladores de políticas possam querer impulsionar a economia através de outro boom de crédito, eles podem concluir que é difícil fazê-lo, mesmo no curto prazo.

Tão importante quanto o legado de dívida são as consequências monetárias. Os bancos centrais se tornaram atores ineditamente ativos nas economias de todos os países de alta renda, não excluída a zona do euro, onde o BCE tem sido o ator decisivo. Se o sistema monetário contemporâneo é uma parceria público-privada, ele se tornou muito mais público e muito menos privado depois da crise. Além disso, o papel do banco central como criador de moeda e seu papel na sustentação do sistema financeiro se tornaram amplamente conhecidos. O que foi aprendido não pode ser desaprendido.

Mais uma vez, as economias dos países de alta renda são consideravelmente menores do que se esperava que fossem em 2006, ao passo que as economias dos países emergentes continuaram a crescer rapidamente. Essa transição acelerou a transição no peso econômico relativo. Além disso, as economias de alta renda não só se tornaram relativamente menores mais depressa que o esperado, mas também, mais importante, descobriram que sua credibilidade como gestoras eficazes de seus assuntos econômicos foi gravemente danificada.

Inevitavelmente, as crises também legaram algumas grandes questões sobre o setor financeiro e a economia mundial. Um conjunto dessas questões é até que ponto o sistema financeiro deve ser integrado transnacionalmente. Outro conjunto de questões é como acabar com o excesso de poupança global e os desequilíbrios a ele associados. A China compreendeu a urgência desse problema; mas a Alemanha e possivelmente também o Japão não o fizeram. Uma implicação importante das tentativas de reforma é a necessidade de adotar uma nova visão das instituições globais, em particular o Fundo Monetário Internacional. Existe a mesma necessidade na zona do euro. A tentativa de resolver seus problemas transformando a zona do euro em uma Alemanha maior vai se mostrar impraticável. Se isso não for entendido — e não é, por enquanto, onde interessa —, novas crises parecem certas.

Finalmente, a crise destruiu grande parte da ortodoxia que dominava a política monetária e financeira antes que ela ocorresse. A confiança ingênua na estabilidade de um sistema financeiro desregulado desapareceu, talvez por uma geração, a não ser em cantos particularmente isolados do mundo acadêmico. A confiança entre as autoridades e o sistema financeiro desabou. O resultado será um sistema financeiro mais regulado do que durante o feliz amanhecer da liberalização financeira nas décadas de 1980, 1990 e no início da década de 2000. A menos que algo extraordinário aconteça (como a eleição de um presidente e um Congresso "Tea Party" nos Estados Unidos), parece improvável que isso mude. A nova ortodoxia se baseia na velha política monetária de metas de inflação, acrescida de mais regulação financeira e supervisão macroprudencial (ver capítulos 6 e 7). Mas essa abordagem pode muito bem fracassar. Se assim for, será necessário um radicalismo maior.

O QUE DEVE SER FEITO?

As respostas a essa pergunta se dão sobre duas dimensões temporais — o curto e o longo prazo. Elas vêm em duas categorias ligadas — macroeconômica e financeira. E precisam ser avaliadas em um espectro de alternativas. A discussão a seguir considera quatro delas, ao longo desse espectro: a primeira é "nova ortodoxia" — o consenso pós-crise sobre políticas nos países de alta renda da América do Norte e da Europa; a segunda é "liquidacionismo" — um retorno ao capitalismo de livre mercado do século XIX; a terceira é "além da nova ortodoxia" — ideias mais radicais que as da ortodoxia atual, mas no quadro de referência geral dessa abordagem; e a quarta é "reconstrução radical", principalmente (mas não exclusivamente) do sistema monetário. O que fica claro é que o melhor caminho a seguir é um amálgama pragmático dessas abordagens aparentemente distintas. Nenhuma delas incorpora toda a sabedoria.

Recuperação a curto prazo das economias atingidas pela crise

O desafio imediato foi planejar uma recuperação nos países atingidos pela crise, que acabaram todos muito abaixo dos níveis tendenciais do produto e cuja maioria em 2013 estava bem abaixo dos níveis de produto de pico antes da crise. Conseguir isso envolve consertar três coisas (intimamente interligadas): o sistema financeiro, o excesso de endividamento privado e a demanda inadequada. Em alguns casos, em especial no Sul da Europa, também foi necessário promover uma maior flexibilidade do mercado. Nem nos Estados Unidos nem no Reino Unido essas reformas foram tão importantes, uma vez que supostas "rigidezes" não eram um possível obstáculo à recuperação.

A "nova ortodoxia" pós-crise foi apertar a política fiscal quando surgiram evidências de estabilização e alguma recuperação em 2010, e, portanto, depender da política monetária. Conforme argumentado no capítulo 8, essa política criou perigos significativos. Ela poderia não funcionar bem, dado o excesso de dívida. Se funcionasse, poderia iniciar outro boom insustentável de crédito e preços dos ativos. Mas, por alguma razão, os formuladores de políticas consideraram essa dependência da política monetária como a opção prudente, apesar dos riscos óbvios de depender predominantemente da política monetária e, portanto, da retomada do ciclo de crédito.

A nova ortodoxia também incluía a recapitalização do setor financeiro e aumentos reais, mas modestos, dos requerimentos de capital para os bancos. Mas o setor financeiro e os mercados que surgiram dessa abordagem são, em essência, os mesmos que aqueles que entraram em crise. A atividade bancária foi ainda mais concentrada em um número notavelmente pequeno de bancos: a lista oficial inclui apenas 29 bancos internacionais importantes em termos globais.[12] Não está claro que todos eles são "grandes demais para falir", mas é muito improvável que esses bancos pudessem ser resolvidos sem problemas em uma crise importante, em parte porque ainda são interligados demais para falir. Além disso, essas instituições continuam a ser beneficiárias de significativos subsídios explícitos e implícitos de bancos centrais e governos.[13] A nova ortodoxia também em geral não conseguiu produzir uma rápida reestruturação da dívida privada, fora do setor financeiro, embora, em particular nos Estados Unidos, os processos de falência tenham resultado em reduções significativas no endividamento das famílias, depois que os preços das casas desabaram.

Nos Estados Unidos, a nova ortodoxia gerou uma recuperação que foi débil pelos padrões históricos, mas não muito ruim para uma economia atingida por uma crise financeira, em particular uma grande demais para que se ganhasse muito com crescimento econômico liderado pelas exportações. Em outros países atingidos pela crise, as recompensas econômicas vieram muito mais lentamente. O programa de austeridade do Reino Unido, lançado em 2010, eliminou o apoio fiscal à recuperação e, juntamente com a queda da produção de petróleo do mar do Norte, transições adversas nos termos de troca e aumentos dos preços internos de produtos importados, resultou em estagnação econômica por mais três anos. O resultado foi muito pior em partes da zona do euro atingidas pela crise, onde a abordagem adotada ficou próxima do liquidacionismo (sobre isso, ver mais abaixo).

Em resumo, o histórico de curto prazo da nova ortodoxia esteve longe de ser uma catástrofe. Mas ela poderia ter se saído muito melhor. Em particular, não conseguiu dar o suporte adequado para a demanda, em parte por causa do aperto fiscal prematuro.

Uma alternativa amplamente promovida à nova ortodoxia foi o "liquidacionismo" — dependência do livre mercado, sem apoio de política fiscal ou monetária. Essa abordagem tem apoio limitado entre economistas acadêmicos, mas um apoio substancial entre os participantes ativos dos mercados financeiros, entre eles alguns especuladores de sucesso. Friedrich Hayek recomendou essa abordagem na década de 1930, assim como, celebremente, o fez o secretário do Tesouro dos Estados Unidos Andrew Mellon. Em 1933, Irving Fisher explicou os perigos da deflação de dívida, que pode levar a muita miséria e, na pior das hipóteses, à substituição da democracia pelo autoritarismo de esquerda ou de direita.[14]

Sob influência alemã, a doutrina política da zona do euro beira o liquidacionismo, embora o banco central da zona do euro tenha sido relativamente agressivo e também tenha sido dado algum apoio fiscal. Como foi discutido no capítulo 9, as políticas escolhidas são constituídas de austeridade fiscal, ajuste assimétrico de competitividade (com praticamente todo o ajuste recaindo sobre países deficitários) e ajuda limitada com recapitalização dos bancos nos países atingidos pela crise. O BCE está algemado por temores exagerados de inflação, principalmente na Alemanha, e por isso resiste à ideia de flexibilização quantitativa ou a outras políticas controversas, como taxas de juro significativamente negativas.[15] Infelizmente, o liquidacionismo deflacionário com certeza fará parte do processo de ajuste em uma união monetária com inflação geral ultrabaixa. Portanto, se a inflação permanece baixa nas economias competitivas, a deflação é necessária nas menos competitivas. Como era previsível, portanto, as políticas da zona do euro geraram recessões profundas e prolongadas nos países atingidos pela crise.

Como os formuladores de políticas poderiam ir além da nova ortodoxia, mas na direção oposta à dos liquidacionistas, para enfrentar os desafios de curto prazo? As alternativas consistiriam em políticas fiscal e monetária mais agressivas, juntamente com a recapitalização forçada dos bancos e o cancelamento muito mais rápido de dívidas cujo pagamento é duvidoso. Um elemento importante da política monetária seria uma inflação temporariamente mais elevada, com o objetivo de gerar taxas reais de juro negativas. Tais políticas produziriam recuperações muito mais fortes.

Existe uma alternativa de curto prazo ainda mais radical: o dinheiro do helicóptero [*helicopter money*]. Em outras palavras, o governo enviaria dinheiro aos contribuintes, financiado pelo banco central. Quando as pessoas depositassem esse dinheiro novo em seu banco, obteriam um depósito e o banco simultaneamente obteria um depósito no banco central. O que tornaria essa política diferente da flexibilização quantitativa convencional é que as novas reservas seriam *permanentes*. Por outro lado, quando o banco central quisesse apertar, ele descobriria que a política monetária seria ineficaz, porque as reservas bancárias não seriam mais escassas: é a capacidade do banco central de tornar as reservas escassas que lhe permite definir as taxas de juro de curto prazo. O banco central teria então, em vez disso, de oferecer taxas de juro sobre as novas reservas. Isso tornaria essas reservas mais semelhantes a empréstimos-padrão de curto prazo concedidos pelo governo.

Para evitar isso, o banco central precisa elevar as exigências de reservas, e nesse caso apenas as reservas acima dessa nova exigência seriam relevantes para a política monetária. Isso, é claro, seria um passo na direção do Plano de Chicago para uma atividade bancária com 100% de reservas, discutido no capítulo 6. Também seria uma tributação do sistema bancário, que presumivelmente seria repassada para os clientes. Forçar as pessoas a sair dos bancos para outras formas de poupança mais adequadas a suportar riscos seria um dos objetivos dessa política.[16]

Alguns argumentarão que o momento para se concentrar na recuperação de curto prazo já passou. Isso está errado. Dada a escala das recessões, a política deve procurar gerar muitos anos de crescimento acima da tendência, como argumentado no capítulo 8. Nos Estados Unidos, por exemplo, seriam necessários dez anos de crescimento econômico de 4% para devolver a economia à sua tendência pré-crise; no Reino Unido, seria preciso cerca de 5% de crescimento ao longo de uma década para conseguir a mesma coisa. Os riscos de inflação aumentariam se a política expansionista fosse agressiva. Mas a capacidade de expandir a produção poderia se revelar muito maior do que os pessimistas supõem: o longo período de baixo ou mesmo nenhum aumento da produtividade vivido desde a crise poderia, com políticas expansionistas, ser seguido de um período de crescimento da produtividade acima da tendência.

Nos casos dos Estados Unidos e do Reino Unido, tanto o PIB como o PIB per capita voltaram a um nível superior ao de suas tendências pré-Grande Depressão no período posterior à Segunda Guerra Mundial, apesar das enormes perdas de produto daquela época. A figura 49 mostra que os Estados Unidos recuperaram plenamente seu nível tendencial de longo prazo e a taxa de crescimento do PIB per capita em paridade de poder de compra (que foi de 1,9% ao ano de 1870 a 2007) depois da Grande Depressão e da Segunda Guerra Mundial. Desde a crise de 2007-9, no entanto, ele tem ficado abaixo dessa taxa. A figura 50 mostra que o Reino Unido fez muito mais do que recuperar sua tendência de crescimento depois de ter tido um desempenho desesperadamente pobre entre as guerras. O crescimento tendencial do PIB per capita do Reino Unido foi de apenas 1% ao ano de 1870 a 1950. De 1950 a 2007, ele saltou para 2,3%. Desde 2007, a taxa de crescimento pareceu mais a tendência pré-Segunda Guerra Mundial. Isso não tinha mudado em 2014, apesar da recuperação, uma vez que o aumento da produtividade permanecia preocupantemente ausente.

Portanto, mesmo quando causam imensas recessões, as crises financeiras não precisam deixar marcas permanentes no nível do produto, ainda que seja necessário um número considerável de anos para que ele volte à tendência anterior. Mas alcançar um resultado tão positivo exigiria políticas fiscais e mo-

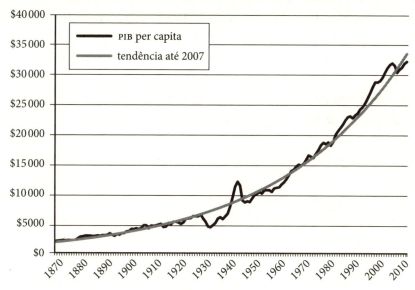

FIGURA 49. PIB PER CAPITA DOS ESTADOS UNIDOS
(paridade de poder de compra, em dólares Geary Khamis de 1990)

FONTE: Maddison Project e The Conference Board.

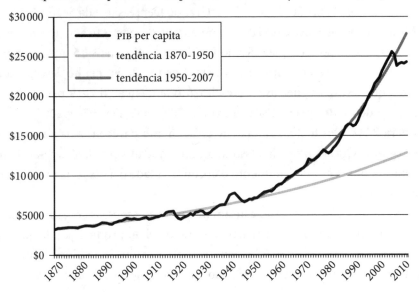

FIGURA 50. PIB PER CAPITA DO REINO UNIDO
(paridade de poder de compra, em dólares Geary Khamis de 1990)

FONTE: Maddison Project e The Conference Board.

netárias do tipo arriscado durante a Segunda Guerra Mundial: enormes déficits fiscais combinados com políticas monetárias destinadas a manter as taxas de juro de curto e de longo prazo extremamente baixas. Isso está além da imaginação de qualquer pessoa em tempo de paz, assim como estava na década de 1930. Em consequência, agora parece que as economias atingidas pela crise talvez nunca retomem os níveis tendenciais de produto pré-crise ou mesmo suas taxas de crescimento econômico pré-crise.

Saúde a longo prazo — desafios para as economias atingidas pela crise

Deixar a crise para trás de forma segura nas economias de alta renda é o desafio imediato. Em seguida, vem a busca de um crescimento econômico saudável e sustentável.

Os problemas da nova ortodoxia ficam muito mais evidentes quando começamos a olhar para horizontes de prazo mais longo. Uma dificuldade óbvia é que a aplicação da ortodoxia de hoje provavelmente não teria evitado a crise financeira e econômica que o mundo viveu depois de 2007. Um elemento central da nova abordagem é a regulação macroprudencial (ver capítulo 7). No entanto, pense na seguinte hipótese contrafatual. Suponha que os formuladores de políticas tivessem de fato conseguido elevar os requerimentos de capital para emprestadores ou tomadores de empréstimo, ou ambos, entre o início e a metade da primeira década deste século. Suponha também que eles tivessem conseguido reduzir a escala das bolhas de preços de ativos, da expansão do crédito, do investimento em construção e da alavancagem do setor financeiro. Eles teriam então desacelerado o aumento do gasto privado e assim gerado uma economia mais fraca, aumento do desemprego e inflação mais baixa.

Como os formuladores de políticas teriam reagido? Dado seus mandatos, a reação mais provável dos bancos centrais teria sido baixar ainda mais as taxas de juro, para incentivar mais a tomada de empréstimo, minando assim os esforços dos reguladores macroprudenciais. Esse conflito entre os reguladores macroprudenciais e os responsáveis pela política monetária é precisamente o que se viu no Reino Unido em 2014. Em outras palavras, dado os impulsores do excesso de poupança — ou, se se preferir, dada a deficiência de demanda crônica e, portanto, a ameaça de estagnação secular —, o equilíbrio interno (demanda crescendo alinhada com o produto potencial) só ocorreria em países de alta renda (tomados como um grupo) se o crédito e a quantidade de dinheiro na economia crescessem significativamente mais depressa que o PIB nominal. Nas condições atuais, o preço de alcançar o equilíbrio macroeconômico parece ser o desequilíbrio monetário e financeiro, a menos que seja feita alguma outra mudança radical na economia mundial em outros lugares.

Outros elementos de longo prazo importantes na nova ortodoxia são requerimentos de capital mais elevados e regimes de resolução imaginados para instituições inadimplentes. Ambos são importantes. A questão, todavia, é se algum deles foi levado a uma condição de praticabilidade. Minha resposta é que os requerimentos de capital ainda são muito baixos (como observado no capítulo 7); ainda há confiança excessiva em ponderação de risco inerentemente falível, que é muito vulnerável a apostas de participantes bem informados; e a capacidade das autoridades para resolver instituições sistemicamente importantes em uma crise ainda é incerta (ver capítulo 7). No entanto, uma combinação de políticas macroprudenciais com requerimentos de capital um pouco mais altos e as outras mudanças devem tornar o setor financeiro e a economia pelo menos um pouco mais resilientes.

Os defensores do livre mercado insistiriam que a resposta é eliminar qualquer forma de "resgate" e deixar que aconteça o que tiver de acontecer. Tal é a influência dessa posição que, ao menos nos Estados Unidos, mais um TARP (*"troubled asset relief program"* — "programa de alívio de ativos com problemas") parece preocupantemente improvável, mesmo que em algum momento ele fosse essencial. A desilusão com um salvamento que restaurou a rentabilidade do setor financeiro, mas não uma economia vibrante para pessoas comuns, é compreensivelmente influente, embora a raiva ignore o dano para pessoas comuns que teria sido infligido por um colapso financeiro. Alguns chegam a argumentar que não deve haver nenhum banco central capaz de atuar como emprestador de última instância.

A lógica por trás da posição de "nenhum resgate" é que ela tornaria todos mais prudentes. Existem, no entanto, dificuldades para a adoção dessa posição. Entre elas está o fato de que as crises financeiras não são necessariamente o produto de expectativas de um salvamento. Quase certamente mais importantes são falsas crenças sobre o futuro incerto — a crença na metade da década passada, por exemplo, de que os preços das casas subiriam para sempre, de que os ativos financeiros securitizados discutidos nos capítulos 1 e 4 sempre encontrariam compradores dispostos e de que mercados de financiamento cruciais permaneceriam sempre líquidos. É claro que a existência de um seguro cria um grau de descuido racional em relação a esses riscos, e é por isso que ele sempre deve vir junto com um risco substancial de perda e supervisão regulatória.

Igualmente importante, a cadeia de falências desencadeada por uma crise financeira descontrolada prejudica os inocentes junto com os culpados e partes sadias da economia junto com as doentias. Foram esses efeitos secundários — falências bancárias em massa, colapso da oferta de dinheiro, taxas reais de juro em disparada e deflação da dívida — que transformaram a sequência do crash da bolsa de 1929 na Grande Depressão. Da mesma forma que temos corpos de bombeiros e normas para prevenção de incêndio, para evitar que um incêndio em um prédio se torne outro Grande Incêndio de Londres, temos agora normas regulatórias, bancos centrais e, em casos extremos, respaldos financiados pelo governo para evitar que a falência de algumas instituições se transforme em outra Grande Depressão.

Além disso, os meios de salvamento, em particular se tiverem um escopo limitado, não devem incentivar uma imprudência financeira excessiva, porque aqueles que tomam decisões ruins ainda sofrem penalidades severas para suas finanças, suas reputações, ou, com maior frequência, ambas. Mas os liquidacionistas ainda estão bastante corretos em uma coisa: *os acionistas nunca devem ser salvos*. Também deve haver uma ordem clara de conversão de dívida em capital em um regime de resolução bem definido, que permita que as instituições financeiras continuem a funcionar. Só em circunstâncias extremas deve ser contemplado salvamento pelo governo. Mas, nas democracias, os governos sempre responderão ao desejo do público de segurança básica. O colapso completo do sistema financeiro central não pode ser permitido.

Se o simples liquidacionismo é desnecessário, inviável e insuportável, a nova ortodoxia também é insuficiente. Medidas adicionais são necessárias em seis áreas.

A primeira é tornar o sistema financeiro ainda mais resiliente do que sob os planos atuais, como argumenta o capítulo 8. Os elementos mais importantes dessa reforma são requerimentos de capital mais elevados e mais dívida *bail-inable*. Felizmente, há uma troca: quanto maior o capital social da instituição financeira, menos necessária seria a dívida *bail-inable*. Se, por exemplo, a alavancagem de um banco não excedesse, digamos, uma taxa de quatro para um, a necessidade de dívida *bail-inable* poderia desaparecer, simplificando muito a tarefa de regulação. Também importante é o financiamento adequado dos órgãos reguladores e dos investigadores de mau comportamento criminoso. Essa não é apenas uma questão de se resguardar contra delitos antes que eles aconteçam. É também uma questão de dar à população em geral uma sensação de justiça depois que eles aconteceram. Se os culpados ficam impunes, torna-se muito mais difícil politicamente fazer o que é necessário para salvar os inocentes.

A segunda área é a desalavancagem da economia. A maneira mais simples seria eliminar a dedutibilidade de impostos dos juros. Alguns argumentam que isso reduziria os níveis de atividade real, já que muitas pessoas não estão dispostas a assumir riscos patrimoniais. Se assim for, uma alternativa seria fazer uma dedução-padrão de imposto para o custo do capital próprio. Nesse caso, o tratamento tributário de dívida e capital próprio seria mais igualitário. Uma tributação elaborada de modo adequado sobre o valor da terra também ajudaria. Isso não só seria justo, uma vez que apropriaria para a sociedade ganhos que são gerados pelos investimentos de terceiros, entre eles o Estado, e não pelo esforço do beneficiário individual; como também desempenharia um papel poderoso na melhora da especulação com os valores da terra que está no coração de todos os booms de crédito relacionados a imóveis.

A terceira área é uma ampla reforma da tributação e da governança das empresas, para reduzir os acúmulos de excesso de poupança. Incentivos a acumular direitos financeiros dentro da empresa têm forte tendência (embora isso não seja certo) a levar a um aumento no excesso da poupança desejada em relação ao investimento — um grande problema durante um excesso de poupança global. Uma solução seria abolir a tributação sobre as empresas e atribuir toda a renda da empresa aos acionistas. Isso encorajaria uma maior distribuição de lucros. Alternativamente, os acionistas poderiam compensar o imposto sobre as empresas com seus próprios pagamentos de impostos individuais, como era feito no sistema Advance Corporation Tax [Adiantamento de Imposto sobre as Empresas] do Reino Unido, antes de 1997. Também seria possível elevar a tributação sobre as empresas e ao mesmo tempo aumentar os incentivos ao investimento. Mais uma vez, o efeito seria incentivar a distribuição de quaisquer lucros que ultrapassassem aqueles necessários para investimento. Além dessas mudanças, como argumentou Andrew Smithers, há um argumento poderoso a favor de atacar a cultura do bônus, que leva a administração a não investir em bens de capital e a investir excessivamente em recompra de ações.[17]

A quarta área é a das mudanças nos contratos financeiros. A ideia seria a criação de contratos de dívida que se ajustassem automaticamente às circunstâncias. A dívida indexada é um exemplo: o valor nominal depende da taxa de inflação. De forma semelhante, o valor nominal da dívida hipotecária poderia ser indexado aos preços das casas: se os preços das casas subissem acima de determinado valor, os credores compartilhariam o ganho, e, da mesma forma, se os preços das casas caíssem, os credores dividiriam os prejuízos. Esses contratos podem ser uma forma atraente de os investidores ganharem com o aumento dos preços das casas sem ter de reunir carteiras de casas. Eles também reduzem a necessidade de execução de hipotecas.

A quinta área é a redistribuição de renda. A desigualdade crescente é um dos motivos pelos quais o rápido crescimento do crédito é necessário para gerar uma demanda adequada em países de alta renda. Se é assim, a renda poderia ser redistribuída por meio do sistema tributário para pessoas que realmente a gastariam. O economista francês Thomas Piketty recomenda impostos substancialmente mais elevados sobre rendas muito altas, bem como um imposto global sobre a riqueza, além do imposto sobre a terra. Isso é sem dúvida muito ambicioso. Mas o movimento nessa direção é desejável e deve ser até possível.[18] Essa seria igualmente uma maneira de forçar os vencedores da globalização e da inovação tecnológica a dar alguma compensação aos perdedores.

A última área é composta de políticas destinadas a aumentar a taxa de crescimento econômico no longo prazo. Políticas óbvias a considerar são: apoio à pesquisa científica; apoio à pesquisa e ao desenvolvimento; apoio à educação relevante; maiores incentivos ao investimento no setor privado; reforma tributária; disposição de usar o balanço do setor público para aumentar o investimento, particularmente em infraestrutura; e desenvolvimento de novas instituições financeiras destinadas a apoiar as pequenas e médias empresas. Talvez a área mais importante de inovação financeira seja a das parcerias público-privadas em bancos de desenvolvimento nacionais ou regionais. Talvez a área mais importante de reforma tributária seja uma transição de impostos sobre o esforço (isto é, o trabalho) para impostos sobre os "males" (como a poluição, inclusive emissões de carbono) e impostos sobre a riqueza, em particular, mas por certo não exclusivamente, sobre a terra.

O que eu chamei de "além da nova ortodoxia", embora muito desejável, também permanece no contexto da atual sabedoria convencional. A maneira ideal de ir além dela, em nível nacional, seria adotar algo mais próximo do Plano de Chicago ou propostas monetárias radicais semelhantes de depósitos seguros e criação direta de moeda pelo banco central. Em outras palavras, o sistema monetário seria construído em torno de 100% de lastro para depósitos-padrão. Enquanto isso, outras atividades de intermediação seriam feitas com base na marcação a mercado ou com substanciais requerimentos de capital. Os investidores teriam de aceitar um risco substancial, se desejassem retornos elevados. Continuaria a ser importante evitar o surgimento de um sistema bancário paralelo capaz de desestabilizar as economias. Portanto, seria fundamental conter a criação de crédito excessivo e disparidades de vencimento fora do sistema bancário. Isso continuaria a exigir supervisão regulatória. Mas, se o sistema de pagamento fosse inquestionavelmente seguro, os reguladores talvez conseguissem ficar mais relaxados do que no passado em relação a falhas em outros lugares.

Saúde a longo prazo — os desafios para a zona do euro

Agora passemos aos desafios específicos da zona do euro. A crise levantou questões sobre as precondições institucionais a longo prazo para uma união monetária viável.

De acordo com os pontos de vista da Alemanha, a zona do euro reformada é concebida como um sistema para impor disciplina a países retrógrados: é uma "união disciplinar". Tal como é projetada atualmente, a administração da zona do euro elimina a força da soberania econômica nacional sobre quase todas as áreas importantes de política econômica, mas rejeita noções de seguro coletivo, ao menos em princípio.[19] Em essência, então, os países-membros têm a liberdade de fazer exatamente o que lhes é dito. A zona do euro alcançou uma separação quase completa entre a responsabilidade de decidir políticas e a responsabilização política por suas consequências. A tensão entre o desejo das pessoas de influenciar a forma como são governadas e a realidade de como o poder é exercido na zona do euro certamente garante que haverá uma enorme crise política em algum momento no futuro.

Além disso, essas disciplinas externas também estão fadadas a ter eficácia variada, uma vez que alguns países são muito mais iguais que outros. É improvável, por exemplo, que a disciplina imaginada funcionasse na França, e muito menos na Alemanha, se algum desses países enfrentasse sérias dificuldades com dívida privada, dívida pública ou, mais provavelmente, ambas. Isso também pode acontecer. Como observa Piketty, "a Alemanha foi o país que, mais que qualquer outro, afogou sua dívida pública em inflação no século xx".[20] Atualmente, um retorno a essas atitudes do passado parece inconcebível. Mas, particularmente tendo em vista o rápido envelhecimento da população alemã e as baixas taxas de natalidade, não é inconcebível que um grande choque econômico negativo pudesse fazer a inflação parecer menos indesejável em algum momento no futuro, mesmo para os alemães.

Na história da zona do euro existiu uma alternativa liquidacionista, à qual alguns comentaristas, em especial na Alemanha, retornam. É o conceito de "nenhum resgate", consagrado no Tratado de Maastricht original. Na prática, porém, a pressão financeira, econômica e política por resgates se tornou avassaladora quando a crise irrompeu. Esses resgates ocorreram de duas maneiras: apoio aberto de governos-membros e do FMI; e programas de apoio do BCE muito maiores e mais tácitos.

A opção de uma recusa completa a salvar países ou bancos que passaram a ter problemas teria criado ondas de inadimplência e quase certamente um rompimento da zona do euro. Os países credores não queriam que a zona do euro se rompesse: isso teria criado problemas de ajuste dispendiosos para eles próprios — grandes perdas para seus bancos e imensas perdas de competitividade das exportações. Era muito menos embaraçoso e menos prejudicial resgatar indiretamente seus emprestadores superexpostos, sem falar de sustentar a existência da zona do euro, através de apoio aos devedores. Os banqueiros expostos ficaram obviamente entusiasmados com esse salvamento. Além disso, o apoio de emergência também foi uma forma de garantir (ou tentar garantir) que o custo seria suportado pelos infelizes contribuintes dos países atingidos pela crise. Enquanto isso, os governos dos países atingidos pela crise estavam dispostos a prometer qualquer coisa para evitar a inadimplência soberana ou bancária, ou soberana e bancária. Isso ocorreu, em parte, por uma boa razão, dados os imensos déficits fiscais primários e em conta-corrente legados inicialmente pela crise: ser cortado do financiamento da noite para o dia teria imposto custos de ajuste imensos. Portanto, o liquidacionismo extremo fracassou. A situação no futuro não será diferente.

Mas em alguns sentidos, infelizmente, o liquidacionismo também teve êxito. Os países-membros atingidos pela crise estão presos em uma escassez de demanda extrema: seus governos têm de contrair sua posição fiscal, enquanto o setor privado depende de conseguir empréstimos de bancos que já não são capazes de obter acesso imediato a recursos estrangeiros. Os países são obrigados a seguir o modelo alemão do início a meados da década de 2000, deslocando-se em direção a um superávit externo, mas em circunstâncias externas menos auspiciosas. Isso requer uma grande melhora na competitividade, impulsionada por redução de salários e aumento da produtividade ou, falando francamente, desemprego em massa. As ferramentas-padrão do liquidacionismo — depressões, falência em massa e desemprego em massa — são necessárias para produzir esse resultado.

A zona do euro pode até ser descrita como estruturalmente liquidacionista. É fácil entender por que as pessoas argumentam que se deve deixar que o remédio aja, desimpedido, por piores que sejam os efeitos colaterais. Trata-se, como a quimioterapia, de uma cura que chega perto de matar o paciente. Mas esse liquidacionismo também é temperado, na prática, o que torna seus resultados mais lentos e o tratamento não exatamente tão brutal quanto seria de outro modo. Mas os países-membros realmente negociaram para ter essa "luz liquidacionista"?

Talvez, então, fosse possível temperar o liquidacionismo, evitando ao mesmo tempo os onerosos limites à discrição soberana da nova ortodoxia da zona do euro? Sim. O requisito mais importante de todos é um ajuste muito mais simétrico — o que se poderia chamar de uma "união de ajuste". Assim, depois de uma crise, a inflação subiria nos países superavitários, compensando a redução da inflação dos países em déficit externo. A maneira de conseguir isso seria o BCE adotar medidas não convencionais, tais como flexibilização quantitativa, taxas de juro negativas e até metas de inflação temporariamente mais elevadas. A flexibilização quantitativa poderia ser feita por meio da compra de títulos de todos os governos da zona do euro, em proporção à sua participação na economia da zona do euro ou no capital do BCE.[21]

Outra exigência é um seguro ainda melhor contra desastres econômicos. O BCE está fazendo parte desse trabalho ao oferecer seguro para países, embora a funcionalidade de seu programa OMT em apoio a mercados de títulos soberanos ainda seja desconhecida, uma vez que ele (ainda) não foi experimentado. A vantagem de um seguro mais formal para bancos ou países — via sustentação conjunta de recursos de seguro de depósito, fundos de reserva para recapitalização dos bancos, ou mesmo uma quantidade de emissão de títulos compartilhados — é que isso limitaria a escala das catástrofes que afligem os países atingidos pela crise. A desvantagem é que esses mecanismos adiam o ajuste necessário. O subsídio permanente a economias não competitivas decerto seria um resultado terrível. A zona do euro poderia, então, transformar grande parte do norte do Mediterrâneo em algo semelhante ao Mezzogiorno italiano. O desafio é, antes, imaginar mecanismos eficazes para apoio de emergência, e ao mesmo tempo promover o ajuste de competitividade em vez de evitá-lo.

Um último elemento deve ser a promoção consciente de fluxos de capital, em vez de empréstimos, em particular empréstimos bancários, transnacionais, dentro da zona do euro. Na ausência de uma verdadeira união bancária, em que os bancos operem de forma simétrica em toda a zona do euro, os empréstimos bancários devem ser desencorajados e os fluxos de capital, incentivados.

Para a zona do euro, a reconstrução radical significaria adotar uma de duas orientações opostas (embora se possa imaginar ambas acontecendo para diferentes países).

Uma orientação seria um movimento no sentido da união federal. O sistema bancário teria, então, uma sustentação federal e acesso a dívida segura emitida pela federação — algum tipo de *eurobond*. Haveria um sistema fiscal comum e um Tesouro comum. Ele não precisa ser grande, mas seria grande o suficiente para fornecer seguro para o setor bancário e para os Estados-membros. Mas um Estado federal como esse era impossível no momento da negociação do Tratado de Maastricht, em 1990 e 1991. O senso de responsabilidade mútua necessário para criar tal federação parece, se sofreu alguma mudança, ainda mais ausente hoje.

A orientação radical alternativa seria a oposta: no sentido de algum grau de desintegração. Isso significaria abandonar a ideia de que a integração do mercado de capitais é sempre desejável, ou mesmo, para alguns membros, desistir do próprio euro. Dada a incapacidade de criar e manter um sistema financeiro na escala da zona do euro com um respaldo fiscal abrangendo toda a zona do euro, uma alternativa lógica seria segmentar o sistema financeiro e assim permitir aos governos nacionais e/ou bancos centrais nacionais impor controles sobre os fluxos de capital. Mais por acidente que por desígnio, os controles cambiais adotados por Chipre depois de sua crise bancária mostrariam o caminho. É particularmente importante coibir o financiamento transnacional dos bancos como parte da regulação macroprudencial voltada para cada país. Claro, isso seria uma violação dos objetivos explícitos da zona do euro. Mas a tentativa de conseguir isso não funcionou muito bem. Talvez fosse mais sensato aceitar que, mesmo dentro de uma união monetária, a atividade financeira deve ser centrada e administrada em cada país. É claro que o extremo lógico desse curso é um rompimento da própria zona do euro, apesar de todos os riscos.

Em suma, sob influência alemã, a zona do euro procurou introduzir uma combinação de mais disciplina imposta aos países — uma "união disciplinar" — com liquidacionismo, mas um liquidacionismo imposto só aos países atingidos pela crise. Essa é uma solução indesejável e possivelmente até inviável, que impôs enormes custos às populações de alguns países-membros. Algo diferente tem de ser tentado. De longe, a mudança mais importante seria um movimento na direção de um ajuste mais simétrico — uma verdadeira "união de ajuste", em outras palavras. O BCE deve trabalhar para conseguir isso tentando com muito mais empenho sustentar a inflação da zona do euro em 2% no mínimo, se não mais. Cabe notar, afinal, que a inflação da Alemanha Ocidental e, posteriormente, da Alemanha ficou em média perto de 3%, mesmo sob o Bundesbank. Também é essencial fornecer um respaldo de última instância temporário aos países e aos bancos em crise que seja maior e melhor do que hoje se prevê, embora o subsídio permanente a economias fracas fosse um desastre. Finalmente, as perdas precisam ser suportadas não apenas pelos devedores, mas também pelos credores. Esses últimos são tão culpados quanto os primeiros.

Uma união verdadeiramente federal, embora seja o complemento lógico de uma união monetária, não está disponível. Uma alternativa sensata, portanto, seria a segmentação parcial do setor financeiro, com muito mais ênfase nos fluxos de capital transnacionais e muito menos na integração da atividade bancária. Os controles sobre o fluxo de dívida transnacional, especialmente fluxos bancários, poderiam até ser vistos como condições necessárias para a sobrevivência da zona do euro, em vez de, como agora, ser considerados incompatíveis com ela. Caso tais controles e uma maior rede de segurança sejam descartados, então, algum tempo depois que a crise acabar, pode-se considerar um rompimento parcial do que já provou ser um arranjo extremamente caro. Talvez alguns dos países credores devam sair primeiro.

Saúde a longo prazo — os desafios globais

Agora passemos aos desafios globais gêmeos. A primeira questão é o futuro da atividade financeira globalizada. A segunda é o futuro dos fluxos de capital globais ou, mais amplamente, do equilíbrio entre demanda e oferta, tanto em nível nacional quanto em nível global.

O objetivo da nova ortodoxia é preservar uma economia globalmente integrada, que inclua um sistema financeiro global integrado, embora reconhecendo as ameaças à estabilidade criadas por essa economia globalizada.

No caso das finanças, a tentativa de conter algumas das consequências adversas da integração é impulsionada por riscos para a solvência fiscal e, mais importante, a estabilidade econômica de cada país. Em resposta a esses temores, propostas de isolar a atividade bancária interna das finanças globais são muito razoáveis. Isso é particularmente verdadeiro para países que hospedam sistemas bancários com imensos ativos e passivos em relação ao setor bancário e à economia nacionais. Podemos chamar essa situação de "armadilha da Islândia". Mas ela também foi relevante para a Holanda, a Suíça e o Reino Unido. Uma preocupação semelhante é suscitada pela dependência de financiamento externo de curto prazo, em vez de depósitos internos, que foi importante para a Irlanda, a Espanha e o Reino Unido.

A política macroprudencial se destina a assegurar a estabilidade financeira e macroeconômica interna, independentemente do que aconteça na economia mundial. Portanto, nesses aspectos importantes, a reação à crise, muito apropriadamente, foi de desintegração. Isso reflete a verdade óbvia de que, *a menos que a regulação e o fornecimento de respaldos fiscais sejam muito mais globais, a atividade financeira deve ser muito menos global.* Algo importante se perderia no processo de redução da integração global da atividade bancária? Não obviamente. Ao mesmo tempo, um acordo global sobre padrões regulatórios se destina a preservar o máximo possível da atividade financeira global integrada da era pré-crise. Mais uma vez, essa abordagem teve algum sucesso. O resultado de todo esse esforço é um equilíbrio complexo entre a responsabilidade nacional e atividade financeira global. Como era previsível, quase todos estão insatisfeitos.

O resultado global para a macroeconomia também é evolutivo. Os recursos do Fundo Monetário Internacional foram aumentados em resposta às crises, mas permanecem só um pouco acima de 10% do estoque mundial de reservas em moeda estrangeira.[22] A necessidade dos países que não produzem uma moeda de reserva de se garantirem, via acumulação de reservas, continua forte, assim como a ânsia de limitar os déficits em conta-corrente. Mais uma vez, o chamado "programa de avaliação mútua" das principais economias do G-20 pode ter tido alguma influência em assegurar um processo de ajuste global mais equilibrado, mas é um pequeno passo na direção de um fluxo líquido de capitais mais racional.[23]

Mais uma vez, os liquidacionistas oferecem uma alternativa à nova ortodoxia: eliminar os controles sobre a atividade financeira transnacional, abolir as organizações financeiras internacionais e voltar ao ouro. Muitos nesse campo também aboliriam o sistema bancário de reservas fracionárias. Isso reduziria o lastro dos depósitos bancários à oferta de ouro e os aumentos na oferta de moeda ao que a atividade mineradora produzisse.

Para entender quão absurdo é isso, note que o estoque global de depósitos bancários totalizava 54 trilhões de dólares no final de 2010, enquanto o valor do estoque total mundial de ouro, aí incluídas joias, a preços do final de 2013 era de cerca de 6 trilhões de dólares.[24] Um pleno lastreamento em ouro da ampla oferta de moeda exigiria pelo menos um aumento de dez vezes nos preços. Isso seria redistribuir a riqueza global em favor dos especuladores de ouro e das mineradoras. Por que alguém quereria fazer isso? Ademais, isso supõe que as joias seriam convertidas em ouro monetário. Se não, o preço do ouro teria de ser mais de 20 mil dólares por onça-troy. Realisticamente, o lastreamento em ouro dos depósitos bancários é inviável. Uma possibilidade mais plausível seria o lastreamento em ouro apenas das cédulas. Mas, quanto mais limitado o lastro da oferta de moeda, maior se torna o risco de pânicos incontroláveis. O lastreamento dos bancos teria de vir de alguma forma de passivo do governo. Esse, então, se tornaria um "padrão-ouro cambial", que se revelou extremamente instável depois da Primeira Guerra Mundial.

O padrão-ouro internacional é apenas uma forma particularmente rígida de arranjo de câmbio fixo. Se se quiser entender os problemas desses arranjos, em circunstâncias modernas, basta olhar para o que aconteceu nas décadas de 1920 e 1930 e, mais recentemente, na zona do euro. Taxas de câmbio fixas são uma receita de instabilidade. Para pequenas economias abertas com mercados de trabalho flexíveis, como Hong Kong ou os Países Bálticos, isso pode ser melhor que a instabilidade gerada por taxas de câmbio flutuantes. Para economias maiores, a ideia de que a taxa de câmbio deve ditar a política monetária é menos sensata. Também é inconcebível que os Estados Unidos seguiriam essa regra: não fizeram isso depois da criação do Federal Reserve, em 1913, apesar de o dólar ter ficado teoricamente vinculado ao ouro até 1971. Em resumo, a ideia de que o mundo vai voltar ao dinheiro lastreado em ouro ou ao padrão-ouro cambial internacional é uma fantasia. Isso não vai acontecer, e, dados os desastres que criou depois da Primeira Guerra Mundial, nem deveria.

Há outras duas direções que a economia mundial poderia tomar. A primeira é no sentido de uma segmentação muito maior do sistema financeiro mundial. Isso seria uma consequência de preferências nacionais variadas sobre o tipo de sistema financeiro que cada país (ou grupo de países) quisesse. Imagine, por exemplo, que um país decidisse adotar requerimentos de capital muito mais elevados ou restrições muito mais onerosas ao pagamento de bônus que outros. É provável, pelo menos no curto a médio prazo, que isso levasse a "arbitragem regulatória" — tentativas de contornar as regras indo para o exterior ou de outras formas. As autoridades certamente reagiriam buscando restringir o acesso de instituições financeiras sediadas no exterior ao mercado interno. Isso, por sua vez, levaria à segmentação dos mercados financeiros globais.

Em um mundo como esse, a atuação como banco de investimento e, particularmente, as transações nos mercados globais poderiam se tornar uma prerrogativa de bancos cujas autoridades nacionais têm confiança em sua capacidade de regulá-los e apoiá-los onde quer que eles operem. Uma consequência seria certamente uma queda na liquidez do mercado global. Mas também é possível argumentar que a liquidez do mercado é uma ilusão perigosa: uma ilusão porque certamente desaparece quando é mais necessária; perigosa, também, porque a confiança na capacidade de alienar ativos indesejados incentiva a pesquisa inadequada por parte dos investidores sobre a qualidade dos ativos que estão comprando, a excessiva dependência de agências de classificação de risco, a confiança excessiva em modelos de risco, cadeias de agenciamento muito extensas e, portanto, mercados cuja liquidez é construída sobre a ignorância generalizada.

A integração financeira global tem valor, inclusive porque permite que os investidores diversifiquem seus riscos de forma mais ampla e que as empresas obtenham seu financiamento a um custo menor. Mas não tem um valor preponderante, especialmente se ela gera desperdício de gasto ou aumento da instabilidade econômica. O mesmo vale para os fluxos de capital. Durante o período anterior à crise, o capital fluía em imensas quantidades líquidas de países que geravam vastos superávits — China, Alemanha e outros — para países que, como ficou claro, não podiam usá-lo de forma produtiva. O resultado foi excesso, desperdício e crises. Grande parte do fluxo de recursos excedentes foi o resultado de intervenções deliberadas nos mercados cambiais e consequente acúmulo de reservas em moeda estrangeira. Mas a transferência do excesso de poupança dos chineses para o consumo esbanjador dos americanos não fazia sentido. Gerar uma imensa crise financeira como resultado foi mais que insensato.

John Maynard Keynes ressaltou a preocupação de que enormes superávits em conta-corrente pudessem se mostrar incompatíveis com a estabilidade macroeconômica nos anos que antecederam a conferência de Bretton Woods e na própria conferência, no verão de 1944, que lançou as bases para o sistema monetário internacional do pós-guerra.[25] Mas os Estados Unidos, o país superavitário dominante da época, assegurou que quase nenhuma restrição fosse imposta aos países superavitários.[26] O mesmo ocorreu efetivamente na zona do euro: como é normalmente o caso, o ajuste é imposto apenas a países deficitários. Os Estados Unidos, como emissores da moeda de reserva do mundo, não são obrigados a se ajustar da mesma maneira, uma vez que não enfrentam nenhuma restrição de financiamento: o resto do mundo aceita os dólares que eles criam.

É possível imaginar mecanismos que forçariam a um ajuste simétrico, além de "nomeação e envergonhamento" mais robustos por parte do FMI ou de outras entidades externas. Os países podem impor tarifas ou outras medidas comerciais sobre as exportações de países superavitários. Alternativamente, podem tributar posses estrangeiras de ativos internos, em particular títulos do governo. Finalmente, podem intervir nos mercados monetários. Mas todas essas ideias enfrentam dificuldades substanciais. Em primeiro lugar, qual seria o acionador dessa ação? Seriam estimativas da subvalorização da taxa de câmbio, a escala dos superávits em conta-corrente ou o tamanho do acúmulo de reservas? Em segundo lugar, quem determinaria que o que estivesse acontecendo seria inaceitável? Uma organização internacional — o FMI ou a Organização Mundial do Comércio — ou o país ou países afetados? Em terceiro lugar, quem garantiria que a ação fosse adequada, em escala ou duração? Em quarto lugar, seria possível obter a aquiescência de países superavitários poderosos, em particular a China? Em quinto lugar, o que poderia ser feito dentro de uma união monetária? Isso realmente não seria nada fácil.

Se o FMI tivesse recursos muito maiores disponíveis para apoiar os países em dificuldade temporária, os países emergentes e em desenvolvimento não precisariam acumular reservas tão enormes. Esse seguro poderia encorajar os países a aceitar maiores déficits em conta-corrente, em particular aqueles que já acumularam grandes reservas. Alternativamente, os acordos de swap entre os bancos centrais poderiam ser estendidos a um número maior de beneficiários qualificados, incluindo mais bancos centrais de economias emergentes.

Uma abordagem ainda mais radical seria encorajar a saída líquida de capitais de países de alta renda, a fim de financiar um maior investimento nos de baixa renda.[27] Os governos dos primeiros talvez tivessem de assegurar alguns dos riscos. Haveria perdas. Mas elas ainda poderiam ser menores que as incorridas ao se importar o que acabou sendo capital estrangeiro desperdiçado. Finalmente, se as tentativas de reequilibrar as contas globais em uma base duradoura fracassassem, talvez fosse necessário que os países de alta renda aceitassem grandes déficits fiscais como contrapartida de um maior investimento público. Desde que o investimento trouxesse retornos suficientemente altos, essa também deveria ser uma solução estável.

Existem mais duas propostas radicais que vão, em parte, em direções opostas. Elas também são paralelas às alternativas mais radicais para a zona do euro, que consistem em mudar para uma união federal ou desmontar a zona do euro, no todo ou em parte. No caso global, os resultados mais radicais seriam a criação de uma moeda global, para substituir as moedas nacionais (principalmente o dólar) atualmente utilizadas como âncoras do sistema, ou um rompimento parcial da economia mundial aberta.

Justin Lin, o chinês que já foi economista-chefe do Banco Mundial, argumenta que o movimento esperado da dominância do dólar como moeda de reserva para um sistema multimoeda, com o euro e o yuan desempenhando um papel maior, tem a mesma probabilidade de se revelar desestabilizador ou estabilizador.[28] Sem dúvida, a competição entre moedas deve impor maior disciplina às políticas monetárias do Federal Reserve. Mas oscilações bruscas nas preferências entre diferentes moedas podem gerar grande instabilidade. A sugestão do professor Lin, que retoma os planos para o bancor, uma moeda global que Keynes propôs na conferência de Bretton Woods, em 1944, é de uma nova moeda global que ele chama de "*paper gold*" (ouro de papel) ou "p-gold". O p-gold, sugere o sr. Lin, seria produzido de acordo com uma regra, possivelmente uma taxa constante de crescimento, como sugerido por Milton Friedman.

A criação da nova moeda e do banco central emissor, sugere o sr. Lin, seria regida por um tratado internacional. Fundamentalmente, as moedas nacionais teriam atrelamentos fixos, mas ajustáveis, ao p-gold. O conhecido trilema — que um país não pode desfrutar simultaneamente de liberdade de política monetária, ausência de controles de câmbio e taxas de câmbio fixas — significa que os países poderiam então perder a liberdade de política monetária (exceto quando optassem por ajustar seu atrelamento) ou teriam de impor controles cambiais. Mas a experiência com sistemas de câmbio atrelados ajustáveis, na ausência de controles cambiais rígidos, mostra que eles podem ser muito desestabilizadores: essa foi a lição das crises no mecanismo de taxa de câmbio do Sistema Monetário Europeu no início de 1990 e novamente da crise asiática de 1997-8.

Uma desvantagem adicional dessa proposta é que, de tempos em tempos, o pânico alteraria de forma dramática as preferências de liquidez. A regra monetária vinculada a um tratado imaginada imporia então uma maciça escassez de liquidez global segura, ou a emissão teria de crescer, para acomodar o aumento na demanda causado pela crise. Mas isso significaria a criação do que equivale a um banco central global. Não há nenhuma possibilidade de acordo sobre um arranjo como esse, na ausência de algum tipo de governo mundial. Se ele fosse aprovado, o mundo teria criado muitas das dificuldades da zona do euro.

Por essas razões, muitos — provavelmente, a grande maioria — dos países rejeitariam o plano, entre eles certamente os Estados Unidos e a zona do euro. Se ele fosse aceito, também seriam necessários controles cambiais pervasivos. Ironicamente, isso então levaria ao mesmo resultado, indiretamente, que o outro caminho possível para a reforma do sistema financeiro global: na direção de limites à integração financeira. Isso liberaria os países para adotar os sistemas monetários e financeiros de sua preferência ou as políticas monetárias que quisessem. Essa desintegração ainda pode parecer impensável. Mas o mundo pode estar a no máximo uma ou duas crises enormes de distância de uma desconstrução radical do sistema financeiro globalizado. A abertura financeira das últimas três décadas ainda pode ser revertida.

É improvável que a abordagem evolutiva que está sendo adotada para a reforma dos sistemas financeiro e monetário globais evite novas crises. Mais desintegração financeira e maior disciplina sobre os desequilíbrios globais serão quase certamente necessárias. Além disso, existem ideias radicais para novos acordos monetários globais que também forneceriam mais disciplina. No entanto, não há nenhuma chance de eles serem adotados. Se assim for, a alternativa óbvia é desistir da plena integração financeira global. No contexto do atual sistema monetário global, que reflete em grande parte a soberania nacional contínua, a integração financeira se revelou altamente desestabilizadora. Ela talvez tenha de ser drasticamente reduzida.

O DESAFIO DA REFORMA RADICAL

O mundo não vai voltar a um mercado livre do século xix. O Estado ultralimitado é inaceitável para democracias de sufrágio universal, mesmo que
se acreditasse que ele é desejável. Eu não acredito: a provisão de seguro social
e consumo público é uma função legítima de um Estado rico. O mundo vai
tentar as reformas limitadas do que chamei a nova ortodoxia. A questão é até
que ponto ele deve ir além disso. O que, em parte, depende do tipo de recuperação que surgir. Mas também depende de quanto risco as sociedades estarão
dispostas a assumir.

Alguns argumentam que não precisamos nos proteger nem mesmo contra grandes crises globais, se elas só ocorrem a cada oitenta anos mais ou menos. Mas isso é excesso de despreocupação. Durante décadas depois da Grande
Depressão, o sistema financeiro foi enjaulado por extrema cautela e regulações
rígidas. O sistema global que conhecemos hoje começou a surgir no máximo
há quarenta anos. Desde então, ele gerou booms de crédito imensos e crises
maciças, que culminaram com a crise financeira da economia avançada que
começou em 2007. Parece ser uma boa aposta que isso vai continuar, se não
for firme e poderosamente controlado, até que os governos não sejam mais
capazes de evitar algum tipo de colapso fiscal ou monetário. Portanto, a posição despreocupada — que devemos em grande medida deixar que a maneira
anterior à crise de administrar a economia mundial e o sistema financeiro
continue — é grotescamente perigosa.

Sabemos também que é possível administrar economias sem crises financeiras: foi isso que aconteceu entre 1950 e meados da década de 1970 nos países de alta renda. A razão pela qual não havia crises é simples: o financiamento estava enjaulado. As economias avançadas também se saíram muito bem
naquela época, embora isso tenha ocorrido em parte por causa das excepcionais oportunidades oferecidas pelas tecnologias e pelos mercados desenvolvidos inicialmente nas décadas 1920, 1930 e 1940. Não sabemos quanto perde-
ríamos se fizéssemos um esforço maior para restringir o sistema financeiro e,
em particular, para separar mais plenamente o sistema monetário central de
nosso sistema financeiro assumidor de riscos, como sugerem propostas radicais. As chances são de que as perdas econômicas seriam pequenas, ou até
mesmo negativas. As perdas (e os ganhos) sociais e políticas são ainda mais

difíceis de determinar. Mas eles também poderiam ser modestos ou, com ainda mais probabilidade, muito negativos. As evidências sugerem que mais atividade financeira é igual a mais desenvolvimento, mas só até certo ponto. As atuais economias de alta renda parecem estar bem além desse ponto: a alavancagem dos ativos existentes não é uma coisa particularmente valiosa a fazer: ela cria fragilidade, mas pouca, ou nenhuma, nova riqueza real.

O que chamo de nova ortodoxia vai na direção certa, mas não longe o suficiente. Essa abordagem — uma tentativa de obter uma recuperação maior agora, seguida de reformas muito maiores do sistema financeiro e da gestão das economias mundial e da zona do euro — é o mínimo de que precisamos. Isso significa um uso mais agressivo de política fiscal e políticas monetárias radicais no curto prazo. Significa também muito mais capital próprio nas instituições financeiras, como argumentam Anat Admati, da Universidade de Stanford, e Martin Hellwig, do Instituto Max Planck (ver capítulo 7).[29] Também deve significar um ajuste mais simétrico na zona do euro e um sistema monetário global mais equilibrado, sustentado por mecanismos de seguro mais fortes. Será que isso vai acontecer? Muito improvável, é a resposta. Mas deveria. É o mínimo que precisamos fazer para diminuir a probabilidade de crises ainda maiores no futuro.

As ideias do Plano de Chicago para reforma monetária e financeira, ou rearranjos radicais semelhantes, são, como Mervyn King argumenta, também intelectualmente convincentes:

> Outro exemplo [de reforma], mais fundamental, seria divorciar o sistema de pagamento da atividade de empréstimo de risco — ou seja, evitar o sistema bancário de reservas fracionárias [...] Em essência, essas propostas reconhecem que, se os bancos realizam atividades de risco, é muito perigoso permitir que essas "apostas" ocorram no mesmo balanço que é usado para sustentar o sistema de pagamentos e outras partes cruciais da infraestrutura financeira. E eliminar o sistema bancário de reservas fracionárias reconhece explicitamente que a pretensão de que depósitos sem risco podem ser sustentados por ativos de risco é alquimia. Se houver a necessidade de depósitos genuinamente seguros, a única maneira de eles poderem ser fornecidos, ao mesmo tempo assegurando que custos e benefícios estejam totalmente alinhados, é insistir em que esses depósitos não coexistam com ativos arriscados.[30]

Um sistema que se baseia, como hoje, na capacidade de instituições com fins lucrativos de criar moeda como um subproduto de empréstimos muitas vezes grotescamente irresponsáveis é irremediavelmente instável. O sistema monetário não é a única razão pela qual a estabilidade desestabiliza, como argumentou Minsky, mas é provavelmente o mais importante: crédito e dinheiro demasiados são criados nos bons momentos e muito poucos nos maus momentos. A complexa parceria público-privada que sustenta os atuais sistemas monetários e de pagamento também obriga as instituições públicas a endossar a irresponsabilidade e até mesmo os malfeitos de instituições privadas. Não admira que os banqueiros sejam irresponsáveis! Eles sabem que a dívida bancária tem uma boa chance de ser tratada como se fosse dívida pública. Na verdade, em vários países atingidos pela crise, a dívida bancária foi tratada como mais sagrada que a dívida soberana. Contribuintes comuns estão sendo obrigados a sofrer para salvar um sistema bancário que lhes trouxe apenas excesso e ruína. Isso é intolerável: na verdade, é uma forma de escravidão à dívida. (Basta perguntar aos irlandeses.) Além desses efeitos fiscais diretos há os enormes custos fiscais e econômicos das contrações econômicas. Nenhum setor deve ter a capacidade de infligir custos econômicos que podem até superar os de uma guerra mundial. Felizmente, é possível imaginar um sistema baseado na criação pelo governo de toda a moeda para transação, junto com alguns diferentes tratamentos legais e institucionais dos investimentos do público. Esses últimos seriam lastreados por ativos que são explicitamente arriscados. Esses riscos seriam então claramente suportados pelos investidores finais, e não por intermediários ridiculamente subcapitalizados.

Hoje, ninguém tem coragem de tentar um esquema tão radical. Mas seria maravilhoso se alguns países ousassem experimentar esse tipo de reforma dos sistemas financeiros e monetários inerentemente instáveis de hoje. Na verdade, a necessidade de mais experimentação e mais diversidade de experiências parece ser uma das grandes lições dos fracassos do passado. Um número muito grande de países está sendo forçado a adotar arranjos muito semelhantes sob a pressão de ortodoxias impostas por instituições globais controladas por um número limitado de potências hegemônicas. Isso deve acabar.

POR QUE ISSO IMPORTA

Por que, finalmente, isso importa? A resposta é que as crises financeiras fazem mais que impor custos imensos: elas têm efeitos maiores e mais insidiosos.

Enfrentamos grandes desafios para manter o fornecimento de bens públicos globais à medida que o mundo se integra. Mas não teremos êxito em lidar com esses desafios se não superarmos antes o legado da crise. Ademais, tudo isso deve ser feito em um momento de transição do poder e da responsabilidade globais de um mundo dominado por potências ocidentais para outro em que novas potências surgiram.

Inevitavelmente, essas crises também ajudam a minar a crença de que uma economia globalizada beneficia a grande maioria das pessoas. Elas deixam as pessoas ansiosas e irritadas, e com razão. Pessoas irritadas e ansiosas não estão abertas para o mundo. Elas querem se esconder em suas cavernas, junto com pessoas igualmente irritadas. Foi isso que aconteceu na década de 1930. As crises financeiras são os eventos mais propensos a levar o mundo de volta para lá.

Também inevitavelmente, as crises minam a confiança nas elites. Em sociedades democráticas, existe um acordo tácito entre as elites e o resto da sociedade. O último diz às primeiras: vamos aceitar seu poder, seu prestígio e sua prosperidade, mas só se também prosperarmos. Uma crise enorme dissolve esse acordo. As elites passam a ser vistas como incompetentes, vorazes, ou, neste caso, as duas coisas. Os resultados políticos podem vir lentamente. Mas certamente virão.

Eis, então, três fracassos imensos das elites ocidentais.[31]

Em primeiro lugar, as elites econômicas, financeiras, intelectuais e políticas não entenderam corretamente as consequências da liberalização financeira precipitada. Embalada por fantasias de mercados financeiros autoestabilizadores, elas não só permitiram mas incentivaram uma enorme e, para o setor financeiro, lucrativa aposta na dívida. A elite responsável pelas políticas não avaliou os riscos de um colapso sistêmico. A elite financeira foi desacreditada tanto por seu comportamento quanto por sua necessidade de ser salva. A elite intelectual foi desacreditada por não ter previsto uma crise ou não ter chegado a um acordo sobre o que fazer depois que ela ocorreu. A elite política foi desacreditada por sua disposição de financiar o salvamento, por mais essencial que ele fosse. A queda da confiança nessas elites é ainda pior se os métodos utilizados para salvar a economia depois tornam as partes da elite mais associadas à crise mais ricas que antes. Isso solapa o senso de justiça que sustenta a economia política do capitalismo: é preciso que continue a haver uma crença de que o sucesso é conquistado, e não roubado ou entregue em uma bandeja.

Em segundo lugar, nas últimas três décadas, assistimos ao surgimento de uma elite econômica e financeira globalizada que se tornou cada vez mais apartada dos países que a produziram. Nesse processo, a cola que mantém a democracia junta — a noção de cidadania — se enfraqueceu. A estreita distribuição dos ganhos do crescimento econômico corre o risco de exacerbar esse desenvolvimento.

Em terceiro lugar, ao criar o euro, os europeus levaram seu projeto além do mundano, para algo muito mais importante. Os problemas econômicos das economias atingidas pela crise são evidentes: enormes recessões, taxa de desemprego extraordinariamente elevada, emigração em massa e pesado sobre-endividamento. A desordem constitucional que resultou disso permanece insuficientemente enfatizada. Dentro da zona do euro, o poder está agora concentrado nas mãos dos governos dos países credores, principalmente a Alemanha, e de um trio de burocracias não eleitas — a Comissão Europeia, o Banco Central Europeu e o Fundo Monetário Internacional. Os povos dos países prejudicados não têm nenhuma influência sobre eles. Os políticos teoricamente responsáveis por eles são impotentes. Esse divórcio entre a obrigação de prestar contas e o poder atinge o coração da governança democrática.

A perda de confiança na competência e na probidade das elites inevitavelmente reduz a confiança na legitimidade democrática. As pessoas sentem ainda mais do que antes que o país não está sendo governado para elas, mas para um pequeno segmento de insiders bem relacionados que colhem a maior parte dos ganhos e, quando as coisas dão errado, não apenas são protegidos contra perdas, mas impõem custos enormes a todos os outros. Isso cria um populismo indignado, tanto na esquerda como na direita. Mas a disposição de aceitar o sacrifício compartilhado tende a ser ainda mais importante nos próximos anos do que era antes da crise. As economias do mundo ocidental estão mais pobres do que imaginavam há dez anos. Elas devem encarar um longo período de retração. Fazer isso não só parecer como ser justo é importante.

Todo esforço deve ser feito para que as economias voltem a crescer, tanto do lado da demanda quanto do da oferta. Todo esforço deve ser feito, também, para garantir que uma crise semelhante não se repita, sem eliminar os aspectos de uma economia mundial aberta e de um sistema financeiro integrado que são benéficos. Isso vai exigir mais radicalismo do que a maioria reconhece. Não apenas devemos aprender as lições sobre como a economia mundial se desencaminhou. Devemos também agir com base nelas. Se não fizermos isso, da próxima vez que houver uma grande crise, mesmo nossa economia mundial aberta pode acabar no fogo.

Notas

AGRADECIMENTOS [pp. 9-11]

1. A palestra, proferida em 17 out. 2012, foi depois publicada como "Lessons from the Global Financial Crisis". *Insights: Melbourne Business and Economics*, v. 13, abr. 2013.

2. Douglas A. Irwin; Kevin H. O'Rourke, "Coping with Shocks and Shifts: The Multilateral Trading System in Historical Perspective". National Bureau of Economic Research Working Paper n. 1759, nov. 2011. Disponível em: www.nber.org.

PREFÁCIO: POR QUE ESCREVI ESTE LIVRO [pp. 15-22]

1. Hyman P. Minsky, *Inflation, Recession and Economic Policy*. Brighton: Wheatsheaf, 1982. p. xi.

2. Martin Wolf, *Fixing Global Finance*. Baltimore e Londres: Johns Hopkins University Press e Yale University Press, 2008 e 2010.

3. Martin Wolf, *Why Globalization Works*. New Haven e Londres: Yale University Press, 2004. cap. 13.

4. A expressão "grande moderação" foi cunhada em 2002 por James H. Stock, de Harvard, e Mark Watson, de Princeton, como uma maneira de descrever a menor volatilidade do produto dos Estados Unidos. Ver "Has the Business Cycle Changed and Why?". In: Mark Gertler; Kenneth Rogoff (Orgs.). *NBER Macroeconomics Annual 2002*, v. 17 (Boston: MIT Press, 2003). Disponível em: http://www.nber.org/chapters/c11075.pdf, p. 162. A soberba precede a queda!

5. George Soros, *The New Paradigm for Financial Markets: The Credit Crisis of 2008 and What it Means*. Nova York: Public Affairs, 2008.

6. A escola pós-keynesiana deriva da obra de John Maynard Keynes, mas rejeita tentativas de incorporar sua obra na escola hoje dominante de economia neoclássica. A escola austríaca deriva da obra de economistas austríacos do pré-Segunda Guerra Mundial, em particular Ludwig von Mises e Friedrich Hayek, mas hoje é mais influente nos Estados Unidos. Portanto, "austríaca" se refere a um conjunto de ideias fortemente de livre mercado, não à nacionalidade dos adeptos.

7. Nouriel Roubini; Stephen Mihm, *Crisis Economics: A Crash Course in the Future of Finance*. Londres: Penguin, 2011. cap. 1. Para eventos "cisne branco" e "cisne negro", ver Nassim Nicholas Taleb, *The Black Swan: The Impact of the Highly Improbable* (Nova York: Random House, 2007).

8. Para uma discussão sucinta das visões de Minsky sobre grande governo e banco central, ver Hyman P. Minsky, "Can 'It' Happen Again? A Reprise" (1982). Hyman P. Minsky Archive, Paper 155. Disponível em: http://digitalcommons.bard.edu/hm_archive/155.

9. O prefácio a *Why Globalization Works* discute minha história intelectual. Ver ibid., pp. ix-xviii.

10. Sobre a frequência das crises financeiras desde 1980, ver Carmen M. Reinhart; Kenneth S. Rogoff, *This Time is Different: Eight Centuries of Financial Folly* (Princeton e Oxford: Princeton University Press, 2009). pp. 73-5.

11. Daron Acemoglu apresenta uma visão otimista desses desenvolvimentos, da qual partilho amplamente, em "The World our Grandchildren will Inherit: The Rights Revolution and Beyond" (National Bureau of Economic Research Working Paper 17994, Cambridge, MA, abr. de 2012. Disponível em: www.nber.org.).

12. "Federalism before a Fall", *Financial Times* (3 dez. 1991).

13. Esse é um dos temas do instigante livro de Raghuram Rajan *Fault Lines: How Hidden Fractures still Threaten the World Economy* (Princeton e Oxford: Princeton University Press, 2010), especialmente cap. 1.

14. Isaiah Berlin, "Two Concepts of Liberty". In: Isaiah Berlin, *Four Essays on Liberty* (Oxford: Oxford University Press, 1969).

15. Albert O. Hirschmann, *Exit, Voice, and Loyalty: Responses to Decline in Firms, Organizations, and States*. Cambridge, MA: Harvard University Press, 1970.

16. Sobre a tradição individualista inglesa, ver Alan Macfarlane, *The Origins of English Individualism: Family, Property and Social Transition* (Oxford: Blackwell, 1978).

17. Em um esplêndido livro, *Economics After the Crisis: Ends and Means* (Cambridge, MA, e Londres: MIT Press, 2012), p. 72, Lord (Adair) Turner argumenta que "a liberdade econômica tanto do lado do consumo quanto do lado da produção — não só o direito de escolher o que consumir, mas também o direito de criar uma nova empresa, de trabalhar por conta própria e competir com novas ideias — deve ser reconhecido como um objetivo desejável em si e por si, não por causa de qualquer dividendo de prosperidade que ele propicie".

18. Friedrich Hayek apresentou esse argumento da maneira oposta: "quem tiver controle único dos meios deve também determinar quais fins devem ser servidos".Ver Friedrich Hayek, *The Road to Serfdom* (Chicago: Chicago University Press, 1944), pp. 68-9.

INTRODUÇÃO: "NÃO ESTAMOS MAIS NO KANSAS" [pp. 23-35]

1. Uma versão da discussão deste capítulo sobre o legado da crise financeira aparece em "Afterword: How the Financial Crises Have Changed the World". In: Robert C. Feenstra; Alan M. Taylor (Orgs.), *Globalization in an Age of Crisis: Multilateral Economic Cooperation in the Twenty-First Century* (Chicago: University of Chicago Press, 2013).

2. Gordon Brown, "Speech to the Labour Party Conference in Brighton", 27 set. 2004. Disponível em: http://news.bbc.co.uk/1/hi/uk_politics/3694046.stm.

3. Ben Bernanke, "The Great Moderation", 20 fev. 2004. Disponível em: http://www.federalreserve.gov/boarddocs/speeches/2004/20040220/default.htm.

4. James H. Stock e Mark W. Watson cunharam a expressão "grande moderação" em "Has the Business Cycle Changed and Why?". In: Mark Gertler; Kenneth Rogoff (Orgs.), *NBER Macroeconomic Annual 2012*, v. 17 (Cambridge, MA: MIT Press, 2003). Disponível em: http://www.nber.org/chapters/c11075.pdf.

5. Bernanke, op. cit.

6. Dentre os mais importantes economistas cujas visões eram amplamente ignoradas estavam o falecido Hyman Minsky e Charles Kindleberger. Ver, por exemplo, Hyman P. Minsky, *Stabilizing an Unstable Economy* (New Haven: Yale University Press, 1986), e Charles P. Kindleberger e Robert Z. Aliber, *Manias, Panics and Crashes: A History of Financial Crises*, 6. ed. (Londres: Palgrave Macmillan, 2011).

7. Ver Carmen M. Reinhart; Kenneth S. Rogoff, *This Time is Different: Eight Centuries of Financial Folly* (Princeton and Oxford: Princeton University Press, 2009), pp. 231-2.

8. Fundo Monetário Internacional, "Currency Composition of Official Foreign Currency Reserves (COFER)", 30 dez. 2013. Disponível em: http://www.imf.org/External/np/sta/cofer/eng/index.htm, e Sovereign Wealth Fund Institute, "Sovereign Wealth Fund Rankings". Disponível em: http://www.swfinstitute.org/fund-rankings/.

9. O papel dos desequilíbrios globais na crise foi o tema de MartinWolf, *Fixing Global Finance* (Baltimore e Londres: Johns Hopkins University Press, 2008 e 2010), especialmente o cap. 8 da edição revista. Ver também Òscar Jordà; Moritz Schularick; Alan M. Taylor, "Financial Crises, Credit Booms and External Imbalances". National Bureau of Economic Research Working Paper 16567, dez. 2010. Disponível em: www.nber.org; e Alan M. Taylor, "The Great Leveraging". National Bureau of Economic Research Working Paper 18290, ago. 2012. Disponível em: www.nber.org.

10. Adair Turner, "Financial Risk and Regulation: Do We Need More Europe or Less?", 27 abr. 2012. Financial Services Authority. Disponível em: http://www.fsa.gov.uk/library/communication/speeches/2012/0427at.shtml.

11. Outro exemplo de "desglobalização" é a proposta de *ring-fencing* [isolamento] entre a atividade bancária de varejo e a atividade bancária de investimento proposta pela Comissão Independente sobre Bancos do Reino Unido, da qual fui membro. Ela foi criada pelo governo de coalizão recém-empossado sob a presidência de Sir John Vickers. Ver Independent Commission on Banking, Final Report: Recommendations, set. 2011, Londres. Disponível em: http://bankingcommission.s3.amazonaws.com/wpcontent/uploads/2010/07/ICB-Final-Report.pdf, cap. 3.

PARTE 1. OS CHOQUES

PRÓLOGO [pp. 39-40]

1. Não existe nenhuma definição precisa de recessões e depressões (e, portanto, das diferenças entre elas). Existe uma convenção popular nos Estados Unidos de que dois trimestres de crescimento negativo definem uma recessão. Mas o National Bureau of Economic Research, o órgão autorizado responsável por medir as recessões, declara simplesmente: "Uma recessão é um período entre um pico e um vale, e uma expansão é um período entre um vale e um pico. Durante uma recessão, uma queda significativa na atividade econômica se dissemina pela economia e pode durar de poucos meses a mais de um ano" (http://www.nber.org/cycles/recessions.html). Depressões são também recessões. Mas, em uma depressão, o colapso da atividade é excepcionalmente profundo e prolongado. Recessões são eventos frequentes. Depressões (ou colapsos) são relativamente raras.

1. DA CRISE À AUSTERIDADE [pp. 41-70]

1. Robert E. Lucas, "'Macroeconomic Priorities', Presidential Address to the American Economic Association", 4 jan. 2003. Disponível em: http://pages.stern.nyu.edu/~dbackus/Taxes/Lucas%20priorities%20AER%2003.pdf.

2. Hank Paulson, *On the Brink: Inside the Race to Stop the Collapse of the Global Financial System*. Nova York e Londres: Business Plus and Headline, 2010. pp. 435-6.

3. Anatole Kaletsky, *Capitalism 4.0: The Birth of a New Economy*. Londres: Bloomsbury, 2010. pp. 147-8.

4. A literatura sobre o que aconteceu na crise é hoje enorme. Para relatos detalhados da crise nos Estados Unidos, eu recomendaria particularmente Andrew Ross Sorkin, *Too Big to Fail: Inside the Battle to Save Wall Street* (Londres: Penguin, 2010), e Alan S. Blinder, *After the Music Stopped: The Financial Crisis, the Response, and the Work Ahead* (Nova York: Penguin, 2013). Robert Skidelsky oferece um excelente relato abreviado da crise em *Keynes: The Return of the Master* (Londres: Allen Lane, 2009), cap. 1. Também recomendo Thomas Ferguson e Robert Johnson, "Too Big to Bail: The 'Paulson Put', Presidential Politics, and the Global Financial Meltdown". *International Journal of Political Economy*, v. 38, n. 2 (verão 2009), pp. 5-45. Para uma perspectiva mais ampla, ver Joseph Stiglitz: *Freefall: Free Markets and the Sinking of the Global Economy* (Nova York: W. W. Norton, 2010), e Nouriel Roubini e Stephen Mihm, *Crisis Economics: A Crash Course in the Future of Finance* (Londres: Penguin Books, 2010 e 2011). Para a memória daqueles diretamente envolvidos na administração da crise, ver Paulson, *On the Brink*, e Alistair Darling, *Back from the Brink: 1,000 Days at Number 11* (Londres: Atlantic Books, 2011).

5. Martin Wolf, "Session 3 (Round Table) Financial Globalisation, Growth and Asset Prices". In: *International Symposium: Globalisation, Inflation and Monetary Policy*, Banque de France, mar. 2008. Disponível em: http://www.banque-france.fr/fileadmin/user_upload/banque_de_france/Economie-et-Statistiques/La_recherche/GB/session3b.pdf.

6. Richard Beales et al., "ECB Injects Euros 95bn to Aid Markets". *Financial Times*, 10 ago. 2007.

7. O *Global Financial Stability Report* do FMI de abr. 2006 declarou, de forma ousada e sem papas na língua: "Há um reconhecimento crescente de que a dispersão do risco de crédito pelos bancos para um conjunto mais amplo e mais diverso de investidores, em vez de armazenar esse risco em seus balanços, ajudou a tornar a atividade bancária e o sistema financeiro em geral mais resilientes". Ver *Global Financial Stability Report* (Washington DC: International Monetary Fund, 2006), p. 51.

8. Sobre o IKB, ver http://en.wikipedia.org/wiki/IKB_Deutsche_Industriebank. Sobre as oito municipalidades norueguesas, ver http://en.wikipedia.org/wiki/Terra_Securities_scandal. Sobre Narvik, em particular, que perdeu 18 milhões de dólares em ago. 2007, ver http://en.wikipedia.org/wiki/Narvik.

9. Skidelsky, *Keynes*, p. 8, e Tom Braithwaite e Chris Tighe, "Patient Queues in Very British Bank Run", *Financial Times*, 14 set. 2007.

10. Paul McCulley inventou a expressão "Shadow Banking System" ["Sistema Bancário Paralelo"] para a intermediação via fundos do mercado monetário, veículos especiais de investimento (*special investment vehicles* — SIVS), *conduits* e fundos de hedge. O sistema não era regulado, mas executava as funções bancárias básicas de financiar ativos de longo prazo relativamente arriscados e ilíquidos com passivos de curto prazo relativamente seguros e líquidos.

11. Francesco Guerrera; Henny Sender, "JP Morgan Buys Bear Stearns for $2 a Share". *Financial Times*, 16 mar. 2008.

12. Ben White, "Buoyant Bear Stearns Shrugs Off Subprime Woes". *Financial Times*, 16 mar. 2007.

13. Martin Wolf, "The Rescue of Bear Stearns Marks Liberalisation's Limit". *Financial Times*, 25 mar. 2008.

14. Paulson, *On the Brink*, p. 170; e Krishna Guha et al., "US Takes Control of Fannie and Freddie". *Financial Times*, 8 set. 2008.

15. Paulson, op. cit., pp. 208-22. Como o sr. Blinder afirma, simplesmente não está claro, mesmo agora, por que o secretário do Tesouro dos Estados Unidos permitiu que o Lehman falisse. É provável que ele tenha feito isso não porque não havia alternativa, mas porque ele não podia suportar ficar conhecido para sempre como "Sr. Resgate". Ver Blinder, op. cit., p. 123.

16. Paulson, op. cit., p. 220. Ver também Evelyn Rusli, "The Universal Appeal of BofA". Forbes.com, 15 set. 2008. Disponível em: http://archive.is/w503.

17. Blinder, op. cit., pp. 229-31, e "Fed in $85bn AIG Rescue Deal". *Financial Times*, 17 set. 2008.

18. Paulson, op. cit., p.230.

19. Paul Davies; Michael Mackenzie, "Money Fund Sector Shocked as Reserve Breaks the Buck". *Financial Times*, 18 set. 2012.

20. Sobre a administração no Reino Unido, ver http://www.pwc.co.uk/business-recovery/administrations/lehman/lehman-faq.jhtml.

21. House of Commons Treasury Committee, "Evidence on 24th June 2009". *Banking Crisis: Regulation and Supervision*, 14th Report of Session 2008-9. Londres: The Stationery Office, 31 jul. 2009, Ev32.

22. Ibid., p. 230.

23. Francesco Guerrera et al., "Fears Emerge over $700bn Rescue". *Financial Times*, 22 set. 2008.

24. Henny Sender; Julie MacIntosh; Francesco Guerrera, "WaMu Taken Over by US Regulators". *Financial Times*, 26 set. 2012.

25. Francesco Guerrera; James Politi, "Wells Set to Grab Wachovia after Citi Pulls Out". *Financial Times*, 10 out. 2012.

26. Darling, op. cit., p. 124.

27. Maggie Urry, "Government to Push Lloyds-HBOS Deal Through". *Financial Times*, 18 set. 2008.

28. Jane Croft; Kate Burgess; George Parker, "B&B Set to be Taken into Public Ownership". *Financial Times*, 29 set. 2008.

29. Ver Roubini e Mihm, op. cit., p. 19. Investidores que compraram "na margem" — isto é, tomando dinheiro emprestado de seus corretores — têm de colocar mais de seu próprio dinheiro quando o preço dos ativos que compraram cai. Isso os obriga a vender ativos, causando um movimento baixista nos preços que desencadeia ainda mais "chamadas de margem".

30. Ver Guillermo A. Calvo, "Capital Flows and Capital-Market Crises: The Simple Economics of Sudden Stops". *Journal of Applied Economics*, v. 1, n. 1 (nov. 1998), pp. 35-54.

31. Embora o Banco Central Europeu sustentasse de fato os bancos desses países como emprestador de última instância, não sustentava a dívida pública deles.

32. John B. Taylor, "The Financial Crisis and the Policy Response: An Empirical Analysis of What Went Wrong". National Bureau of Economic Research Working Paper 14631, jan. 2009. Disponível em: www.nber.org.

33. Ferguson e Johnson observam que "os preços de *credit default swaps* sobre os quatro maiores bancos americanos, que controlavam cerca de 40% de todos os depósitos, por exemplo, subiram todos como foguetes antes de voltar a cair quando Paulson, Bernanke e Geithner inverteram o curso, dois dias depois, e mais uma vez adotaram o modelo pagador único resgatando a AIG. O mesmo vale para os *credit default swaps* do Goldman Sachs e do Morgan Stanley, os dois mais importantes bancos de investimento remanescentes [...] Outro excelente indicador geral de estresse, o spread 'ajustado a opção' sobre dívida geral com grau de investimento — o que os bancos têm de pagar para levantar novo capital —, também mostra um aumento acentuado quando o Lehman entregou o fantasma". Ver Ferguson e Johnson, op. cit., p. 23.

34. Ver http://en.wikipedia.org/wiki/LIBOR%E2%80%93OIS_spread.

35. Paulson, op. cit., p. 173.

36. A fonte é o Federal Reserve. Disponível em: http://www.federalreserve.gov/datadownload/.

37. Darling, op. cit., p. 160.

38. Ibid.

39. Paulson, op. cit., p. 265.

40. Krishna Guha, "Action to Address 'root' Causes". *Financial Times*, 15 out. 2008.

41. Paulson, op. cit., pp. 349-50.

42. Piergiorgio Alessandri; Andrew Haldane, "Banking on the State", nov. 2009. Disponível em: http://www.bankofengland.co.uk/publications/Pages/speeches/2009/409.aspx, p. 23. No

caso dos Estados Unidos, o sr. Haldane listou 3,8 trilhões de dólares em criação de dinheiro e 0,2 trilhão de dólares em "*collateral swaps*" [substituição de garantias por ativos de melhor qualidade], ambos do Federal Reserve. Ele também listou 2,1 trilhões de dólares em "garantias", 3,7 trilhões em "seguro" e 0,7 trilhão em "infusões de capital" (do TARP), que vinham todos do governo. O total chegava a 10,5 trilhões de dólares.

43. Fundo Monetário Internacional, *Fiscal Monitor*, abr. 2012. Disponível em: www.imf.org, tabela 7.

44. A flexibilização quantitativa foi usada pela primeira vez pelo Banco do Japão em 2001. Ver http://en.wikipedia.org/wiki/Quantitative_easing.

45. Banco de Compensações Internacionais, *83rd Annual Report 2013*, Basileia, 23 jun. 2013. Disponível em: http://www.bis.org/publ/arpdf/ar2013e.pdf, figura VI.3, p. 69.

46. Os dados fiscais são da base de dados do *World Economic Outlook* do FMI, exceto onde houver outra indicação.

47. Os dados sobre estímulo fiscal discricionário são tirados de FMI, *Fiscal Monitor*, nov. 2010. Disponível em: www.imf.org, Box 1.1. Os dados excluem aperto discricionário. Portanto, tendem a exagerar o efeito líquido da política discricionária sobre os déficits.

48. Carmen Reinhart; Kenneth Rogoff, *This Time is Different: Eight Centuries of Financial Folly*. Princeton e Oxford: Princeton University Press, 2009. p. 231. Ver também tabela 14.1.

49. Os países afetados por crises bancárias (com as datas das crises entre parênteses) foram: Coreia do Sul (1997), Filipinas (1997), Malásia (1997), México (1994), Japão (1992), Noruega (1987), Suécia (1991), Tailândia (1997), Espanha (1977), Indonésia (1997), Chile (1980), Finlândia (1991) e Colômbia (1998). Ibid., p. 232.

50. Paul Krugman, *End this Depression Now!* Nova York: W. W. Norton, 2012, especialmente cap. 8.

51. Barry Eichengreen; Kevin O'Rourke, "A Tale of Two Depressions Redux", 6 mar. 2012. Disponível em: http://www.voxeu.org/article/tale-two-depressions-redux.

52. Para uma primorosa discussão dos erros tolos de política que levaram à Grande Depressão e depois a sustentaram, ver Liaquat Ahmed, *Lords of Finance: The Bankers Who Broke the World* (Londres: Heinemann, 2009). Para análises econômicas seminais da Grande Depressão (seminais em parte por causa do papel do autor na Grande Recessão), ver Ben S. Bernanke, *Essays on the Great Depression* (Princeton: Princeton University Press, 2000). Ver também Nicholas Crafts e Peter Fearndon, *The Great Depression of the 1930s: Lessons for Today* (Oxford: Oxford University Press, 2013).

53. Niall Ferguson, "Our Great Recession". *The New York Times*, 28 fev. 2009. Disponível em: http://www.nytimes.com/2009/03/01/opinion/01ferguson.html?_r=0.

54. Alan Taylor, "When is the Time for Austerity?", 20 jul. 2013. Disponível em: http://www.voxeu.org/article/when-time-austerity, fornece uma análise convincente do alto custo da austeridade financeira no Reino Unido. Ver também Martin Wolf, "How Austerity has Failed". *New York Review of Books*, 11 jul. 2013. Disponível em: http://www.nybooks.com/articles/archives/2013/jul/11/how-austerity-has-failed. Amartya Sen também criticou de modo persuasivo a mudança para a austeridade, em particular na Europa. Ver, por exemplo, "Austerity is Undermining Europe's Grand Vision". *The Guardian*, 3 jul. 2010. Disponível em: http://www.theguardian.com/commentisfree/2012/jul/03/austerity-europe-grand-vision-unity.

55. Karl Brenke; Ulf Rinne; Klaus F. Zimmermann, "Short-Time Work: The German Answer to the Great Recession". IZA Discussion Paper 5780, jun. 2011. Disponível em: http://ftp.iza.org/dp5780.pdf.

56. Ver Government Commission of the German Corporate Governance Code, "German Corporate Governance Code (as amended on 18 June 2009)". Disponível em: http://www.corporate-governance-code.de/eng/kodex/1.html.

57. Reinhart e Rogoff, op. cit., p. 224. Note que esses dados são para o PIB per capita anual em paridade de poder de compra, e não o PIB. A diferença não deve ser grande para esses países de alta renda com populações que crescem relativamente devagar. A exceção seriam os Estados Unidos, onde o PIB per capita caiu um pouco mais depressa que o PIB. Os países nas comparações para desemprego e PIB (com os dados das crises entre parênteses) eram: Malásia (1997), Indonésia (1997), Japão (1992), Tailândia (1997), Filipinas (1997), Hong Kong (1997), Noruega (1987), Coreia do Sul (1997), Argentina (2001), Suécia (1991), Espanha (1977), Colômbia (1998), Finlândia (1991) e Estados Unidos (1929).Ver figs. 14.3 e 14.4, ibid., pp. 229-30.

58. Alan M. Taylor, "The Great Leveraging". Working Paper 18290, National Bureau of Economic Research, ago. 2012. Disponível em: www.nber.org, p. 32.

59. Charles Roxborough et al., "Debt and Deleveraging: Uneven Progress on the Path to Growth", pesquisa atualizada, McKinsey Global Institute, jan. 2012. Disponível em: http://www.mckinsey.com/insights/mgi/research/financial_markets/uneven_progress_on_the_path_to_growth, p. 3.

60. Martin Wolf, "Mind the Gap: Perils of Forecasting Output". *Financial Times*, 9 dez. 2011.

61. Irving Fisher, "The Debt-Deflation Theory of Great Depressions". *Econometrica* (1933).

62. Para um relato completo da primeira flecha da *Abenomics*, ver "Transcript of Interview with Haruhiko Kuroda, Governor of the Bank of Japan". *Financial Times*, 3 jan. 2014. Disponível em: http://www.ft.com/cms/s/0/f1e46c46-7472-11e3-9125-00144feabdc0.html?siteedition=uk.

63. Ver Olivier Blanchard; Giovanni Dell'Ariccia; Paolo Mauro, "Rethinking Macroeconomic Policy". IMF Staff Position Note, 12 fev. 2010, SPN/10/03. Disponível em: http://www.imf.org/external/pubs/ft/spn/2010/spn1003.pdf.

64. Keynes introduziu essa expressão em seu livro clássico *The General Theory of Employment, Interest and Money* (Londres: Macmillan, 1936).

65. Richard Koo, *The Holy Grail of Macroeconomics: Lessons from Japan's Great Recession.* Cingapura: John Wiley, 2008.

66. "Leaders' Statement: The Pittsburgh Summit". Disponível em: http://www.ft.com/cms/s/0/5378959c-aa1d-11de-a3ce-00144feabdc0.html.

67. "Declaração da reunião de cúpula do G-20 em Toronto", 26-27 jun. 2010. Disponível em: http://www.g20.utoronto.ca/2010/to-communique.html.

68. Paul Samuelson, *Economics.* 1. ed. Nova York: McGraw-Hill, 1948.

69. Martin Wolf, "The Toxic Legacy of the Greek Crisis", *Financial Times*, 18 jun. 2013. Disponível em: http://www.ft.com/cms/s/0/b31dd248-d785-11e2-a26a-00144feab7de.html.

2. A CRISE NA ZONA DO EURO [pp. 71-115]

1. *Financial Times*, 5 set. 2011.

2. Tony Barber, "Greece Rapped for Understating Deficit". *Financial Times*, 20 out. 2009.

3. European Commission, *Economic Forecast Autumn 2008*, jun. 2008. Disponível em: http://ec.europa.eu/economy_finance/publications/publication13290_en.pdf.

4. "Highlights — Eurogroup Finance Ministers' Meeting", *Reuters*, 19 out. 2009. Disponível em: http://www.reuters.com/article/2009/10/19/eurogroupidUSLJ6461320091019.

5. Organização para Cooperação e Desenvolvimento Econômico, *Economic Outlook 94*, Statistics and Projections, Government Net Lending, as a Percentage of GDP. Disponível em: http://stats.oecd.org/BrandedView.aspx?oecd_bv_id=eodataen&doi=data-00676en.

6. Joseph E. Stiglitz, *Freefall: Free Markets and the Sinking of the Global Economy*. Londres: Allen Lane, 2010.

7. Ver "Basel I". Disponível em: http://en.wikipedia.org/wiki/Basel_I. O Basileia II, que pretendia substituir Basileia I, foi publicado em 2004. Depois foi substituído, à luz da crise, pelo Basileia III, que foi acordado em 2010-1 e depois modificado em 2013. Coletivamente, esses acordos de regulação são conhecidos como Acordos de Basileia. Disponível em: http://en.wikipedia.org/wiki/Basel_Accords.

8. "Statement by IMF Managing Director Dominique Strauss-Kahn on Greece". Disponível em: http://www.imf.org/external/np/sec/pr/2010/pr10168.htm.

9. "IMF Executive Board Approves €30 Billion Stand-by Arrangement for Greece", Press Release n. 10/187, 9 maio 2010. Disponível em: www.imf.org.

10. Dominique Strauss-Kahn renunciou a seu cargo no FMI em 18 de maio de 2011, depois de alegações de que ele atacara sexualmente uma faxineira de hotel em Nova York em 14 de maio. Ver "IMF Managing Director Dominique Strauss-Kahn Resigns", Press Release n. 11/187, 18 maio 2011. Disponível em: http://www.imf.org/external/np/sec/pr/2011/pr11187.htm, e "IMF Chief Dominique Strauss-Kahn Quits over Sex Charge". Disponível em: http://www.bbc.co.uk/news/world-13450783.

11. "IMF Reaches Staff-level Agreement with Greece on €30bn Stand-by Arrangement", Press Release n. 10/176, 2 maio 2010. Disponível em: www.imf.org.

12. David Oakley; Mary Watkins; Kerin Hope, "Greece Launches Debt Swap Offer". *Financial Times*, 24 fev. 2012.

13. Sobre o European Financial Stabilization Mechanism, ver http://ec.europa.eu/economy_finance/eu_borrower/efsm/index_en.htm. Sobre a European Financial Stability Facility, ver http://www.efsf.europa.eu/about/index.htm.

14. "IMF Executive Board Approves €22.5 Billion Extended Arrangement for Ireland". Press Release n. 10/496, 16 dez. 2010. Disponível em: www.imf.org.

15. Lina Saigol; Janie Smyth, "Ireland Posed to Exit EU Bailout", 13 dez. 2013. Disponível em: http://www.ft.com/cms/s/0/f896ba08-63e7-11e3-b70d-00144feabdc0.html#slide0.

16. "IMF Executive Board Approves a €26 Billion Extended Arrangement for Portugal". Press Release n. 11/190, 20 maio 2011. Disponível em: www.imf.org.

17. Ver Banco Central Europeu, "The European Stability Mechanism". *ECB Monthly Bulletin*, jul. 2011. Disponível em: http://www.ecb.int/pub/pdf/other/art2_mb201107en_pp71-84en.pdf.

18. "IMF Executive Board Approves €1bn Arrangement under Extended Fund Facility for Cyprus". Press Release n. 13/175, 15 maio 2013. Disponível em: http://www.imf.org/external/np/sec/pr/2013/pr13175.htm.

19. Jan Strupczeswki; Julien Toyer, "Eurozone Agrees to Lend Spain up to 100bn Euros". *Reuters*, 10 jun. 2012. Disponível em: http://uk.reuters.com/article/2012/06/10/ukEurozone-idUKBRE85805E2012061.

20. Ver, por exemplo, Barry Eichengreen, "The Euro: Love it or Leave it?", 4 maio 2010. Disponível em: http://www.voxeu.org/article/eurozone-breakup-would-trigger-mother-all-financial-crises. Ver também Martin Wolf, "A Permanent Precedent". *Financial Times*, 17 maio 2012. Disponível em: http://www.ft.com/cms/s/0/614df5de-9ffe-11e1-94ba-00144feabdc0.html.

21. O termo "*Ordoliberalism*" foi cunhado por Hero Möller em 1950. Baseou-se no nome do jornal *ORDO — Jahrbuch für die Ordnung von Wirtschaft und Gesellschaft* (Anuário Ordo da Ordem Econômica e Social). *Ordo* é a palavra latina para"ordem".

22. Sobre *Ordoliberalism*, ver http://en.wikipedia.org/wiki/Ordoliberalism.

23. Charlemagne, "The Driver and the Passenger". *The Economist*, 15 out. 2011. Disponível em: http://www.economist.com/node/21532283.

24. Ralph Atkins, "ECB Unveils New Support for Banks". *Financial Times*, 8 dez. 2012.

25. Ver, sobre a LTRO, Fundo Monetário Internacional, "Euro Area Policies: 2012 Article IV Consultation". IMF Country Report n. 12/181, jul. 2012. Disponível em: www.imf.org, Box 5, p. 18.

26. "Speech by Mario Draghi, President of the European Central Bank, at the Global Investment Conference in London", 26 jul. 2012. Disponível em: http://www.ecb.int/press/key/date/2012/html/sp120726.en.html.

27. "Introductory Statement to Press Conference", 6 set. 2012. Disponível em: http://www.ecb.int/press/pressconf/2012/html/is120906.en.html, e "Technical Features of Outright Monetary Transactions", 6 set. 2012. Disponível em: http://www.ecb.int/press/pr/date/2012/html/pr120906_1.en.html.

28. "Uma condição necessária para Outright Monetary Transactions é uma condicionalidade rigorosa e efetiva vinculada a um programa European Financial Stability Facility/European Stability Mechanism (EFSF/ESM) apropriado. Esses programas podem assumir a forma de um programa de ajuste macroeconômico EFSF/ESM completo ou de um programa precaucional (Enhanced Conditions Credit Line), desde que incluam a possibilidade de compras EFSF/ESM no mercado primário. O envolvimento do FMI deve também ser buscado para o desenho da condicionalidade específica para o país e o monitoramento de tal programa." "Technical Features of Outright Monetary Transactions", 6 set. 2012. Disponível em: http://www.ecb.int/press/pr/date/2012/html/pr120906_1.en.html.

29. Ver Wolfgang Munchau, "Germany's Constitutional Court has Strengthened the Eurosceptics". *Financial Times*, 9 fev. 2014. Disponível em: http://www.ft.com/cms/s/0/8a64e3ac-8f25-11e3-be85-00144feab7de.html.

30. "Euro Area Policies: 2013 Article IV Consultation". IMF Country Report n. 13/231, jul. 2013. Disponível em: http://www.imf.org/external/pubs/ft/scr/2013/cr13231.pdf, Box 1, p. 8.

31. Paul de Grauwe, "Panic-driven Austerity in the Eurozone and its Implications", 21 fev. 2013. Disponível em: http://www.voxeu.org/article/panic-driven-austerity-Eurozone-and-

its-implications. Ver também De Grauwe, "The Governance of a Fragile Eurozone". CEPS Working Documents, *Economic Policy*, 4 maio 2011. Disponível em: http://www.ceps.eu/book/governance-fragile-Eurozone; e Martin Wolf, "Be Bold Mario, Put Out that Fire". *Financial Times*, 25 out. 2011. Disponível em: http://www.ft.com/cms/s/0/bd60ab78-fe6e-11e0-bac4-00144feabdc0.html.

32. Silvia Merler; Jean Pisani-Ferry, "Sudden Stops in the Euro Area". Bruegel Policy Contribution Issue 2012/06, mar. 2012. Disponível em: www.bruegel.org, p. 1.

33. Zsolt Darvas, "Intra-Euro Rebalancing is Inevitable, but Insufficient". Bruegel Policy Contribution Issue 2012/15, ago. 2012. Disponível em: www.bruegel.org, tabela 1.

34. IMF, "Euro Area Policies: 2013 Article IV Consultation", p. 8 e Box 2.

35. Merler; Pisani-Ferry, op. cit., fig. 4 e p. 7.

36. TARGET é a sigla de "Trans-European Automated Real-time Gross Settlement Express Transfer" [Transferência Expressa de Compensação Bruta em Tempo Real Automatizada Transeuropeia].

37. Hans-Werner Sinn, do CESifo, em Munique, cumpriu um papel importante ao trazer as implicações dos desequilíbrios no sistema TARGET 2 para a atenção do mundo. Ver Hans-Werner Sinn; Timo Wollmershaeuser, "Target Loans, Current Account Balances and Capital Flows: The ECB's Rescue Facility". National Bureau of Economic Research Working Paper 17626, nov. 2011. Disponível em: www.nber.org.

38. Esses dados foram preparados para a supervisão da zona do euro de acordo com o Artigo IV do FMI.

39. Citado em Merler; Pisani-Ferry, op. cit., p. 3. Ver Peter M. Garber, "Notes on the Role of TARGET in a Stage III Crisis". National Bureau of Economic Research Working Paper 6619, jun. 1998. Disponível em: www.nber.org, especialmente p. 19.

40. IMF, "Euro Area Policies 2012", pp. 4-5.

41. IMF, "Euro Area Policies 2013", pp. 8-12.

42. Ibid., p. 5.

43. "About EFSF". Disponível em: http://www.efsf.europa.eu/about/index.htm.

44. "European Financial Stabilisation Mechanism". Disponível em: http://ec.europa.eu/economy_finance/eu_borrower/efsm/index_en.htm.

45. Ver European Stability Mechanism. Disponível em: http://www.esm.europa.eu.

46. O Grupo dos Vinte concordou em abr. 2009 em aumentar os recursos emprestados disponíveis para o FMI (complementando seus recursos de cota) em até 500 bilhões de dólares (que triplicaram o total de recursos para empréstimo antes da crise, de 250 bilhões de dólares). Em abr. 2010, o Comitê Executivo adotou devidamente uma proposta para "New Arrangements to Borrow" (NAB) expandidos e mais flexíveis, sob a qual os NAB cresceram para cerca de 367,5 bilhões de direitos especiais de saque (DES) (cerca de 560 bilhões de dólares). Em dez. 2011, os países-membros da região do euro se comprometeram a fornecer recursos adicionais de até 150 bilhões de euros (cerca de 200 bilhões de dólares). A 14ª Revisão Geral de Cotas, aprovada em dez. 2010, dobrará os recursos permanentes do FMI para 476,8 bilhões de DES (cerca de 737 bilhões de dólares). Haverá um retorno das linhas de crédito NAB para 182 bilhões de DES, que se tornarão efetivos quando os participantes pagarem esses aumentos de cota. Além disso, em 2009, os membros concordaram em fazer uma alocação geral de DES equivalente a 250 bilhões

de dólares, o que resultou em um aumento de dez vezes nos DES. Ver Fundo Monetário Internacional, "IMF's Response to the Global Economic Crisis", 19 set. 2013. Disponível em: http://www.imf.org/external/np/exr/facts/changing.htm.

47. Fundo Monetário Internacional, "Greece: Ex Post Evaluation of Exceptional Access under the 2010 Stand-by Arrangement", 20 maio 2013. Disponível em: http://www.imf.org/external/pubs/ft/scr/2013/cr13156.pdf.

48. Mark Rutte; Jan Kees de Jager, "Expulsion from the Eurozone Has to Be the Final Penalty". *Financial Times*, 8 set. 2011.

49. Sobre a saída grega [*Greek exit*], or "Grexit", como passou a ser chamada, ver http://en.wikipedia.org/wiki/Greece_withdrawal_from_the_Eurozone.

50. O Compacto Fiscal (formalmente, o "Treaty on Stability, Coordination and Governance in the Economic and Monetary Union" [Tratado sobre Estabilidade, Coordenação e Governança na União Econômica e Monetária], também referido como TSCG ou, mais diretamente, o Fiscal Stability Treaty [Tratado de Estabilidade Fiscal]) é um tratado intergovernamental, apresentado como uma nova versão, mais rigorosa, do anterior Stability and Growth Pact [Pacto de Estabilidade e Crescimento]. O tratado foi assinado em 2 mar. 2012 por todos os Estados-membros da UE, exceto a República Checa e o Reino Unido.

O tratado entrou em vigor em 1º jan. 2013. Exige-se dos Estados-membros obrigados pelas provisões fiscais do tratado que tenham promulgado, dentro de um ano de sua entrada em vigor, uma "lei de implementação" estabelecendo um mecanismo autocorretor, guiado pela supervisão de um conselho consultor independente.

O tratado define um orçamento equilibrado como um déficit geral do governo de menos de 3% do PIB, alinhado com as provisões do Tratado de Maastricht, e um déficit estrutural (ou ciclicamente ajustado) de menos de 1% do PIB, desde que a razão dívida/PIB fique significativamente abaixo de 60%. Se não, ele deve ficar abaixo de 0,5% do PIB. O tratado também contém uma cópia direta dos critérios "*debt brake*" ["freio da dívida"] esboçados no Stability and Growth Pact, que define a taxa a que devem decrescer níveis de endividamento acima do limite de 60% do PIB.

Ver "European Fiscal Compact". Disponível em: http://en.wikipedia.org/wiki/European_Fiscal_Compact, e "Treaty on Stability, Coordination and Governance in the Economic and Monetary Union". Disponível em: http://european-council.europa.eu/media/639235/st00ts-cg26_en12.pdf.

51. Walter Bagehot, "Essay on Edward Gibbon" (1856). In: Russell Barrington (Org.), *The Works and Life of Walter Bagehot*. Londres: Longmans, Green, 1915. v. 2 (Historical and Financial Essays), p. 83. Disponível em: http://rosenfels.org/pll-v5/pdf/Bagehot_1451-02_EBk_v5.pdf.

52. Paul de Grauwe, "Governance of a Fragile Eurozone", 4 maio 2011. Disponível em: http://www.ceps.eu/book/governance-fragile-Eurozone.

53. Paul de Grauwe, "Managing a Fragile Eurozone", 10 maio 2011. Disponível em: http://www.voxeu.org/article/managing-fragile-Eurozone.

54. Na prática, as ações do BCE seriam limitadas, mas isso ocorre por causa das restrições políticas sobre um banco central multinacional. Daí as opiniões de De Grauwe.

55. Todos os membros acordam metas fiscais com a Comissão Europeia. Mas países com

fraca possibilidade de obter crédito têm de levá-las particularmente a sério, uma vez que podem precisar de ajuda, caso em que as metas se tornariam condições para a ajuda. Ver "EU Economic Governance". Disponível em: http://ec.europa.eu/economy_finance/economic_governance/.

56. Larry Siedentop, *Democracy in Europe*. Londres: Allen Lane, 2001. p. 119.

3. ADMIRÁVEL MUNDO NOVO [pp. 116-37]

1. Jonathan Wheatley, "Brazil's Mantega Sees 'International Currency' War". *Financial Times*, 27 set. 2010.

2. Neste capítulo segui as definições usadas pelo staff do Fundo Monetário Internacional em "Resilience in Emerging Market and Developing Economies: Will it Last?". *World Economic Outlook*, out. 2012, cap. 4. Ele define países avançados ou, em meus termos, "de alta renda", como membros da OCDE antes de 1990, com exceção da Turquia, que é tratada como país emergente. Os países em desenvolvimento são definidos como os 51 países de baixa renda elegíveis para empréstimos concessionais do Fundo. O restante são economias emergentes. (Ver nota 11 abaixo.)

3. A linha semilogarítmica ajustada aos dados de PIB da China da base de dados do *World Economic Outlook* do FMI tem o extraordinariamente alto R-quadrado de 0,9986 — ou seja, efetivamente 1. Isso significa que os desvios da taxa de crescimento de 10% foram desprezíveis no período 1980-2012. É um desempenho de crescimento cambaleante. Obviamente, há também algumas questões sobre a confiabilidade desses dados.

4. A visão de que o crescimento da China se desacelerará para 6%-7% nos próximos anos é bem exposta por Ruchir Sharma, do Morgan Stanley Investment Management. Ver *Breakout Nations: In Pursuit of the Next Economic Miracles* (Londres: W. W. Norton e Allen Lane, 2012), cap. 2.

5. Michael Pettis, em *Avoiding the Fall: China's Economic Restructuring* (Washington DC: Carnegie Endowment for International Peace, 2013), apresenta uma perspectiva relativamente pessimista sobre os desafios futuros.

6. Esses dados são tirados da base de dados do *World Economic Outlook* do FMI.

7. O crescimento da economia mundial em paridade de poder de compra (PPP) tende a ser substancialmente maior que o crescimento a taxas de câmbio de mercado, porque as economias de crescimento mais rápido são mais pobres, enquanto o ajuste PPP torna as economias de países mais pobres relativamente maiores. (Faz isso porque ajusta para cima os preços de bens e, predominantemente, serviços não comercializáveis na direção de um nível internacional comum.) Mas a diferença entre crescimento a taxas de câmbio de mercado e PPP é relativamente pequena entre países com PIBs reais per capita grosso modo similares. Portanto, as expansões das regiões da economia mundial mostradas na figura 20 são provavelmente bastante próximas do que seriam a taxas de câmbio de mercado.

8. Esta seção se baseia fortemente no *World Economic Outlook* do FMI, out. 2012.

9. Ibid., p. 129.

10. A "mediana" é a observação no meio de uma distribuição de resultados. Portanto, se o país A cresce 6%, o país B cresce 2% e o país C cresce 1%, o crescimento mediano é 2% (isto é, o crescimento de B), enquanto o crescimento médio é 3%.

11. Todas as economias que não Austrália, Áustria, Bélgica, Canadá, Dinamarca, Finlândia, França, Alemanha, Grécia, Irlanda, Itália, Japão, Holanda, Nova Zelândia, Noruega, Portugal, Espanha, Suécia, Suíça, Reino Unido e Estados Unidos são "economias emergentes e em desenvolvimento". Países "de baixa renda" são definidos como as 51 economias atualmente elegíveis para empréstimos concessionais do FMI. Os restantes 69 países no grupo de "economias emergentes e em desenvolvimento" são considerados "economias emergentes". Ver *World Economic Outlook*, out. 2012, p. 132 e tabela 4.3.

12. Ibid., fig. 4.6.

13. Ibid., pp. 131-2.

14. Ibid., p. 132.

15. Essa é a conclusão do estudo de Lawrence Edwards e Robert Z. Lawrence, *Rising Tide: Is Growth in Emerging Economies Good for the United States?* (Washington DC: Peterson Institute for International Economics, 2013). Ver, especialmente, cap. 10.

16. Esse foi o argumento central de meu livro *Fixing Global Finance* (Baltimore e Londres: Johns Hopkins University Press e Yale University Press, 2008 e 2010).

17. Surjit Bhalla, *Devaluing to Prosperity: Misaligned Currencies and their Growth Consequences*. Washington DC: Peterson Institute for International Economics, 2012, e Nova Délhi: Oxford University Press, 2013.

18. Em depoimento ao Joint Economic Committee of Congress em 22 de maio, o presidente do Fed disse que o Federal Open Markets Committee (FOMC) "espera que uma postura altamente acomodativa da política monetária permaneça apropriada por um tempo considerável depois que o programa de compra de ativos termine e a recuperação econômica se fortaleça". Mas, em resposta a uma pergunta do deputado Kevin Brady, presidente da comissão, Bernanke disse que o FOMC podia considerar a redução da compra de títulos dentro das "próximas reuniões" se os funcionários vissem sinais de melhora sustentada no mercado de trabalho. Ver "Bernanke's Tapering Talk Backfires amid Bond Yield Surge". Disponível em: http://www.bloomberg.com/news/2013-06-13/bernanke-s-tapering-talk-backfires-amid-bond-yield-surge.html.

19. Press release datado de 18 dez. 2013. Disponível em: http://www.federalreserve.gov/newsevents/press/monetary/20131218a.htm.

20. Ver FMI, *World Economic Outlook*, out. 2013, fig. 1.10, p. 10.

21. Hyun Song Shin, "The Second Phase of Global Liquidity and its Impact on Emerging Economies", 7 nov. 2013. Palestra principal no Banco do Federal Reserve de San Francisco, *Asia Economic Policy Conference*, 3-5 nov. 2013. Disponível em: http://www.princeton.edu/~hsshin/www/FRBSF_2013.pdf.

22. Ibid., p. 11.

23. Esses dados são da *World Economy Database* do FMI, abr. 2013.

24. IMF, "Emerging Markets: Where Are They and Where Are They Headed?", out. 2013, inédito.

25. Ver David Lipton, "Emerging Markets in Transition", 8 out. 2013. Disponível em: http://www.imf.org/external/np/msc/2013/am/lipton.pdf.

26. Esses dados são tirados da base de dados on-line do *World Economic Outlook*.

PARTE 2. AS TRANSIÇÕES

PRÓLOGO [pp. 141-3]

1. Ver Robert H. Frank e Philip J. Cook, *The Winner-Take-All Society: Why the Few at the Top Get So Much More than the Rest of Us* (Londres e Nova York: Penguin, 1996).

4. COMO O SISTEMA FINANCEIRO SE TORNOU FRÁGIL [pp. 145-78]

1. Ben Bernanke, "The Housing Market and Subprime Lending". Disponível em: http://www.federalreserve.gov/newsevents/speech/bernanke20070605a.htm.

2. Michiyo Nakamoto; David Wighton, "Citigroup Chief Stays Bullish on Buy-outs", *Financial Times*, 9 jul. 2007. Disponível em: http://www.ft.com/cms/s/0/80e2987a-2e50-11dc-821c-0000779fd2ac.html.

3. Disponível em: http://www.goodreads.com/author/quotes/756.Warren_Buffett.

4. Paul Volcker, "Remarks by Paul A. Volcker at a Luncheon of the Economic Club of New York", Nova York, 8 abr. 2008. Disponível em: http://blogs.denverpost.com/lewis/files/2008/04/volckernyeconclubspeech04-08-2008.pdf.

5. Simon Bowers, "Wall Street Banks in $70bn Staff Payout". *The Guardian*, 17 out. 2008.

6. Gary B. Gorton, *Misunderstanding Financial Crises: Why We Don't Seethem Coming*. Oxford: Oxford University Press, 2012. cap. 9.

7. Fundo Monetário Internacional, *Global Financial Stability Report*, abr. 2006, p. 51. Ver também Adair Turner, *The Turner Review: A Regulatory Response to the Global Banking Crisis*. Londres: Financial Services Authority, mar. 2009. Disponível em: http://www.fsa.gov.uk/pubs/other/turner_review.pdf,p. 42.

8. Raghuram Rajan, "Has Financial Development Made the World Riskier?", ago. 2005, pp. 313-69. Disponível em: http://www.kansascityfed.org/publicat/sympos/2005/pdf/rajan2005.pdf.

9. Ibid., pp. 359-60.

10. Alistair Milne, *The Fall of the House of Credit: What Went Wrong in Banking and What Can be Done to Repair the Damage*. Cambridge: Cambridge University Press, 2009. p. 26.

11. O argumento apresentado aqui é semelhante ao apontado por Adair Turner em uma palestra feita no Banco da Reserva sul-africano em 2 nov. 2012. Ver Turner, "Monetary and Financial Stability: Lessons from the Crisis and from Classic Economics Texts". Londres: FSA, nov. 2012. Disponível em: http://www.fsa.gov.uk/static/pubs/speeches/1102at.pdf.

12. Milne, op. cit., p. 26.

13. Gorton, op. cit., pp. 5-6.

14. Walter Bagehot, *Lombard Street: A Description of the Money Market*, 1873. Disponível em: http://www.gutenberg.org/ebooks/4359.

15. Entre 1781 e 1836, foram feitas três tentativas sucessivas de criar um banco central nos Estados Unidos: The Bank of North America (1881), que não era um banco com carta patente federal; The First Bank of the United States (1791-1811); e The Second Bank of the United States (1816-36). Depois que não foi renovada a carta patente desse último, os Estados Unidos

operaram sem banco central até 1913. Ver "History of Central Banking in the United States". Disponível em: http://en.wikipedia.org/wiki/History_of_central_banking_in_the_United_States#Bank_of_North_America.

16. Ver, sobre isso, Piergiorgio Alessandri e Andrew Haldane, "Banking on the State", nov. 2009. Disponível em: http://www.bankofengland.co.uk/archive/Documents/historicpubs/speeches/2009/speech409.pdf, p. 3.

17. Ver, por exemplo, Gretchen Morgenson e Joshua Rosner, *Reckless Endangerment: How Outsized Ambition, Greed and Corruption Led to Economic Armageddon* (Nova York: Times Books, 2011).

18. Em jargão econômico, eles são "endógenos", não "exógenos".

19. Hyman Minsky, "The Modeling of Financial Instability: An Introduction". *Modeling and Simulation 5*, Proceedings of the Fifth Annual Pittsburgh Conference, 1974, Instrument Society of America, pp. 267-73.

20. John Cassidy, "The Minsky Moment". *The New Yorker*, 4 fev. 2008. Disponível em: www.newyorker.com/talk/comment/2008/02/04/080204taco_talk_cassidy. Ver também "Five Steps of a Bubble", Investopedia, 2 jun. 2010. Disponível em: http://www.investopedia.com/articles/stocks/10/5-steps-of-a-bubble.asp.

21. John Kenneth Galbraith, *The Great Crash of 1929*. Boston e Nova York: Mariner, 1997. p. 133.

22. Ver Bethany McLean; Joe Nocera, *All the Devils are Here: The Hidden History of the Financial Crisis* (Londres: Penguin, 2010), p. 129.

23. A expressão "empréstimo NINJA" foi inventada por Charles R. Morris. Ela foi derivada da expressão empréstimo "NINA" (*no-income, no-asset* [sem renda, sem bens]) usada no setor hipotecário dos Estados Unidos. Ver *The Two Trillion Dollar Meltdown: Easy Money, High Rollers and the Great Credit Crash* (Filadélfia: Public Affairs, 2008).

24. Uma discussão muito mais completa de muitos dos tópicos abordados nesta seção está contida em Alan Blinder, *After the Music Stopped: The Financial Crisis, the Response, and the Work Ahead* (Londres: Penguin, 2013), parte II.

25. Turner, op. cit., pp. 32-5.

26. Haldane, Brennan e Madouros, figura 19.

27. Ver Independent Commission on Banking, fig. 5.5, e Ben Broadbent, "Deleveraging", 15 mar. 2012. Disponível em: http://www.bankofengland.co.uk/publications/Documents/speeches/2012/speech553.pdf, figura 3.

28. Broadbent, op. cit., p. 4.

29. George Akerloff, "The Market for Lemons: Quality Uncertainty and the Market Mechanism". *Quarterly Journal of Economics*, v. 84, n. 3 (1970), pp. 488-500.

30. As transações com derivativos abrangem uma variedade de contratos, incluindo obrigações de dívida estruturada, swaps, futuros, opções, tetos e pisos para taxas, restrições, contratos futuros de balcão e várias combinações desses. Ver http://en.wikipedia.org/wiki/Derivative_(finance).

31. Ver Nassim Nicholas Taleb, *Fooled by Randomness: The Hidden Roleof Chance in Life and the Markets* (Londres: Penguin, 2004).

32. Portanto, o "valor de exercício" de uma opção para comprar uma ação a cem dólares por ação é zero se o valor da ação permanecer abaixo de cem dólares e é só dez dólares se o preço de

mercado da ação subir para 110 dólares. O "valor temporal" da opção que não expirou será positivo, porém, mesmo que o valor de exercício seja zero, já que a opção oferece seguro contra a possibilidade de o preço da ação subir para mais de cem dólares antes que a opção expire.

33. Ver dados em http://www.bis.org/statistics/derstats.htm.

34. Ver "Shadow Banking System". Disponível em: http://en.wikipedia.org/wiki/Shadow_banking_system#cite_note-22. Para uma definição de sistema bancário paralelo, ver Zoltan Pozsar et al., "Shadow Banking", Staff Report n. 458, jul. 2010, revisado em fev. 2012. Disponível em: http://www.newyorkfed.org/research/staff_reports/sr458.html, especialmente p. 26.

35. Em um *repo*, há um acordo de vender e recomprar um ativo, no qual o diferencial de preço reflete a taxa de juro. Ver http://en.wikipedia.org/wiki/Repurchase_agreement.

36. A literatura sobre o novo sistema financeiro é copiosa. Há análises amplas em Adair Turner, *The Turner Review*, Section 1.1. Ainda mais importante é o *Financial Crisis Inquiry Report* da Comissão Nacional sobre as Causas da Crise Econômica e Financeira nos Estados Unidos. Disponível em: http://www.gpo.gov/fdsys/pkg/GPO-FCIC/pdf/GPO-FCIC.pdf, jan. 2011, particularmente o cap. 2. Sobre o específico e importante desafio da natureza intensiva em redes de um sistema financeiro baseado no mercado, ver Andrew Haldane, "Rethinking the Financial Network", Bank of England, abr. 2009. Disponível em: http://www.bankofengland.co.uk/publications/Documents/speeches/2009/speech386.pdf. Para um bom relato popular do comportamento maligno não apenas permitido mas estimulado pelo novo sistema financeiro, ver, em particular, McLean e Nocera, *All the Devils are Here*.

37. Ver Turner, op. cit., exhibit 1.10, p. 18.

38. Ver *Financial Crisis Inquiry Report*, p. xx. O sistema bancário paralelo é definido para incluir notas promissórias comerciais e outros empréstimos de curto prazo (aceites bancários); *repos*; títulos líquidos emprestados; obrigações de emitentes de títulos lastreados por ativos; e ativos de fundos mútuos do mercado monetário.

39. Ibid., fig. 2.1, p. 32.

40. Perry Mehrling, *The New Lombard Street: How the Fed Became the Dealer of Last Resort*. Princeton e Oxford: Princeton University Press, 2011. p. 123.

41. Ver Manmohan Singh; Peter Stella, "Money and Collateral". WP/12/95, Fundo Monetário Internacional, abr. 2012. Disponível em: http://www.imf.org/external/pubs/ft/wp/2012/wp1295.pdf, p. 3.

42. Anat Admati; Martin Hellwig, *The Bankers' New Clothes: What's Wrong with Banking and What to Do about It*. Princeton e Oxford: Princeton University Press, 2013, especialmente caps. 2 e 3.

43. Michael S. Gibson, "Understanding the Risk of Synthetic CDOs", jul. 2004. Disponível em: http://www.federalreserve.gov/pubs/feds/2004/200436/200436pap.pdf.

44. Sobre o fracasso da gestão do risco e, em particular, dos modelos de valor em risco, ver Hyun Song Shin, *Risk and Liquidity*, Clarendon Lectures in Finance (Oxford: Oxford University Press, 2010). A dificuldade, de fato, era não só que a distribuição de resultados presumida estava errada. A própria suposição de que a forma da distribuição podia ser conhecida estava errada, assim como a suposição de que a natureza dos riscos podia ser conhecida. Esse é um mundo de incerteza fundamental, não de risco mensurável. Similarmente, o problema das evidências é não só que elas eram muito limitadas, mas que tinham de ser muito limitadas, já que o sistema econômico muda constantemente.

45. Comissão Independente sobre Bancos, Relatório Final: Recomendações, set. 2011. Disponível em: https://hmt-sanctions.s3.amazonaws.com/ICB%20final%20report/ICB%2520 Final%2520Report%5B1%5D.pdf, fig. 4.3.

46. Peter Thal Larsen, "Goldman Pays the Price of Being Big". *Financial Times*, 13 ago. 2007.

47. Em uma relação reflexiva, a causa e o efeito se afetam mutuamente. Portanto, aqui o pânico viola os modelos de risco, o que exacerba o pânico. Ver George Soros, *The Alchemy of Finance: Reading the Mind of the Market* (Hoboken: John Wiley and Son, 2003).

48. O desvio-padrão é a raiz quadrada da variância de uma distribuição, que é uma medida da dispersão do resultado. Disponível em: http://en.wikipedia.org/wiki/Standard_deviation.

49. Kevin Dowd et al., "How Unlucky is 25-Sigma?". Centre for Risk & Insurance Studies, Nottingham University Business School, CRIS Discussion Paper Series — 2008.III, 24 mar. 2008. Disponível em: http://www.nottingham.ac.uk/business/cris/papers/2008-3.pdf.

50. Ver Andrew G. Haldane; Vasileios Maduros, "The Dog and the Frisbee", 31 ago. 2012. Texto apresentado no 36º simpósio de política econômica do Banco do Federal Reserve de Kansas City, "The Changing Policy Landscape", Jackson Hole, Wyoming. Disponível em: http://www.bankofengland.co.uk/publications/Documents/speeches/2012/speec596.pdf. O grande argumento do sr. Haldane é que o mundo não é caracterizado por risco calculável, mas por incerteza. Nesse tipo de mundo, a robustez decorre de regras simples, e não sofisticadas. A ponderação risco de ativos é um bom exemplo de um conjunto complexo de regras que falhou.

51. Comissão Independente sobre Bancos, Relatório Final, fig. 5.4. A mediana é a posição da instituição no meio da distribuição da alavancagem de todas as instituições.

52. Banco da Inglaterra, *Financial Stability Report*, abr. 2007. Disponível em: http://www.bankofengland.co.uk/publications/Documents/fsr/2007/fsrfull0704.pdf, p. 10.

53. Ibid., p. 5.

54. Andrew Haldane; Simon Brennan; Vasileios Madouros, "What Is the Contribution of the Financial Sector: Miracle or Mirage?". In: Adair Turner et al., *The Future of Finance: The LSE Report*. Londres: London School of Economics and Political Science, 2010. Disponível em: http://harr123et.files.wordpress.com/2010/07/futureoffinance5.pdf, p. 100 e tabela 4.

55. Ver *Financial Crisis Inquiry Report*, pp. 61-4.

56. Ibid., p. 64.

57. Lucien A. Bebchuk; Holger Spamann, "Regulating Bankers' Pay". *Georgetown Law Journal*, v. 98, n. 2. Disponível em: http://papers.ssrn.com/sol3/papers.cfm?abstract_id=1410072, p. 248. Ver também Raguram Rajan, "Bankers' Pay is Deeply Flawed". *Financial Times*, 9 jan. 2008, e Martin Wolf, "Why and How Should We Regulate Pay in the Financial Sector?", in: Turner et al., op. cit., cap. 9.

58. Adair Turner, *The Turner Review: A Regulatory Response to the Global Banking Crisis*. Londres, Financial Services Authority, mar. 2009. Disponível em: http://www.fsa.gov.uk/pubs/other/turner_review.pdf, p. 39.

59. "Greenspan Concedes to 'Flaw' in his Market Ideology", 23 out. 2008. Disponível em: http://www.bloomberg.com/apps/news?pid=newsarchive&sid=ah5qh9Up4rIg.

60. Andrew G. Haldane, "The $100bn Question", Banco da Inglaterra, mar. 2010. Disponível em: http://www.bankofengland.co.uk/publications/Documents/speeches/2010/speech433.pdf, p. 4. Os números estão em preços de 2009.

61. Ibid., p. 5.

62. *Financial Crisis Inquiry Report*, p. 96.

63. Turner, op. cit., p. 87.

64. Ver Danièle Nouy, "Is Sovereign Risk Properly Addressed by Financial Regulation". Banque de France, Financial Stability Review, n. 16, abr. 2012. Disponível em: http://www.banque-france.fr/fileadmin/user_upload/banque_de_france/publications/Revue_de_la_stabilite_financiere/2012/rsf-avril-2012/FSR16-article-09.pdf.

65. Ver *Financial Crisis Inquiry Report*, p. 444.

66. Blinder, op. cit., refuta Wallison na p. 117.

67. Esses eram três dos quatro republicanos indicados para a comissão. O sr. Wallison era o quarto. Ver *Financial Crisis Inquiry Report*, p. 415.

68. Ver David Min, "Faulty Conclusions Based on Shoddy Foundations". Center for American Progress, fev. 2011. Disponível em: http://www.americanprogress.org/wp-content/uploads/issues/2011/02/pdf/pinto.pdf; Mike Konczal, "Peter Wallison Discusses Fannie and Freddie for the American Spectator, or: Where are the Fact Checkers?", 18 maio 2011. Disponível em: http://rortybomb.wordpress.com/2011/05/18/peter-wallison-discusses-fannie-and-freddie-for-the-american-spectator-or-where-are-the-fact-checkers; e *Financial Crisis Inquiry Report*, p. 219.

69. Ver McLean; Nocera, op. cit., p. 184.

70. Ver *Financial Crisis Inquiry Report*, p. xxvii.

71. Mark Gertler, "Commentary: Whither Monetary and Financial Stability? The Implications of Evolving Policy Regimes", simpósio do Banco do Federal Reserve de Kansas City sobre "Política Monetária e Incerteza: Adaptando-se a uma Economia em Mudança", 28-30 ago. 2003. Disponível em: http://www.kansascityfed.org/publicat/sympos/2003/pdf/Gertler2003.pdf.

72. Bagehot, op. cit.

73. Anatole Kaletsky, *Capitalism 4.0: The Birth of a New Economy*. Londres: Bloomsbury, 2010. p. 136.

74. Thornton foi a primeira pessoa a apresentar uma teoria rigorosa do emprestador de última instância. Ver Thomas M. Humphrey; Robert E. Keleher, "The Lender of Last Resort: A Historical Perspective". *Cato Journal*, v. 4, n. 1 (primavera/verão 1984), pp. 275-321. Disponível em: http://object.cato.org/sites/cato.org/files/serials/files/cato-journal/1984/5/cj4n1-12.pdf.

75. Ian Davis, da McKinsey, talvez tenha sido o primeiro de nós a usar a expressão "o novo normal" em um texto. Ver "The New Normal", *McKinsey Quarterly*, mar. 2009. Disponível em: http://www.mckinsey.com/insights/strategy/the_new_normal. Mohamed El-Erian, da PIMCO, foi também um dos primeiros a usar a expressão. Ver Steven Goldberg, "Investing in the New Normal", 19 out. 2010. Disponível em: http://www.kiplinger.com/article/investing/T041-C007-S001-investing-in-the-new-normal.html?topic_id=43.

5. COMO A ECONOMIA MUNDIAL FOI TRANSFORMADA [pp. 179-221]

1. A. E. Housman, *Last Poems, XXXV*. Disponível em: http://www.chiark.greenend.org.uk/~martinh/poems/complete_housman.html#LPxxxv.

2. Entrevista com o dr. Rudi Dornbusch, Frontline. Disponível em: http://www.pbs.org/wgbh/pages/frontline/shows/mexico/interviews/dornbusch.html.

3. Michiyo Nakamoto; David Wighton, "Citigroup Chief Stays Bullishon Buy-outs". *Financial Times*, 9 jul. 2007. Disponível em: http://www.ft.com/cms/s/0/80e2987a-2e50-11dc-821c-0000779fd2ac.html.

4. Martin Wolf, *Fixing Global Finance*. Baltimore e Londres: Johns Hopkins University Press e Yale University Press, 2010, especialmente o cap. 8.

5. Herbert Stein, "Herb Stein's Unfamiliar Quotations: On Money, Madness, and Making Mistakes". *Slate*, 16 maio 1997. Disponível em: www.slate.com.

6. Ver Michael Dooley; Peter Garber, "Global Imbalances and the Crisis: A Solution in Search of a Problem", 21 mar. 2009. Disponível em: www.voxeu.org.

7. Ibid.

8. "The Global Saving Glut and the U. S. Current Account Deficit". Comentários do governador Ben S. Bernanke na Sandridge Lecture, Virginia Association of Economists, Richmond, Virgínia, 10 mar. 2005.

9. Michael Pettis, *The Great Rebalancing: Trade, Conflict, and the Perilous Road Ahead for the World Economy*. Princeton e Oxford: Princeton University Press, 2013. p. 2.

10. Isso não é nada mais que a simples análise is-lm de livro-texto-padrão. Ela se origina com um artigo clássico de Sir John Hicks: J. R. Hicks, "Mr Keynes and the 'Classics', a Suggested Interpretation". *Econometrica*, v. 5, n. 2, abr. 1937.

11. Ver a figura 3 para a débil resposta econômica das economias atingidas pela crise.

12. Ver Daniel Alpert, *The Age of Oversupply: Overcoming the Greatest Challenge to the Global Economy*. Nova York e Londres: Portfolio Penguin, 2013. O livro do sr. Alpert tem uma perspectiva analítica amplamente similar à deste.

13. "Natural Rate of Unemployment". Disponível em: http://en.wikipedia.org/wiki/Natural_rate_of_unemployment.

14. Na análise-padrão keynesiana, as taxas real e nominal de juro são a mesma, porque se supõe que a inflação seja zero. No mundo real, elas são diferentes. A taxa de juro relevante para a ideia de um excesso de poupança é a taxa real (ou seja, aquela depois da inflação prevista). A taxa de juro estabelecida pelo banco central é a taxa nominal (normalmente de prazo muito curto). A relação entre as taxas real e nominal será discutida mais adiante.

15. Devo essa brilhante descrição do estado depois da crise das economias de alta renda a David Levy. Ver David Levy, "The Contained Depression: 2008-(2018?): What It Is, Why It Happened, How It Will Play Out, and What Will Follow", abr. 2012. The Jerome Levy Forecasting Center. Disponível em: http://levyforecast.com/jlwp/wpcontent/uploads/2012/04/The-Contained-Depression-April-2012.pdf.

16. Mark Easton, "The Great Myth of Urban Britain", 28 jun. 2012. Disponível em: http://www.bbc.co.uk/news/uk-18623096.

17. O economista comportamental Robert Shiller entendeu a dinâmica do excesso no mercado habitacional melhor que a maioria dos economistas. Ver Robert Shiller, *The Subprime Solution: How Today's Financial Crisis Happened, and What to Do about It* (Princeton: Princeton University Press, 2008).

18. Os dados são da base de dados do *World Economic Outlook*, do fmi. Disponível em: http://www.imf.org/external/pubs/ft/weo/2013/01/weodata/index.aspx.

19. Peter Temin; David Vines, *The Leaderless Economy: Why the World Economic System Fell Apart and How to Fix It.* Princeton e Oxford: Princeton University Press, 2013. cap. 4, especialmente pp. 142-3.

20. Ibid.

21. Sobre as razões para a imensa poupança da China na década de 2000, ver Justin Yifu Lin, *Against the Consensus: Reflections on the Great Recession* (Cambridge: Cambridge University Press, 2013), cap. 5.

22. Pettis, op. cit., p. 34.

23. Raghuram Rajan, *Fault Lines: How Hidden Fractures Still Threaten the World Economy.* Princeton e Oxford: Princeton University Press, 2010. cap. 2.

24. Pettis, op. cit., p. 53.

25. Ver, sobre essa estratégia, Moritz Schularick, "Touching the Brakes after the Crash: A Historical View of Reserve Accumulation and Financial Integration". *Global Economy Journal*, v. 9, n. 4 (2009). Disponível em: http://www.jfki.fu-berlin.de/faculty/economics/team/Ehemalige_Mitarbeiter_inen/schularick/A_Historical_View_of_Reserve_Accumulation_and_Financial_Integration.pdf?1376087666.

26. Rajan, op. cit., p. 10.

27. Entre fev. 1999 e fev. 2004, as reservas em moeda estrangeira do Japão aumentaram 472 bilhões de dólares.

28. Ben Bernanke, "Deflation: Making Sure 'It' Doesn't Happen Here", 21 nov. 2002. Disponível em: http://www.federalreserve.gov/boarddocs/speeches/2002/20021121/.

29. Pettis, op. cit., pp. 174-7.

30. Fundo Monetário Internacional, "Currency Composition of Official Foreign Exchange Reserves (cofer)", 28 jun. 2013. Disponível em: http://www.imf.org/external/np/sta/cofer/eng/index.htm.

31. Pettis, op. cit., p. 16.

32. Sobre o papel do Federal Reserve depois da Primeira Guerra Mundial, ver Liaquat Ahamed, *Lords of Finance: The Bankers who Broke the World* (Nova York: Penguin, 2009).

33. Minhas ideias sobre saldos financeiros setoriais foram muito influenciadas pela obra do falecido Wynne Godley. Ver, para uma elaboração completa, Wynne Godley e Marc Lavoie, *Monetary Economics: An Integrated Approach to Credit, Money, Income, Production, and Wealth* (Basingstoke: Palgrave Macmillan, 2007).

34. Sobre o papel da crescente desigualdade nos Estados Unidos, ver Temin; Vines, op. cit., pp. 128-32, e Rajan, op. cit., cap. 1.

35. Rajan, op. cit., p. 8.

36. Congressional Budget Office, "Trends in the Distribution of Household Incomes between 1979 and 2007", out. 2011. Disponível em: http://www.cbo.gov/sites/default/files/cbo-files/attachments/10-25-HouseholdIncome.pdf, p. 3.

37. Claudio Borio, "Global Imbalances and the Financial Crisis: Link or no Link?". bis Working Paper n. 346, maio 2011. Disponível em: http://www.bis.org/publ/work346.pdf.

38. Ibid., gráfico 5, p. 14.

39. Ver Adair Turner, "Escaping the Debt Addiction: Monetary and Macro-Prudential Policy in the Post-Crisis World", 10 fev. 2014, pp. 12-8. Disponível em: http://ineteconomics.

org/sites/inet.civicactions.net/files/Frankfurt%20Escaping%20the%20debt%20addiction%20 10%20FEB.pdf.

40. Dirk J. Bezemer, da Universidade de Groningen, argumenta que modelos de "fluxo de recursos", com a atenção que dão à alteração do equilíbrio entre renda e gasto, ao tamanho do balanço do setor financeiro e ao estoque de passivos financeiros, particularmente das famílias, se saíram muito melhor que os modelos de equilíbrio geral "walrasiano" convencionais na previsão da crise. Na verdade, esses últimos, que excluem o crédito, são inúteis para prever crises como essas. Ver Bezemer, "'No One Saw This Coming': Understanding Financial Crisis through Accounting Models", 16 jun. 2009. Munich Personal RePEc Archive. Disponível em: http:// mpra.ub.uni-muenchen.de/15892.

41. Jagdish Bhagwati, "We Need to Guard against Destructive Creation". *Financial Times*, Londres, 16 out. 2008. Disponível em: www.ft.com.

42. Lloyd Blankfein, "Remarks to the Council of Institutional Investors", abr. 2009. Disponível em: http://www2.goldmansachs.com/ideas/public-policy/lcb-speechtocii.html.

43. Anton Brender; Florence Pisani, *Global Imbalances and the Collapse of Globalised Finance*. Bruxelas: Centre for European Policy Studies, 2010.

44. Ver Andrew Smithers; Stephen Wright, "Stock Markets and Central Bankers — The Economic Consequences of Alan Greenspan". *World Economics* 3(1) (2002), pp. 101-24; Claudio Borio; William White,"Whither Monetary and Financial Stability? The Implications of Evolving Policy Regimes", Simpósio do Banco do Federal Reserve de Kansas City sobre "Política Monetária e Incerteza: Adaptando-se a uma Economia em Mudança", 28-30 ago. 2003. Disponível em: www. kansascityfed.org/publicat/sympos/2003/pdf/Boriowhite2003.pdf; e Richard Duncan, *The New Depression: The Breakdown of the Paper Money Economy*. Cingapura: Wiley & Sons, 2012.

45. John B. Taylor, *Getting off Track: How Government Actions and Interventions Caused, Prolonged and Worsened the Financial Crisis*. Stanford: Hoover Institution Press, 2009. cap. 1.

46. Claudio Borio, "Global Imbalances and the Financial Crisis".

47. Justin Yifu Lin, op. cit.

48. Ibid., cap. 7.

49. Duncan, op. cit., p. 29.

50. Taylor, op. cit., pp. 3-6.

51. Borio, "Global Imbalances and the Financial Crisis", e William White,"Ultra Easy Monetary Policy and the Law of Unintended Consequences", Banco do Federal Reserve de Dallas, Globalization and Monetary Policy Institute, Working Paper n. 126, ago. 2012. Disponível em: http://dallasfed.org/assets/documents/institute/wpapers/2012/0126.pdf.

52. Pettis, op. cit., p. 128.

53. Ver Emmanuel Saez; Thomas Piketty, "Why the 1% Should Pay Tax at 80%", 24 out. 2013. Disponível em: http://www.theguardian.com/commentisfree/2013/oct/24/1percent-pay-tax-rate-80percent.

54. Ver Lawrence Summers, "Why Stagnation might Prove to be the New Normal", 15 dez. 2013, *Financial Times*. Disponível em: http://www.ft.com/cms/s/2/87cb15ea-5d1a-11e3-a558-00144feabdc0.html. Sobre Alvin Hansen, ver http://en.wikipedia.org/wiki/Alvin_Hansen.

55. Ver http://en.wikipedia.org/wiki/Sovereign_wealth_fund#Size_of_SWFs e http://www. swfinstitute.org/fund-rankings/.

56. Ver Kenneth Rogoff, "Globalization and Global Deflation", texto preparado para a conferência do Banco do Federal Reserve de Kansas City sobre "Política monetária e incerteza: adaptando-se a uma economia em mudança", Jackson Hole, Wyoming, 29 ago. 2003. Disponível em: https://www.imf.org/external/np/speeches/2003/082903.htm.

57. Ver "Moore's Law". Disponível em: http://en.wikipedia.org/wiki/Moore's_law.

58. Sobre as forças que impulsionam a desigualdade e suas consequências, ver Organização para a Cooperação e Desenvolvimento Econômico, *Divided We Stand: Why Inequality Keeps Rising* (Paris: OCDE, 2011); Joseph Stiglitz, *The Price of Inequality: How Today's Divided Society Endangers our Future* (Nova York e Londres: Norton, 2012), e Thomas Piketty, *Capital in the Twenty-First Century* (Cambridge, MA, e Londres, Inglaterra: 2014).

59. Ver, em particular, um texto notável de Christoph Lakner e Branco Milanovic, do Banco Mundial, "Global Income Distribution: From the Fall of the Berlin Wall to the Great Recession". World Bank Research Working Paper 6719, dez. 2013. Disponível em: http://www-wds.worldbank.org/external/default/wDSContentServer/IW3P/IB/2013/12/11/000158349_201312111001 52/Rendered/PDF/wPS6719.pdf.

60. Ver Organização para a Cooperação e Desenvolvimento Econômico, *Divided We Stand*.

61. Stiglitz, op. cit., especialmente cap. 2.

62. Rajan, op. cit., cap. 1.

PARTE 3. AS SOLUÇÕES

6. A ORTODOXIA DERROTADA [pp. 229-60]

1. "Speech by the Chancellor of the Exchequer, the Rt. Hon. Gordon Brown MP, at the Mansion House, London", 21 jun. 2006. Disponível em: http://www.ft.com/cms/s/0/00a235ba-015d-11db-af16-0000779e2340.html.

2. http://www.telegraph.co.uk/news/uknews/theroyalfamily/3386353/The-Queen-asks-whynoone-saw-the-credit-crunch-coming.html.

3. Alan Greenspan, "Testimony of Dr. Alan Greenspan to the House of Representatives Committee of Government Oversight and Reform", 23 out. 2008. Disponível em: http://www.clipsandcomment.com/2008/10/23/text-alan-greenspan-testimony-congress-october-23.

4. Walter Bagehot, *Lombard Street: A Description of the Money Market*. Londres: Henry S. King and Co., 1873. p. 11.

5. Carta a Sua Majestade a Rainha, 22 jul. 2009. Disponível em: http://media.ft.com/cms/3e 3b6ca8-7a08-11de-b86f-00144feabdc0.pdf.

6. O Conselho Econômico Nacional, fundado pelo presidente William Jefferson Clinton, é distinto do Conselho de Assessores Econômicos, fundado em 1946 pelo presidente Harry Truman.

7. Lawrence Summers; Martin Wolf, "A Conversation on New Economic Thinking". Bretton Woods Conference, Institute for New Economic Thinking, 8 abr. 2011. Disponível em: http://ineteconomics.org/video/bretton-woods/larry-summers-and-martin-wolf-new-economic-thinking.

8. Ben Bernanke, presidente do Federal Reserve, também enfatizou a dívida intelectual dos banqueiros centrais com o jornalista Walter Bagehot em uma palestra sobre a resposta do Federal

Reserve à crise. Ver Bernanke, "The Federal Reserve's Response to the Financial Crisis". Lecture 3, George Washington University School of Business, 27 mar. 2012. Disponível em: http://www. federalreserve.gov/newsevents/lectures/federal-reserve-responsetothe-financial-crisis.htm.

9. http://rwer.wordpress.com/2013/02/19/robert-lucas-on-the-slump.

10. Adair Turner, "Monetary and Financial Stability: Lessons from the Crisis and from Classic Economics Texts". Financial Services Authority, Londres, 2 nov. 2012. Disponível em: http:// www.fsa.gov.uk/static/pubs/speeches/1102at.pdf.

11. Ver Willem Buiter, "The Unfortunate Uselessness of Most State of the Art Academic Macroeconomics", 3 mar. 2009. Disponível em: http://blogs.ft.com/maverecon/2009/03/the-unfortunate-uselessness-of-most-state-of-the-art-academic-monetary-economics.

12. Ver, por exemplo, o modelo de precificação de ativos de capital. Disponível em: http://www.investopedia.com/terms/c/capm.asp.

13. Felix Martin, *Money: The Unauthorised Biography*. Londres: Bodley Head, 2013.

14. Michael McLeay; Amar Radia; Ryland Thomas, "Money Creation in the Modern Economy". *Bank of England Quarterly Bulletin* (2014), Q1, p. 14. Disponível em: http://www. bankofengland.co.uk/publications/Documents/quarterlybulletin/2014/qb14q102.pdf. Ver também Stuart Berry et al., "Interpreting Movements in Broad Money". *Bank of England Quarterly Bulletin* (2007), Q3, p. 377. Disponível em: http://www.bankofengland.co.uk/publications/Documents/quarterlybulletin/qb070302.pdf; e Josh Ryan-Collins et al., "What Do Banks Do?". In: *Where Does Money Come From?* Londres: New Economics Foundation, 2011. cap. 2.

15. Ver James Tobin, "Commercial Banks as Creators of 'Money'", Cowles Foundation Paper 205, reimpresso de Dean Carson (Org.), *Bankingand Monetary Studies, for the Comptroller of the Currency, U. S. Treasury, Richard D. Irwin*, 1963. Disponível em: http://cowles.econ.yale. edu/P/cm/m21/m21-01.pdf.

16. "*Moneyness*", como definida aqui, significa a substitutibilidade perfeita de depósitos por dinheiro vivo. Há uma vasta gama de outros ativos que são cambiáveis por dinheiro vivo ou mesmo facilmente transformados em dinheiro vivo (e são, portanto, muito líquidos), mas não são dinheiro, porque seu preço em termos de dinheiro vivo não é fixo e eles não podem ser usados como meios de pagamento.

17. Ben Bernanke, "The Federal Reserve's Response to the Financial Crisis". Lecture 4, George Washington University School of Business, 29 mar. 2012. Disponível em: http://www. federalreserve.gov/newsevents/lectures/federal-reserve-response-to-the-financial-crisis.htm.

18. O sr. Bernanke lecionou na Stanford Graduate School of Business de 1979 a 1985 e depois se tornou professor vitalício na Universidade Princeton. Ele é autor de uma obra acadêmica seminal sobre a Grande Depressão.

19. Bernanke, op. cit.

20. Ibid.

21. O Federal Reserve tem um mandato duplo: máximo emprego e preços estáveis. Embora ele atualmente leve muito a sério as metas de inflação, não é tão obcecado com esse único objetivo quanto o BCE, que tem um objetivo preponderante de "estabilidade de preços". Isso é em parte uma questão de legislação. É também em parte uma questão de cultura nacional e institucional. O Banco do Japão operava sem uma meta de inflação até o começo de 2013, quando uma meta foi acordada com o governo. Antes disso, o Banco do Japão argumentava que não podia

alcançar uma inflação mais alta com política monetária. O Banco da Inglaterra tem uma meta de inflação, mas, na prática, se preparou para considerar também níveis de atividade, como foi mostrado por sua disposição de aceitar um *overshooting* da meta ao longo de muitos anos, depois da crise de 2008-9.

22. A política macroprudencial deveria fornecer ao sistema como um todo o que a regulação prudencial fornece a instituições individuais. Ver Committee on the Global Financial System, "Macroprudential Instruments and Frameworks: A Stocktaking of Issues and Experiences". CGFS Papers n. 38, maio 2010. Disponível em: http://www.bis.org/publ/cgfs38.pdf.

23. Ver, sobre isso, Thomas Aubrey, *Profiting from Monetary Policy: Investing through the Business Cycle* (Basingstoke: Palgrave Macmillan, 2013), especialmente caps. 3 e 4.

24. "Knut Wicksell". Disponível em: http://en.wikipedia.org/wiki/Knut_Wicksell.

25. Michael Woodford, *Interest and Prices: Foundations of a Theory of Monetary Policy.* Princeton e Oxford: Princeton University Press, 2003.

26. Aubrey, op. cit., é uma tentativa interessante de aplicar as ideias de Wicksell à análise das condições monetárias contemporâneas.

27. Claudio Borio; Piti Disyatat, "Global Imbalances and the Financial Crisis: Link or no Link?". BIS Working Papers n. 346, maio 2011, p. 24. Disponível em: http://www.bis.org/publ/work346.htm.

28. Ibid., pp. 24-7.

29. William White, "Ultra Easy Monetary Policy and the Law of Unintended Consequences", set. 2012. Disponível em: http://www.dallasfed.org/assets/documents/institute/wpapers/2012/0126.pdf.

30. Em um texto interessante, Thomas Laubach e John C. Williams, do Federal Reserve, argumentam que, em um modelo de crescimento ótimo, a taxa real de juro é determinada pela taxa de crescimento econômico real de longo prazo. Mas a taxa natural de longo prazo varia com a taxa potencial de crescimento econômico, que parece ela própria muito variável. Além disso, a estimativa da taxa natural de longo prazo não é necessariamente a taxa que gera estabilidade de preços, como Wicksell supunha, na presença de grandes choques no curto a médio prazo. De fato, vimos divergências constantemente grandes entre a taxa real de juro sobre dívida segura e a taxa de crescimento da economia mundial, provavelmente por causa do imenso choque transitório da globalização e da ascensão de economias emergentes no cenário mundial. Ver Laubach e Williams, "Measuring the Natural Rate of Interest", Board of Governors of the Federal Reserve System, nov. 2001. Disponível em: http://www.federalreserve.gov/pubs/feds/2001/200156/200156pap.pdf.

31. Ver "Austrian School". Disponível em: http://en.wikipedia.org/wiki/Austrian_School.

32. Jesús Huerta de Soto, *The Austrian School: Market Order and Entrepreneurial Creativity* (Cheltenham e Northampton, MA: Edward Elgar, 2008), traz uma boa apresentação da escola. Ver especialmente os capítulos 5 e 6 para as contribuições de Ludwig von Mises e Friedrich Hayek à economia monetária.

33. Ibid., pp. 65-6.

34. Aubrey, op. cit., pp. 76-88, apresenta uma discussão interessante da teoria do ciclo econômico austríaca.

35. Ibid., pp. 79-81.

36. Ibid., p. 84.

37. Segundo Herbert Hoover, presidente dos Estados Unidos de 1928 a 1932, Mellon aconselhou os Estados Unidos a "liquidar mão de obra, liquidar estoques, liquidar agricultores, liquidar imóveis [...] isso vai expurgar a podridão do sistema. O custo de vida alto e a vida luxuosa cairão. As pessoas trabalharão com mais empenho, viverão uma vida mais moral. Os valores serão ajustados, e pessoas empreendedoras assumirão o lugar das menos competentes". Disponível em: http://en.wikipedia.org/wiki/Andrew_W._Mellon.

38. Ver Paul Krugman, "The Stimulus Tragedy". *The New York Times*, 20 fev. 2014. Disponível em: http://www.nytimes.com/2014/02/21/opinion/krugman-the-stimulus-tragedy. html?ref=paulkrugman.

39. Um sistema bancário de reserva fracionária com uma reserva em oferta inelástica será altamente instável. Na ausência de uma política do século xix — uma franquia dominada pelos ricos, complementada pela fé no livre mercado e em um Estado pequeno —, a tentação de romper o elo, com o objetivo de criar novas reservas, será esmagadora. Mas Brendan Brown propôs uma forma moderna do padrão-ouro, com controle rigoroso da base monetária. Ver Brown, *The Global Curse of the Federal Reserve: How Investors Can Survive and Profit from Monetary Chaos* (Basingstoke: Palgrave Macmillan, 2013).

40. Jaromir Benes e Michael Kumhof, "The Chicago Plan Revisited", pp. 17-9, wp/12/202. International Monetary Fund. ago. 2012. Disponível em: http://www.imf.org/external/pubs/ft/wp/2012/wp12202.pdf.

41. Ibid., p. 7.

42. Hyman Minsky, "Financial Instability and the Decline (?) of Banking: Future Policy Implications", Working Paper n. 127, out. 1994. The Jerome Levy Research Institute of Bard College. Disponível em: http://www.levyinstitute.org/pubs/wp127.pdf.

43. Laurence Kotlikoff, *Jimmy Stewart is Dead: Ending the World's Ongoing Financial Plague with Limited Purpose Banking*. Hoboken, nj: John Wiley & Sons, 2010.

44. James Robertson, *Future Money: Breakdown or Breakthrough?* Devon: Green Books, 2012, especialmente cap. 3.

45. Ver Andrew Jackson e Ben Dyson, *Modernising Money: Why our Monetary System is Broken and How it Can Be Fixed* (Londres: Positive Money, 2013).

46. O M2 é constituído de (1) dinheiro fora do Tesouro dos Estados Unidos, dos bancos do Federal Reserve e dos cofres de instituições depositárias; (2) cheques de viagem de emissores não bancários; (3) depósitos à vista; (4) outros depósitos sacáveis (*other checkable deposits* — ocds), que são basicamente contas de ordem de saque negociável [*negotiable order of withdrawal* (now)] em instituições depositárias e contas de saque compartilhado de cooperativas de crédito; (5) depósitos de poupança (que incluem contas de depósito do mercado monetário [*money-market deposit accounts* — mmdas]); (6) depósitos a prazo de pequenas quantias (menos de 100 mil dólares); e (7) saldos de fundos mútuos do mercado monetário de varejo [*money-market mutual funds* — mmmfs]. As definições estão disponíveis em http://research. stlouisfed.org/fred2.

47. Disponível em: http://en.wikipedia.org/wiki/Pushing_on_a_string.

48. Ver, entre muitas outras coisas, Hyman P. Minsky, *Stabilizing an Unstable Economy* (New Haven: Yale University Press, 1986), e "Financial Instability and the Decline (?) of Bank-

ing: Future Policy Implications", Working Paper n. 127, out. 1994, The Jerome Levy Research Institute of Bard College. Disponível em: http://www.levyinstitute.org/pubs/wp127.pdf.

49. Ver "Chartalism". Disponível em: http://en.wikipedia.org/wiki/Chartalism.

50. Adam Smith, *An Inquiry into the Nature and Causes of the Wealth of Nations* (1776). Livro v, cap. 3, parágrafo 82. Disponível em: http://www.econlib.org/library/Smith/smWN22.html#B.V, Ch. 3, Of Public Debts.

51. Georg Friedrich Knapp, *The State Theory of Money*. Londres: Macmillan,1924.

52. Abba P. Lerner, "Money as a Creature of the State". Papers and Proceedings of the Fifty-Ninth Annual Meeting of the American Economic Association, *American Economic Review*, v. 37, n. 2 (maio 1947), pp. 312-7.

53. Citado em Matthew Forstater, "Functional Finance and Full Employment: Lessons from Lerner for Today". Working Paper n. 272, The Jerome Levy Economics Institute, jul. 1999.

54. Ver, em particular, L. Randall Wray, *Modern Monetary Theory: A Primer on Macroeconomics for Sovereign Monetary Systems* (Londres: Palgrave Macmillan, 2012); e Warren Mosler, *Seven Deadly Innocent Frauds of Economic Policy* (Valance, 2010). Ver também os textos de Bill Mitchell (disponível em: http://bilbo.economicoutlook.net/blog), Warren Mosler (disponível em: http://moslereconomics.com) e L. Randall Wray (disponível em: http://www.economonitor.com/blog/author/rwray).

55. Ver Paul Sheard, "Repeat After Me: Banks Cannot and Do Not 'Lend Out' Reserves", 13 ago. 2013. Disponível em: http://www.standardandpoors.com/spf/upload/Ratings_US/Repeat_After_Me_8_14_13.pdf.

7. CONSERTANDO AS FINANÇAS [pp. 261-96]

1. "Communiqué", Reunião de Ministros das Finanças e Presidentes de Bancos Centrais. Busan, República da Coreia, 5 jun. 2010. Disponível em: http://www.ft.com/cms/422d6406-709 3-11df-96ab-00144feabdc0.pdf.

2. *Financial Times*, 22 ago. 2013. Disponível em: http://www.ft.com/cms/s/0/6fea2b90-09bf-11e3-ad07-00144feabdc0.html.

3. "Declaração sobre o Fortalecimento do Sistema Financeiro", Reunião de cúpula de Londres, 2 abr. 2009. Disponível em: http://www.mofa.go.jp/policy/economy/g20_summit/20091/annex2.html.

4. Sobre o Basileia III, ver http://en.wikipedia.org/wiki/Basel_III.

5. Sobre o Basileia I, ver http://en.wikipedia.org/wiki/Basel_I.

6. Sobre o Basileia II, ver http://en.wikipedia.org/wiki/Basel_II.

7. Comitê de Basileia sobre Supervisão Bancária, "Basel III: A Global Regulatory Framework for More Resilient Banks and Banking Systems", dez. 2010 (revisado em jun. 2011). Disponível em: http://www.bis.org/publ/bcbs189.pdf. Ver também Comissão Independente sobre Bancos, *Final Report: Recommendations*, Londres, set. 2011, p. 84. Disponível em: https://hmt-sanctions.s3.amazonaws.com/ICB%20final%20report/ICB%2520Final%2520Report%5B1%5D.pdf.

8. Sobre o Basileia III e a implementação nos Estados Unidos, ver Daniel K. Tarullo, "Statement by Daniel K. Tarullo, Board of Governors of the Federal Reserve System before the Com-

mittee on Banking, Housing, and Urban Affairs, US Senate", Washington DC, 11 jul. 2013. Disponível em: http://www.federalreserve.gov/newsevents/testimony/tarullo20130711a.htm e Board of Governors of the Federal Reserve Board, "Agencies Adopt Enhanced Supplementary Leverage Ratio Final Rule and Issue Supplementary Leverage Ratio Notice of Proposed Rulemaking", 8 abr. 2014. Disponível em: http://www.federalreserve.gov/newsevents/press/bcreg/20140408a.htm.

9. Sobre a taxa de alavancagem, ver Comitê de Basileia sobre Supervisão Bancária, "Consultative Document: Revised Basel III Leverage Ratio Framework and Disclosure Requirements", jun. 2013. Disponível em: http://www.bis.org/publ/bcbs251.pdf. Vale a pena observar que diferenças em padrões de contabilidade tornam impossível comparar rigorosamente taxas de alavancagem.

10. Ver Financial Stability Board, "Implementing the FSB Key Attributes of Effective Resolution Regimes — How Far Have We Come?", PLEN/2013/55, 15 abr. 2013.

11. Tarullo, op. cit., pp. 8-10.

12. Simon Wong, "Some Banks' Pay Reform May Show the Way", Financial Times, 13 mar. 2011. Disponível em: http://www.ft.com/cms/s/0/578024fa-4c21-11e0-82df-00144feab49a.html.

13. Federal Deposit Insurance Company, "Guidance on Sound Incentive Compensation Policies". Disponível em: http://www.fdic.gov/regulations/laws/rules/5000-5350.html.

14. "EU Bank Bonus Rules Approved". Financial Times, 13 mar. 2013. Disponível em: http://www.ft.com/cms/s/0/ca5becf0-91ae-11e2-b4c9-00144feabdc0.html?siteedition=uk.

15. Relatório da Comissão Parlamentar sobre Padrões Bancários, Changing Banking for Good. Volume 1: Summary, and Conclusions and Recommendations, 12 jun. 2013, p. 10. Disponível em: http://www.parliament.uk/business/committees/committees-a-z/joint-select/professional-standards-in-the-banking-industry/news/changing-banking-for-good-report.

16. Tarullo, op. cit., p. 11.

17. Ver Comissão Parlamentar sobre Padrões Bancários, Final Report.

18. Comissão Independente sobre Bancos, Interim Report: Consultation on Reform Options, abr. 2011. Disponível em: http://s3-eu-west-1.amazonaws.com/htcdn/Interim-Report-110411.pdf, fig. 2.2.

19. Ver EU Single Market, "Banking Structural Reform (follow up to the Liikanen report)". Disponível em: http://ec.europa.eu/internal_market/bank/structural-reform/index_en.htm.

20. Erkki Liikanen, "The Case for Structural Reforms of Banking after the Crisis", Bruxelas, 2 out. 2012. Disponível em: http://www.suomenpankki.fi/en/suomen_pankki/ajankohtaista/puheet/Pages/puhe_el_hleg.aspx.

21. Grupo de Especialistas de Alto Nível sobre reforma da estrutura do setor bancário da UE, presidido por Erkki Liikanen, Final Report, Bruxelas, 2 out. 2012. Disponível em: http://ec.europa.eu/internal_market/bank/docs/high-level_expert_group/report_en.pdf.

22. Andrew G. Haldane; Vasileios Madouros, "The Dog and the Frisbee". Disponível em: http://www.bankofengland.co.uk/publications/Documents/speeches/2012/speech596.pdf, pp. 10-1.

23. Nesta seção, eu me baseei em um excelente texto de Charles A. E. Goodhart, "The Optimal Financial Structure". Special Paper 20, LSE Financial Markets Group Paper Series, mar. 2013. Disponível em: http://www.lse.ac.uk/fmg/workingPapers/specialPapers/PDF/SP220.pdf.

24. Ibid., p. 5.

426

25. Ver Jaromir Benes; Michael Kumhof, "The Chicago Plan Revisited", wp/12/202, Fundo Monetário Internacional, ago. 2012. Disponível em: http://www.imf.org/external/pubs/ft/wp/2012/wp12202.pdf, e Laurence Kotlikoff, *Jimmy Stewart is Dead: Ending the World's Ongoing Financial Plague with Limited Purpose Banking* (Hoboken, NJ: John Wiley & Sons, 2010).

26. Ver, por exemplo, James Robertson, *Future Money: Breakdown or Breakthrough?* (Devon: Green Books, 2012).

27. Os argumentos nesta seção se baseiam fortemente em Anat Admati e Martin Hellwig, *The Bankers' New Clothes: What's Wrong with Banking and What to Do about It* (Princeton e Oxford: Princeton University Press, 2013).

28. Ver "2008-11 Icelandic Financial Crisis". Disponível em: http://en.wikipedia.org/wiki/2008%E2%80%9311_Icelandic_financial_crisis. Esse *default* criou atritos imensos com os governos da Holanda e do Reino Unido, onde viviam muitos dos credores estrangeiros enganados.

29. Ver http://en.wikipedia.org/wiki/Modigliani%E2%80%93Miller_theorem.

30. Admati e Hellwig, op. cit., pp. 44-5.

31. Comissão Independente sobre Bancos, *Interim Report*, fig. 2.1, p. 18.

32. Ver Andrew G. Haldane, "Control Rights (and Wrongs)", Wincott Annual Memorial Lecture, 24 out. 2011. Disponível em: http://www.bankofengland.co.uk/publications/Documents/speeches/2011/speech525.pdf.

33. Ver David Miles; Jing Yang; Gilberto Marcheggiano, "Optimal Bank Capital", External MPC Unit, Discussion Paper n. 31: versão revisada e ampliada, abr. 2011. Disponível em: http://citeseerx.ist.psu.edu/viewdoc/download;jsessionid=DA5FA4A3231E2B8A6263D1A4035C469A?-doi=10.1.1.193.8030&rep=rep1&type=pdf.

34. Haldane e Madouros, op. cit., p. 13.

35. "Inching Towards World-Wide Accord on Bank Rules", *Wall Street Journal*, 30 ago. 2010.

36. Miles et al., op. cit., p. 18.

37. Ver Comissão Independente sobre Bancos, *Final Report*, figura 3.4, p. 51.

38. Ver Stephen G. Cecchetti; Enisse Kharroubi, "Reassessing the Impact of Finance on Growth", BIS Working Papers n. 381, jul. 2012. Disponível em: http://www.bis.org/publ/work381.pdf.

39. Alan Greenspan, "Regulators Must Risk More, and Intervene Less", The A-List,ft.com, 26 jul. 2011. Disponível em: http://blogs.ft.com/the-a-list/2011/07/26/buffers-against-risk-carry-acost-to-society.

40. Comitê de Basileia sobre Supervisão Bancária, "An Assessment of the Long-Term Economic Impact of Stronger Capital and Liquidity Requirements", ago. 2010. Disponível em: http://www.bis.org/publ/bcbs173.pdf.

41. Admati e Hellwig, op. cit., p. 211.

42. Goodhart, op. cit., p. 5.

43. Admati e Hellwig, op. cit., p. 187.

44. Essas Equity Recourse Notes (ERNs) são apenas mais uma versão sofisticada dos títulos Convertíveis Contingentes (CoCos) que já estão sendo emitidos (Christopher Thomson, "Coco Bond 'avalanche' Expected from EU Banks", *Financial Times*, 25 nov. 2013. Disponível em: http://www.ft.com/cms/s/0/a169e4f8-55e6-11e3-96f5-00144feabdc0.html). Sobre ERNs, ver Je-

remy Bulow, Jacob Goldfield e Paul Klemperer, "Market-based Capital Regulation", 29 ago. 2013. Disponível em: http://www.voxeu.org/article/market-based-bank-capital-regulation.

45. Peter Sands, "In Banking too much Simplicity can be Dangerous", *Financial Times*, 26 ago. 2013. Disponível em: http://www.ft.com/cms/s/0/15ba8044-f46a-11e2-a62e-00144feabdc0.html.

46. Haldane e Madouros, op. cit., p. 22.

47. Alan Greenspan chegou a uma conclusão semelhante sobre a necessidade de mais capital. Ver *The Map and the Territory: Risk, Human Nature, and the Future of Forecasting* (Londres: Allen Lane, 2013).

48. Ben Bernanke apresentou exatamente esse argumento em 2002. Ver "Asset Price 'Bubbles' and Monetary Policy", 15 out. 2012. Disponível em: http://www.federalreserve.gov/boarddocs/speeches/2002/20021015. Alan Greenspan tinha a mesma opinião.

49. Sobre política macroprudencial, ver, entre muitos outros textos, Stijn Claessens, Swati Gosh e Roxana Mihet, "Macro-Prudential Policies to Mitigate Financial System Vulnerabilities", 12 nov. 2012. Disponível em: http://macrofinance.nipfp.org.in/PDF/JIMFPr_Claessens_NIPFP-DEA-JIMF_Conference_December_2012.pdf; Enrico Perotti, "A Blueprint for Macroprudential Policy in the Banking Union", 16 dez. 2012. Disponível em: http://www.voxeu.org/article/blueprint-macroprudential-policy-banking-union; Otaviano Canuto e Matheus Cavallari, "Integrating Monetary Policy and Macroprudential Regulation", 21 maio 2013. Disponível em: http://www.voxeu.org/article/integrating-monetary-policy-and-macroprudential-regulation; e "Macro-Prudentialand Micro-Prudential Regulation", cap. 2 de The Warwick Commission on International Financial Reform, *In Praise of Unlevel Playing Fields*, Relatório da Segunda Comissão Warwick, Universidade de Warwick, 2009. Disponível em: http://www2.warwick.ac.uk/research/warwickcommission/financialreform/report/chapter_2.pdf.

8. A LONGA JORNADA A PERCORRER [pp. 297-330]

1. "Declaração da reunião de cúpula do G20 em Toronto", 27 jun. 2010. Disponível em: http://www.washingtonpost.com/wp-dyn/content/article/2010/06/27/AR2010062702887_2.html?sid=ST2010062604320.

2. David Cameron, Discurso, 7 mar. 2013. Disponível em: http://www.conservatives.com/News/Speeches/2013/03/Prime_Ministers_Speech_on_The_Economy.aspx.

3. Sob esses pressupostos, o valor presente da perda de PIB seria eternamente 17% do nível tendencial do PIB antes da crise.

4. Esse é o argumento do livro de Paul Krugman *End this Depression Now* (Nova York: W. W. Norton, 2012). Para uma discussão cética do argumento de que o nível de produto do Reino Unido antes da crise era insustentável, ver Martin Wolf, "How the Financial Crisis Changed Our World", 2013, Wincott Memorial Lecture. Disponível em: http://www.wincott.co.uk/lectures/2013.html.

5. Fundo Monetário Internacional, "The Dog that didn't Bark: Has Inflation been Muzzled or was it just Sleeping?". *World Economic Outlook*, cap. 3, Washington DC, abr. 2013. Disponível em: http://www.imf.org/external/pubs/ft/weo/2013/01/pdf/text.pdf.

6. Mark Blyth, *Austerity: The History of a Dangerous Idea* (Nova York: Oxford University Press, 2013), traz um esplêndido relato da virada para a austeridade.

7. Um importante texto empírico de Moritz Schularick, da Universidade Livre de Berlim, e Alan Taylor, da Universidade da Califórnia em Davis, descreve esses desastres como "booms de crédito que deram errado". Ver Schularick e Taylor, "Credit Booms Gone Bust: Monetary Policy, Leverage Cyclesand Financial Crises, 1870-2008". National Bureau of Economic Research, Working Paper 15512, nov. 2009. Disponível em: www.nber.org.

8. Simon Wren-Lewis, "The Two Arguments why the Zero Lower Bound Matters", *Mainly Macro*, 12 jul. 2013. Disponível em: http://mainlymacro.blogspot.it/2013/07/the-two-arguments-why-zero-lower-bound.html.

9. John Williams, "A Defense of Moderation in Monetary Policy", Federal Reserve Bank of San Francisco Working Paper 2013-15, Abstract, jul. 2013. Disponível em: http://www.frbsf.org/economic-research/files/wp2013-15.pdf.

10. Ver, por exemplo, William White, "Ultra Easy Monetary Policy and the Law of Unintended Consequences", set. 2012. Disponível em: http://www.dallasfed.org/assets/documents/institute/wpapers/2012/0126.pdf, e Raghuram Rajan, "A Step in the Dark: Unconventional Monetary Policy after the Crisis", Andrew Crockett Memorial Lecture, Banco de Compensações Internacionais, 23 jun. 2013. Disponível em: http://www.bis.org/events/agm2013/sp130623.pdf.

11. Ver Allan H. Meltzer, "When Inflation Doves Cry", Project Syndicate, 13 ago. 2013. Disponível em: http://www.project-syndicate.org/commentary/why-us-inflation-remains-low-by-allan-h-meltzer.

12. Paul Sheard, "Repeat After Me: Banks Cannot and Do Not 'Lend Out' Reserves", Standard & Poor's, 13 ago. 2013. Disponível em: http://www.standardandpoors.com/spf/upload/Ratings_us/Repeat_After_Me_8_14_13.pdf.

13. Uma discussão controversa dessa questão estava incluída no *World Economic Outlook* do Fundo Monetário Internacional de outubro de 2012. Ver "Are we Underestimating Short-Term Fiscal Multipliers?", Box 1.1, pp. 41-3.Ver também Paul Krugman. Disponível em: http://krugman.blogs.nytimes.com/2013/08/31/the-arithmetic-of-fantasy-fiscal-policy.

14. J. Bradford de Long; Lawrence H. Summers, "Fiscal Policy in a Depressed Economy". *Brookings Papers on Economic Activity* (primavera 2012), pp. 233-97.

15. Os economistas mais proeminentes que acreditam que as recessões se devem inteiramente a fenômenos reais são aqueles que acreditam em "ciclos econômicos reais". Ver http://en.wikipedia.org/wiki/Real_business_cycle_theory.

16. Alberto Alesina; Silvia Ardagna, "Large Changes in Fiscal Policy: Taxes versus Spending". Jeffrey R. Brown (Org.), *Tax Policy and the Economy*. v. 24. Cambridge, MA: National Bureau of Economic Research.

17. http://krugman.blogs.nytimes.com/2013/03/19/cogan-taylor-and-the-confidence-fairy/.

18. Ver Jaime Guajardo; Daniel Leighe; Andrea Pescatori, "Expansionary Austerity: New International Evidence". International Monetary Fund Working Paper, WP/11/158, jul. 2011. Disponível em: http://www.imf.org/external/pubs/ft/wp/2011/wp11158.pdf, e "Will it Hurt: Macroeconomic Effects of Fiscal Consolidation", cap. 3, *World Economic Outlook*, out. 2012. Disponível em: http://www.imf.org/external/pubs/ft/weo/2010/02/pdf/c3.pdf.

19. Guajardo et al., op. cit., p. 29.

20. Roberto Perotti, "Rethinking Macro Policy II", Fundo Monetário Internacional, 16-17 abr. 2013. Disponível em: http://www.imf.org/external/np/seminars/eng/2013/macro2/pdf/ rp.pdf. Ver também Arjun Jayadev; Mike Konczal, "The Boom Not The Slump: The Right Time For Austerity". The Roosevelt Institute, 23 ago. 2010. Disponível em: http://www.rooseveltin-stitute.org/sites/all/files/not_the_time_for_austerity.pdf; e Iyanatul Islam e Anis Chowdhury, "Revisiting the Evidence on Expansionary Fiscal Austerity: Alesina's Hour?", 28 fev. 2012. Disponível em: http://www.voxeu.org/debates/commentaries/revisiting-evidence-expansiona-ry-fiscal-austerity-alesina-s-hour.

21. Alan Taylor, "When is the Time for Austerity?", 20 jul. 2013, Vox. Disponível em: http:// www.voxeu.org/article/when-time-austerity.

22. Esses argumentos foram desenvolvidos em Martin Wolf, "How Austerity has Failed", The New York Review of Books, v. LX, n. 12, 11 jul.-4 ago. 2013, pp. 20-2. Disponível em: http:// www.nybooks.com/articles/archives/2013/jul/11/how-austerity-has-failed/?pagination=false.

23. Carmen M. Reinhart e Kenneth Rogoff, "Growth in a Time of Debt", National Bureau of Economic Research Working Paper n. 15639, jan. 2010. Disponível em: www.nber.org.

24. Thomas Herndon; Michael Ash; Robert Pollin, "Does High Public Debt Consistently Stifle Economic Growth? A Critique of Reinhart and Rogoff", 15 abr. 2013. Disponível em: http://www. peri.umass.edu/fileadmin/pdf/working_papers/working_papers_301-350/WP322.pdf.

25. Fundo Monetário Internacional, World Economic Outlook, abr. 2013, fig. 1.1.2.

26. Ver Paul Krugman, "Conventional Wisdom", 27 maio 2010, New York Times. Disponível em: http://krugman.blogs.nytimes.com/2010/05/27/conventional-madness.Ver também Banco de Compensações Internacionais, 83rd BIS Annual Report 2012/2013, 23 jun. 2013. Disponível em: http://www.bis.org/publ/arpdf/ar2013e.htm.

27. Ver, sobre isso, Martin Wolf, "The Role of Fiscal Deficits in De-leveraging", 25 jul. 2012. Disponível em: http://blogs.ft.com/martin-wolf-exchange/2012/07/25/getting-out-of-de-bt-by-adding-debt.

28. Robert Kuttner, Debtors' Prison: The Politics of Austerity Versus Possibility. Nova York: Alfred A. Knopf, 2013. p. 206.

29. McKinsey Global Institute, Debt and De-leveraging: Uneven Progresson the Road to Growth, jan. 2012. Disponível em: http://www.mckinsey.com/insights/global_capital_markets/ uneven_progress_on_the_path_to_growth.

30. Irving Fisher, "The Debt-Deflation Theory of Great Depressions", Econometrica, v. 1, n. 4 (out. 1933), pp. 337-57. Disponível em: http://fraser.stlouisfed.org/docs/meltzer/fisdeb33.pdf.

31. Stephen King, economista-chefe do HSBC, escreveu um livro com essas características: When the Money Runs Out: The End of Western Affluence (New Haven e Londres: Yale University Press, 2013).

32. Ver Robert Arnott; Denis Chaves, "A New 'New Normal' in Demography and Economic Growth", 27 ago. 2013. Disponível em: http://www.indexuniverse.com/docs/maga-zine/2/2013_229.pdf.

33. Ver Fundo Monetário Internacional, Fiscal Adjustment in an Uncertain World, Fiscal Monitor, abr. 2013, figura 2, p. 6.

34. Ver Robert Gordon, "Is U. S. Economic Growth Over? Faltering Innovation Confronts the Six Headwinds", National Bureau of Economic Research Working Paper n. 18315, ago.

2012. Disponível em: www.nber.org; Tyler Cowen, *The Great Stagnation: How America Ate All the Low-Hanging Fruit of Modern History, Got Sick, and Will (Eventually) Feel Better*. Londres: Dutton/Penguin, 2011.

35. Erik Brynjolfsson; Andrew McAfee, *The Second Machine Age: Work, Progress and Prosperity in a Time of Brilliant Technologies*. Nova York e Londres: W. W. Norton, 2014; e *Race Against the Machine: How the Digital Revolution is Accelerating Innovation, Driving Employment and the Economy*. Lexington, MA: Digital Frontier Press, 2011.

36. Ver Mariana Mazzucato, *The Entrepreneurial State: Debunking Public vs Private Myths in Risk and Innovation* (Londres: Anthem Press, 2013).

37. Ver Lawrence Summers, "Why Stagnation might Prove to be the New Normal", 15 dez. 2013, *Financial Times*. Disponível em: http://www.ft.com/cms/s/2/87cb15ea-5d1a-11e3-a558-00144feabdc0.html.

38. Daniel Alpert, *The Age of Oversupply: Overcoming the Greatest Challenge to the Global Economy*. Nova York e Londres: Portfolio Penguin, 2013.

39. Ver também a análise no capítulo 5.

40. Joseph E. Stiglitz, *The Price of Inequality: How Today's Divided Society Endangers our Future*. Nova York e Londres: Norton, 2012, p. 85.

41. James K. Galbraith, *Inequality and Instability: A Study of the World Economy just before the Great Crisis*. Oxford e Nova York: Oxford University Press, 2012. p. 290.

42. Raghuram Rajan, "A Step in the Dark: Unconventional Monetary Policy after the Crisis". Andrew Crockett Memorial Lecture, Banco de Compensações Internacionais, jun. 2013. Disponível em: http://www.bis.org/events/agm2013/sp130623.pdf, pp. 3-4.

43. Ver Jeffrey D. Sachs, *The Price of Civilization: Reawakening American Virtue and Prosperity* (Nova York: Random House, 2011).

44. Ver Andrew Smithers, *The Road to Recovery: How and Why Economic Policy Must Change* (Londres: Wiley, 1013), especialmente cap. 3.

45. Esse é o tema de Michael Pettis, *The Great Rebalancing: Trade, Conflict, and the Perilous Road ahead for the World Economy* (Princeton e Oxford: Princeton University Press, 2013).

46. O pleno emprego é extremamente difícil de medir. Mas as evidências de taxas reais de inflação nas principais economias de alta renda sugerem que mesmo no início de 2104 teria sido possível expandir a demanda e o produto sem aumentar a inflação. Isso também indica que as taxas atuais de desemprego estão acima da NAIRU. A inflação provavelmente teria sido ainda mais baixa se as expectativas não tivessem sido tão bem ancoradas por compromissos de bancos centrais com suas metas de inflação.

47. Ver Luis A. V. Catão; Gian Maria Milesi-Feretti, "External Liabilities and Crisis Risk", 4 set. 2013. Disponível em: http://www.voxeu.org/article/external-liabilities-and-crisis-risk.

48. Fundo Monetário Internacional, "The G20 Mutual Assessment Process (MAP)". Disponível em: http://www.imf.org/external/np/exr/facts/g20map.htm.

49. Ver ONU, *Report of the Commission of Experts of the President of the United Nations General Assembly on Reforms of the International Monetary and Financial System*. Conferência das Nações Unidas sobre a Crise Financeira e Econômica Mundial e Seu Impacto no Desenvolvimento, 24-26 jun. 2009, Nova York. Disponível em: http://www.un.org/ga/president/63/interactive/financialcrisis/PreliminaryReport210509.pdf, p. 93.

50. Adair Turner, "Debt, Money and Mephistopheles: How do we Get out of this Mess?". Cass Business School, 6 fev. 2013. Disponível em: http://www.fsa.gov.uk/static/pubs/speeches/0206at.pdf.

51. Ibid., p. 3.

52. Ben Bernanke, "Some Thoughts on Monetary Policy in Japan", 31 maio 2003. Disponível em: http://www.federalreserve.gov/boarddocs/speeches/2003/20030531. A sugestão de John Maynard Keynes vem de *The General Theory of Employment, Interest and Money* (Londres: Macmillan, 1936), livro 3, cap. 10, p. 129.

9. CONSERTANDO UM CASAMENTO RUIM [pp. 331-60]

1. "Interview with Jean-Claude Trichet, President of the ECB, and *Libération*, conducted by Jean Quatremer", quinta-feira, 8 jul. 2010. Disponível em: http://www.ecb.europa.eu/press/key/date/2010/html/sp100713.en.html.

2. Comitê para o Estudo da União Econômica e Monetária, "Report on Economic and Monetary Union in the European Community", 1989. Disponível em: http://ec.europa.eu/economy_finance/publications/publication6161_en.pdf.

3. Kevin H. O'Rourke; Alan M. Taylor, "Cross of Euros". *Journal of Economic Perspectives*, v. 27, n. 3 (verão 2013), pp. 184-5.

4. Sobre Brüning, ver http://en.wikipedia.org/wiki/Heinrich_Br%C3%BCning.

5. O'Rourke e Taylor, op. cit., figura 1, p. 175.

6. Banco Central Europeu, "Monetary Policy". Disponível em: http://www.ecb.europa.eu/mopo/html/index.en.html.

7. Reza Moghadam, Ranjit Tela e Pelin Berkmen, do Departamento Europeu do Fundo Monetário Internacional, fizeram uma crítica devastadora da inflação baixa em "Euro Area — 'Deflation' versus 'Lowflation'", IMFdirect, 4 mar. 2014. Disponível em: http://blog-imfdirect.imf.org/2014/03/04/euro-area-deflation-versus-lowflation.

8. Zsolt Darvas, "The Euro Area's Tightrope Walk: Debt and Competitiveness in Italy and Spain", Bruegel Policy Contribution Issue 2013/11, set. 2013. Disponível em: www.bruegel.org.

9. Stefan Wagstyl e Claire Jones, "German Court Refers ECB Bond-Buying Programme to European Justice", 7 fev. 2014, *Financial Times*. Disponível em: http://www.ft.com/cms/s/0/3feab440-8fd5-11e3-aee9-00144feab7de.html. Ver também Paul de Grauwe, "Why the ECJ Should Reject the German Constitutional Court's Ruling", 11 mar. 2014, *Social Europe Journal*. Disponível em: http://www.social-europe.eu/2014/03/german-constitutional-court.

10. O'Rourke e Taylor, op. cit., p. 176.

11. Esta seção se baseia em Martin Wolf, "Why the Baltic States are no Model", *Financial Times*, 30 abr. 2013. Disponível em: http://www.ft.com/cms/s/0/090bd38e-b0c7-11e2-80f9-00144feabdc0.html.

12. Olivier Blanchard, "Lessons from Latvia", 11 jun. 2013. Disponível em: http://blog-imfdirect.imf.org/2012/06/11/lessons-from-latvia.

13. Esta seção se baseia em Martin Wolf, "The German Model is not for Export", *Financial Times*, 7 maio 2013. Disponível em: http://www.ft.com/cms/s/0/aacd1be0-b637-11e2-93ba-00144feabdc0.html.

14. Ver http://ec.europa.eu/economy_finance/economic_governance/macroeconomic_imbalance_procedure/index_en.htm.

15. Soros conclama a Alemanha a "liderar ou deixar o euro". Disponível em: http://www.bbc.com/news/19537693.

16. Ver Paul de Grauwe; Yuemei Ji, "Panic-Driven Austerity in the Eurozone and its Implications", 21 fev. 2013. Disponível em: http://www.voxeu.org/article/panic-driven-austerity-Eurozone-and-its-implications. Ver também Martin Wolf, "Be Bold, Mario, Put Out that Fire", *Financial Times*, 25 out. 2011. Disponível em: www.ft.com.

17. Alex Barker "Marathon Talks Seal EU Banking Union", *Financial Times*, 20 mar. 2014. Disponível em: http://www.ft.com/cms/s/0/adfe7be4-b04e-11e3-8058-00144feab7de.html.

18. Ver http://en.wikipedia.org/wiki/European_Fiscal_Compact.

CONCLUSÃO: FOGO NA PRÓXIMA VEZ [pp. 361-98]

1. Tirei o título do capítulo de um livro magnífico (Nova York: Dial, 1963) do autor americano James Baldwin. Ele o tirou dos versos de um religioso afro-americano: "God gave Noah the rainbow sign, no more water but fire next time" [Deus deu a Noé o sinal do arco-íris, não mais água, mas fogo da próxima vez].

2. John Maynard Keynes, *Tract on Monetary Reform*. Londres: Macmillan, 1923. p. 80.

3. Mervyn King, "Banking from Bagehot to Basel, and Back Again", 25 out. 2010, The Second Bagehot Lecture, Buttonwood Gathering, Nova York. Disponível em: http://www.bankofengland.co.uk/publications/Documents/speeches/2010/speech455.pdf, p. 18.

4. Luc Laeven; Fabian Valencia, "Systemic Crises Database: An Update". International Monetary Fund Working Paper, WP/12/163, jun. 2102. Disponível em: http://www.imf.org/external/pubs/ft/wp/2012/wp12163.pdf.

5. Essa proposta é apoiada por Thomas Piketty, *Capital in the Twenty-First Century*, trad. Arthur Goldhammer (Cambridge, MA, e Londres: Harvard University Press, 2014).

6. Para uma discussão detalhada da evolução das taxas reais de juro, ver Fundo Monetário Internacional, *World Economic Outlook*, abr. 2014, cap. 3. Disponível em: http://www.imf.org/external/Pubs/ft/weo/2014/01/.

7. Ver a fala de Lawrence H. Summers na 14ª Conferência de Pesquisa Anual do FMI em Homenagem a Stanley Fischer, 18 nov. 2013. Disponível em: http://larrysummers.com/imf-fourteenth-annual-research-conference-in-honor-of-stanley-fischer/. Ver também "Why Stagnation Might Prove to Be the New Normal", *Financial Times*, 15 dez. 2013. Disponível em: http://www.ft.com/cms/s/2/87cb15ea-5d1a-11e3-a558-00144feabdc0.html.

8. Independent Commission on Banking, *Interim Report: Consultation on Reform Options*. Londres, abr. 2011. Disponível em: http://s3-eu-west-1.amazonaws.com/htcdn/Interim-Report-110411.pdf, figura 2.1, p. 18.

9. Tim Geithner, ex-secretário do Tesouro dos Estados Unidos, fornece um relato informativo e revelador da administração da crise em *Stress Tests: Reflections on Financial Crises* (Nova York: Crown Publishers, 2014).

10. Chegou-se a essa conclusão supondo que a redução do produto econômico em 2013 — em relação à tendência de 1980-2007 — seja permanente, que a economia em seguida retorne à tendência pré-crise no PIB per capita, e que as rendas futuras possam ser descontadas a uma taxa real de juro de 3%.

11. Abdul Abiad et al., "What's the Damage? Medium-Term Output Dynamics After Banking Crises", WP/09/245, Fundo Monetário Internacional, nov. 2009.

12. Ver Financial Stability Board, "2013 Update of Group of Globally Systemically Important Banks (G-SIBs)", 11 nov. 2013. Disponível em: https://www.financialstabilityboard.org/publications/r_131111.pdf, Annex 1.

13. Ver Fundo Monetário Internacional, Global Financial Stability Report, abr. 2014, cap. 3. Disponível em: http://www.imf.org/External/Pubs/FT/GFSR/2014/01/index.htm.

14. Irving Fisher, "The Debt-Deflation Theory of Great Depressions", Econometrica, 1(4), pp. 337-57, out. 1933. Disponível em: http://fraser.stlouisfed.org/docs/meltzer/fisdeb33.pdf.

15. Sobre os riscos de inflação baixa ou mesmo deflação na zona do euro, ver Reza Moghadam, Ranjit Tela e Pelin Berkmen, "Euro Area — 'Deflation' Versus 'Lowflation'", 24 mar. 2014, IMFdirect. Disponível em: http://blog-imfdirect.imf.org/2014/03/04/euro-area-deflation-versus-lowflation.

16. Um plano plenamente elaborado para uma reforma como essa está em Andrew Jackson e Ben Dyson, Modernising Money: Why our Monetary System is Broken and How it Can be Fixed (Londres: Positive Money, 2013).

17. Ver Andrew Smithers, The Road to Recovery: How and Why Economic Policy Must Change (Londres: Wiley, 2013).

18. Ver Piketty, op. cit., parte quatro.

19. Para elementos do novo sistema de políticas da zona do euro, ver "Stability and Growth Pact". Disponível em: http://ec.europa.eu/economy_finance/economic_governance/sgp/index_en.htm; "Macroeconomic Imbalance Procedure". Disponível em: http://ec.europa.eu/economy_finance/economic_governance/macroeconomic_imbalance_procedure/index_en.htm; "Treaty on Stability, Co-ordinationand Governance" (também conhecido como Compacto Fiscal). Disponível em: http://european-council.europa.eu/media/639235/st00tscg26_en12.pdf; "European Semester". Disponível em: http://ec.europa.eu/europe2020/making-it-happen; "Euro Plus Pact". Disponível em: http://ec.europa.eu/europe2020/pdf/euro_plus_pact_background_december_2011_en.pdf; "European Stability Mechanism". Disponível em: http://www.esm.europa.eu/index.htm; "European Financial Supervision". Disponível em: http://ec.europa.eu/internal_market/finances/committees; e "Banking Union". Disponível em: http://ec.europa.eu/internal_market/finances/banking-union.

20. Piketty, op. cit., p. 142.

21. Para participações no capital do BCE, ver http://www.ecb.europa.eu/ecb/orga/capital/html/index.en.html.

22. Em 24 set. 2013, os recursos totais do FMI eram de 1360 bilhões de dólares, constituídos de 360 bilhões em cotas de países-membros (em 9 jun. 2013) e 1 trilhão em outros recursos. Ver "The IMF at a Glance", 24 set. 2013. Disponível em: http://www.imf.org/external/np/exr/facts/glance.htm. No fim do segundo trimestre de 2013, o total de reservas em moeda estrangeira era de 11 138 bilhões de dólares. Ver "The Currency Composition of Official Foreign Currency

Reserves (cofer)", 30 set. 2013. Disponível em: http://www.imf.org/External/np/sta/cofer/eng/index.htm.

23. Fundo Monetário Internacional, "The G20 Mutual Assessment Process (map)", 26 set. 2013. Disponível em: http://www.imf.org/external/np/exr/facts/g20map.htm.

24. Para os depósitos globais em 2010, ver *Mapping Global Capital Markets 2011*, figura 11, p. 23, ago. 2011, McKinsey Global Institute. Disponível em: http://www.mckinsey.com/insights/global_capital_markets/mapping_global_capital_markets_2011. Para o estoque de ouro, estimado em 120 mil-140 mil toneladas, ver "How Much Gold is There?". Disponível em: http://www.bullionmark.com.au/how-much-gold-is-there. Cerca de um quarto desse total é mantido por governos como reservas. Outro sexto é mantido por indivíduos como moedas ou lingotes de ouro. O resto é mantido como joias. O preço do ouro era de 42 750 dólares por tonelada em 27 dez. 2013.

25. Para um excelente relato dos esforços para disciplinar países superavitários, ver John Williamson, "Getting Surplus Countries to Adjust". Policy Brief pb11-01, jan. 2011, Peterson Institute for International Economics. Disponível em: http://www.iie.com/publications/pb/pb11-01.pdf.

26. Os artigos que criaram o fmi incluíam uma "cláusula de moeda escassa", que permitia discriminação contra as exportações de um país se o fmi ficasse sem sua moeda. Na prática, a cláusula se mostrou inútil porque a restrição nunca foi uma escassez real da moeda relevante. Ver http://www.oxfordreference.com/view/10.1093/oi/authority.20110803100444615.

27. Essa é a recomendação de Justin Yifu Lin, ex-economista-chefe do Banco Mundial. Ver *Against the Consensus: Reflections on the Great Recession* (Cambridge: Cambridge University Press, 2013), parte ii.

28. Ibid., parte iv.

29. Ver Anat Admati; Martin Hellwig, *The Bankers' New Clothes: What's Wrong with Banking and What to Do about It* (Princeton e Oxford: Princeton University Press, 2013).

30. Mervyn King, "Banking from Bagehot to Basel, and Back Again", pp. 16-7.

31. Isso é extraído de Martin Wolf, "Failing Elites Threaten our Future", *Financial Times*, 14 jan. 2014. Disponível em: http://www.ft.com/cms/s/0/cfc1eb1c-76d8-11e3-807e-00144fea-bdc0.html.

Referências

ABIAD, Abdul et al. "What's the Damage? Medium-Term Output Dynamics After Banking Crises". WP/09/245, Fundo Monetário Internacional, Washington DC, nov. 2009.

ACEMOGLU, Daron. "The World our Grandchildren will Inherit: The Rights Revolution and Beyond". National Bureau of Economic Research Working Paper 17994, abr. 2012. Disponível em: www.nber.org.

ADMATI, Anat; HELLWIG, Martin. *The Bankers' New Clothes: What's Wrong with Banking and What to Do about It.* Princeton: Princeton University Press, 2013.

AHAMED, Liaquat. *Lords of Finance: The Bankers who Broke the World.* Nova York: Penguin, 2009. [Ed. bras.: *Os donos do dinheiro.* Trad. de Donaldson Garschagen. Rio de Janeiro: Campus, 2010].

AKERLOFF, George. "The Market for Lemons: Quality Uncertainty and the Market Mechanism", *Quarterly Journal of Economics*, v. 84, n. 3 (1970), pp. 488-500.

ALESINA, Alberto; ARDAGNA, Silvia. "Large Changes in Fiscal Policy: Taxes versus Spending". *Tax Policy and the Economy*, v. 24 (2010). Ed. de Jeffrey R. Brown. Cambridge, MA: National Bureau of Economic Research. Disponível em: http://www.nber.org/chapters/c11970.pdf?new_window=1.

ALESSANDRI, Piergiorgio; HALDANE, Andrew. "Banking on the State", nov. 2009. Disponível em: http://www.bankofengland.co.uk/publications/Pages/speeches/2009/409.aspx.

ALPERT, Daniel. *The Age of Oversupply: Overcoming the Greatest Challenge to the Global Economy.* Nova York e Londres: Portfolio Penguin, 2013.

ARNOTT, Robert; CHAVES, Denis. "A New 'New Normal' in Demography and Economic Growth", 27 ago. 2013. Disponível em: http://www.indexuniverse.com/docs/magazine/2/2013_229.pdf.

ATKINS, Ralph. "ECB Unveils New Support for Banks". *Financial Times*, 8 dez. 2012. Disponível em: www.ft.com.

AUBREY, Thomas. *Profiting from Monetary Policy: Investing through the Business Cycle.* Basingstoke: Palgrave Macmillan, 2013.

BAGEHOT, Walter. "Essay on Edward Gibbon" (1856). In: BARRINGTON, Mrs. Russell (Org.), *The Works and Life of Walter Bagehot.* v. 2 (*Historical and Financial Essays*). Disponível em: http://rosenfels.org/pll-v5/pdf/Bagehot_1451-02_EBk_v5.pdf.

_____. *Lombard Street: A Description of the Money Market* (1873). Disponível em: http://www.gutenberg.org/ebooks/4359.

BANCO CENTRAL EUROPEU. "Monetary Policy". Disponível em: http://www.ecb.europa.eu/mopo/html/index.en.html.

_____. "The European Stability Mechanism". *ECB Monthly Bulletin* (jul. 2011). Disponível em: http://www.ecb.int/pub/pdf/other/art2_mb201107en_pp71-84en.pdf.

_____. "Speech by Mario Draghi, President of the European Central Bank, at the Global Investment Conference in London", 26 jul. 2012. Disponível em: http://www.ecb.int/press/key/date/2012/html/sp120726.en.html.

_____. "Introductory Statement to Press Conference", 6 set. 2012. Disponível em: http://www.ecb.int/press/pressconf/2012/html/is120906.en.html.

_____. "Technical Features of Outright Monetary Transactions", 6 set. 2012. Disponível em: http://www.ecb.int/press/pr/date/2012/html/pr120906_1.en.html.

BANCO DA INGLATERRA. *Financial Stability Report*, abr. 2007. Disponível em: http://www.bankofengland.co.uk/publications/Documents/fsr/2007/fsrfull0704.pdf.

_____. "The Funding for Lending Scheme". *Quarterly Bulletin*, Q4, (2012). Disponível em: http://www.bankofengland.co.uk/publications/Documents/quarterlybulletin/qb120401.pdf.

BANCO DE COMPENSAÇÕES INTERNACIONAIS. *83nd Annual Report.* Basileia, 23 jun. 2013. Disponível em: http://www.bis.org/publ/arpdf/ar2013e.pdf.

BARBER, Tony. "Greece Rapped for Understating Deficit". *Financial Times*, 20 out. 2009. Disponível em: www.ft.com.

BARKER, Alex. "Marathon Talks Seal EU Banking Union". *Financial Times*, 20 mar. 2014. Disponível em: http://www.ft.com/cms/s/0/adfe7be4-b04e-11e3-8058-00144feab7de.html.

BEALES, Richard et al. "ECB Injects Euros 95bn to Aid Markets". *Financial Times*, 10 ago. 2007. Disponível em: www.ft.com.

BEBCHUK, Lucien A; SPAMANN, Holger. "Regulating Bankers' Pay". *Georgetown Law Journal*, v. 98, n. 2 (2010), pp. 247-87. Disponível em: http://papers.ssrn.com/sol3/papers.cfm?abstract_id=1410072.

BENES, Jaromir; KUMHOF, Michael. "The Chicago Plan Revisited". WP/12/202. Fundo Monetário Internacional, ago. 2012. Disponível em: http://www.imf.org/external/pubs/ft/wp/2012/wp12202.pdf.

BERLIN, Isaiah. "Two Concepts of Liberty". In: _____. *Four Essays on Liberty.* Oxford: Oxford University Press, 1969.

BERNANKE, Ben. *Essays on the Great Depression.* Princeton: Princeton University Press, 2000.

_____. "Asset Price 'Bubbles' and Monetary Policy", 15 out. 2002. Disponível em: http://www.federalreserve.gov/boarddocs/speeches/2002/20021015.

_____. "Deflation: Making Sure 'It' Doesn't Happen Here", 21 nov. 2002. Disponível em: http://www.federalreserve.gov/boarddocs/speeches/2002/20021121.

BERNANKE, Ben. "Some Thoughts on Monetary Policy in Japan", 31 maio 2003. Disponível em: http://www.federalreserve.gov/boarddocs/speeches/2003/20030531.

_____. "The Great Moderation", 20 fev. 2004. Disponível em: http://www.federalreserve.gov/boarddocs/speeches/2004/20040220/default.htm.

_____. "The Global Saving Glut and the U.S. Current Account Deficit", Remarks by Governor Ben S. Bernanke at the Sandridge Lecture, Virginia Association of Economists, Richmond, Virginia, 10 mar. 2005. Disponível em: http://www.federalreserve.gov/boarddocs/speeches/2005/200503102.

_____. "The Housing Market and Subprime Lending", 5 jun. 2007. Disponível em: http://www.federalreserve.gov/newsevents/speech/bernanke20070605a.htm.

_____. "The Federal Reserve's Response to the Financial Crisis, Lectures3 & 4", George Washington University School of Business, 27 e 29 mar. 2012. Disponível em: http://www.federalreserve.gov/newsevents/lectures/federal-reserve-response-to-the-financial-crisis.htm.

BERRY, Stuart et al. "Interpreting Movements in Broad Money". *Bank of England Quarterly Bulletin* (2007), Q3. Disponível em: http://www.bankofengland.co.uk/publications/Documents/quarterlybulletin/qb070302.pdf.

BEZEMER, Dirk J. "'No One Saw This Coming': Understanding Financial Crisis through Accounting Models", 16 jun. 2009, Munich Personal RePEcArchive. Disponível em: http://mpra.ub.uni-muenchen.de/15892.

BHALLA, Surjit. *Devaluing to Prosperity: Misaligned Currencies and their Growth Consequences.* Washington DC: Peterson Institute for International Economics, 2012; Nova Délhi: Oxford University Press, 2013.

BLANCHARD, Olivier. "Lessons from Latvia", 11 jun. 2013. Disponível em: http://blog-imfdirect.imf.org/2012/06/11/lessons-from-latvia.

BLANCHARD, Olivier; DELL'ARICCIA, Giovanni; MAURO, Paolo. "Rethinking Macroeconomic Policy", IMF Staff Position Note 10/03, 12 fev. 2010. Disponível em: http://www.imf.org/external/pubs/ft/spn/2010/spn1003.pdf.

BLANKFEIN, Lloyd. "Remarks to the Council of Institutional Investors", abr. 2009. Disponível em: http://www2.goldmansachs.com/ideas/public-policy/lcb-speech-to-cii.html.

BLINDER, Alan S. *After the Music Stopped: The Financial Crisis, the Response, and the Work Ahead.* Nova York: Penguin, 2013.

BLYTH, Mark. *Austerity: The History of a Dangerous Idea.* Nova York: Oxford University Press, 2013.

BOARD OF GOVERNORS OF THE FEDERAL RESERVE BOARD. "Agencies Adopt Enhanced Supplementary Leverage Ratio Final Rule and Issue Supplementary Leverage Ratio Notice of Proposed Rulemaking", 8 abr. 2014. Disponível em: http://www.federalreserve.gov/newsevents/press/bcreg/20140408a.htm.

BORIO, Claudio. "Global Imbalances and the Financial Crisis: Link or no Link?", BIS Working Papers n. 346, maio 2011. Disponível em: http://www.bis.org/publ/work346.pdf.

BORIO, Claudio; WHITE, William. "Whither Monetary and Financial Stability? The Implications of Evolving Policy Regimes", Simpósio do Banco do Federal Reserve de Kansas City sobre "Política Monetária e Incerteza: Adaptando-se a uma Economia em Mudança", 28-30 ago. 2003. Disponível em: www.kansascityfed.org/publicat/sympos/2003/pdf/Boriowhite2003.pdf.

BOWERS, Simon. "Wall Street Banks in $70bn Staff Payout". *The Guardian*, 17 out. 2008. Disponível em: http://www.theguardian.com/business/2008/oct/17/executivesalaries-banking.

BRAITHWAITE, Tom; TIGHE, Chris. "Patient Queues in Very British Bank Run". *Financial Times*, 14 set. 2007. Disponível em: www.ft.com.

BRENDER, Anton; PISANI, Florence. *Global Imbalances and the Collapse of Globalised Finance.* Bruxelas: Centre for European Policy Studies, 2010.

BRENKE, Karl; RINNE, Ulf; ZIMMERMANN, Klaus F. "Short-Time Work: The German Answer to the Great Recession", IZA Discussion Paper 5780, jun. 2011. Disponível em: http://ftp.iza.org/dp5780.pdf.

BRITISH ACADEMY. "Letter Sent to The Queen on 22 July 2009". Disponível em: http://www.britac.ac.uk/events/archive/forum-economy.cfm.

BROADBENT, Ben. "Deleveraging", 15 mar. 2012. Disponível em: http://www.bankofengland.co.uk/publications/Documents/speeches/2012/speech553.pdf.

BROWN, Brendan. *The Global Curse of the Federal Reserve: How Investors can Survive and Profit from Monetary Chaos.* Basingstoke: Palgrave Macmillan, 2013.

BROWN, Gordon. "Speech to the Labour Party Conference in Brighton", 27 set. 2004. Disponível em: http://news.bbc.co.uk/1/hi/uk_politics/3694046.stm.

_____. "Speech by the Chancellor of the Exchequer, the Rt. Hon. Gordon Brown MP, at the Mansion House, London", 21 jun. 2006. Disponível em: http://www.ft.com/cms/s/0/00a235ba-015d-11db-af16-0000779e2340.html.

BRYNJOLFSSON, Erik; MCAFEE, Andrew. *Race Against the Machine: How the Digital Revolution is Accelerating Innovation, Driving Employment and the Economy.* Lexington, MA: Digital Frontier Press, 2011.

_____. *The Second Machine Age: Work, Progress and Prosperity in a Time of Brilliant Technologies.* Nova York e Londres: W. W. Norton, 2014.

BUFFETT, Warren. "Goodreads". Disponível em: http://www.goodreads.com/author/quotes/756.Warren_Buffett.

BUITER, Willem. "The Unfortunate Uselessness of Most State of the Art Academic Macroeconomics", 3 mar. 2009. Disponível em: http://blogs.ft.com/maverecon/2009/03/the-unfortunate-uselessness-of-most-state-of-the-art-academic-monetary-economics.

BULOW, Jeremy; GOLDFIELD, Jacob; KLEMPERER, Paul. "Market-Based Capital Regulation", 29 ago. 2013. Disponível em: http://www.voxeu.org/article/market-based-bank-capital-regulation.

CALVO, Guillermo. "Capital Flows and Capital-Market Crises: The Simple Economics of Sudden Stops". *Journal of Applied Economics*, v. 1, n. 1 (nov. 1998), pp. 35-54.

CAMERON, David. Discurso, 7 mar. 2013. Disponível em: http://www.conservatives.com/News/Speeches/2013/03/Prime_Ministers_Speech_on_The_Economy.aspx.

CANUTO, Otaviano; CAVALLARI, Matheus. "Integrating Monetary Policy and Macroprudential Regulation", 21 maio 2013. Disponível em: http://www.voxeu.org/article/integrating-monetary-policy-and-macroprudential-regulation.

CARTA A SUA MAJESTADE A RAINHA, 22 jul. 2009. Disponível em: http://media.ft.com/cms/3e3b6ca8-7a08-11de-b86f-00144feabdc0.pdf.

CASSIDY, John. "The Minsky Moment", *The New Yorker*, 4 fev. 2008. Disponível em: http://www.newyorker.com/talk/comment/2008/02/04/080204taco_talk_cassidy.

CASSIDY, John. *How Markets Fail: The Logic of Economic Calamities*. Londres: Penguin, 2009. [Ed. bras.: *Como os mercados quebram: a lógica das catástrofes econômicas*. Trad. de Berilo Vargas. Rio de Janeiro: Intrínseca, 2011].

CATÃO, Luis A. V.; MILESI-FERETTI, Gian Maria. "External Liabilities and Crisis Risk", 4 set. 2013. Disponível em: http://www.voxeu.org/article/external-liabilities-and-crisis-risk.

CECCHETTI, Stephen G.; KHARROUBI, Enisse. "Reassessing the Impact of Finance on Growth", BIS Working Papers n. 381, jul. 2012. Disponível em: http://www.bis.org/publ/work381.pdf.

CHAFFIN, Joshua. "EU Bank Bonus Rules Approved". *Financial Times*, 13 mar. 2013. Disponível em: http://www.ft.com/cms/s/0/ca5becf0-91ae-11e2-b4c9-00144feabdc0.html?siteedition=uk.

CLAESSENS, Stijn; GOSH, Swati; MIHET, Roxana. "Macro-Prudential Policies to Mitigate Financial System Vulnerabilities", 12 nov. 2012. Disponível em: http://macrofinance.nipfp.org.in/PDF/JIMFPr_Claessens_NIPFP-DEA-JIMF_Conference_December_2012.pdf.

COMISSÃO EUROPEIA. *Economic Forecast Autumn 2008*, jun. 2008. Disponível em: http://ec.europa.eu/economy_finance/publications/publication13290_en.pdf.

_____. "Banking Structural Reform (follow-up to the Liikanen Report)". Disponível em: http://ec.europa.eu/internal_market/bank/structural-reform/index_en.htm.

_____. "Banking Union". Disponível em: http://ec.europa.eu/internal_market/finances/banking-union.

_____. "European Financial Stabilisation Mechanism". Disponível em: http://ec.europa.eu/economy_finance/eu_borrower/efsm/index_en.htm.

_____. "Euro Plus Pact". Disponível em: http://ec.europa.eu/europe2020/pdf/euro_plus_pact_background_december_2011_en.pdf.

_____. "European Financial Supervision". Disponível em: http://ec.europa.eu/internal_market/finances/committees.

_____. "European Semester". Disponível em: http://ec.europa.eu/europe2020/making-it-happen.

_____. "European Stability Mechanism". Disponível em: http://www.esm.europa.eu.

_____. "Macroeconomic Imbalance Procedure". Disponível em: http://ec.europa.eu/economy_finance/economic_governance/macroeconomic_imbalance_procedure/index_en.htm.

_____. "Stability and Growth Pact". Disponível em: http://ec.europa.eu/economy_finance/economic_governance/sgp/index_en.htm.

_____. "Treaty on Stability, Coordination and Governance in the Economic and Monetary Union". Disponível em: http://european-council.europa.eu/media/639235/st00tscg26_en12.pdf.

COMITÊ DE BASILEIA DE SUPERVISÃO BANCÁRIA. "An Assessment of the Long-Term Economic Impact of Stronger Capital and Liquidity Requirements", ago. 2010. Disponível em: http://www.bis.org/publ/bcbs173.pdf.

COMITÊ DE BASILEIA DE SUPERVISÃO BANCÁRIA. "Basel III: A Global Regulatory Framework for More Resilient Banks and Banking Systems", dez. 2010 (rev. jun. 2011). Disponível em: http://www.bis.org/publ/bcbs189.pdf.

COMITÊ DE BASILEIA DE SUPERVISÃO BANCÁRIA. "Consultative Document: Revised Basel III Leverage Ratio Framework and Disclosure Requirements", jun. 2013. Disponível em: http://www.bis.org/publ/bcbs251.pdf.

COMMITTEE FOR THE STUDY OF ECONOMIC AND MONETARY UNION. "Report on Economic and Monetary Union in the European Community", 1989. Disponível em: http://ec.europa.eu/economy_finance/publications/publication6161_en.pdf.

COMMITTEE ON THE GLOBAL FINANCIAL SYSTEM. "Macroprudential Instruments and Frameworks: A Stocktaking of Issues and Experiences", CGFS Papers n. 38, maio 2010. Disponível em: http://www.bis.org/publ/cgfs38.pdf.

CONGRESSIONAL BUDGET OFFICE. "Trends in the Distribution of Household Incomes between 1979 and 2007", out. 2011. Disponível em: http://www.cbo.gov/sites/default/files/cbofiles/attachments/10-25-HouseholdIncome.pdf.

COWEN, Tyler. *The Great Stagnation: How America Ate All the Low-HangingFruit of Modern History, Got Sick, and Will (Eventually) Feel Better.* Nova York: Dutton, 2011.

CRAFTS, Nicholas; FEARNDON, Peter. *The Great Depression of the 1930s: Lessons for Today.* Oxford: Oxford University Press, 2013.

CROFT, Jane; BURGESS, Kate; PARKER, George. "B&B Set to be Taken into Public Ownership". *Financial Times*, 29 set. 2008.

DARLING, Alistair. *Back from the Brink: 1,000 Days at Number 11.* Londres: Atlantic Books, 2011.

DARVAS, Zsolt. "Intra-Euro Rebalancing is Inevitable, but Insufficient". Bruegel Policy Contribution Issue 2012/15, ago. 2012. Disponível em: www.bruegel.org.

_____. "The Euro Area's Tightrope Walk: Debt and Competitiveness in Italy and Spain". Bruegel Policy Contribution Issue 2013/11, set. 2013. Disponível em: www.bruegel.org.

DAVIES, Paul; MACKENZIE, Michael. "Money Fund Sector Shocked as Reserve Breaks the Buck". *Financial Times*, 18 set. 2012. Disponível em: www.ft.com.

DAVIS, Ian. "The New Normal". *McKinsey Quarterly*, mar. 2009. Disponível em: http://www.mckinsey.com/insights/strategy/the_new_normal.

DAVIS, Polk. "Basel III Leverage Ratio: U. S. Proposes American Add-On; Basel Committee Proposes Important Denominator Changes", 13 jul. 2013. Disponível em: http://www.davispolk.com/sites/default/files/files/Publication/7a0a4791-d6cb-4248-8ff0-3f8968a19dab/Preview/PublicationAttachment/55dacc73-e480-42a3-9524-425fb2ffca3a/07.19.13.Basel.3.Leverage.pdf.

DE GRAUWE, Paul. "The Governance of a Fragile Eurozone". CEPS Working Documents, *Economic Policy*, 4 maio 2011. Disponível em: http://www.ceps.eu/book/governance-fragile-eurozone.

_____. "Managing a Fragile Eurozone", 10 maio 2011. Disponível em: http://www.voxeu.org/article/managing-fragile-eurozone.

_____. "Why the ECJ Should Reject the German Constitutional Court's Ruling", 11 mar. 2014. *Social Europe Journal*. Disponível em: http://www.social-europe.eu/2014/03/german-constitutional-court.

DE GRAUWE, Paul; JI, Yuemei. "Panic-Driven Austerity in the Eurozone and its Implications", 21 fev. 2013. Disponível em: http://www.voxeu.org/article/panic-driven-austerity-eurozone-and-its-implications.

DE LONG, J. Bradford; SUMMERS, Lawrence H. "Fiscal Policy in a Depressed Economy", *Brookings Papers on Economic Activity* (primavera 2012), pp. 233-97. Disponível em: http://www.brookings.edu/~/media/Projects/BPEA/Spring%202012/2012a_DeLong.pdf.

DOOLEY, Michael; GARBER, Peter. "Global Imbalances and the Crisis: A Solution in Search of a Problem", 21 mar. 2009. Disponível em: www.voxeu.org.

DOWD, Kevin et al. "How Unlucky is 25-Sigma?". Centre for Risk & Insurance Studies, Nottingham University Business School, CRIS Discussion Paper Series — 2008.III, 24 mar. 2008. Disponível em: http://www.nottingham.ac.uk/business/cris/papers/2008-3.pdf.

DUNCAN, Richard. *The New Depression: The Breakdown of the Paper Money Economy.* Cingapura: John Wiley & Sons, 2012.

EASTON, Mark. "The Great Myth of Urban Britain", 28 jun. 2012. Disponível em: http://www.bbc.co.uk/news/uk18623096.

EDWARDS, Lawrence; LAWRENCE, Robert Z. *Rising Tide: Is Growth in Emerging Economies Good for the United States?* Washington DC: Peterson Institute for International Economics, 2013.

EICHENGREEN, Barry. "The Euro: Love it or Leave it?", 4 maio 2010. Disponível em: http://www.voxeu.org/article/eurozone-breakup-would-trigger-mother-all-financial-crises.

EICHENGREEN, Barry; O'ROURKE, Kevin. "A Tale of Two Depressions Redux", 6 mar. 2012. Disponível em: www.voxeu.org/article/tale-two-depressions-redux.

FEDERAL DEPOSIT INSURANCE COMPANY. "Guidance on Sound Incentive Compensation Policies", 16 set. 2013. Disponível em: http://www.fdic.gov/regulations/laws/rules/5000-5350.html.

FEENSTRA, Robert C.; TAYLOR, Alan M. (Orgs.). *Globalization in an Age of Crisis: Multilateral Economic Cooperation in the Twenty-First Century.* Chicago: University of Chicago Press, 2013.

FERGUSON, Niall. "Our Great Recession". *The New York Times*, 28 fev. 2009. Disponível em: http://www.nytimes.com/2009/03/01/opinion/01ferguson.html?_r=0.

FERGUSON, Thomas; JOHNSON, Robert. "Too Big to Bail: The 'Paulson Put', Presidential Politics, and the Global Financial Meltdown". *International Journal of Political Economy*, v. 38, n. 2 (verão 2009), pp. 5-45.

FINANCIAL STABILITY BOARD. "Implementing the FSB Key Attributes of Effective Resolution Regimes — How Far have we Come?", PLEN/2013/55, 15 abr. 2013.

_____. "2013 Update of Group of Global Systemically Important Banks (G-SIBs)", 2013. Disponível em: https://www.financialstabilityboard.org/publications/r_131111.pdf.

FISHER, Irving. "The Debt-Deflation Theory of Great Depressions". *Econometrica*, v. 1, n. 4 (out. 1933), pp. 337-57. Disponível em: http://fraser.stlouisfed.org/docs/meltzer/fisdeb33.pdf.

FORSTATER, Matthew. "Functional Finance and Full Employment: Lessons from Lerner for Today", Working Paper n. 272, The Jerome Levy Economics Institute, jul. 1999.

FOX, Justin. *The Myth of the Rational Market: A History of Risk, Reward, and Delusion on Wall Street.* Nova York: HarperCollins, 2009 [Ed. bras.: *O mito dos mercados racionais*, trad. Gabriel Zide Neto. Rio de Janeiro: Best Business, 2011].

FRANK, Robert H.; COOK, Philip J. *The Winner-Take-All Society: Why the Few at the Top Get So Much More than the Rest of Us.* Londres e Nova York: Penguin, 1996.

FRYDMAN, Roman; GOLDBERG, Michael D. *Beyond Mechanical Markets: Asset Price Swings, Risk, and the Role of the State.* Princeton, NJ: Princeton University Press, 2011.

FUNDO MONETÁRIO INTERNACIONAL. "Statement by IMF Managing Director Dominique Strauss-Kahn on Greece", 23 abr. 2010. Disponível em: http://www.imf.org/external/np/sec/pr/2010/pr10168.htm.

_____. "IMF Reaches Staff-level Agreement with Greece on €30bn Stand-by Arrangement", Press Release n. 10/176, 2 maio 2010. Disponível em: www.imf.org.

_____. "IMF Executive Board Approves €30 Billion Stand-by Arrangement for Greece", Press Release n. 10/187, 9 maio 2010. Disponível em: www.imf.org.

FUNDO MONETÁRIO INTERNACIONAL. "IMF Executive Board Approves €22.5 Billion Extended Arrangement for Ireland", Press Release n. 10/496, 16 dez. 2010. Disponível em: www.imf.org.

_____. "IMF Managing Director Dominique Strauss-Kahn Resigns", Press Release n. 11/187, 18 maio 2011. Disponível em: http://www.imf.org/external/np/sec/pr/2011/pr11187.htm.

_____. "IMF Executive Board Approves an €26 Billion Extended Arrangement for Portugal", Press Release n. 11/190, 20 maio 2011. Disponível em: http://www.imf.org/external/np/sec/pr/2011/pr11190.htm.

_____. "Euro Area Policies: 2012 Article IV Consultation". IMF Country Report n. 12/181, jul. 2012. Disponível em: www.imf.org.

_____. "IMF Executive Board Approves €1bn Arrangement under Extended Fund Facility for Cyprus", Press Release n. 13/175, 15 maio 2013. Disponível em: www.imf.org.

_____. "Greece: Ex-Post Evaluation of Exceptional Access under the 2010 Stand-by Arrangement", 20 maio 2013. Disponível em: http://www.imf.org/external/pubs/ft/scr/2013/cr13156.pdf.

_____. "Euro Area Policies: 2013 Article IV Consultation", IMF Country Report n. 13/231, jul. 2013. Disponível em: http://www.imf.org/external/pubs/ft/scr/2013/cr13231.pdf.

_____. "IMF's Response to the Global Economic Crisis", 19 set. 2013. Disponível em: http://www.imf.org/external/np/exr/facts/changing.htm.

_____. "The IMF at a Glance", 24 set. 2013. Disponível em: http://www.imf.org/external/np/exr/facts/glance.htm.

_____. "The G20 Mutual Assessment Process (MAP)", 26 set. 2013. Disponível em: http://www.imf.org/external/np/exr/facts/g20map.htm.

_____. "Emerging Markets: Where Are They and Where Are They Headed?", out. 2013, inédito.

_____. "Currency Composition of Official Foreign Exchange Reserves (COFER)", 30 dez. 2013. Disponível em: http://www.imf.org/external/np/sta/cofer/eng/index.htm.

_____. Fiscal Monitor.Várias edições. Disponível em: www.imf.org.

_____. Global Financial Stability Report. Várias edições. Disponível em: www.imf.org.

_____. World Economic Outlook. Várias edições. Disponível em: www.imf.org.

GALBRAITH, James K. Inequality and Instability: A Study of the World Economy Just Before the Great Crisis. Oxford e Nova York: Oxford University Press, 2012.

_____. The Great Crash of 1929. Boston e Nova York: Mariner, 1997 [Ed. bras.: 1929: A grande crise. Trad. de Clara A. Colotto. São Paulo: Larousse do Brasil: 2010].

GARBER, Peter M. "Notes on the Role of TARGET in a Stage III Crisis". National Bureau of Economic Research Working Paper n. 6619, jun. 1998. Disponível em: www.nber.org.

GEITHNER, Tim. Stress Tests: Reflections on Financial Crises. Nova York: Crown Publishers, 2014.

GERTLER, Mark. "Commentary: Whither Monetary and Financial Stability? The Implications of Evolving Policy Regimes". Simpósio do Banco do Federal Reserve de Kansas City sobre "Política Monetária e Incerteza: Adaptando-se a uma Economia em Mudança", 28-30 ago. 2003. Disponível em: http://www.kansascityfed.org/publicat/sympos/2003/pdf/Gertler2003.pdf.

GIBSON, Michael S. "Understanding the Risk of Synthetic CDOs", jul. 2004. Disponível em: http://www.federalreserve.gov/pubs/feds/2004/200436/200436pap.pdf.

GODLEY, Wynne; LAVOIE, Marc. Monetary Economics: An Integrated Approach to Credit, Money, Income, Production, and Wealth. Basingstoke: Palgrave Macmillan, 2007.

GOLDBERG, Steven. "Investing in the New Normal", out. 2010. Disponível em: http://www.kiplinger.com/article/investing/T041-C007-S001-investing-in-the-new-normal.html?topic_id=43.

GOODHART, Charles A. E. "The Optimal Financial Structure". Special Paper 20, LSE Financial Markets Group Paper Series, mar. 2013. Disponível em: http://www.lse.ac.uk/fmg/workingPapers/specialPapers/PDF/SP220.pdf.

GORDON, Robert. "Is U. S. Economic Growth Over? Faltering Innovation Confronts the Six Headwinds". National Bureau of Economic Research Working Paper n. 18315, ago. 2012. Disponível em: www.nber.org.

GORTON, Gary B. *Misunderstanding Financial Crises: Why We Don't See Them Coming.* Oxford: Oxford University Press, 2012.

GOVERNMENT COMMISSION OF THE GERMAN CORPORATE GOVERNANCE CODE. "German Corporate Governance Code (as amended 18 June 2009)", 2009. Disponível em: http://www.corporate-governance-code.de/eng/kodex/1.html.

GOV.UK. "Help to Buy: Home Ownership Schemes", 2013. Disponível em: https://www.gov.uk/affordable-home-ownership-schemes/help-to-buy-equity-loans.

GREENSPAN, Alan. "Testimony of Dr Alan Greenspan to the House of Representatives Committee of Government Oversight and Reform", 23 out. 2008. Disponível em: http://www.clipsandcomment.com/2008/10/23/text-alan-greenspan-testimony-congress-october-23.

_____. "Regulators must Risk More, and Intervene Less", 26 jul. 2011. ft.com. Disponível em: http://blogs.ft.com/the-a-list/2011/07/26/buffers-against-risk-carry-a-cost-to-society.

_____. *The Map and the Territory: Risk, Human Nature, and the Future of Forecasting.* Londres: Allen Lane, 2013 [Ed. bras.: *O mapa e o território: risco, natureza humana e o futuro das previsões.* Trad. de André Fontenelle e Otacílio Nunes. São Paulo: Portfolio-Penguin, 2013].

GREETHAM, Trevor. "Rising Household Debt Threatens UK Recovery". *Financial Times*, 2 set. 2013. Disponível em: http://www.ft.com/cms/s/0/9825ad6a-0bda-11e3-8f77-00144feabdc0.html?siteedition=uk.

_____. "Rising Household Debt Threatens UK Recovery". *Financial Times*, 2 set. 2013. Disponível em: http://www.ft.com/cms/s/0/9825ad6a-0bda-11e3-8f77-00144feabdc0.html?siteedition=uk.

GRUPO DE ESPECIALISTAS DE ALTO NÍVEL SOBRE A REFORMA DA ESTRUTURA DO SETOR BANCÁRIO DA UE, presidido por Erkki Liikanen. *Final Report*, Bruxelas, 2 out. 2012. Disponível em: http://ec.europa.eu/internal_market/bank/docs/high-level_expert_group/report_en.pdf.

GRUPO DOS 20. "Declaração sobre o Fortalecimento do Sistema Financeiro", Reunião de cúpula de Londres, 2 abr. 2009. Disponível em: http://www.mofa.go.jp/policy/economy/g20_summit/2009-1/annex2.html.

_____. "Declaração da reunião de cúpula do G20 em Toronto", 27 jun. 2010. Disponível em: http://www.washingtonpost.com/wp-dyn/content/article/2010/06/27/AR2010062702887_2.html?sid=ST2010062604320.

GUAJARDO, Jaime; LEIGH, Daniel; PESCATORI, Andrea. "Expansionary Austerity: New International Evidence", International Monetary Fund Working Paper. WP/11/158, jul. 2011. Disponível em: http://www.imf.org/external/pubs/ft/wp/2011/wp11158.pdf.

GUERRERA, Francesco; SENDER, Henny. "JP Morgan Buys Bear Stearns for $2a Share". *Financial Times*, 16 mar. 2008. Disponível em: www.ft.com.

GUERRERA, Francesco et al. "Fears Emerge over $700bn Rescue". *Financial Times*, 22 set. 2008. Disponível em: www.ft.com.

GUHA, Krishna. "Action to Address 'Root' Causes". *Financial Times*, 15 out. 2008. Disponível em: www.ft.com.

GUHA, Krishna et al. "Fed in $85bn AIG Rescue Deal". *Financial Times*, 17 set. 2008. Disponível em: www.ft.com.

_____. "US Takes Control of Fannie and Freddie". *Financial Times*, 8 set. 2008. Disponível em: www.ft.com.

HALDANE, Andrew G. "Rethinking the Financial Network". Banco da Inglaterra, abr. 2009. Disponível em: http://www.bankofengland.co.uk/publications/Documents/speeches/2009/speech386.pdf.

_____. "The $100bn Question". Banco da Inglaterra, mar. 2010. Disponível em: http://www.bankofengland.co.uk/publications/Documents/speeches/2010/speech433.pdf.

_____. "Control Rights (and Wrongs)". Wincott Annual Memorial Lecture, 24 out. 2011. Disponível em: http://www.bankofengland.co.uk/publications/Documents/speeches/2011/speech525.pdf.

HALDANE, Andrew G.; BRENNAN, Simon; MADOUROS, Vasileios. "What is the Contribution of the Financial Sector: Miracle or Mirage?". In: TURNER, Adair et al. *The Future of Finance: The LSE Report*. Londres: London School of Economics and Political Science, 2010. Disponível em: http://harr123et.files.wordpress.com/2010/07/futureoffinance-chapter21.pdf, figura 19.

HALDANE, Andrew G.; MADOUROS, Vasileios. "The Dog and the Frisbee". Texto apresentado no 36º simpósio de política econômica do Banco do Federal Reserve de Kansas City, "The Changing Policy Landscape", Jackson Hole, Wyoming, 31 ago. 2012. Disponível em: http://www.bankofengland.co.uk/publications/Documents/speeches/2012/speech596.pdf.

HAYEK, Friedrich. *The Road to Serfdom*. Chicago: Chicago University Press, 1944 [Ed. bras.: *O caminho da servidão*. Trad. de Ana Maria Capovilla, José Italo Stelle e Liane de Morais Ribeiro. Campinas: Vide Editorial, 2013].

HERNDON, Thomas; ASH, Michael; POLLIN, Robert. "Does High Public Debt Consistently Stifle Economic Growth? A Critique of Reinhart and Rogoff", 15 abr. 2013. Disponível em: http://www.peri.umass.edu/fileadmin/pdf/working_papers/working_papers_301-350/WP322.pdf.

HICKS, John R. "Mr Keynes and the 'Classics': A Suggested Interpretation". *Econometrica*, v. 5, n. 2 (abr. 1937).

HIRSCHMANN, Albert O. *Exit, Voice, and Loyalty: Responses to Decline in Firms, Organizations, and States*. Cambridge, MA: Harvard University Press, 1970 [Ed. bras.: *Saída, voz e lealdade: Reações ao declínio de firmas, organizações e Estados*. Trad. de Ângela de Assis Melim. São Paulo: Perspectiva, 1973].

HOUSE OF COMMONS TREASURY COMMITTEE. "Evidence on 24th June 2009". *Banking Crisis: Regulation and Supervision*, 14th Report of Session 2008-9. Londres: The Stationery Office, 31 jul. 2009.

HOUSMAN, A. E. *Last Poems*, XXXV. Disponível em: http://www.chiark.greenend.org.uk/~martinh/poems/complete_housman.html#LPxxxv.

HUERTA DE SOTO, Jesús. *The Austrian School: Market Order and Entrepreneurial Creativity*. Cheltenham e Northampton, MA: Edward Elgar, 2008 [Ed. bras.: *A escola austríaca: mercado e criatividade empresarial*. Trad. de André Azevedo Alves. São Paulo: Instituto Ludwig von Mises Brasil, 2011].

HUMPHREY, Thomas M.; KELEHER, Robert E. "The Lender of Last Resort: A Historical Perspective". *Cato Journal*, v. 4, n. 1 (primavera/verão1984), pp. 275-321. Disponível em: http://object. cato.org/sites/cato.org/files/serials/files/cato-journal/1984/5/cj4n1-12.pdf.

INDEPENDENT COMMISSION ON BANKING. *Interim Report: Consultation on Reform Options*, abr. 2011. Disponível em: http://s3-eu-west-1.amazonaws.com/htcdn/Interim-Report-110411.pdf.

_____. *Final Report: Recommendations*. Londres, set. 2011. Disponível em: https://hmt-sanctions.s3.amazonaws.com/ICB%20final%20report/ICB%2520Final%2520Report%5B1%5D.pdf.

INSTITUTE FOR NEW ECONOMIC THINKING. "Why Did So Many Economists Fail to Predict the Global Financial Crisis, and So Many Policymakers Mishandle It — While Some Saw It All Coming?". Disponível em: http://ineteconomics.org/financial-crisis-blinders.

INVESTOPEDIA. "Five Steps of a Bubble", 2 jun. 2010. Disponível em: http://www.investopedia. com/articles/stocks/10/5-steps-of-a-bubble.asp.

ISLAM, Iyanatul; CHOWDHURY, Anis. "Revisiting the Evidence on Expansionary Fiscal Austerity: Alesina's Hour?", 28 fev. 2012. Disponível em: http://www.voxeu.org/debates/commentaries/ revisiting-evidence-expansionary-fiscal-austerity-alesina-s-hour.

JACKSON, Andrew; DYSON, Ben. *Modernising Money: Why our Monetary System is Broken and How it Can be Fixed*. Londres: Positive Money, 2013.

JAYADEV, Arjun; KONCZAL, Mike. "The Boom Not The Slump: The Right Time For Austerity". The Roosevelt Institute, 23 ago. 2010. Disponível em: http://www.rooseveltinstitute.org/sites/ all/files/not_the_time_for_austerity.pdf.

JORDÀ, Òscar; SCHULARICK, Moritz; TAYLOR, Alan M. "Financial Crises, Credit Booms and External Imbalances". National Bureau of Economic Research Working Paper n. 16567, dez. 2010. Disponível em: www.nber.org.

KALETSKY, Anatole. *Capitalism 4.0: The Birth of a New Economy*. Londres: Bloomsbury, 2010.

KAY, John. *The Truth about Markets: Why Some Nations are Rich but Most Remain Poor*. Londres: Penguin, 2004.

KEATING, Frank. "There Is Such a Thing as Having Too Much Capital". *Financial Times*, 22 ago. 2013. Disponível em: http://www.ft.com/cms/s/0/6fea2b90-09bf-11e3-ad07-00144feabdc0. html.

KEYNES, John Maynard. *Tract on Monetary Reform*. Londres: Macmillan,1923.

_____. *The General Theory of Employment, Interest and Money*. Londres: Macmillan, 1936 [Ed. bras.: *A Teoria Geral do Emprego, do Juro e da Moeda*. Trad. de Manuel Resende. São Paulo: Saraiva, 2012].

KINDLEBERGER, Charles P.; ALIBER, Robert Z. *Manias, Panics and Crashes: A History of Financial Crises*. 6. ed. Londres: Palgrave Macmillan, 2011 [Ed. bras.: *Manias, pânicos e crises: uma história das crises financeiras*. Trad. de Eduardo Kraszczuk. São Paulo: Saraiva, 2013].

KING, Mervyn. "Banking from Bagehot to Basel, and Back Again". 25 out. 2010, The Second Bagehot Lecture, Buttonwood Gathering, Nova York. Disponível em: http://www.bankofengland.co.uk/publications/Documents/speeches/2010/speech455.pdf.

KING, Stephen. *When the Money Runs Out: The End of Western Affluence*. New Haven e Londres: Yale University Press, 2013.

KNAPP, Georg Friedrich. *The State Theory of Money*. Londres: Macmillan, 1924.

KONCZAL, Mike. "Peter Wallison Discusses Fannie and Freddie for the American Spectator, or: Where are the Fact Checkers?", maio 2011. Disponível em: http://rortybomb.wordpress.com/2011/05/18/peter-wallison-discusses-fannie-and-freddie-for-the-american-spectator-or-where-are-the-fact-checkers.

KOO, Richard. *The Holy Grail of Macroeconomics: Lessons from Japan's Great Recession*. Cingapura: John Wiley, 2008.

KOTLIKOFF, Laurence. *Jimmy Stewart is Dead: Ending the World's Ongoing Financial Plague with Limited Purpose Banking*. Hoboken, NJ: JohnWiley & Sons, 2010.

KRUGMAN, Paul. *End this Depression Now!* Nova York: W. W. Norton, 2012 [Ed. bras.: *Um basta à depressão econômica*. Trad. de Afonso Celso da Cunha Serra. Rio de Janeiro: Campus, 2012].

_____. "Conventional Wisdom". *The New York Times*, 27 maio 2010. Disponível em: http://krugman.blogs.nytimes.com/2010/05/27/conventional-madness.

_____. "Cogan, Taylor, and the Confidence Fairy". *The New York Times*, 19 mar. 2013. Disponível em: http://krugman.blogs.nytimes.com/2013/03/19/cogan-taylor-and-the-confidence-fairy.

_____. "The Stimulus Tragedy", *The New York Times*, 20 fev. 2014. Disponível em: http://www.nytimes.com/2014/02/21/opinion/krugman-the-stimulus-tragedy.html?ref=paulkrugman.

KUTTNER, Robert. *Debtors' Prison: The Politics of Austerity Versus Possibility*. Nova York: Alfred A. Knopf, 2013.

LAEVEN, Luc; VALENCIA, Fabian. "Systemic Banking Crises: A New Database". International Monetary Fund WP/08/224, 2008. Disponível em: www.imf.org.

LAKNER, Christoph; MILANOVIC, Branco. "Global Income Distribution: From the Fall of the Berlin Wall to the Great Recession". World Bank Research Working Paper n. 6719, dez. 2013. Disponível em: http://www-wds.worldbank.org/external/default/WDSContentServer/IW3P/IB/2013/12/11/000158349_20131211100152/Rendered/PDF/WPS6719.pdf.

LANMAN, Scott; MATTHEWS, Steve. "Greenspan Concedes to 'Flaw' in his Market Ideology", 23 out. 2008. Disponível em: http://www.bloomberg.com/apps/news?pid=newsarchive&sid=ah5qh9Up4rIg.

LARSEN, Peter Thal. "Goldman Pays the Price of Being Big". *Financial Times*, 13 ago. 2007. Disponível em: www.ft.com.

LAUBACH, Thomas; WILLIAMS, John C. "Measuring the Natural Rate of Interest". Board of Governors of the Federal Reserve System, nov. 2001. Disponível em: http://www.federalreserve.gov/pubs/feds/2001/200156/200156pap.pdf.

LERNER, Abba P. "Money as a Creature of the State". Papers and Proceedings of the Fifty-Ninth Annual Meeting of the American Economic Association, *American Economic Review*, v. 37, n. 2 (maio 1947), pp. 312-7.

LEVY, David. "The Contained Depression: 2008-(2018?): What It Is, Why It Happened, How It Will Play Out, and What Will Follow". abr. 2012, The Jerome Levy Forecasting Center. Disponível em: http://levyforecast.com/jlwp/wp-content/uploads/2012/04/The-Contained-Depression-April-2012.pdf.

LIIKANEN, Erkki. "The Case for Structural Reforms of Banking after the Crisis". Brussels, 2 out. 2012. Disponível em: http://www.suomenpankki.fi/en/suomen_pankki/ajankohtaista/puheet/Pages/puhe_el_hleg.aspx.

LIN, Justin Yifu. *Against the Consensus: Reflections on the Great Recession.* Cambridge: Cambridge University Press, 2013.

LIPTON, David. "Emerging Markets in Transition", 8 out. 2013. Disponível em: http://www.imf.org/external/np/msc/2013/am/lipton.pdf.

LUCAS, Robert E. "Macroeconomic Priorities". Presidential Address to the American Economic Association, 4 jan. 2003. Disponível em: http://pages.stern.nyu.edu/~dbackus/Taxes/Lucas%20priorities%20AER%2003.pdf.

MACFARLANE, Alan. *The Origins of English Individualism: Family, Property and Social Transition.* Oxford: Blackwell, 1978.

MARTIN, Felix. *Money: The Unauthorised Biography.* Londres: Bodley Head, 2013.

MAZZUCATO, Mariana. *The Entrepreneurial State: Debunking Public vs Private Myths in Risk and Innovation.* Londres: Anthem Press, 2013 [Ed. bras.: *O Estado empreendedor: Desmascarando o mito do setor público vs. setor privado.* Trad. de Elvira Serapicos. São Paulo: Portfolio-Penguin, 2014].

MCKINSEY GLOBAL INSTITUTE. *Mapping Global Capital Markets 2011*, ago. 2011. Disponível em: http://www.mckinsey.com/insights/global_capital_markets/mapping_global_capital_markets_2011.

_____. *Debt and Deleveraging: Uneven Progress on the Road to Growth.* Jan. 2012. Disponível em: http://www.mckinsey.com/insights/global_capital_markets/uneven_progress_on_the_path_to_growth.

MCLEAN, Bethany; NOCERA, Joe. *All the Devils are Here: The Hidden History of the Financial Crisis.* Londres e Nova York: Portfolio Penguin, 2010 [Ed. bras.: *Todos os demônios estão aqui: A história por trás da crise financeira.* Trad. de Fernanda Castro Bulle. São Paulo: Rai Editora, 2012].

MCLEAY, Michael; RADIA, Amar; THOMAS, Ryland. "Money Creation in the Modern Economy". *Bank of England Quarterly Bulletin*, Q1 (2014), pp. 14-27. Disponível em: http://www.bankofengland.co.uk/publications/Documents/quarterlybulletin/2014/qb14q102.pdf.

MEHRLING, Perry. *The New Lombard Street: How the Fed Became the Dealer of Last Resort.* Princeton e Oxford: Princeton University Press, 2011.

MELTZER, Allan H. "When Inflation Doves Cry". Project Syndicate, 13 ago. 2013. Disponível em: http://www.project-syndicate.org/commentary/why-us-inflation-remains-low-by-allan-h--meltzer.

MERLER, Sylvia; PISANI-FERRY, Jean. "Sudden Stops in the Euro Area". Bruegel Policy Contribution 2012/06, mar. 2012. Disponível em: www.bruegel.org.

MILES, David; YANG, Jing; MARCHEGGIANO, Gilberto. "Optimal Bank Capital". External MPC Unit. Discussion Paper n. 31: versão revista e ampliada, abr. 2011. Disponível em: http://citeseerx.ist.psu.edu/viewdoc/download;jsessionid=DA5FA4A3231E2B8A6263D1A4035C469A?doi=10.1.1.193.8030&rep=rep1&type=pdf.

MILNE, Alistair. *The Fall of the House of Credit: What Went Wrong in Banking and What Can Be Done to Repair the Damage.* Cambridge: Cambridge University Press, 2009.

MIN, David. "Faulty Conclusions Based on Shoddy Foundations". Center for American Progress, fev. 2011. Disponível em: http://www.americanprogress.org/wp-content/uploads/issues/2011/02/pdf/pinto.pdf.

MINISTROS DAS FINANÇAS E PRESIDENTES DE BANCOS CENTRAIS. "Communiqué", Busan, República da Coreia, 5 jun. 2010. Disponível em: http://www.ft.com/cms/422d6406-7093-11 df-96ab-00144feabdc0.pdf.

MINSKY, Hyman P. "The Modeling of Financial Instability: An Introduction". *Modeling and Simulation 5*, Proceedings of the Fifth Annual Pittsburgh Conference. Instrument Society of America (1974), pp. 267-73.

_____. "Can 'It' Happen Again? A Reprise". (Introdução a Minsky, *Can 'It' Happen Again? Essays on Instability and Finance*. Armonk: M. E.Sharpe, 1982), também em *Challenge*, jul.-ago. 1982, Hyman P. Minsky Archive, Paper 155. Disponível em: http://digitalcommons.bard.edu/hm_archive/155.

_____. *Inflation, Recession and Economic Policy*. Brighton: Wheatsheaf, 1982.

_____. *Stabilizing an Unstable Economy*. New Haven: Yale University Press, 1986 [Ed. bras.: *Estabilizando uma economia instável*. Trad. de Henrique Guerra. Barueri: Novo Século, 2014].

_____. "Financial Instability and the Decline (?) of Banking: Future Policy Implications". Working Paper n. 127, out. 1994. The Jerome Levy Research Institute of Bard College. Disponível em: http://www.levyinstitute.org/pubs/wp127.pdf.

MOGHADAM, Reza; TELA, Ranjit; BERKMEN, Pelin. "Euro Area — 'Deflation' versus 'Lowflation'". IMFdirect, 4 mar. 2014. Disponível em: http://blog-imfdirect.imf.org/20.14/03/04/euro-area-deflation-versus-lowflation.

MORGENSON, Gretchen; ROSNER, Joshua. *Reckless Endangerment: How Outsized Ambition, Greed and Corruption Led to Economic Armageddon*. Nova York: Times Books, 2011.

MORRIS, Charles R. *The Two Trillion Dollar Meltdown: Easy Money, High Rollers and the Great Credit Crash*. Filadélfia: Public Affairs, 2008 [Ed. bras.: *O crash de 2008: dinheiro fácil, apostas arriscadas e o colapso global do crédito*. Trad. de Otacílio Nunes. São Paulo: Aracati, 2009].

MOSLER, Warren. *Seven Deadly Innocent Frauds of Economic Policy*. Valance, 2010.

MUNCHAU, Wolfgang. "Germany's Constitutional Court has Strengthened the Eurosceptics". *Financial Times*, 9 fev. 2014. Disponível em: http://www.ft.com/cms/s/0/8a64e3ac-8f25-11e3-be85-00144feab7de.html.

NAKAMOTO, Michiyo; WIGHTON, David. "Citigroup Chief Stays Bullishon Buy-Outs". *Financial Times*, 9 jul. 2009. Disponível em: http://www.ft.com/cms/s/0/80e2987a-2e50-11dc-821c-0000779fd2ac.html.

NATIONAL COMMISSION ON THE CAUSES OF THE FINANCIAL AND ECONOMIC CRISIS IN THE UNITED STATES. *Financial Crisis Inquiry Report*, jan. 2011. Disponível em: http://www.gpo.gov/fdsys/pkg/GPO-FCIC/pdf/GPO-FCIC.pdf.

NOUY, Danièle. "Is Sovereign Risk Properly Addressed by Financial Regulation?". Banque de France, *Financial Stability Review*, n. 16, abr. 2012. Disponível em: http://www.banque-france.fr/fileadmin/user_upload/banque_de_france/publications/Revue_de_la_stabilite_financiere/2012/rsf-avril-2012/FSR16-article-09.pdf.

OAKLEY, David; WATKINS, Mary; HOPE, Kerin. "Greece Launches Debt Swap Offer". *Financial Times*, 24 fev. 2012. Disponível em: www.ft.com.

ONU. *Report of the Commission of Experts of the President of the United Nations General Assembly on Reforms of the International Monetary and Financial System.* Conferência das Nações Unidas sobre a Crise Financeira e Econômica Mundial e Seu Impacto no Desenvolvimento, 24-26 jun. 2009, Nova York. Disponível em: http://www.un.org/ga/president/63/interactive/financialcrisis/PreliminaryReport210509.pdf.

ORGANIZAÇÃO PARA A COOPERAÇÃO E DESENVOLVIMENTO ECONÔMICO. *Divided We Stand: Why Inequality Keeps Rising.* Paris: Organisation for Economic Co-operation and Development, 2011.

_____. *Economic Outlook*, várias edições. Paris: Organisation for Economic Co-operation and Development, 2013.

O'ROURKE, Kevin H.; TAYLOR, Alan M. "Cross of Euros". *Journal of Economic Perspectives*, v. 27, n. 3 (verão 2013), pp. 167-92.

PALETTA, Damian. "Inching Toward World-Wide Accord on Bank Rules". *The Wall Street Journal*, 30 ago. 2010. Disponível em: http://online.wsj.com/news/articles/SB10001424052748703418004575455822415872894.

PAULSON, Hank. *On the Brink: Inside the Race to Stop the Collapse of the Global Financial System.* Nova York e Londres: Business Plus e Headline, 2010 [Ed. bras.: *À beira do abismo financeiro: a corrida para salvar a economia global do colapso.* Trad. de Afonso Celso da Cunha Serra. Rio de Janeiro: Campus, 2010].

PEROTTI, Enrico. "A Blueprint for Macroprudential Policy in the Banking Union", 16 dez. 2012. Disponível em: http://www.voxeu.org/article/blueprint-macroprudential-policy-banking-union.

PEROTTI, Roberto. "Rethinking Macro Policy II". Fundo Monetário Internacional, 16-17 abr. 2013. Disponível em: http://www.imf.org/external/np/seminars/eng/2013/macro2/pdf/rp.pdf.

PETTIS, Michael. *Avoiding the Fall: China's Economic Restructuring.* Washington DC: Carnegie Endowment for International Peace, 2013.

_____. *The Great Rebalancing: Trade, Conflict, and the Perilous Road ahead for the World Economy.* Princeton e Oxford: Princeton University Press, 2013.

PIERCE, Andrew. "The Queen Asks Why No One Saw the Credit Crunch Coming". *The Daily Telegraph*, 5 nov. 2008. Disponível em: http://www.telegraph.co.uk/news/uknews/theroyalfamily/3386353/ The-Queen-asks-why-no-onesaw-the-credit-crunch-coming.html.

PIKETTY, Thomas. *Capital in the Twenty-First Century.* Trad. de Arthur Goldhammer. Cambridge, MA, e Londres: Harvard University Press, 2014 [Ed. bras.: *O capital no século XXI.* Trad. de Monica Baumgarten de Bolle. Rio de Janeiro: Intrínseca, 2014].

PORTES, Jonathan. "Recessions and Recoveries: An Historical Perspective". Atualizado para 7 ago. 2012. Disponível em: http://notthetreasuryview.blogspot.it/2012/04/recessions-and-recoveries-historical.html.

POZSAR, Zoltan et al. "Shadow Banking". Staff Report n. 458, jul. 2010, revisado em fev. 2012. Disponível em: http://www.newyorkfed.org/research/staff_reports/sr458.html.

RAJAN, Raghuram. "Has Financial Development Made the World Riskier?". Ago. 2005. Disponível em: http://www.kansascityfed.org/publicat/sympos/2005/pdf/rajan2005.pdf.

_____. "Bankers' Pay is Deeply Flawed". *Financial Times*, 9 jan. 2008.

RAJAN, Raghuram. *Fault Lines: How Hidden Fractures Still Threaten the World Economy*. Princeton e Oxford: Princeton University Press, 2010 [Ed. bras.: *Linhas de falha: como rachaduras ocultas ainda ameaçam a economia mundial*. Trad. de Zsuzsanna Spiry. São Paulo: BEĨ, 2012].

_____. "A Step in the Dark: Unconventional Monetary Policy after the Crisis". Andrew Crockett Memorial Lecture, Bank for International Settlement, 23 jun. 2013. Disponível em: http://www.bis.org/events/agm2013/sp130623.pdf.

REINHART, Carmen M.; ROGOFF, Kenneth S. *This Time is Different: Eight Centuries of Financial Folly*. Princeton e Oxford: Princeton University Press, 2009 [Ed. bras.: *Oito séculos de delírio financeiro: Desta vez é diferente*. Trad. de Afonso Celso da Cunha Serra. Rio de Janeiro: Campus, 2010].

_____. "Growth in a Time of Debt". National Bureau of Economic Research Working Paper n. 15639, jan. 2010. Disponível em: www.nber.org.

REINO UNIDO. COMISSÃO PARLAMENTAR SOBRE PADRÕES BANCÁRIOS. *Changing Banking for Good: Volume 1. Summary, and Conclusions and Recommendations*, 12 jun. 2013. Disponível em: http://www.parliament.uk/business/committees/committees-a-z/joint-select/professional-standards-in-the-banking-industry/news/changing-anking-forgood-report.

REPORT OF THE PARLIAMENTARY COMMISSION ON BANKING STANDARDS. *Changing Banking for Good: Volume 1. Summary, and Conclusions and Recommendations*, 12 jun. 2013. Disponível em: http://www.parliament.uk/business/committees/committees-a-z/joint-select/professional-standards-in-the-banking-industry/news/changing-banking-for-good-report.

ROBERTSON, James. *Future Money: Breakdown or Breakthrough?* Devon: Green Books, 2012.

ROGOFF, Kenneth. "Globalization and Global Deflation". Texto preparado para o simpósio do Banco do Federal Reserve de Kansas City sobre "Política Monetária e Incerteza: Adaptando-se a uma Economia em Mudança". Jackson Hole, WY, 29 ago. 2003. Disponível em: https://www.imf.org/external/np/speeches/2003/082903.htm.

ROUBINI, Nouriel; MIHM, Stephen. *Crisis Economics: A Crash Course in the Future of Finance*. Londres: Penguin, 2011 [Ed. bras.: *A economia das crises*. Trad. de Carlos Araújo. Rio de Janeiro: Intrínseca, 2010].

RUSLI, Evelyn. "The Universal Appeal of BofA". Forbes.com, 15 set. 2003. Disponível em: http://archive.is/w503.

RUTTE, Mark; DE JAGER, Jan Kees. "Expulsion from the Eurozone Has to Be the Final Penalty". *Financial Times*, 8 set. 2011. Disponível em: www.ft.com.

RYAN-COLLINS, Josh et al. *Where Does Money Come From?* Londres: New Economics Foundation, 2011.

SACHS, Jeffrey D. *The Price of Civilization: Reawakening American Virtue and Prosperity*. Nova York: Random House, 2011.

SAEZ, Emmanuel; PIKETTY, Thomas. "Why the 1% should Pay Tax at 80%", 24 out. 2013. Disponível em: http://www.theguardian.com/commentisfree/2013/oct/24/1percent-pay-tax-rate-80percent.

SAIGOL, Lina; SMYTH, Janie. "Ireland Poised to Exit EU Bailout". *Financial Times*, 13 dez. 2013. Disponível em: www.ft.com.

SAMUELSON, Paul. *Economics*, primeira edição. Nova York: McGraw-Hill, 1948.

SANDS, Peter. "In Banking Too Much Simplicity Can Be Dangerous". *Financial Times*, 26 ago. 2013. Disponível em: http://www.ft.com/cms/s/0/15ba8044-f46a-11e2-a62e-00144feabdc0. html.

SCHULARICK, Moritz. "Touching the Brakes after the Crash: A Historical View of Reserve Accumulation and Financial Integration". *Global Economy Journal*, v. 9, n. 4 (2009). Disponível em: http://www.jfki.fu-berlin.de/faculty/economics/team/Ehemalige_Mitarbeiter_innen/ schularick/A_Historical_View_of_Reserve_Accumulation_and_Financial_Integration. pdf?1376087666.

SCHULARICK, Moritz; TAYLOR, Alan. "Credit Booms Gone Bust: Monetary Policy, Leverage Cycles and Financial Crises, 1870-2008". National Bureau of Economic Research. Working Paper n. 15512, nov. 2009. Disponível em: www.nber.org.

SEN, Amartya. "Austerity is Undermining Europe's Grand Vision". *The Guardian*, 3 jul. 2010. Disponível em: http://www.theguardian.com/commentisfree/2012/jul/03/austerity-europe-grand-vision-unity.

SHARMA, Ruchir. *Breakout Nations: In Pursuit of the Next Economic Miracles*. Londres: W. W. Norton and Allen Lane, 2012 [Ed. bras.: *Os rumos da prosperidade: em busca dos próximos milagres econômicos*. Trad. de Maria Lucia de Oliveira. Rio de Janeiro: Campus, 2012].

SHEARD, Paul. "Repeat After Me: Banks Cannot and Do Not 'Lend Out' Reserves", 13 ago. 2013. Disponível em: http://www.standardandpoors.com/spf/upload/Ratings_US/Repeat_After_ Me_8_14_13.pdf.

SHILLER, Robert. *The Subprime Solution: How Today's Financial Crisis Happened, and What to Do about It*. Princeton: Princeton University Press, 2008 [Ed. bras.: *A solução para o subprime: saiba o que gerou a atual crise financeira e o que fazer a respeito*. Trad. de Eliana Bussinger. Rio de Janeiro: Campus, 2009].

SHIN, Hyun Song. *Risk and Liquidity: Clarendon Lectures in Finance*. Oxford: Oxford University Press, 2010.

_____. "The Second Phase of Global Liquidity and its Impact on Emerging Economies", 7 nov. 2013. Disponível em: http://www.frbsf.org/economic-research/events/2013/november/ asia-economic-policy-conference/program/files/The-Second-Phase-of-Global-Liquidi- ty-and-Its-ImpactonEmerging-Economies.pdf.

SIEDENTOP, Larry. *Democracy in Europe*. Londres: Allen Lane, 2001.

SINGH, Manmohan; STELLA, Peter. "Money and Collateral". WP/12/95, Fundo Monetário Internacional, abr. 2012. Disponível em: http://www.imf.org/external/pubs/ft/wp/2012/wp1295.pdf.

SINN, Hans-Werner; WOLLMERSHAEUSER, Timo. "Target Loans, Current Account Balances and Capital Flows: The ECB's Rescue Facility". National Bureau of Economic Research Working Paper n. 17626, nov. 2011. Disponível em: www.nber.org.

SKIDELSKY, Robert. *Keynes: The Return of the Master*. Londres: Allen Lane, 2009.

SMITH, Adam. *An Inquiry into the Nature and Causes of the Wealth of Nations*. Book V, Chapter 3 (1776) [Ed. bras.: *A riqueza das nações*. Trad. de Alexandre Amaral Rodrigues e Eunice Ostrensky. São Paulo: Martins Fontes, 2013]. Disponível em: http://www.econlib.org/library/ Smith/smWN22.html#B.V, Ch. 3, Of Public Debts.

SMITHERS, Andrew. *The Road to Recovery: How and Why Economic Policy Must Change*. Londres: Wiley, 2013.

SMITHERS, Andrew; WRIGHT, Stephen. "Stock Markets and Central Bankers: The Economic Consequences of Alan Greenspan". *World Economics*, v. 3, n. 1 (2002), pp. 101-24.

SORKIN, Andrew Ross. *Too Big to Fail: Inside the Battle to Save Wall Street*. Londres: Penguin, 2010.

SOROS, George. *The Alchemy of Finance: Reading the Mind of the Market*. Hoboken: John Wiley, 2003.

_____. *The New Paradigm for Financial Markets: The Credit Crisis of 2008 and What it Means.* Nova York: Public Affairs, 2008 [Ed. bras.: *O novo paradigma para os mercados financeiros: a crise atual e o que ela significa*. Trad. de Lucia Boldrini e Paulo Migliacci. Rio de Janeiro: Agir, 2008].

SOVEREIGN WEALTH FUND INSTITUTE. "Sovereign Wealth Fund Rankings". Disponível em: http://www.swfinstitute.org/fund-rankings.

STEIN, Herbert. "Herb Stein's Unfamiliar Quotations: On Money, Madness, and Making Mistakes". *Slate*, 16 maio 1997. Disponível em: www.slate.com.

STIGLITZ, Joseph E. *Freefall: Free Markets and the Sinking of the Global Economy*. Nova York: W. W. Norton, 2010 [Ed. bras.: *O mundo em queda livre*. Trad. de José Viegas Filho. São Paulo: Companhia das Letras, 2010].

_____. *The Price of Inequality: How Today's Divided Society Endangers our Future*. Nova York e Londres: W. W. Norton, 2012.

STOCK, James H.; WATSON, Mark W. "Has the Business Cycle Changed and Why?". In: GERTLER, Mark; ROGOFF, Kenneth (Orgs.). *NBER Macroeconomic Annual 2012*, v. 17. Cambridge, MA: MIT Press, 2003. Disponível em: http://www.nber.org/chapters/c11075.pdf.

STRUPCZESWKI, Jan; TOYER, Julien. "Eurozone Agrees to Lend Spain up to 100bn Euros". Reuters, 10 jun. 2012. Disponível em: http://uk.reuters.com/article/2012/06/10/uk-Eurozone-iduKBRE85805E2012061.

SUMMERS, Lawrence. Fala na 14ª Conferência de Pesquisa Anual do FMI em Homenagem a Stanley Fischer, 18 nov. 2013. Disponível em: http://larrysummers.com/imf-fourteenth-annual-research-conference-in-honor-of-stanley-fischer.

_____. "Why Stagnation Might Prove to Be the New Normal". 15 dez. 2013, *Financial Times*. Disponível em: http://www.ft.com/cms/s/2/87cb15ea-5d1a-11e3-a558-00144feabdc0.html.

SUMMERS, Lawrence; WOLF, Martin. "A Conversation on New Economic Thinking". Bretton Woods Conference, Institute for New Economic Thinking, 8 abr. 2011. Disponível em: http://ineteconomics.org/video/bretton-woods/larry-summers-and-martin-wolf-new-economic-thinking.

TALEB, Nassim Nicholas. *Fooled by Randomness: The Hidden Role of Chance in Life and the Markets*. Londres: Penguin, 2004.

_____. *The Black Swan: The Impact of the Highly Improbable*. Nova York: Random House, 2007 [Ed. bras.: *A lógica do cisne negro: o impacto do altamente improvável*. Trad. de Marcelo Schild. Rio de Janeiro: Best Seller, 2008].

TARULLO, Daniel K. "Statement by Daniel K. Tarullo, Member, Board of Governors of the Federal Reserve System before the Committee on Banking, Housing, and Urban Affairs, US Senate". Washington DC, 11 jul. 2013. Disponível em: http://www.federalreserve.gov/newsevents/testimony/tarullo20130711a.htm.

TAYLOR, Alan M. "The Great Leveraging", National Bureau of Economic Research Working Paper n. 18290, ago. 2012. Disponível em: www.nber.org.

_____. "When is the Time for Austerity?", 20 jul. 2013. Disponível em: http://www.voxeu.org/article/when-time-austerity.

TAYLOR, John B. "The Financial Crisis and the Policy Response: An Empirical Analysis of What Went Wrong". National Bureau of Economic Research Working Paper 14631, jan. 2009. Disponível em: www.nber.org.

_____. Getting off Track: How Government Actions and Interventions Caused, Prolonged and Worsened the Financial Crisis. Stanford: Hoover Institution Press, 2009.

TEMIN, Peter; VINES, David. The Leaderless Economy: Why the World Economic System Fell Apart and How to Fix it. Princeton e Oxford: Princeton University Press, 2013.

THOMSON, Christopher. "Coco Bond 'Avalanche' Expected from EU Banks". Financial Times, 25 nov. 2013. Disponível em: http://www.ft.com/cms/s/0/a169e4f8-55e6-11e3-96f5-00144feabdc0.html.

TOBIN, James. "Commercial Banks as Creators of 'Money'". Cowles Foundation Paper 205. Reimpresso de Dean Carson (Org.). Banking and Monetary Studies, for the Comptroller of the Currency, U. S. Treasury, Richard D.Irwin (1963). Disponível em: http://cowles.econ.yale.edu/P/cm/m21/m21-01.pdf.

TRICHET, Jean-Claude. "Interview with Jean-Claude Trichet, President of the ECB, and Libération, Conducted by Jean Quatremer". European Central Bank, 8 jul. 2010. Disponível em: http://www.ecb.europa.eu/press/key/date/2010/html/sp100713.en.html.

TURNER, Adair. The Turner Review: A Regulatory Response to the Global Banking Crisis. Financial Services Authority, Londres, mar. 2009. Disponível em: http://www.fsa.gov.uk/pubs/other/turner_review.pdf.

_____. "Financial Risk and Regulation: Do We Need More Europe or Less?". Financial Services Authority, Londres, 27 abr. 2012. Disponível em: http://www.fsa.gov.uk/library/communication/speeches/2012/0427-at.shtml.

_____. "Monetary and Financial Stability: Lessons from the Crisis and from Classic Economics Texts". Financial Services Authority, Londres, 2 nov. 2012. Disponível em: http://www.fsa.gov.uk/static/pubs/speeches/1102-at.pdf.

_____. Economics After the Crisis: Ends and Means. Cambridge, MA, e Londres: MIT Press, 2012.

_____. "Debt, Money and Mephistopheles: How Do we Get out of this Mess?". Cass Business School, 6 fev. 2013. Disponível em: http://www.fsa.gov.uk/static/pubs/speeches/0206-at.pdf.

_____. "Escaping the Debt Addiction: Monetary and Macro-Prudential Policy in the Post-Crisis World", 10 fev. 2014. Disponível em: http://ineteconomics.org/sites/inet.civicactions.net/files/Frankfurt%20Escaping%20the%20debt%20addiction%2010%20FEB.pdf.

_____ et al. The Future of Finance: The LSE Report. Londres: London School of Economics and Political Science, 2010. Disponível em: http://harr123et.files.wordpress.com/2010/07/futureoffinance5.pdf.

URRY, Maggie. "Government to Push Lloyds-HBOS Deal Through". Financial Times, 18 set. 2008.

VOLCKER, Paul. "Remarks by Paul A. Volcker at a Lunche on of the Economic Club of New York", 8 abr. 2012. Disponível em: http://blogs.denverpost.com/lewis/files/2008/04/volcker-nyeconclubspeech04-08-2008.pdf.

WAGSTYL, Stefan; JONES, Claire. "German Court Refers ECB Bond-Buying Programme to European Justice", 7 fev. 2014. Disponível em: http://www.ft.com/cms/s/0/3feab440-8fd5-11e3-aee9-00144feab7de.html.

WARWICK COMMISSION ON INTERNATIONAL FINANCIAL REFORM. "Macro-Prudential and Micro-Prudential Regulation", cap. 2 de *In Praise of Unlevel Playing Fields*, 2009, Relatório da Segunda Comissão Warwick, Universidade de Warwick. Disponível em: http://www2.warwick.ac.uk/research/warwickcommission/financialreform/report/chapter_2.pdf.

WEILER, Jonathan. "Why the Tea Party is a Fraud". *Huffington Post*, 15 abr. 2010. Disponível em: http://www.huffingtonpost.com/jonathan-weiler/why-the-tea-party-is-a-fr_b_539550.html

WHEATLEY, Jonathan. "Brazil's Mantega Sees 'International Currency War'", *Financial Times*, 27 set. 2010. Disponível em: www.ft.com.

WHITE, Ben. "Buoyant Bear Stearns Shrugs Off Subprime Woes", *Financial Times*, 16 mar. 2007.

WHITE, William. "Ultra Easy Monetary Policy and the Law of Unintended Consequences", set. 2012. Disponível em: http://www.dallasfed.org/assets/documents/institute/wpapers/2012/0126.pdf.

WILLIAMS, John. "A Defense of Moderation in Monetary Policy". Federal Reserve Bank of San Francisco, Working Paper 2013-15. Disponível em: http://www.frbsf.org/economic-research/files/wp2013-15.pdf.

WILLIAMSON, John. "Getting Surplus Countries to Adjust". Policy Brief PB11-01, jan. 2011, Peterson Institute for International Economics. Disponível em: http://www.iie.com/publications/pb/pb11-01.pdf.

WOLF, Martin. "Federalism before a Fall". *Financial Times*, 3 dez. 1991.

_____. *Why Globalization Works*. New Haven e Londres: Yale University Press, 2004.

_____. "Session 3 (Round Table) Financial Globalisation, Growth and Asset Prices". *International Symposium: Globalisation, Inflation and Monetary Policy*, Banque de France, mar. 2008. Disponível em: http://www.banque-france.fr/fileadmin/user_upload/banque_de_france/EconomieetStatistiques/La_recherche/GB/session3b.pdf.

_____. "The Rescue of Bear Stearns Marks Liberalisation's Limit". *Financial Times*, 25 mar. 2008.

_____. *Fixing Global Finance*. Baltimore e Londres: Johns Hopkins University Press e Yale University Press, 2008 e 2010 [Ed. bras.: *A reconstrução do sistema financeiro global*. Trad. de Afonso Celso da Cunha Serra. Rio de Janeiro: Campus, 2010].

_____. "Why and How should we Regulate Pay in the Financial Sector?". In: TURNER, Adair et al. *The Future of Finance: The LSE Report*. Londres: London School of Economics and Political Science, 2010.

_____. "Be Bold, Mario, Put Out that Fire". *Financial Times*, 25 out. 2011. Disponível em: http://www.ft.com/cms/s/0/bd60ab78-fe6e-11e0-bac4-00144feabdc0.html.

_____. "Mind the Gap: Perils of Forecasting Output". *Financial Times*, 9 dez. 2011.

_____. "A Permanent Precedent". *Financial Times*, 17 maio 2012. Disponível em: http://www.ft.com/cms/s/0/614df5de-9ffe-11e1-94ba-00144feabdc0.html.

_____. "The Role of Fiscal Deficits in Deleveraging". 25 jul. 2012. Disponível em: http://blogs.ft.com/martin-wolf-exchange/2012/07/25/getting-out-of-debt-by-adding-debt.

_____. "Afterword: How the Financial Crises Have Changed the World". In: FEENSTRA, Robert

C.; TAYLOR, Alan M. (Orgs.). *Globalization in an Age of Crisis: Multilateral Economic Cooperation in the Twenty-First Century*. Chicago: University of Chicago Press, 2013.

_____. "How the Financial Crisis Changed Our World". Wincott Memorial Lecture, 2013. Disponível em: http://www.wincott.co.uk/lectures/2013.html.

_____. "Lessons from the Global Financial Crisis". *Insight: Melbourne Business and Economics*, v. 13 (abr. 2013).

_____. "Why the Baltic States are No Model". *Financial Times*, 30 abr. 2013. Disponível em: http://www.ft.com/cms/s/0/090bd38e-b0c7-11e2-80f9-00144feabdc0.html.

_____. "The German Model is Not for Export". *Financial Times*, 7 maio 2013. Disponível em: http://www.ft.com/cms/s/0/aacd1be0-b637-11e2-93ba-00144feabdc0.html.

_____. "The Toxic Legacy of the Greek Crisis". *Financial Times*, 18 jun. 2013. Disponível em: http://www.ft.com/cms/s/0/b31dd248-d785-11e2-a26a-00144feab7de.html.

_____. "How Austerity Has Failed". *New York Review of Books*, 11 jul. 2013. Disponível em: http://www.nybooks.com/articles/archives/2013/jul/11/how-austerity-has-failed.

_____. "Failing Elites Threaten our Future". *Financial Times*, 14 jan. 2014. Disponível em: http://www.ft.com/cms/s/0/cfc1eb1c-76d8-11e3-807e-00144feabdc0.html.

WONG, Simon. "Some Banks' Pay Reform may Show the Way". *Financial Times*, 13 mar. 2011. Disponível em: http://www.ft.com/cms/s/0/578024fa-4c21-11e0-82df-00144feab49a.html.

WOODFORD, Michael. *Interest and Prices: Foundations of a Theory of Monetary Policy*. Princeton e Oxford: Princeton University Press, 2003.

WRAY, L. Randall. *Modern Monetary Theory: A Primer on Macroeconomics for Sovereign Monetary Systems*. Londres: Palgrave Macmillan, 2012.

WREN-LEWIS, Simon. "The Two Arguments Why the Zero Lower Bound Matters". *Mainly Macro*, 12 jul. 2013. Disponível em: http://mainlymacro.blogspot.it/2013/07/the-two-arguments-why-zero-lower-bound.html.

ZARLENGA, Stephen A. *The Lost Science of Money: The Mythology of Money — the Story of Power*. Nova York: American Monetary Institute, 2002.

Índice remissivo

Abe, Shinzo, 65, 195, 324

ABN-Amro, 47, 155

abordagem *single-point-of-entry* (SPOE), 267

Academia Britânica, 230

acionistas, 60, 145, 166, 229, 283, 286, 291, 380; imposição de perdas aos, 173, 266, 314, 379; incentivos ao risco para, 162, 164, 277, 279-80, 290; responsabilidade limitada e, 164, 279; teoria da maximização do valor, 153

Ackermann, Joseph, 45

Acordo Geral de Tarifas e Comércio, 216

Admati, Anat, *The Bankers' New Clothes* (com Martin Hellwig, 2013), 160, 278, 281, 287, 394

África: norte da, 117, 118, 119, 123; subsaariana, 118-9, 123; subsaariana, 20, 117-9, 132

África do Sul, 129, 132

agências de classificação de risco, 43, 204, 367, 389

AIG, 41-2, 45, 49, 275

Akerloff, George, 156

alavancagem, 164, 201-2, 204, 226, 234; Adair Turner sobre, 232; Basileia III e, 265; bolhas de imóveis e, 160, 225, 285; como criadora de fragilidade, 394; cultura do bônus e, 320; declaração do G-20 (abril de 2009) e, 263; declaração do G-20 (junho de 2010), 261; desalavancagem, 25, 61, 63-4, 313-5, 379; Espanha e, 214; Hayek e, 244; instrumentos financeiros e, 160-1; liberalização e, 363; modelo de negócio dos bancos e, 277, 279; modelos de ponderação de risco falhos e, 161-3; no setor financeiro dos Estados Unidos, 196, 265; razão capital próprio/ativos, 99, 152, 162, 264-5, 277, 279, 281-2, 284, 290, 296, 367; requerimentos de capital dos bancos e, 280-90, 292, 294, 377, 379; significado do termo, 160; sobre-endividamento e, 278-9, 290, 315; taxas no Reino Unido, 279, 367; taxas razoáveis para bancos, 281-2, 284, 291, 296

Alemanha: "economia social de mercado", 80, 195; aumentos nos spreads sobre *bunds*, 73, 74, 75, 77, 84, 87, 97, 211, 213; Comissão Europeia e a, 99; cultura empresarial na, 60; decisão judicial sobre o programa OMT (fevereiro de 2014), 83, 341; déficit fiscal, 55, 102, 103, 210, 309; desejo de preservar a zona do euro, 78, 80; desemprego na, 61; desequilíbrios globais e a, 190, 192,

370, 389; desequilíbrios na zona do euro e a, 81, 95, 98, 107, 111, 209-4, 325, 339, 346, 352; dívida pública, 103, 357, 382; dominação econômica da Europa, 331, 359-60, 397; economia voltada para as exportações, 91, 136, 190, 194, 211, 346, 350, 360; envelhecimento da população na, 216, 316, 382; estímulo fiscal durante a crise, 56; ganhos inesperados com a crise da zona do euro, 115, 325, 335; Grécia e, 100; hipótese do excesso de poupança e, 192, 194-5; impacto da crise de 2007 sobre a, 55-6, 58, 61, 128; liquidacionismo e, 373, 382, 385; mercado de trabalho na, 59, 60, 90, 211, 336, 338, 344; modelo da zona do euro imposto pela, 80-1, 84-5, 114, 136, 324, 344-5, 360, 370, 373, 382, 385, 397; modelo de banco universal e a, 270; modelo de integração europeia e a, 81, 349-50; níveis de inflação na, 339, 340, 360, 386; política interna, 79, 350; programa OMT e, 83-4, 340; prováveis efeitos da ruptura da zona do euro sobre a, 349-50; prováveis efeitos de uma saída da zona do euro da, 79, 81, 348; recuperação da crise de 2007, 58, 59; rejeição da administração da demanda, 194; responsabilidade pela crise da zona do euro e, 60, 81, 85, 107, 209, 214, 346; reunificação (1990), 79, 195, 210, 332, 344; riscos do euro e, 332; saldos financeiros setoriais, 212; superávit em conta-corrente, 81, 90, 103, 107, 190, 195, 209-10, 217, 353, 365; superávit em conta-corrente por setor, 212; superávit em conta-corrente, escala do, 87, 88, 96, 191, 210, 344, 345, 389; temores de inflação na, 97, 373, 382; visão da crise como fiscal, 71, 81, 85, 102, 105, 107

Alesina, Alberto, 307

Alessandri, Piergiorgio, 53, 149

Alliance and Leicester, 155

Alpert, Daniel, 184; *The Age of Oversupply*, 318

Alvarez, Scott, 167

"Amanhecer Dourado" na Grécia, 85

América Latina, 117, 132; "crise Tequila" (metade da década de 1990), 121, 361; crise da dívida (década de 1980), 20, 121, 361

American Enterprise Institute, 168, 170

Ameriquest, 151

Arábia Saudita, 365

arbitragem, 187, 263, 291, 295, 389

Ardagna, Silvia, 307

Argentina, crise na (2000-1), 121, 348, 361

Aristóteles, 22

Ash, Michael, 309

Ásia, crises financeiras na (1997-8), 20, 94, 121, 130, 196, 318, 361; Basileia I e, 264; desequilíbrios globais e, 190, 192-3; desvalorizações depois da crise, 347; hipótese do excesso de poupança e, 181, 186-7, 189; sistema de câmbio atrelado ajustável e, 392; taxas de juro e, 26, 185, 186-7

Ásia, economias da: capitalismo de Estado e, 218; como exportadoras líquidas de capital (2000-7), 190, 192-3, 206; crescimento nas, 117-8, 119, 132; desequilíbrios globais e, 190; desvalorizações depois da crise (1997 e 1998), 347; políticas de crescimento lideradas pelas exportações, 193; reservas em moeda estrangeira, 40, 127, 218; subvalorização das taxas de câmbio, 126, 193, 326, 390; superávits em conta-corrente, 123; *ver também* China; Índia

ataques terroristas de 11 de setembro de 2001, 195, 208

ativos securitizados, 43-5, 159, 165, 378; "papel tóxico", 43, 51, 155, 202; CDOs, 157-8, 160; disseminação global de, 155, 202, 208; modelo "criar e distribuir", 363; necessidade de renascimento dos mercados de, 286; precificação de derivativos, 157, 363; *retail mortgage-backed securities* (RMBS), 154

Áustria, 18, 47, 72, 87, 88, 103, 348

austríaca, escola, 17, 18, 27, 243-6, 253, 274, 305; apoio à "liquidação", 245-6, 372; defensores do retorno ao padrão-ouro na, 27, 243-6; influência de Wicksell, 241; sistema de crédito e a, 240, 243-4, 246, 253

Autoridade de Serviços Financeiros, Reino Unido, 33, 165, 167, 270

Bagehot, Walter, 105, 107, 176, 231-2, 274; *Lombard street* (1873), 149, 173, 175, 230, 237, 249-50

balança comercial, 196, 218

bálticos, países, 93-4, 341, 342-3, 388

Banco Central Europeu (BCE): como burocracia não eleita, 397; como financiador de última instância, 348, 354; Conselho Europeu de Risco Sistêmico, 271; demanda e, 345, 353; dívida do governo como "livre de risco", 73; efeito da crise sobre o balanço do, 54; Espanha e, 108, 111, 354-5; estabelecimento de metas de inflação pelo, 338, 345, 353; falhas do, 54, 112, 227, 354-5, 359; FMI e, 84, 99; injeção de liquidez (de 9 de agosto de 2007), 43; legado da crise, 369; mandato em relação à inflação do, 212, 373, 386; mercado de *eurobonds* e, 358; não previsão da crise pelo, 146; necessidade de medidas não convencionais do, 353, 358, 373, 384; necessidade de reforma do, 28, 358; opção de flexibilização quantitativa para o, 358, 373, 384; operação de refinanciamento de longo prazo (LTRO), 82, 108; programas de salvamento e, 76, 383; saídas da zona do euro e, 347-8; sistema de compensação "Target 2", 95-6; taxas de juro baixas, 54, 183, 184, 212; Transações Monetárias Diretas (OMT), 82-4, 96, 98-9, 111, 340, 355, 359, 384

Banco da Inglaterra: "esquema especial de liquidez", 51; abordagem *single-point-of-entry* (SPOE), 267; Comitê de Política Financeira, 271; como emprestador de última instância, 110, 148-9, 354; efeito da crise no balanço, 54; não previsão da crise, 146, 162; taxas de juro, 54, 183, 184-6, 207; torna-se independente (1997), 186

Banco de Compensações Internacionais, 157, 171, 201, 285, 312

Banco Mundial, 19, 51, 219, 326

bancos centrais: "flexibilização quantitativa" adotada pelos, 54, 253, 258-9, 304, 374; aumento dos poderes regulatórios, 271; Bagehot sobre, 173-4; Bernanke sobre o papel dos, 237-9; cartalismo/teoria monetária moderna e, 256-7, 259; como emprestadores de última instância, 30, 95, 110, 148-9, 236, 287, 347, 354, 378; compra de ativos por, 53-4, 128, 253, 255, 258, 288, 306; conceito de atividade bancária restrita, 275-6, 288; criação de moeda pelos, 83, 249, 288, 329, 370, 381; economistas ortodoxos nos, 27, 34, 171, 233, 235, 372; *ver também* nova ortodoxia; escola austríaca e, 244-5; ferramentas e modelos analíticos usados por, 233; ideia de exigência de reservas de 100%, 244, 246-9, 274-5, 374, 381; inflação e, 171-2, 205, 212, 366; *ver também* inflação, políticas de metas de; intervenções decisivas dos, 43, 49, 53-4, 84, 159, 362; maior papel após a crise dos, 369; mandatos de equilíbrio interno, 195, 202, 207, 242, 366, 377; Minsky e, 17, 233, 255; nacionais na zona do euro, 95-6, 98, 109, 214; não previsão da crise pelos, 146, 171; oferta de moeda e, 30, 198, 252, 305, 329; política macroprudencial e, 93, 295, 377; provisão de reserva para bancos domésticos, 234, 258, 287, 306, 374; síndrome da deficiência de demanda e, 204, 317; Sistema Europeu de Bancos Centrais (SEBC), 95-6, 98; *ver também* Banco da Inglaterra; Banco Central Europeu (BCE); Federal Reserve

bancos de desenvolvimento, nacionais ou regionais, 381

Bank of America, 45

Barnier, Michel, 269

Bear Stearns, 41, 44-5

Bebchuk, Lucien, 164

Bélgica, 53, 72, 87, 88, 103

Benes, Jaromir, 248

bens públicos e semipúblicos, 22, 29, 396

Berlin, Isaiah, "Dois conceitos de liberdade" (ensaio, 1969), 21-2

Berlusconi, Silvio, 78

Bernanke, Ben: e a "grande moderação", 24, 34, 128; e metas de inflação, 239, 256; e o mal-estar deflacionário do Japão, 195, 238-9; fala sobre deflação (novembro de 2002), 195; hipótese do excesso de poupança, 181, 184, 189, 205, 365; ideologia oficial pós-crise, 236, 238-40; não previsão da crise, 23-4, 34, 145-6; operação de salvamento (2008-9), 48, 236, 256; *tapering* financeiro, 128-9

Bhagwati, Jagdish, 203

Bhalla, Surjit, 126

Blanchard, Olivier, 65, 342

Blankfein, Lloyd, 204
BNP Paribas, 43
bolhas de imóveis, 28, 42, 75, 167, 220, 235, 366; alavancagem e, 160-1, 225, 285; crise financeira asiática (1997-8) e, 187-8; economias emergentes e, 194; efeitos mais amplos do colapso, 63; especulação nos valores da terra e, 380; expansão da oferta de casas e, 188, 200-1; falhas de regulação, 169, 171; na zona do euro, 73, 75, 213; no Reino Unido, 207; nos Estados Unidos, 44, 66, 151, 169-70, 175, 196, 200-1, 206, 366, 372; superávits do setor empresarial e, 320; taxas de juro e, 187, 188, 207; *ver também* empréstimo hipotecário
bolhas habitacionais *ver* bolhas de imóveis
bônus e remuneração nos bancos, 163, 248, 267, 277, 279, 320, 367, 380
booms de crédito, 26, 142, 196, 235, 367; "lei da conservação das crises", 122; ciclo de Minsky, 150, 187; crises financeiras decorrentes de, 61, 64, 125, 142, 187, 189, 203-4, 243-4, 292, 303; desigualdade crescente e, 318-9, 322; duração antes da crise, 152; falta de pressão inflacionária e, 235, 240; na Espanha, 73, 212; na zona do euro, 212-3, 345; perigo de ocorrência no futuro próximo, 298, 324; visões de Hayek sobre, 244; *ver também* bolhas de imóveis
Borio, Claudio, 171, 201, 205, 241
Bradford & Bingley, 47, 155
Brasil, 116, 121, 126-7, 130-1, 137
Brender, Anton, 204
Bretton Woods, conferência de (1944), 390-1
British Petroleum (BP), 277
Broadbent, Ben, 155
Brown, Gordon, 23, 51, 229, 271
Brüning, Heinrich, 333
Brynjolfsson, Erik, 317
Buffett, Warren, 145
Bulgária, 93, 123, 124
Bulow, Jeremy, 289
Bush, George W., 196, 200

Cameron, David, 297
Canadá, 309
capital próprio (patrimônio líquido), 129, 160, 326, 394; confundido com capital líquido,

283; conversão de dívida em, 265-6, 28-90, 314, 358, 379; dos acionistas, 229, 277, 279, 286, 379; Equity Recourse Notes (ERNs), 289-90; financiamento de bancos, 163-4, 264-5, 267, 276-7, 279-92; fluxos transnacionais dentro da zona do euro, 385-6; mercados e, 51, 57, 286; metas para níveis de, 288; negativo, 279; Plano de Chicago e, 247, 275, 381; retornos mais baixos sobre o patrimônio líquido como mais seguros, 284; taxas de alavancagem e, 162, 265, 277, 282-4, 290-1, 378; tributação do, 379; vantagens da dívida em relação ao, 147
capitalismo de Estado, 31, 217
Caribe, 117, 123, 132
cartalismo, 256
Carter, Jimmy, 318
Chicago, escola de: criação de dinheiro pelo Estado e, 247-9, 259, 275, 328, 381; economistas austríacos e, 243; hipótese dos mercados eficientes, 153; Hyman Minsky e, 255; ideia de exigência de reservas de 100%, 246-9, 274, 374, 381; Plano de Chicago, 246-50, 259, 274-6, 328, 374, 381, 394; visões sobre Keynes, 231
China: alteração do poder econômico mundial na direção da, 32, 117, 242; apreciação da moeda na, 326; ascensão como potência econômica, 20, 32, 117, 143, 218-9, 242, 361; baixo consumo privado na, 133, 134; capitalismo de Estado, 31, 218; como exportadora líquida de capital, 126, 127, 190, 193-4, 205, 389; crescimento contínuo durante a crise, 118; crescimento no período pós-2007, 32, 117, 119, 133; demanda por commodities, 133, 135, 181; desaceleração do crescimento na, 131, 133-6; estrutura da economia, 192; hipótese do excesso de poupança e a, 32, 192, 205, 370, 389; ingressa na OMC (2001), 216; níveis de endividamento na, 25, 30, 207; perigo de queda na atividade econômica na, 40, 117, 130, 133-6; políticas de crescimento liderado pelas exportações, 133, 180, 193-4, 206, 217; recuperação rápida na, 30, 119; reformas de Deng Xiaoping, 153, 216; reservas em moeda estrangeira, 40, 126, 127, 194, 218, 365; subvalorização das taxas de câm-

bio, 126, 180, 193, 206, 326, 365, 389; superávits em conta-corrente, 88, 126, 133, 181, 190, 192-3, 365, 389; surto de investimento alimentado pelo crédito, 121, 130, 133, 134, 135, 137, 207

Chipre, 76, 333, 385

cidadania, 22, 397

Citigroup, 145, 179

Clinton, Bill, 200

Comissão Europeia, 72, 85, 99, 113, 269, 332, 397; "procedimentos para desequilíbrios macroeconômicos", 345

Comitê de Basileia de Supervisão Bancária, 287; Basileia I, 73, 168, 263; Basileia II, 264; Basileia III, 262-5, 280

Comitê de Supervisores Bancários Europeus, 267

commodities: China e, 40, 133, 181; petróleo, 117, 126, 181, 190, 193, 218, 311, 365, 372; preços, 117, 135, 181, 365

comportamento criminoso, 151, 177, 364, 367, 379

Comunidade de Estados Independentes (CEI), 117-8, 119, 123, 132

construção: booms, 125, 188-9, 200-2, 377; colapso do gasto em, 63, 246, 311, 320; na zona do euro, 89, 91, 335; no Reino Unido, 284; nos Estados Unidos, 60, 200-1, 302

contabilidade de marcação a mercado, 294, 381

conta-corrente, saldos em: "excesso de poupança" e, 32, 142, 189; ajuste pós-crise, 91-101; desequilíbrios na zona do euro, 16, 73-6, 78, 81, 86, 88-1, 95-6, 102, 106, 208-9, 210, 211-2, 214, 344-5, 347, 352-3, 360; em economias emergentes, 32, 123, 126, 133, 136, 192, 365; equilíbrio interno, 191, 195, 197, 200, 202, 204, 209, 210, 212, 214, 345, 352, 366; equilíbrio/desequilíbrio externo, 191, 195-7, 199-203, 208-9, 210, 211, 212, 214, 225-6, 319, 345, 352, 366; no Reino Unido, 155, 321; nos Estados Unidos, 16, 181, 190, 191, 196-203, 321-2; países bálticos, 342-3; países da Europa Central e Oriental, 40, 123-5, 136; superávits chineses, 88, 133, 181, 190, 192, 365; sustentabilidade externa como assimétrica, 191; visão de Keynes sobre, 390;

visão dos países credores sobre, 81, 102, 107, 208; ver também desequilíbrios globais e Alemanha

contratos financeiros, 380

Coreia do Sul, 192

Cowen, Tyler, 316

Credit Suisse, 265

credit-default swaps, 45, 158, 160

crédito: "paradas bruscas" nos mercados de capitais, 40, 47, 50, 86, 89, 93, 95, 112, 115, 124, 191, 342, 345; crescimento em economias emergentes, 121, 130, 133-5, 207, 362, 364, 366; criação pelo setor privado de, 30, 64, 148, 233-5, 239, 241, 243-4, 246-50, 257, 260, 328, 363, 368, 395; disparidades de vencimento, 44, 147, 159, 234, 272, 280, 295, 381; empréstimos "NINJA", 152; escola austríaca e, 240, 243-4, 246, 253; falha de todo o sistema baseado no mercado, 159; Hayek culpa o sistema de crédito pela Grande Depressão, 244; hipótese do excesso de crédito, 180, 202-4; ideia de "risco moral", 26, 80, 172; insights de Wicksell, 241; liberalização do, 217, 220, 363; política macroprudencial e, 292-4; preços de ativos e, 218, 220, 233, 235, 318; responsabilidade e, 81, 102, 106, 112, 208, 214; sistema de crédito como desestabilizador, 235-6, 240-2, 244, 246, 250, 253, 260; sistema de crédito como excessivamente elástico, 241, 366; taxas de juro e, 235, 258, 306; vastos aumentos de crédito devido ao sistema bancário paralelo, 158; ver também dívida; ativos securitizados

crise escandinava (começo da década de 1990), 361

crise financeira e econômica (a partir de agosto de 2007): "negligência racional" e a, 141; "parada brusca" nos mercados de capitais, 40, 47, 50, 86, 89, 93, 95, 112, 115, 124, 191, 342, 345; a defesa da ação radical, 330, 393; argumentos contra a intervenção, 175, 237, 243, 245; atribuição à política monetária da culpa pela, 26, 142, 204, 205-8; causas da, 26, 32, 142-3, 146, 180, 191, 232-3, 363-4, 366-8; ver também desequilíbrios globais; liberalização eco-

461

nômica, excessos de poupança global; Chuck Prince sobre a, 145-6; como falha intelectual, não institucional, 230,-5; comparada a crises anteriores, 47, 58, 61; comunicado do G-7 (10 de outubro de 2008), 52-3; curso da, 39, 41-7, 49-1, 53-4; custo total da, 53, 166, 274, 300, 369, 395; debate keynesiano-monetarista sobre respostas à, 251-3, 255; duração do boom anterior à, 152; escala da, 42-7, 49-0; estabelecimento de agenda pelo G-20 depois da, 262-3; falha do sistema, não de indivíduos, 180; falhas dos economistas e a, 23, 34, 141, 177, 230-5; falhas dos formuladores de políticas, 165-78; Hank Paulson sobre a, 41; ideologia oficial depois da crise, 236, 238-40, 329; impacto imediato da, 57-8; impacto prolongado da, 61, 63-5, 67; importância fundamental da falência do Lehman, 48-9, 71-2, 174, 176; internacional, 154; legado da, 29-33, 329, 369, 371; longo período anterior de estabilidade, 152, 161; má administração depois da crise, 368; não previsão da, 15, 23, 145-7, 163, 232, 396; orgia de criação de leis e regras depois da, 262-9, 271-3; paisagem alterada depois da, 15, 18, 24, 29, 53, 178, 180, 329; pânico durante a, 172, 174-7; quedas do PIB durante a, 61, 66; raízes macroeconômicas, 180, 192; respostas como apenas as mínimas, 27, 359; respostas e intervenções em termos de políticas, 25, 27, 173-7, 237, 243, 368; respostas em termos de políticas como sucesso limitado, 25, 52-9, 61, 66-7, 70, 237, 364, 367-8; respostas legislativas nos Estados Unidos, 270-1; tamanho dos balanços brutos e a, 201, 203-4, 362; visão de Sachs sobre as elites americanas, 319; visão equivocada da, como crise fiscal, 345

Darling, Alistair, 46, 51
Darvas, Zsolt, 341
De Grauwe, Paul, 84, 108, 110-1, 115, 354
De Jager, Jan Kees, 100
De Long, J. Bradford, 307, 312
deficiência de demanda, síndrome da, 204, 217, 298, 317-22, 328

déficits fiscais: aumentos em decorrência da crise, 25, 39, 53, 81, 274, 320, 362, 383, 395; aumentos em decorrência da crise, razões para os, 56-7, 66-7, 107, 112; Minsky e, 18; na zona do euro, 55, 72, 76, 81, 96, 98, 102, 103, 104-7, 113, 210, 309, 343-5, 358; necessidade de reequilíbrio global, 323-6, 328; no Japão, 217; taxas de câmbio e, 322
deflação, 64, 195, 209, 241, 248, 259, 302; conceito de deflação de dívida, 64, 84, 92, 94, 315, 340-1, 373, 378; na década de 1930, 58, 64, 238, 373, 378; no Japão, 64, 195, 238, 329; zona do euro e, 64, 84, 92, 94, 209, 227, 339, 341, 346, 349, 373
Delors, Jacques, 332
democracia liberal, 19, 20-2, 397; "déficit democrático", 114, 333, 346, 382, 397; Estado ultralimitado como inaceitável, 393; falhas imensas das elites ocidentais, 177, 396; perda de credibilidade em decorrência da crise financeira, 31, 396-7
Deng Xiaoping, 153, 216
depressões: causas, 17, 245; como "cisnes brancos" de Taleb, 17; como "eventos curativos" liquidacionistas, 243, 383; Minsky e, 15-7, 256; nos países bálticos, 343; taxas de câmbio fixas e, 93; zona do euro e, 39, 85, 93, 112-3, 333, 336-7, 359, 383
derivativos, 156, 160, 265, 363
desemprego, 25, 29-30, 33, 39, 61; "taxa natural" de, 184, 252; cartalismo e, 256; durante a Grande Depressão, 245; gastos com benefícios, 56, 66; na zona do euro, 61, 85, 113, 114, 214, 333, 337, 340, 383; nos Estados Unidos, 61, 195, 198, 239, 302, 318, 320; nos países bálticos, 343; suposta troca por inflação, 252; taxas de desemprego, 59, 60, 61
desequilíbrios globais: Alemanha e, 190, 192, 370, 389; ascensão da China e, 32; conceito de moeda de reserva global, 327, 391-2; crescimento na década anterior à crise, 190, 191-2, 220, 225; desequilíbrios na zona do euro, 73-6, 78, 81, 86, 88-9, 91, 95, 102, 106, 208-9, 210, 211-2, 214, 344-5, 347, 353, 360; economias emergentes e, 15, 26, 32, 127, 190, 190-201; fluxos de capital

462

transnacionais, 25, 32, 1223, 126-7, 129-30, 142-3, 181-2, 187,190-203, 206, 217, 321, 389, 391-2; futuro dos fluxos de capital globais, 386-7, 390-2; hipótese do excesso de poupança e, 142, 181; impulsores dos, 192-201, 220; mandatos dos bancos centrais e, 366; necessidade de ajuste simétrico, 354, 360, 386, 390, 394; necessidade de reequilíbrio, 28, 226, 297-8, 323-6, 328, 370; política monetária e, 203, 204, 206-8, 221; saldos setoriais nos Estados Unidos e, 66

desigualdade: aumentos na, 21, 26, 33, 143, 201, 217, 219-20, 318-9, 323, 365, 380; demanda deficiente e, 318-9, 323; elites for a de alcance e, 397; extração de renda pelas elites e, 220; forças impulsoras do aumento na, 219, 318-9, 365, 380-1; globalização e, 219, 365; liberalização como impulsora da, 220, 319, 365; mobilidade social e, 21; mudança tecnológica e, 317, 365; necessidade de redistribuição de renda, 380; nos Estados Unidos, 143, 201, 219, 319; remuneração dos administradores e, 219; remuneração no setor financeiro e, 248; setor empresarial como motor da, 219, 365

Deutsche Bank, 45

Dinamarca, 308

dinheiro do helicóptero, 373

dívida: "paradoxo da parcimônia", 69, 183; "títulos tóxicos", 43, 51, 155, 202; Adair Turner sobre, 232; aumentos de, como inerentes ao sistema, 202; aumentos durante a "grande moderação", 16; conceito de deflação de dívida, 64-5, 84, 92, 94, 315, 340-1, 373, 378; conversão em capital, 265-6, 288-90, 314, 358, 379; indexação de, 380; necessidade de novas formas de, 326; nota promissória comercial com classificação elevada, 49; sobre-endividamento, 85, 91, 278-9, 290, 298, 315, 356, 362, 371, 397; vantagens sobre o capital próprio, 147; *ver também* ativos securitizados; sistema bancário paralelo

dívida dos bancos: aumento maciço da alavancagem no Reino Unido, 367; como dívida efetivamente pública, 2767, 279, 283, 395; criação de, 63, 148, 234, 257, 276, 363; dívida *"bail-inable"*, 266, 288-90, 357, 379; imposição de perdas aos acionistas, 173, 266, 314, 379; na zona do euro, 86, 354, 357-8; proteção aos credores dos bancos à custa do público, 356; taxas Libor, 48; *ver também* sistema bancário paralelo

dívida privada, 20, 22, 67, 221, 225-6; como mais preocupante que a dívida pública, 226; crescimento antes da crise, 42, 62-5, 367, 369; em economias emergentes, 25, 30; na Espanha, 314; necessidade de reestruturação, 313, 372; no Reino Unido, 42, 155, 220, 314; nos Estados Unidos, 42, 62, 66, 196, 200-3, 220, 314; Plano de Chicago e, 248-9; sobre-endividamento, 298, 362, 371

dívida pública: "repressão financeira" e, 313, 369; ajustes depois da crise, 91-101, 112; Basileia I e, 73, 168, 264; comparação Espanha-Reino Unido, 109; crescimento lento depois da crise e, 310; em economias emergentes, 25, 30; em moeda estrangeira, 47, 325; Greenspan sobre, 285; italiana, 55, 77-8, 102; na Grécia, 74-5, 77, 87, 102, 335, 340, 356; na Irlanda, 53, 75, 102, 105, 106, 275-6, 333, 340, 356, 395; na zona do euro, 73-6, 78, 87, 91-115, 108, 209, 214, 334-6, 341, 354-7; no Reino Unido, 53, 55, 108, 109, 110, 308, 310; nos Estados Unidos, 53, 55, 77; países bálticos e, 341; pesquisa acadêmica sobre limites à, 68, 309; Plano de Chicago e, 248; reestruturação da, 87, 313, 315, 356, 358, 360, 369; sobre-endividamento, 298; vastos aumentos na, depois da crise, 53, 55-6, 369; visão dos credores sobre a crise, 71, 81, 89, 102, 105, 107, 208, 214

Dooley, Michael, 180

Dornbusch, Rudiger, 179

Draghi, Mario, 82-3, 111

Duncan, Richard, 205-6

Dyson, Ben, 249

economia heterodoxa, 17, 27, 34; cartalismo, 256; keynesianismo, 241, 251-2, 254-7; neowicksellianos, 241-3, 253; *ver também* austríaca, escola; Chicago, Escola de; pós-keynesiana, escola

economia mundial: alteração do grupo dos sete para o grupo dos vinte, 33; alterações fundamentais na, 15, 26, 32, 142-3, 215-20, 242; características na década de 2000, 42-3; crescimento no comércio, 217; desafios de longo prazo para a, 386-95; fragilidade da, 24-5, 131-2, 135-7, 192, 362, 364; fragilidade da, 61-7; fragilidade inerente ao sistema financeiro, 25, 27-8, 147-64, 171, 176-7, 179, 226, 273, 275, 363, 368; futuro das finanças globalizadas, 386-92; ideia de novo ativo de reserva, 28; imagens espelhadas e a, 122-8, 136; motores da transformação subjacente, 215-20; necessidade de ajuste simétrico, 390, 394; necessidade de fluxos de capital para economias emergentes, 28, 323-8, 391; necessidade de reequilíbrio da, 28, 127, 129-31, 133, 136, 226, 297, 323-8, 370, 391; ortodoxias impostas por elites, 395; perda de credibilidade dos países de alta renda, 370; perigos de não reformar, 393; propostas de reforma radical, 3913; quedas nos preços de bens de investimento, 220; rápida alteração para produtores mais baratos, 217; rápida transição na direção das economias emergentes, 29, 31-2, 40, 117, 242, 370, 395; retorno ao padrão-ouro como absurdo, 388; *ver também* economias emergentes; zona do euro; desequilíbrios globais; países de alta renda

economia neoclássica, 16, 18, 35, 233, 307

economia orientada para o mercado: como força poderosa para o dinamismo, 22; como fracasso no setor financeiro, 166, 176; desigualdade crescente, 21; influência de Friedman e Hayek, 153; mão invisível de Adam Smith, 166; mudança na direção da, na década de 1970, 18; nos países em desenvolvimento, 18; políticas de liberalização de Thatcher, 19, 153, 318; posição de "não resgate", 358, 378, 383; pressuposto da eficiência do mercado, 233; retratação de Greenspan sobre o autointeresse (outubro de 2008), 166, 229-31; teorias da, 153-4; *ver também* economia ortodoxa; nova ortodoxia

economia ortodoxa: efeitos de longo prazo da crise, 362-3; escola neoclássica, 16, 35, 233, 307; falhas da, 171-2, 225, 230-5, 371; fixa-

ção no equilíbrio, 18, 307; hipótese das expectativas racionais, 19, 233; hipótese dos mercados eficientes, 17, 24, 153, 165; resposta oficial a erros da, 236-40; saber convencional antes da crise, 17, 23-5, 27, 34, 171, 292, 370; *ver também* economia orientada para o mercado; nova ortodoxia

economias emergentes: "esterilização" ou compensação pelas, 198, 206; alteração do poder econômico mundial na direção das, 32, 40, 117, 242, 395; capitalismo de Estado e, 31, 218; como exportadoras líquidas de capital (2000-7), 32, 126, 181, 187, 190-201, 205, 217, 389, 391; crescimento contínuo durante a crise, 25, 118; crescimento do crédito nas, 121, 130, 133-5, 362, 364, 366; crescimento liderado pelas exportações, 26, 30, 32, 126, 180, 190-201, 217, 364; crescimento nas, 19, 25, 117-21, 131-7, 370; crise nos mercados emergentes (1997-9), 121, 126, 181, 186-7, 189, 192; desaceleração do crescimento nas, 122, 131-7; desafios adiante para, 128-37; desequilíbrios globais e, 15, 26, 32, 127, 136, 181, 190, 190-201; disparidades de moeda e de risco, 130-1; exportadoras de petróleo, 126, 181, 190, 192-3, 218, 365; FMI e, 99-100, 120-1, 126, 128, 131-2; imagem espelhada de países de alta renda, 122-3, 125-6, 128, 136; maior resiliência nos anos anteriores à crise, 120, 125-6, 128; normalização monetária das economias de alta renda, 128-9, 131, 136; pressão altista sobre as taxas de câmbio, 25, 128, 326; quedas nas taxas de câmbio (2013), 129; rápida recuperação entre, 30, 40, 119, 120-1; recessões pós-crise, 116, 119; reequilíbrio global e, 28, 127, 129-31, 133, 136, 325-7, 391; reforma econômica e liberalização, 18-9; regulação e controles até a década de 1970, 215; reservas em moeda estrangeira, 16, 32, 40, 121, 126, 127, 193, 197-8, 207, 218, 365, 389; resiliência pós-crise, 40, 116-8, 136, 362; reviravolta nos fluxos financeiros (2013), 129-31; saldos em conta-corrente, 32, 123, 126, 133, 136, 192, 365; subvalorização das taxas de câmbio, 32, 126, 180, 193, 197-8, 325, 389; sucesso da globaliza-

ção e, 361; *ver também* entradas para países individuais
educação, 22, 229, 381
Edwards, Lawrence, 122
Elizabeth II, rainha, 229-30
emigração, 337, 343-4
empresas de responsabilidade limitada, 163-4
empréstimo hipotecário: bolha de imóveis nos Estados Unidos, 169-70, 200-1, 366, 372; colapso do Northern Rock, 43; crescimento no Reino Unido, 154, 208; falhas de regulação, 168-9, 171; financiamento baseado no mercado, 44, 50, 155; financiamento estatal direto do, 50, 53; governo americano como fonte dominante de, 50; ideia de indexação aos preços das casas, 380; Lei de Reinvestimento na Comunidade (Estados Unidos), 170; mercado subprime nos Estados Unidos, 44, 151, 159, 168-70, 175; *retail mortgage-backed securities* (RMBS), 154; seguro de passivos pelo governo americano, 45; trocas de dívida por patrimônio, 314; *ver também* bolhas de imóveis
envelhecimento das populações, 26, 30, 143, 181, 195, 216, 315, 382
Erhardt, Ludwig, 80
Espanha: alavancagem alta na, 160; balanço fiscal na, 30, 72, 102, 103, 104-5, 107, 113; banco central da, 109, 214; BCE e, 108, 111, 354-5; bolha habitacional na, 73, 169, 187, 188; boom de crédito na, 73, 212; como importadora líquida de capital, 127; comparações com o Reino Unido, 108, 109, 110, 111; déficit em conta-corrente, 87, 88, 89, 96, 97, 106, 209, 214; dependência de financiamento estrangeiro de curto prazo, 387; desemprego na, 113, 114, 333, 337; dívida privada na, 42, 106-7, 314; dívida pública na, 102, 105, 106, 107, 108, 109, 111, 333, 335, 340, 356; impacto da crise na, 39, 77, 82, 89-90, 92-3, 98, 113, 213, 333; inflação baixa na, 339, 340; mercado de trabalho na, 90, 338, 343; questões de responsabilidade e a, 209; recuperação modesta, 92, 337; setor de construção, 89, 91; sistema bancário nacional, 343; tamanho da economia, 76, 343

estabilidade econômica, definição de, 184
Estados Unidos: "grande moderação" nos, 16, 24, 34, 128, 161, 171-2; "Período de Calma" nos (1934-2007), 146, 152; altas taxas marginais na década de 1970, 215; balanço externo, 196-9, 200, 201, 319; bolha de imóveis nos, 169-70, 200-1, 366, 372; bolha do mercado de ações (1997-2000), 195, 199, 208, 318, 366; booms de preços de casas, 187, 188, 215, 220; Comissão de Investigação sobre a Crise Financeira, 158, 164, 167-70; como área monetária soberana, 115, 354; como importador líquido de capital, 127, 190; como potência econômica dominante, 31-2, 390; comparações com a zona do euro, 332-3, 351-2, 353, 354; Conselho de Supervisão da Estabilidade Financeira, 270; crédito securitizado nos, 154; crescimento depois da crise nos, 32, 311, 374-6; crise bancária nos, 44-7, 49; cultura empresarial nos, 60; custos econômicos da crise, 300, 369; déficit fiscal, 55, 66, 202, 215, 309, 324, 369; déficits em conta-corrente, 16, 181, 190, 196-7, 199-201, 321-2; desalavancagem nos, 314; desemprego nos, 61, 195, 198, 239, 302, 318, 320; desigualdade nos, 143, 201, 219, 319; desperdício de fundos superavitários importados, 215; dívida bruta do sistema financeiro (2008), 158; dívida privada nos, 42, 62, 65, 196, 200-3, 220, 314; dívida pública nos, 53, 55, 77; dólar como ativo de reserva, 124, 192, 196, 198, 304, 322, 327, 390-1; envelhecimento da população nos, 316; Escritório de Orçamento do Congresso, 201; governo como fonte dominante de hipotecas, 50; Guerra Civil, 94, 352; guerras e cortes de impostos não financiados, 196, 200, 215; hiato do produto (2013), 301, 304, 311; hipótese do excesso de poupança e os, 196-9, 201; influência da escola austríaca, 243, 245; Lei de Reinvestimento na Comunidade, 170; lei Dodd-Frank (2010), 270-1; lucros reais do setor financeiro, 280, 281; mercado de hipotecas subprime nos, 44, 151, 159, 168-70, 175; normalização monetária nos, 128-9; oferta de moeda nos, 253, 254, 305; pacote de salvamento

465

do governo, 48-9, 51; política de austeridade nos, 115, 308, 310-1; programa de estímulo de Obama, 245; recessão de balanço nos, 65, 203; recessão do início da década de 2000, 196; recessão pós-crise nos, 41-2, 199, 300; recuperação nos, 59, 372; resgate de bancos nos, 51; respostas legislativas à crise, 271; saldos financeiros desde 2000, 199, 200, 201, 203; Securities and Exchange Commission, 164; setor de construção nos, 60, 200-1, 302; setor empresarial não financeiro, 365; sistema bancário paralelo nos, 158; sistema federal, 94, 352; superávits estruturais nos, 320-1; taxa de câmbio, 131, 196; taxa de desemprego nos, 59; taxas de alavancagem, 265; taxas de juro, 43, 50, 54, 183, 184, 185, 186, 195, 203, 308, 311; tendências de crescimento antes da crise, 299-301, 374-5; títulos indexados, 185; veto republicano à melhora econômica, 69, 245-6, 308

Estônia, 342-3

Europa Central e Oriental, 127, 160, 190; crescimento na, 117, 119, 132; era soviética e, 153, 215; impacto da crise de 2007 na, 39, 117-8, 123, 124, 125, 136

European Financial Stability Facility — EFSF ver Fundo Europeu de Estabilidade Financeira

European Financial Stabilization Mechanism — EFSM ver Mecanismo Europeu de Estabilização Financeira

excesso de poupança global, 180-9, 204-5, 207-8, 226, 297, 321, 323-6, 365, 370; Alemanha e, 192, 194-5, 211; Ben Bernanke e, 181, 184, 189, 205, 365; bolha de crédito e, 26, 142; China e, 32, 192, 205, 365, 370, 389; como uma das causas da crise, 32; crise financeira asiática (1997-8) e, 181, 186-7, 189; desequilíbrios globais e, 26, 142, 181-2, 190-201, 215, 297, 366; eclosão da crise e, 142; Estados Unidos e, 196-9, 201; superávits do setor empresarial e, 320, 380; taxas de juro e, 181-4, 186-8, 205, 207, 254, 297

falência, 277, 326, 372; regimes de, 46, 314

Fama, Eugene, 153

Fannie Mae e Freddie Mac, 41-2, 45, 50, 168, 170

Federal Deposit Insurance Corporation (EUA), 267

Federal Reserve: aperto monetário e o, 128, 130; como efetivamente o banco central do mundo, 198; como fonte dominante de hipotecas, 50; como mecanismo de seguro para os estados, 352; Conselho de Supervisão da Estabilidade Financeira e o, 271; criação do (1913), 149, 238, 388; efeito da crise sobre o balanço do, 54; flexibilização quantitativa pelo, 253; Hayek atribui a culpa pela Grande Depressão ao, 244-5; ideologia oficial após a crise, 236, 238-40; mandato de equilíbrio interno, 195, 197, 199, 206, 238; mentalidade antes da crise, 45, 146, 167, 171; não previsão da crise, 145-6; oferta de moeda e o, 253, 254, 305; operações de salvamento (2008-9), 44-6, 234, 236-7, 243, 256, 275, 354; política monetária, 128-30, 196, 198-9, 203, 205, 206-8, 238, 391; taxas de juro e o, 43, 54, 183, 184, 186, 195, 203

Ferguson, Niall, 57

Ferguson, Thomas, 48-9

Filipinas, 126, 192

Financial Times, 20

Finlândia, 63, 72, 87, 103, 308, 345

Fisher, Irving, 64, 247-8, 251, 315, 373

flexibilização quantitativa, 54, 253, 258-9, 304; como opção para o BCE, 358, 384; dinheiro do helicóptero como alternativa, 373

França, 29, 72, 77, 81, 270, 349, 359, 382; bolha habitacional na, 169; déficit fiscal na, 55, 102, 103, 309; desemprego na, 60, 61; les trentes glorieuses, 317; PIB real desde a crise, 58, 59; queda do PIB durante a crise, 58, 61; saldo em conta-corrente, 87, 88, 210

fraude, 151, 176, 367

Freddie Mac e Fannie Mae, 41-2, 45, 50, 168, 170

Friedman, Milton, 153, 240, 243, 247, 328, 391; "taxa natural" de desemprego, 184, 252; oferta de moeda, 251, 254

Fundo Europeu de Estabilidade Financeira — EFSF, 75, 98-9

Fundo Monetário Internacional (FMI), 78, 98, 104, 302, 345, 354, 369; "contração fiscal expansionista" e, 307; ajuste simétrico e, 390-1; BCE e, 84, 99-100; economias emergentes e, 99-100, 120-1, 126, 128, 131-2; empréstimos a países da zona do euro, 74-5, 99, 383; *Global Financial Stability Report* (abril de 2006), 147; necessidade de nova visão do, 370; países bálticos e, 342; Plano de Chicago e, 248; poder na zona do euro, 397; recursos do, 327, 387, 390; relatório sobre a zona do euro (2013), 84, 92, 98; sobre moeda lastreada em crédito, 159; *World Economic Outlook* (abril de 2013), 310; *World Economic Outlook* (outubro de 2013), 131
fundos de hedge, 46, 363
fundos de pensão, 203, 366

Galbraith, James K., 318
Galbraith, John Kenneth, 151
Garber, Peter, 96, 180
General Electric (GE), 49
Gertler, Mark, 171-2
Giscard d'Estaing, Valéry, 197
Glass-Steagall, lei (1933), 271-2; revogação da (1999), 168
globalização, 16, 24, 26, 29, 154-6, 364; ascensão de empresas globais integradas, 217; crescimento do financiamento por atacado, 154, 158, 168, 202, 204, 208, 275; das finanças sob ameaça, 33; de fluxos criadores de dívida, 362; desestabilização do sistema financeiro pela, 363; desigualdade e, 219, 365; disseminação de ativos securitizados, 155, 202, 208; elites fora de alcance e, 397; Gordon Brown sobre a, 229; inflação baixa e, 218; pressão por desglobalização, 33, 392, 396; resultados impressionantes da, 361
Goldfield, Jacob, 289
Goldman Sachs, 46, 161-2, 204, 267
Golfo, países do, 190, 365
Goodhart, Charles, 274-5, 287
Gordon, Robert, 316
Gorton, Gary, 146, 148, 152
governo: capitalismo de Estado, 31, 217; criação de moeda pelo (moeda fiduciária),

148, 206, 226, 237, 247-9, 256, 258-9, 275, 287, 329, 381, 395; discussões sobre "grande governo", 17, 255; escola austríaca e, 243; estado superampliado na década de 1970, 19; Estado ultralimitado como inaceitável, 393; grandes bancos como parte do Estado, 234; grupo dos sete (G-7), 33, 49, 52-3, 262; grupo dos vinte (G-20), 33, 68, 261-3, 297, 308, 326, 387; ideia de monopólio monetário, 248-9; operações de salvamento (2008-9), 25, 30, 33, 39, 42, 44-57, 234, 236-7, 243, 256, 275, 354; passivos hipotecários nos Estados Unidos e o, 45; proteção de credores de bancos a custa do público, 356, 395; reformas depois da crise, 261-70; responsabilidades durante as crises, 18, 26, 52-3, 67; seguro aberto ou oculto de passivos, 31, 164, 166, 268, 279, 372, 378, 395; sistema financeiro como inerentemente dependente do, 28, 31, 33, 51, 53-4, 82, 148-9, 237, 372; títulos indexados, 185
Grande Depressão da década de 1930, 47, 57-8, 67, 152-3, 232, 247, 375, 393; ascensão dos Estados Unidos como potência econômica e a, 32; austeridade mal orientada durante a, 362; Bernanke sobre a, 236, 238; causas da, 245, 378; lei Glass-Steagall (1933) como resposta à, 271-2; reação política à, 245, 396
Grécia: "parada brusca" nos mercados de capitais, 93, 191; atitude alemã em relação à, 100; como importadora líquida de capital, 127; culpada pelos países credores, 209, 214; déficit em conta-corrente, 87, 88, 89, 96, 97, 106, 209; déficit fiscal, 72, 102, 103, 342, 345; déficit orçamentário de 2009, 72; deflação na, 340; depressão profunda na, 39, 113, 333, 337; desemprego na, 113, 114, 333, 337; dívida pública na, 73, 74, 75, 77, 87, 102, 108, 212, 335, 340, 356; empréstimo do FMI, 74; impacto global da crise na, 69, 71, 102, 115; mercado de trabalho na, 90, 337; política interna, 71-2, 78, 85, 114; política monetária na zona do euro e a, 111; programa para a, 75-6, 99, 100, 113; queda do PIB na, 92, 113
Grécia antiga, 21

Greenspan, Alan, 146, 200, 229-30, 285, 287; retratação sobre o autointeresse (outubro de 2008), 166, 229, 231
Grillo, Giuseppe "Beppe", 85
Guerra Fria, 20, 153, 216

Haldane, Andrew, 53, 149, 166, 271-2, 282, 291
Halifax Bank of Scotland (HBOS), 47, 51, 155
Hansen, Alvin, 217
Hartz, Peter, 211
Hayek, Friedrich, 17-8, 153, 240, 243-5, 295, 373
Hellwig, Martin, *The Bankers' New Clothes* (com Anat Admati, 2013), 160, 278, 281, 287, 394
Hennessey, Keith, 169
Herndon, Thomas, 309
hiatos de produto, 301-2, 304, 307, 311
hipótese da escassez de investimento, 182, 192, 365
Hirschmann, Albert, 21
Hitler, Adolf, 245, 333
Holanda, 53, 72, 87, 88, 100, 103, 191, 217, 269, 387; como credora na zona do euro, 95-6
Hollande, François, 81
Holtz-Eakin, Douglas, 169
Hong Kong, 94, 130, 388
Housman, A. E., 179, 209
HSBC, 266
Huerta de Soto, Jesús, 243-4
Hyun Song Shin, 130

IKB, 43
Immelt, Jeff, 50
Índia: "licença raj" na, 215; balanço em conta--corrente, 126; crescimento do crédito em relação ao PIB, 130; crescimento elevado na, 20, 25, 32, 117, 118, 119, 219; integração na economia mundial, 361; liberalização na, 216; níveis de dívida na, 25; novas tecnologias e a, 216; queda na atividade econômica (desde 2010), 122, 131-2, 137; reservas em moeda estrangeira, 126; taxa de câmbio, 126, 130; títulos do setor privado da, 130
Indonésia, 126, 129, 192

inflação: ajuste na zona do euro e, 384, 386; cartalismo e, 257; cenários de ruptura na zona do euro, 347, 349; choques baixistas na, 62, 143; crises futuras e, 362; custos trabalhistas e, 302; dívida do governo e, 73; dívida indexada, 186, 380; economias emergentes e, 128; equilíbrio interno e, 191, 195; escolha de estímulo à austeridade e, 303; expansão do crédito e, 235, 240-2; fé dos formuladores de políticas em níveis estáveis de, 171-2, 176, 184, 239, 246, 292; Federal Reserve e, 195, 197, 238-9; globalização e, 218; mandato do BCE, 212, 373, 386; mandatos dos bancos centrais sobre a, 206, 212, 366; na zona do euro, 91, 93, 212-3, 338-9, 340, 341, 345, 353, 360, 373; necessidade de níveis mais altos de, 64, 312, 353, 373, 386; níveis altos na década de 1970, 19, 21-2, 239; níveis baixos da, depois da crise, 64, 91, 93, 238, 312, 369; no período anterior à crise, 301; nova ortodoxia e, 238, 242, 246, 250, 370, 377; política expansionista agressiva e, 305, 374; suposta troca por desemprego, 252; taxas de câmbio e, 257, 348; temores alemães de, 97, 373, 382; temores de hiperinflação, 97, 111, 259, 305-6; volatilidade reduzida da, 24
inflação, metas de, políticas de, 206, 218, 241, 252, 302, 366; "*Abenomics*" no Japão, 65; "Regra de Taylor" e, 205; 2% como muito baixo, 65; Ben Bernanke e, 239, 255; do BCE, 338, 345, 353, 384; limitações das, 26, 171-2, 176, 242; Minsky e, 255; Plano de Chicago e, 247, 249-50; supervisão microprudencial e, 292-3
inovação, 156-60, 165, 316-7
Institute for New Economic Thinking (INET) (EUA), 231
instrumentos financeiros: alavancagem e, 160-1, 204; CDOs, 157-8, 160-1; CDOs sintéticas, 160; complexidade dos, 151, 157, 204, 364; *credit-default swaps*, 45, 158, 160; derivativos, 156, 160, 265, 363
investimento estrangeiro direto, 326
Irlanda, 30, 39, 47, 72, 86, 92, 127, 160; "contração fiscal expansionista" e a, 308; "parada brusca" nos mercados de capitais, 93, 124; bolha habitacional na, 73, 75; custo da cri-

se, 275-6, 395; déficit em conta-corrente, 87, 88-9, 96, 107, 214; dependência de financiamento estrangeiro de curto prazo, 387; desemprego na, 114, 333; dívida pública na, 53, 75, 102, 105, 106, 275-6, 333, 340, 356, 395; equilíbrio fiscal na, 103, 104-5, 107; mercado de trabalho flexível na, 90; mercado de trabalho na, 338; política interna, 82; programa para a, 74, 75, 77, 113; recuperação modesta, 337; resgate de bancos, 50, 105, 276, 395

Islândia, 47, 160, 276, 387

Itália, 39, 59, 72, 82, 90, 127, 335, 337; "parada brusca" nos mercados de capitais, 93; balanço fiscal na, 55, 103, 113, 309; desemprego na, 61, 114, 333; dívida pública na, 55, 77-8, 102, 106, 333, 341, 356; inflação baixa na, 339, 340; mercado de trabalho na, 90, 338; Mezzogiorno, 337, 384; política interna, 78, 85; programa OMT e a, 355; queda do PIB na, 61, 92; saldos em conta--corrente, 87, 96, 191, 195; sistema bancário nacional, 343; tamanho da economia, 76, 78, 99; títulos do governo, 211, 213

Jackson Hole, Wyoming, 44, 147

Jackson, Andrew, 249

Japão: *Abenomics* no, 65, 195, 324; crescimento liderado pelas exportações, 128, 190, 193-5, 324; crise da década de 1990, 25, 29, 39, 64, 195, 253, 329, 350, 361, 365; déficits fiscais no, 55, 217, 309, 324; deflação no, 64, 195, 238-9; dívida pública no, 55, 77; envelhecimento da população no, 216, 316; impacto da crise de 2007 no, 55, 58, 61; necessidade de reequilíbrio global e o, 370; sistema bancário, 264; superávit em conta-corrente, 190, 191, 193-4, 324, 365; taxa de câmbio flutuante, 195, 324; taxa de recuperação no, 29, 59, 184; taxas de juro no, 54, 64, 183, 193, 308

Jensen, Michael, 153

Johnson, Robert, 48

JP Morgan, 44

Juncker, Jean-Claude, 72

Kaletsky, Anatole, Capitalism 4.0: The Birth of a New Economy (2010), 42, 174

Keating, Frank, 261, 284

Keynes, John Maynard, 34, 80, 251, 390; "preferência pela liquidez", 64, 182, 255; ajuste de produto e de renda, 182; como vencedor dos debates nas décadas de 1920 e 1930, 244; conceito de moeda de reserva global, 327, 391; declínio da influência de, 153; espíritos animais e, 65; política fiscal e, 67; retorno a, depois da crise, 18, 231-2, 240; sobre a criação de dinheiro pelo Estado, 329; sobre o longo prazo, 361-2; teorias de desemprego de equilíbrio, 17

keynesianismo, 241, 251-3, 255, 256-7; *ver também* pós-keynesiana, escola

Kindleberger, Charles, 231

King, Mervyn, 46, 361, 363, 394

Klemperer, Paul, 289

Knapp, Georg Friedrich, 256

Knight, Frank, 247

Koo, Richard, 65, 67

Kotlikoff, Laurence, *Jimmy Stewart is Dead* (2010), 249, 275-6

Krugman, Paul, 307; *End this depression now!* (2012), 57

Kumhof, Michael, 248

Kuttner, Robert, 314

Lampedusa, Giuseppe Tomasi di, *O leopardo*, 272

Lawrence, Robert, 122

Lehman Brothers, 41-2, 45-6, 48-9, 71-2, 174, 176

Lerner, Abba, 240, 256

Letônia, 93, 341, 343

Letta, Enrico, 78

liberalismo político, 22

liberalização econômica: como era de crises financeiras, 20; como ideia dos Estados Unidos e do Reino Unido, 73; como moralmente esgotada, 53; como motor da desigualdade, 219, 319, 365; como motor de alterações globais, 215-7; do setor financeiro, 20, 42, 142, 146, 152-3, 319, 367, 396; entendimento equivocado pelas elites, 396; levando a crises, 260; políticas de Thatcher-Reagan, 19, 153, 216, 318; raízes históricas e políticas, 152; reformas de Deng Xiaoping, 153, 216

Liikanen, Erki, 269
Lin, Justin, 192, 205, 391
Lipsky, John, 75
liquidacionismo, 245-6, 312-3, 371, 372, 378-9, 387; defensores do retorno ao padrão-ouro, 27, 243-6, 388; zona do euro e, 372, 383, 385
Lituânia, 93, 342-3
Lloyds HBOS, 47, 51
London School of Economics, 229-30
Londres, 47, 72, 152
Lucas, Robert E., 41, 231

Madouros, Vasileios, 271-2, 282, 291
Malásia, 192
Mantega, Guido, 116, 127
Martin, Felix, 233
McAfee, Andrew, 317
McCulley, Paul, 44, 150, 157
McKinsey Global Institute, 63, 314
McLean, Bethany, *Todos os demônios estão aqui* (com Joe Nocera, 2010), 151, 170
Mecanismo de Taxa de Câmbio, 93-4, 392
Mecanismo Europeu de Estabilização Financeira — EFSM, 75, 98-9
Mehrling, Perry, 159
Mellon, Andrew, 245, 373
Meltzer, Allan, 305
mercados cambiais: conceito de moeda de reserva global, 327, 391-2; controles cambiais, 79, 126, 216, 347, 349, 365, 385; dívida soberana e, 47; intervenção dos governos, 25, 32, 126, 128, 194, 197-8, 204-5, 321, 325-6, 364, 389; mercado global para o dólar americano, 198; perigo de guerras de moeda, 33, 116, 127, 327; reservas em moeda estrangeira de economias emergentes, 16, 32, 40, 121, 126, 127, 193, 197-8, 207, 218, 365, 389; taxas de juro e, 109; *ver também* taxas de câmbio
mercados de trabalho: alteração do poder na direção do capital e dos administradores, 219; envelhecimento da população e, 316; inflação e, 302; inflexibilidade no sul da Europa, 90, 100; inquietação e militância na década de 1970, 19, 22; na Alemanha, 90, 211, 336, 344; na China, 134; na zona do euro, 90, 100, 213, 336-7, 338, 340, 343;

nas economias emergentes, 132; nos países bálticos, 343, 388; *ver também* desemprego
Merkel, Angela, 78
Merler, Silvia, 86
Merrill Lynch, 45
México, "crise Tequila" (meados da década de 1990), 121, 361
Mihm, Stephen, *A economia das crises* (com Nouriel Roubini, 2011), 17
Miles, David, 280, 284
Milne, Alistair, 147-8
Minsky, Hyman, 15-6, 149-50, 189, 231, 233, 240, 253, 296; "grande governo" e, 17, 255; "momento Minsky", 150, 235; estabilidade como desestabilizante, 17, 163, 395; eventos de deslocamento, 150, 187, 366; exigência de reservas de 100% e, 249; hipótese de instabilidade, 255
Mises, Ludwig von, 17, 240, 243-4, 246
Modigliani-Miller, teorema, 277
moeda, criação de: pelo governo, 148, 206, 226, 237, 247-9, 256, 258-9, 275, 287, 329, 381, 395; pelo setor privado, 30, 63, 148, 233-5, 239-40, 244, 246-50, 258-9, 328, 363, 368, 395
monetarismo, 153, 244, 251-3, 288, 305; debate depois da crise e, 251-3, 255-6
Monti, Mario, 78
Moore, Gordon, 218
Morgan Stanley, 46, 267
"Movimento Cinco Estrelas", na Itália, 85
mudança tecnológica, 22, 26, 142, 147, 156, 159, 216-7, 317

neokeynesiana, escola, 241
Nocera, Joe, *Todos os demônios estão aqui* (com Bethany McLean, 2010), 151, 170
nórdicos, países, 342
Northern Rock, 43, 155
Noruega, 43, 190
Nottingham, Universidade de, 162
nova ortodoxia: como sucesso limitado, 372; crítica da escola austríaca à, 243-6; debate keynesianos versus monetaristas, 251-3, 255; horizontes de longo prazo e, 376-80, 382; ideias radicais além da, 373-4, 376, 381, 393-5; inflação e, 238, 242, 246, 250, 370; Minsky e a, 255; objeções e alternati-

vas à, 240-59; Plano de Chicago e, 246-50, 394; política macroprudencial, 93, 239, 241, 250, 265, 291-2, 294-6, 357, 371, 377, 387; política monetária e, 238-40, 243, 253, 370-1; resposta oficial à crise, 235-6, 238; sistema financeiro e, 236, 238-9, 370-1, 386-7, 393-4; sumário da doutrina, 239; Wicksell e a, 240-2

Nova York, 47, 72, 152

O'Rourke, Kevin, 332, 337, 341
Obama, Barack, 245
obrigações de dívida garantida (*collateralized debt obligations* — CDOS), 157-8, 160
Office of Budgetary Responsibility (Reino Unido), 63
Organização Mundial do Comércio (OMC), 20, 216, 390
Organização para a Cooperação e Desenvolvimento Econômico (OCDE), 301, 312
Oriente Médio, 117-8

padrão-ouro, 27, 243-6, 256, 388
países de alta renda: "estagnação secular" nos, 217, 226, 318, 366; abordagens radicais para reequilibrar os, 391; crescimento antes da crise nos, 117, 120; demanda fraca depois da crise nos, 30, 64, 65, 137; desaceleração do crescimento subjacente nos, 315, 317; desempenho depois da crise nos, 57-9, 61; escala da crise nos, 42-50; excesso de poupança do setor privado nos, 323; expansão da alavancagem bruta, 202-4; fluxos brutos de capital entre, 201-2; fluxos de capital depois da crise com origem nos, 25, 129, 131; fraqueza das economias depois da crise, 61-7; imagem espelhada das economias emergentes, 122-3, 125-6, 128, 136; imensa perda de prestígio, 31; investimento fraco nos, 26, 63, 65; maior papel dos bancos centrais, 369; necessidade de reequilíbrio global e, 323-6, 328; normalização da política monetária, 128-9, 131; operações de salvamento nos (2008-9), 50-7; políticas destinadas a religar a máquina de crédito, 226, 368; políticas monetárias excepcionais após a crise, 25, 30, 66, 128-9, 131, 312,

319; recessões pós-crise, 59; recuperação fraca nos, 27, 29, 39, 57-9, 70, 119; regulação no período de 1950 a meados da década de 1970, 393; restrições de longo prazo à demanda, 328; restrições de longo prazo à demanda, 317-22

países em desenvolvimento *ver* economias emergentes
Papademos, Lucas, 78
Papandreou, George, 71, 78
"paradoxo da parcimônia", 69, 183
Partido Republicano, Estados Unidos, 69, 243, 245
Paul, Ron, 243, 245
Paulson, Hank, 41, 45, 48, 50, 52
Perotti, Roberto, 308
pesquisa científica, financiamento de, 317, 381
petróleo do mar do Norte, 311, 372
Pettis, Michael, 181, 193, 197-8, 211
Phelps, Edmund (Ned), 184, 252
Piketty, Thomas, 381-2
PIMCO (Pacific Investment Management Company), 44
Pisani, Florence, 204
Pisani-Ferry, Jean, 86
Pittsburgh, reunião de cúpula de (25 de setembro de 2009), 68, 326
política: alteração do coletivismo para o individualismo, 153; ascensão de partidos populistas, 65, 85, 397; autonomia das políticas nacionais e, 29, 33; colapso da tradição revolucionária de esquerda, 153; Hayek e a, 245; imensas falhas das elites ocidentais, 177, 396; interna nos países da zona do euro, 71, 78-9, 81, 85, 114, 333; liberalismo, 21; modelo europeu de integração, 25, 28, 34, 79, 81, 114, 216, 349, 350, 397; na década de 1930, 79, 245, 333, 396; poder de interesses organizados, 177, 395; política de austeridade e, 68; transições no poder econômico e, 29, 32, 370, 395; *ver também* democracia liberal
política de austeridade: como *raison d'être* do governo de coalizão no Reino Unido, 69; como retração prematura, 28, 56, 68, 70, 112, 115, 308, 310, 312, 329, 367, 372; da década de 1930, 362; estímulo como opção

preferida, 303; inoportuna no Reino Unido, 59, 115, 308, 310-1, 372; mudança para, na metade de 2010, 28, 68, 308-9, 311-2, 368; na zona do euro, 69, 82, 85, 102, 373; nos Estados Unidos, 115, 308, 310, 312; países bálticos e, 341-3; teoria das "contrações expansionistas", 69, 307, 342, 344; visão dos empréstimos contraídos pelo governo como o problema, 308, 368

política fiscal: "multiplicadores", 306; apoio fraco à recuperação, 28, 57, 310-2, 372; austeridade privada e, 56, 67, 107; cartalismo e, 256; corte prematuro de déficits fiscais, 67-8, 70, 112-3, 115, 329, 367; crise da zona do euro e, 29, 82, 85, 98, 100, 102, 104-7, 214, 356, 358, 373; *crowding out* e, 66, 312; custo dos resgates e, 30; de George W. Bush, 196, 200, 215; defesa da união fiscal na zona do euro, 359-60, 385; desalavancagem e, 313; erros na, 27; estratégias de estímulo, 56-7, 66, 184, 306-10, 312; ideia de "contração fiscal expansionista", 308, 342-4; ideia de "histerese", 307; ideias de reforma radical, 373, 393; keynesiana, 67, 251-2, 255; liquidacionismo e, 312-3; nas economias emergentes, 121, 207, 362; nova ortodoxia e, 371-2; oposição ao estímulo, 307-10, 312; para aumentar o investimento, 322, 391; Plano de Chicago e, 248; política macroprudencial e, 292; taxas de juro e, 66, 304, 307; taxas de juro fixas e, 93

política macroprudencial, 93, 239, 241, 250, 265, 291-6, 357, 371, 377-8, 387

política monetária: "esterilização" ou compensação, 198, 206; "grande moderação" e, 24, 34, 171-2; "multiplicador monetário" e, 305; "teoria monetária moderna", 257-9, 329; apoio fraco à recuperação, 28; causas da crise e, 26, 142, 204, 206-8; como principal ferramenta para a recuperação, 368; confusão setor estatal-privado, 239; de Greenspan, 199; desalavancagem e, 313; desequilíbrios globais e, 202, 204, 206-8; 221; equilíbrio interno e, 195, 202; escola austríaca e, 243; estrutura dos balanços, 203-4; excepcional depois da crise, 25, 30; 66, 128-9, 131, 312, 319; fé na inflação está-

vel, 171-2, 176, 184, 246, 292; Federal Reserve e, 128-9, 131, 196, 198-9, 203, 205-8; 238, 391; flexibilização quantitativa, 54, 253, 258-9, 304, 374; fracasso em interromper a expansão do crédito, 235; grandes bancos como explicitamente parte da, 235; ideias de reforma radical, 371, 373, 394-5; keynesianismo e, 251, 253, 257; limites de uma estratégia de estímulo, 303-4, 306; nas economias emergentes, 121; neo-wicksellianos e, 241-3; no período posterior à crise, 251, 369; normalização nas economias de alta renda, 128-9, 131, 136; nova ortodoxia e, 238-40, 243, 253, 370-1; oferta de moeda e, 30, 251-3, 254, 259, 288, 305, 329; Plano de Chicago e, 246-7, 249, 251, 259, 374, 394; política macroprudencial e, 239, 242, 250, 292, 295-6, 371, 378; preços de ativos e, 242; zona do euro e, 27, 84, 99, 111, 112; *ver também* políticas de metas de inflação; taxas de juro

Pollin, Robert, 309

Polônia, 124

Portugal, 39, 74, 82, 89, 92, 127, 333, 335, 337; "parada brusca nos mercados de capitais", 93; déficit em conta-corrente, 87, 88, 89, 96, 97, 106; déficit fiscal, 75, 102, 103; desemprego em, 114, 333; dívida pública em, 102, 333, 335, 356; mercado de trabalho em, 90, 338, 343; programa para, 75, 113

Positive Money, 249

pós-keynesiana, escola, 17, 27, 231, 240, 253, 255; "teoria monetária moderna", 257-9, 329; proposta de "finanças funcionais", 256

PriceWaterhouseCoopers, 46

Primeira Guerra Mundial, 32, 55, 274, 300, 331

Prince, Chuck, 145-6, 150, 179

private equity, empresas de, 363

privatização, políticas de, 216

Programa de Alívio de Ativos com Problemas *ver* Troubled Assets Relief Program (TARP)

propriedade pública da indústria, 215

proteção ambiental, 22, 29

Rajan, Raghuram, 147, 194, 201, 220, 304, 318

Reagan, Ronald, 19, 153, 216, 318

recessão pós-crise, 57, 59, 61-7, 70, 299-303, 333, 362, 372, 374; apoio fiscal fraco durante a, 57, 310-2; colapso na demanda durante a, 136, 184, 298, 302, 304, 307, 315; corte prematuro de déficits fiscais e, 308, 329, 367, 372; defesa de menos contração fiscal, 311; deflação de dívida e, 64, 84, 92, 94, 315, 340-1, 373, 378; dívida pública e, 310; em economias emergentes, 116, 119, 124, 126; escolha do estímulo à austeridade e, 303; estratégia de estímulo e, 245, 303-7; hiatos do produto, 301-2, 304, 307, 311; liquidacionismo e, 312-3; na zona do euro, 39, 85, 92, 112, 113, 114-5, 310, 333, 337, 338, 339-41, 345, 362, 372; níveis de crescimento e, 22, 25, 29, 117-8, 119, 300, 309, 374-6; no Reino Unido, 63, 300-1, 310, 372; nos Estados Unidos, 41-2, 200, 300; nos países bálticos, 343; política monetária e, 304-5

recessões de balanço, 61, 63-5, 67, 70, 203

recuperação econômica: apoio fiscal fraco à, 28, 57, 310-12, 372; corte prematuro de déficits fiscais e, 67-8, 70, 112-3, 115, 308, 310-1, 329, 367, 372; defesa de menos contração fiscal, 311-2; desafios a curto prazo, 371-2, 374, 376; desafios a longo prazo,315-22, 376-81; fraca nas economias de alta renda, 27, 29, 39, 57-9, 70, 119, 311-2; início da reviravolta (2009), 58; lenta nas economias avançadas, 27, 29, 39, 57-9, 119; modesta na zona do euro, 59, 92, 115, 337; nas economias emergentes, 30, 40, 119-21; no PIB real, 58; nos Estados Unidos, 59, 372; obstáculos estruturais à, 315-22

recuperação nas tranches com classificação AAA, 174, 175

rede de segurança social, 22, 393

regulação: "arbitragem regulatória" e, 263, 291, 295, 389; "licença raj" na Índia, 215; acordo global sobre padrões, 387; aperto da, depois da crise, 173, 370; argumentos práticos contra a, 153; Bernanke sobre a necessidade de, 238; como o outro lado do seguro, 149; como promotora de cautela, 63, 261; controles e barreiras nas economias socialistas, 215; diretivas e regulações

europeias, 272; do ajuste simétrico, 390; do risco financeiro, 246, 271, 292, 294-5; dos procedimentos de ponderação de risco, 265; entre 1950 e meados da década de 1970, 393; falhas de, 165-71, 179, 367; financiamento adequado da, 379; lobby contrário depois da crise, 177, 261; na década de 1970, 215; necessidade de aumentos em nível global, 29, 33; orgia de criação de leis e regras depois da crise, 262-73; política macroprudencial, 93, 239, 241, 250, 265, 291-2, 294-6, 357, 371, 377, 387; ponderação falha de risco de ativos, 161-3, 166; reforma das instituições reguladoras, 270; resposta imediata à crise, 262-3; revogação da lei Glass-Steagall (1999), 168; riscos sistêmicos criados pela, 295

Reinhart, Carmen, 309; *Desta vez é diferente* (com Kenneth Rogoff, 2009), 30, 56, 61, 309

Reino Unido: altas taxas marginais na década de 1970, 215; austeridade como *raison d'être* da coalizão, 69; baixa taxa de desalavancagem no, 314; bancos deixam de emprestar às empresas, 284; booms de preços de casas, 187, 188, 189, 220; Comissão Independente sobre Bancos, 161, 265-7, 269; Comissão Parlamentar sobre Padrões Bancários, 268; como área monetária soberana, 111, 115, 354; como importador líquido de capital, 127, 154; comparações com a Espanha, 108, 109, 110, 111; conflito macroprudencial-monetário (2014), 377; crédito securitizado no, 154, 165; crescimento do financiamento por atacado, 155, 167, 208; crise bancária no, 43-4, 46; custos econômicos da crise, 61, 300, 369; déficit fiscal no, 55, 274, 309, 311, 324, 369; déficits em conta-corrente, 321-2; dependência de financiamento estrangeiro de curto prazo, 387; desemprego no, 61; desvalorizações da libra esterlina (1949 e 1967), 94; dívida bruta do sistema financeiro (2007), 158; dívida privada no, 42, 155, 220, 314; dívida pública no, 53, 55, 108, 109, 110, 308; *gilts* indexados, 184-6; globalização do sistema bancário, 155, 208, 266; hiato do produto (2013), 301, 304; isolamento (*ring-fencing*) da atividade bancária de varejo no, 269; Lei da Reforma Bancária (2013), 269; política de austeridade inoportuna, 59, 115, 308, 310-1, 372; previsões para o produto (para 2017), 63; recessão pós-crise no, 63, 300, 310, 372; recuperação lenta no, 59, 311; resgate de bancos no, 51, 53, 166; riscos do euro e o, 332; superávits estruturais no, 320-1; taxa de desemprego no, 60; taxas de alavancagem nos bancos, 279, 367; taxas de juro, 54, 108, 183, 184-6, 207, 308, 311; tendências de crescimento antes da crise, 299, 300, 301, 374-5, 376

Renzi, Matteo, 78

República Eslovaca, 72

requerimentos de capital: "arbitragem regulatória" e, 389; "sistema bancário de reserva fracionária", 27, 274, 388, 394; acordos de Basileia e, 263, 265; alavancagem e, 280-90, 292, 294, 296, 377, 379; *credit-default swaps* e, 158; declaração do G-20 (abril de 2009) e, 262-3; defesa de níveis mais elevados de, 27, 280-1, 283, 296, 357, 377, 379; dívida *bail-inable* e, 266, 288-90, 357, 379; Equity Recourse Notes (ERNS), 289-90; Greenspan sobre, 285, 287; nova ortodoxia e, 372, 377, 394; objeções ao aumento dos, 281, 283-4; taxa de crescimento do crédito e, 294; zona do euro e, 272, 357

Reserve Management Corporation, 46

resolução, 266, 288, 377, 379

Revolução Francesa, 153

risco financeiro: "*credit-default swaps*" e, 45, 158, 160; "papel tóxico" e, 43, 51, 155, 202; a ser claramente suportado por investidores finais, 395; Adair Turner sobre, 233; agrupamento de riscos de estados federais, 95, 115; alteração nos incentivos, 163-4, 177, 267, 320; áreas monetárias soberanas e, 73, 87, 94-5, 108, 110-1, 115, 354; Basileia I e, 263; Basileia III e, 263-5; disparidades de moeda e de risco, 130, 204; disparidades de vencimento e de risco, 44, 147, 159, 204, 234, 272-3, 275, 280, 295, 381; distribuição do, 43, 89, 147, 156,

277, 389; dívida do governo como livre de risco, 73, 87, 168, 264; dívida soberana na zona do euro e, 73, 75-6, 78, 84, 87, 89, 108, 110-2, 115; falhas de economistas e, 24, 142, 235; ideia de "risco moral", 80; mecanismos de seguro, 149, 173, 276, 325, 352, 378, 384, 390, 394; modelos subjacentes de, falhos, 161-3, 166, 230, 233, 389; movimento para fora do setor bancário, 286, 374; necessidade de fluxos de financiamento menos arriscados, 326; ponderação de, 161-3, 166, 264-5, 280, 282, 291, 377; Raghuram Rajan sobre, 147, 319; reclassificação global durante a crise, 73, 77, 89; regulação e, 246, 271, 292-5; retorno sobre o patrimônio líquido e, 277, 279; riscos comuns, 293-5; sistema bancário e, 149, 157-60, 233, 248, 250, 258, 263-5, 269, 276-92, 394; taxas Libor, 48-9; *ver também* alavancagem

Robertson, James, 249

Rodada Uruguai (completada em 1994), 216

Rogoff, Kenneth, 218, 309; *Desta vez é diferente* (com Carmen Reinhart, 2009), 30, 56, 60, 309

Roosevelt, Franklin Delano, 245

Roubini, Nouriel, *A economia das crises* (com Stephen Mihm, 2011), 17

Royal Bank of Scotland (RBS), 47, 51, 155

Rússia, 121, 129, 132, 137; exportadores de commodities e de petróleo, 117, 123, 126, 190

Rutte, Mark, 100

Sachs, Jeffrey, *The Price of Civilization* (2011), 319

Samaras, Antonis, 78

Samuelson, Paul, 69

Sands, Peter, 291

Santander, 47, 266

Sarkozy, Nicolas, 81

Schapiro, Mary, 164

Schäuble, Wolfgang, 71, 102

Schröder, Gerhard, 211

Schumpeter, Joseph, 18, 203

Segunda Guerra Mundial, 55, 274, 300, 331

seguro, mecanismos de, 149, 173, 276, 325, 352, 378, 384, 390, 394 setor empresarial: como motor da desigualdade, 219, 365; cultura empresarial, 60, 320, 380; déficits de fundos de pensão, 366; governança empresarial, 323, 365, 380; na China, 192; não financeiro, 131, 365, 366; superávit financeiro estrutural no, 66-7, 142, 199, 217, 220, 321-2, 324, 366; tributação, 322, 380

Siedentop, Larry, 114

Simons, Henry, 240, 246-7

sindicatos, 19, 219

sistema bancário: "multiplicador monetário" e, 305-6; "sistema bancário de reserva fracionária", 27, 274, 388, 394; "teoria monetária moderna" e, 257-9, 329; Atividade Bancária com Propósitos Limitados, 249, 275-6; aumento da concentração depois da crise, 372; bancos globais sistemicamente importantes, 264-5; conceito de atividade bancária restrita, 249, 275, 288; criação de moeda pelo, 30, 63, 148, 233-5, 239-40, 244, 246-50, 258-9, 328, 363, 395; crise no Reino Unido, 43-4, 46, 166; crise nos Estados Unidos, 44-7, 49-50; deixa de emprestar a empresas no Reino Unido, 284; envolvimento com o sistema bancário paralelo, 157, 167; exigências de reserva, 198, 306, 329, 374; financiamento com capital próprio do, 163-4, 264, 266, 276-7, 279-80, 282-90, 292; globalização do, 155, 208, 267; ideia de exigência de reservas de 100%, 244, 246-9, 274-5, 374, 381; ideia de recapitalização forçada, 373; inerentemente dependente do Estado, 28, 31, 33, 51, 53-4, 149, 237, 372; integração de investimento e atividade bancária comercial, 168; interconexão, 26, 31, 47, 159, 239, 285, 291, 372; Ludwig von Mises sobre o, 243-4; mercado de empréstimo interbancário, 48-9; modelo de negócio do, 276-9; na zona do euro, 27, 97-100, 344, 357-8; Plano de Chicago e, 246-9, 274-6, 374, 381; propostas de isolamento [*ring-fencing*], 266, 269, 387; queda na concessão de empréstimos depois da crise, 63, 253, 261; regra Volcker, 268; resgate do, 25, 30, 33, 42, 51, 53-5, 105, 166, 276, 395; ressentimento popular com o, 54, 397; risco e, 149, 157-60, 233, 248, 250, 258, 263-5, 269, 276, 277-90, 292, 394; seguro de depósito, 173, 276, 384; suspensões de pagamento nos Estados Unidos, 149; taxas de alavancagem no Reino Unido, 279, 367; títulos convertíveis contingentes ("CoCos"), 265; *ver também* requerimentos de capital; bancos centrais; dívidas dos bancos

sistema bancário paralelo: Adair Turner sobre, 233; bancos convencionais e, 157, 167; crescimento do, 26, 44, 46, 157-8; falta de seguro efetivo, 159; financiamento por atacado, 154, 158, 167, 202, 204, 208, 275; fundos do mercado monetário, 46, 157, 235, 237, 247, 275; mercados de *repo* (acordo de recompra), 157, 237, 247; necessidade de evitar o ressurgimento do, 381; nova forma de moeda lastreada por crédito, 159

sistema financeiro: "capitalismo financeiro anglo-saxão", 31, 54, 72; "Declaração sobre o Fortalecimento do Sistema Financeiro" do G-20 (abril de 2009), 262-3; a crise como fracasso do, 225; alta alavancagem no, 164; alteração nos incentivos, 164, 177, 267, 320; baseado em bancos, 148, 235; cautela do, depois da crise, 63; como inerentemente dependente do Estado, 28, 31, 33, 51, 53-4, 148-9, 237, 372; como motor da desigualdade, 219; confiança excessiva no, 147, 152, 172; cultura do *laissez-faire*, 154; dano imenso à credibilidade do, 31; desejo das autoridades de preservar o, 272-3; dilema da estabilidade econômica, 171, 176, 184; economias emergentes e, 31; efeitos para melhorar o sistema financeiro depois da crise, 226; excessos exportados para o mundo inteiro, 152, 155, 202; fracasso do modelo do autointeresse, 166; fragilidade inerente do, 26, 28, 147-8, 150-64, 171, 176-7, 179, 226, 273, 275, 363, 368; futuro das finanças globalizadas, 386-92; ideias de reforma radical, 273-6, 394-5; liberalização, 20, 42, 142, 146-7, 152-3, 319, 367, 396; liquidez do mercado como uma ilusão, 389; mercados de títulos em moeda local, 326; modelo "criar e distribuir", 155, 170, 363; mudança tecnológica, 142; nota

475

promissória comercial, 43, 49, 158, 237; nova ortodoxia e, 236, 238-9, 370-1, 386-7, 393-4; outras reformas possíveis, 27; papel do "risco moral", 26, 80, 172-3; Plano de Chicago e, 247-8, 274-6, 394; produtos complexos, 152, 156-7, 364; reempacotamento de empréstimos, 152, 155; reforma estrutural do, 268, 270; síndrome do "grande demais para falir", 31, 148; sistema monetário central e, 393; vasta expansão do, 20, 42, 147, 154, 225; *ver também* sistema bancário

sistema monetário: bancos como explicitamente parte do, 235, 258; como desestabilizante, 364, 395; Friedman e o, 251; ignorado pela ciência financeira acadêmica, 233; necessidade de reforma do, 28, 33, 371, 392; necessidade de separação do sistema financeiro, 393; Plano de Chicago e, 247, 381

Smith, Adam, 166, 256

Smithers, Andrew, 204, 380; *The Road to Recovery* (2013), 320

Soros, George, 348; "reflexividade" e, 17, 162

Spamann, Holger, 164

Stein, Herbert, 180

Stiglitz, Joseph, 73, 219, 318

Strauss-Kahn, Dominique, 74

Suécia, 63, 308

Suíça, 265, 387

Summers, Lawrence, 217, 231, 307, 312, 318, 366

"Syriza" na Grécia, 85

Tácito, 331

Tailândia, 130, 192

Taleb, Nassim Nicholas, 17, 156

taxas de câmbio: "processo de avaliação mútua" do G-20, 326, 387; atrelamento da moeda nos países bálticos, 342; controles cambiais até a década de 1970, 215; declínios nas economias emergentes (2013), 129; déficits fiscais e, 322; desvalorizações da libra esterlina (1949 e 1967), 94; disparidades de moeda e de risco, 130, 204; dólar americano como ativo de reserva, 124, 192, 196-8, 304, 322, 327, 390-1; fixas, 93, 95, 121, 180, 208, 308, 342, 388; hipótese

"Bretton Woods II", 180; inflação e, 257, 348; moedas fiduciárias flutuantes, 288, 327, 330; no Japão, 195, 324; política fiscal e, 308; pressão altista nas economias emergentes e, 25, 128, 326; sistemas de atrelamento ajustável, 79, 94, 392; sistemas federais e, 94; subvalorização deliberada das, 32, 126, 193, 197-8, 204, 206, 321, 325, 365, 389; subvalorização nas economias emergentes, 126, 180, 193, 197-8, 325-6, 389; zona do euro e, 75, 93, 95-6, 111, 208-9; *ver também* mercados cambiais

taxas de juro: "*forward guidance*" e, 304; "preferência pela liquidez" e, 64, 182, 255; alavancagem bancária e, 287; bolhas de imóveis e, 187, 188, 207, 366; cenário de ruptura na zona do euro, 101; crescimento e, 313; crise financeira asiática (1997-8) e, 26, 185, 186-7; debate keynesianos *vs.* monetaristas e, 251; deflação e, 64; depois da crise, 68, 127, 136, 183-4, 186, 217, 253-5, 304, 308, 313, 323, 362, 365; desalavancagem e, 313; durante a crise, 142, 185, 186; estímulo fiscal e, 67, 304, 306; Friedman e, 251-2; Grande Depressão e, 378; hipótese do excesso de poupança e, 181-4, 186-8, 205, 207, 254, 297; história desde a década de1980, 185-6; moeda criada por bancos e, 258; monopólio monetário do governo e, 248-9; na China, 193; na zona do euro, 39, 54, 85, 92, 106-9, 111, 115, 183, 184, 212, 308, 341, 346, 357; necessidade de nível baixo de, 376; negativas, 142, 366, 373, 384; no Japão, 54, 64, 183, 193, 308; no período anterior à crise, 217, 334; no Reino Unido, 54, 108, 183, 184-6, 207, 308, 311; nos Estados Unidos, 43, 50, 54, 183, 184, 186, 195, 203, 308, 311; ortodoxia oficial antes da crise e, 235, 252; pânico financeiro e, 147; política de austeridade e, 310; política macroprudencial e, 293, 377; preços de ativos e, 184, 186-7, 188, 207, 365; reequilíbrio global e, 324; sobre-endividamento e, 315; taxa natural de Wicksell, 240, 242-4; títulos indexados, 184-5

Taylor, Alan, 61-2, 308, 332, 337, 341

Taylor, John, 48, 205-7

Tea Party nos Estados Unidos, 65

tecnologia da informação e das comunicações, 142-3, 156, 216-8, 220, 317; investimento aquecido em, 220

Temin, Peter, 191

Thatcher, Margaret, 19, 153, 216, 318

Thomas, Bill, 169

Thornton, Henry, An Inquiry into the Nature and Effects of the Paper Credit of Great Britain (1802), 176

títulos com grau de investimento, 203

Toronto, reunião de cúpula de (26-27 de junho de 2010), 68

Tratado de Maastricht (1993), 21, 102, 105, 216, 332, 382, 385

Tribunal de Justiça Europeu (TJE), 83

tributação, 183, 255-7, 291, 390; altas taxas marginais na década de 1970, 215; cortes não financiados de George W. Bush, 196, 200, 215; da riqueza, 380-1; das empresas, 322, 380; dedutibilidade de impostos dos juros, 284, 288-9, 379; imposto sobre o valor da terra, 379, 381; na Grécia, 72, 214; redistribuição de renda e, 381; reduções na, 219; tributos sobre "malefícios" em vez de trabalho, 381

Trichet, Jean-Claude, 331

trilema, 391

Troubled Assets Relief Program (TARP), 51, 177, 378

Turner, Adair, 33, 202-3, 232-3, 328

Turner, Revisão (2009), 154, 165, 167

Turquia, 126, 129

UBS, 265

União Europeia, 34, 342, 350; Ato Único Europeu (1986), 216; lançamento da união monetária (1999), 216; restrições a bônus de bancos, 267

União Soviética, 215; colapso da, 20, 153, 216

variações econômicas regionais, 336

Vickers, Sir John, 269

Vines, David, 191

Viniar, David, 161

Volcker, Paul, 145, 268

Wachovia, 41, 46

Wallison, Peter, 168-9, 171

Washington Mutual, 41

Weidman, Jens, 83

Wells Fargo, 46

White, William, 171, 205, 241-2, 304

Wicksell, Knut, 240, 242-3; *Juro e preços* (1898), 240

Williams, John, 304

Wolf, Edmund, 18-9

Wolf, Martin: *A reconstrução do sistema financeiro global* (2008), 15; *Why Globalization Works* (2004), 16

Woodford, Michael, 241

Wren-Lewis, Simon, 304

Wright, Stephen, 205

zona do euro: "déficit democrático" na, 114, 333, 346, 382, 397; "parada brusca" nos mercados de capitais, 47, 86, 89, 93, 95, 112, 115, 124, 191, 345; a crise como desafio existencial para a, 25, 28, 34; acordo sobre união bancária (março de 2014), 357; ajuste assimétrico na, 352, 373, 384, 386; Alemanha como credor fundamental na, 78, 81, 85, 102, 209, 352; aumentos nos spreads sobre *bunds* alemães, 73, 74, 75, 77, 84, 87, 97, 211, 213; balanço de pagamentos dentro da, 86, 192, 333; balanço externo, 91, 107, 112, 191, 208-9, 210, 211, 212, 214, 345, 352; balanço interno, 209, 210, 212, 214, 345, 352; balanços fiscais na, 72, 81, 96, 98, 103, 104-7, 113, 345, 358; bancos centrais nacionais, 95-6, 98, 109, 214; bancos nacionais e, 97, 100; Basileia I e, 168; booms de crédito nacionais na, 345; burocracias não eleitas e a, 397; causas da crise, 86-91, 93, 101-12, 142, 208-14; cenários futuros para a, 226, 334, 357-60, 371, 382-6; como divisora, 360; como união monetária sem união política, 332, 351, 386; como união monetária, não bancária, 76, 95, 98, 100, 112, 355, 385; comparações com os Estados Unidos, 332, 351-2, 353, 354; competitividade externa e, 89, 91-2; consequências econômicas da crise, 112, 114-5, 334-5, 337; corte prematuro de déficits fiscais, 67, 112-3; crescimento liderado pelas exportações e, 136, 324, 344; criação da, em Maastricht (1991), 21; curso da crise, 71-6, 78, 81-3, 85, 93; defesa da união federal, 385; defesa da união fiscal, 359-60, 385; deflação e, 64, 84, 92, 94, 209, 227, 339, 340-1, 346, 349, 373; demanda arrefecida na, 92, 115, 345, 353, 383; desafios de longo prazo para a, 382-6; desafios do ajuste, 352, 354-7, 373, 384, 386, 390; desejo alemão de preservar a, 78- 80; desemprego na, 60, 61, 85, 113-4, 214, 333, 337, 340, 383; desequilíbrios dentro da, 73-6, 78, 81, 86, 88-9, 91, 95, 102, 106, 208-9, 210, 211-2, 214, 344-5, 347, 353, 360; dívida pública na, 103, 105, 108, 333-6, 354-6; eclosão da crise (2009), 39, 69, 72; efeitos prováveis da perda de membros, 34, 101, 347-9; efeitos prováveis de uma ruptura abrangente, 349-0; emigração em decorrência da crise, 337; entendimento equivocado da crise, 102-12, 115, 209, 214; estagnação, 32, 337, 338, 339-41; exportação da recessão, 91; falta de características de agrupamento de riscos na, 95; fluxos de capital transnacionais, 86, 88-9, 91, 106, 215, 353, 384-6; fragmentação da atividade bancária na, 98, 112; fraquezas estruturais da, 25, 27, 71, 73, 76, 92, 100; ignorância da demanda pelos formuladores de políticas, 115, 344; inflação na, 91, 93, 212-3, 338-9, 340, 341, 345, 353, 360, 373, 384, 386; integração financeira, 211; liquidacionismo e a, 372, 382-3; LTRO [operação de refinanciamento de longo prazo], 82, 108; Mecanismo Europeu de Estabilidade, 76, 98-9, 354; mercados de trabalho na, 90, 100, 335, 337, 338, 340, 343; modelo alemão imposto à, 80-1, 85, 114, 136, 323-4, 344-6, 359-60, 370, 373, 382-3, 385, 397; necessidade de administrar a diversidade dentro da, 351, 360; necessidade de ajuste simétrico, 354, 360, 386, 390, 394; necessidade de maior flexibilidade de mercado no sul da, 371; neces-

sidade de mercado de *eurobonds* eficaz, 357-8, 385; necessidade de reestruturação da dívida, 356, 360; necessidade de união bancária adequada, 76, 357; o euro como um desastre, 331-7; obstáculos ao futuro sucesso, 359-60; OMT [Transações Monetárias Diretas], 82-4, 96, 98-9, 111, 340, 355; opções de reconstrução radical, 385, 391; países credores como problema, 100, 105, 209, 214, 352, 357, 384, 397; partidos políticos extremistas e, 333; período de "lua de mel" irresponsável, 334-6; política interna e, 78-9, 81, 85, 114, 333; política monetária e a, 27, 84-5, 99, 108-9, 111-2; posição de "não resgate", 358, 382; procedimento para desequilíbrios, 353; programas de salvamento, 74, 75-6, 99, 100, 113, 383; queda do PIB durante a crise, 61; reajuste pós-crise, 91, 93-101, 112, 373; recessões pós-crise, 112, 113, 114-5, 333, 337, 345, 362, 372; reformas sugeridas da, 28, 357-60; requerimentos de capital e, 272, 357; resgates na, 383; respostas à crise como apenas as mínimas, 27, 359; risco de ruptura, 83-4, 96-8, 101, 111; saída da, como ilegal, 79; saldos em conta-corrente, 86, 88-91, 95-6, 97, 102-3, 106-7, 209-11, 345, 353; sistema bancário na, 27, 96, 98-100, 343, 357, 359; Sistema Europeu de Bancos Centrais, 95-6, 98; sobre-endividamento na, 85, 91, 356, 397; tamanho da economia, 71, 209, 346, 351; taxa de recuperação na, 59, 92, 115, 337; taxas de câmbio e, 95, 111, 209; taxas de juro na, 39, 54, 85, 92, 106-9, 111, 115, 183, 212, 308, 341, 346, 357; tratado fiscal (entrada em vigência em janeiro de 2013), 104, 358; virada para a austeridade, 69, 82, 85, 102, 373; visão da crise como "anglo-saxônica" (antes de 2009), 54, 72; visão dos credores sobre a crise, 71, 81, 89, 102, 105, 107, 208, 214

ESTA OBRA FOI COMPOSTA POR OSMANE GARCIA FILHO EM MINION E
IMPRESSA PELA GEOGRÁFICA EM OFSETE SOBRE PAPEL PÓLEN SOFT
DA SUZANO PAPEL E CELULOSE PARA A EDITORA SCHWARCZ
EM ABRIL DE 2015